教育学的信仰

——致敬陈桂生先生

范国睿 主编

图书在版编目（CIP）数据

教育学的信仰：致敬陈桂生先生/范国睿主编. —福州：福建教育出版社，2023.7（2023.9 重印）
ISBN 978-7-5334-9676-0

Ⅰ．①教… Ⅱ．①范… Ⅲ．①陈桂生－教育思想－文集 Ⅳ．①G40-092.7

中国国家版本馆 CIP 数据核字（2023）第 092631 号

Jiaoyuxue De Xinyang——Zhijing Chenguisheng Xiansheng

教育学的信仰——致敬陈桂生先生

范国睿　主编

出版发行	福建教育出版社
	（福州市梦山路 27 号　邮编：350025　网址：www.fep.com.cn
	编辑部电话：0591-83726971
	发行部电话：0591-83721876　87115073　010-62024258）
出 版 人	江金辉
印　　刷	福州印团网印刷有限公司
	（福州市仓山区建新镇十字亭路 4 号）
开　　本	710 毫米×1000 毫米　1/16
印　　张	32.75
字　　数	501 千字
插　　页	3
版　　次	2023 年 7 月第 1 版　2023 年 9 月第 2 次印刷
书　　号	ISBN 978-7-5334-9676-0
定　　价	85.00 元

如发现本书印装质量问题，请向本社出版科（电话：0591-83726019）调换。

《教育学的信仰——致敬陈桂生先生》编委会

(依汉语拼音音序为序)

陈桂生	华东师范大学	王厚红	华东师范大学
陈一鸣	南京师范大学	王加强	南京师范大学
董　标	华南师范大学	王建军	华东师范大学
范国睿	华东师范大学	闻凌晨	上海师范大学
冯建军	南京师范大学	吴国平	上海师范大学
丁　静	上海第二师范学院	杨文杰	华东师范大学
杜明峰	华东师范大学	余秀兰	南京大学
胡惠闵	华东师范大学	曾令奇	上海第二工业大学
胡金木	陕西师范大学	张　娜	上海市浦东教育发展研究院
黄向阳	华东师范大学	张建国	信阳师范学院
金马妮	华东师范大学	张俐蓉	上海市委上海市人民政府信访办公室
刘庆龙	华中师范大学		
牛国兴	顺德职业技术学院	张礼永	华东师范大学
尚致远	哈尔滨师范大学	周　桂	陕西师范大学
苏　娜	上海师范大学	周兴国	安徽师范大学
唐俊忠	河北师范大学	朱晓宏	首都师范大学

陈桂生教授在寓所（2021）

陈桂生教授学术简介[①]

陈桂生教授，1933年生，江苏高邮人。1955年入华东师范大学教育系学习，毕业后留校任教，任华东师范大学教育系教授[②]，享受国务院政府津贴。陈桂生教授为新中国成长起来的第一代教育学人，我国著名的马克思主义教育思想研究者、卓越的教育学家、元教育学的开创者与持续探索者，兼任全国马克思主义教育思想研究会副理事长、中国教育学会教育学分会学术顾问。陈桂生教授学术视野广阔，长期从事马克思主义教育思想、教育原理、元教育学、中国教育文化等领域的研究，擅长运用马克思主义理论与方法，从历史分析与逻辑分析相结合的研究路径，分析、研究和解决教育问题，形成了独特的教育学治学之道：以教育基本事实为依据，在梳理分析教育演变线索

[①] 本文以"陈桂生：成教育学一家之言"为题，发表于《河北师范大学学报（教育科学版）》2023年第2期，"名家风采"栏目。由范国睿、胡惠闵、冯建军、闻凌晨共同执笔完成。

[②] 《河北师范大学学报（教育科学版）》2023年第2期"名家风采"所刊《陈桂生：成教育学一家之言》，此处有编辑部所加"博士生导师"字样，有误。在华东师范大学，陈桂生教授从未担任过经官方程序认定的"博士生导师"之职，但他不仅对包括其弟子、再传弟子在内的许多博士研究生都有实质性的、面对面的指导，其著述更指引启发了国内教育学相关专业的几代博士研究生。在教育学界诸多同道与后学的心目中，陈桂生教授早已是名实相符的"博士生导师"了。

的过程中，建构教育学范畴，对不同历史条件下的教育问题进行具体分析，进而揭示教育（学）的常理、常规、常情、常法，成果丰硕。

陈桂生教授致力于马克思主义经典教育论著研究，选编或主持选编《马克思恩格斯论教育》（1979、1986）、《列宁论教育》（1979、1990）、《列宁教育文集》（上卷，1884；下卷，1986）、《斯大林论教育》（1984）等系列文选，出版《人的全面发展理论与现时代》（1988、2012）、《马克思主义教育论著研究》（1993）、《现代中国的教育魂——毛泽东与现代中国教育》（1993）、《徐特立教育思想研究》（1993）、《中国革命根据地教育史》（上册，2015；中册、下册，2016）等著作，对马克思主义的人的全面发展理论有深入研究，为厘清当时教育学术界的相关模糊认识作出重要贡献。

陈桂生教授擅长细致辨析教育学中诸多常用的概念或术语，梳理各种教育基本活动演变的轨迹和各个教育基本问题的思想线索，出版《"教育学视界"辨析》（1997）、《常用教育概念辨析》（2009）；致力于教育学史研究，对西方教育学的历史与发展有丰富的认识与独立判断，出版《历史的"教育学现象"透视——近代教育学史探索》（1998）；在国内首倡"元教育学研究"，出版《"教育学"辨——"元教育学"的探索》（1998），在批判借鉴布雷岑卡等人思想基础上，提出教育学的科学理论、技术理论、价值理论和规范理论的"四分法"。在教育概念辨析、元理论研究、教育学史研究基础上，他致力于建构教育学理论体系，出版《教育学的建构》（1998、2009），"教育原理"三部曲［《教育原理》（1993、2000、2012），《学校教育原理》（2000、2012），《普通教育学纲要》（2009）］，实现了从教育知识的整合，到形式概念框架的建构，再到教育问题的系统分析的跨越，所建构的具有中国特色的教育学理论体系，为中国教育学的发展作出了独到贡献。2010年前后至今，陈桂生教授转向从中西文化的比较视角探讨师资文化、西学东渐的影响以及中国教育文化特点，陆续发表"教育学究竟是怎么一回事"系列文章，出版《教育文史辨析》（2012）、《孔子授业研究》（2012、2020）、《教育学究竟是怎么一回事：教育学辨析》（2020）等。

在理论研究之外，陈桂生教授致力于从理论与实践相结合的视角，到"中小学去研究教育"，开启了教育行动研究之路，摸索出一条"教育个案研究—教育问题研究—教育行动改进研究"的教育实践研究路线，主编《到中小学去研究教育》（2000、2003、2016）。在此过程中，他高度关注教育实践问题，出版《教育实话》（2003）、《学校管理实话》（2004）、《中国德育问题》（2006）、《师道实话》（2004、2009）、《教育闲评》（2007）等教育随笔。

陈桂生教授恪守为人、为学、为师之道，"倦迎送，疏检点，绝敷衍"，坚守"教育学信条"。虽然认为自己的早期作品"并没有什么使我脸红的地方"，但却反感教条，不断自我批判、自我超越。在人才培养上，他坚持扬己之长，带领学生精研教育名著，却不避己之短（虽自称"外语盲"，但却鼓励督促学生翻译研究外文文献），"挽二三子，共渡学海"，与研究生结伴成长。退休之后，他仍通过"教育半月谈"（2005—2008）、"教育学问对"（2022）等形式，与青年教育学子深度交流，提携后进，桃李天下，仰慕者追随者、超粉铁粉众多，"吾道不孤"，幸莫大焉。

目 录

序 ··· 范国睿/1

中国特色教育学理论的建构
——陈桂生先生教育学研究的历史逻辑与理论逻辑 ············· 范国睿/1

上篇 "遭遇教育学"
——陈桂生先生教育学研究的历史逻辑/2

一、早年向学/3

二、大学时代/4

三、入职"华师"/5

四、马克思主义教育思想研究/6

五、在"教育学的迷惘"中反思和建构教育学/8

六、转向德育研究/10

七、退休之后的"高光时刻"/11

中篇 "教育学究竟是怎么一回事"
——陈桂生先生教育学研究的理论逻辑/14

一、基于经典原著的马克思主义教育思想研究/14

二、在反思中国教育学研究、教育概念辨析与元教育学研究中建构教育

学理论体系/20

　　三、基于"广义德育"的德育理论认识与实践/25

　　四、中国教育的历史与文化研究/29

　　五、实践教育学与教育行动研究/32

下篇　"天行健吾道不孤"

　　——陈桂生先生教育学研究的特点、成因与影响/35

　　一、陈桂生先生教育学研究的方法论特点/36

　　二、于"不孤"中成长成事立言/42

　　三、陈桂生先生教育学研究的贡献与影响/48

陈桂生教育概念研究平议 ………………………………………… 张建国/53

　　一、由"关于教育学基本概念的内涵问题"问对说起/55

　　二、"教育"名实问题/56

　　三、教育概念与教育观念/60

　　四、教育作为一种不可替代的价值/64

　　五、教育学逻辑范畴中的教育概念/68

教-学活动研究 ………………………………………… 刘庆龙　王厚红/73

　　一、教-学活动的性质/74

　　二、"教学"论：以"教程"为核心的教-学活动理论/78

　　三、"课程"论：以"学程"为核心的教-学活动理论/82

　　四、从教-学活动研究看陈老师的治学之道/85

从"教程"到"学程"：陈桂生课程与教学思想探析 …… 王加强　陈一鸣/90

　　一、基本概念的辩证界定/90

　　二、主流理论的实践应用/100

　　三、本土实践的理性辨析/102

四、余论/106

"曲低和寡"的德育框架 ……………………………… 余秀兰/108
一、问题诊断/108
二、问题的梳理与辨析/113
三、德育框架的建构/121
结语/123

陈桂生德育理论研究 ………………………… 胡金木　周　桂/126
一、何为德育：德育诸概念的元分析/127
二、培养什么人：基于"个体-社会"之上的德育目标分析/132
三、德育做什么：关于德育工作内容的分析/137
四、如何培养人：关于德育途径与方法的分析/143
五、植根实践、洞鉴古今、澄源正本：陈桂生先生德育理论的基本特征/156

"师说别解"与"师道实话"：为教师"正名"
——陈桂生先生的教师研究视域与实践关怀 ……………… 朱晓宏/162
引言："师说论坛"开启的"师说"与"师道"研究之缘/162
一、重新解读孔子的授业活动，回溯师生"问对"艺术的原初意义/165
二、解析赫尔巴特的《普通教育学》，重视教师之教的基本原理/168
三、厘清中小学教师职业特质，探索 U-S 教师合作研究之路/171

论教师的行动研究 ………………………………………… 张　娜/177
一、跨越研究逻辑与实践逻辑鸿沟的尝试/178
二、从调查研究开始的合作行动研究路径/181
三、培养行动的改进和反思的教育者/184

四、沟通理论与实践的教育行动研究/187

"谁得教育学风气之先":近代教育学溯源 ·················· 牛国兴/191
　　一、陈桂生问题/191
　　二、陈桂生溯源近代教育学/193
　　三、德国何以成为近代教育学的故乡/197
　　四、得教育学风气之先的先驱们/203
　　五、近代教育学何时"归位"/215

西学东渐与教育学的建构 ·················· 闻凌晨/216
　　一、教育语词互译的难与易:"既对得上,又对不上"/217
　　二、思维差异引发的误解:言他者有意回避,实则自身无意强调/223
　　三、中西比较的目的与手段:中国教育学人"插嘴"么?/226
　　四、没这种麻烦,那就更麻烦了!/229

教育学的理论类型:从二分法到四分法 ·················· 黄向阳/232
　　一、教育的一般理论与特殊理论/237
　　二、普通教育学及其科学性难题/243
　　三、实践教育学与理论教育学的分野/252
　　四、教育科学与教育哲学的分野/258
　　五、科学理论与技术理论以及价值理论与规范理论的分野/266

建设中国特色社会主义教育学的成功探索
　　——评陈桂生教授的《教育原理》 ·················· 冯建军/274
　　一、历史探索/274
　　二、陈桂生《教育原理》的探索/279
　　三、陈桂生探索的启示/288

陈桂生教育理论研究的体系化追求 ……………………………… 唐俊忠/292
  一、中国教育学研究转折时期的陈桂生先生/292
  二、对理论体系的一般性认识/294
  三、陈先生的教育基本理论研究/297
  四、几点感想/306

教育中的常理常规
  ——陈桂生教育学理论建构的本体论立场与方法论选择 …… 周兴国/308
  一、现代教育学理论建构的本体论取向/309
  二、教育中的常理常规之本体论意涵/311
  三、通达教育中的常理常规之方法论选择/317

陈桂生教育学方法论探微 ………………………………………… 吴国平/323
  一、历史基础/324
  二、历史分析/325
  三、理论与方法/331
  四、逻辑范畴/334
  五、本土立场/343

梅花三弄,平沙落雁
  ——《马克思主义教育论著研究》的意义 ………………… 董　标/347
  一、研究《论著研究》的学术意义和具体方法/348
  二、马克思主义教育论著研究的史前史和个人史/353
  三、从《论教育》到《论著研究》：陈氏马克思主义教育理论/362
  四、比较互参,展望未来/376
  结语/401

附录一　教育学的历史批判与体系建构
　　——陈桂生先生的教育学治道
.... 周兴国/405
　　一、教育学问题的当代转换与分析/406
　　二、教育学现象的历史分析与逻辑视域/409
　　三、教育学体系建构的实践探索与建树/412

附录二　陈桂生马克思主义教育研究平议 张建国/416
　　一、引言/416
　　二、马克思主义教育文献的"选编"与"论著"课教学/419
　　三、《马克思主义教育论著研究》（1993）/423
　　四、《人的全面发展理论与现时代》（1988/2012）/426
　　五、以理论为旨趣的历史研究/429
　　六、结语/433

附录三　陈桂生教育原理研究平议 张建国/435
　　一、研究问题的提出/437
　　二、教育基础理论探索概览/440
　　三、研究对象的选择/442
　　四、教育概念的建构/445
　　五、教育命题的论证/450
　　六、不成体系的体系/454
　　七、点滴感受与思考/459

附录四　教育原理的探求
　　——读张建国《陈桂生教育原理研究平议》 陈桂生/462
　　一、教育概念界定问题/463

二、教育语言问题/467

三、教育命题辨析/469

四、教育"形式语言"的使用/474

五、教育理论体系建构的历程/477

六、教育理论体系建构中的一般问题/481

七、点滴感受与思考/487

附录五 一个执着的教育学人
——陈桂生教授访谈纪事 ………………………………… 刘庆龙/489

一、教师职业的选择/490

二、教育学专业的选择/490

三、教育学研究的选择/491

四、萧承慎教授的指导/492

五、关于教育学基本概念的认识/493

六、以马克思主义理论与方法指导教育研究/495

七、关于"毛泽东教育思想"的思考/496

附录六 陈桂生教育著作存目 ………………………………………… /498

一、教育著作目录/498

二、主编教育著作/501

序

陈桂生教授，1933年生人，2023年迎来九十寿诞。作为弟子、再传弟子、好友，本该组织一个敬贺先生九十华诞的庆生活动或学术活动，奈何先生向来"倦迎送，疏检点，绝敷衍"，从不要学生为他庆贺生日，甚至也不赞成子女为他过生日——由此，家人也都没有过生日的习惯。经商议，大家一致同意，由陈桂生教授的弟子、再传弟子、好友，对其学术思想有兴趣、有一定研究心得的同仁，在重新研读、领会先生作品与思想的基础上，分专题撰写专论，与先生展开思想对话，结集出版，以为寿礼，以示致敬，成就一段佳话。文集定名《教育学的信仰——致敬陈桂生先生》（以下简称《文集》），意喻陈桂生教授携众弟子、好友，信仰教育学，追求探索教育学。

2022年7月，范国睿动议《文集》的编撰出版，初步拟定"陈桂生教授教育学思想专题"，供备选参考；张礼永撰《陈桂生教授九十寿诞纪念〈文集〉（暂名）编撰方案（草案）》；经各位同仁磋商、研讨，拟定初案，旋即启动。各位作者在研读陈桂生教授论、著基础上，根据自己的研究志趣，确定选题、拟定大纲、撰写文稿；在此过程中，共同切磋研讨，反复修订，形成定稿。《文集》以专题研究的方式，对构成陈桂生教授教育学学术思想的马克思主义教育思想、教育学的建构、教育概念辨析、道德教育、课程、师资文化、教师行动研究等主题，进行系统的梳理、阐述，进而探讨陈桂生教授教育学术思想的形成与发展及其研究方法论特点。

本《文集》各专论的撰写，力图遵循以下原则：

（一）学术研究与学术叙事相结合，重在说理，与专题相关的活动与故事可以作为例证，穿插其中；

（二）以专题通汇不同作品，在尊重陈桂生教授涉及相关主题的原著（原意）的基础上，如实反映、总结提炼相关学术思想，加以结构化、系统化；

（三）结合相关主题（领域）当下的教育研究成果，以历史与逻辑相结合的方式，将陈桂生教授的相关学术思想置于当时的历史现实中加以中肯评价，凸显陈桂生教授相关研究在学术思想与研究方法论上的独特性与学术贡献、学术影响；

（四）体现撰稿人自己的学术思考，体现与陈桂生教授的学术对话。

陈桂生教授在教育学的领地默默耕耘数十年，是一位学识渊博、勤奋而高产的教育学者，其研究领域几乎涉及教育学研究的各个方面，概而言之，涉及：（一）中外教育（学）的历史与理论研究，包括西方教育经典与马克思主义教育理论研究、中国教育历史与文化研究、教育学历史与认识论研究等，实际上这构成他建构教育学理论的理论准备；（二）独特的教育研究方法论与教育学认知论，这涵盖了教育研究的历史唯物主义方法论、教育理论四分法与教育事态四分法等；（三）普通教育学的重建，这种建构又以教育概念的形式化、教育知识的整合以及教育逻辑系统的建构为基础；（四）教育理论的运用与教育实践研究，包括合作的教育行动研究、"实话"教育实践、"教育半月谈"、学术通信集与"教育学问对"。

我们在陈桂生教授涉足的每一个研究领域，都可以看到他独到的创见和独特的理论贡献，但他对教育学的最大贡献又似乎并不在于某个观点上的创见，而是对整个教育形成的一套系统的理论性见识，这种见识既不同于西方实证主义，也不同于传统的哲学思辨，而是他用经历史分析和比较研究所获得的逻辑范畴，重新梳理辨析教育的各种史实、现实，进而对古今中外的教育经验和研究成果进行结构化、系统化分析，形成独特的教育理论体系。他的教育理论研究及其成果体现了理论与历史结合、理论与实际结合、本土理论与外来理论结合的特点。可以说陈桂生教授所创建的教育学理论，尤其是他的《教育原理》《学校教育原理》《普通教育学纲要》"教育学三部曲"，连同其中包含的历史的、比较的、逻辑的、具体的分析方法，改变了中国教育学研究的面貌，使中国教育学研究面目一新。正如北京师范大学教育学部黄济先生在祝贺"陈桂生教育学文丛"出版之际所赞："'风乍起，吹皱一池春水。'在百花齐放的教育论坛上又增添了一株鲜艳的新花。"① 相信，陈桂生教授的教育学研究，已经并且必将继续对中国教育学者的学术研究产生深刻影响。

收入本《文集》的文章，都是各位作者专为此次敬贺陈桂生教授九十寿诞而作的专论。实际上，陈桂生教授早已以自己的论文、著作，自己的教育学术思想及其独特的论证、表述方式，赢得了青年学子的喜爱，赢得了学界的广泛认可与赞誉，以至于一些青年教育学人直接以陈桂生教育学思想为研究对象，发表相关论述。这些论述虽非"贺寿"专作，但因其主旨与本《文集》相近，特选录周兴国的《教育学的历史批判与体系建构》，张建国的《陈桂生马克思主义教育研究平议》《陈桂生教育原理研究平议》，刘庆龙的《一个执着的教育学人——陈桂生教授访谈纪事》（遗憾的是，限于篇幅，未能一一收录②），以及陈桂生教授对张建国《陈桂生教育原理研究平议》的回应文章《教育原理的探求》，同时辑录《陈桂生教育著作存目》，作为本书"附录"，或可与《文集》正文相互印证、补充。

陈桂生教授常言"吾道不孤"。对于《文集》各专论作者而言，写作的过

---

① 陈桂生：《"普通教育学"研究旨趣》，《中国教育科学》，2015年第3辑，第80页。
② 如吴国平：《陈桂生教育学研究思想管窥》，《教育发展研究》，2016年第10期，第61—68页；陈桂生：《再谈"教育理论"与"关于教育的理论"的区分——读吴国平博士〈陈桂生教育学研究思想管窥〉》，《教育发展研究》，2016年第24期，第1—5页；范敏：《西学东渐影响下的中国师资文化问题——专访华东师范大学陈桂生教授》，《教师教育学报》，2015年第6期，第47—53页；陈桂生、范敏：《教育学的逻辑框架——专访华东师范大学陈桂生教授》，《教师教育学报》，2021年第6期，第1—7页。

程则是虔诚地"悟""道"——"悟"陈桂生先生治教育学之"道"——过程,然而,"悟"得几分"道",既需要先生"批改",也需要读者评判。但,无论结果如何,各位作者在此过程也都深切体会到与先生对话的"不孤"之魅。所有编委会成员——包括本书作者、陈桂生先生的弟子、参与本《文集》编辑出版的各位同道,在此过程中,走进陈桂生先生的思想世界,自然也倍感"不孤"。当然,我们也相信,《文集》所体现的学术对话与思维碰撞,也会使您——尊敬的读者——深切感受到"吾道不孤"。

为尽可能准确把握陈桂生教授的教育学思想,领略其授业治学六十载之心得,尽量体现"对话"意蕴,我们策划利用暑假与陈桂生教授进行对话。由于新冠病毒疫情的不确定性,原本打算从简,由范国睿赴丽娃大厦对陈桂生教授访谈,尝试记录他的教育学治学之道;未曾料及的是,陈桂生教授谈兴甚浓,大有不吐不快之意,于是就有了他与范国睿、黄向阳、闻凌晨四人的"教育学问对"。对话过程中,陈桂生教授着重口述了他近十年以来的研究发现,如"教育"与education互译的适切性、"教养"的内涵外延、教育学的逻辑框架,还即兴总结了他的研究所长——长于发问,即教育学的"陈桂生之问"(The Chen Guisheng Question)。对话间流露出的为人、为学与为师之道,更令我等晚辈受益匪浅,堪称《文集》之外的课堂教学盛宴。[①]

华东师范大学教育学部、教育学系的相关领导,始终关心陈桂生教授,在2022年上海因新冠病毒疫情封控期间、陈教授因病住院期间,前往慰问;始终关心支持本《文集》的编撰出版。华东师范大学课程与教学系胡惠闵教授,教育学系王建军副教授、张礼永副教授,哈尔滨师范大学教育系尚致远教授,上海师范大学教育学院苏娜副教授,虽因故未能惠以专论,但自始至终参加组织本《文集》编撰出版的相关活动,献计献策,惠予资料;陈桂生教授的学生广东第二师范学院丁静教授、上海市委上海市人民政府信访办公室张俐蓉副主任、上海第二工业大学曾令奇教授等,也对本《文集》的编辑

---

① 相关文稿业已发表。见陈桂生:《中国教育文化的历史特点——关于若干教育基础理论问题的问对》,《现代教育论丛》,2022年第6期,第16—20页;陈桂生:《教育学概念辨析》,《现代教育论丛》,2023年第1期,第5—19页;陈桂生:《教育学的逻辑框架》,《现代教育论丛》,2023年第2期,第5—9页。

出版予以关心、支持。上海师范大学教育学院闻凌晨博士在根据录音整理"教育学问对"的过程中,费心费力;在本《文集》编辑过程中,华东师大教育学系、基础教育改革与发展研究所杜明峰副教授,华东师大国家教育宏观政策研究院博士后杨文杰博士,华东师大教育学系博士研究生金马妮,协助主编作了大量工作,闻凌晨博士也参与大量助编工作。福建教育出版社成知辛先生始终关心本《文集》的出版,时时鞭策鼓励;郑芳编辑,审读校勘,一丝不苟。对以上所有的关心、帮助与支持,谨致诚挚谢意。

陈桂生教授如淮海之才高,著声名于海内;以石臞之学深,为学子之楷模。① 谨以本《文集》敬献给陈桂生教授,恭贺先生年登九秩,天保九如②;松姿柏质,福海寿山;灵椿③晚荣,耆英④丰标!

是为序。

范国睿

壬寅冬月十六日"阳康"中　初稿
癸卯春节初八日　改定

---

① 淮海,即秦观;秦观(1049—1100),字少游,一字太虚,号淮海居士,北宋婉约派词人,与黄庭坚、晁补之、张耒合称"苏门四学士"。石臞,指王念孙;王念孙(1744—1832),字怀祖,自号石臞,清代语言学家,乾嘉学派代表,长于训诂。两人均为江苏高邮人,与陈桂生教授是同乡。

② "天保九如",出自《诗经·小雅·天保》。"九如"为:如山,如阜,如冈,如陵,如川之方至,如月之恒,如日之升,如南山之寿,如松柏之茂。皆颂祷之词,有祝贺福寿延绵不绝之意。

③ "灵椿",喻年高德劭的人;古代为男性长辈祝寿尊称"椿寿"。《庄子·逍遥游》:"上古有大椿者,以八千岁为春,八千岁为秋。"

④ "耆英",指称高年硕德者。出自晚唐诗人、诗论家司空图(837—908,河中虞乡人,字表圣,自号知非子,又号耐辱居士)《太尉琅琊王公河中生祠碑》:"宾筵备礼,耆英尽缀于词林;将略求材,剑戟自森于武库。"

中国特色教育学理论的建构[①]

——陈桂生先生教育学研究的历史逻辑与理论逻辑

范国睿

岁已九秩的陈桂生先生是新中国成立后成长起来的第一代教育学家中的佼佼者,在近七十年的教育学学习和研究过程中,他坚持马克思主义历史与逻辑相统一的研究方法论,以历史的逻辑的、历史的比较的、历史的具体的等分析方法,聚焦教育基本理论诸领域与教育实践诸方面的常规、常理、常法、常情,运用历史分析和比较研究所获得的逻辑范畴,重述教育的各种史实、现实,对古今中外的教育经验形式和研究成果结构化、系统化,建构起既不同于西方实证主义也不同于传统哲学思辨的独特的教育学理论体系。本文尝试从历史与逻辑相统一的视角,在梳理陈桂生先生学习和研究教育学心路历程基础上,系统总结他在马克思主义教育思想研究、教育学理论的反思与重建、德育理论、中国教育历史文化以及实践教育学和教育行动研究诸领域的学术贡献,探讨陈桂生教育学研究的独特思维与研究方式,揭示影响陈桂生先生教育学研究的相关因素,以期对教育学的未来研究有所启迪。

[①] 本文在成文过程中,得到华东师范大学教育学系、基础教育改革与发展研究所杜明峰副教授、华东师范大学教育学系博士研究生金马妮、上海师范大学教育学院闻凌晨博士的大力支持。特此致谢。

很荣幸此生有机缘做陈桂生先生（以下称"陈先生"或"先生"）的学生，虽在先生身边学习、工作三十余年，但对先生的相关论著的学习研读仍感不深不透，更不用说全面把握他的教育学思想了，因此，在他九十岁寿诞之际写这篇文章以表祝贺、致敬之情意，仍不免忐忑。无论是当年读书时的同学，还是工作中的同事、同行，还是后来的青年学子，共同的感受是"陈桂生先生的书'难读'"，理论色彩浓厚，实难消化，有的青年学生甚至望而生畏。这种"难读"的原因在于，作为一位学识渊博的教育学者，他的学术研究不仅涉及教育基本理论的各个方面以及对诸多教育实践问题的分析探索，所涉足的研究领域几乎都有独到的"创见"和独特的理论贡献，而且这种"创见"又建立在既不同于西方式的实证研究又不同于传统的哲学思辨的"陈桂生研究方式"上：使用历史分析、比较研究、理论分析所获得的逻辑范畴，重新检讨各种教育史实、现实，形成独特的"教育学之问"（"陈桂生的'教育学之问'"，"教育学的'陈桂生之问'"），进而在对相关概念、术语、判断、命题甚至口号、隐喻、谚语等进行历史的比较的辨析，对古今中外教育经验与研究成果的结构化、系统化论证之中，形成对这些"教育学之问"的"陈桂生式回答"——建构起相关理论问题与实践问题的独特的理论阐述，形成独特的教育理论体系。陈桂生先生对教育学研究的贡献不仅在于对某个具体理论问题与实践问题的分析论证过程以及所形成的理论观点给人耳目一新之感，更在于他所建构的系统化的理论体系不同于时下多数"教育学"的面貌，论证方式、理论观点与理论体系均成"一家之言"，并且，已经、正在并将继续对中国教育学研究产生广泛而深刻的影响，启迪后继者的教育智慧与教育学研究智慧。

上篇　"遭遇教育学"
——陈桂生先生教育学研究的历史逻辑

陈桂生先生的学术道路，可能与同时代的教育学人有所不同。他在《教育学苦旅》"代序"中讲述了自己"遭遇教育学"的经历，这种独特的经历连他自己也不无感慨:"在人生旅途中,那么早就关注教育学,且一生都被卷入教育学的漩涡中,但又几乎同教育学失之交臂。又是一个接一个的偶然因素,促使我结缘教育学。"①"尽管我早就对教育学情有独钟,并且教育学又一直环绕着我,而我又几乎与教育学失之交臂"②,但"'教育学究竟是怎么一回事'一直是我心目中的疑团"③。可以说,从幼年时对教育学的向往,到晚年持续不断地对教育学发问,先生一生都在探究教育学的"奥秘"。

一、早年向学

陈桂生先生1933年生于江苏高邮,幼年聪慧,3岁入私塾读书,度过十年寒窗;1947年春进入慈善性质的民办初级小学崇德义务小学,插班(四年级下学期)就读;后来就读高级小学——东山镇中心国民学校(新巷口小学)。陈先生似乎冥冥之中与教育学有一种独特的情缘。老校长董懋功的一句"你将来可以读师范","仿佛使我的前途出现了一线曙光,从此,读师范就成为我渺茫的心愿"④。少年时代,他读过曾国藩《曾文正公家书》、林汉达《向传统教育挑战——学习心理学讲话》⑤等教育书籍。"初中毕业时,政府规定所有应届毕业生一律服从分配,功课好的同学,都想进高级中学,或工科学校,我作为学生会副主席和青年团副书记带头选择淮安师范学校。"⑥就读淮安师范学校期间,读了优秀教师史瑞芬的《我在清水塘》⑦,对小学教师职业更加向往;还曾用参加防汛抗洪得到的奖金购买叶希波夫(Б. П. Есипов)、冈察洛夫(Н. К. Гончаров)的《教育学》等书籍阅读;读了波·恩·申比廖

---

① 陈桂生:《教育学苦旅》,华东师范大学出版社,2012年版,代序第5页。
② 陈桂生:《教育学苦旅》,华东师范大学出版社,2012年版,代序第2页。
③ 陈桂生:《教育学究竟是怎么一回事:教育学辨析》,上海教育出版社,2020年版,第389页。
④ 陈桂生:《教育学苦旅》,华东师范大学出版社,2012年版,代序第1页。
⑤ 林汉达:《向传统教育挑战——学习心理学讲话》,世界书局,1941年版;上海书店,1988年版。
⑥ 陈桂生:《教育学究竟是怎么一回事:教育学辨析》,上海教育出版社,2020年版,第384页。
⑦ 史瑞芬讲,梅汝恺记:《我在清水塘》,苏南人民出版社,1952年版。

中国特色教育学理论的建构

夫和伊·特·奥哥洛德尼柯夫的《教育学》①后,"觉得教育学中'有学问'"②,这直接影响了先生后来对教育学专业的选择。

二、大学时代

陈桂生先生1955年中师毕业后,以高于录取分(240分)的分数(306分)考入华东师范大学教育系,为教育系汪幼芳等老师所赏识,突破江苏中师毕业生不得报考外省市大学之规定,破格录取。华东师范大学是中华人民共和国成立后为适应"培养百万人民教师"之需要于1951年建立的第一所社会主义师范大学。教育系是以原复旦大学教育系、大夏大学教育学院教育系、教育心理系、社会教育系和光华大学文学院教育系等单位为基础组建的,系主任由教务长刘佛年兼任。1951年底,教育系有教师22人,其中先生13人,是当时全校教师数和先生数最多的系。1952年秋,华东教育部重点扶持华东师范大学,大夏大学、沪江大学、圣约翰大学、震旦大学等沪上所有高校的教育系都被并入华东师大,师资力量进一步加强。1952年9月,曹孚到华东师大工作,接刘佛年任教育系主任(1954年9月奉调人民教育出版社任编审)。当时的华东师大教育系,人才荟萃,全校近80位"名师",教育学(含心理学)专业就有17位。③ 1950年代初,中国教育发展的主基调是学习苏联经验。1952年8月,华东师大开始有计划、有步骤地学习苏联教育经验,建

---

① [苏]波·恩·申比廖夫、伊·特·奥哥洛德尼柯夫:《教育学》,陈侠、熊承涤等译,人民教育出版社,1955年版。

② 陈桂生:《教育学究竟是怎么一回事:教育学辨析》,上海教育出版社,2020年版,第385页。

③ 参见华东师范大学老先生协会:《师魂——华东师范大学老一辈名师》,华东师范大学出版社,2011年版。收录的教育学(心理学)名师包括:孟宪承(1894—1967)、刘佛年(1914—2001)、左任侠(1907—1997)、朱有瓛(1909—1994)、沈百英(1897—1992)、沈灌群(1908—1989)、张耀翔(1893—1964)、欧元怀(1893—1978)、胡寄南(1905—1989)、赵廷为(1900—2001)、赵祥麟(1906—2001)、曹孚(1911—1968)、萧孝嵘(1897—1963)、萧承慎(1905—1970)、常道直(1897—1975)、谢循初(1895—1984)、廖世承(1892—1970)。实际上,当时的教育系,还有陈科美(1898—1998)、张文郁(1915—1990)、黄敬思(1897—1982)、方同源(1899—1999)、谭书麟(1903—?)、高君珊(1893—1964)、言心哲(1898—1984)等。

立基层教学组织，拟订教学大纲，进行教学改革。教育系先后成立教育学、心理学和教育史三个教研组，1951—1965年间，教育学教研组的教师有：萧承慎、张文郁、朱有瓛、瞿葆奎、张家祥，以及历届毕业留校的青年教师金一鸣、黄荣昌、陈桂生、张济正、余光、钱景舫、胡寅生。教育学本科专业设置教育学、心理学、教育史、教学法四类专业基础课程。1952—1957年，教育学专业开设的课程有教育学（萧承慎、张文郁主讲）、普通心理学（张耀翔、张枋主讲）、儿童心理学（萧孝嵘主讲）、儿童解剖生理学（胡寄南主讲）、中国教育史（沈灌群主讲）、外国教育史（常道直、赵祥麟主讲）、小学语文教学法（赵廷为主讲）、小学数学教学法（沈百英主讲）。系统的教育学训练，为陈先生此后的学习与研究奠定了坚实的基础。

三、入职"华师"

大学毕业以后，陈桂生先生留校在教育系教育学教研组任教。当时的大学以培养学生为主，教师基本任务是教学，以讲授专业基础课程为主，只有经过充分准备，通过试教，获得批准的教师，才可主讲课程，所以，能够在本系专业课程执教"是一件很有面子的事情"。陈先生从1961年起执教新开设的"列宁和毛泽东文化教育论著选读"课程（1961—1965）。在陈先生留校工作后，一直关心帮助他成长的萧承慎先生向系里建议："让陈桂生搞业务，他不适合做行政事务。"虽然系总支和行政接受萧先生的建议，但仍将他作为"后备干部"使用，陈先生便以普通教师身份做了大量"干部工作"，如1960—1961年率本系师生数十人在华东师大第一附属中学参加教学改革，1965—1966年带领百余名师生赴安徽省定远县高塘公社参加"社会主义教育运动"（"四清"运动），1969—1970年负责编写《外国教育发展史资料》……①虽说，1960年代早期，刘佛年校长受命主编全国文科教材《教育

---

① 陈桂生：《教育学究竟是怎么一回事：教育学辨析》，上海教育出版社，2020年版，第388页。

学》，陈先生亦有贡献，[①] 但总体说来，从 1959 年到 1983 年，陈先生虽做过多年教研组长，却一直没有教过教育学，甚至没有发表过与教育学相关的文章，直到花甲之年才一步一步走近教育学。

四、马克思主义教育思想研究

工作中的一系列偶然事件促成陈桂生先生在教育学研究中的"问题转向"。陈先生早年专攻马克思主义教育理论，这不只是与开设"列宁和毛泽东文化教育论著选读"课程有关，还与"文革"期间"无书可读"有关——在那个特殊的年代，唯有阅读马克思主义经典作家的著作没有禁忌。鉴于陈先生的教学工作的积累与阅读的积淀，1975 年，刘佛年校长在教育部开会、接到在教育系开设"马列主义课程"（"马列论教育"）的任务后，自然邀请陈先生担纲该门课程的建设。课程建设的过程，也是阅读马克思经典作家原著、选辑教育论述的过程，但他认为，"单读原著，未必就能精通。要精通至少还须研究贴近原著的历史条件与历史经验"[②]。在确立并坚持"把握教育主题""把握马克思主义立场""保持学术资料性质""戒断章取义""保持客观性"的五大基本原则的基础上，陈先生历十年之功（1975—1985），编辑《马克思恩格斯论教育》《列宁论教育》。"从 1975 年春季开始，至当年 10 月，编就《马克思恩格斯教育文选》《列宁教育文选》送审本（由人民教育出版社铅印）；1976 年携带送审本到南京、杭州、武汉、北京、大连、朝阳、长春征求意见，经修改、补充后于 1977 年在广州召开专家审稿会，于 1979 年分别出版，更名《马克思恩格斯论教育》《列宁论教育》；约在 1982 年，列入全国文

---

① "1963 年《教育学》（讨论稿）付印后，刘佛年从北京回上海。初见面时，他问笔者：对《教育学》有什么印象？笔者的回答是：文字通俗，适合一般教师阅读，有两点新意：一是教育与政治经济关系的叙述较一般文章具体；二是把笼统的'政治思想教育'改称'思想教育'，其中分为'政治思想教育''道德品质教育'和'基本观点教育'（不过后来另有想法）。"参见陈桂生：《行动中的"教育学"问题——刘佛年〈教育学〉编写过程纪事》，《中国教育科学》，2018 年第 2 期，第 122—130、144 页。

② 陈桂生：《马克思主义教育论著研究》，华东师范大学出版社，1993 年版，第 9 页。

科教材计划,遂又修改、补充,分别于1986、1990年出版修订本。"① 这一过程,既有艰辛,也有兴奋。为了保证选文的全面性,"曾三度查阅《马克思恩格斯全集》中文第一版和《列宁全集》中文第一版"②;为了保证选文的准确性,1979年初驻守中共中央马克思恩格斯列宁斯大林著作编译局长达月余,阅读、抄写最新译文;在编译局的支持下,1979年版的《马克思恩格斯论教育》《列宁论教育》不少篇章是我国首次发表的新译文。1976年3月,陈先生拿到《马克思恩格斯教育文选》《列宁教育文选》送审本,兴奋之余,占绝一首:"卅万珠玑两帙装,无边妙义尽含藏。果偿学子求真愿,继晷焚膏理亦当。"③ 其心拳拳,跃然纸上。

在主编全国文科教材《马克思恩格斯论教育》《列宁论教育》的基础上,陈先生全面考察马克思主义经典作家的教育思想,1975—1985年间,"先后发表有关马克思主义教育思想的文章68篇"。1988年,他出版《人的全面发展理论与现时代》,对马克思主义人的全面发展理论的本义及现代意蕴进行了深入的探讨;1993年,出版《马克思主义教育论著研究》,对马克思主义经典作家的教育思想进行了系统的分析和概括。两部论著是我国马克思教育思想研究领域最颇见学术功底与理论水平的代表性著作。瞿葆奎先生赞誉陈桂生先生的《马克思主义教育论著研究》是作者"20年来认真学习和深入研究马克思主义经典著作及其教育思想的成果"④。他的论文《全面地历史地研究马克思主义关于人的全面发展的理论》获1986年上海市1979—1985年哲学社会科学论文奖,同年,《马克思主义关于教育和生产劳动相结合的思想在我国的运用》获上海市哲学社会科学联合会1979—1985年度优秀学术成果奖;《人的全面发展理论与现时代》获1989年全国首届优秀教育理论著作奖。

陈桂生先生没有只停留在马克思主义经典作家教育思想的研究上,而是进一步延续至对马克思主义教育思想"中国化"的思想与实践研究,《现代中

---

① 陈桂生:《教育学苦旅》,华东师范大学出版社,2012年版,第130页。
② 陈桂生:《教育文史辨析》,华东师范大学出版社,2012年版,第28页。
③ 陈桂生:《教育学苦旅》,华东师范大学出版社,2012年版,第131页。
④ 陈桂生:《马克思主义教育论著研究》,华东师范大学出版社,1993年版,序。

国的教育魂——毛泽东与现代中国教育》①和《徐特立教育思想研究》②，是研究毛泽东和徐特立群众本位教育思想的代表作，前者曾获1995年全国第三届优秀教育图书一等奖，而130余万字的三卷本《中国革命根据地教育史研究》③，对苏维埃地区、抗日根据地、解放区教育在制度化与非制度化之间左右摇摆的历史进行了系统考察，是我国同类学术成果中资料最为翔实、涉及根据地最全面、研究最为深入的史学著作。

五、在"教育学的迷惘"中反思和建构教育学

陈桂生先生的教育学研究始于对教育学、教育学研究、教育学理论体系的系统反思，而这种反思又出于一系列机缘巧合。1988年，为纪念中共十一届三中全会十周年，《教育研究》约请瞿葆奎先生撰文总结十年来教育理论研究的进展情况。瞿先生提议由他和陈桂生、叶澜三人合写，沈剑平、郑金洲、周浩波搜集资料，由陈先生持笔。④ 任务完成，陈先生言犹未尽，又撰《教育学的迷惘与迷惘的教育学》⑤，进一步反思新中国成立以后的教育学发展道路。

1987年，我和现在广东第二师范学院工作的丁静考取陈先生的硕士研究生，成为先生指导的首批硕士研究生。在课程学习和撰写学位论文过程中，

---

① 陈桂生：《现代中国的教育魂——毛泽东与现代中国教育》，辽宁教育出版社，1993年版。

② 陈桂生：《徐特立教育思想研究》，辽宁教育出版社，1993年版；陈桂生：《徐特立研究：从人师到人民教育家》，华东师范大学出版社，2012年版。

③ 陈桂生：《中国革命根据地教育史》（上中下册），华东师范大学出版社，2016年版。

④ 瞿葆奎、陈桂生、叶澜：《中国教育基本理论的新进展（节选）》，《教育研究》，1988年第12期，第18—25页。

⑤ 此文最初题为《教育学的迷途与迷途的教育学》，作为《华东师范大学学报（教育科学版）》主编的瞿葆奎先生同意发表，后来又不放心，觉得"教育学的迷途"好像意指我国教育学迷路了，到印刷厂把稿子要回来，将"迷途"改为"迷惘"。陈桂生：《教育学的迷惘与迷惘的教育学——建国以后教育学发展道路侧面剪影》，《华东师范大学学报（教育科学版）》，1989年第3期，第33—40页。

他指导我和丁静分别搜集整理汇编有关教育学理论性质、教育目的的相关资料，①在陈先生的指导和提点下，我陆续搜集、译出一批国外关于教育学、关于教育学理论性质讨论的资料，这使得我们"对'元学科'的性质有了初步认识"②。这一时期，我国教育学界开始反思教育学自身的学科意识、学科地位、学科体系。1990年春节期间，瞿葆奎先生约张人杰、施良方和陈先生，讨论"教育学重点学科"问题。陈先生自己回忆说，他当时"冒叫一声"："按照我们教育系在国内的地位，应当得风气之先，不妨开展'元教育学'研究。"③后来，系里将"元教育学研究"作为博士点建设项目，进而被批准为原国家教委文科博士点基金项目。作为国内"元教育学研究"的首倡者，陈先生又开辟一个新的教育学研究领域，《"教育学视界"辨析》获1998年上海市第六届教育科学研究著作类成果一等奖，同年获全国第七届教育图书展优秀专著图书奖，《教育学的建构》获1999年全国第二届教育科学优秀成果奖。

1988年，华东师范大学教育系与湖南省教育委员会商定合作举办研究生班，由瞿葆奎先生主持。瞿先生约请陈先生主持"教育原理"课程，陈先生

---

① 后来形成两篇教育学硕士学位论文：范国睿《西方教育学理论性质的历史探讨》，陈桂生指导，华东师范大学1990年硕士学位论文；丁静《略论教育目的理论的传统——西方资产阶级教育目的理论述评》，陈桂生指导，华东师范大学1990年硕士学位论文。后来，两篇学位论文经修订分别以"西方'教育学史'研究""西方'教育目的理论'问题研究"为题，收入陈桂生等主编的《教育理论的性质与研究取向》。陈桂生、范国睿、丁静：《教育理论的性质与研究取向》，华东师范大学出版社，2006年版，第3—91、185—216页。

② "在范国睿的帮助下，陆续得到一批国外关于教育学性质讨论的资料，对'元学科'的性质有了初步认识。"陈桂生：《教育学苦旅》，华东师范大学出版社，2012年版，代序第3页。布雷岑卡1971年出版《教育的元理论：教育科学、教育哲学和实践教育学基础导论》德文第一版（1978年出版修订第四版），1981年用英文发表《教育的元理论：从经验-分析的观点看欧洲的贡献》［Brezinka, W.. Meta-Theory of Education: European Contribution from an Empirical-Analytical Point of View. In Christensen, J. E. (ed., 1981). *Perspectives on Education as Educology*, Washington, D. C.: University Press of America.］。范国睿在1990年的硕士学位论文中对布雷岑卡的元理论有所论述。参见范国睿：《西方教育学理论性质的历史探讨》，硕士学位论文，华东师范大学，1990年；范国睿：《西方"教育学史"研究》，载陈桂生、范国睿、丁静《教育理论的性质与研究取向》，华东师范大学出版社，2006年版，第3—91页。

③ 陈桂生：《教育学苦旅》，华东师范大学出版社，2012年版，代序第3页。

再三推辞，至 1989 年 10 月，最终因怕耽误开班而应允，花两个半月时间，撰"教育原理"讲义，遂成后来由华东师范大学出版社出版的《教育原理》（1993，第一版），深受读者欢迎。如果说编撰"教育原理"讲义事出偶然，那么，此后对《教育原理》的两度修订重版（2000、2012）就是陈先生建构教育学理论体系的自觉行动了。《教育原理》与此后的《学校教育原理》（2000、2012）、《普通教育学纲要》（2009）构成"教育原理三部曲"，实际上，这是陈先生建构中国教育学理论体系的尝试，是对教育学研究反思基础上的自然逻辑延伸。《教育原理》以及他所构建的教育学理论在国内数量众多的教育学教材和理论著作中可谓独树一帜。《教育原理》获 1996 年上海市普通高等学校优秀教材一等奖、1994 年上海市哲学社会科学优秀成果（1986—1993）著作类一等奖、1997 年国家级教学成果一等奖；《学校教育原理》2013 年获第三届中国大学出版社图书奖优秀学术著作一等奖，在学界获得广泛认可和赞誉，亦深受读者欢迎。《教育学的建构》（1998、2009）考察教育学理论类型和结构，澄清治教育学的认识论基础以及各类教育理论的论述和检验标准。这些元教育学论著曾在我国掀起教育学反思的热潮，极大提高了教育学学科自我意识。

六、转向德育研究

华东师大教育系的德育研究有着悠久的传统。1950 年代，胡守棻先生的《中小学共产主义道德教育的内容和方法》是当时最为系统地阐述新中国道德教育的著作之一。1960 年代，华东师大开展中小学思想品德教育实验，改革开放以后，持续进行因"文革"中断的实验研究，[①] 出版我国第一部《德育原理》教材[②]。陈先生由教育学研究转向德育研究，同样是出于"工作需要"。1990 年，教育系胡守棻先生主持的"德育原理"硕士点已有三年未招生，为了保留该硕士点，瞿葆奎和孙培青两位先生力荐陈先生在"德育原理"硕士点继续招生，而正是这个机缘，使陈先生探索出一条从马克思主义经典作家

---

① 华东师大教育系德育研究小组：《思想品德教育实验大纲（草案）》，载中国教育学会教育学研究会《新时代的道德教育》，人民教育出版社，1982 年版，第 26—41 页。
② 《德育原理》编写组：《德育原理》，北京师范大学出版社，1985 年版。

论述出发,从伦理学经典入手,探讨中国德育问题、建构全方位德育理念体系与德育分析框架的与众不同的德育研究模式。

七、退休之后的"高光时刻"

1996年,陈桂生先生退休,返聘三年,至1999年结束。尽管先生以"粗茶淡饭杂书刊,这些福归老夫享受;传道授业解疑惑,那些事小子们安排"一联表明自己想要过的退休生活,但正如他所说,"'小子们'并不放过我"[①]。1999年,陈先生先是应教育学系郑金洲教授、杜成宪教授的约请,为研究生开设"教育原理""课程论著选读"课程;应学前教育系朱家雄教授、华爱华教授的约请,为研究生开设"学前教育论著选读"和以学前教育为重点的"教育原理"课程;应上海民办教育研究所胡卫所长的邀请,参与研究民办教育研究;[②] 应浦东干部学院郑金洲教授之邀,研究中国干部教育问题。[③] 无论是返聘阶段,还是从返聘结束直到今天的二十多年间,陈先生不仅退而不休,反而迎来研究、写作的"高光时刻",相关成果集中在教育行动研究、中国教育的历史文化分析、对教育实践问题的关注与研究等领域,特别是他对教育学理论的持续反思与建构。

(一)教育行动研究

教育行动研究是陈桂生先生将教育理论运用于教育实践的探索。1997年上海市打虎山路第一小学和无锡市扬名小学,分别到教育学系联系合作进行教育研究事宜,心意很诚。单中惠教授、杜成宪教授和施良方教授都欣然同意。他们都想为教育学系别开生面,并委托陈先生负责同中小学的合作研究。起先陈先生曾极力推辞,后来,实在碍于情面,只得支持黄向阳、胡惠闵、王建军和曾令奇,参与到中小学去研究教育。[④] 在有序开展相关研究的同时,陈先生带领大家探索出一条在中小学进行教育行动研究的中国路径。1999年,

---

① 陈桂生:《教育学苦旅》,华东师范大学出版社,2012年版,代序第4页。
② 陈桂生:《中国民办教育问题》,教育科学出版社,2001年版。
③ 陈桂生:《中国干部教育(1927—1949)》,华东师范大学出版社,2007年版。
④ 陈桂生:《教育学苦旅》,华东师范大学出版社,2012年版,代序第4页。

陈先生返聘结束，也意欲不再参与到中小学做"教育行动研究"，遂将两年的研究成果结集《到中小学去研究教育》①出版。实际上，这些研究并未中止，相关成果也日渐丰富，《到中小学去研究教育》也不断修订再版。

（二）中国教育的历史与文化研究

陈桂生先生对中国教育的历史与文化的研究，原本是准备退休时给自己安排的"休闲"。他回忆说："华东师大原来规定先生65岁退休。1996年，突然改为63岁退休。原打算做的事情，也就不打算做下去了。但是距离退休手续，还有两个月，无事可做。便利用这段时间，做自己想做的事情。于是写了一堆以孔子授业为主题的札记，后来请杜成宪教授审阅。"②实际上，这成了他研究教育学的一个新生长点，是他运用历史的逻辑的分析、历史的比较的分析和历史的具体的分析方法，对中国教育的历史和文化的考察：《孔子授业研究》从《论语》分析了教育形式化初期的教学与指导方式；③在《教育文史辨析》里，从文史哲的视角，观照教育理论研究与教育历史研究心得，臧否20世纪中国教育历史人物、教育史事。④后来，以2015年华东师大课程与教学研究所主办第三届"课程圆桌论坛"为契机，⑤陈先生再拾恩师萧承慎先生的"师道"研究，重新关注师资文化问题，从师资文化角度反思当代教育学，尤其西学东渐对中国教育学的影响。

（三）教育实践问题研究

退休之后，陈桂生先生越发关注教育实践中的难点和热点问题，在

---

① 陈桂生：《到中小学去研究教育——"教育行动研究"的尝试》，华东师范大学出版社，2000年版。该书第二版、第三版分别于2003年、2016年出版。
② 2022年7—8月，范国睿对陈桂生先生的访谈。
③ 陈桂生：《孔子授业研究》，教育科学出版社，2012年版。第二版为陈桂生：《孔子授业研究》，上海教育出版社，2020年版。
④ 陈桂生：《教育文史辨析》，华东师范大学出版社，2012年版。
⑤ 华逸云、刘良华：《西学东渐的影响与中国师资文化的特点——第三届上海课程圆桌论坛会议综述》，《全球教育展望》，2015年第9期，第123—128页；范敏：《西学东渐影响下的中国师资文化问题——专访华东师范大学陈桂生先生》，《教师教育学报》，2015年第6期，第47—53页。

2000—2011年间发表教育随笔300余篇，运用教育理论评议和分析教育实践的现象、措施、口号，辑成《教育实话》《学校管理实话》《课程实话》《师道实话》等"实话"系列，①《聚焦教育价值》《聚焦学生角色》《聚焦班主任》等"聚焦"系列，② 以及《中国德育问题》(2006)、《教育闲评》(2007)等教育随笔。在教育学界特别是教育实践界产生广泛反响。

（四）以持续的"教育学之问"自我更新教育学理论智识

北京师范大学檀传宝教授说，陈桂生先生著作甚丰，"尤其在退休后更是一发不可收拾"③，这倒真应了坊间所谓"华东师大陈桂生先生的大部分作品都是退休之后写的"之说法，言者多指陈先生在教育原理、教育学理论建构研究上的不断自我更新，不断丰富和完善。在此期间，陈先生在修订再版《教育原理》(第二版，2000；第三版，2012)、《教育学的建构》(第二版，2009)、《学校教育原理》(第二版，2012)的同时，还在对教育学诸多概念的辨析中、在中西文化碰撞中把握教育学逻辑范畴的建构，完成新著《教育学究竟是怎么一回事：教育学辨析》④，以至于今年（2023年）还在其九十岁高龄之际，发表《陈桂生的"教育学之问"——西学东渐的影响与中国教育文化的特点》⑤。

---

① 陈桂生：《教育实话》，华东师范大学出版社，2003年版。陈桂生：《学校管理实话》，华东师范大学出版社，2004年版（增订版更名为《学校实话》，2010年由华东师范大学出版社出版）。陈桂生：《师道实话》，华东师范大学出版社，2004年版，2009年第二版。陈桂生：《课程实话》，华东师范大学出版社，2010年版；第二版为陈桂生：《课程引论》，华东师范大学出版社，2019年版。

② 陈桂生：《聚焦教育价值》，教育科学出版社，2011年版；陈桂生：《聚焦学生角色——现今学生价值倾向问题》，教育科学出版社，2011年版；陈桂生：《聚焦班主任——"班主任制"透视》，教育科学出版社，2012年版。

③ 檀传宝：《触手可及的温暖——忆华东师范大学三前辈》，《中国教师》，2022年第3期，第118—120页；檀传宝：《先生之德风》，北京师范大学出版社，2022年版，第78—86页。

④ 陈桂生：《教育学究竟是怎么一回事：教育学辨析》，上海教育出版社，2020年版。

⑤ 陈桂生：《陈桂生的"教育学之问"——西学东渐的影响与中国教育文化的特点》，《河北师范大学学报（教育科学版）》，2023年第2期，第1—4页。

中篇 "教育学究竟是怎么一回事"
——陈桂生先生教育学研究的理论逻辑

上篇对陈桂生先生"遭遇教育学"的独特经历作了叙述,从中可以看出他的研究领域、研究范围之广泛,研究成果之丰富。因此,要全面地展现陈先生教育学研究的理论逻辑与创新观点,是一件十分艰难的任务。本篇只能尝试"挂一漏万"地择其要、集中探讨陈先生在马克思主义教育思想研究、在教育概念分析与元教育学研究基础上的教育学理论体系的反思与建构,德育研究、中国教育的历史与文化研究以及教育实践问题研究与教育行动研究等领域的理论逻辑与创新。

一、基于经典原著的马克思主义教育思想研究

陈先生是我国马克思主义教育理论学科的开创者和代表性人物,堪称当代中国杰出的马克思主义教育学家。他穷十年之功研究《马克思恩格斯全集》,系统梳理马克思主义经典作家的教育言论,选编出版全国文科教材《马克思恩格斯论教育》《列宁论教育》。在此基础上,全面考察马克思主义经典作家的教育思想,还原马克思主义人的全面发展理论和教育与生产劳动相结合思想的原貌和本义,在改革开放初期教育理论界拨乱反正、正本清源中产生过重大的影响。有学者在对陈先生的马克思主义教育思想研究进行研究之后认为,陈先生的研究具有对理论问题的深切关注、自觉的历史意识、批判精神、以教育为关注核心等鲜明特征。[①]

(一)马克思主义"人的全面发展"理论研究

人的全面发展理论无疑是马克思主义经典作家教育思想的重要组成部分,

---

① 张建国:《陈桂生马克思主义教育研究平议》,《全球教育展望》,2019年第9期,第54—67页。

但是如何看待马克思主义人的全面发展理论，如何将这一理论与马克思主义经典作家的其他教育思想相联系？陈先生认为："在关于人的全面发展问题的研究成果中，虽然常常涉及马克思主义关于个人全面发展理论的形成与发展过程，但就这个发展过程本身进行考察的成果仍属凤毛麟角，而在这方面为数有限的文章中，也还没有就此问题充分展开论述。"① 也就是说，人们在切中时弊地提倡全面实施德育、智育、体育的同时，并没有就"全面发展"这个概念循名责实。于是，他对《1844年经济学哲学手稿》中确立的个人全面发展问题，《关于费尔巴哈的提纲》中确立的个人全面发展问题，以及首次出现人的"全面发展"概念的《在爱北斐特的演说》进行了逐一考察，最终发现《德意志意识形态》标志着马克思主义关于人的全面发展理论的形成，《哲学的贫困》又进一步发展了这一思想，同时还对《共产主义原理》《共产主义信条草案》《共产党宣言》《经济学手稿》，以及《资本论》中论及的人的全面发展问题进行了溯源。《人的全面发展理论与现时代》可谓对这一问题进行了一次彻底的正本清源。陈先生认为，恩格斯把"全面发展"的人定义为"各方面都有能力的人，即能通晓整个生产系统的人"②，所谓人的全面发展，是指人的能力的全面发展，和我们所说的德、智、体全面发展是有区别的。马克思、恩格斯都很少谈到道德，他曾经把马克思的相关论述罗列出来，一共六十多处，发现马克思其实是在相当专业化的情况下提出"人的全面发展"问题的，而我们现在缺的倒是专业化的发展。所以这其实是马克思主义关于人的全面发展理论的运用问题。针对一些人把马克思恩格斯"在那里，每个人自由发展是一切人的自由发展的条件"③ 所讲的个人自由发展看作是个人全面发展的同义语，陈先生指出，个人自由发展与个人全面发展是两个紧密相关的概念，个人自由发展与全面发展同步实现，个人发展的全面程度同个人

---

① 陈桂生：《人的全面发展理论与现时代》，华东师范大学出版社，2012年版，第22页。
② [德]恩格斯：《共产主义原理》，载中共中央马克思恩格斯列宁斯大林著作编译局《马克思恩格斯选集（第三卷）》，人民出版社，2012年版，第308页。
③ [德]马克思、恩格斯：《共产党宣言》，载中共中央马克思恩格斯列宁斯大林著作编译局《马克思恩格斯选集（第三卷）》，人民出版社，2012年版，第422页。

获得的自由程度一致，但两个概念并非同义语，"'自由发展'是就主体和客体的关系而言，而'全面发展'是就主体自身而言的"①。

1980年初，陈先生对马克思、恩格斯、列宁提到的"人的全面发展"内涵中是否涉及人的德性问题，提出质疑："德智体全面发展"的提法符合马克思主义全面发展理论的原意吗？符合毛泽东关于教育方针论述的原意吗？他发现：首先，马克思、恩格斯和列宁都没有把道德列入"全面发展"的概念；其次，毛泽东在关于教育方针的论述中没有直接提到人的全面发展问题，值得深思；再次，把"全面发展"作为工作方针和行动口号是严重脱离我国实际的。②1980年代末，陈先生基于对马克思人的全面发展思想的考察而提出的这些观点，并不为很多人所接受，以至于《人的全面发展理论与现时代》的出版也遭遇一些波折，幸得刘佛年校长的全力支持。陈先生有关马克思人的全面发展思想的观点，在教育学术界引发了很多争论，使更多的教育理论工作者对这一问题进行深入思考。

陈先生对马克思主义经典作家教育思想的研究，力图运用马克思主义教育思想分析和解释当代问题。《人的全面发展理论与现时代》列专章探讨了"现代社会生产中个人全面发展的新机遇与新问题""劳作价值观念的变化在教育变革中的影响""现代科学技术革命中精神生产领域中个人全面发展的新机遇与新问题""现代社会中教育和生产劳动结合的新机遇与新尝试""现代社会中普通教育、综合技术教育与职业教育关系的重新整合"等人的全面发展理论在现时代遭遇的新机遇与新问题。陈先生特别考察了精神生产领域人的全面发展问题。马克思恩格斯在考察实现人的全面发展的历史前提时，虽然没有着重考察社会精神生产与精神生活，但在揭示物质生产与物质生活规律的基础上，揭示了物质生产与精神生产的联系，以及物质文明与精神文明发展不平衡的规律，事实上把精神文明作为影响社会发展和制约个人发展的

---

① 陈桂生：《人的全面发展理论与现时代》，华东师范大学出版社，2012年版，第38页。

② 参见陈桂生：《关于"德智体全面发展"的提法问题》，载全国马克思主义教育思想研究会《马克思主义教育思想研究文集（第一辑）》，全国马克思主义教育思想研究会，1980年版，第64—75页。

独立因素。精神生产领域的分工也像物质生产领域的分工一样，使人产生片面性。进入现代社会，随着生产机构内部和社会内部体力劳动与脑力劳动的分工进一步扩大，脑力劳动在生产和社会生活中的比重大增，脑力劳动者个人发展——片面发展还是全面发展，日益受到关注；而计算机的运用，使劳动职能简化，缩短工作时间，增加自由时间，使人的职业转换成为可能。

（二）马克思主义"教育与生产劳动相结合"思想研究

陈先生对马克思主义教育与生产劳动相结合思想的研究，旨在回答："什么是教育与生产劳动相结合？是不是又劳动、又学习就算是教育与生产劳动相结合？在资本主义条件下能不能实行教育与生产劳动相结合？生产劳动与教育之间有什么内在联系？同教育有内在联系的生产劳动是什么？同生产劳动有内在联系的教育是什么？教育与生产劳动相结合同人的全面发展有什么关系？怎样理解教育与生产劳动相结合是造就全面发展的人的'唯一方法'？实现教育与生产劳动相结合的历史前提是什么？是不是只有在社会主义条件下才能实现教育与生产劳动相结合？"[①]

马克思主义"在劳动中找到了理解全部社会史的锁钥"，也就在劳动发展中找到了理解作为特定社会现象的教育发展史的锁钥，所以，需要研究马克思主义创始人所用的教育与生产劳动相结合概念的规定性，把教育和生产劳动的关系作为考察教育的逻辑起点。在马克思主义诞生以前，教育与生产劳动的关系问题就引起近代思想先驱的关注，发展到现在，几乎所有国家都致力于在社会、政治、经济方面创造有利于教育与生产劳动结合的条件。但马克思主义创始人批判地吸取了近代思想宝库中有关这方面的积极成果，形成马克思主义关于教育与生产劳动结合的基本思想。

教育与生产劳动结合不单纯是一个教育课题，它至少包括两个相联系着的范围：一是生产劳动同教育相结合，二是教育同生产劳动相结合。前者着重由劳动部门解决，后者着重由教育部门解决。后者又是从前者派生出来的，

[①] 陈桂生：《人的全面发展理论与现时代》，华东师范大学出版社，2012年版，第118页。

正因为生产劳动需要同教育结合,才推动学校教育同生产劳动结合。在不需要同教育相结合的那种生产劳动成为社会生产的普遍基础时,才产生教育和生产劳动脱节的现象。他发现,马克思、恩格斯著作中"教育和生产劳动相结合"这一命题,主要有四种提法:1."把教育同物质生产结合起来";2."智育和体育同体力劳动相结合";3."把教育和工厂劳动结合起来";4."把有报酬的生产劳动、智育、体育和综合技术教育结合起来"。首先,这种劳动是"生产"劳动,而不是"非生产"劳动。强调作为教育结合对象的劳动是生产劳动,是因为教育和生产劳动结合不光被认为是造就全面发展的个人的方法,而且把它看成是"提高社会生产的一种方法"。其次,生产劳动有物质生产劳动和精神生产劳动的区分,教育自身属于精神劳动范畴,它的结合对象为"物质生产"劳动。这样,教育和生产劳动结合就有促进物质生产劳动和精神生产劳动结合的意义。再次,物质生产中有操作性质的劳动和管理性质的劳动的区分,前一职能通常由以体力劳动为主的人承担,后一职能则由以脑力劳动为主的人承担。马克思是把教育和生产劳动的结合作为异化劳动的抗毒素,进而造就全面发展的个人,着重解决的是体力劳动者的发展问题。最后,体力劳动有手工劳动与机器劳动的差异,无论体力劳动还是脑力劳动又都有个体劳动与社会化劳动的区别。马克思证明在个体劳动、手工劳动基础上不可能解决个人普遍全面发展问题。工厂劳动是社会化劳动和机器劳动的典型形态,是教育与生产劳动结合的客观基础。作为生产劳动结合对象的教育,有两种提法:一是"智育和体育";二是"智育、体育和综合技术教育"。上述两个谈教育与生产劳动结合的场合均未提到德育,常见的一种解释是,马克思不致赞成资本主义社会所实施的不能不反映资本利益的德育,但这种说法即便成立,也不能解释《资本论》在谈到"未来教育的幼芽",即被人们解释为"社会主义教育"时为什么也没有提到"德育"。①

事实上,马克思是从生产劳动与教育的结合作为"提高社会生产的一种方法"和"造就全面发展的人的唯一方法"两个角度来考察问题的,把全面

---

① 陈桂生:《关于教育与生产劳动结合的若干基本理论问题》,《华东师范大学学报(教育科学版)》,1988年第4期,第33—39页。

发展的人理解为把不同社会职能当作互相交替的活动方式的个人,因此,个人全面发展是"个人能力"即体育和智力的充分发展,《资本论》中所指的智育和体育,是指理论的和实践的工艺教育,即综合技术教育,《指示》信提出智育、体育和综合技术教育,是在保护未成年人劳动能力的范围内论述问题的,"道德"是调节人与人之间社会关系的范畴,不属于个人能力范畴,所以,马克思在论及个人全面发展时,没有把个人品德包含其中,在论述生产与教育相结合时,没有把德育包含其中。① 实际上,马克思恩格斯关注工人阶级的道德与道德教育,他们批判道德的阶级性,在批判资产阶级道德教育时,批判了同"宗教教条掺杂在一起"的道德教育,对产业革命后工人阶级道德堕落的状况亦深感痛心,指出资产阶级忽视了对工人及其子女进行道德教育,工人的"一切智力的、精神的和道德的发展却被可耻地忽视了"②。

　　按照马克思的表述,教育与生产劳动相结合"是提高社会生产的一种方法"③,是"改造社会最强有力的手段之一"④,也是"造就全面发展的人的唯一方法"⑤。教育与生产劳动结合之所以成为"提高社会生产的一种方法",正由于它能造就全面发展的人;反之,实行教育和生产劳动结合,并非单纯着眼于提高社会生产,即如现在常说的实现个体职业社会化,还着眼于造就全面发展的个人。更进一步,教育和生产劳动相结合,其中的生产劳动也有质的规定性。这里,有生产劳动与非生产劳动的区别;在劳动过程社会结合方面,有个体劳动与社会(化)劳动的区别;在劳动过程技术结合方面,有手工劳动与机器劳动的区别、操作性劳动与管理性劳动的区别;在劳动的社会

---

　　① 陈桂生:《人的全面发展理论与现时代》,华东师范大学出版社,2012年版,第137—138页。
　　② [德]恩格斯:《英国工人阶级状况》,中共中央马克思恩格斯列宁斯大林著作编译局译,人民出版社,1956年版,第154页。
　　③ [德]马克思:《资本论(第1卷)》,载中共中央马克思恩格斯列宁斯大林著作编译局《马克思恩格斯选集(第二卷)》,人民出版社,2012年版,第230页。
　　④ [德]马克思:《哥达纲领批判》,载中共中央马克思恩格斯列宁斯大林著作编译局《马克思恩格斯选集(第二卷)》,人民出版社,2012年版,第377页。
　　⑤ [德]马克思:《资本论(第1卷)》,载中共中央马克思恩格斯列宁斯大林著作编译局《马克思恩格斯选集(第二卷)》,人民出版社,2012年版,第230页。

形式方面，有奴隶制劳动、封建制劳动，雇佣劳动与社会主义、共产主义劳动的区别，等等。不是所有的生产劳动都能成为发展人的手段，作为教育结合对象的生产劳动，应当是"真正自由的劳动"，是"成为个人的自我实现"的劳动，真正自由的劳动具备一定的历史前提，其规定性是劳动的社会性与劳动的科学性，同时满足一般的劳动的基本条件。

陈先生对教育与生产劳动结合的分析，考虑了不同类型、不同性质的生产劳动对人的体力与智力发展的不同需求，同时，还对教育进行了具体分析，综合论证了生产劳动和教育的质的规定性，以及教育和生产劳动结合在社会生产与个人发展中的意义。通过理解马克思、恩格斯对这种规定性的考察，把握了马克思主义教育和生产劳动相结合思想的精神实质。[①]

二、在反思中国教育学研究、教育概念辨析与元教育学研究中建构教育学理论体系

陈桂生先生的教育学研究，从反思我国教育学发展道路与教育学体系开始，经由教育概念辨析与元教育学研究，最终尝试建构教育学理论体系。

（一）系统反思教育学研究

如前所述，陈先生对教育学理论体系反思，源于1988年对十年来教育理论研究的进展情况的总结与教育学发展道路的反思。[②] 在他看来，中国教育学在很长一段时间内进入了所谓的"迷途"：在理论工作者眼中，教育学尚未形成较为严密的科学体系，对很多重要问题的表述带有随意性，理论水平不高；而在实践工作者看来，又脱离实际，至少对教育实践的指导意义不大，由此

---

① 陈桂生：《略论马克思主义教育和生产劳动相结合思想的形成》，《教育评论》，1986年第3期，第13—19页；陈桂生：《马克思主义教育和生产劳动相结合理论的现实意义》，《教育研究与实验》，1987年第2期，第5—12页；陈桂生：《略论马克思主义教育思想》，《上海高教研究》，1987年第4期，第25—34页。

② 瞿葆奎、陈桂生、叶澜：《中国教育基本理论的新进展（节选）》，《教育研究》，1988年第12期，第18—25页；陈桂生：《教育学的迷惘与迷惘的教育学——建国以后教育学发展道路侧面剪影》，《华东师范大学学报（教育科学版）》，1989年第3期，第33—40页。

陷入"两面不讨好"的尴尬境地。并且,由于长期遭受"厄运",不成体系的教育学体系内部确有致命伤,以致教育学家都开始对教育学体系发生怀疑。尽管从20世纪50年代开始致力于改变教育学的境况,但终究没有触动旧体系的根本。①

据不完全统计,我国公开出版各类别、各层次的教育学教材数量达570余本,尤以改革开放以来为高峰期。② 然而舆论界面对纷繁的成果,却难免发出"雷同"之叹。对于以往的教育学,在陈先生看来,其框架及其章节陈述体系,大体上采取"性质、特征、意义、目的、任务、内容、原则、方法"各成一套的程式,这种陈述方式将各个层面的相关知识加以整合,供人参考,但割裂了不同层面之间的联系;此外,我国教育学存在的主要问题在于,教育学关于教育性质、特征的表述不足以表达事物特殊性质,各种"意义"表述只谈绝对价值、忽略比较价值,看似丰富的"教育原则""教育内容""教育方法",彼此割裂,缺乏对彼此间具体联系的考察。③ 陈先生认为,在对教育学性质的认识上,一直以来就有"科学"和"规范"之争,尽管这种争论在一定意义上也促进了教育的多方面研究,但教育学与教育实际之间依然存在双重隔膜。一方面,"教育学的研究对象基本上止于显性教育结构的格局和明显的或隐含于显性教育结构中的规范";另一方面,"虽然是规范的教育学,其中不免有许多关于现行教育规范的解释,但往往又游离于这种规范"。④ 教育学如果不以教育的具体实践为研究对象,不分析教育结构运行的实际情况,其中所援引的教育事实与数据不仅成为一种装饰,其研究方法与表述方法也不免带有传统的社会科学研究方法的缺陷。他认为,在不泯灭教育的规范研究与科学研究的界限的前提下,在"科学"一词的广义上,可以把规范的教

---

① 陈桂生:《教育学的迷惘与迷惘的教育学——建国以后教育学发展道路侧面剪影》,《华东师范大学学报(教育科学版)》,1989年第3期,第33—40页。
② 侯怀银、周郅壹:《中国共产党领导下我国教育学教材建设的回顾与启示》,《课程·教材·教法》,2022年第5期,第18—25页。
③ 陈桂生:《教育学的建构(增订版)》,华东师范大学出版社,2009年版,第152页。
④ 陈桂生:《关于教育的科学研究与规范研究——再论〈教育学的迷惘〉》,《课程·教材·教法》,1993年第7期,第51—53、34页。

育学列入教育科学。陈先生在反思教育学体系所存在的问题之后,中国教育学的出路已然隐约存在于问题的提法之中。

(二)率先尝试"元教育学"研究

为破解教育学反思之后的教育学之困,陈先生试图从教育学"元理论"研究入手,寻求答案。他在与研究生共同研读布雷岑卡(Wolfgang Brezinka,1928—2020)的《元教育学》的同时,在尝试学习、吸收、借鉴布雷岑卡的元教育学思想,以教育理论本身为研究对象,分析教育理论本身的性质、基础、结构、类型、建构方法以及发生和演变的过程中,形成自己独特的"元教育学"见识:1."元教育学"的研究对象传统意义上是教育学。他认为,现代出现了同一现象成为不同学科研究对象的新情况,相应的每门学科的研究对象便区分为实质对象与形式对象,前者是学科关注的客观领域,后者指不同学科关注同一客观现象的不同视角。"元教育学"以教育学为实质对象,由于其形式对象的不明造成了诸多误解。2."元教育学"撇开教育学的历史内容,只关注教育学陈述的形式问题。它对教育学陈述体系的形式分析实际上是一种逻辑-语言层面的分析。3. 教育学用"对象语言"(用以陈述对象的语言)陈述,"元教育学"是一种专门讨论理论陈述规则的领域,需要用"元语言"(以对象语言为分析对象)陈述。[①]

教育学是多种理论的混合体。历史上有人把教育学区分成理论教育学和实践教育学,布雷岑卡将教育学区分成科学教育学、哲学教育学或规范教育学、实践教育学等三种教育理论类型。陈先生根据自己对中外教育学现象的考察,提出了将教育学分成教育科学理论、教育价值理论、教育规范理论和教育技术理论的教育理论"四重划分象限图式"的假设。"教育科学"产生于教育技艺、经验,以事实为研究对象,随着教育技术的发展而演进;经过教育价值评价与选择发生效用。"教育价值理论"基于教育"是什么"的事实判断,对已经存在的教育事实作出价值判断与选择;教育价值观念转化为教育

[①] 陈桂生:《"元教育学"问对》,《华东师范大学学报(教育科学版)》,1995年第2期,第37—45页。

规范才能发生效用。"教育规范理论"根据教育价值观念对教育技术作出评价与选择，把技术知识转换成特殊情境中可用的知识，据以确立教育规范；缺乏技术基础的规范不具有科学性，很可能同教育规律相悖。在教育科学形成后，将根据科学研究成果构建可靠的教育技术理论；教育技术理论的成果纳入规范才能产生效用。总之，科学-技术理论是价值-规范理论的客观根据；科学-技术理论经过价值评价与选择转化为规范，才能在实践上产生效用。① 四种理论分别回答教育中"是什么-曾经是什么""做什么-怎么做""应当是什么""应该做什么-应当怎么做"的问题。不同性质的教育理论，检验的标准各不一样。在此基础上，陈先生还运用元教育理论对"教育学史的基本范畴""教育学研究对象""教育理论成分""教育科学""教育研究方法""教育学同相关学科及子学科的关系""教育学独立学科地位""实践教育学"等诸多问题进行考察与辨析，将具有中国特色的今古比较、中西比较的历史研究方法论的元教育学研究推向纵深。②

（三）教育学理论体系的建构与创新

尝试建立一个相对严密的教育学理论体系，是我国几代教育学家的夙愿，"构建较为严密的教育理论体系这种事总得有人去做"③。1980年代末以来，陈先生专注于教育学的理论研究，凭借宽阔的学术视野和深厚的理论功底，运用他在长期研究马克思主义经典作家的教育思想中领悟到的历史唯物主义思想方法，系统梳理欧美国家和中国教育思想与理论的演变历史，深入考察当今世界教育变革趋势和中国教育发展实际，剖析教育现象，辨析教育概念，撰写了被誉为"教育原理三部曲"的《教育原理》（1993、2000、2012）、《学校教育原理》（2000、2012）、《普通教育学纲要》（2009）等一系列教育学理论著作，在观点、理论、方法方面颇多创造性建树，显示出鲜明的学术个性，

---

① 陈桂生：《略论教育学"研究方法意识朦胧"现象》，《教育研究与试验》，1994年第2期，第1—7页。
② 陈桂生：《"教育学"辨——"元教育学"的探索》，福建教育出版社，1998年版。
③ 陈桂生：《教育原理（第二版）》，华东师范大学出版社，2000年版，序第1—6页。

在我国数量众多的教育学理论著作中独树一帜。

陈先生的《教育原理》与以往教育学的区别在于，首先，在概念上，以往人们在界说各种教育基本概念时，往往夹杂许多涉及价值取向的规定，导致概念的内涵失之过深，概念的外延过于狭窄。该书对教育概念的内涵与外延进行了分析，尽可能清楚地呈现教育概念的层次。其次，以往教育学中包含许多指明教育现象程度差异的概念，唯对于变量的意义估计不足、分析不够。该书则对不同类型教育主体或对象下教育过程、教育实体、教育系统的差异进行了分析。再次，已往教育学的陈述似存在事实判断与价值判断混淆，特别是以价值判断代替事实判断的现象，甚至在教育研究中还存在以一定时期的价值取向剪裁历史上的教育事实的现象。该书则将客观存在的事实、逻辑上可能存在的事态、应有的事态（价值取向）与可行的抉择这样四个层面进行了分类，并兼顾这四个层面。最后，关于理论框架，现有教育学理论框架的特点是由外而内、由大到小，或者说是由彼及此、由抽象到具体。该书则尝试另一种思路，即由内而外、由小到大，或者说由此及彼、从具体到抽象。此外，该书另一个鲜明的特点是，对于所涉及的问题，凡作出价值判断的场合，概以马克思主义理论为准绳。即运用马克思主义的理论和方法分析一系列深层次的教育基本理论问题，但又未局限于马克思主义经典作家提到的教育命题，而是注重运用马克思主义的理论和方法分析教育现象和教育问题。构成陈先生"教育原理三部曲"的《学校教育原理》[①]则回归"教育"本身的问题，一方面，不再将不同社会-文化中的教育作为教育原理的主题，而是将这些主题交由教育哲学、教育社会学与教育文化学研究，但仍不忽视把各个教育问题放在一定社会-文化范围中审视；另一方面，从对教育学、学校总体的讨论，延伸为对课程、德育、师资等问题的讨论。《普通教育学纲要》[②]则把教育诸问题当作"事情"观察，尝试教育问题的系统分析。

陈桂生先生的"教育原理三部曲"，是他在对教育进行历史的逻辑分析、历史的比较研究、历史的具体分析、完整考察构成教育现象的诸多环节和方

---

① 陈桂生：《学校教育原理（增订版）》，华东师范大学出版社，2012年版。
② 陈桂生：《普通教育学纲要》，华东师范大学出版社，2009年版。

面的基础上,在区分"教育理论"与"关于教育的理论"的意义上,①将历史上发生过的重大教育经验和研究成果整合在一个系统的教育理论中,重新构建中国特色社会主义教育学的分析和论述框架,一个具有普适性的普通教育学体系,被公认为我国改革开放以来最具创造性和理论性的教育学术著作。有学者评价:"陈桂生先生将当代中国教育学的认知水平,提升到了一个新高度。"②实然,陈先生所建构的独树一帜的普通教育学理论体系,连同其中包含的历史的、比较的、逻辑的、具体的分析方法,为现代教育学的理论建设作出了独到贡献,在很大程度上改变了中国教育学研究的面貌,使中国教育学研究耳目一新,同时也提升了中国教育研究的理论品位,改善了教育学的学术声誉,为建构具有中国特色、中国学派的教育学理论体系作出了独到的贡献。北京师范大学黄济先生在祝贺"大夏书系·陈桂生教育学文丛"出版之际盛赞道:"'风乍起,吹皱一池春水。'在百花齐放的教育论坛上又增添了一株鲜艳的新花。"③由衷的赞誉,发自肺腑。

三、基于"广义德育"的德育理论认识与实践

如前所述,陈先生的德育研究事出偶然,但却探索出一条从马克思主义经典作家论述出发,从伦理学经典入手,检讨和分析中国德育问题,建构德育分析框架,形成全方位德育理论体系的德育研究模式。马克思主义经典作家的道德观为其德育研究奠定了理论基础,而包尔生(Friedrich Paulsen, 1846—1908)的《伦理学体系》④、杜威(John Dewey, 1859—1952)和詹姆

---

① 陈桂生:《略论"教育理论""关于教育的理论"与"元教育理论"》,《教育研究与实验》,1997年第2期,第22—24页;陈桂生:《教育学究竟是怎么一回事:教育学辨析》,上海教育出版社,2020年版,第296页。

② 张建国、刘磊明:《教育学人风采——陈桂生》,《现代教育论丛》,2022年第3期,封2。

③ 陈桂生:《"普通教育学"研究旨趣》,《中国教育科学》,2015年第3辑,第36—81、244页。

④ [德]弗里德里希·包尔生:《伦理学体系》,何怀宏、廖申白译,中国社会科学出版社,1988年版。

斯·塔夫茨（James Walker Tufts，1835—1902）的《伦理学》①以及涂尔干（Émile Durkheim，1858—1917）的《道德教育》②等伦理学著作的深研，使其德育研究具备了坚实的伦理学基础。德育研究最终需要分析和解决中国德育问题，而问题的认识、分析与解决，又需要全新的认识与分析框架。

  陈先生的德育研究，是以马克思主义道德观为基础的。通过长期的马克思主义教育思想研究，他发现，马克思主义经典作家对资产阶级道德体系以及灌输资产阶级道德体系的教育，在原则上是否定的；但是，从马克思主义道德观看来，没有对资本主义道德教育完全否定。马克思恩格斯将"道德"理解为"人们用来调节人对人的关系的简单原则"③，道德是人类共同生活需要遵循的原则。恩格斯在《反杜林论》中区分了代表不同阶级利益的三种道德，即封建主义的道德、资产阶级的道德和无产阶级的未来的道德，但认为，"这三种道德论代表同一历史发展的三个不同阶段，所以有共同的历史背景，正因为这样，就必须具有许多共同之处"④。认可它们之间也有"共同之处"⑤，通过分析历史上关于"道德问题"的认识，陈先生形成了有关道德教育（狭义"教育"）的逻辑范畴体系，那就是从以"道"（价值观念）为主到以"德"（行为规范）为主到以公民道德为底线的核心价值导向变化。这种道德以及这种道德分析方式，对他此后对德育概念的澄清、对"德育"与"道德教育"关系的区分，以及"德育"与世界观教育、政治教育、法制教育、心理教育等边界的分析，⑥都起了重要作用。

---

  ① ［美］约翰·杜威、詹姆斯·塔夫茨：《伦理学》，魏洪钟、蔡文菁译，华东师范大学出版社，2020年版。
  ② ［法］涂尔干：《道德教育》，陈光金、沈杰、朱谐汉译，上海人民出版社，2000年版。
  ③ ［德］恩格斯：《英国工人阶级状况》，人民出版社，1956年版，第157页。
  ④ ［德］恩格斯：《反杜林论》，载华东师范大学教育系《马克思恩格斯论教育》，人民教育出版社，1986年版，第283页。
  ⑤ 陈桂生：《马克思恩格斯怎样看待资本主义德育》，《教育理论与实践》，1985年第1期，第1—5页。
  ⑥ 陈桂生：《"德育"是"道德教育"的简称吗》，《中国教育学刊》，1996年第6期，第12—16页。

中外（西方）德育概念内涵存在明显区别。在陈先生看来，我国通用的"德育"一词表达的是"德育"的广义，这种广义"德育"即狭义"教育"，包括旨在培养学生道德品质的"道德教育"，旨在提高学生社会-政治素养的"社会政治教育"（或"公民教育"），以及旨在陶冶学生以正当的价值观念、人生观念、世界观念为核心的精神品格的"思想教育"。本来意义上的"教育"就是对学生心灵发生影响，其内涵以道德教育为核心，同时又不局限于道德影响，涉及人格诸方面及行为表现。在传统教育学体系中，以"训育"与"教学"作为基本学校教育实施途径，为教育学的根本概念。"训育"的原义是"有目的地培养学生"（即狭义"教育"），只是在实践中被狭隘地运用，成为"德育"的同义词。狭义"德育"原是同"智育""美育""体育"对举的概念，德育最基本的价值正在于使学生获得正当地运用自己的知识与能力所必要的起码的品德、社会政治教养和积极向上的精神与情操。近代西方国家自觉把"道德"同政治、法律、宗教区分开来，甚至在某种程度上对立起来。而我国自古代起，"道德"就是世界观、人生观、价值观、政治取向与规范、日常行为规范的混成体，在近代社会的分化中，"德育"仍能包容其他社会意识形态方面的教育。由于"德育"涉及社会价值观念与行为规范问题，社会价值观念与行为规范虽然也有一定的稳定性，但在社会变革年代，"德育"在教育中的地位问题就会凸现出来。

　　针对我国中小学普遍存在的把"德育"当"工作"，甚至设置专门的"德育工作者"的现象，陈先生提出质疑：学生的思想品德除了他们自身的努力外，单靠一部分人和一部分工作能够形成吗？而解决此问题的关键在于究竟在什么角度上划分德育、智育和体育才有意义。通过历史的比较的分析，他发现：首先，尽管赫尔巴特率先对学校工作职能做出划分，但赫尔巴特学派中并无"德育工作者"与"非德育工作者"之分，教学人员是比"训育"人员更加名副其实的"德育工作者"；其次，学校中任何一项教育举措很难简单地归结为某一育，单以发展学生的道德、智慧与身体为教育目的，不及在教育总体上作德育、智育与体育的划分，可使"每个教师"树立全面的教育观念；再次，德育、智育、体育应如"金字塔的三面"，是教育目标上的三项规定，如若成为"鼎之三足"，则造成工作职能的不恰当分野。由此，他判断，孤立的"德育过程"并不存在，需要进一步确立"全方位德育过程"观念：一方面，关注"学生日常生活中表现出来的善良本性和行为抉择倾向"[①]，发挥教学过程中的"教育性"价值；另一方面，明确所有教师的伦理责任，而不仅仅将学校德育工作局限于"德育工作者"的职责。因此，他提出了基于"广义德育"的"全方位德育"观[②]，即"德育"不是一项单由少数专职"德育工作者"所能承担得起的工作，应是学校中所有工作人员的共同职责；没有所谓的"德育工作者"与"非德育工作者"之分，所有教师都应当是"德育工作者"；不仅如此，其成效还取决于家庭和社会有关部门的充分支持与配合，学校所有工作人员以至整个社会，都应树立"全方位德育"观念。在具体的德育实践中，他倡导建立"全方位德育"的教育机制，基础教育中"德育"的实施，一般通过文化课程，特别是具有人文精神和社会精神的课程使"德育"理性化；通过管理，辅以学生日常行为分析、指导以及行为规范的要求，规范学生的行为。

以此为依据，陈先生对当代中国德育问题进行了历史的、逻辑的、比较的分析与梳理，批判了现有德育实践中存在的德育概念不清晰、德育目标中的德目主义、德育目标与手段脱节、强调"德育工作者"的德育而忽视课程教学中的德育现象的诊断等问题。《中国德育问题》集中体现了他的德育思想，涵盖了德育的性质与结构、德育目标、德育的实施过程、途径与运行机制、德育的理论源流等问题，形成了一系列行之有效的德育经验形式，建构了将各种德育经验形式按教育、课程、训练、管理和环境影响加以归类、分析的德育分析框架，[③] 以此明辨各种德育经验的不同性质。

以基于"广义德育"的"全方位德育"观为基础，陈先生分析和批判了"德目主义"倾向。德目，即德育的目的，指将德育的基本目的化为若干具体目标，用诸如诚实、守信、勤劳、俭朴等经过选择的道德观念、道德规范形成一个类似"美德袋"的德育目标目录。学校按照法定的或自定的"德目"，

---

① 陈桂生：《德育引论》，华东师范大学出版社，2018年版，第80页。
② 陈桂生：《确立"全方位德育"观念》，《上海教育科研》，1992年第2期，第3—6页。
③ 陈桂生：《中国德育问题》，福建教育出版社，2006年版。

对学生逐一讲解和训练，这便是"德目主义"。[①] 学校德目主义现象严重，德育大纲、"学生守则"、"学生日常行为规范"，以及学校根据自身特色打造的各类德目、亚德目，名目繁多。在他看来，"德目主义"的理论假设是错误的，在实践上是不可行的。就理论假设而言，德目主义假定可以像客观的科学知识那样将善的知识（如关于正直、诚实、勇敢、爱国主义、集体主义等知识）"教"给学生，学生接受了、理解了"道理"可以自觉行善；在实践上，即使在活动与管理中进行德目的实施，但学生德性养成是一个整体，以单个"德目"为纲领的教育很难使学生的德性从根本上发生变化，更何况有些德目设置随意性大，德目间缺乏清晰的逻辑性与系统性。学校中存在着多"德目"、乏"主义"现象，而且，一些学校在特定时间、特定情况下，选择某种法定或自定的"德目"作为切入口，重点突出，聚集力量，按照法定或自定的"德目"对学生逐一讲解与训练。[②] 此类举措，表面上或有成效，但由于多数老师将德目实施视为工作任务较少顾及到德育效果，[③] 其"成效"也就大打折扣，加之一些学校以某种"德目"别树一帜，打造学校办学特色，罔顾学校与学生实际，甚至违背教育常识常理，如此虚假"德育"就失之"道德"了。在德目主义大行其势的现状下，陈先生的分析针砭道德教育时弊，对改善中小学德育实践具有方向性的指引。

四、中国教育的历史与文化研究

从 20 世纪 80 年代中期开始，陈先生运用历史的逻辑的分析、历史的比较的分析和历史的具体的分析方法，考察中国教育的历史和文化，涉及孔子授业、师道和师资文化等诸多专题。

（一）孔子授业研究

有关孔子研究的成果可谓汗牛充栋，想要有所创新，实属不易。陈先生

---

① 陈桂生：《"德目主义"评议》，《当代教育科学》，2003 年第 8 期，第 5—6、12 页。
② 陈桂生：《"德目主义"评议》，《当代教育科学》，2003 年第 8 期，第 5—6、12 页。
③ 陈桂生：《"德目主义"评议》，《当代教育科学》，2003 年第 8 期，第 5—6、12 页。

认为，研究孔子，首先不在于做什么，而在于不做什么，不在于提供什么看法，而在于撇开什么看法，去除对原始资料的先入之见，由此，另辟蹊径，不以孔子教育思想为研究对象，而是把孔子授业作为一个文化问题加以考察，系统研究孔子授业的实践逻辑、授业特点与认识价值。他以《论语》透露、传递的有关孔子授业行为、师生互动等信息为依据，对前人的相关论断进行审慎辨析，运用尽可能全面的资料加以参证，分析教育形式化初期的教学和指导方式，并从总体上把握孔子授业之要义。他认为，孔子授业，发生在两千多年前，较为朴素、单纯、简便，甚至谈不上有序，然而，正由于它较为朴素、单纯、简便，不成系统，因而可能更加接近授业原本的性质，即教弟子学，为行而学，因学而教，旨在使人为善，说其"教学做合一"亦不为过。[1] 孔子授业，是中国授业文化的源头，此后，越来越高级、越来越复杂的教育体系、授业制度，正是从这种单纯的授业格局中转化而来。

陈先生认为，孔子授业是一种君子之教，在性质上属于伦理之教。这种伦理之教又是以礼乐为核心价值观念的"君子之儒"的教化，他不局限于指导一般的道德关系，更关涉上与下之间的伦理价值判断，其中对政事的关注即与出仕相关联，但以"用之则行，舍之则藏"保持君子之教的本色。陈先生认为，作为君子之教，故以修身为本，又以学为修身之途径，授业过程中的各种关系具体表现为：学以求善、学以求知、学而后思、学以致用。弟子为学而用，乃师因学而教，而这正是孔子授业，作为中国古代非制度化授业文化的源头与代表，有别于西方近代以来制度化授业文化的地方。

（二）师道与师资文化研究

陈先生对现有《教育学》教材论述教师的相关章节内容单薄，甚至有的教材根本不提教师，"师道"概念与理论在西学东渐过程中几乎为人遗忘等现象，深感遗憾和痛心。为此，从本世纪初开始，重拾"师道"话题。在《师道实话》中，从"教师职业""教师角色""教师修养""师道别解"等维度考

---

[1] 陈桂生：《孔子授业研究》，上海教育出版社，2020年版，序。

察了教师的诸多形态，①此后尝试对师资问题进行历史的逻辑的分析，继而转向挣脱西学东渐窠臼，从"师道"原义探求我国古代教育学说的历史特点，进而提出"以'师资文化'为专门领域"，剖析以师道为核心价值观念的师资文化，通过这一系列研究，将师道问题重新拉回到教育学视野。

陈先生对师道与师资文化的研究师承萧承慎先生。萧承慎先生在《师道征故》中将"师道"区分为教师的"为师之道"、国家与社会的"尊师之道"以及学生的"求师之道"。②从萧承慎先生的"师道"说出发，陈先生认为，"师道"有广狭两义，"为师之道"属狭义的"师道"，是"师道之中心"；相对于"为师之道"，"尊师之道"与"求师之道"是社会的"尊师"观念，属广义的"师道"。③他进一步通过辨析"师道"与"师德"概念的区别，来澄明何为师之"道"。在他看来，"师德"是教师行为规范，主要涉及教师履行职能中"必须"做什么、"必须"这样做和"禁止"做什么、"禁止"那样做的问题；而其中隐含着的教师"应当"做什么、"应当"这样做和"不应当"做什么、"不应当"那样做的价值判断，是对教师行为正当性的判断，这种对教师行为的应然的价值判断，才是师之"道"。④

通过历史的探析与考辨，陈先生发现我国的师资文化以"师道"为核心价值观念，这种师资文化在传统教育文化中一以贯之。他进一步剖析这种以"师道"为核心价值观念的师资文化的合理性，⑤建构起从古代的"师道"到近代的"师德"到现代以"师德"为底线、以"师道"为导向的逻辑系统，认为，正是这种隐含正当教育价值观念的"师道"，才是我国师资文化传统的特色：尽管我国确有近代科学性质的对教育事理与教育法则的探究，却不乏

---

① 陈桂生：《师道实话》，华东师范大学出版社，2004年版，2009年第二版。
② 参见萧承慎：《师道征故》，文通书局，1944年版；萧承慎：《师道征故》，载杜成宪《大夏教育文存·萧承慎卷》，华东师范大学出版社，2018年版。
③ 陈桂生：《师道实话（增订版）》，华东师范大学出版社，2009年版，第63—66页。
④ 陈桂生：《师道辨析》，《河北师范大学学报（教育科学版）》，2008年第5期，第86—87页。
⑤ 陈桂生：《我国以"师道"为核心价值观念的师资文化的合理性刍议》，《中国教育科学》，2021年第3辑，第47—50、141页。

独特的以"教师为本"的师资文化,这种"师道"使教师这一职业倍受全民尊重,维系并激励着教师的授业行为,并在一定程度上成为教师授业的鞭策与动力,对于教育实践而言,发挥了一般教育理论难以起到的作用。

陈先生在中西教育文化比较中,发现中国教育学的特色在于这种基于"师道"的师资文化。他认为,中西师资文化的差异,根植于双方的教育文化。中国古代师说的要义在于"师道",偏重对教师道德人格、社会地位的关注,但却鲜有授业之"理"与授业之"法"的系统研究,西方教育学、教学法重在授业之理与授业之法的探求,然而,正是这种自古以来形成的以"师道"为核心价值观的师资文化赋予教师的教-学活动以价值追求。中西师资文化是不同社会历史文化的产物,解决的问题不同,但是,无论旨在使教师理性地运作,还是教师价值追求与职业态度,都是教育学有待解决和正在解决的问题,两种取向,并非非此即彼。① 然而,西学东渐之后中国师资文化,相对关注教师的授业之理与授业之法,反倒成中国师资文化的"问题"。中国特色教育学的建构,尚需以师资文化为中心,从中国传统教育文化中汲取滋养,② 帮助指导教师合乎教育与教养价值常规、常理地授业。

五、实践教育学与教育行动研究

陈先生的教育行动研究以及对教育实践问题的关注看似偶然,但是,实际上,与他对教育理论与教育实践关系的认识、他对教育学的反思与重建,都有着紧密的关联。

(一)关于教育理论与实践关系、实践教育学的认识

教育理论与实践关系是教育学中的老旧但重要的话题。在我国,关于教育学如何有效地指导实践,也同如何使其成为一门学术声誉较高的科学一样,

---

① 陈桂生:《"师资文化"引论》,《中国教育科学》,2016年第1辑,第2—15、232页。

② 陈桂生:《萧承慎中国师资文化研究的学术价值——基于教育学术史的探查与考辨》,《基础教育》,2018年第5期,第5—8、18页。

一向受到关注。① 在陈先生看来，与其苦口婆心地重复"理论联系实际"的说教，不如冷静地具体分析"理论"与"实际"的内涵，探索理论与实际联系的中介，尤其是在承认理论本身也有不同层次的区分基础上，厘清不同学科联系实际的不同范围与层次。② 他坚持教育理论的四分法，认为教育科学发达的国家都经历过注重教育基础理论研究的阶段，深厚的理论功底能够为教育科学、教育技术的发展提供重要的理论支撑，而目前被曲解了的"理论联系实际"的观念正妨碍我们夯实教育理论功底。鉴于教育理论界存在事实判断与价值判断相混淆、可能判断与可行判断相混淆等现象，他将教育区分为"实然状态""盖然状态""应然状态""可行状态"，一方面承认教育知识的性质不同、不同性质的教育理论之间存在逻辑鸿沟，因而尽可能分清客观存在的教育事态、逻辑上可能发生的事态、价值取向上应有的态度、实践中可行的抉择；另一方面又适当兼顾四方面的陈述，以跨越不同性质教育理论之间的逻辑鸿沟。

陈先生认为，教育理论和教育实践有着不同的逻辑，并进一步提出"教育实践理论"，或"实践教育学"。实践教育学是不同于教育科学-技术理论、但以科学-技术理论为基础的教育规范理论，属"教育规范科学"。一方面，通过对广泛的教育实践进行历史的比较的研究，从中概括出教育的各种纲领性定义与规范性命题，并把同级同类的不同概念与命题放在一定的社会-文化背景上考察，合乎逻辑地分析相关概念之间的关系和相关命题之间的联系，分析其中隐含的教育价值观念，作出恰当的价值评价；③ 另一方面，指向本国教育实践（不局限于本国实践），阐明本国教育价值观念-规范，回答教育"是什么""做什么-怎样做"，着重回答教育"应当是什么""应当做什么-怎样

---

① 陈桂生：《"教育学"辨——"元教育学"的探索》，福建教育出版社，1998年版，第107页。
② 陈桂生：《怎样跨越教育理论与实际之间的鸿沟？》，《上海教育科研》，1993年第4期，第16—18页。
③ 陈桂生：《"教育理论与实践关系问题"的再认识》，《湖南师范大学教育科学学报》，2005年第1期，第8—10、17页。

做"等问题,进而指导教育实践。①

(二)"到中小学去研究教育"

陈先生倡导教育行动研究,主张"到中小学去研究教育"是他"理论联系实践"、教育研究要指导实践同时建构实践教育学等主张的逻辑延伸。他认为,教育行动研究是:(1)"为了教育"的研究——教师为了改进自己的教育行动而进行的研究;(2)"在教育中通过教育"的研究——从在实践中发现的问题或自认为值得研究的问题出发,通过学习相关知识与理论,或参考他人经验,不断地分析问题与解决问题,使一般的知识、经验与理论转化为自己的知识、经验与理论;(3)"以教师为研究主体"的合作研究,是教师自己的研究。"到中小学去研究教育",就是要教育理论工作者深入中小学、同中小学教师合作,进行以中小学教师为研究主体的教育行动研究,帮助中小学教师结合自己的学校生活做改进自己的教育教学的研究。在具体的方法上,他认为,关键在于实践反思和过程叙述,以情况调查和案例研究为切入点,从案例研究到问题研究,再从问题研究到实验研究,逐步形成"发现问题—分析问题—解决问题"的研究路径与分析框架。在他看来,教师的本职工作是上课,教师的行动研究自然与上课密切相关,教师要用自己的语言,阐述自己的问题,教师的研究终究要走向教学法研究。值得关注的是,陈先生通过近十年与中小学合作的行动研究,从理论与实践相结合的视角,探索出一条从教育个案研究上升为教育问题研究进而转化为教育行动改进的教育实践研究路线,也探索出教学(教育)研究—课题研究—教师在职(校本)进修"三位一体"的具有中国特色的合作研究模式。他因此总结指出,教育行动研究"不提供具有一般指导意义的理论陈述,而通过实践者的理性思考,改进实践。这类研究也可能提供教育经验总结之类的研究成果,但从局部实践经验(即使参照若干教育文献)很难上升为一般理论"②。

---

① 陈桂生:《"教育学"辨——"元教育学"的探索》,福建教育出版社,1998年版,第107—114页。

② 陈桂生:《教育学的建构》,湖南教育出版社,1998年版,第156页。

下篇 "天行健吾道不孤"
——陈桂生先生教育学研究的特点、成因与影响

陈先生在1994年撰《名未定室铭》，感叹自己"天行健吾道不孤，地无常缘分频转"的"遭遇教育学"经历。1996年退休时，再度修订。如此，学生、好友存念的具有陈氏书法风格的手写体《名未定室铭》就有两个版本。2012年，为庆贺陈桂生先生八十寿诞，在胡惠闵先生的努力下，华东师范大学出版社出版十二卷的"大夏书系·陈桂生教育学文丛"，"文丛"为每本书特制的书签就是1996年署"秦邮 陈桂生 甲戌十一月一日草 丙子十一月一日略改"的这篇《名未定室铭》：

淡泊非为明志，宁静无干致远。倦迎送，疏检点，绝敷衍。远小人不近君子，行吾素懒叨恩典。岂"不恭"哉！盖知老之已至矣！子曰："老思死则教。"闻铃急，握一卷，对莘莘学子，庄谐杂沓，侃侃如缕。苟窃几许共鸣，毋劳加冕。挽二三子，共渡学海。仰睎太虚，俯眇书缝，泛不系之舟，拂积尘之染，辨老生常谈，话"家"长"理"短，果添呆气，幌若高选。居闲日，厌闻鸡犬。展三两笺，爬百十格，不拘一款。招摇儒林，气吞孑孓，涉险成趣，懒理褒贬。天行健吾道不孤，地无常缘分频转。往事云烟过眼，去日苦多，此生无悔，老而未衰，后福匪浅。但获些微自在，遑虑天谴！偶浮大白，漫点青烟，问触天籁，诗意缱绻。唵！人不谓之得道，吾必谓之到矣！

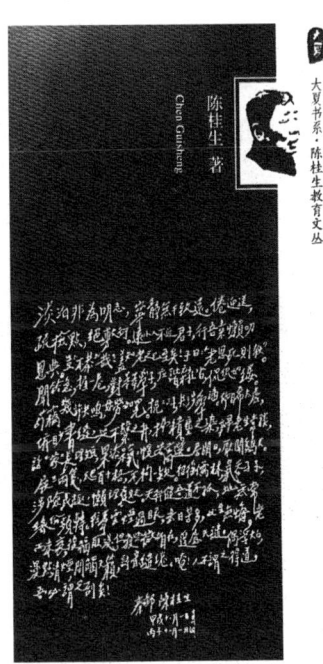

2012年，华东师范大学出版社为十二卷"大夏书系·陈桂生教育学文丛"特制的书签。

"只有以教育学为事业的人才可望在教育学上有所建树。"① 一篇《名未定室铭》,贴切而深刻地反映了陈先生教育学研究的心路历程。在此过程中,一直萦绕心头的"教育学究竟是怎么一回事?"心结激励他在教育学研究道路上一路求索,不断变换的研究主题与睿智、丰富的教育思想,连同在此探索过程中形成的独特的研究方式,共同构筑起使他沉浸其中的独特的教育学精神家园。这一精神家园又是他在与前辈恩师、同事同行同道、弟子后学的多样化互动过程中形成与完善的。而陈先生所取得的教育学学术成就,已经深得学界肯定,已经并将持续对中国教育学研究产生深远影响。

一、陈桂生先生教育学研究的方法论特点

陈先生教育学研究的成就与贡献,不仅体现在他所贡献的教育思想智慧,还体现在他在此探索过程中形成的独特的思维与研究方式,这主要体现在他源自马克思主义经典作家的精读原著、积累学术素养,体现在他注重基于教育概念辨析与形式化的教育学论证,体现在他始终坚持历史分析与逻辑分析相统一的研究范式,不断自我反思,自我否定,自我更新。

(一)藉精读原著积淀深厚学养

恩格斯1884年在给德国社会民主党人的信中指出,研究社会科学必须"从真正古典的书籍学起,而不是从那些最要不得的德国经济学简述读物或这些读物的作者的讲稿学起"。只有"研究原著本身",才"不会让一些简述读物和别的第二手资料引入迷途"。② 1890年在致友人约瑟夫·布洛赫的信中写道:"我请您根据原著来研究这个理论,而不要根据第二手的材料来进行研究

---

① 陈桂生:《回望教育基础理论》,北京师范大学出版社,2008年版,第9页。
② [德]恩格斯:《致格奥尔格·亨利希·福尔马尔(1884年8月13日)》,载中共中央马克思恩格斯列宁斯大林著作编译局《马克思恩格斯全集(第36卷)》,人民出版社,1975年版,第200页。

——这的确要容易得多。"① 在研究马克思主义经典作家教育思想的过程中，陈先生深受恩格斯关于阅读原著的研究方式的影响，无论是研读马恩经典原著，还是阅读中外教育名著，他都不仅自己精心钻研，还带领学生精研名著，鼓励督促学生翻译研究外文文献，获取新知，汲取、积累学术营养。陈先生认为，阅读教育名著，需要有三个视角：捕捉教育历史信息；走近教育家，了解他们各自观察教育问题的思路，借鉴不同的思路，打开自己的思路；吸收教育智慧。② 有趣的是，虽说是"外语盲"③，但他在带领研究生研读译稿的过程中，会敏锐地发现其中的翻译错误，不禁令人称奇，也心生忐忑。早在 1960 年代初，他曾系统阅读教育名著，从柏拉图《理想国》到凯洛夫《教育学》，每读一本著作，都系统地做笔记；多年以后，重新阅读、整理，形成《教育名著指要》④。在研究元教育学过程中，指导研究生黄向阳、冯建军、周兴国逐章翻译布雷岑卡的《元教育学》，逐章逐节讨论，从中获得有关元教育学的新知；在指导德育原理专业研究生时，与黄向阳、俞秀兰一起从头学习包尔生的《伦理学体系》、杜威和塔夫茨的《伦理学》；他还指导研究生曾令奇、朱晓红、张俐蓉翻译卡尔（Wilfred Carr）的《保卫教育》⑤，学习批判教育学；指导研究生冯建军、周兴国翻译卡尔和凯米斯（Stephen Kemmis）的《变成批判性研究：教育、知识与行动研究》⑥，学习和研究"教育行动研究"。正是这种基于研读原著的学习和研究范式，使陈先生始终在与中外不同的先

---

① [德] 恩格斯：《致约瑟夫·布洛赫（1890 年 9 月 21—22 日）》，载中共中央马克思恩格斯列宁斯大林著作编译局《马克思恩格斯选集（第四卷）》，人民出版社，2012 年版，第 606 页。

② 陈桂生：《教育学的建构（增订版）》，华东师范大学出版社，2009 年版，第 257 页。

③ 陈桂生先生自称"我是外语盲加电脑盲"。参见陈桂生：《教育学苦旅》，华东师范大学出版社，2012 年版，代序第 6 页。

④ 部分内容收入《教育文史辨析》。陈桂生：《教育文史辨析》，华东师范大学出版社，2012 年版，第 377—419 页。

⑤ Carr, W. (1995). *For Education: Towards Critical Educational Inquiry*. London: Open University Press.

⑥ Carr, W., and Stephen Kemmis (1986). *Becoming Critical: Education, Knowledge and Action Research*. London: Falmer.

贤对话，在他探究过的每一个领域，都不仅将经典烂熟于心，而且不断吸收学术新知，始终站在学术前沿。

（二）基于教育概念辨析与形式化的教育学论证

概念是理论建构的基本材料。论证所依据的基本材料残缺、破损（概念模糊、概念混淆等），很难建成稳固的理论大厦。① 在陈先生看来，每一个时代、每种社会-文化中，都存在当时当地比较通行的"教育"概念、教育常规、主流的教育价值取向。长期以来，由于教育理论界没有形成以"人工语言"表达"形式概念"的学科逻辑系统，在古今对比、中西对比中容易错位，发生"以古度今""以古例今"或"以西度中""以西例中"之类的现象，难以把古今中外的教育经验形式适当地整合在一个教育理论体系中。西方的"教育"研究，从问题出发，不遵循约定俗成的规则，而以"异于约（俗）"为宜，不断地探索；中国研究从已知出发，以"约定俗成"为宜，约定俗成，大家公认，也就"到此为止"。② "在教育学陈述中相当普遍地存在着教育理念与概念混淆的现象，导致教育概念的泛化与教育命题模糊不清，而人们对于流行的陈述套路往往习以为常，甚少按一定标准与规则加以分辨，故有澄清的必要。"③ 陈先生主张，中国教育学的建构应该由概念而始，他倡导一种基于概念的教育学论证；在建构中国教育学理论（教育原理）时，擅长细致辨析教育学中诸多常用的概念或术语，梳理教育基本活动演变的轨迹和教育基本问题的思想线索。

教育学理论研究以概念为其论证的逻辑起点，论证概念的单义性，即说一是一，说一不二，不致说三道四，以此合乎常理。④ 陈先生认为："专业性质的新词，是有别于习俗词语的术语。关于基本概念的内涵，由于每个事实

---

① 陈桂生：《教育原理》，华东师范大学出版社，1993 年版，第 190 页。
② 张建国、陈桂生：《概念是论证的逻辑起点》，《现代教育论丛》，2021 年第 4 期，第 76—79 页。
③ 陈桂生：《"教育学视界"辨析》，华东师范大学出版社，1997 年版，序。
④ 陈桂生：《中国教育文化的历史特点——关于若干教育基础理论问题的问对》，《现代教育论丛》，2022 年第 6 期，第 16—20、109 页。

发展到一定的程度，其内在的本质属性才显示出来，从而按照事物的本质属性以定义的方式确定概念的内涵。"①他通过对教育进行历史分析和比较研究，形成教育的逻辑范畴和形式概念，建构起一个整合古今中外教育经验形式的逻辑系统。在教育的结构分析上，形成从直接的"教育过程"（师生互动过程）到"教育实体"（如学校、家塾等）到"教育系统"（如学制）的逻辑范畴，以揭示教育结构的历史演进，反映现实教育结构多层次的丰富性；在教育组织分析上，形成从古代"非制度化教育"（从"非形式化"到"非实体化"）到近代"制度化教育"到现代"超越制度化教育的多种选择"的逻辑范畴，这一演变过程，不仅反映教育组织从哪里来，到何处去，而且可以用以衡量现实教育的组织程度，揭示教育问题的症结所在；在课程研究上，揭示了从古代"学程"到近代"教程"到现代"学程化教程"的课程逻辑范畴，以此反映课程从哪里来到哪里去，衡量现实课程的一般性质；在学生发展研究上，厘清"学生行为管理""学生行为指导"和"学生精神品格陶冶"之间的区别与联系；在学校管理与领导研究上，揭示了从"经验管理"到"规范管理"到"以规范为依据的领导"、从"家长制管理"到"民主管理"到"参与式管理"的逻辑范畴。这种范畴或概念可以超越具体历史时期具体文化背景的教育现象，涵盖古今中外的教育经验形式，因而可以用来表述教育的一般性和教育演变的逻辑。

在陈先生的普通教育学体系中，用以表达"逻辑范畴"的词语，如"教育结构""教育组织""课程""道德教育"，虽然是从自然语言中选取出来的，看似平常，但是因为表达的是"形式概念"，所以不会失去在同专业学者中取得一致性理解的单义性，因而近乎于教育学的术语。这正是历史的逻辑的分析到位而自然发生的结果。我们可以在他撰写的《常用教育概念辨析》②《教育学究竟是怎么一回事》③以及相关"教育学问对"等诸多教育学基本概念辨

---

① 陈桂生、殷玉新：《关于教育学基本概念的内涵问题——陈桂生先生教育学问对》，《当代教师教育》，2020年第13期，第1—5页。
② 陈桂生：《常用教育概念辨析》，华东师范大学出版社，2009年版。
③ 陈桂生：《教育学究竟是怎么一回事：教育学辨析》，上海教育出版社，2020年版。

析的文章、论著中看到，他采用历史的、逻辑的、具体的与比较的方法，从概念的原义和转义两个方面对教育、教养、课程、教学、五育（德育、智育、美育、体育、劳动技术教育）等概念进行了澄清。在他看来，为了沟通"古"与"今"、"中"与"外"教育的联系，除了"教育""教（教学）"之外，需要建立更有概括性的教育"形式概念"框架，涵盖更为广泛对象的抽象概念。这种"形式概念"，大致分为两个系列：标志教育结构层次的概念系列，如"教育过程""教育实体""教育系统"；标志教育组织独立与成熟程度的概念系列，如"形式化教育""实体化教育""制度化教育"。建立教育"形式概念"框架，表述教育结构的一般性质和教育演变的逻辑，其积极之义在于提高教育理论的概括程度，使其成为名副其实的"普通教育学"。实际上，陈先生普通教育学的逻辑系统之所以有强大包容性和解释力，正是因为他的教育学将一系列的教育概念形式化了。

（三）坚持历史与逻辑相统一的研究范式

陈先生在研究马克思主义经典作家教育思想的同时，学习、领会和掌握马克思主义历史唯物主义的历史与逻辑相统一的研究方法，并将这种研究方法贯穿于自己的教育学研究始终。恩格斯曾指出："逻辑的方式是唯一适用的方式。但是，实际上这种方式无非是历史的方式，不过摆脱了历史的形式以及起扰乱作用的偶然性而已。历史从哪里开始，思想进程也应当从哪里开始，而思想进程的进一步发展不过是历史过程在抽象的、理论上前后一贯的形式上的反映；这种反映是经过修正的，然而是按照现实的历史过程本身的规律修正的，这时，每一个要素可以在它完全成熟而具有典型性的发展点上加以考察。"[①] 在陈先生看来，教育学研究不能只用历史方法或逻辑方法，教育史研究以历史方法为主，但不能排斥逻辑方法；教育原理（理论）研究，以逻辑方法为主，也不能排斥历史方法；逻辑分析以历史分析为基础，历史的描述要以逻辑联系为依据。"我一直试图梳理教育问题的演变轨迹。轨迹弄清楚

---

① ［德］恩格斯、马克思：《政治经济学批判。第一分册》，载中共中央马克思恩格斯列宁斯大林著作编译局《马克思恩格斯选集（第二卷）》，人民出版社，2012年版，第14页。

了以后,其中发生的重要事情都可以在这个轨迹中找到生长点。"① 在自己的研究中,他坚持"对问题的研究从关注事情发生的源头入手,对各类教育学说的真假、对错辨析以免转移对教育本身的注意"②,始终致力于对教育进行"历史的逻辑的分析",在教育历史考察中寻找到教育的逻辑范畴,运用教育的逻辑范畴表征和分析历史出现过的教育经验形式,以逻辑范畴标识和揭示教育文化从古代到近代到现代的演变轨迹;致力于对教育进行"历史的比较的研究",从中国教育文化、欧洲大陆教育文化、英美教育文化的比较中抽象出教育一般范畴,并用以表达古今教育文化的异同、中西教育文化的异同;致力于对教育进行"历史的具体的分析",把研究对象放在一定的历史范围内和文化背景下加以考察,在做出判断时,具体现象具体分析,从而使教育一般回到具体,从大量教育事实中,抽象出相当于"最大公约数"的逻辑范畴,进而形成概念系统,再以逻辑范畴为比较项,重新解释不同时代、不同社会-文化中的教育现象。③

陈先生虽然认为自己的早期作品"并没有什么使我脸红的地方"④,但却反感教条,不故步自封。他从本义的"教育"与近代以来既涵盖"教学"又有别于"教学"的"教育"之间的区别,反思《教育原理》中的"教育要素分解";从"教育"概念所蕴含的道德人格之"善"、健全人格之"善"、社会性人格之"完善"反思对"教育"概念的辨析;从教育过程与劳动过程的区别,反思借鉴马克思劳动过程分析方法从教育过程的技术结合与社会结合的视角对教育过程演变的分析。如此不断自我批判、自我超越,促使他在否定自己已有认识与观点的基础上,形成新的认识视角,新的教育见识,不断修订再版著作。当被人问及"您的教育学研究,对中国教育、中国教育学研究

---

① 陈桂生:《教育学的建构(增订版)》,华东师范大学出版社,2009年版,第260页。

② 陈桂生:《中国教育文化的历史特点——关于若干教育基础理论问题的问对》,《现代教育论丛》,2022年第6期,第16—20、109页。

③ 陈桂生:《"普通教育学"研究旨趣》,《中国教育科学》,2015年第3辑,第36—81、244页。

④ [德]恩格斯:《英国工人阶级状况》,中共中央马克思恩格斯列宁斯大林著作编译局译,人民出版社,1962年版,德文第二版序言。

的最大贡献是什么？"时，陈先生淡然一笑，说他只是"用寻常的方法梳理教育的常理"①。在忘年之交吴国平博士看来，陈先生治教育学的特点，可以用两个字来形容："平"与"实"。所谓"平"，就是论常事，说常理，不哗众取宠，不摆花架子，既不巴结权贵，也不取悦读者，而是表征事实本身；所谓"实"，就是认识教育不受教条的限制，看事物从事实出发，以事实而非话题为思考、研究的对象和起点，以概念来构筑认识的基础，行历史的、逻辑的分析方法。②此言可谓一语中的。

二、于"不孤"中成长成事立言

"吾道不孤"贴切地描绘了他一路求索的心态与生态。如果说，阅读经典使他一直享受着与先贤思想激荡碰撞的"不孤"，那么，在他学习、成长、工作的过程中，这种"不孤"，体现在前辈恩师的提携帮助上，体现在同事同道的交流激发、推动上，体现在与弟子后学交流切磋使自己的思想日臻完善且形成发扬光大之效应上。

（一）得前辈恩师提携相助而"不孤"

无论是读书时代，还是入职之后，陈先生都深得前辈师长的悉心帮助。就读小学时的语文教师谢乃江先生长于作文指导，使先生"练就精炼的文字功夫"，从源头上影响了先生的命运。③读大学时的恩师萧承慎先生以治学严谨著称，讲求学术规范，言必有据，严格论证。④从大学二年级开始，几乎每个星期六（或星期日）晚上，陈先生都在萧先生家度过，"只谈学问，不谈琐事"⑤。在萧先生的精心指导下，陈先生养成认真读书的习惯，不仅"读懂了

---

① 2022年7—8月，范国睿对陈桂生先生的访谈。
② 吴国平：《陈桂生教育学研究思想管窥》，《教育发展研究》，2016年第10期，第61—68页。
③ 陈桂生：《课程实话》，华东师范大学出版社，2010年版，第210、198页。
④ 陈桂生：《课程实话》，华东师范大学出版社，2010年版，第210—211页。
⑤ 陈桂生：《教育学究竟是怎么一回事：教育学辨析》，上海教育出版社，2020年版，第387页。

以凯洛夫《教育学》为代表作的苏联教育学"①，还学会使用工具书、注重读书的选择；萧先生还引领陈先生关注孟宪承、吴俊升、许崇清、曹孚等人关于杜威的教育见识，关注北京师范大学邱椿和瞿菊农的文章。若干年后，陈先生研究中国师资文化，仍受萧承慎先生《师道征故》的影响。② 陈先生从1961年起执教新开设的"列宁和毛泽东文化教育论著选读"课程。在半年的教学准备过程中，得到刘佛年、萧承慎、张文郁三位先生的悉心指导，每周二下午到刘佛年校长家中接受辅导；继续像读大学时那样，每周末在萧承慎先生家中请教学术问题。

陈先生认为，刘佛年先生对华东师范大学的"教育理论界"的"深层影响""不可低估"，而自己也是其中的受惠者。刘佛年先生从不对人"手把手"地具体指导，而是在平平淡淡的交谈中给予指点：他引导陈先生不只关注裴斯泰洛齐（Johan Heinrich Pestalozzi，1746—1827）的"爱的教育""直观教学""教学要素论"，还要关注裴氏对后世影响更大的"个性和谐发展"思想；他引导陈先生理解赫尔巴特（Johann Friedrich Herbart，1776—1841）在学生管理上从"管理"过渡到"理性自律"的观点；他引导陈先生关注"教育问题"尤其是实践中的教育问题，从而超越"教科书式"学问。③ 陈先生的才识一直得刘佛年校长的赏识。1970年代末，由于与师母两地分居等工作上的困顿与生活上的不便等原因，陈桂生先生曾三次有意离开华东师大。刘佛年校长听说后，亲自出面极力劝慰挽留，并帮助将师母从江苏调入上海曹杨二中工作，以解先生思想之惑与后顾之忧。1980年代末，在学界对马克思人的全面发展思想的考察与认识尚不充分的情况下，陈先生提出的相关观点曾遭遇质疑，以至于影响到《人的全面发展理论与现时代》的出版。刘佛年校长

---

① 陈桂生：《教育学究竟是怎么一回事：教育学辨析》，上海教育出版社，2020年版，第388页。
② 陈桂生：《萧承慎中国师资文化研究的学术价值——基于教育学术史的探查与考辨》，《基础教育》，2018年第5期；萧承慎：《师道征故》，文通书局，1944年版；萧承慎：《师道征故》，载杜成宪《大夏教育文存·萧承慎卷》，华东师范大学出版社，2018年版。
③ 陈桂生：《课程实话》，华东师范大学出版社，2010年版，第210—211页。

听说后，亲自给出版社编辑写信，给予充分理解和全力支持。①

教育出版社编辑同志：

我已看了一遍《人的全面发展理论与现时代》，但看得不够仔细。桂生同志认为马恩谈到全面发展时都是就体脑分离、体脑内部的片面发展以及现代社会有条件实现体脑的全面发展而言的。我认为桂生同志认真钻研了马恩的著作，作了丰富的引证，这个论点肯定是正确的。而马克思在谈及当时工人阶级应受的教育时，没有提德育，这也是事实。至于今天我们的教育中有德智体美劳这几个部分，能否提全面发展这些方面，这是完全可以争鸣的问题，存在不同的看法是很自然的。每个人都可以在自己的著作里谈自己的看法。即使上级机关表了态，也还可以继续争鸣下去。因为这纯粹是学术问题，不会影响学校德、智、体、美、劳等方面的教学工作。以上意见未必妥当，仅供参考。

此颂

撰祺

刘佛年

十一月廿二日

1987年11月，刘佛年校长为陈桂生先生《人的全面发展理论与现时代》书稿给上海教育出版社编辑的推荐信

---

① 1987年，我刚刚考取陈桂生先生的硕士研究生。在十一月的一个十分寒冷的下午，受先生之托，我到上海教育出版社转交刘佛年校长给编辑的亲笔信。感谢东北师范大学教育学部于伟教授提供刘佛年校长信函复制件。

（二）得同事同行同道的激发推动而"不孤"

从求学到工作，前后近七十年，陈先生与华东师大有着不解之缘。如前所述，他对马克思主义教育思想的研究，由刘佛年校长布置的开设马克思主义教育思想课程的教学任务而推动；对教育学研究的反思得益于瞿葆奎先生总结教育理论研究进展的邀约；由撰写"教育原理"讲义转向教育基本理论研究，是因瞿葆奎先生讲授"教育原理"课程的任务而起；由教育原理转而治德育原理，则是因应瞿葆奎和孙培青两位先生的力主招生，开辟了一条独特的德育原理研究路径；研究干部教育、民办教育，分别应上海浦东干部学院郑金洲、上海民办教育研究所胡卫的邀请……陈先生曾动情地说："如果没有瞿葆奎、孙培青先生和张人杰、单中惠、施良方、郑金洲、杜成宪、朱家雄、胡卫诸兄的推动，……真的就会同教育学失之交臂。"①

1980年代，中国教育学会全国马克思主义教育思想研究会为陈先生提供了一个与国内同行交流研讨马克思主义教育思想的平台。② 全国马克思主义教育思想研究会先后在哈尔滨（1980）、沈阳（1984）、乐山（1987）、杭州（1988）等地召开全国性学术会议，集中讨论了诸如人的全面发展与全面教育、教育同生产劳动相结合、教育如何适应社会主义市场经济等马克思主义教育思想中的基本理论问题和关涉教育改革发展的重大方向性问题。③ 研究会

---

① 陈桂生：《教育学苦旅》，华东师范大学出版社，2012年版，代序第4—5页。

② 1980年代初，由北京师范大学、华东师范大学和东北师范大学牵头成立全国马克思主义教育思想研究学会，华东师范大校长刘佛年担任首届理事长。第二届理事长为北京师范大学厉以贤，副理事长为东北师大石佩臣、华东师大陈桂生，与北京师大孙喜亭，杭州大学励雪琴，福建师大李明德，安徽师大夏瑞庆，华中师大刘芹茂，南京师大刁培尊、丁沅，华南师范学院徐名滴，辽宁教育学院汪锡龄，中央教育科学研究所邹光威，人民教育出版社陈侠等，成为当时马克思主义教育思想研究的同道与好友。感谢东北师范大学杨兆山教授提供相关资料。

③ 维荣：《全国马克思主义教育思想研究会学术讨论会在沈阳举行》，《沈阳师范大学学报（社会科学版）》，1985年第1期，第27页；励雪琴、刘芹茂、李国拱：《中国教育学会马克思主义教育思想研究会第三届年会纪要》，《黑龙江高教研究》，1988年第2期，第141—142页；樊兴华、刘芹茂：《马克思主义教育思想研究会召开社会主义初级阶段教育理论研讨会》，《中国教育学刊》，1989年第3期，第58—60页。

还推动北京师范大学、华东师范大学、东北师范大学、南京师范大学、西南师范大学等相关高校在二级学科硕士点教育学原理之下设置马克思主义教育思想方向，培养硕士研究生，并借助研究会会议的便利，组织孙喜亭、厉以贤、陈桂生、石佩臣、刘芹茂、丁沅和励雪琴等专家，为研究生和高校相关学科老师授课，开启集中全国力量，集会议学术研讨和学生培养于一体之先河。① 陈先生不仅提出了一系列马克思主义教育思想观点，与同道切磋交流，辨明是非，作为全国马克思主义教育思想研究学会副理事长，他还在组织各种学术活动中发挥了中坚作用。

（三）与弟子后学交流切磋而"不孤"

陈先生直接指导的硕士研究生有十多位，以现在的研究生教育看来，人数并不算多，但他十分享受"挽二三子，共渡学海"的状态，这个过程，是带领、指导研究生阅读中外经典的过程，是他与研究生就某一专题问题深入讨论的过程，是真正的教学相长的过程，几乎每位研究生的学位论文都赢得了学界的认可和高度评价。② 更为重要的是，大家都不同程度地养成了注重阅读经典文献、注重概念辨析、注重历史分析与逻辑分析相统一的研究思维与研究模式。严格的教育学训练，令研究生终生受益。在参与中小学行动研究过程中，陈先生指导胡惠闵对接上海市打虎山路第一小学，指导黄向阳对接无锡市扬名小学，指导王建军对接溧阳文化小学（"发展性学习活动设计"合作项目），在此过程中，他也与以上海市打虎山路第一小学卞松泉校长为代表的一线校长教师结下深厚的友谊，理论与实践的碰撞，形成了无数的精彩火花，更使他自己对教育行动研究的认识不断升华。2005—2008 年间，他参与一群年轻同事主持的研究生教育论坛——教育专题研究工作坊"教育半月谈"，以对话的形式进行教育专题研究、梳理基础理论问题、解读经典教育名著，意在突破狭窄的专业眼界，规范学术讨论风气，提供教育学研究生的专

---

① 杨兆山、陈煌：《回顾与展望：我国马克思主义教育思想发展历程——纪念改革开放 40 年》，《东北师大学报（哲学社会科学版）》，2019 年第 1 期，第 123—129 页。

② 陈桂生先生指导的硕士研究生的学位论文，后来经修订完善，全部结集出版。（陈桂生、范国睿、丁静：《教育理论的性质与研究取向》，华东师范大学出版社，2006 年版。）

业准备，树立教育学专业自觉与自信；而正是在这种与研究生对话交流、对研究生进行学术辅导的过程中，他提出、阐发、总结、提炼自己对教育理论问题与实践问题的看法与观点，不断推进自己的理论研究和实践探索。① 他曾说，如果"没有范国睿、黄向阳、冯建军、周兴国、曾令奇、胡惠闵、王建军诸位学子的大力支持，真的就会同教育学失之交臂"②。先生的话，令弟子汗颜，但有幸成为先生的弟子，与先生共度读书为学时光，实乃一生之幸事。

晚年的陈先生对先秦教与学以师生之间的具有"启发"意义的"问对""情有独钟"。他曾以《论语》《孟子》中涉及师-弟子"问对"素材为研究对象，分析其中弟子发问、师之答与不答及如何解答、师之发问特点、对弟子的回答作何表示、对孔子的解答如何反应等一系列教与学的行为，从这一侧面窥测孔孟施教的生动情景以及所透露的师-弟子间关系，进而揭示孔、孟师-弟子之间问对艺术的差异：③"相比之下，孔门师-弟子问对形成了教育氛围；孟门师-弟子问对更近于教弟子学，求知色彩较浓。"④ 重要的是，从1990年代中期的《"元教育学"问对》(1995)、《"实践教育学"问对》(1995)开始，陈先生以"问对"作为教育学研究和表达方式，与不同的学生、同行探讨教育问题，前后发表了《"贵族学校"现象问对》(1996)、《"课程目标"问对》(2003)、《"中西德育比较"问对》(2004)、《"德育过程的主体"问对》(2004)、《"德育原理"问对》(2004)、《教育话语"流行式"问对》(2004)、《关于教育学基本概念的内涵问题——陈桂生先生教育学问对》(2020)、《中国教育文化的历史特点——关于若干教育基础理论问题的问对》(2022)，形成了一道独特的教育学研究风景。与青年学子通信、谈话，也是陈先生喜欢的学术交流方式。从2014年起，从对青年学人张建国的博士学位论文"赞赏

---

① 相关成果辑成陈桂生、胡惠闵、王建军：《教育半月谈》，华东师范大学出版社，2015年版。
② 陈桂生：《教育学苦旅》，华东师范大学出版社，2012年版，代序第4—5页。
③ 陈桂生：《孟门师-弟子问对艺术》，《杭州师范学院学报（人文社会科学版）》，2001年第5期，第94—98页；陈桂生：《孔门师生问对透视》，《南通大学学报（社会科学版）》，2010年第2期，第116—120页。
④ 陈桂生：《孟门师-弟子问对艺术》，《杭州师范学院学报（人文社会科学版）》，2001年第5期，第94—98页。

有加"开始,两人持续书信往来,讨论共同关心的教育学建构、运用马克思主义理论与方法研究教育等问题。① 张建国对此由衷感慨:"这种交流就像学术本身一样单纯,时光也如流水一般,眨眼间八年过去了! 或出于天性的相合,也许还掺杂了对马克思和教育学的某种共情,我每次拜访陈老师,就像顺道看望久违的老朋友一样简单随意。在陈先生的书中,不少片段都渗透了一种理智的诚实,委实令人动容……"② 而陈先生在回忆这段交往时坦陈:"我从 2014 年年底,才有幸结识张建国博士。从初步交往中,体会到他(张建国)怀有对'体系'的执着追求。其实,我早已从'教育体系'的困惑中挣脱出来。他对我的旧作,经过精心梳理,从中得出'不成体系的体系'一说,促使我对'教育学体系'再认识……"③ 此外,他与殷玉新"关于教育学基本概念的内涵问题"的讨论,④ 与范敏关于西学东渐影响下的中国师资文化问题、关于教育学逻辑框架的讨论,⑤ 皆成佳话。

三、陈桂生先生教育学研究的贡献与影响

我国老一辈教育学者、新中国教育哲学学科的主要奠基人、北京师范大学黄济先生曾如此评价陈先生:"桂生同志之所以有如此重大的成就,要归根于寒窗十载的私塾生活,为深厚的国学打下了基础;从入学起到华东师范大学教育系毕业止,进名校,从名师,又获得新学的广阔的视野;大学毕业后,即留校任教,长期从事马克思主义教育论著的教学工作,更深得科学的观点和方法。集此三者于一身,于是乃有今天的丰硕成果,这也正是一般学者所

---

① 参见陈桂生:《教育学苦旅》,华东师范大学出版社,2012 年版,第 111—138、198—232 页。
② 张建国:《陈桂生教育概念研究平议》,本书第 53 页。
③ 陈桂生:《教育原理的探求——读张建国〈陈桂生教育原理研究平议〉》,《中国教育科学》,2016 年第 4 辑,第 2—23、233 页。
④ 参见陈桂生:《教育学苦旅》,华东师范大学出版社,2012 年版,第 406—415 页。
⑤ 范敏:《西学东渐影响下的中国师资文化问题——专访华东师范大学陈桂生教授》,《教师教育学报》,2015 年第 6 期,第 47—53 页;陈桂生、范敏:《教育学的逻辑框架——专访华东师范大学陈桂生教授》,《教师教育学报》,2021 年第 6 期,第 1—7 页。

难以企及的。"① 陈先生为人低调谦和，"你和他相处，平淡得就如与邻街的一位老人聊天，惟有和暖与智慧"②。同时，他也是"一个执着的教育学人"③，潜心学术，在教育学研究的园地里，默默耕耘近七十年，勤奋而高产，著作等身，精品不断，卓尔不群，成为新中国成立后成长起来的第一代教育学家中的佼佼者。

我们在陈先生涉足的每一个研究领域，都可以看到他独到的创见和独特的理论贡献，但他对教育学的最大贡献又似乎并不在于某个观点上的创见，而是对整个教育形成的一套系统的理论性见识，这种见识既不同于西方实证主义，也不同于传统的哲学思辨，而是他用经历史分析和比较研究所获得的逻辑范畴，重新梳理辨析各种教育史实、现实，进而对古今中外的教育经验和研究成果进行结构化、系统化分析，形成独特的教育理论体系。他的教育理论研究及其成果体现了理论与历史结合、理论与实际结合、本土理论与外来理论结合的特点。陈先生被公认为改革开放以来甚至是共和国成立以来我国教育学界首屈一指的学术成果特别丰富与厚重、学术思想特别缜密与深刻的马克思主义教育思想研究者，元教育学的开创者与持续探索者，卓越的教育学理论家。陈先生的教育学研究，已经并且必将继续对中国教育学者的学术研究产生深刻影响。陈先生没有什么官方的头衔，但以自己的论文、著作，

---

① 陈桂生：《"普通教育学"研究旨趣》，《中国教育科学》，2015年第3辑，第36—81、244页。

② 吴国平：《陈桂生教育学研究思想管窥》，《教育发展研究》，2016年第10期，第61—68页。

③ 刘庆龙：《一个执着的教育学人——陈桂生先生访谈纪事》，《中国教育科学》，2019年第6辑，第33—38页。

自己的教育学术思想及其独特的论证、表述方式，赢得了青年学子的喜爱，①赢得了学界的广泛认可与赞誉，以至于一些青年教育学人直接以陈桂生教育学思想为研究对象，在反复研读、周详分析之后，认为"陈桂生正是以马克思主义的方式对待马克思主义本身，未将其视为封闭、凝固的教义"②。在他们眼里，陈先生很像一名清扫中国教育学地基的"小工"。③ 当然，这名小工贡献可不算小：他的治学态度和经历，折射出作为专门学术领域的教育学面临的特殊困境。每位有志于教育学的研习者，很难不为他对教育学的理智诚实所打动。④

北京师大檀传宝教授曾述及在教育理论界一直有"南陈北成"之说："北成"即北京师大成有信先生，"南陈"则指华东师大陈桂生先生。"北成""南陈"的研究风格并不一致，但在追求教育基本理论研究的思想深度、抠概念、研究态度特别"较真"等方面，又颇有一致的地方。⑤ 陈先生将自己的治"教育学"之路看作是"拯救了自己的灵魂"，⑥ 不论是其所建构的"教育学信

---

① 北京师范大学檀传宝先生回忆陈桂生先生应邀赴北京师大"教育基本理论研究前沿"课程讲学的盛况可为一例："2017 年 10 月 19 日，陈老师的讲座'教育学究竟是怎么一回事？——略议教育学的基本概念'在北京师范大学英东教育楼正式开讲。陈老师对教育、教养、课程、教学等概念的由来、内涵及语用如数家珍、娓娓道来，大有'谈笑间，樯橹灰飞烟灭'的王者风范。北京师范大学教育学原理专业的学生每一届不超过十个人，陈老师也嘱咐听讲者'最好不要超过二十人'，但是那一天，教室里座无虚席，慕名而来的老师、学生挤满了整个教室。在北京师范大学的演讲结束后，提前得知消息的朱晓宏教授（也是陈老师指导过的学生）还'见缝插针'邀请陈老师于次日到首都师范大学教育学院作了另外一场精彩讲座，也是盛况空前。"（檀传宝：《触手可及的温暖——忆华东师范大学三前辈》，《中国教师》，2022 年第 3 期，第 118—120 页。）

② 张建国：《陈桂生马克思主义教育研究平议》，《全球教育展望》，2019 年第 9 期，第 54—67 页。

③ 张建国：《陈桂生教育原理研究平议》，《中国教育科学》，2016 年第 1 辑，第 16—37、232 页。

④ 张建国、刘磊明：《教育学人风采——陈桂生》，《现代教育论丛》，2022 年第 3 期，封 2。

⑤ 檀传宝：《触手可及的温暖——忆华东师范大学三前辈》，《中国教师》，2022 年第 3 期，第 118—120 页。

⑥ 陈桂生：《回望教育基础理论——教育的再认识》，北京师范大学出版社，2008 年版，第 368 页。

条"，还是"德育乌托邦"，真正参透了"天行健吾道不孤，地无常缘分频转"之道，收获了"人不谓之得道，吾必谓之道矣"① 之果。先生虽年已九秩，但思维敏捷，即使身受疫情之困，身体偶有疾患，仍利用"封控"的时间读书、思考，"把以前的东西好好梳理了一遍"。在回忆自己的治学之路后，他更寄希望于年轻一代："总的来说，我一辈子都很顺。但的确因为各种运动耽误了很多时间。一直到1982年才发表第一篇文章。另外我还是外语盲、电脑盲。我的信条就是求学，不故步自封。你们年轻一辈有很好的条件，争取做些事情。"② 对后学而言，这无疑既是一种激励与期盼，也是一种警示与鞭策。

【作者简介】

范国睿，教育学博士，教育部长江学者特聘教授，享受国务院政府特殊津贴专家，华东师范大学二级教授、教育学部博士生导师，华东师大教育治理研究院院长。历任华东师大教务处副处长兼基础教育办公室主任、基础教育改革与发展研究所副所长、师资管理办公室主任、研究生院副院长兼培养处处长、教育科学学院院长、教育学部常务副主任等职。曾任教育部高等学校教育学类专业教学指导委员会委员。现兼任全国教育专业学位研究生教育指导委员会副主任委员、中国教育学会教育政策与法律研究分会副理事长、中国教育发展战略学会教育政策专业委员会副理事长、少先队全国工作委员会委员、少先队上海市工作委员会副主任、上海市教育学会副会长等职。曾赴瑞士日内瓦大学、英国文官学院、法国国家行政学院、美国宾夕法尼亚州立大学、德国德累斯顿工业大学、美国伊利诺伊大学香槟分校、威斯康星大学麦迪逊分校访问研究。长期从事教育学原理、教育政策、学校变革与发展等研究。先后主持国家社科基金教育学重大项目等国家和省部级教育研究项目30余项，发表学术论文200余篇，出版《教育生态学》《学校管理的理论与实务》《教育系统的变革与人的发展》《教育政策的理论与实践》《教育政策与教育改革：本土探索》《从规制到赋能——教育制度变迁创新之路》《教育

---

① 陈桂生：《教育学的建构（增订版）》，华东师范大学出版社，2009年版，第199页。

② 2022年7—8月，范国睿对陈桂生先生的访谈。

治理的逻辑：基于管办评分离的教育变革》《教育治理的战略：教育治理现代化的未来之路》等著作，《理论与战略：国际视野中的学校发展》《教育管理学：理论·研究·实践》《美国公众眼中的公立学校》《奥巴马的教育蓝图》《教育：促进健康，凝聚社会》《教师教育研究手册：变革世界中的永恒问题》《知识与力量：教育改革的政治社会学》等译著；主编《教育政策辞典》《中国教育政策蓝皮书》《教育政策观察》（辑刊），以及"教育政策研究""新世纪教育管理与学校发展"等丛书。多项咨政报告获国家和省部级领导批示、被教育部和上海市等相关部门采纳。曾获霍英东教育基金会第七届高校优秀教师奖、国家图书奖、上海图书奖、上海市决策咨询研究成果奖一等奖、北京师范大学"明远"教育奖、上海市教育科学研究优秀成果奖、上海市优秀教学成果奖等奖项。入选教育部新世纪优秀人才支持计划、上海市领军人才。

陈桂生教育概念研究平议

张建国

在华东师大教育学系攻读硕士学位期间（2005—2008），我曾听陈先生讲授"教育原理"，当时他对教育学基本概念的分析给我留下了很深的印象。课程结束时，我请他在新购的《民主主义与教育》扉页上签名留念。颇具戏剧性的是，这本书在毕业时已不知所终，直到去年暑假我的室友才电话告知，他在整理书籍时发现了它，并特意提到了陈先生的签名。

2014年10月，我在工作初步安顿后，将博士论文寄给几位学界同仁。11月23日，收到我的硕士生导师黄河清老师的邮件。据她所说，陈先生对我的论文"赞赏有加"。陈先生正是我邮寄博士论文的同行之一。说实话，我做梦也没想到，论文能得到他的肯定。就这样，我平添一份从事教育基础理论研究的信心。此后，我同陈先生多有电话、书信往来，讨论共同关心的教育学问题。这种交流就像学术本身一样单纯，时光也如流水一般，眨眼间八年过去了！

或出于天性的相合，也许还掺杂了对马克思和教育学的某种共情，我每次拜访陈先生，就像顺道看望久违的老朋友一样简单随意。在陈先生的书中，不少片段都渗透了一种理智的诚实，委实令人动容，其中最打动我的是下面这段话：

原先以为只要多读马克思、毛泽东著作,多读教育名著,多占有教育资料,就能写出"中国的教育学"。那时我的勤奋,至少在华东师范大学教育学系,是师生共知的。然而,越是这样做,反而觉得距离教育学越远了,但又不知其故安在?好在并未望而却步。因为自己觉得若不在教育学研究上做些事情出来,不免愧对老师,也愧对自己,好像此生白过了。

——《我的"教育学情结"和心路历程》,《普通教育学纲要·序》(2009)

陈桂生一贯重视教育学基本概念研究。他对教育概念的探讨典型地体现了其概念研究的特点。文章回顾了他对"教育"一词的名实辨析,对教育概念与教育观念关系的澄清,对教育概念内涵演变的考察,发现他在教育概念定性上的摇摆,妨碍其区分教育与教-学活动。近年来,在彼得斯的启发下,他从教育作为一种不可替代的价值的定性出发,展开了一系列关于教育学的反思,这使他将教育概念置于同教养、教-学活动概念的关系中进行考察。在澄清这些基本概念关系的基础上,他勾勒了教育学逻辑范畴的轮廓,提供了一幅理解教育学思考教育问题的概念地图,超越了对教育概念本身的探讨。在此过程中,他不仅察觉到欧陆教育学与英语地区教育学在理解教育价值方面的异同,而且通过教育文化比较洞悉了中西方教育文化的个性,甚至从中萌生了对本土教育文化的自信。

从理论上说,"教育"概念可算是各种基本教育概念中最基本的概念。概念是理论建构的基本材料,基本材料残缺、破损(概念模糊、概念混淆等)很难指望赖以建成稳固的理论大厦。如果说,教育实践不能"从定义出发",那么顺理成章的理论体系却不能不"从定义出发";况且,"教育是什么"问题之于教育理论,不只是给"教育"概念下定义和对于教育现象作出合乎逻辑的论证问题。[①]

---

① 陈桂生:《教育原理》,华东师范大学出版社,1993年版,第190页。

对一门学问来说，概念作为专业思考的基本单位，其表达是否严谨明晰，事关命题和理论建构的品质。由于概念并非孤立的存在，对某一概念的探讨往往需将其置于相关概念的联系中进行考察，无形增加了研究的难度。就教育学而言，多年来广大教育学人不可谓不重视基本概念的研究。然而，教育学在多大程度上摆脱了概念混乱的局面，只需翻检一下流行的教科书便知。在当代教育学人中，陈桂生教授向来重视并致力于推进教育学基本概念研究，其中关于教育概念的探讨典型地反映了其概念研究的特点，颇值得一议。

一、由"关于教育学基本概念的内涵问题"问对说起

2020年，陈先生接受青年教育学人殷玉新博士关于"教育学基本概念"的专访。其中访谈伊始即提到教育学基本概念研究的核心主题：

> 殷玉新：……您虽然注重教育学基本概念的单义性，并未对教育、教养和称之为教学的教-学活动下一个明确的定义；其中，虽然提到教育学中各个基本概念之间的联系，但并未展开分析。用意何在呢？……
>
> 陈桂生：……其实，早就有青年朋友提起，我虽然写了许多关于教育学基本概念辨析的文章，却未见其中给若干概念下过定义。听了以后，如梦初醒，仔细一想，果然如此，但又说不出其中的缘由。关于教育学诸基本概念之间的联系，确实未能展开分析，这两个问题经你郑重提出，我自己倒也该好生想一想。①

"问对"触及一般概念研究中（人文社会科学领域）两个基本问题：一是概念的定义；一是概念之间的联系。陈先生在探讨教育学基本概念时，未必没有想过为何不为其下一个明确的定义，至于原因，与其说是某种"说不出的缘由"，毋宁说是"一言难尽"更为妥当。以定义的方式明确一个概念的内涵本

---

① 陈桂生：《教育学究竟是怎么一回事：教育学辨析》，上海教育出版社，2020年版，第405—406页。因下文多次引用该书，不再另立脚注，仅随文标出页码。

属自然，问题在于，一个概念的内涵是变化的。这样，要求用定义明确一个概念的内涵的意图本身倾向于假定：概念的内涵似乎是不变的，且能够用一句话将其表达出来。显然，这种假设是非历史的。陈先生没有给出明确定义的一个原因或许正在于，他以历史的方式看待教育概念，内涵的变化不能简单地通过一句话予以界定，或者说，即使能够给出这样一个定义，其意义亦相当有限。这样说来，历史地看待概念将不可避免地使概念问题复杂化（也许更恰当的说法是，呈现了概念问题内含的复杂性，因为概念问题本身并不只是下定义那么简单）。当承认教育概念的内涵是变化的，那便需要澄清，在什么意义上探讨教育概念，或者说，是探讨一般意义上的教育概念，还是特定社会历史背景下的教育概念。假如承认教育概念的历史性，那么就意味着放弃用一句话揭示教育概念的内涵。

多年来，初入教育学之门的学习者早已习惯了教科书式的"学习"——将某一概念的定义背下来，试图"毕其功于一役"，仿佛说出一个概念的定义表达就等于理解了这个概念本身。另一个极端是，不少经历了教育学硕士、博士训练的学人早已放弃这种尝试，满足于定义的众说纷纭的状态。当然，也存在另一种选择，即澄清何种特定的社会历史背景下的教育概念内涵。看起来，如果承认概念的历史性，似乎也就不必急于为它下一个定义，转而应当去探求内涵的演变。另一方面，由于概念总是一个学术领域中的概念，单个的孤立概念，即使可以给出一个明确的定义，而不去探讨它与这个领域其他概念的联系，那么探讨概念定义本身的意义将十分有限。因为在一个专业领域，不同概念表征的对象是相互联系的，对象世界的联系在思维中表现为表征对象的概念之间的联系。对一个概念来说，不仅将它置于同其他概念的联系中才能清晰地呈现自身，而且这也是一个概念发挥其认知功能所必需的。

二、"教育"名实问题

人们可以在不同的层面理解生存于其中的世界，概念、命题、理论就是在逻辑层面展开对世界的理解。概念作为这种理解方式的基础，作为命题、理论的细胞，由于它凝结、沉淀了研究者对事物的基本理解，因而对一门学问来说尤为重要。问题在于，概念无法自我显现，它需要借助语词作为载体、中介来表达自身。有关概念的探讨首先面临的问题就是它的语言表达问题，即名实问题。教育概念需借助于一定的语词（未必唯一）表达，而一个语词的含义往往并不唯一。概念与表达概念的语词的含义之间不存在一一对应的关系。如陈先生所言，"一定时代不以'教育'为名之举，到另一时代，按后来的'教育'观念，也就以'教育'名之。除了有实无名情况以外，有名无实的情况更多，遂发生'教育'名实问题"①。

如今现代汉语中通行的"教育"一词，作为教育学的专业术语，它是教育概念的语言表达。在教育学建构中，陈先生很重视"教育"名实问题。他注意到一个对治教育学来说的基本事实："近代以来常用的教育语汇，如'教育''课程''学制'等等，实际上是在中西方文化交汇背景下形成的。近代教育活动的先驱在翻译西方教育文献、介绍西方教育情形时，不得不从中国原有语汇中加以抉择，从中选定同西方近代教育词语含义较为接近的词。"②中国古代虽有"教育"一词的使用，但很少见。现代汉语教育词汇是在中西文化交汇背景下形成的，进一步增加了理解上的困难。这一事实带来一系列棘手的问题，如以汉语"教育"对译西语 education、Erziehung 等词少不得保留某些原词的含义，再以译词"教育"为中介理解西方教育学，进而以对西方教育学的理解反过来解读中国本土教育文化。③

为了澄清"教育"一词的含义，少不得考察"教育"一词的典出，以及与之相关的"教""育""诲"等词的含义。陈先生在《教育学的建构》中正是这样做的。一般认为，"教育"一词最早见于《孟子》："得天下英才而教育之，三乐也。"不过他认为，此处的"教育之"更可能为"教之、育之"之义。④ 他进一步指出，在古代典籍中，"教""育"两字鲜见连用："孟子以还，

---

① 陈桂生：《教育学的建构》，湖南教育出版社，1998年版，第179页。
② 陈桂生：《教育学的建构》，湖南教育出版社，1998年版，第180页。补充：需要指出的是，一些研究者指出，汉语中的教育语汇主要是日本学者译的汉语回流词，有些干脆就是日本学者翻译的词。
③ 陈先生在"三谈"和"六谈"教育学中讨论了相关问题。参见陈桂生：《教育学究竟是怎么一回事：教育学辨析》，上海教育出版社，2020年版，第44—50、72—85页。
④ 陈桂生：《教育学的建构》，湖南教育出版社，1998年版，第181页。

直到19世纪末年,中国古籍仍鲜有'教育'提法。"① 在先秦典籍中,"育"主要含义为生、长,间或引申为人的生育、养育,同"教"关系并不密切。"教"字有二音,平声之"教"作为动词,表示"上所施,下所效"的行为动作,中性的描述词;去声之"教",作为动词,与"唆"连用为"教唆",为贬义,同"育"连同为褒义词,只是在此意义上的"教",才是"教育"一词的略称。② 在回顾了"教育"一词出现的近代背景后,他断言:当时采用这个词,并非用以表达所谓"古代教育""古代教育思想",而是把它作为可资借鉴的外来"教育"概念的对应词。③ 至于主要西语中的"教育"一词,英文 education、德语 Erziehung、法语 éducation 均由拉丁语 educare 而来。拉丁语 e 为出,ducare 为引,合为"引出"之义。陈先生还探讨以"教育"一词作为 education 译词④的选择问题:近代先驱⑤为何用"教育",而不用"教诲"之类的提法?在比较"教育"同"教诲"含义后,他认为:"前人作了相当明智的选择。"⑥ 原因在于,西语"教育"的基本含义:(1)引出,即它是一种内发的活动;(2)内发有一定方向。中文"上所施,下所效"的"教",同西语"教育"有显著区别:(1)"教"是外烁性活动;(2)"教"是一个中性描述词。汉语中的"诲"字也是个中性词。相较之下,"育"既含内发之义,又属规范词。因此,在陈先生看来,"以'教育'作为德文 Erziehung、英文 Education 的对应词,可谓再恰当不过了"⑦。

最近刘幸等人以日本有关学术史料探讨了为何将 education 译为"教育"。

---

① 陈桂生:《教育学的建构》,湖南教育出版社,1998年版,第181—182页。
② 陈桂生:《"教育学视界"辨析》,华东师范大学出版社,1997年版,第15—16页。
③ 陈桂生:《教育学的建构》,湖南教育出版社,1998年版,第186页。
④ 关于"教育"是否为 education 的译词,有研究者持不同的看法。如张小丽:《清末国人"教育"观念的演变》,《中国人民大学教育学刊》,2011年第2期,第165—173页。
⑤ 这里的"近代先驱"或指日本的"近代先驱"。参见刘幸、施克灿:《"Education"何以译为"教育"——以日本有关学术史料为基础的讨论》,《教育研究》,2021年第11期,第86—95页。
⑥ 陈桂生:《教育学的建构》,湖南教育出版社,1998年版,第186页。
⑦ 陈桂生:《教育学的建构》,湖南教育出版社,1998年版,第186页。

他们指出,"教育"作为现代词汇是一个回流词,日本学者箕作麟祥是把 education 译为"教育"的第一人。在中国,虽然明末意大利耶稣会传教士高一志在介绍西方教育时,使用"教育"一词,但其影响有限。19 世纪末 20 世纪初,大批留日学生将"教育"的近代含义带回国内,通过创办刊物使"教育"一词流行开来。当时,中国人主要将"教育"视为"一种现代教育体系的总称,并伴随着对新式学堂的憧憬"。刘幸等认为,"教育"一词的创设,背后折射出一种重大变化:"过去强调'学以为己'的传统学问体系,已逐渐转型为一种主要面向儿童的、带有全民强制性的现代学校教育体制。"① 然而,"教育"作为译词在获得其近代含义的同时,难免夹杂关于"教""育"等词的传统含义。这也使国人对"教育""教育学"等富有近代含义的语汇的理解打上了本土文化的烙印。如今"教育"一词已约定俗成,成为生活中一个使用频繁的常用词汇,这使我们在谈论、思考教育问题时如此自然,以至于谁也不会觉得它有什么深文大义。有感于不少研究者对教育语汇背后的历史缺乏应有的敏感性,陈先生颇有感慨地说:"此种研究如此自然,以致我们几乎忘记是在用今人所用的'教育'概念谈论古代'教育'与'教育思想'——古人未用'教育'概念表达的'教育'和'教育思想'。我们甚至不觉得'忘记'了什么,进一步说,即使觉得'忘记'了什么,又有什么关系呢? 不过是个词句变换而已!"②

陈先生通过教育语词的考察表明,"教育"(育)与"教"一直存在区别:去声之"教"("教育")从来同"使人向善"相关,是个规范词,而"教"是个中性词,两者一直存在区别;西方的英、法、德语也存在相应的区分,Erziehung、education 表示"教育",而英文 teaching、instruction,德语 Unterricht、Lehren 表示"教"(教授,教学)。他还将西方"教育"一词的原始含义,含有"引出"之义与"内发论"相联,中国"教""上所施,下所效

---

① 刘幸、施克灿:《"Education"何以译为"教育"——以日本有关学术史料为基础的讨论》,《教育研究》,2021 年第 11 期。
② 陈桂生:《常用教育概念辨析》,华东师范大学出版社,2009 年版,第 8 页。

也",与"外铄论"传统相联。①

"教育"一词的流行是中西文化交流的产物,它表征了一种新的社会事实。关于陈先生对"教育"名实的辨析,有三点需要指出:(1)"教育"是一个规范词;(2)汉语中存在教育之"教"与教学之"教"的区分;(3)西语中"教育"与"教授"的差异。陈先生已经确定"教育"一词是个规范词,却没有明确表达教育概念是一个规范概念。尽管他在科学概念意义上区分教育概念与教育观念,但在考察教育内涵演变时,实际上将它视作规范概念。对教育概念的探讨,不只是一个语言分析问题。②

三、教育概念与教育观念

教育概念与教育观念的关系是探讨教育概念面临的另一个重要问题。陈先生指出:"长期以来我国教育界似未分清'教育是什么'和'教育应该是什么'的问题。所以,在给教育上的许多基本概念(如'教育''教学')下定义时,往往夹杂许多价值追求的成份。"③ 其实,这个现象不限于我国教育界。英国教育哲学家怀特曾指出,一些分析哲学家试图通过对教育概念本身的分析,寻找教育的内在目的:"人们大都指责这些分析家们把他们自己对教育应该是什么这个问题所作的评论用来描述这个概念包含的内容。"④ 教育概念需要回答"教育是什么",教育观念是关于"教育应该是什么"的主张。下定义是对既成事实的抽象、概括,为教育概念下定义当以广泛的(历史的、现实的)教育事实为根据。"教育实践上认可的'教育'不限于对某种教育事实的肯定,还代表一种关于教育的价值取向,反映人们在教育上的追求,实际上是一个'教育应该是什么'的问题,也就是'教育观'的问题。"⑤ 教育观念

---

① 陈桂生:《"教育学视界"辨析》,华东师范大学出版社,1997年版,第15—16页。
② 《常用教育概念辨析》明确区分了"教育"一词与"教育"概念,对其分别予以探讨。参见陈桂生:《常用教育概念辨析》,华东师范大学出版社,2009年版,第3—15页。
③ 陈桂生:《教育原理》,华东师范大学出版社,1993年版,第190页。
④ [英]约翰·怀特:《再论教育目的》,李永宏译,教育科学出版社,1997年版,第4页。(该书英文版出版于1982年)
⑤ 陈桂生:《教育原理》,华东师范大学出版社,1993年版,第190页。

则是代表一种关于教育的价值取向，反映人们在教育上的追求，是"教育观"问题。①《教育原理》修订版将教育概念与教育观念的区别说得更明确：

> 由于从古至今，教育变化甚大，寻求一种普遍性的定义原属不易，加之涵盖古今的"教育"的一般定义在实践上的意义有限，故不同时代的教育学家往往出于对现实教育的关注，力求发现所处时代教育的本质属性，形成对"教育"含义的各种表述。这种表述，如果是从一定时代教育现象中发现的教育的本质属性，也只是那个时代教育的特定内涵，而事实上各个时代的教育改革家，揭示现存教育的本质属性，不是为了肯定这种属性，而志在变革这种属性，故以对"教育"重新界定的方式，赋"教育"概念以新意。这类"教育"新解，其实不属"教育"概念的内涵，所表述的实为教育价值观念、"教育"理念。只是这种"教育"理念以界定"教育"的方式出现，也就容易被误认为"教育"的定义。②

依此而言，陈先生是在科学概念意义上区分教育概念与教育观念。这意味着，应按照科学概念的规范为教育下定义。此外，他对三个代表性教育概念定义的批评同样表明他将教育视为一个科学概念："三个定义③共同存在的问题在于未能揭示贯通古今而又有所变化、中外适用而又有所区别的'教育'内涵。"④

不过，由于历史地看待教育概念，他强调，即使按照形式逻辑定义教育，得出的定义意义也相当有限，因而主张按照"辩证逻辑"来考察教育概念所反映对象的一切联系："有必要全面地、具体地探讨教育本质问题，而实践中的'教育'的本质，就同教育的价值取向有关。"⑤ 教育的本质存在于不断变

---

① 顺便指出，陈先生的一个判断：80年代教育理论界讨论热烈的"教育本质"，实为价值取向的讨论，并非探讨教育概念的内涵问题。
② 陈桂生：《教育原理》，华东师范大学出版社，2000年版，第178页。
③ 三个代表性定义分别来自《中国教育辞典》（1928）、《教育大辞书》（1930）、《中国大百科全书·教育》（1985）。
④ 陈桂生：《教育原理》，华东师范大学出版社，2000年版，第180页。
⑤ 陈桂生：《教育原理》，华东师范大学出版社，1993年版，第196页。

化的教育事实和现象中,"所以应该透过教育现象把握教育的本质;惟因本质隐藏在现象之中,不同的人①对同一现象可以得出不同的价值判断,形成不同的价值取向,也就是在揭示客观现象的本质时夹杂着主观成分"②。

教育概念有内涵和外延两个方面。在与教育观念区分时,陈先生着眼于教育内涵方面。他在《教育原理》中探讨了教育的简单要素、教育过程、教育资料的构成、教育组织形式的演变、制度化教育系统,这实际上是在逻辑上将教育概念的外延从简单到复杂加以处理。但对教育学理论而言,相较于教育概念的外延,澄清其内涵或许更为重要,因为一个概念的外延正是通过内涵才得以明确。依科学概念的界定,教育的内涵是从教育事实和现象中概括出来的本质属性,但陈先生对教育内涵的探讨并不合乎科学概念界定的规范。

在再版的《教育原理》中,陈先生在考察汉语"教"(平声)和"教"(去声)的含义、主要西语中"教育"与"教学"以及历史上教育观念的主要变化的基础上,指出教育内涵至少有三义:本义指"善"的影响,使人向善;第二义,指使个人完善发展,为教育的转义;第三义,指使个人成为完善发展的社会人,为第二义的转义。③ 在同年出版的《学校教育原理》中,他专门探讨了教育内涵的演变,认为在人类社会转变过程中派生出教育的诸多转义中,最具普遍意义的转义是:从古代转向近代社会后,由"善良"之善扩充为"完善"之善;从19世纪与20世纪之交开始,突破18世纪以来"孤立的个人的观点"的局限,将"人的社会性"列入人的"完善"题中应有之义。④ 具体如下。

---

① "不同的人"或可分为这几类:他们可能是作为教育实践的参与者,也可能是对教育抱有一种实践关切、处于教育实践之外的旁观者,还可能是研究者。"研究者"又可以分为两类:以科学精神来揭示教育本质的研究者,或以人文精神来揭示教育本质的研究者,前者在研究中以尽可能悬置自己的教育价值观为前提,后者则借助于自身经验、价值观念来把握教育本质。
② 陈桂生:《教育原理》,华东师范大学出版社,1993年版,第196—197页。
③ 陈桂生:《教育原理》,华东师范大学出版社,2000年版,第182页。
④ 陈桂生:《学校教育原理》,湖南教育出版社,2000年版,第98—100页。

第一义	本义：个人之"善"
第二义	第一义的转义：个人的"完善"
第三义	第二义的转义：社会人的"完善"

上述对教育内涵的考察不是从历史和现实中的教育活动中概括出这三种价值取向，而是基于有关的教育语言、历史上有代表性的教育观念（各时代的著作家表达他们的教育观念）和不同历史时期社会发展对人提出的客观要求。在《普通教育学纲要》中，陈先生说得更明确："'教育'概念的变化，与其说反映教育事实的变化，毋宁说反映了人类教育价值观念演变的历程。"①然而，关于教育学的元研究表明，陈先生很清楚科学概念的认识论标准②："科学研究不能不诉诸对各种个别现象的解释，由于科学旨在揭示事物内在的必然联系，故须准确地概括出某种某类事物的共同特征，形成科学概念。这样，表述某种某类事实的概念，成为科学认识活动最基本的工具，相应地对作为科学载体的语言，提出特定的要求。"③

在与教育观念的区分上，陈先生将教育概念视为科学概念，但对教育内涵的考察方式表明，他实际上将教育作为规范概念加以处理，尽管他没有明确承认教育是一个规范概念。不过，他的这种处理又不失科学精神，因为他对教育内涵的考察在逻辑层次上高于实践教育学中的规范概念，后者通常采用纲领性定义，或明或暗地告诉人们应有的事实状态。④陈先生作为研究者并不是怀着实践关切来探讨教育概念，而是按照科学研究的要求，悬置自己的价值取向，将相关的教育语言和代表性教育思想视为人们头脑中教育价值观念的客观表达。通过这种方式，他将教育价值观念视为一种观念事实。这里实际上道出了一个陈先生在早期没有予以充分说明的关系：教育概念与教育观念。教育概念是一个规范概念，这意味着，其内涵不是对所谓教育事实和现象的抽象、概括。规范概念是解释性和建构性的。教育概念的外延表现为一系列社会历史背景下具体的教育观念，而内涵的演变正是对这些教育观念

---

① 陈桂生：《普通教育学纲要》，华东师范大学出版社，2009年版，第11页。
② 陈桂生：《教育学的建构》，湖南教育出版社，1998年版，第106—114页。
③ 陈桂生：《教育学的建构》，湖南教育出版社，1998年版，第106页。
④ 陈桂生：《教育学的建构》，湖南教育出版社，1998年版，第112页。

的某种抽象、概括。陈先生所做的本义和转义的演变，正是对特定历史时期具有代表性的教育观念的抽象、概括。在实践中，通常发生的是教育观念问题而非概念问题，后者是学术研究的一种思考方式。作为一个规范概念，教育概念建立在对具有普遍性的教育观念的抽象、概括的基础之上。当然，就这些教育观念在特定历史背景下提出而言，它们也是一种观念事实；就其所指向的既定事实而言，它们只是作为观念而存在，表明它们所主张的状态（表现为理想）尚未转变为普遍的现实。如果一种观念在现实中被普遍实现，也就是说它融入实践，成为现实的一部分，那么它也就完成了作为观念的使命，甚至成为人们的常识，以至于很少再为人注意。这一点表现在参与创造历史的人们对待教育内涵的变化态度上：人们"往往倒是以形而上学的观点认识历史，以至发现了教育的第二义，而'忘记'它的第一义，发现教育的第三义，而忘记它的第一义与第二义。……如果说理论家与决策者'贵人多忘事'，而平凡的细民，却并不健忘，教育的本义倒始终存在于'平常'的心中。因为'善良'同普通人的关系更为密切"①。

四、教育作为一种不可替代的价值

如果说，陈先生在探讨教育内涵时表现出某种程度上对教育概念定性（科学概念或规范概念）的摇摆，提出了关于教育概念与教育事实、教育观念的关系问题，那么他对教育外延的处理则提出了教育与教学的关系问题。因为就他对教育资料到制度化教育（被作为教育外延加以处理）的分析而言，如将其中的"教育"替代为"教学"似并无根本不同。对"教育"作为规范词的承认本身便意味着"教育"一词表达的是一个规范概念。如此，教育概念的内涵便不能从教育事实和现象中抽象、概括而来。然而，在区别教育概念与教育观念时，他将教育概念视为一个科学概念，这似乎又妨碍他明确承认教育是一个规范概念，但另一方面正确的本能又迫使他没有严格按照科学概念的要求考察教育内涵的演变，而是通过对教育语言和代表性教育价值观念的分析揭示这种演变的轨迹。陈先生对教育语词的分析早已表明，他深知

---

① 陈桂生：《学校教育原理》，湖南教育出版社，2000年版，第101页。

"教育"之"教"与"教学"之"教"无论在汉语和西语中均存在根本区别,而且围绕着它们历史上已经形成了性质上有别的教育论和教学艺术。① 因此,教育概念似乎不能仅通过对教育价值观念的考察而得到充分说明,至少在外延上有必要明确教育与教学的区别。如何在理论上解决这个问题,似乎还差一层薄薄的"窗户纸"有待舔破。彼得斯正是舔破这层"窗户纸"的人。陈先生在2017年同北师大学子的谈话中直言:

> 在当今这个教育如此普及的时代,"教育是什么",几乎尽人皆知。至于教育究竟是什么?不讲别人,反躬自问,直到现今,读罢英国学者彼得斯(Richard Stanley Peters,一译"皮德思")《教育即启发》一文,才发觉自己原先对"教育"自以为知,其实是强不知以为知。
>
> 据彼得斯称,"教育"本身并非是一种活动方式,而是衡量教-学活动的价值标准。这种判断虽不免使人费解,其实不无经验事实的依据。(6页)

其实,当陈先生指出教育一词为规范词,当他事实上以探讨规范概念的方式揭示教育内涵的演变时,实际上已默认教育是一种价值,只是未明确地予以表达,但已非常接近于这种认识。所以他在评论彼得斯观点时才说"如此判断,实际上也近于常识"(102页)。此后,陈先生对教育学"一而再、再而三的反思"表明,明确承认教育作为价值的性质是该系列反思的关键。这些反思似乎不仅在理论上解决了以往关于教育学看法中所隐含的紧张,使其趋于融贯,给人以豁然开朗之感,更重要的是他从中西教育文化的比较中萌生了对本土教育文化的信心。

教育作为衡量教-学活动的价值标准,解释了陈先生在教育概念内涵和外延中存在的紧张。既然教育作为一种价值,明确了教育是一个规范概念,那就应当依规范概念的要求探讨教育概念的内涵演变,陈先生正是这样做的。

---

① 参见陈桂生:《历史的"教育学现象"透视——近代教育学史探索》,人民教育出版社,1998年版,第1—5页;陈桂生:《教育学的建构》,湖南教育出版社,1998年版,第191—194页。

这还可以说明将教育当作科学概念所面临的内在困难。如果教育是一个科学概念，势必需要通过考察教育事实和现象来揭示其本质属性。问题在于，人们对什么样的事实和现象算得上"教育事实和现象"存在疑议，教育事实和现象并不是明摆在那里、不是给予的，而是通过某种评价标准予以"认定"的。假如忽视这种疑议，又要强行将其按照科学概念的标准来界定，那么对教育概念的探讨实际上就变成通过考察"教学"事实和现象以揭示教育的内涵。然而，教育作为概念，其外延是个别的具体的教育价值观念，并非教育事实和现象。

关于教育概念的定义，陈先生指出，培根、彼得斯等人认为教育不可定义。原因在于："不仅由于教育本身不是一种活动方式，实因不可定义的所谓'教育'，系指'教育一般'，而非指一定时代、一定社会-文化中的教育，所以其上位概念难以确定，同位概念随之不定，也就不能按照属概念加种概念之差的逻辑学规则下定义。"① 在笔者看来，"教育一般"之所以不可定义，至少尚有两方面原因。其一，教育作为价值是如此简单、普遍以至于难以定义。教育的"简单、普遍"表现在，普通人大都对"教育是什么"心知肚明，却又难以明晰地表达出来。其二，教育作为一种价值是独特的，不能化约为其他价值。陈先生虽肯定了彼得斯"舔破窗户纸"的贡献，但他也指出，彼得斯对教育价值（教育是使有价值的事物变为学生的价值取向）的理解，并不意味着教育本身是"其他价值取代不了的一种特殊的价值"（78页）。在陈先生看来，使人辨别善恶、俾人长善救失，本身就是"一种不可替代的价值"（103页）。关于特定时代社会背景中的具体教育，他认为，其内涵是可以而且应当加以界定的。教育内涵的变化集中表现为从古代到现代教育价值观念的变化，间接地反映不同社会形态形成的对人的客观要求。

教育作为价值，在现实性上表现为评价、规范教-学活动。教-学活动虽非教育概念的外延，却是其评价、规范的对象。不过，在一般意义上，似乎不能说教-学活动是教育价值的唯一甚至是主要的评价、规范对象。这取决于我

---

① 陈桂生：《教育学究竟是怎么一回事——略议教育学的基本概念》，《教育学报》，2018年第1期。

们在什么语境中谈论教育概念。教育作为价值,在现实中表现为评价、规范人的行为,使之合乎某种标准。作为名词,它表示价值,不像表示通常的实物(体)名词,它没有指称的对象,它是通过评价某些对象来显现自身。作为动词,它表示通过某种活动方式来实现教育价值,但活动方式是非特定的(不限于教-学活动)。在此意义上,教育同其评价范围不限于教-学活动。因为定型的教学组织发生之前,教育与道德同为环境对人的积极影响因素。那彼得斯为何说教育作为价值是衡量教-学活动的标准呢?实际上,这是在现代教育学视野下而言的。因为定型的教学组织成为一种普遍存在,甚至每个未成年人都必须进入学校接受教育,这是现代社会所特有的社会事实。教育作为价值,与教-学活动有别,它在现代教育学框架下将教-学活动作为评价对象。只有当教-学活动合乎一定的标准,才将其理解为教育的或具有教育性。然而,教-学活动作为传授知识、技能的方式,有其自身的评价标准。这涉及到教养概念。在陈先生那里,教养概念是德语和俄语的教育学专业概念,意指:"使学生获得所处时代应有的科学知识与技能,从而成为'有现代教养的人'。"(10—11页)在欧洲大陆以外的文化圈中,未以教养为教育理论的基本概念。不过,这并不表示英语文化地区缺乏教养价值的追求,只是它隐含在类似于"各种能力的协调发展"之类的教育目的表达中。

陈先生还探讨了教育与教养两种价值的关系。他认为,教育一词原义为"引出",把受教育者意识原有的价值倾向引向应有的价值追求,而学习者原有的价值倾向是建立在相当有限的认知-经验基础上,因此学生的知识和技能需靠外部输入。将外部输入的客观知识技能转化为学习者自己的,成为其教养。正是在这个意义上,存在"教育"与"教养"并举的合理性。另一方面,"教养"同"教育"之间存在内在关联。现代社会要引导受教育者形成正当的价值取向,主要诉诸于个人在教养基础上形成的理性的自觉和自律。在此意义上,"教育"以"教养"为基础。

在概念层面思考教育,将教育视为衡量教-学活动的价值,辨析教育与教养两种价值的关系。所有这一切事实上均预设了思考教育概念问题的框架,那就是在现代教育学范畴体系内的言说。因此,对教育概念的进一步探讨势必涉及对以教育为研究对象的教育学本身的反思。

五、教育学逻辑范畴中的教育概念

陈先生在"八谈"中主论教育学的逻辑范畴体系，其中指出：

> 教育学的基本概念是：
> 1. 德语 Erziehung，英语 education（中译"教育"）；
> 2. 德语 Bildung（中译"教养"）；
> 3. 称之为教学的教-学活动；
> 4. 教-学活动有教程与学程之分。
>
> Didaktik（中译"教学论"）以教程为研究对象，课程论以学程为研究对象。
>
> 上述诸概念各有特定的内涵，相互之间存在一定的区别与联系，才构成 Pädagogik 的逻辑范畴。（96页）

在诸逻辑范畴中，"教育""教养""教-学活动"构成了这个体系的"三位一体"，"教程"与"学程"只是教-学活动的不同方式。对一个学科来说，其逻辑范畴是这个领域发展到一定程度的产物。因此，每个范畴在逻辑形式上"结晶"了教育的发展史和认识史。为充分把握教育概念，需将其置于这个逻辑范畴体系中。对陈先生来说，对这个体系的认识同对教育学（Pädagogik）的再认识联系在一起。他首先指向"教育学"的性质："德文 Pädagogik，中文译为'教育学'，泛指源于西方的教育学。至于它究竟是什么学科的名称，研究什么学问，只能视其研究的对象而定。那么究竟研究什么学问呢？其中以 education 为研究的对象，英语地区干脆以 education 取代 Pädagogik，中文把 education 译为'教育'，才把 Pädagogik 译为'教育学'。"（63页）问题在于，这种翻译是否名符其实？在什么意义上可以将 Pädagogik 译为"教育学"？对这两个问题的考虑，直接关系到在一个什么样的学科领域理解教育概念。

在陈先生看来，"西方教育学原是现代社会形成时期（我国称其为近代）为未成年教育的普及，参照日趋发达的自然科学先例建构的学问"（55页）。

这门学问因应普及世俗基础教育的需要而产生，旨在使应有的知识与技能转化为学生的知识与技能，形成学生的教养。因此，陈先生认为，Pädagogik"与其称为教育学，倒不如称其为教养学，才较为符合这门现代学科的实际"（60页）。在这个意义上可以说，Pädagogik被译为"教育学"名不符实。不过，由于西方社会经历了文艺复兴、宗教改革和启蒙运动，有识之士要求在理性自觉的基础上使学生形成现代道德人格。在这种间接的意义上，视Pädagogik为广义的教育学未尝不可。不过，他提醒人们注意："问题在于教养的性质与逻辑毕竟有别于狭义教育的性质与逻辑，故Pädagogik有别于教育学。"（81页）

尽管我国学者将Pädagogik译为"教育学"有名不符实之嫌，[①] 考虑到我国悠久的教育文化传统，陈先生对此作了同情的理解：对Pädagogik来说，"就其试图解决教会与国家分离、学校与宗教分离的背景下有待解决的教育问题来说，指其为教育学并不为过。何况在世界文明古国中，唯有五千年教育文化传统的中国学者，才有可能视其为教育学"（85页）。这种同情源自中西教育文化的比较。西方学者长期以来对教育与教-学活动的区分若明若暗，而我国有长达五千年的教育文化传统。在陈先生看来，人类诞生后，出于群居和种族习俗延续的需要，早就萌生带有道德人格影响意义的意识，以后来的眼光来看，这便是"教育意识"。到了所谓的"轴心时代"，由于文字的出现才逐渐发生教-学活动。在西方，有关"美德是否可教"的讨论[②]表明，人们早就意识到教育与教-学活动的区别。然而，西方文化经历长达千年的宗教统治，宗教对未成年人道德人格的形成起着支配性作用，未成年人的教育采取了宗教的形式。如恩格斯说的那样，在中世纪"僧侣们获得了知识教育的垄断地位，因而教育本身也渗透了神学的性质"[③]。这一漫长的过程似乎使教育

[①] 在某种意义上，这种"误译"同陈先生谈到了村井实对涂尔干、克里克、杜威等人教育"定义"的批评类似。他指出："其实倒是东方学者本着东方的教育学观念误解了西方学者近于教养学的表述。"参见陈桂生：《教育学究竟是怎么一回事：教育学辨析》，上海教育出版社，2020年版，第61页。

[②] 陈桂生：《普通教育学纲要》，华东师范大学出版社，2009年版，第12页。

[③] 《马克思恩格斯全集（第七卷）》，人民出版社，1959年版，第400页。

与教-学活动的关系变得晦暗不明。在 Pädagogik 产生的时代，尽管宗教仍然发挥着对未成年人道德人格的影响，但随着民族国家的形成，特别是宗教与国家的分离、宗教与学校分离，在宗教之外，有识者主张在现代教养的基础上形成理性自律的道德人格。在这个意义上，Pädagogik 也称得上是教育学。陈先生在回忆萧承慎先生谈"教养"时指出："他说'教养'的解释中有两个关键词：一是'掌握'，意思是把教学过程中传授的系统知识与技能转化为学生自己的系统知识与技能，即成为他们的教养；二是在学生教养的基础上，发生教育影响，教养本身有别于教育。"（102 页）问题在于，Pädagogik 理应以世俗教育的存在和一定程度的发展为前提，但这个前提当时在欧洲并不存在，所以为尚未普遍存在的基础教育而建构的 Pädagogik 属于"先天不足"。（75 页）不仅如此，Pädagogik 是在 18 世纪与 19 世纪之交以自然科学为先例建构现代人文学科的潮流中应运而生的，在科学的意义上，其基本概念理应"以大量属于同属同种的事物内在的本质属性为概念的内涵"，但 Pädagogik 的基本概念并非如此，因而在科学性方面它从诞生伊始便遭遇质疑。所以，在陈先生看来，Pädagogik 不仅"先天不足"，而且"后天失调"。（75—76 页）

自 Pädagogik 产生至 20 世纪中叶，西方学者长期对教育与教-学活动的区别若明若暗。[①] 彼得斯虽指出了两者的区别，但并未肯定教育是一种不可替代的价值。在长期的历史发展中，中国传统文化根本上是世俗性的，不像西方存在长期的宗教统治，因而中国的教育意识源远流长。或许出于这种长期教育文化中形成的本能，我国学者把 Pädagogik 译为教育学显得自然而然。由此来看，在教育学的三位一体中，可以形成两种含义的教育学：关注未成年人道德人格形成的狭义教育学以及在教养基础上形成未成年人道德人格的广义教育学。在狭义教育学中，教育作为价值的衡量对象不限于教-学活动。所以陈先生说："至于教育虽然在教-学活动中实施，也可能在日常生活中，尤其在正常的人际交往中、在正常的舆论制约下以自我修养实现。"（84 页）在广义教育学中，教育价值是以教养价值的实现为基础，指向具有现代精神的

---

① 这一点可以由陈先生利用教育学逻辑范畴透视教育学经典《大教学论》和《普通教育学》看出来。参见陈桂生：《教育学究竟是怎么一回事：教育学辨析》，上海教育出版社，2020 年版，第 98—99 页。

道德人格养成。无论在广义还是狭义的教育学中，教育概念都是通过与教养、教-学活动的联系中相互区别的。通过对这些区别与联系的不同强调，实质上反映了不同社会教育文化的个性。

在探讨教育学基本概念的过程中，陈先生不仅觉察到欧洲大陆与英语文化地区的教育学在理解教育价值方面的异同，而且通过教育文化比较洞悉了中西方教育文化的个性。在陈先生看来，欧洲大陆教育学将"教养"作为基本概念，而英语文化地区未将其纳入教育学基本概念。他认为，这种区别反映了"两种'元教育'概念之间的差异"[①]。欧洲大陆教育学将教育奠基于教养的基础上，使受教育者基于理性的自觉和自律，成为受到教育影响的人。英语地区虽同欧陆一样将教育列入价值范畴，但对教育价值的理解有别于后者。陈先生引述彼得斯的观点作为英语地区理解教育价值的代表：教育传递有价值的事物，所传递的价值为学生所认知，从而成为他自己的价值追求。这两种教育价值观念的区别在于：（1）前者的教育内涵源于伦理道德价值，后者认定，不管施加什么影响，重要的是只传递有价值的影响；（2）前者把教育本身视为一种价值，教育价值在教养的基础上实现，后者强调，所传递的价值，只有转化为学生自己的价值追求，才算是教育价值的实现。他还从教育文化比较角度指出，中西方在教育观念方面"同中有别，异中存同"。（84—85页）双方教育都同道德人格的形成有关，而在道德观念方面亦"同中有别，异中存同"。英文 morality 是以古拉丁文 moralis 为词根构建，原为"风俗"之义。中文将 morality 译为"道德"，由"道"和"德"连用的双音词。"道"原为路的意思，"德"为"得"之义。这种差异表现在中国教育带有"使教育对象形成道德价值追求之义"，西方教育一般"以习俗舆论中形成的普适性的行为规范为衡量教育对象道德行为的准则"。此外，西方认同追求的是建立在理性基础上自律的教育，区别于那里的宗教影响，而中国教育倾向于强调"符合并服从道德价值原则及行为规范的准则"。最终体现为，"以教养为基础的教育和不以教养为前提的教育"的差异。正是在追溯和反思

---

① 陈桂生：《教育学究竟是怎么一回事——略议教育学的基本概念》，《教育学报》，2018年第1期。

Pädagogik 的过程中,陈先生以中西教育文化比较审视其中遭遇的问题,觉察到西方教育文化问题的症结,反照出多年来受到忽视的我国教育文化中所包含的作为教育不可或缺的文化要素(如他"传统师资文化""师说"的研究)。他也由此萌生了对本土教育文化的自信。

【作者简介】

张建国,1982年生,河南南阳人,教育学博士,现为信阳师范学院教育科学学院副教授。2005年毕业于贵州师范大学,获理学学士学位;2008年毕业于华东师范大学,获教育学硕士学位;2008—2010年任教于四川教育学院教育系;2014年毕业于华南师范大学,获教育学博士学位;自2014年9月以来,任教于信阳师范学院教育科学学院。研究旨趣:教育基本理论和经典人物(如马克思、杜威)的教育思想研究。发表学术论文若干,如《西学东渐与中国教育学术自觉》《马克思的教育之思:嵌入工人阶级解放的构想》《教育概念新探——论作为价值的教育》《马克思与杜威教育思想比较引论》等,目前专注于马克思和杜威教育思想的比较研究。社会兼职:全国教育基本理论学术委员会青年委员。

教-学活动研究

刘庆龙　王厚红

从1989年的第一份教育学作品《迷惘的教育学与教育学的迷惘——建国以后教育学发展道路侧面剪影》算起，陈桂生老师的教育学研究几乎涵盖了教育的方方面面。考虑到自身课程与教学论的专业，我只选择从教-学活动这个主题切入谈一谈我对陈老师相关思想的理解。教-学活动的话题往大了说是整个教学论或课程论的问题，但这显然是我力所不及的，在这里只是试图模仿陈老师关于"教育学究竟是怎么一回事"的说法，以课程与教学论专业博士生的视角谈一谈我眼中的教-学活动是怎么一回事。

之所以采用"教-学活动"的提法而不是更加通用的"教学"或"课程"概念，是为了贴近陈老师自己的用法。由于"教学"或"课程"这样的概念尽管是专业术语，但对这些概念的理解却古今有别、中外有别，甚至还因研究者的个人立场而有别，因此论述起来有相当大的难度。对于这个问题，陈老师的办法是采用一些跨时代、跨国度的形式概念，[①] 以防在论述某些有多重内涵的概念时引发误解。"教-学活动"就是这样一个形式概念，它描述的是广泛意义上的包含教与学的活动或现象。

[①] 陈桂生：《教育历史研究方法论问题》，载《教育文史辨析》，华东师范大学出版社，2012年版，第18—22页。

陈老师对教-学活动的论述在比较粗略的层面上可以概括为两个方面，第一是教-学活动的性质，这一点主要是通过与教育、教养等概念的比较来阐述的；第二是与教-学活动关联最为密切的"教学"和"课程"这两个概念。因此本文也主要从这两个方面入手引介陈老师在教-学活动问题上的见解。

一、教-学活动的性质

讨论教-学活动的性质，往往离不开对"教育"概念的讨论，因为目前学界的一种常见现象是把一般意义上的教-学活动描述为"教育"，或者把"教育"解释为教-学活动展开的过程。"教育"与一般意义上的教-学活动有何区别与联系，是陈老师自2018年以来的文章中反复论述的一个重点。我之前有点疑惑为什么陈老师要翻来覆去地解释一个在我看来非常"简单"的问题。后来才发觉自己的盲目，原来当前教育学术中的诸多争辩或都与此相关。

早在2003年，陈老师就曾指出在中国"教"字一字两音，作为去声的"教"表示的是对人心灵发生的正面影响，是一个规范词，而作为平声的"教"是中性的描述词。[①] 二者大体上对应的就是今天所说的"教育"和"教学（授）"（或教-学活动）。这种一字两音的现象恰恰说明在中国自古就有作为价值性质的"教育"与活动性质的"教学"的区分。[②] 而另一方面，不同的内涵用同一个字表示，又间接地造成了如今的误解，从"教（jiào）学"这一普遍的错误读法就可窥见。

我国古代汉字多为单音字，"教"与"育"是分开表述的，作为复合词的"教育"是近代以来才有的事，[③] 但"教育"的内涵近乎古代的"教（jiào）"，因此陈老师对古代"教育"概念的分析是从含有"教（jiào）"字的文本入手的。古代的"教"主要指的是"使人为善"，比如《荀子·修身》

---

① 陈桂生：《广义"德育"即狭义"教育"》，《上海教育科研》，2003年第3期，第30—33页。

② 陈桂生：《教育学究竟是怎么一回事——略议教育学的基本概念》，《教育学报》，2018年第1期，第3—12页。

③ 刘幸、施克灿：《"Education"何以译为"教育"——以日本有关学术史料为基础的讨论》，《教育研究》，2021年第11期，第86—95页。

中的"以善先人者谓之教",《礼记·学记》中的"教也者,长善而救其失者也"。如果说古代教育观念中"使人为善"中的"善"具体指的是道德人格意义上的"善",那么至近代和现代则转向了"人格的完善"和"社会性人格的完善"之义。① 尽管"善"的具体内涵有所改变,但"教（jiào）"或"教育"始终是一种价值规范,与"教-学活动"是不同的两回事。

以上所说的"教育"内涵是狭义上的,广义的"教育"内涵包括"教养"价值。"教养"原属于欧洲大陆的教育学概念,多出现在德国与苏联的教育学研究中,它与"教育"概念共同构成了衡量教-学活动的价值标准："教育"关注道德人格的形成,而"教养"关注的是文化知识与技能的掌握。但由于我国习俗意义上的"教养"一词自古便偏重道德修养的意味,因此现在几乎不在"知识与技能的掌握"这一内涵上使用"教养"这个词,而把其对应的价值囊括进广义的"教育"概念之中。不过在这两种价值合并数十年之后的今天冒出来的"素养"概念,或许又可以视作"教养"在新时代的另一种面貌。

一言概之,"教育"（广义）与教-学活动的联系主要体现在："教育"是教-学活动的价值判断标准;教-学活动是"教育"价值主要的实现方式。这种联系主要是从概念推论出来的,至于现实中具体的教-学活动现象在多大程度上实现了这种联系,由于其受多种因素的影响,"教育"价值的实现程度有待具体判断。而无论具体实践情况如何,在理论用语上应当尽力避免的问题是用"教育"概念指代一切教-学活动,因为这样会掩盖掉那些无"教育"价值甚至反"教育"价值（如"教唆"）的教-学活动的弊病,真正的"教育"价值容易流失在一些无"教育"意义的活动中而浑然不觉。

让我疑惑的是,为什么"教育不同于教-学活动"这样一个看似简单的判断,在众多教育学人心中却一直若明若暗?我试图从陈老师的文字中寻找解答,最后得出能够勉强说服自己的两种解释:一方面,"教"字自古便一字两音,且如前所述二者的内涵还是相互联系的,这在客观上增加了两种含义相互混淆的可能性;另一方面,陈老师曾说我国的传统文化以"从整体上把握

---

① 陈桂生：《普通教育学纲要》,华东师范大学出版社,2009年版。

研究的对象"见长，因此习惯于把"教育"当成一个涵盖所有与之相关现象的笼而统之的概念，① 人们逐渐把教-学活动囊括其中，甚至误以为"教育"等同于"教-学活动"。尤其是"教育"作为一个规范词实际上承载了教-学活动实践的期待和向往，久而久之便以这种期待和向往指称一般意义上的教-学活动，即使某种教-学活动或许并未如期地实现"教育"价值。

"教育"同"教-学活动"的混用并非中国独有的事，即使是号称现代教育学奠基人的赫尔巴特也曾说"教学"（教-学活动）才是真正的教育。赫尔巴特想表达的很可能是相对学生行为管理而言，只有教-学活动才有可能具备教育的价值，但至少在语词的表述上他将教-学活动与教育作为一体看待。日本学者村井实对"教育"的定义是"使儿童变成善良的各种活动"，并说克伯屈、涂尔干、杜威等人刻意地回避了教育中"使之善"的概念。② 比如克伯屈认为"教育"是"对照过去的经验使新经验条理化"，涂尔干说教育是"社会和文化的自我增殖作用"，都近乎是在"教养"或者教-学活动的目的这一意义上理解"教育"，忽视道德人格的养成。③ 英国教育哲学家彼得斯在对"教育"进行定义时特意与教-学活动划清界限："教育决不需要特定类型的活动。""它绝不特指某种特殊活动或过程。"④

可见即使是在西方教育学界，"教育（education）"与教-学活动的关系同样影影绰绰。这是为什么呢？我想大概得从 education 的源头说起。

education（德文 Erziehung）源于拉丁文 educare，意为"引出"。一开始我对此颇为不解，如果说"教育"主要是一种价值取向，它与作为一种动作倾向的"引出"是如何发生联系的？现在看来，这种联系大概可以这样解释：Erziehung 尽管以"引出"作为词源，但作为一个教育术语，还存在"引出什

---

① 陈桂生、范敏：《教育学的逻辑框架——专访华东师范大学陈桂生教授》，《教师教育学报》，2021年第6期，第1—7页。
② ［日］村井实：《教育的定义与教育学》，载大河内一男、海后宗臣《教育学的理论问题》，曲程、池凤年译，教育科学出版社，1984年版，第317页。
③ 陈桂生：《中西教育文化比较——四谈教育学究竟是怎么一回事》，《全球教育展望》，2019年第8期，第29—36页。
④ ［英］彼得斯：《"教育"的概念》，载《伦理学与教育》，朱镜人译，商务印书馆，2019年版，第14页。

么"的问题。在陈老师看来,"引出"或者试图"引出"的正是道德或人性。①

道德的培养在西方是一个古老的话题,但在相当漫长的时间里那儿并不把道德的养成称作 Erziehung 或 education,完成这一任务的渠道也不是真正意义上的"教-学活动",而是宗教活动。宗教活动完成道德培养任务的方式是"输入式"的,个人在其中是比较被动的。17 世纪之后随着对宗教的批判与人性的张扬,启蒙运动者们需要找到一个概念来代替宗教对道德规范的约束作用,并且体现出不同于"输入式"的道德形成过程,于是作为"引出"含义的 Erziehung 应运而生。从道德的养成这一意义上看,将 Erziehung 或 education 译为"教育"自有一番道理。

如果说"引出道德"或"引出人性"中的"道德"或"人性"从结果或目的的层面让 Erziehung 一词具备了价值取向的含义,那么作为一种动作的"引出"就昭示着 Erziehung 在一开始就是与教-学活动密切联系的,它规定着教-学活动应当遵循"引出"而非"输入"的原则。也就是说,education 或 Erziehung 虽不同于教-学活动本身,但与教-学活动亦难舍难分,这一点在夸美纽斯和赫尔巴特的作品里都可以找到印证。夸美纽斯在《大教学论》中提出一种关于"教"与"学"的艺术,并用书名中的 Didactica 来指称这种艺术,而有学者考证 Didactica 在当时的欧洲语言体系里就是"教育学"的意思,② 表明"教与学的艺术"和"教育学"实为一体。娄雨的研究也表明,Didactica 比后来通用的"教育学"概念 Pedagogy 更能体现"教育"的精神。③ 赫尔巴特则是直接把教-学活动(教学)纳入"真正的教育"范畴,提出"教育性教学"的概念,客观上让 Erziehung 或 education 与教-学活动的关系变得更加复杂。

同中文的"教育"概念有类似遭遇的是,education 与这一概念诞生之初

---

① 陈桂生:《略论我国教育实践的理论基础》,《现代教育论丛》,2020 年第 4 期,第 2—16 页。

② Kansanen P.(1995). The Deutsche Didaktik, *Journal of Curriculum Studies*, No. 27,p. 43—47.

③ 娄雨:《Didactics 还是 Pedagogy——〈大教学论〉与伟大的教育精神》,《湖南师范大学教育科学学报》,2019 年第 2 期,第 64—70 页。

"道德引出"的本义总体上呈现出越来越远的趋势。在欧陆教育学中，Erziehung 价值的实现，往往依赖于另一个概念 Bildung，也就是"教养"。启蒙运动时期也是西方自然科学领域开始蓬勃发展的时期，在道德养成这件事上，自然科学知识逐渐替代宗教的地位发挥基础性作用。启蒙主义者所倡导的理性作为彼时道德的核心概念，是建立在把客观知识转化为自身"教养"这一基础上的。这正是陈老师所说的"正当的价值取向"主要见诸个人在"教养"基础上形成的理性的自觉与自律。①

然而如前所述，在英语国家并没有与 Bildung 严格对应的概念，在那里实际上是把 Bildung 的含义囊括进了 education 之中，导致 education 实际上兼含了狭义"教育"与"教养"这两种价值。随着近代科学文化知识的大量增长，"教养"价值越来越占据 education 的核心，"教育"价值则逐渐被边缘化。再加上客观知识的体量与难度都陡然上升，导致原本以"引出"为导向的教-学活动不适应"教养"形成的客观需求，教-学活动反而更多地表现为"输入"的特征，"引出道德"这一原义与人们对 education 一词的使用越来越名不符实，其对教-学活动的规范意义也越来越弱。久而久之，人们便习惯以现实的教-学活动的特征去理解 education 一词，将二者混同起来，而忘却了 education 原是超越一般意义的教-学活动的一种价值规约。总之，英语国家在使用 education 这个概念时与 education 最初作为"道德引出"的这一含义有相当大的距离，实际上已经赋予了 education 新义，而这个新义与英美国家当时现实的教-学活动是相当匹配的，因此以 education 来指代"教-学活动"现象便成了顺理成章的事。由此看来，尽管中西文化各异，但在以"教育"概念代替"教-学活动"的这一误区上倒是殊途同归。

二、"教学"论：以"教程"为核心的教-学活动理论

在课程与教学论领域有两个最核心的概念用来描述教-学活动，一个是"教学"，一个是"课程"。刚踏入课程与教学论这个学科时，我想当然地认为

---

① 陈桂生：《教育学究竟是怎么一回事——略议教育学的基本概念》，《教育学报》，2018 年第 1 期，第 3—12 页。

这两个概念没有本质上的区别,想着不过是看重"教学"的人把"教学内容"等同于"课程",或更在乎"课程"的人把"课程实施"理解为"教学",甚至对"一门学科两套话语"的文字游戏不以为然。

陈老师的观点在很大程度上改变了我的想法。陈老师认为"教学"概念下的教-学活动实际上属于"教程"的性质,而"课程"概念下的教-学活动属于"学程"的性质,这才发觉自己一直以来的误解。"教程"和"学程"两个概念都属于形式概念,但陈老师也曾专门做出解释,他说"教程",指的是"教师依据教学计划、教学大纲和教科书,组织与指导学生学习活动,以实现教育价值与教养价值"①,而"学程"指的是"按照课程计划(或称教学方案)、课程标准和教材(不局限于教科书),开展教学活动"②。

陈老师为什么会说"教学"属于"教程"性质的概念呢?难道现在所流行的围绕"教学"衍生开来的"以学定教""为学而教"等主张体现的不正是"学程"的精神吗?后来才发觉陈老师的意思,说的是"教学"这一语词诞生之初以及围绕这一语词建构的教-学活动理论是"教程"性质的理论,而后面诸如"以学定教""为学而教"的口号,其实是对教-学活动应当如何所作的规范性解读。那么最初的"教学"是怎么一回事呢?

我国古代语言多为单音字,用以描述教-学活动的"教"(平声)与"学"都有相当悠长的历史,并且各自的含义与我们今天的理解也差别不大,"学"指向学生的学习活动,"教"指向教师的教授行为,直到陶行知针对"教"与"学"脱节(即有"教"无"学")的现象提出将"教授"改为"教学",取"教学生学"之义,"教学"才作为一个正式的复合词出现并流传开来。但问题在于大众对"教学"概念的理解不一定会完全遵循教育学者所赋予的含义,而是很可能根据当时的教-学活动的特征理解"教学"一词,实际上仍然是在"教授"的意义上理解"教学",以至于被规范了的"教学"概念反而成为对不规范行为的掩饰:不管现实中的教-学活动有没有做到"教学生学",都把

---

① 陈桂生:《再论教育学究竟是怎么一回事——教育学研究中遇到的已解决与待解决的问题》,《中国教育科学》,2019年第2期,第20—37页。
② 陈桂生:《再论教育学究竟是怎么一回事——教育学研究中遇到的已解决与待解决的问题》,《中国教育科学》,2019年第2期,第20—37页。

它叫作"教学",模糊了"教学生学"与"未做到教学生学"两种情况的界限。那么为何当时的教-学活动会引导人以"教授"的含义理解"教学"概念呢?除了现实的教-学活动本就属于"教程"性质这一因素,还同彼时引进的欧洲大陆教学论不无关系。

欧洲大陆地区并没有与"教(学生)学"严格对应的词汇,而只有相对独立的"教"(teaching/instruction)与"学"(learning)的说法。夸美纽斯的《大教学论》是比较公认的西方教-学活动理论的起源,里面对"教"和"学"也是分开表述的,比如该书的前言中就写道:"在以前各世纪,这种教与学的艺术是很少有人知道的。"[①] 夸美纽斯所建构的教-学活动理论基本上属于"教程"性质,这么说大概有以下几点证据。

第一,书名中与"教学论"对应的单词 Didaktik,其词源 Didasko 本来就只表示"教",而没有"学"的意思,[②] 因此 Didaktik 主要指的是一种"教"的艺术而非"学"的艺术。该书最初的中译本也叫作《大教授学》,只不过后来才出于对"有教无学"现象的纠偏改成了《大教学论》,反而在某种程度上偏离了 Didaktik 的原义。

第二,《大教学论》正文的诸多内容都显示出对"教"的力量的崇拜,比较经典的是书中提到希望找到一种能够"将一切事物教给一切人"的原则。

第三,夸美纽斯所处的时代所需要的正是"教程"性质的教-学活动理论。教-学活动在夸美纽斯此前的时代并没有成为一种专门的学问,因为道德规范的形成自有宗教活动来完成,唯有宗教的地位在 17 世纪之后被世俗的道德所撼动乃至被颠覆,发生从宗教道德化向道德宗教化的转变,Erziehung 价值的实现才成为必要的事情,教-学活动的艺术也才成为需要研究的学问。但是彼时的 Erziehung 不同于古代中国狭义的"教育"观念的特殊之处在于,它以"教养"作为基础,而"教养"形成所需要的文化知识主要通过教师传授,致使"教"的必要性和重要性大大提高,一师多生的局面也成为必然。

欧洲大陆的教学论是近代以来较早对我国教学实践产生影响的教-学活动

---

① [捷克]夸美纽斯:《大教学论(第二版)》,傅任敢译,教育科学出版社,2014年版,前言第 3 页。

② (1996). *Oxford Greek Dictionary*, Oxford: The Clarendon Press, p. 421—422.

理论。不过由于《大教学论》被埋没了两百余年后才被发现，故最先对中国教学实践产生影响的主要是赫尔巴特的理论，其中又以"教学形式阶段说"为核心。尽管赫尔巴特本人的思想中也包含着一些体现"学程"特质的内容，如他曾说"使听者仅仅处于被动状态，并强迫要求他痛苦地否认自己活动的一切方式，是使人厌恶与感到受压抑的"①，但不管怎样"教学形式阶段"最终被赫尔巴特学派改造成一种"死板的技术"，使得其"教程"的特征愈加凸显。不过陈老师认为这种"死板"主要不是赫尔巴特的问题，而是出于那个时代以大规模的学校教育取代家庭教育这一背景的客观需要。②

由此看来，陈老师把以夸美纽斯和赫尔巴特为代表建构的欧洲大陆教学论称为"教程"性质的教-学活动理论是有道理的，这种理论总是先确定一套供未成年人学习的确定的、普遍的知识，再建构使这些知识转化为学生教养的教-学艺术或原则。这种特征与赫尔巴特意欲建构的教育学学科体系息息相关，因为这种所谓的"科学教育学"本就是模仿当时在学术领域地位极高的自然科学建立起来的，是从教育目的（即"教育"和"教养"价值）推论出来的，因此其教-学活动理论几乎必然带有"教程"的性质。

而与之颇为不同的是，中国古代的教-学活动近乎"学程"的性质，"学"的含义比"教"更为基本。据杜成宪老师考察，"学"字比"教"字出现得更早，先有"学"而后才有"教"。③ 这一点也可以得到逻辑上的确证，因为"学"的需求优先于"教"，没有"学"的需求，"教"就没必要存在。古代中国教-学活动以道德人格的养成为目的，且教师授课时面向的学生不多，"学程"的形态自有其现实根基。至于后来"教"逐渐取代"学"而在教-学活动中占据主要地位，是近代之后的事。彼时赫尔巴特"教程"性质的理论首先对民国时期的教-学活动产生影响，不仅由于该理论在国际上颇受推崇，更因为刚从封建时代走出来的中国需要这种"教程"性质的教-学理论作为实践

---

① ［德］赫尔巴特：《普通教育学》，李其龙译，人民教育出版社，2015年版，第69页。

② 陈桂生：《教育文史辨析》，华东师范大学出版社，2012年版，第118页。

③ 杜成宪：《以"学"为核心的教育话语体系——从语言文字的视角谈中国传统教育思想的重"学"现象》，《华东师范大学学报》，2010年第3期，第75—80页。

指导。

那么"教程"为什么后来又转向"学程"了呢？这是因为"教程"有其从一开始就自带的缺陷，用陈老师的话说是"无视应予传授的文化知识同学生之间的逻辑鸿沟"①，于是便有变革的必要。陈老师曾借用杜威的话说明这种"逻辑鸿沟"：儿童的狭小的然而是关于个人的世界，和非个人的然而是空间和时间无限扩大的世界相反；儿童生活的统一性和全神贯注的专一性与课程的种种专门化和分门别类相反；逻辑的分类与排列的抽象原理和儿童生活的实际与情绪的结合相反。② 因此在 19 世纪与 20 世纪之交，世界范围内出现了对"教程"性质教-学理论的改革，以欧洲"新学校运动"与美国进步主义教育运动为代表。陈老师把这种改革形容为针对现有"教程"对传统"学程"的否定之否定。③ 欧洲的"新学校运动"仍然沿用了"教学"的话语体系，但实质上教-学活动的重心已经从系统的知识传授转向了学生活动，成为实际意义上的"学程"。而美国地区则直接抛弃了"教学"，开创了一套以"课程"为核心的话语。

三、"课程"论：以"学程"为核心的教-学活动理论

我国现行的"课程"一词对应的英文单词为 curriculum，拉丁文原词为 currere，是"跑道"的意思。尽管我国古代也有"课程"一词，但主要指的是内涵更为狭窄的"课业"，与 curriculum 的含义不尽一致，与今天的课程概念也相去甚远，因此这里只谈论与 curriculum 相对应的概念。

陈老师在很多场合说过"课程"的实质是"学程"，我对此的粗略理解是"课程"在教-学关系上更加偏向学生的"学"，这其中最主要的体现就是对学生个体经验的关照。从以客观的文化知识为核心到以儿童的经验为核心，这

---

① 陈桂生：《教育学究竟是怎么一回事：教育学辨析》，上海教育出版社，2020 年版，第 270 页。
② [美]杜威：《儿童与课程》，顾岳中译，赵祥麟校，人民教育出版社，1994 年版，第 117 页。
③ 陈桂生：《再论教育学究竟是怎么一回事——教育学研究中遇到的已解决与待解决的问题》，《中国教育科学》，2019 年第 2 期，第 20—37 页。

一点构成了"课程"话语体系与欧洲大陆"教学"话语体系最鲜明的区别。这首先得益于美国在19世纪90年代兴起的儿童中心运动。杜威曾把"儿童是否作为中心"当作区分新旧教育的标准，把儿童中心的教育称为新教育，把以往那种将儿童置于教育中心之外的教育称为旧教育，并把二者的转变称为"哥白尼式的转变"："这是一种变革，一场革命，一场和哥白尼把天体的中心从地球转到太阳那样的革命。在这种情况下，儿童变成了太阳，教育的各种措施围绕着这个中心旋转，儿童是中心，教育的各种措施围绕着他们而组织起来。"[①]

"儿童中心"运动使得此前在美国盛极一时的赫尔巴特"教程"性质的教-学活动思想偃旗息鼓，转而建构一种以"课程"为名的、"学程"性质的教-学活动理论。博比特的 The Curriculum 一书被视为现代课程理论的源头，其对"课程"的定义是"一套孩子们和年轻人必须通过完成目标而具备的经验"[②]，就体现了"学程"的性质。可见"课程"区别于"教学"的关键特征就是突出儿童经验的地位。在开展形式上，"课程"的实践通常体现为儿童的手工劳作等活动，陈老师曾把"课程"的"学程"性质概括为：根据"如何做"决定"如何学"，根据"如何学"决定"如何教"。[③]

"课程"话语中的相关概念同欧陆"教学"话语有质的不同，比如教科书在"教学"话语中主要指的是教师用书，而在"课程"话语中则变成了教师与学生共同使用的资料。"讲授"的概念在"课程"话语中也甚少提及，教师"教"的行为主要定位在"指导"的意义上。[④] 至于夸美纽斯一开始使用的 Didaktik 一词，也始终没有在美国教-学活动理论领域成为主流，以至于美国课程研究期刊的主编在2000年还在说："教学论（Didaktik）是思考教与学的

---

① Dewey, J. (1900). *The School and Society*, Chicago: The University of Chicago Press, p. 51.
② ［美］博比特：《课程》，刘幸译，教育科学出版社，2017年版，第35—36页。
③ 陈桂生：《课程引论》，华东师范大学出版社，2019年版，第205页。
④ 陈桂生：《教学-课程理论一元化说》，《上海教育科研》，2019年第5期，第5—9页。

另一种传统,这在英语世界里几乎无人知晓。"①

"教程"向"学程"的改变并非发生在美国的特例,欧洲具有类似性质的"新学校运动"几乎在同一时间展开,欧洲的教育家爱伦·凯关于"儿童的世纪"的思想、凯兴斯泰纳的公民教育思想以及费里埃尔的"活动教育思想"都与美国的进步主义教育思想有某种程度的一致性。这些思想或运动或多或少可以用来佐证"教程"向"学程"的转变是历史发展到一定阶段的必然产物。

不过从"教程"转向"学程",并不意味着就能解决所有问题,甚至还可能生发出新的问题。"教程"尽管存在种种弊端,但自有存在的合理性,这决定了"学程"一旦把"教程"作为彻底的对立面,一样会遭遇来自"教程"所存在的合理性根基的排斥。在陈老师看来,教育学中一系列看似对立的概念,比如引出与输入、自律与他律,都不必视为排他性的概念,因为"排他难免得到他排的报应"②。"教程"与"学程"也是如此,两者都属于解决"教"与"学"内在矛盾的不同选择,③"学程"不可能彻底替代"教程"成为教-学活动的全部形态。这一点历史已经给出了证明,比如20世纪美国要素主义和永恒主义的课程思潮,就可以视为"教程"性质的教-学活动理论针对进步主义教育"学程"性质理论的否定,而70年代之后以施瓦布、斯腾豪斯、派纳等人为代表的新的课程思想又可以视作"学程"对"教程"的再一次反叛。这似乎应验了杜威的那句话:"以新的一套思想和由新思想所引起的新活动为指导的各种运动,或迟或早总会返回到过去,表现在比较简单的和比较

---

① Ian Westbury (2000). Teaching as a Reflective Practice: What Might Didaktik Teach Curriculum? In Ian Westbury, Stefan Hopmann and Kurt Riquarts. *Teaching as a Reflective Practice: the German Didaktik Tradition*, Mahwah, NJ: Lawrence Erlbaum Associates, p. 15.

② 陈桂生:《Pädagogik 学科辨析——五谈教育学究竟是怎么一回事》,《教育学报》,2019年第6期,第3—6页。

③ 陈桂生、范敏:《教育学的逻辑框架——专访华东师范大学陈桂生教授》,《教师教育学报》,2021年第6期,第1—7页。

基本的思想和实际上去。"①

至于我国今天的教-学活动理论，陈老师将其概括为有待建构和完善的"学程"性质的理论。近几年陈老师很少对时下的课程改革或教学改革中的具体问题发表看法，但我觉得他在教-学活动理论上的见解对我国当前的课程改革很有启发意义，其中令我感受最深的就是对相关概念的分析。尽管中国的教-学活动有悠久的历史，但今天在教育领域起主导作用的教-学活动理论主要来源于西方。首先是民国时期经日本引进的赫尔巴特教学论的思想，而后是20世纪30年代开始的以杜威为代表的进步主义教育思想。新中国成立后的前三十年影响我国教-学活动实践的主要是以苏联凯洛夫教育学为代表的教学论，改革开放后则主要是美国的课程论在发挥影响。外来的理论进入国内总是会存在本土化的问题，而这其中往往由于中西文化的差异和译词的选择问题，发生"以中度外"或"以外度中"的问题，再加上国内用于对译国外术语的语词可能古已有之，又容易造成"以古度今"或"以今度古"的现象，致使教-学理论中的许多概念模糊不清。拿"课程"这一概念来说，国外的curriculum一词自进入教育领域之初就带有"学程"的性质，其在教-学关系上是有所偏向的，它往往与学生经验联系在一起；但在我国的学术讨论中或者教学实践的场合，不少人是在"教学内容"的意义上使用"课程"这个词，实际上同原始的"课程"概念已经相去甚远。而一旦不同群体对这些关键概念的理解尚且存在分歧，就很难展开有效的学术讨论，不过是各说各话罢了。

四、从教-学活动研究看陈老师的治学之道

本打算写完第三部分就画下句点，可当我真正写到此处，却发现还有些东西没说完，所以临时加上这一部分。

2018年暑假至2019年秋季这段时间，我几乎每个星期都会在陈老师书房待上一两个小时，除了协助陈老师完成"教育学究竟是怎么一回事"系列文章的校对和投稿工作外，还会向他请教自己的一些疑惑，陈老师也会不厌其

---

① [美]杜威：《我们如何思维：经验与教育》，人民教育出版社，1991年版，第246页。

烦地一次次解答。每次从陈老师家出来我都觉得颇为充实，但直到最近写这篇文章，才发觉自己之前自以为的理解并不算真正理解。难怪有次陈老师终于忍不住问我："他们读我的东西都有话想说，怎么你就没有一点想法呢？"每每听到这样的话我都只能解释是自己没有天分，陈老师也只能笑着摇摇头。这次受到"任务"的驱动终于开始硬着头皮去一遍遍反复读陈老师的文字，相比自己之前的粗浅理解总算是更深了一层。

关于陈老师是如何做教育学研究的，已经有张建国老师、吴国平老师做过精彩的阐述了，所以我再说只是画蛇添足。这里我只想从一个教育学初学者的视角写一写我的感悟。

如果让我用一个词概括陈老师的治教育学之道，我会说是"准确"。"准确"本是学术研究的基本要求，但在教育学的研究中却成了一种"奢侈品"。造成这一现象大概包括两个因素。一方面，中国近百年来经历西学东渐，教育学实际上是在模仿西学的过程中建构起来的，其中许多概念"中一半西一半"，"以中度外"或"以外度中"都是常见的误解，一词多义的现象非常普遍，各人用各人的理解使用同一语词，难以形成共识。另一方面同教育学这一学科的特性有关。与自然科学以可证实或证伪的客观事实为标准不同，教育学这门学科与生俱来就带有价值规范的属性。自然科学中的基本概念以大量同一事物共有的本质属性作为概念的内涵，而教育学中的基本概念则是出于现代社会-文化中"应然教育"的规定性的定义。[①] 比如"教学"被规定为"教学生学"的学问，但实践中不管是否做到了"教学生学"，都把教-学活动统一称作"教学"，就属于规范词（对教-学活动的规范）被用成了中性词。可见教育学用语要做到准确并不容易，而准确尤其是基本概念的准确又是一个学科成其为一"学"的前提，于是不得不成为教育学的一个难题。

那么陈老师的教育学研究是如何克服这一难题，做到准确或者至少努力贴近准确的呢？我认为其中最关键的一点就是始终力求概念之"名"与概念之"实"的对应。概念的名实问题更具体地说，就是当我们使用一个教育学

---

① 陈桂生：《中西教育文化比较——四谈教育学究竟是怎么一回事》，《全球教育展望》，2019年第8期，第29—36页。

概念时,这个概念所表达的内涵与这个概念实质上的内涵是否一致的问题。比如"教学"这个概念,当我们评价一名老师的教学工作做得不错的时候,实际上是在教师的"教"这一意义上使用这个概念,而国内学术讨论中的"教学"概念除了"教"的成分还包含了"学"的意义,可谓名实不符。那么怎样才能尽可能地做到"名实相符"?用陈老师自己的说法,无非是那十八个字:"历史的具体的""历史的比较的""历史的逻辑的"。

"历史的具体的"方法在我看来就是回到某个概念的起源去分析问题,尊重这个概念在当时当地的具体内涵。比如在考察"课程"一词时,分析"课程"在我国古代语境中的具体内涵是什么,不预先以今天的"课程"观念去衡量古代的"课程"一词,不为了宣誓主权而说现行的"课程"概念在我国古已有之。在分析"教学"一词时,把作为复合词的"教学"与我国古代的单音节词"教"和"学"分别看待,亦与国外的 instruction/learning 分开看待,重点关注陶行知先生把 instruction 的译词"教授"改为规范词"教学"及其所带来的影响。

"历史的比较的"方法既包括时间层面上的古今对比,也包括空间意义上的中外对比。比较的意义主要是避免陈老师曾说过的"以古例今""以今度古"或者"以西律中""以中度西"的问题。通过对古今中外的具体的教育事实的比较,可以抽象出一般性的逻辑范畴,再以逻辑范畴去解释不同时期和地区的教育现象。① 在陈老师的研究中,这种逻辑范畴一般以形式概念的方式表达,如"教-学活动""教程""学程"这样的概念。形式概念使不同时代、不同国度的不同语词之间的沟通成为可能,让古今中外不同教育文化的相互比较有了基础。比如"教-学活动"这一形式概念就能够统领欧洲大陆的教学论话语、美国的课程论话语以及我国在这两种话语影响下所建构的教-学活动理论。

"历史的逻辑的"方法主要指的是揭示出古代教育文化、近代教育文化到

---

① 陈桂生:《"普通教育学"研究旨趣》,《中国教育科学》,2015 年第 3 期,第 37—77 页。

现代教育文化演变的轨迹。① 前面说的历史的具体的、比较的研究当然都离不开逻辑,但我想陈老师所说的"历史的逻辑的"不仅仅是融合在前两种方法中的逻辑,更强调的是整体的教育历史演化的逻辑,比如在"教-学活动"问题上关于从"学程"到"教程"再到新型的"学程"这样的线索,应该就属于"历史的逻辑的"分析。"历史的逻辑的"分析不同于一般的"架空的"逻辑分析,是基于历史事实的、有具体对象的逻辑分析。

由于名实相符的那个"实",既关乎概念所处的具体的历史语境,又关乎由翻译而引起的意义转变问题,更关乎概念在时间与空间的变化中遵循的逻辑,因此"历史的具体的""历史的比较的""历史的逻辑的"这三条原则的把握,基本可以保证教育概念的名实相符。

2018年陈老师第一次把上面提到的三种研究方法概括为"逆溯法"。"逆溯法"的合理性在于:任何事物发展到相当成熟的程度,其内在的本质属性才显示出来。② 正如马克思对人体与猴体比较的隐喻,"人体解剖对猴体解剖是一把钥匙"③,教育问题要在教育历史的"解剖"中去把握。如此看来似乎不难理解为何陈老师如此注重教育历史的分析。我的导师胡惠闵教授甚至笑称"陈老师就是一部活的教育史",其实仔细读过陈老师作品的人就会知道这句话并不夸张。

【作者简介】

刘庆龙,1991年生,湖南湘乡人,华东师范大学课程与教学研究所2017级博士,导师为胡惠闵教授。此前曾获厦门大学理学学士学位与教育学硕士学位,现为华中师范大学教育学院讲师,研究兴趣涉及课程与教学理论、教师教育理论、学习科学等。2018—2019年期间曾协助陈桂生先生将《教育学

---

① 陈桂生:《"普通教育学"研究旨趣》,《中国教育科学》,2015年第3期,第37—77页。

② 陈桂生:《中西教育文化比较——四谈教育学究竟是怎么一回事》,《全球教育展望》,2019年第8期,第29—36页。

③ [德]马克思:《资本论(第一卷)》,中共中央马克思恩格斯列宁斯大林著作编译局译,人民出版社,1975年版,第7页。

究竟是怎么一回事：教育学辨析》一书的手写稿转录为印刷体，以及协助完成陈老师与张建国老师、唐俊忠老师等人的书信往来。2019年曾受《中国教育科学》杂志社的委托访谈陈老师，具体内容见于《一个执着的教育学人——陈桂生教授访谈纪事》一文。

王厚红，1994年生，安徽寿县人，华东师范大学课程与教学研究所博士研究生，研究方向为课程与教学基本理论、教研制度与教研员专业发展。参与全国教育科学规划国家重点课题、上海市教委教研室提升中小学（幼儿园）课程领导力行动研究等多项课题项目，参与编写《学校特色课程在行动》《走向真实的学习：小学主题式综合实践活动课程设计30问》等著作。2019年至今，协助陈桂生教授编辑出版《教育实话》《课程-教学概念别解》等著作文章。

从"教程"到"学程":陈桂生课程与教学思想探析

王加强　陈一鸣

课程教学活动既是教育的最初形态,也是当前教育制度的"技术核心"。教育领域的任何变革,如果没有抵及课程与教学,都难有实质性影响。陈桂生先生经年累月以研究为志业,涉猎对象涵盖教育领域方方面面,而课程与教学是先生一直念兹在兹的研究领域。借助丰富的历史资料积累和深厚的逻辑洞察能力,陈先生在此领域的基本概念辩证界定、主流理论实践应用和本土实践理性辨析等方面追根溯源、正本清流、澄清误解、拾遗补缺,"舔破了很多窗户纸",为我们指明了从"教程"到"学程"的改革方向。

一、基本概念的辩证界定

基本概念界定不清是我国课程与教学研究领域的普遍现象。教科书中的"课程"往往被归为"科目""活动""经验""计划方案"等不同上属,学术研究中的"教学"也经常出现此"教学"非彼"教学"的不可通约现象。这种现象既受教育传统的历史积淀与教育改革的思想理念影响,也与我国教育研究历史中教学论概念系统与课程论概念系统的同时或先后引入造成的"叠加累积"有关。

厘清课程与教学研究的基本概念,既需要区分实然的"描述性定义"与应然的"规定性定义",明晰定义的目标是描述事实还是表达理念,也要条分缕析、追根溯源地做"知识考古",在字源、词源、理论与实践的历史发展中把握概念的演变逻辑,做到概念界定的"历史与逻辑相统一"。陈桂生先生就是在这种理论背景下辩证界定了"课程""教学""教养""教学法"等课程论与教学论的基本概念。

(一)"否定之否定"的"课程"概念演变

中西方"课程"词源的最初含义不同,与当今流行的含义也有很大差异。西方的"课程",源于拉丁语"跑道"(currere)。19 世纪 60 年代初,斯宾塞率先在教育学语境中使用这个词。不过,这个词所表达的近代"课程事实",其轮廓早在 17 世纪就已见端倪。① 中文的"课程",源于唐代孔颖达《五经正义》中把"奕奕寝庙,君子作之"(《诗经·小雅·巧言》),注为"教护课程,必君子监之"。到宋代,朱熹等人的著作都有"课程"一词,其原义为应修习的课程,与"功课"义近。② 需要注意的是,"课程"是近代教育产物,把其词源追溯至孔颖达、朱熹,意味着在此之前并未使用过"课程"一词,而朱熹以后虽使用此词,但其外延与近代"课程"差别很大。③

中西方"课程"的所指,在内容和组织方面差别很大,不过都以"学"为主。中国古代教学内容可追溯至"六艺",随后以"四书""五经"作为钦定教材,具有世俗性。西方课程可追溯至古希腊、古罗马时代的"七艺",随后的中世纪教育内容带有强烈宗教色彩。陈先生指出:

> 中国古代作为"教材"的典籍,大抵为文物制度、历史记载以及政治、道德教条的辩护理论,缺乏客观知识和理智训练;而中世纪的"三艺",讲求按照规则思考问题和参与辩论,虽然旨在以理智扶持信仰、以辩论驳难异端,不免失之烦琐、甚至流于诡辩,但在有限程度上发展了人的才智,"四艺"中还包括有价值的客观知识。④

---

① 陈桂生:《普通教育学纲要》,华东师范大学出版社,2009 年版,第 117 页。
② 陈桂生:《普通教育学纲要》,华东师范大学出版社,2009 年版,第 117 页。
③ 陈桂生:《常用教育概念辨析》,华东师范大学出版社,2009 年版,第 86 页。
④ 陈桂生:《常用教育概念辨析》,华东师范大学出版社,2009 年版,第 90 页。

因而,"相比之下,中世纪'七艺'比中国的'四书''五经',同近代课程更为接近"①。当然,古代中西方"课程"虽有不同,但二者都属于为学生规定的"学程",在"教"与"学"的关系中,以"学"为主。②

伴随近代班级授课制应运而生,教学由"个别施教"转向"集体施教",课程内涵亦发生转变。与古代相比,近代课程与"教程"更贴近,并自下而上构成一条"课—教材—教学大纲—教学计划"的"教程链"。③"所谓'教程',指教师依据教学计划、教学大纲和教科书,组织与指导学生学习活动,以实现教育价值与教养价值。"④"教程"是教学论概念系统中的"课程"。近代教学论是19世纪德国的产物。至少到20世纪上半叶,德国、俄国以及部分东方国家(包括中国),大都采用"教学论概念系统"。⑤ 这套概念系统是课程行政集权制下课程活动运行机制的反映,以"教"为核心,把"课程"理解为规范性教学内容。在此概念系统中,教师的任务只是教学,无权更动课程。在此背景下,分科课程难以激发学生学习内在需求,存在学与用脱节现象。⑥

陈先生认为:"正由于概念的含义是普遍事实的反映,随着事实发生普遍的变化,便可能形成新的概念。"⑦ 20世纪,一些英语国家创造了有别于"学科课程"的课程类型,如"经验课程""核心课程",并在此基础上形成了"课程论概念系统"。⑧ 相较于"教学论概念系统",它是自由机制下课程活动运行机制的反映。此系统中,课程内容不限于书本知识,课程类型不限于学

---

① 陈桂生:《常用教育概念辨析》,华东师范大学出版社,2009年版,第90页。
② 陈桂生:《常用教育概念辨析》,华东师范大学出版社,2009年版,第90页。
③ 陈桂生:《普通教育学纲要》,华东师范大学出版社,2009年版,第119页。
④ 陈桂生:《再论教育学究竟是怎么一回事——教育学研究中遇到的已解决与待解决的问题》,《中国教育科学》,2019年第2期,第20—37页。
⑤ 陈桂生:《课程实话》,华东师范大学出版社,2010年版,第17页。
⑥ 陈桂生:《课程实话》,华东师范大学出版社,2010年版,第15—16页。
⑦ 陈桂生:《普通教育学纲要》,华东师范大学出版社,2009年版,第116页。
⑧ 陈桂生:《课程实话》,华东师范大学出版社,2010年版,第16页。

科课程,① "课程链"从"正式的课程"延伸到教师与学生共同参与的课业,关注"学生经验的课程",形成了行动中的"课程系统"。② 这相应地使"课程"概念逐步从"轨道"转化为"在轨道上运作",即从"教程"向"学程"转化。③ 不过,与古代的"学程"不同,现代新"学程""按照课程计划(或称教学方案)、课程标准和教材(不局限于教科书),开展教学活动"④。

"课程"概念在变化,"教学论概念系统"也在变化。欧洲大陆的"教学论概念系统"虽无"课程"一词,但用"教养"一词来表达课程事实,⑤ 将"课程"作为"教学内容"隐藏于"教学"概念中。到 20 世纪 60 年代,一些国家的课程改革动向表明了以"课程论概念系统"代替"教学论概念系统"是当今教育改革的一种趋势。⑥

世界上每个国家在同一时期往往只采用一种教育概念系统,而我国由于长期不明这两种概念系统的区别,以致发生相互混淆的情况。⑦ 我国采用源于德国、俄国的"教学论概念系统",而未采用其"教养"概念,把它们的"教养理论"纳入"课程理论"。⑧ 20 世纪 80 年代后,有些大学对同一批学生开设"教学论"与"课程论",对两种概念系统分开研究。这种尝试未尝不可,问题在于在"教学论"教材中掺杂"课程论"话语,在"课程论"教材中吸纳"教学论"话语,两种概念系统仍处于不知所云的状态。⑨

通过陈先生的梳理,我们可以看出"课程"经历了"学程—教程—学程"的否定之否定扬弃式发展。这就意味着片面追求古代"学程化"课程,如"道尔顿制"是不适合现代教育实践的。基于此,陈先生提出:"需要探索的

---

① 陈桂生:《课程实话》,华东师范大学出版社,2010 年版,第 16 页。
② 陈桂生:《普通教育学纲要》,华东师范大学出版社,2009 年版,第 120 页。
③ 陈桂生:《普通教育学纲要》,华东师范大学出版社,2009 年版,第 120 页。
④ 陈桂生:《再论教育学究竟是怎么一回事——教育学研究中遇到的已解决与待解决的问题》,《中国教育科学》,2019 年第 2 期,第 20—37 页。
⑤ 陈桂生:《课程实话》,华东师范大学出版社,2010 年版,第 15 页。
⑥ 陈桂生:《课程实话》,华东师范大学出版社,2010 年版,第 17 页。
⑦ 陈桂生:《课程实话》,华东师范大学出版社,2010 年版,第 17 页。
⑧ 陈桂生:《课程实话》,华东师范大学出版社,2010 年版,第 15 页。
⑨ 陈桂生:《课程实话》,华东师范大学出版社,2010 年版,第 18 页。

是教程化的课程,既不是向古代那种'学程'复归,也不必割裂同近代'教程'的联系。"①

（二）实然与应然相区分的"教学"概念辨析

我国古代没有"教学"一词,仅有"教"与"学"两个单音词。西学东渐之初,我们才开始使用双音词。②"自古以来,我国的'教'字一字两音、一词两义。平声之教（音'交'）,相当于双音词以'教学'表示的教-学活动,为中性词;去声之教（音'叫'）,相当于双音词'教育',为规范词,即价值性质的语词。"③"教"同时作为中性词和规范词,以"教"为元素构成的双音词概念就可能存在描述性定义与规定性定义相混淆的情况。在西方,作为近代教学论源头,夸美纽斯在《大教学论》中没有使用"教学"这一概念,而是采用了"教与学"的表述。④

我国通用的"教学"一词,译自英语的 teaching。这个词最初被译为"教授"。"教授"常被视为教师的任务,引发"教"与"学"脱节。有鉴于此,陶行知改译为"教学",强化其作为"教学生学的活动"的含义。这便是"教学"一词的由来。⑤ 在陈先生看来,把这种活动改称"教学生学",看似非常合理,一直沿用至今,但其实它属于规定性定义,而非描述性定义。改"教授"为"教学"后,无论是"为学而教"抑或是"为教而教",都被称为"教学"。中性词改为规范词反而成了掩盖不规范的手段。⑥

以规定性定义替代描述性定义的现象还存在于《中国大百科全书·教育》对"教学"的界定中。其对"教学"的界定属于规定性的定义,是一个"好

---

① 陈桂生:《常用教育概念辨析》,华东师范大学出版社,2009年版,第98页。
② 陈桂生:《课程-教学概念别解》,《现代教育论丛》,2021年第2期,第17—19页。
③ 陈桂生:《教育学逻辑范畴的建构——八谈教育学究竟是怎么一回事》,《中国教育科学》,2019年第6期,第28—32页。
④ 陈桂生:《课程-教学概念别解》,《现代教育论丛》,2021年第2期,第17—19页。
⑤ 陈桂生:《教育学究竟是怎么一回事——略议教育学的基本概念》,《教育学报》,2018年第1期,第3—12页。
⑥ 陈桂生:《再论教育学究竟是怎么一回事——教育学研究中遇到的已解决与待解决的问题》,《中国教育科学》,2019年第2期,第20—37页。

教学"概念，却忽略了中外"教学"这一概念在内涵上的差异。① 此外，其"教学"的定义还有一些其他问题：对"教育"的定义与"教学"的定义无重要区别，存在把上位概念（教育）与下位概念（教学）混淆的问题，扩大了近代教学的外延；给"教"加上"有目的、有计划"的限制，有悖于经验事实；"技能"与"能力"并提，有外延重复之嫌等。②

陈先生认为："任何概念的内涵和外延都不是一成不变的。教育学中所下的'教学'定义，如分清'教学'的必要限制与充分条件，作为内涵深化的'教学'概念并非全不可取，但不能代替'教学'的基本概念。"③ 基于此，他将"教学"定义为"学生在教师指导下在掌握知识过程中发展能力的活动；在此基础上，增强体质并形成一定的思想品德"④。

鉴于"教学"概念界定过程中由"教"的一词两义和描述事实或表达理念所形成的描述性定义与规定性定义区别，陈先生以彼得斯（Richard Stanley Peters）的洞见为基础区分了"教学"与"教育""教养"。"由于教育、教养基本上是通过教学活动实施的，故通常不仅把教育、教养称为活动，而且往往把教学活动也看成是'教育活动'（或'教养活动'）。"⑤ 这导致在"教育与教学活动之间，仿佛存在一层有待舔破的窗户纸。如不舔破这层窗户纸，就会发生理论论证中的问题。因为'价值'同'活动'不是一类问题"⑥。在陈先生看来，"直到当代英国学者彼得斯一语中的，才轻轻舔破这层薄薄的窗户纸"⑦。彼得斯认为，"教育"并不是指一个特定的活动或过程，而是这些活动

---

① 陈桂生：《常用教育概念辨析》，华东师范大学出版社，2009年版，第107页。
② 陈桂生：《常用教育概念辨析》，华东师范大学出版社，2009年版，第104—105页。
③ 陈桂生：《常用教育概念辨析》，华东师范大学出版社，2009年版，第106—107页。
④ 陈桂生：《常用教育概念辨析》，华东师范大学出版社，2009年版，第106页。
⑤ 陈桂生：《再论教育学究竟是怎么一回事——教育学研究中遇到的已解决与待解决的问题》，《中国教育科学》，2019年第2期，第20—37页。
⑥ 陈桂生：《行动中的"教育学"问题——刘佛年〈教育学〉编写过程纪事》，《中国教育科学》，2018年第2期，第122—130、144页。
⑦ 陈桂生：《教育学究竟是怎么一回事——略议教育学的基本概念》，《教育学报》，2018年第1期，第3—12页。

或过程的价值判断标准。① 基于这些标准，我们就能判断有些教-学活动有教育（教养）价值，有些没有，有些甚至具有负面价值，如"教唆"。②

（三）被译丢了的"教养"概念找寻

"在德国及俄国教育学中，'教养'（德语 Bildung，俄语 образование）则同'教育'（狭义）、'教学'同为教育学的基本概念，有其特定含义。"③ 德国教育学中，"教养"只是教育的一部分，涉及下一代应当获得的内容与技巧。④ 赫尔巴特的《普通教育学》无"教养"概念，是因其以"教育目的"表达教育基本价值，以"性格的道德力量"为普遍教育价值，以"多方向协调的兴趣"为选择性教育价值。陈先生认为这是未用"教养"名义的教养价值。⑤ 俄国教育学脱胎于德国教育学，也将"教养"作为同教育（狭义）并用的概念。⑥ 凯洛夫《教育学》中"教养"的本义，亦指掌握知识、技能，熟练技巧体系。所不同的是，俄国提出在此基础上要"发展学生底认识能力，形成他们科学世界观……"，是狭义的"教育"。⑦

"教养"概念有两个关键词："一是'掌握'，意思是把教学过程中传授的系统知识与技能转化为学生自己的系统知识与技能，即成为他们的教养；二是在学生教养的'基础'上，发生教育影响。"⑧ 就第一点而言，"教养"构成评判教-学活动的另一价值标准。现代教-学活动既要有教育（狭义）的价值，

---

① 陈桂生：《教育学究竟是怎么一回事——略议教育学的基本概念》，《教育学报》，2018年第1期，第3—12页。
② 陈桂生：《再论教育学究竟是怎么一回事——教育学研究中遇到的已解决与待解决的问题》，《中国教育科学》，2019年第2期，第20—37页。
③ 陈桂生：《常用教育概念辨析》，华东师范大学出版社，2009年版，第100页。
④ 陈桂生：《常用教育概念辨析》，华东师范大学出版社，2009年版，第101页。
⑤ 陈桂生：《再论教育学究竟是怎么一回事——教育学研究中遇到的已解决与待解决的问题》，《中国教育科学》，2019年第2期，第20—37页。
⑥ 陈桂生：《再论教育学究竟是怎么一回事——教育学研究中遇到的已解决与待解决的问题》，《中国教育科学》，2019年第2期，第20—37页。
⑦ 陈桂生：《常用教育概念辨析》，华东师范大学出版社，2009年版，第102页。
⑧ 陈桂生：《教育学逻辑范畴的建构——八谈教育学究竟是怎么一回事》，《中国教育科学》，2019年第6期，第28—32页。

即以道德人格形成为要义,还须具有教养价值。涵盖这双重价值的教育,为现代教育的广义。①

当然,"教养"中的"系统知识与技能",不能被简单等同于我国的"双基"(基础知识和基本技能),而是能够掌握知识和技能背后的思维和文化。陈先生曾以数学教学为例分析说:

> 数学教学是否具有"教养价值",首先取决于教师是不是走进了数学世界,是不是掌握了数学文化,是不是具有"把学生带进数学世界"的自觉。
>
> "数学文化"并不是在数学知识以外的东西,而是蕴含在数学知识中的价值,即蕴含在有关变化中的量与量之间的相互制约关系和图形间相互交换的知识中的价值。②

欧陆国家把"教养"作为教育学的核心概念,是由于按照这些国家的社会-文化传统,学校旨在培养"有教养的等级"。③ 虽在19世纪后,所谓"有教养的等级"遭受质疑,传统"教养"观念日益淡化,但欧洲并不因此忽视"教养"的价值。④

在教学论概念系统中,"教养"是同"教育""教学"并列的概念,但我国在引进苏联教学论时,并未引进"教养"概念,使其停留在日常概念层面。"教养"一词在我国的词典中有两种释义,即"教育培养"和"指一般文化和品德的修养"。我国在翻译欧陆国家教育学时,往往把"教养"译为"教育",如把"普通教养""综合技术教养"译为"普通教育""综合技术教育"。这"是由于他们关注的,是学生获得的是什么级别、什么类型的教养,而我们关

---

① 陈桂生:《教育学究竟是怎么一回事——略议教育学的基本概念》,《教育学报》,2018年第1期,第3—12页。
② 陈桂生:《"教养"是什么?》,《基础教育》,2010年第9期,第63—64页。
③ 陈桂生:《常用教育概念辨析》,华东师范大学出版社,2009年版,第102页。
④ 陈桂生:《教育学究竟是怎么一回事——略议教育学的基本概念》,《教育学报》,2018年第1期,第3—12页。

注的,是对学生进行什么级别、什么类别的教育"①。

英语国家的"教养"一词虽也是日常用语,但却把教养价值追求暗含于课程价值选择中。基于各国"教养"一词用语的差异分析,陈桂生指出英语国家的"课程理论"与欧陆国家的"教学-教养"理论大异其趣的背后是英语国家的课程实际上是指"学程",或指向"学程"演变的趋势,而欧陆国家的"教养-教学"理论则是着重解决"教程"问题。当代课程改革呈现从"教程"向"学程"转变的趋势。②

(四)"教学法"的前世今生

"教学法"是近代概念,与近代班级授课制相伴而生。17世纪初,拉特克所代表的"革新者"运用与培根相似的归纳法探索教学法并提出教学原则。③夸美纽斯的《大教学论》则提出了教学生学的价值原则-规则体系。④ 因而,最初"'教学法'的研究对象是'教学艺术','教学艺术'即'教学的当然法则';'教学的当然法则'即'教学的原则-规则体系'"⑤。

18、19世纪之交,受科学潮流影响,学者致力于为"教学的一般原则"寻求科学依据。裴斯泰洛齐提出"教育要素",从分解教学简单要素入手,开"普通教学法"与"分科教学法"研究先河,成为"教学艺术"到"教学科学"的转折点。⑥

此后,赫尔巴特、第斯多惠、斯宾塞循着裴斯泰洛齐的思路,各自在"一般教学原则"探求方面做出了独特贡献。赫尔巴特将"教学法"上升到了"教学理论"。教学理论形成后,旨在探索"教的一般法则"的"普通教学法"逐渐失去意义。作为独立学科领域的"教学论"最终取代了"普通教学法"。⑦

---

① 陈桂生:《常用教育概念辨析》,华东师范大学出版社,2009年版,第103页。
② 陈桂生:《常用教育概念辨析》,华东师范大学出版社,2009年版,第102—103页。
③ 陈桂生:《课程实话》,华东师范大学出版社,2010年版,第157—158页。
④ 陈桂生:《课程实话》,华东师范大学出版社,2010年版,第159页。
⑤ 陈桂生:《普通教育学纲要》,华东师范大学出版社,2009年版,第193页。
⑥ 陈桂生:《课程实话》,华东师范大学出版社,2010年版,第163页。
⑦ 陈桂生:《常用教育概念辨析》,华东师范大学出版社,2009年版,第169页。

同时,"分科教学法"由于缺乏一般教学法内涵,成了处理教材的"方法",给人们留下"小儿科"印象,学术声誉不高。①

"教学法"曾有过生命力旺盛期,却日渐消亡。究其原因,陈先生认为,"教学法"原译为"教授法",主要是"教"的原则。到19、20世纪之交,作为"教授法"前提的学科课程与班级授课制度成为反思对象,学者的关注点从"教法"转为"学法",根据"学法"确立"教法"。虽然"教学法"并未完全消亡,但伴随着"课程论"概念系统逐渐取代"教学论"概念系统,有些国家早已把"教学法"纳入到"课程论"概念系统中。②

由于我国长期并存两套概念系统,"教学法"仍旧存在,却逐渐失去其本来的意思,与"教学方法"逐渐混淆。其实,"教学法"研究普遍情况,有普适性。③ 近年来,为"赶时髦",不少学者提出一些新奇的"教学法",如"折中教学法""情境教学法",其实不属于真正的"教学法"。

我国"教学法"研究的问题,一方面在于研究者大多是中小学教师,虽有宝贵实践经验,但缺乏一般教育理论视野与教育研究训练。而自认为教育理论水平高的学者,则不屑于关注"教学法"这种"小儿科"。这导致"教学法"为了提高"理论水平","羼入"教育学、课程论等话语,原貌尽失。④ 另一方面在于不懂"教学法"的"专家",大摇大摆进入中小学,而教研室的研究人员,大学的教学法教师,则专注于"教学理念"。⑤

综上,借助历史与逻辑相统一原则梳理课程与教学研究领域的基本概念,不仅能帮助我们形成更为清晰的理论脉络和框架,而且也能帮助我们把握基础教育课程与教学改革的发展方向。从"教程"到"学程"转化的"课程"概念和强调学生"掌握"的"教养"概念,提醒我们要从关注教师的"教"到关注学生的"学"。这个变革过程使得以"学科本位课程"为基础的"教学

---

① 陈桂生:《普通教育学纲要》,华东师范大学出版社,2009年版,第193页。
② 陈桂生:《常用教育概念辨析》,华东师范大学出版社,2009年版,第172页。
③ 陈桂生、胡惠闵、黄向阳:《关于"教学法问题"的讨论》,《上海教育科研》,2014年第6期,第30—33页。
④ 陈桂生:《普通教育学纲要》,华东师范大学出版社,2009年版,第196页。
⑤ 陈桂生:《普通教育学纲要》,华东师范大学出版社,2009年版,第197页。

法"陷入尴尬地位。相比于更强调"教法"的"教学法",我们可能需要更关注"学法"的"学教法"。这个变革过程同时蕴含了对传统"教学"概念前提的批判,因为当我们把 teaching 译为"教学"时,往往预设了"教必然导致学""教与学必然具有价值"。借助彼得斯的洞见,陈先生对"教学"的描述性界定则为我们使用"教育"(狭义)和"教养"概念批判学校里的"非教育/教养的教-学活动"和"反教育/教养的教-学活动"提供了理论基础。

二、主流理论的实践应用

陈桂生先生不仅长期从事基本理论研究,而且有深厚的教育实践情怀。上世纪 90 年代,他带领团队开展教育行动研究,倡导"到中小学去研究教育"。21 世纪之初的基础教育课程改革也是他一直关心的领域。陈先生将杜威(John Dewey)的活动课程和泰勒原理应用于我国课程改革实践,揭示出,从"教程"到"学程"的改革既表现为新型课程形态的创造,也表现为原有课程形态的改造。

(一)活动课程的问题与价值

杜威认为传统课程以学科为中心,不能满足儿童需要和兴趣,同实际生活距离较远。1896 年起,杜威在芝加哥实验小学试行活动课程,即以人类衣食住行的基本活动(如纺织、烹饪、缝纫、木工等)为小学课程的中心。活动课程是以儿童的兴趣和动机(如社会动机、建设动机、探索动机等)为基本出发点的"学生中心课程"。①

相较于学科课程,活动课程背景下的"教"与"学"更灵活,与社会的联系更紧密,学生也更自由。②但学科课程在知识传递和能力训练方面更有优势。③从 20 世纪初开始,美国不少学校以活动课程编制取代学科课程编制,导致学生基础知识水平下降。可见,活动课程夸大了儿童生活经验的价值,

---

① 陈桂生:《普通教育学纲要》,华东师范大学出版社,2009 年版,第 128 页。
② 陈桂生:《普通教育学纲要》,华东师范大学出版社,2009 年版,第 133—134 页。
③ 陈桂生:《普通教育学纲要》,华东师范大学出版社,2009 年版,第 131—132 页。

寿命是不长的。① 总之，学科课程和活动课程各有其得。这两类课程编制建立在两种不同课程价值取向之上，各有逻辑。因此，两者之间折中极为艰难。②

活动课程虽有诸多问题，但却也为我们理解课堂教学中无视学生主体性问题提供了思考框架。陈先生认为，师生课堂中的地位与关系其实受制于课程形态。"正是不同的课程编制（不止是'学科课程'与'经验课程'），为教师和学生的地位与作用提供不同的可能性与限制。"③ 我国长期沿用以学科课程为主的课程编制体系，反映在教学中就是学生始终处于被动状态，教师"满堂灌"或"满堂问"。因此，课堂教学的改革、学生主体地位的落实不仅需要教育理念启蒙，而且需要课程形态的转换。而且，从我国当前教育实际而言，活动课程在整个课程体系中占比非常少。"我国所谓的'活动课'，只是课程体系中的一个'点'，既触动不了学科课程的毫毛，也不足以发展学生的兴趣、个性与社会性。"④

（二）泰勒原理与课程开发意识

伴随着美国20世纪70年代左右课程研究"再概念"，泰勒原理受到广泛批判，似乎成了人人喊打的"落水狗"。我国不少课程研究也紧跟美国研究前沿，奢谈"再概念"。陈先生却看到了泰勒原理对我国基础教育课程实践的价值。

陈先生指出，泰勒（Ralph W. Tyler）"目标模式"遭受挑战，是因为一些英语国家的"目标模式"早已通行，而我国的课程状况还远落后于"目标模式"。⑤ 我国课程"因缺乏大规模的周密的调查与审慎的研究，也就没有明确的标准与可靠的事实根据，导致课程受长官意志支配，或随国际国内教育

---

① 陈桂生：《课程实话》，华东师范大学出版社，2010年版，第63页。
② 陈桂生：《普通教育学纲要》，华东师范大学出版社，2009年版，第134页。
③ 陈桂生：《"教师主导、学生主体公式"评议》，《当代教育科学》，2003年第13期，第22—31页。
④ 陈桂生：《课程实话》，华东师范大学出版社，2010年版，第63页。
⑤ 陈桂生：《课程实话》，华东师范大学出版社，2010年版，第31—32页。

潮流而动"①。

"目标模式"着重解决教师的"教"如何使学生行为按预定目标变化,近似于"学程"问题,而我国"传统模式"着重解决教师"教什么"和"如何教"的问题,与"教程"近似。我国"传统目标"过于笼统、抽象,所确定的目标不能从学生行为变化中表现出来,导致教师关注的主要是教材讲授。②关注"教师做些什么",甚至只关注"教师讲些什么",这样的课程意识与泰勒原理相比至少拉开了半个世纪的距离。③

因此,我们面临最重要的问题是从着眼于"教师教什么"向"学生做什么"的转变。泰勒的"学习经验"着眼于"学生做什么",指的是"为了达到某一目标,学生必须具有使其有机会实践这个目标所隐含的那种行为的经验"④。"学习经验"的选择虽不意味着废除教材,却需要把"教科书"转化为"教学用书"。作为"标准化教材"的教科书,几乎是从"娘胎"里就存在着问题。⑤"教科书仍是普遍通行的教材,由于这种单以语言符号表述学科知识体系并作为教育行政调节、控制手段的教科书本身有局限性,所以在课程改革先行的社会里,'教科书'观念已经逐渐淡化。"⑥

三、本土实践的理性辨析

从"教程"到"学程"变革的落地要考虑我国课程与教学传统的组织与观念。陈先生系统梳理了"教研组""集体备课""启发式教学"等本土概念,为课程教学改革提供了坚实的实践基础。

(一)教研组的历史追溯

民国时期,小学由于校小,初级小学采取包班制,虽不乏教学研究,却

---

① 陈桂生:《课程实话》,华东师范大学出版社,2010年版,第32页。
② 陈桂生:《课程实话》,华东师范大学出版社,2010年版,第27页。
③ 陈桂生:《普通教育学纲要》,华东师范大学出版社,2009年版,第163页。
④ 陈桂生:《普通教育学纲要》,华东师范大学出版社,2009年版,第163页。
⑤ 陈桂生:《普通教育学纲要》,华东师范大学出版社,2009年版,第188页。
⑥ 陈桂生:《普通教育学纲要》,华东师范大学出版社,2009年版,第189页。

无教研组。① 1952年，我国借鉴苏维埃俄国建立"教学研究组"（通称教研组）。② 此后，作为一种新型教研组织形态，教研组在全国范围内迅速发展起来。半个多世纪以来，教研组职能多有改变，早已不再是俄国式，成为我国独特的教师教学组织。俄国式教研组是集中制教学体制背景的产物，其建立初衷是为了保证和提高教学质量。③ 中国的教研组不是单纯的教学组织，而逐渐成为学校行政的基层组织。④

伴随中国教育改革，关于教研组在教学研究中所扮演的角色，越来越被重视。20世纪80年代起，我国教研组有幸获得提高教学研究含量的新机遇，出现了课题研究。⑤ 但"教师面临的现实问题，是一节又一节课中的实际问题，而课题研究对于工作中的教师，远水救不了近火，很难从中得到以往那种'教学研究'的立竿见影之效"⑥。随着学校教研组越来越担任课题研究的职责，教研组既可能给教师提供支持，也可能会造成额外负担。

时至今日，为什么别国没有与我国相近似的"教研组"？从近代以来学校工作的常理看，教师的基本任务是教学，别人无权干涉，这就在很大程度上排斥了带有强制性的教研组中的集体备课现象。此外，别国教师的工作日和教学工作量有明确规定，教师进修也一般放在非工作日进行，不存在中国式的允许教师在正常工作日中进行。并且，教师有权不接受别人分派的教学、教育任务。参与教学研究应当受到鼓励，但是否参与教学研究，教师有选择的自由。最后，教育行政机构对学校事务有权依法检查与监督，却无权干预学校内部正常的教学与教育工作。⑦ 基于此，我国在学校工作中存在与常规常

---

① 陈桂生：《普通教育学纲要》，华东师范大学出版社，2009年版，第212页。
② 陈桂生：《普通教育学纲要》，华东师范大学出版社，2009年版，第212—213页。
③ 陈桂生、刘群英、胡惠闵：《关于"教研组问题"的对话》，《上海教育科研》，2014年第3期，第56—59页。
④ 陈桂生：《常用教育概念辨析》，华东师范大学出版社，2009年版，第193—194页。
⑤ 陈桂生：《普通教育学纲要》，华东师范大学出版社，2009年版，第214—215页。
⑥ 陈桂生：《普通教育学纲要》，华东师范大学出版社，2009年版，第215页。
⑦ 陈桂生、刘群英、胡惠闵：《关于"教研组问题"的对话》，《上海教育科研》，2014年第3期，第56—59页。

理相违背的现象。"然而，如果把常理视为僵硬的教条（只认死理），或墨守成规，而忽视从国情、从当时当地学校具体情况出发，也很难行得通。"①

（二）集体备课的理性审视

"在我国，尽管从来没有关于'集体备课'的明文规定，教研组的建立，实际上使集体备课成为一种相当通行的制度。"②课程改革背景下，有人认为要"革集体备课的命"，有人认为"万万不能革"。陈先生认为："集体备课是否可行，更与不同学校、不同学科、不同教师所处的具体教学环境相关。如果撇开对教学环境的调查与分析，也就谈不上是对集体备课问题的理性的审视。"③在陈先生看来，"所谓'理性的审视'，非指'应当如何''必须怎样'的番番道理，而是在作为这种道理可靠依据的普遍的经验事实（其中包括某种现象所由发生的情境）基础上，用恰当的概念表述这种事实，进而分析事实之间的关联"④。

分析"集体"和"课"两个基本概念，是探讨"集体备课"的前提条件。⑤集体备课本是备课方式之一，只是我们学校里有教研组，所以集体备课就有可能被当作目的，将其列为教研组必不可少的日常事务。⑥但是，如果把集体备课由手段变为目的，即"为了集体"而备课，那么这样的"备课"就难免流于形式。⑦其次，集体备课应该"备什么"？如果只停留在备学生、备教材或是通过教师个人努力就能解决的教学问题，那么，这样的集体备课就是浪费时间。正如教研组应该是"研究教学法理论与应用的组织"，集体备课

---

① 陈桂生、刘群英、胡惠闵：《关于"教研组问题"的对话》，《上海教育科研》，2014年第3期，第56—59页。
② 陈桂生：《常用教育概念辨析》，华东师范大学出版社，2009年版，第197页。
③ 陈桂生：《常用教育概念辨析》，华东师范大学出版社，2009年版，第195—196页。
④ 陈桂生：《常用教育概念辨析》，华东师范大学出版社，2009年版，第196页。
⑤ 陈桂生：《常用教育概念辨析》，华东师范大学出版社，2009年版，第196页。
⑥ 陈桂生：《"集体备课"辨析》，《中国教育学刊》，2006年第9期，第40—41页。
⑦ 陈桂生：《常用教育概念辨析》，华东师范大学出版社，2009年版，第196页。

的应有之义是学习与应用教学法。①

(三)启发式教学的中外辨析

"启发式教学"并不是个可随意概括的概念,应该从教与学的范畴来探讨这一问题,它既非一个教学体系,也不只是单一的教学方法。②

在"教"与"学"的关系上,古代实行个别施教,注重"学"。随着近代集体施教兴起,"教"与"学"的重心逐渐从"学"转变为"教"。③教材包含的知识日趋丰富,教师不得不按既定教学进度传授系统知识。在此背景下,"注入式"被普遍应用。为弥补"注入式教学"的缺陷,才有了"启发式教学"的尝试。这种尝试,原发生在西方教育界,或许受到苏格拉底"产婆术"影响,将其译成中文时,最初从孔子所谓"不愤不启,不悱不发"一语中集纳成"启发"一词用以对译。④

严格来说,将孔子的"启发"艺术与苏格拉底的"产婆术"对译并不恰当。两者的区别在于前者属于"内发",后者属于"外铄"。⑤"'产婆术'的要义在于:使自以为知者,知其不知;使自以为无知者,知其所知。这也正是'发展的教学方式'——'启发式教学'的精义所在。"⑥"产婆术"更为适合近代以"教"为主的情境,而"启发"所设定的"愤""悱"情境,不是近代日常施教必定发生的情境。⑦其原因可以从两方面分析。从教师角度看,在班级人数过多的情况下,学生"愤""悱"的情况会有所不同,教师在这样的情况下很难"教"。⑧从学生的角度来看,"愤""悱"只是一种情绪状态,或与

---

① 陈桂生:《常用教育概念辨析》,华东师范大学出版社,2009年版,第199页。
② 陈桂生:《常用教育概念辨析》,华东师范大学出版社,2009年版,第188页。
③ 陈桂生:《常用教育概念辨析》,华东师范大学出版社,2009年版,第188页。
④ 陈桂生:《常用教育概念辨析》,华东师范大学出版社,2009年版,第188页。
⑤ 陈桂生:《孔子"启发"艺术与苏格拉底"产婆术"比较》,《华东师范大学学报(教育科学版)》,2001年第1期,第7—13页。
⑥ 陈桂生:《常用教育概念辨析》,华东师范大学出版社,2009年版,第189页。
⑦ 陈桂生:《常用教育概念辨析》,华东师范大学出版社,2009年版,第189页。
⑧ 陈桂生:《常用教育概念辨析》,华东师范大学出版社,2009年版,第189页。

学生的学习愿望、学习态度相关。①

四、余论

离开华师十余年,这次能再有机会在导师范国睿教授指导下重新学习陈先生的论著,仿佛使我又回到那流淌着青春记忆的丽娃河畔,回到与先生相遇的那条通往食堂窄窄的水泥路。与先生驻足在路边讨论着怎么阅读教育经典名著的场景也如电影般鲜活。还记得,那时年轻气盛,我刚读完《学会生存——教育世界的今天和明天》,碰到先生就说按照一个怎样怎样的思路与另外几本书怎么贯通、怎么创新,并请教这个思路是否可行。先生当时听完后很是赞许,很肯定地说"能做"。

我听完后大受鼓舞,连续几天高度亢奋地去实施那个计划,却犹如"水中月,镜中花",看似能做出来却怎么也写不出来,以至于后面好长一段时间看到先生都害怕他提及这件事情,问那篇文章写得怎么样了。好在先生后面并未提及,反而在我撰写博士论文过程中给了很多中肯的建议。

这件事情总让我觉得"欠"先生一篇文章。如今能有机会在先生九十大寿之际献上这样一篇不成熟的小文,我也算是还了十几年前的"账"。研究生陈一鸣一直敬仰陈先生,主动要求参与文献梳理。我想这也是一种学问和精神传承,就欣然应允了。记得有次到陈先生家拜访,我在墙上竟然看到了自己的照片。先生跟其他人介绍说,"这是范国睿的学生"。我想,如果先生知道我的学生也开始学着做学问,沿着他用自己几十年心血写出来的文字前进,也应该是欣慰的。

【作者简介】

王加强,男,1980年生,山东沂源人,华东师范大学教育学博士(2008届,导师范国睿教授),南京师范大学教师教育学院教授、硕士生导师。美国威斯康星大学麦迪逊分校访问学者,南京师范大学教师教育研究所副所长。主要从事教育基本理论和教师教育课程与教学研究。主持多项江苏省高校哲

---

① 陈桂生:《课程实话》,华东师范大学出版社,2010年版,第106页。

学社会科学研究基金项目、江苏省教育科学教育规划课题和南京师范大学教改研究课题，在《华东师范大学学报（教育科学版）》《教育学报》和《教师教育研究》等刊物发表《教师发展的非反思路径》《"教"可教吗？——教师教育理论前提的哲学反思》和《从"制度文本"到"传记文本"：教师教育课程的范式转换》等学术论文 20 余篇，出版专著《学校变革的生态分析》（南京师范大学出版社，2011）和《以己教/学"教育学"——教师教育存在体验课程的思与行》（广西师范大学出版社，2021）2 部，译著《教育评估、行动研究与课堂管理》1 部。荣获南京师范大学"青蓝工程"优秀青年骨干教师培养对象（2016）、"教学十佳"（2017）、中国民主促进会江苏省直属工作委员会"先进个人"（2016）和第四届江苏省教育硕士实践创新能力大赛"优秀指导教师"（2020）等称号。

陈一鸣，南京师范大学教师教育学院硕士研究生，主要研究教师教育。

"曲低和寡"的德育框架

余秀兰

德育,是陈老师关心的重要问题之一,除在各类著作和论文中有讨论外,还有专门论著《中国德育问题》,系统讨论中国的德育问题及德育理论建构问题。在该书的《跋》中,陈老师以《曲低和寡——我的另类德育乌托邦》为题,提出了他的德育框架。这是在梳理中外德育概念及德育发展历史、基于中国本土情境的基础上提出的框架,既接地气又合逻辑,且富有创新。本文主要基于《中国德育问题》,试图理解该德育框架。[①]

一、问题诊断

(一)"德育"的名实不符及相关概念混乱

1. 名实不符及其带来的困惑

从名称上看,德育原是"道德教育"的简称,指的是与道德品质、道德行为养成相关的教育。但从我国现实看,德育是广义的概念,不仅指道德教育,还包括政治教育、思想教育、心理品质教育等内容。概念不能反映事物

---

① 本文主要是笔者对于陈桂生《中国德育问题》(福建教育出版社,2006)的理解,确切地说,是一篇读后感,所有思想都是陈老师的,很多文字(如果没有特别注解)也都来自这本书。但是,如果理解有误,则是我自身的责任。特此说明。

的事实属性，便产生了名实不符问题。

（1）名实不符给德育理论构建带来难题

首先，构建德育理论，需要有历史研究与比较研究，需要进行理论对话。但现行广义上的德育内涵和外延与历史及他国狭义的德育概念（"道德教育"）有别，德育研究的历史比较及国别比较受限。比较研究中的"以今度古""以古度今""以洋度中""以中度洋"都会产生问题；而且，由于与国际学者所说德育概念不一致，也不容易与国际学者对话。

其次，德育研究涉及德育对象的心理特征，现行广义德育涉及政治、思想、道德、心理教育，其背后是不同学科知识如政治学、哲学、伦理学、心理学，德育研究同时与这些学科知识对话比较困难。

最后，广义德育中涉及的个人品德形成、社会政治教养、精神发展属于不同层面的问题，各自经由途径差别甚大，很难以同一途径与方法达到不同目标，适合于品德形成的内容与途径，未必适合于学生的精神发展，也未必有助于社会政治教养，所以德育理论不能泛泛而谈德育原则、德育过程、德育方法。

（2）名实不符给德育实践带来困惑

首先，德育如果按名称理解成"道德教育"，易造成对道德教育之外的其他内容的忽视，即政治教育、思想教育、心理品质教育的忽视。

其次，广义德育所涉及的学生品德、政治倾向与行为以及价值观、人生观、世界观等，这些性质不同的问题被归于一类，统称为"德育问题"，增加了对学生"德性"现状作出科学判断的困难，也无助于预防或纠正实践中混淆学生问题性质的偏向。

最后，学生的心理倾向与心理特征等心理品质，属于中性问题，无所谓"德"与"失德"，因此将其归入德育，很可能会把正常或非正常的心理现象误认为道德问题。

2. 德育内容诸概念间关系不清，且未形成有逻辑的概念体系

首先，现有广义德育涵盖的诸概念并无内在关联。广义德育构成一个金字塔型的概念层级：顶层，是"德育"总称；二层，包括政治教育、思想教育、道德教育及心理品质教育；三层，是爱国主义教育、社会主义教育、集

体主义教育等十余种教育；底层，指学校中实际实施的德育，含常规教育及临时性的节日活动、竞赛活动、评比活动、展示活动、检查活动、共青团活动/少先队活动、社团活动等。但各个层次之间并无内在关联，德育概念并未形成体系。

其次，概念不清，概念间相互重叠、包含，如政治教育、思想教育、道德教育各自的内涵是什么？政治教育、道德教育是否一定不涉及思想教育内容？理想教育并不与爱国主义教育、劳动教育属于一个层面，它只是从"理想"（而非"现实""历史"）角度考虑学生教育问题，一旦考虑其具体内容，定然要涉及爱国主义教育、社会主义教育、劳动教育等。由于所列举的各类教育是不同层面的教育，故在总体上容易出现逻辑混乱。

3. 德育目标、内容、途径间缺乏逻辑关联

我国德育的基本思路是，以集中统一的德育价值规范体系与目标为导向，由德育目标决定德育手段，由德育内容决定德育方法及德育活动的组织方式。表面看顺理成章，但事实上，德育目标一堆，德育内容又一堆，德育途径与方法再一堆，而在德育途径与目标间、德育活动形式与内容间，并无直接的具体的关联。这种脱节主要体现于广义德育目标、德育内容的异质性与德育途径、德育方法的非针对性之间的矛盾。现行德育有涉及学生社会政治行为和教养的政治教育，涉及学生日常行为习惯与品德的道德教育，涉及学生三观的思想教育，这些教育的性质各不相同，教育途径与方法也应有差异。但目前的德育并未关注这些价值规范体系之间的区别，试图以一套内容、一套方法，笼统实现德育目标，从而使具体的德育目标和具体的德育内容间、具体的德育内容与具体的德育方式间关系模糊不清。

（二）德目主义及德育目标实现的可能性问题

1. 德目主义

德目，即德育的目的，只不过它不是指德育的基本目的，而是指德育的具体目标，即把德育基本目的化为若干具体目标，像是德育的"目录"。德育好像一个美德袋，把经过选择的道德观念、道德规范如诚实、守信、勤劳、俭朴等，开列目录。学校按照法定的或自定的"德目"，对学生逐一讲解和训

练,这便是"德目主义"。① 体现在现行的德育大纲中,德育名目繁多,加上"学生守则""学生日常行为规范"等中的德目、亚德目,以及学校根据自身特色打造的各类德目,德目主义现象较明显。

有德育便要有德目,但"德目"和"德目主义"不同,德目主义存在一些明显的问题。首先,德目主义假定把善的知识(如关于正直、诚实、勇敢、爱国主义、集体主义等知识),像客观的科学知识那样"教"给学生,学生懂得了道理便可以自觉行善。其次,即使在活动与管理中进行德目的实施,但学生德性养成是一个整体,以单个"德目"为纲领的教育很难使学生的德性从根本上发生变化,更何况有些德目随意性较大,德目间并没有清晰的逻辑性和系统性,实际呈现的是一种多"德目"、乏"主义"现象,而且老师多将德目实施看作工作任务,而较少顾及到德育效果。②

2. 忽视德育目标实现的可能性

我国中小学德育目标构想分成不同层次:一是适用于所有学生的普遍目标,如培养成为热爱社会主义祖国、具有社会公德、文明行为习惯、遵守纪律的公民;二是在实现基本德育目标基础上,为学生在道德、精神及社会政治上的进一步发展奠定基础,即在此基础上,引导学生逐步确立正确的世界观、人生观、价值观,不断提高社会主义思想觉悟,并为其中的优秀分子将来能够成为坚定的共产主义者奠定基础。前者为现实目标,后者为潜在目标。但在现实中,往往只强调德育目标的必要性,不关注德育目标实现的可能性,更少关注德育目标的层次,给人一种德育目标过高的现象。而且由于实际德育情境和学生情况的复杂性,教师能力有限,也会产生"不管怎么努力也难达到要求"的主观感觉。

忽视德育目标实现的可能性,显然会影响德育的效果。因为如果只关注对优秀学生的高目标,就会忽视那些较差、较不自觉的学生,教师们无法使这些学生达到目标,又不敢轻易舍弃之,而且即使他们未达到目标,也很难给予德育不合格,有形式主义之嫌;如果坚持认定要求教育行政领导和教师

---

① 陈桂生:《"德目主义"评议》,《当代教育科学》,2003年第8期,第5—6、12页。
② 陈桂生:《"德目主义"评议》,《当代教育科学》,2003年第8期,第5—6、12页。

重视并肯干，任何德育目标都可行，而不考虑事实的可行性，不考虑学生差异化的现实，不考虑德育对一般学生的实效，而以局部整合及偶然成效以偏概全，德育的真正效果显然会大打折扣。

（三）德育实施过程与方式的混乱

1. 将教育成分之分变成教育工作之分，狭隘了德育途径

德育、智育、体育、美育之分，只是教育成分之分，而非各个独立的工作领域。即整个学校教育包括德智体美等的实施，诉诸教学或整个学校生活社会化。就德育来说，课程教学中的德育是主要途径之一，强调教学的教育性或课程的教育性，课程教学以外的主要包括学生组织的自主管理、自我教育、社会公益活动等，也是一种补充。但我国现实中常常把德育看成是与课程-教学并行的一种独立工作领域，又把少数教师命名为"德育老师"或"德育工作者"，这好像课程教学是"非德育工作"，为数众多的任课老师是"非德育工作者"，从而把课程教学以下的"教育"工作面越铺越大，而"德育"观念反而越来越窄。由于德育任务名目繁多，德育内容广泛，仅靠有限的德育工作者完成德育工作，而忽视课程与教学中的德育，极大限制了德育的效果。

2. 德育过程与方法忽视德育目标及内容的多样性，以"通途"代替"专线"

我国目前事实上实施的是广义德育，包含道德、政治、思想教育等，道德行为与道德品质的形成、社会-政治教养的提高和精神品格与情操的陶冶，都是性质不同的问题，每种德育目标的达成途径和方法也应该不同。但我国关于德育过程的讨论，常常参照《教育学》中"教学论"的框架，一般性地论述过程、途径与方法等，铺设的各种德育途径只是一些或许可能达到各种目标的"通途"，而非指向各种确定目标的"专线"。德育方式也不注意管理、指导、教育的区分，并且日常的教育、训练和感化常常被形形色色的"德育活动"如竞赛、评比所中断。忽视广义德育目标和内容的复杂性，忽视道德、政治、思想教育之间的实质性区别，忽视德育方式的区别性和针对性，试图以一套途径"德育过程"来解决不同性质的矛盾，架空建构的"德育过程"，

德育所起的可能只是隔靴搔痒之效果。

3. 德育运行的自上而下、自外而内

德育是一个促成学生从德性的实然状态向应然状态转化的过程，按理应以学生的实际情况为出发点，长其善，救其失。即，应从学生实际存在的行为与意识出发，以社会价值-规范体系为标准，以德育目标为准绳，实施有针对性的教育。这是一种自内（学校与学生为内）而外、自下（学校与学生为下）而上的机制。比如三观教育，引导树立科学三观的目标，须从关注学生现有三观水平出发，让他们知道什么是正当的价值追求，什么是不正当的价值追求，什么应该做什么不应该做，有多少价值层级，怎样不断提升自己的价值追求层级。

但现实状况是，人们对于应有的科学价值观、人生观、世界观，应有的社会政治教养等有较多研究，而较少关注学生的实然状态；德育的基本思路是，以集中统一的德育价值规范体系与目标及由此派生的德育内容为出发点，这些德育目标与内容大都属于外在于学校、外在于学生的德育标准。如果不顾及学生的实然状况和需求，由上而下、由外向内对学生施加这些德育内容，就很难让学生将外在的德育内容转化为内在的价值取向，影响德育的实效。

二、问题的梳理与辨析

解决问题的第一步是分析问题。陈老师一贯主张要从关注事情发生的源头入手，并对各种教育学说如教育模式、教育流派进行分辨。由于很多问题都是历史问题，历史形成的问题只能历史地加以解决，所以这种分辨常常是一种历史的、逻辑的方式。比如，对于德育，首先要不为眼花缭乱的口号所惑，进而从整合德育诸概念入手，逐渐梳理广义德育的思路。

（一）德育概念的变迁及当前实行广义德育的合理性

1. 古代：德育与教育合一，广义德育＝狭义教育

一方面，从教育概念的内涵看。古代教育的核心是使人向善的道德教育。孟子言"得天下英才而教育之"，但"教育"并非双音词。中国古代虽不常用"教育"，但"教"已表达教育之意，如"以善先人者谓之教""修道之谓教"

"教，上所施，下所效也"。英文教育 education 由拉丁文 educare 而来，意为"引出"，杜威言"从词源学来说，教育这个词恰恰就是引导或教养的过程"。据赫尔巴特解释，德文教育 Erziehung 一词由训育 Zucht 和牵引 Ziehen 两词构成，其中训育，即"对青少年的心灵产生直接影响，有目的地进行的培养"。

综合中西共同之处，"教育"要义为：一是对人心灵的影响；二是对心灵发生正面影响，是使人的心灵向善，改善人的行为；三是把心灵中原有的可能向善的倾向"引出"。可见本来意义上的"教育"旨在对人心灵发生影响，核心是使人向善的道德教育，而不包括现在所说的体育、课程与教学等内容，这与现在的教育涵义不同，可称为狭义教育。

另一方面，从德育概念发展来看。最初的道德规范与其他社会行为规范混为一体。中国古代，德字原为"悳"，可直解为正直的心；道字原指"路"，在人们共同道路的意义上引申为"理"，理或指法则或指事物的本原，为世界观、人生观、价值观的泛称；应用于政治生活，又指政治价值取向与规范。故"道德"包含世界观、人生观、价值观、政治取向与规范、日常行为规范等。中世纪西方国家长时期政教合一，宗教教义代表了居于统治地位的世界观、人生观和价值观，也成为评价日常行为的规范。

从以上分析可见，古代的教育是不包括课程-教学而以使人向善为核心的狭义教育，德育则是包含道德教育、政治教育、思想教育等在内的广义德育，狭义教育即广义德育。

2. 教育/德育之演进与分化，广义德育的合理性

从西方社会看，近代之后随着自然科学的兴起及科学知识向学校教育中渗透，教育内容开始分化，德育不再是教育的全部或核心，智育的地位日显重要。而教育的世俗化，也使道德在一定程度上脱离了宗教、政治与法律而成为独立的社会意识形态，单指"私人关系间应该遵循的那种简单的道德和正义的准则"，属于社会生活规范中的较低层次，与政治规范、法律规范、宗教规范并存。学校教育以道德教育取代宗教教育，或兼施带有道德训练性质的公民教育与宗教教育，或实施已经带有道德训练性质的宗教教育。到了现代，随着各项事业社会化程度提高，个体社会化的需求日益迫切，学生不仅

要受道德训练,还要受公民训练,这样之前单纯的道德教育已不足以完成学生社会化任务,因而出现了公民课、社会课、公民与道德课等,以实施道德教育、公民教育、政治教育等。

中国古代基本上是世俗国家,一向以"道德"包容各种社会意识、价值观念和行为规范。近代社会意识虽然也在分化,但传统影响很大,德育内容一直较广泛。从近期历史渊源看,民国时期训育为德育的同义语,训育之目的在于陶冶健全之品格,培养实践道德之能力,以合乎集体之生存。新中国成立前革命根据地时期,较多提"共产主义教育"而非德育,其有两义:一是根据地教育的指导方针,二是共产主义思想教育。而同德育相近的概念是"训育"。直到人民解放战争后期,才在东北解放区率先采用"德育"提法,与此同时"政治教育""思想政治教育"提法更为流行。20世纪50年代,中国的教育理论受凯洛夫教育学影响,德育是包含多项内容的广义德育,并特别强调思想政治教育。

综上,从德育概念的历史考察看,我国德育一直是囊括各种社会意识教育的广义德育,西方国家的道德教育虽然分离出来,但学校教育仍兼施道德教育、政治教育、社会教育、法制教育及宗教教育。所以目前用广义道德概念不仅在一定程度上符合国情,也大体符合现代国际教育的潮流。

3. 德育与教育的区分

从以上梳理可以看到,早期的教育以道德教育为核心,不包括今天所说的体育、美育、课程与教学,是一种狭义的教育;而德育是包含多种内容的广义德育,不仅仅是道德教育,这样狭义教育就相当于广义德育。但后来随着社会与教育的发展,特别是教育内容与职能的增加,狭义教育概念不再合适,教育与德育两者渐渐区分,以狭义教育表示广义德育自然也不再合适。

首先,因为教育内容的增加。狭义教育是与教学对举的概念,指教师在"直接教育过程"中对学生施加影响的方式,后来随着教育扩张、课程增加及学校面临的问题增加,学校教育超越了课堂中"直接教育过程"的影响,学校教育行政管理等日显重要并被视为"教育工作",教育一词便有多义,不再是狭义的教育。

其次,因为教育职能的扩展。西方近代教育观念带有人本色彩,德育的要义在于发展学生内在的道德性格力量。但在现代社会，个体社会化的需求增加，社会本位教育观念逐渐占优势，学生不仅受道德训练，还要受公平训练，原先那种狭义的教育概念不足以反映新的教育现实。

此外，课程概念范围扩大也导致狭义教育观念的弱化。20世纪美国教育概念框架中，逐渐以"课程论概念体系"取代"教学论概念体系"，作为与教学对举的狭义教育也被纳入课程之中，课程以外的教育工作只是一种补充，狭义教育概念也随之弱化。

（二）德育内容之辨析及合理德育目标的拟定

1. 德育基本成分之辨析

由于广义德育中包含诸多德育内容，各类之间性质差别较大，需要弄清楚其性质之后才能有效地实施。

道德教育：道德，指的是诉诸社会舆论和个人良心维持的调节人们相互关系的行为规范的总和，道德教育旨在使学生的行为合乎通行的道德规范，并形成品德。由于道德规范是社会成员间正常交往的起码的行为标准，所以道德教育是为个人立身处世奠定基础的教育。

心理品质教育：关注学生心理的成熟、发育与发展，本身不属于德育范畴，但个人善意与良好的情绪体验植根于个人的心理品质，所以关注心理品质的发展有助于积累道德性格的力量。道德教育是为个人立身处世奠定基础，心理卫生、保健和意志品质的锻炼则是这种基础的基础。

社会政治规范教育：含政治规范、法律规范、行政规范及其他各种公共生活规范。每个社会成员都置身于社会中，需要参与各种性质不同的活动，都要遵守社会政治规范，这些规范对于人的行为都有外部约束作用。遵守社会政治规范还涉及是否自觉承担一定社会政治责任问题，属于个人社会政治教养。德育需要承担社会政治规范教育的任务。

思想教育：引导树立正确的价值观、人生观和世界观，陶冶学生的精神与情操。德育不仅要求学生遵守纪律和各种行为规范，还要求其自觉遵纪守法，这涉及内在价值观，所以要引导学生树立正确的"三观"。

综上，德育的基本成分是：培养良好的行为习惯与品质的道德教育，提高社会政治教养的社会政治教育,引导树立正当价值观、人生观与世界观的思想教育。

2. 以"要素论"取代德目主义

德目主义导致德育名目繁多,不得要领,且在课堂上列单讲授德目并不能让学生形成一系列品德。早在20世纪初,迪尔凯姆就对德目主义进行了批评:"询问道德的要素是什么,并不是要开列一张能够把所有德性,甚至是最重要的德性都涵括在内的完整的清单……若从道德的角度去影响儿童,并不是在他身上培养出一个接一个特殊的德性,而是采用适当的方法去培育,甚至全面构造那些一般意义上的性情,它们一旦被创造出来,就会使自己轻而易举地适应特殊的人类生活环境。"① 迪尔凯姆从对德目主义的反思转向对德性要素的探索,这对我们的德育有启示意义,上面提到的良好行为习惯与品德、社会政治教养、以"三观"为基本内容的精神与情操陶冶、道德性格的力量,可以视为广义德育的基本成分,即迪尔凯姆所说的"一般意义上的性情"。

以世界观、人生观、价值观的教育来说。"三观"并不是游离学生身外的虚无缥缈的观念,每个学生日常行为选择中经常表现出来的倾向,就往往带有价值选择的性质。如果某种价值倾向相当稳定,那很可能便是从其行为中泄露出来的某种人生观、世界观的信息,而这种形成中的价值观、人生观、世界观,正是一些"德目"所表示的品质的根苗。与其巧立"德目",不如关注学生日常生活中表现出来的善良本性和行为抉择倾向。②

3. 德育目标的合理性

只考虑德育目标的必要性,不考虑其可能性,必然导致德育目标过高现象。德育目标过高现象受中国传统德育文化的影响。

中国传统德育文化关注德育必要性,所定目标较高,而认为是否实现,在于个人追求。如孟子的弟子公孙丑曾提出:如今的"道",很高很美,只是人们修道好像登天一样,"似不可及也";何不使人可望达到以便于人们天天

---

① 转引自陈桂生:《中国德育问题》,福建教育出版社,2006年版,第38页。
② 陈桂生:《"德目主义"评议》,《当代教育科学》,2003年第8期,第5—6、12页。

去努力呢？孟子不以为然地说："引而不发，跃如也"，传道像是拉满弓却不发箭而作出跃跃欲试的态势，让弟子按照既定的标准自己修身养性。相比之下，西方文化会更关注德育的可能性问题，所以会讨论"美德可教吗"之类的问题。

但古代讲求进德修业是弟子自己的事，所以德育的这种高要求，其问题并不显现。况且我们有"取法其上，得乎其中；取法其中，得乎其下"的说法，高要求也有其合理性。但如今是一个教育普及化时代，教师有义务使所有学生都达标，如果仍用高目标要求，其结果则是只有少数优秀者才能达到，因而忽视了大多数一般者及一部分后进生。与其如此，不如以平均以下水平学生为对象，使其达到起码的德育要求，同时鼓励追求更高要求。因而，要进行德育目标的可行性调查，关注德育目标的可能性与合理性。

（三）德育过程与德育实施之梳理与辨析

1. 将德育作为工作职能划分之历史及其问题

德育、智育、体育、美育等，原本是对教育成分的划分，这种划分以学生个人身心发展为基础，旨在使个人自然的知、情、意心理成分发展为真、美、善的精神素养和情操，并使人的精神得到健全发展，相应要求教育中的智育、美育、德育成分保持较为均衡的关系，使精神发展与身体发展保持协调关系。但后来，这种教育成分划分在我国则变成教育工作划分，德育便成了一个专门的工作。这种转变基本是近代的事，尤其是19世纪中叶以后的事，有我国自身国情影响，也有社会和教育发展变化之共同社会背景。

中国古代教育基本上是道德教化，虽然有"传道、授业、解惑"之分，但非工作的区分，授业也不能简单地归于智育，总体而言仍以道德教育为主。西方国家长期实施宗教教育，也主要是道德教育。西方近代以后，自然科学兴起，科学知识逐渐向教育渗透，但至少到19世纪上半期，道德教育仍在教育中占绝对优势。如夸美纽斯、卢梭、赫尔巴特都很重视德育。赫尔巴特把德行视为可与教育目的置换的名词，他把教育视为从"管理"到"训育"再到"教学"的逐步递进与深化的过程，而且他说的教学是"教育性教学"。19世纪50年代末60年代初，斯宾塞率先明确把智育、德育、体育并列并加以论述，其主要目的是提高科学在教育中的地位。随着分化了的各种近代基础科学转化为学科，学科门类、学科知识容量增加，教学越来越智育化，教师之间的分工越来越固定化，加之教育与就业的联系越来越紧密，智育超过了德育的分量。但总体上看，他们仍然将整个教育（包括德育、智育、美育）的实施主要诉诸于教学的教育性或课程的教育性，课外活动是一种补充，而且这些活动主要是学生组织的自主管理、自我教育及社会公益活动等。

我国情况有所不同。我国20世纪50年代深受凯洛夫教育学影响，凯洛夫教育学力求将近代教育"一切能力和谐发展"的观念与马克思的"人的全面发展"观念衔接，把马克思的"人的全面发展"解释为"人的德智体美全面发展"，并分别对德育、智育、体育、美育目标和内容作出规定。受此影响，加上我国教育仍处于发展中状态，现行课程教学的社会价值的教育性不够强，因而课程教学不足以解决学生行为品德上的问题，于是在课程教学之外增设专门的德育工作者和德育工作，其负面效应则带来一种误解，即德育是德育工作者的专门工作，其他课程教学是非德育工作。后来的应试教育日益强化，更加剧了智育与德育的分离。

2. 全方位德育之合理性

德育并非专门德育工作者的职责，而是全体教师都要负责的全方位德育，即主要通过有伦理价值的课程教与学，使学生经受道德洗礼，而以学生行为管理（包括学生组织自主管理）以及某种"教育工作"（如"训育"或学生的社会活动）作为补充。

赫尔巴特将德行作为整个教育目的的代名词，设计出从管理到训育、从训育到教学的步骤。管理，是对学生行为的外部约束，未触及个体内在的价值观念，要及时从管理过渡到教育。真正的教育包括训育和教育性教学，训育是对青少年的心灵产生直接影响，即有目的地进行培养，触及情感和感性认知；故又要从训育及时过渡到教学（教育性教学），即有教育价值的课程教学，这种教学才涉及到理性。这一过程也反映了从他律到理性自律的过程。赫尔巴特强调教育性教学的重要，因为当时以古典人文学科为主，利于道德情感与理智的陶冶。但是，随着课程中自然科学等知识的增加，教与学的教育性也趋于淡化。更重要的是在19世纪与20世纪之交，社会发生急剧变化，传统道德观念与教育观念都发生变化,德育过程的新思路应运而生,影响最大的是杜威"教育中的道德原理"的构想。

杜威认为,在学校中划出专门的道德教育领域如开设"道德课"和进行专门的"公民训练",不仅其伦理价值有限,也无助于学生主动学习,因而反对直接的道德教学和狭窄的公民训练,主张更大范围的、间接的和生动的道德教育,即通过学校生活的一切媒介、手段和材料促进学生的发展。这种"间接的道德教育",是基于其"社会性智慧""社会能力""社会利益"三位一体的学校道德理念,即道德不只是个人独善其身的问题,而属于符合社会利益的教养;个人的道德修养,也不局限于道德观念,还包括社会性的智慧与能力,并且只有使行为有所改进和改善的观念,才是道德的观念,有社会价值的行为才是道德行为。其间接道德教育的实施包括:学校集体给予的道德训练,来自教与学方法的道德训练以及有社会价值的课程。杜威把道德教育概念化为学校道德,又把学校道德归为学校社会化问题。当然,由于这种涉及整个课程的根本性变革难以一蹴而就,原来期望在儿童活动中时时事事皆德育,但由于无明确目标,可能导致无任何时任何事为德育。

以上梳理表明,这种德育是全方位的,主要通过有伦理价值的课程的教与学,使学生经受道德的洗礼,而以学生行为管理及某种教育工作如学生的社会活动为补充。这有助于反思我们当前学校的教与学缺乏"教育性",而又夸大狭窄的德育工作意义之德育现实。

3. 德育方式的区分性与针对性

德育要起作用,应该是教学、训练与感化共同起作用,同时又要注意这些方式所能发生的影响不同及各自的局限性,即不同德育方式有其针对性。

教学或狭义的教育:指有伦理价值与社会价值的课程-教学,涉及人的理性,影响人的价值观念,是对学生精神的影响,使学生原有的心理状态、精神面貌发生符合社会价值-规范体系的变化,即将社会价值-规范体系内化为个人的道德品质、社会-政治教养和精神品格。

训练:涉及人的行为,即创设一定的道德-社会环境,形成健康的舆论,引导学生杜绝不良行为,使学生的行为符合社会规范体系,并经反复练习,形成良好的品性。行为训练之所以重要,是由于一个人即使懂道理、有善意,但若不付诸于行动,则无助于他人与社会。道德的社会训练是个人社会化过程中不可或缺的举措。

感化:涉及人的感情,即以触动人的感情的方式影响人的态度与行为。个人道德或不道德的行为及一般社会行为动机,同客体是否满足主体需要及满足主体需要的方式有关,人对客体态度的体验表现为情绪、情感,即感情赋予学生某种"善"与"不善"的行为发生的动机,因而以情感化的方式可以影响学生的行为。教师需要了解学生需求,真诚关怀学生,特别是对于受挫的学生,对学生的理解和关怀往往成为学生行为转化的契机。

综上,教学、训练、感化不是一回事。教学涉及人的理性,影响人的价值观;训练涉及人的行为;感化因涉及人的感情而影响人的行为。它们对德性形成的作用各不相同,不可相互替代。其中,训练与感化属于学生管理范畴,前者为刚性管理,后者为柔性管理,但二者都未实质上触及学生理性和精神,只能是浅层影响。要从根本上发展学生的理性判断力,陶冶其精神与情操,需要诉诸有伦理价值与社会价值的课程-教学。

三、德育框架的建构

基于对德育现实、历史的梳理与辨析,提出如下德育思路。

1. 三位一体的德育内涵

德育包括道德教育、社会-政治教育或公民教育、思想教育三方面内容。道德教育旨在培养学生道德品质,社会-政治教育旨在提高学生社会-政治教养,思想教育旨在陶冶学生以正当的价值观念、人生观念、世界观念为核心的精神品格。三位一体或一体三面,构成学生德性要求内涵。

2. 具体可行的德育目标

首先,德育目标要具体、可行。要在广泛调查学生现有的行为表现与精神道德面貌的基础上,系统研究我国当代学生应有的道德品质、社会-政治教养和精神品格,从未成年人特点及其生长环境、活动条件来看他们可能具有什么道德品质、社会-政治教养和精神品格。

其次,德育目标要分层次,强调"德性"底线。一是德育目标要有层次,从底线到高层次要求,而非笼统的唯一要求,如所有学生都必须达到底线要求，再根据学生情况鼓励他追求更高目标。二是强调底线目标，要求每位学生必须达到。基础教育中政治教育的底线目标是使学生了解自己的祖国，热爱祖国，了解宪法规定的国家基本社会制度与政治制度，了解公民的权利与义务；思想教育的底线目标是引导学生形成正当的价值观念、人生观念与世界观念；道德教育的底线目标是教育学生以社会普遍盛行的道德标准要求自己。①

3. 全方位且有针对性的德育途径与方法

全方位德育思想，即教育在构成上虽然仍包括德育、智育、体育、美育、劳动教育等内容，但并非意味着教育工作职能之划分，不宜作"德育工作（者）"与"非德育工作（者）"之划分，德育应贯穿于全方位。

按照现代学校的一般情况，学校德育实践系统大致包括：（1）有教育价值的课程（或教育性教学）；（2）思想道德类课程（属于"直接道德教学"）；（3）学生行为管理（含学生自主管理）；（4）学生行为指导；（5）有伦理价值的校园文化。②

不同德育目标的德育途径不同。教学，通过一般文化课程及特定的德育类课程，提高学生内在的精神、道德、政治教养，从而使德育理性化；行为管理属于道德训练、公民训练范畴，既有从外部对学生行为的约束，也包括学生的自主管理；指导，由于它是"把被指引的人的主动趋势引到某一连续的道路"③，故旨在对学生自我实现进行引导。

不同的德育方式产生的作用也不同，如课程教学涉及理性，影响的是观念与意识，训练和感化属于管理，训练影响的是行为，感化影响的是情绪。三者各尽其用，不能互相替代。

4. 走向自主德育

首先，让学生在学生集体中走向自主德育。集体自身就具有教育力量，学生集体一旦形成，学生便可以在集体中自主管理、自我教育、相互监督。

---

① 陈桂生：《聚焦"德育目标"》，《教育发展研究》，2008年第Z4期，第1—6页。
② 陈桂生：《常用教育概念辨析》，华东师范大学出版社，2009年版，第231—232页。
③ 陈桂生：《学校教育原理》，湖南教育出版社，2000年版，第357页。

以班主任为核心的班集体应该重在指导班级活动如自我教育活动、自娱性活动、探究性活动、社会服务活动，引导学生集体开展本班学生的行为分析与问题研究，辅以对学生的感化与激励，从而形成自主、自律的德育，让德育在班级学生中生根。

其次，自主德育也意味着德育从外在的强加变成自主的学习与意愿，即行为的动机不是出于对舆论的顺从而是出于对规范本身的尊重，如从道德教育转向道德学习，不仅是遵从道德规范，更把道德规范看成是为人的道理，把遵循道德规范看成个人应尽的义务，把蕴含在道德规范中的伦理转换成个人亲自体验的伦理。

此外，自主德育强调从学生的实际状况和需求出发，强调行动的内在动机和行动的理性，是一种自下而上、自内而外的机制，而非自外而内、自上而下。自外而内、自上而下的方式从应然的德育要求出发，不顾及学生德性发展的具体情况和意愿，常以品德评定、批评与表扬、惩罚与奖励之类的外在刺激调节学生行为，虽使学生听话与顺从，但难以激发学生的内在动机与自我实现行为。故有效的德育需要了解学生的实然状况，有针对性地实施，并注重激发学生内在动机及培养学生的理性，最终走向自主德育。

结语

陈老师基于对现有德育中德育概念不清晰、德育目标中的德目主义、德育目标与手段脱节、强调"德育工作者"的德育而忽视课程教学中的德育等现象的诊断，通过历史的、逻辑的、比较的分析与梳理，提出一个他所谓"曲低和寡"的德育框架，也称之为他的"另类德育乌托邦"。这个框架，维持现有广义德育结构，强调德育目标的可行性、德育过程的全方位、德育方式的针对性，重视德育目标与手段的结合以及德育的自主性。陈老师自称为"曲低和寡"，我理解，一是陈老师个人的谦虚，二是从实际出发，强调德育的可行性（与我国德育的高调相比）。至于为何是"另类乌托邦"，陈老师在其《学校教育原理》（增订版，2012）提到其"教育乌托邦"时，解释为"就其同正统观念与习俗观念的距离来说,委实是'乌托邦'"[1],换个角度,其实反映了陈老师思想的创新性(不落俗套)与前瞻性。

从理论建构的方法来说,反映陈老师一贯特征:(1)强调中国的本土情境,这首先表现在注重对现实状况的调查与分析,他认为德育研究不能从主观意志出发,而要重视实证-实验研究与教育行动研究;其次,表现在他非常重视中国的历史传统分析,重视中国的历史经验,如古代、民国时期、革命根据地时期等的德育经验。(2)强调理论对话,既与中国历史上的德育理论与思想对话,如孔孟等儒家经典、毛泽东思想、徐特立思想;也与国外经典德育理论对话,如马克思、恩格斯、列宁、迪尔凯姆、赫尔巴特、杜威等。正是基于以上两点,所以陈老师这个德育框架,既维持了现有广义德育的结构,同我国德育历史经验合拍,又与国际同类德育路接近。(3)论证方法注重概念的辨析、历史的梳理,注重分析的逻辑性与严谨性,注重中外比较、古今比较。面对纷繁复杂的德育现象,唯有严格的辨析,才能弄清德育概念的内涵与本质,才能与历史上、别国的德育理论进行对话;唯有历史地、逻辑地、比较地分析,才能了解德育的来龙去脉,才能明白德育的可能性与未来。

不过,德育是一个非常复杂的问题,有些问题可能本身就很难说清楚,有些问题说清楚了实践起来也很难。比如,陈老师非常强调德育中的理性,强调通过课程教学来唤起学生理性的自觉,认为没有理性的道德实践可能是一种盲从。但现实中的问题是,我们并不缺少课程,目前除了专门的德育课程,还强调所有课程都有德育任务即课程思政,但经验表明这些课程特别是专门的德育课程,很多时候变成了一种说教,学生既没有将其吸收为自己的德性观念与意识,更没有将其贯彻于行动,所以可能很多情况下是无效的,如何避免这种情况的发生?再如,陈老师基于广义德育的内涵,反对德育目标与德育手段的脱节,反对不顾德育目标与内容而诉诸一种德育"通途",强调德育的针对性,提出以德育"专线"代替通途,这在有些情况下很难实施,

---

[1] 陈桂生:《学校教育原理(增订版)》,华东师范大学出版社,2009年版,第364页。

比如综合性的实践活动、校园文化环境建设，其本身就是多义与多目标的，或者其意义根本就是隐性的，这种情况下如何设置"专线"？当然，或许陈老师已经给出答案，是我未能理解。

【作者简介】

　　余秀兰，女，安徽泾县人，1969年生，教育学学士、硕士，法学（社会学专业）博士，南京大学教授、博士生导师，高等教育研究所所长。1991—1994年师从陈桂生老师攻读硕士学位。主要学术兼职有全国教育社会学专业委员会副理事长、中国高等教育学会理事、中国高等教育学会高等教育学专业委员会理事等。研究方向为教育社会学、高等教育学，长期关注农村教育、弱势群体的教育机会和教育支持等问题。主持国家社科基金项目"男女平等就业的社会政策研究""我国农村教育观念、观念变迁及农民子女教育获得研究"等。著有《中国教育的城乡差异》《社会弱势群体的教育支持》《男女平等就业的社会政策研究》等专著，合著《教授上讲台是提高高等教育质量的必由之路》，合译《教学伦理》。发表学术论文100余篇，代表性论文如《文化再生产：我国教育的城乡差距探析》《60年的探索：建国以来我国大学生资助政策探析》《教育还能促进底层的升迁性社会流动吗》《寒门如何出"贵子"——基于文化资本视角的阶层突破》《我国高等教育普及化进程中的民众教育心态》。论文被《新华文摘》、中国人民大学报刊复印资料转载，被 Chinese Education and Society 期刊翻译成英文发表；研究成果获得第六届全国教育科学研究优秀成果三等奖（2021），江苏省哲学社会科学优秀成果二等奖（2011、2018、2020）、三等奖（2001、2007、2011）。此外，还撰写若干咨询报告，合作出版《长江三角洲经济社会发展数据报告·教育》等，相关决策咨询获得江苏省相关部门重视并被采纳。

陈桂生德育理论研究

胡金木　周　桂

陈桂生先生是我国当代著名的教育理论研究者,研究领域涉及教育的诸多方面。在德育研究领域,他始终坚持以马克思主义哲学理论为指导,从现实的德育基本问题出发,以历史的、逻辑的分析为研究方法论,形成了遵循实践逻辑的、独具特色的德育理论。他对德育概念、实践体系进行了深入的剖析和创造性的阐释:从历史逻辑与实践逻辑相统一的方法论出发,致力于德育概念与命题的元分析,为德育正名;以"德育基本理论问题"为研究核心,着力分析德育实践中常理常规现象,建构基于实践逻辑的德育理论体系。他秉持"淡泊非为明志,宁静无干致远"的治学境界,植根实践、洞鉴古今、澄源正本,自然而然地形成了独具特色的理论体系,影响了改革开放以后的几代教育学人。

陈桂生先生的德育理论始终坚持以马克思主义思想为指导,以"德育基本理论问题"的研究为核心,对当前的德育理论研究和实践探索仍然具有重大意义。同时,陈先生对德育问题研究的过程中,形成了逻辑严谨的理论体系。虽然,陈先生曾言:"在教育理论探索过程中,逐渐地感受到教育基础理论与实践理论、实践理论与实践之间的逻辑鸿沟……也就有意无意地淡化了对'理论体系'的追求。"① 但是，陈先生的德育理论却自然而然地形成了内在的理论体系，具体体现在德育概念与德育实践体系的分析之中。

一、何为德育：德育诸概念的元分析

"专业性质的教育学与教育研究以本学科的基本概念（以术语表达揭示教育的本质属性）为对教育进行逻辑论证的出发点，进而对教育问题展开合乎逻辑的判断、推理，从而形成本学科的研究成果。"② 由于我国的教育学是在西学东渐、西学中化的过程中逐渐形成的，并且以我国原有的词汇作为外来词汇的对应译词，从而导致教育学基本概念的混乱。陈桂生先生指出，我国现行"德育"概念同样存在名不符实问题，"往往给实践带来一些本来不该发生的问题"③。就历史层面而言，我国历史形成的"道德教育"含义与现行广义"德育"概念相冲突，难以约定俗成。就事实层面而言，我国当下不仅实施"道德教育"，而且实施"政治教育""思想教育"和"心理品质教育"等，导致"德育"一词难以表达它所指称的对象。针对"德育"概念的混乱，陈先生从历史逻辑与实践逻辑相统一的方法论出发，致力于德育诸概念的元分析，为"德育"正名。

（一）厘清概念：明确实践中的德育活动

我国现行德育实践包括品德教育、政治教育、社会教育和心理品质教育等多种教育，各种教育所涉及的概念差别很大。只有辨明德育中的基本概念，才能分别为各种教育的实施选择恰当的路径。

当前德育一般作为"道德教育"的简称，采用的是狭义"德育"的概念。然而，我国现行德育活动涵盖品德教育、政治教育、社会教育和心理品质教

---

① 陈桂生：《教育原理的探求——读张建国〈陈桂生教育原理研究平议〉》，《中国教育科学》，2016年第1期，第3—23页。
② 陈桂生：《再论教育学究竟是怎么一回事——教育学研究中遇到的已解决与待解决的问题》，《中国教育科学》，2019年第2期，第20—37页。
③ 陈桂生：《中国"德育"的若干理论问题》，《上海教育科研》，2003年第1期，第4—8页。

育等多个方面，采用的是广义"德育"的概念。德育实践与概念的名实之别，广义与狭义的理解都在一定程度上困扰了教育研究者。

基于此，陈先生遵从德育历史实践逻辑，依据词源学的分析，明确提出广义"德育"即狭义"教育"的论断。他认为："本来意义的'教育'，旨在对学生心灵发生影响，其内涵又不局限于道德影响，而涉及人格诸方面及行为表现，又以道德影响为核心，所以，其含义同我国如今所谓'德育'的含义较为接近。"[①] 在传统教育学体系中，"教（训）育"与"教学"作为学校教育的基本实施途径，是教育学的根本概念。其中，"训育"的原意是对学生进行有目的的培养，实际上是狭义"教育"的同义词，之后在实践中被狭隘地运用，从而成为"德育"的同义语。

在明了广义"德育"即狭义"教育"之后，他进一步辨析了广义"德育"中的其他概念。

一是"道德"的概念。它是"诉诸社会舆论和个人良心维持的调节人们相互关系的行为规范的总和"[②]。其中，个人良心是发自内心的起码的善意和良好的情绪体验，而道德舆论是一定社会的人们基本普遍的良心，即人们共同的起码的善意和良好情绪体验发展的舆论，是一定社会道德人格的底线。基于道德的教育便成为个人立身处世奠定基础的教育。二是"个人心理品质"的概念。它是"个人出生后在从自然人向社会人逐步转变的过程中形成的，是随着个人在与他人交往中个性心理倾向与个性心理特征逐渐成熟而形成的"[③]。由于每个人的个性有别，其道德行为体验和道德行为能力也不尽相同。这种区别属于"道德性格的力量"的差异，同个人的品德相关，但也说明个人的心理品质不属于道德范畴。三是"社会政治规范"的概念。它指的是

---

① 陈桂生：《广义"德育"即狭义"教育"》，《上海教育科研》，2003年第3期，第30—33页。
② 陈桂生：《"德育"诸概念的整合》，《上海教育科研》，2003年第5期，第19—23页。
③ 陈桂生：《"德育"诸概念的整合》，《上海教育科研》，2003年第5期，第19—23页。

"规范个人的行为,调节人们的社会关系,保证各种职能活动有效地运作"①。它对于人们的行为有一定的外部约束力,包括政治规范、法律规范、行政规范以及其他各种公共生活规范,以提高学生的社会政治教养。这既有助于促进学生遵守社会政治行为规范,又有助于促使学生自觉地承担一定的社会政治责任。四是"价值观"的概念。它是指"主体对客体按其对自身(或自身认同的对象)的意义,进行评价与选择的标准"②。它具体体现在主体对客体的评价活动和行为选择中,又受到人生观、世界观的支配。这就需要引导学生树立正当的价值观、人生观与世界观,以陶冶学生的精神与情操。

他在辨明"个人心理品质"概念的基础上,明确"德育"的基本成分之一是培养学生良好的行为习惯与品德,与之相应地实施品德教育;在辨明"社会政治规范"概念的基础上,明确"德育"的基本成分之二是提高学生的社会政治教养,与之相应地实施社会政治教育;在辨明"价值观"概念的基础上,明确"德育"的基本成分之三是引导学生树立正当的价值观、人生观与世界观,与之相应地实施陶冶精神与情操教育。

针对当前"德育"名目繁多却缺乏实效的困境,陈先生致力于明确实践中"德育"的基本成分,以分清"德育"中各种教育的性质,从而提升"德育"实施的有效性。正如迪尔凯姆所言:"若从道德的角度去影响儿童,并不是在他身上培养出一个接一个的特殊的德性;而是采用适当的方法去培育,甚至全面构造那些一般意义上的性情,它们一旦被创造出来,就会使自己轻而易举地适应特殊的人类生活环境。"③

(二)辨析结构:指出德育层级的混乱问题

我国现行"德育"涵盖不同的层级,但是每两个相接的层级之间是否具有内在的联系,并且落实到实践中能否取得成效?陈先生对现行"德育"的

---

① 陈桂生:《"德育"诸概念的整合》,《上海教育科研》,2003年第5期,第19—23页。
② 陈桂生:《德育引论》,华东师范大学出版社,2018年版,第24页。
③ [美]迪尔凯姆:《道德教育》,陈光杰、沈杰、朱谐汉译,上海人民出版社,2006年版,第19页。

层级问题进行了深入分析。

现行"德育"诸概念形成的是一套金字塔形的概念层级。其顶层称为德育，是总称。第二层是政治教育、思想教育、道德教育和所谓心理品质教育。第三层为爱国主义教育、社会主义教育、集体主义教育等十余种教育。其底层是学校中实际实施的"德育"，其中除常规教育外，主要是节日活动和大量临时性、突击性的活动。在这种概念层级中，不同层级之间缺乏内在关联，并且落实到实践中的各种活动难以取得实效，实际上并未形成概念系统。他指出，现行"德育"概念层级的问题突出表现在两方面。一方面，现行"德育"不同层级中的概念互相包涵，外延多有重叠。例如，理想教育在实施中却包含了爱国主义教育、集体主义教育等不同层级的内容，因而导致各个层级之间逻辑混乱。另一方面，现行"德育"同一层级中的概念含义表述不清。例如，政治教育、思想教育属于同一层级中的概念，但政治教育的含义多包含思想教育中的内容，以致概念含义模糊，从而导致德育总体上的逻辑框架混乱。

针对上述问题，陈先生从为"德育"正名入手，遵循实践的逻辑，致力于建构广义"德育"的逻辑框架。他肯定了我国实施广义"德育"的合理性，在具体考察了广义"德育"与狭义"德育"的由来和"德育"演变的一般趋势后得出："我国现今采用广义'德育'，不仅由于其中所包含的各种教育为现代社会所需，有其合理性，还因以'德育'概念涵盖所实施的各种教育，植根于源远流长的中国道德文化土壤。"[①] 这不仅在一定程度上符合我国国情，而且基本符合现代国际教育发展的潮流。在传统教育学体系中，训育作为学校教育的基本实施途径，实际上是狭义"教育"的同义词，之后在实践中被狭隘地运用，从而成为广义"德育"的同义语。

他认为，广义"德育"的逻辑框架主要包含以下四个方面。

第一，以个体个性化与个体社会化的教育目标为逻辑前提。个体个性化指个人在德性、智力、体质、审美能力、技术等方面的发展和各个人独特的

---

① 陈桂生：《广义"德育"与狭义"德育"》，《上海教育科研》，2003年第2期，第17—20页。

发展。而个体社会化是赋予个人诸方面发展以一定的社会历史内容。在基础教育阶段，德育目标是在个体社会化过程中自觉地对未成年学生施加伦理道德的影响，使其行为符合现实社会中通行的道德规范，促进学生优良品德的形成和正当价值取向的树立，从而进一步陶冶学生的精神品格与情操。

第二，以品德教育、政治教育、人生观教育、社会教育为广义"德育"内容。

品德教育，包括公德教育与私德教育。又由于我国公德属于政治化道德，陈先生将品德教育划分为三个层面："以'私人关系间应该遵循的那种简单原则'为内容的'基本道德准则教育'；以'国民公德'为内容的道德规范教育；以先进分子为对象的'共产主义道德教育'，或称为'道德理想教育'。"①

政治教育，在独立设置的情况下，应以"基本道德准则教育"为基础。由于我国国民公德属于政治化的道德，这种道德规范基本上属于爱国主义-社会主义道德规范，它既是品德教育的内容，又是政治教育的内容。更高层次的共产主义道德教育，属于带有更多政治成分的道德教育，也属于完善的人生价值观教育。

人生观教育，包括准备阶段和人生转折阶段。个体自我意识在觉醒之前所显现的个性特征，是人生观形成的准备阶段。而在人生转折时期，个体的人生观开始显现。尤其是在社会急剧转变时期，教师要积极引导学生的人生抉择。

社会教育，是品德教育、政治教育与人生观教育的统一名称。品德教育、人生观教育与政治教育有必要单独成立，也可把三者合为三位一体的"社会教育"。其中，个人德性有两重含义，"一是个人道德人格的完善；一是同社会道德上层建筑相适应的个人道德社会化"②。人生观的形成，本身是人生发展趋向成熟之际自我意识觉醒，独立人格形成的标志。而个人形成什么性质与类型的人生观，则是个体社会化过程中发生的问题。政治教育同政治上层

---

① 陈桂生：《为"德育"正名——关于"德育"概念规范化的思考》，《上海教育科研》，1997年第7期，第1—8页。

② 陈桂生：《为"德育"正名——关于"德育"概念规范化的思考》，《上海教育科研》，1997年第7期，第1—8页。

建筑的需求相适应，旨在实现个体政治社会化。

第三，直接道德教学与间接道德教育相结合，是广义"德育"的实施手段。直接道德教学与间接道德教育，原是杜威有感于作为课程的"直接道德教学"意义的有限性，提出实施"间接道德教育"，强调学校各项工作与活动的意义，强调所有教师的伦理责任。陈先生发现我国现行德育忽视这一区分，将德育看成是德育工作者的责任，而一般教师却难以意识到自己尚有实施"间接道德教育"的责任。他明确提出："使学生个性化和社会化，为所有教师共同职责，也只有在多数教师协同参与下，才能有效地实现个体个性化与社会化。"①

第四，明确全体教师都是德育工作者。关于"德育工作"的提法，他反对把德育视为同"教学"并行的工作以及在观念上把德育、智育、体育、美育进行划分，作为学校工作的分工。他指出："学校中的任何一项教育活动，都不应只视为实施某一育的活动；每种教育活动中都或多或少包含各育的成分；每一育（德育或智育等）都应是'全方位'的这一育，即借助于学校各种工作途径予以实现。"② 关于"德育工作者"的提法，他反对把"德育工作者"作为一批教师的专称，以致把教师"教书"与"育人"的职能分离。陈先生指出："各育的划分属于教育内容方面的成分的分解，不是也不应是学校教师职能分工的基础。"③ 学校中的所有教师都应当也可能是"德育工作者"。

二、培养什么人：基于"个体-社会"之上的德育目标分析

德育是学校教育的重要组成部分，通过自觉地对未成年学生施加伦理道德的影响，促进其行为符合现实社会中通行的道德规范并形成所处时代的品德，旨在使学生获得现代教养，作为个体个性化与个体社会化的基础。

---

① 陈桂生：《为"德育"正名——关于"德育"概念规范化的思考》，《上海教育科研》，1997年第7期，第1—8页。
② 陈桂生：《为"德育"正名——关于"德育"概念规范化的思考》，《上海教育科研》，1997年第7期，第1—8页。
③ 陈桂生：《为"德育"正名——关于"德育"概念规范化的思考》，《上海教育科研》，1997年第7期，第1—8页。

成文的德育目标具有普遍的强制性约束力,能在最基本的层面上规范人们的行为。就德育实施来说,除了成文的德育目标,还有不成文的德育目标,侧重于影响人们的价值观念。"真实的德育目标,不论它成文与不成文,都作为不同的德育价值观念,隐含在对未成年人的期待中,隐含在德育实施及学生评价和德育评价中,而这些才是容易被人忽视的'德育目标'。"① 因此,德育目标是在个体社会化过程中自觉地对未成年学生施加伦理道德的影响,使其行为符合现实社会中通行的道德规范,促进学生优良品德的形成和正当价值取向的树立,从而进一步陶冶学生的精神品格与情操。

(一)培养"个体社会化"意义的德性

每个人的个性倾向与个性心理特征在进入学校前就已经形成。学校教育对学生已经初步形成的个性会有一定的积极影响或消极影响,但不一定能够改变学生的个性。针对一些学校为了彰显办学特色,标榜以"培养个性"为目标,陈先生对此提出了质疑。首先,明确学生的个性是个体社会化过程中显示出的各个人社会化程度的差别。不同于心理学意义上强调个人稳定的心理品质,社会学意义上的"个性"是同一定群体的共性对举,指的是"一定群体中各个人的独立性"②。其次,从学生初步形成的个性出发,促进学生了解自己的个性,进而自觉地调节自己的个性。"正常的个性,不仅是和社会性协调的个性,而且是个人身心协调发展的个性,是个人各种心理品质较为均衡、协调发展的个性。"③ 最后,学校应当为学生创造宽松的环境和必要的条件,使个人得以表现和发展其个性。学校不能打造学生的"个性",但应当尊重而不压抑学生的个性。

现实的"个性"是个体在一定的社会-文化环境中通过社会交往而不断形成的,学校应进一步促进学生"个体社会化"意义的德性的发展。陈先生提

---

① 陈桂生:《聚焦"德育目标"》,《教育发展研究》,2008年第Z4期,第1—6页。
② 陈桂生:《略论"培养个性"问题》,《复旦教育论坛》,2003年第2期,第14—16页。
③ 陈桂生:《略论"培养个性"问题》,《复旦教育论坛》,2003年第2期,第14—16页。

出了适用于"个体社会化"的价值标准:"参照社会通行的价值-规范体系,自主地调整自己的行为;作为一定的社会角色,在参与共同活动过程中,能与别人自由交往与沟通,承担一定的社会责任;理解自己参与的社会交往、社会活动的意义。"[①]

由于未成年学生的"个性"发展和"社会性"发展尚在成型中,存在一个从"理性睡眠期"到理性逐渐觉醒的过程。因此,学校要在学生"个性"与"社会性"的抉择与统合过程中承担相应的责任,致力于在个人发展与社会需求之间寻求平衡。

(二)促进学生优良品德的养成

道德是一定社会-文化中价值体系的一个层次,旨在规范人们的道德行为。在同一社会背景下,个体之间的德性差异,显示出人品的区别,"品德"问题由此产生。现行德育自上而下、自外而内的任务过多,往往忽视了对学生行为习惯的培养,导致学生品德的养成难以取得实效。陈先生鲜明地提出:"道德教育不仅要使学生的行为符合道德规范,更要引导学生形成优良的品德。"[②]

第一,明确学生正当行为的动机。学生表现出的合乎道德规范的行为,只有出于善意的动机,才具有德行的意义。第二,培养学生良好的行为习惯。学生出于善意的道德行为经反复练习达到一定程度,才能转化为个人的德性,从而成为"有道德的人"。第三,培养学生的智慧,促进个体的善意上升为道德义务感。善意和良好的行为习惯始终是个体道德行为的基础,而智慧有助于学生在变化了的情境中做出正确而又恰当的选择。在此基础上,学生把履行道德准则作为自己应尽的义务,才有可能形成道德义务感。第四,引导学生树立人生理想,把道德义务感提升为对美德的追求。道德义务感是社会对未成年学生普遍性的期待,而美德则是个人内在的价值追求。"美德是一种超

---

① 陈桂生:《"个体社会化"辨析》,《思想·理论·教育》,2005年第1期,第42—43页。

② 陈桂生:《中国德育问题》,福建教育出版社,2006年版,第59页。

越物质欲望、感官刺激、个人名利的情操。"① 正是这种人生理想促进学生的道德义务感向美德方向转化。第五，提升学生的理性判断力，促进个体将智慧和人生理想作为自觉的价值追求。"智慧有别于聪明而善于正当又恰当地处理事务，理想不同于幻想而包含转为明确的目标和实现的可能性考虑，正由于它们本身便是实践理性的运用。"② 学生在经过对道德行为的正当性、适当性与可行性的理性思考后，才会把善良意志、道德义务和美德作为自觉的价值追求。

在一定意义上，学生德行转化为德性的轨迹也是学生品德养成的过程。而学生原有品德水平的提高，取决于自身习惯和情操内涵的变化。因此，对于学生已经形成或有待形成的习惯与情操，学校应积极促进学生理性判断力的提升和人生理想的树立，以做出智慧的选择，从而促进学生优良品德的养成。

（三）引导学生树立正当的价值取向

对于学生来说，遵守纪律和各种行为规范只是起码的要求。要使学生自觉地遵纪守法，成为有教养的人，则须引导学生树立正当的价值取向。价值观是指"主体对客体按其对自身（或自身认同的对象）的意义，进行评价与选择的标准"③。它具体体现在主体对客体的评价活动和行为选择中。由于每个人的个性、习惯和需求不尽相同，每个人对于某种对象的价值取向和表现出来的行为方式就有区别。学生稳定的人生价值追求一旦形成，便成为"个性"的核心，难以改变。许多中小学校忽视对学生的三观（价值观、人生观、世界观）教育，不明三观教育究竟是怎么一回事。在一项针对"北京市中小学德育实效性"④的问卷调查中，三观教育在所列的12项德育内容中排在末位。针对这一问题，陈先生着力于探究未成年学生价值取向的形成过程，并

---

① 陈桂生：《德行转化为德性的轨迹——"品德"要义》，《中国德育》，2016年第17期，第10—12页。
② 陈桂生：《德育引论》，华东师范大学出版社，2018年版，第22页。
③ 陈桂生：《德育引论》，华东师范大学出版社，2018年版，第24页。
④ 鲍东明：《让我们了解一个真实的德育》，《中国教育报》，2002年2月24日。

提出相应的解决策略。

首先,将价值观划分为不同的层级,给予学生一定的参照标准。介于以感官满足和功利为低级价值与以宗教信仰或主义信仰为最高价值之间,是以真(科学)、善(道德)、美(艺术)为价值取向。在此基础上,学生对某种对象的认识就有正误、善恶之分,从而选择正当的价值取向和表现出较好的道德行为。其次,以未成年学生的价值观为出发点,引导学生树立正当的人生观和世界观。随着自我意识的觉醒,学生的价值观念逐渐上升到人生层面的评价与选择。人生观念一旦形成,日常的价值评价和价值选择的稳定性相对增加,将成为价值观念的核心。而世界观是学生对外部世界的基本判断与评价,对人生观有直接影响。最后,教师要对学生的价值取向开展有教育意义的指导。一方面,教师要进行理智的指导,帮助学生澄清自己现有行动的意义,并不断澄清连续行动的意义。另一方面,教师要对学生的行动方向进行指导,"着眼于学生后来的发展,审视学生现有的行为"①。

（四）陶冶学生的精神品格与情操

"三观"教育是学生精神品格陶冶的重要内容,但是,"精神陶冶,不限于德育,还涉及美育与智育,旨在引导学生追求真、善、美"②。若要使学生自觉地表现出符合现代社会通行的道德规范,还有赖于在学生心灵中培养明智及适宜的意愿。这就需要采取适当的方法去培育,甚至全面构造学生一般意义上的性情。

学生在行为习惯形成的同时,从自己的行为中得到的内心体验也随之变化。既因行为是否满足自己的欲望与需要而发生情感体验,又因行为方式趋于稳定而使情感较为稳定。"如属超越物质欲望、感官满足的价值追求的稳定的内心体验,便称为情操。"③ 情操有理智情操、道德情操和审美情操之别,分别表示求真、求善和求美的人生价值取向。首先,培养学生的理智情操。教师应培养学生对道德问题的理性判断力,并能够在变化了的情境中做出恰

---

① 陈桂生：《德育引论》，华东师范大学出版社，2018年版，第28页。
② 陈桂生：《精神品格的陶冶》，《上海教育科研》，2003年第7期，第4—8页。
③ 陈桂生：《中国德育问题》，福建教育出版社，2006年版，第60页。

当而又正当的价值选择。其次,陶冶学生的道德情操。它是指"以道德规范为准绳感知对象时所体验的各种情感"①。它是一种复合情感,如正义感、义务感等。教师应积极引导学生正确对待自身在道德行为中所体验到的各种情感,并进一步强化学生对社会正义、道德义务等正当情感的倾向性。最后,提升学生的审美情操。教师应积极促进学生对美德的认知和感受,并能够在道德行为中将其作为自觉的价值追求。

三、德育做什么:关于德育工作内容的分析

针对人们常常把德育缺乏实效的原因归结为"德育目标过高"的舆论,陈先生对此提出了质疑。他指出,问题的关键在于"撇开课程的实施,撇开学校多数教师和所有学生的活动,单凭时间、空间和人力有限的'德育教师'的工作"②,难以承载复杂的德育任务。为此,他提出:"学校中的德育是一个包括课程在内的全方位的工作过程。"③ 并且,学生行为管理与学生行为指导是对课程实施的重要补充。

在学校中发展学生的理性和智慧主要诉诸课程。课程以外的德育工作,充其量只是一种补充和补救的工作。课程主要通过教与学活动加以实施,是逐步提高学生教养水平的过程。针对现行课程趋于应试化,对于发展学生理性和智慧的意义相当有限的问题,他提出,要注重课程的教育价值。

(一)纪律教育:培养学生的纪律性

"道德既是一个习惯行为体系,又是一个'命令体系'。"④ 道德的这两个方面是紧密相联的,两者的统一性来源于一个更为复杂的、能够将两者都涵盖在内的"纪律"概念。实际上,"纪律就是使行为符合规范。纪律意味着在

---

① 陈桂生:《中国德育问题》,福建教育出版社,2006年版,第60页。
② 陈桂生:《聚焦"德育目标"》,《教育发展研究》,2008年第Z4期,第1—6页。
③ 陈桂生:《中国德育问题》,福建教育出版社,2006年版,第63页。
④ 陈桂生:《"纪律教育"引论》,《江苏教育学院学报(社会科学版)》,2003年第5期,第1—4页。

确定的条件下重复的行为"①。我国通常把"纪律教育"纳入"品德教育"范畴,但在实践中往往把学校中的行政纪律与道德性质的纪律相混淆,形成的是一种笼统的"纪律教育"观念,以致模糊了纪律与道德、管理与教育的界限,容易滋生一些不良倾向,如重管理、轻教育或重教育、轻管理,以及把纪律单纯作为维持学校秩序的手段等。针对这些不良倾向,陈先生明确指出:"纪律'教育'与学生行为管理的区别,在于它以培养学生的义务感和纪律性为目标,旨在使外在的行为规范转化为内在的义务感与纪律性,这才具有'道德教育'的价值。"②

一方面,作为德育组成部分的纪律教育必须具有道德价值与教育价值。其中,作为"德育手段"的纪律,通过建立学生行为及其体系,旨在维持学校的正常秩序。而作为"教育目的"的纪律,旨在培养学生的纪律性,即遵守纪律的品质。另一方面,作为学校中外在权威的行政纪律应当诉诸非强制性手段的实施。这种手段包括两种具有不同道德价值的情况,即诉诸校长、教师的人格魅力或权威与赋予规范以权威。值得注意的是,不论是学校中的行政纪律还是道德性质的纪律,都属于他律的纪律,虽都有助于学生良好行为习惯的养成,但其道德价值仍然有限。重要的是通过纪律教育使学生养成真正的纪律性,"因为真正的纪律性是自律的表现,也是个人自律的结果"③。

与培养学生的纪律性相对的,便是对学生自由问题的关注。我国教育行政部门长期以来对学校"统得过死",加之应试化教育的不良倾向等诸多原因,导致学生自主选择的机会太少,并且不会运用所能享有的有限自由。针对这一问题,陈先生提出:"以自由与纪律关系的常理常规为自主选择的准绳。"④ 对于未成年学生来说,个人行为的选择,只要不致对自身造成伤害和

---

① [美]迪尔凯姆:《道德教育》,陈光杰、沈杰、朱谐汉译,上海人民出版社,2006年版,第27页。
② 陈桂生:《"纪律教育"引论》,《江苏教育学院学报(社会科学版)》,2003年第5期,第1—4页。
③ 陈桂生:《"纪律教育"引论》,《江苏教育学院学报(社会科学版)》,2003年第5期,第1—4页。
④ 陈桂生:《德育引论》,华东师范大学出版社,2018年版,第124页。

不妨碍别人的自由，教师、家长等无须干涉，或尽可能少加干涉。而个人行动的自由以不违背纪律为限度。例如，针对学生"上课不举手就发言"现象，陈先生提出，应当给予学生有限的自由，但应以纪律为限度。他提出："应从主要诉诸外部干涉逐步转向以学生自律为主，转向学生群体的自我管理和个体的自我约束。"① 因此，教师应尊重学生的自主选择，而对于学生来说，重要的是争取自主选择的机会和学会利用难得的自由。

（二）社会教养培育：发展学生的社会教养

我国传统文化中有着强烈的家国教育观念，往往把"社会性"与"国家性"混为一谈，以致对"社会问题"和"社会教育""社会学习"的忽视。同时，由于"德育"概念的泛化，学校把"德育工作"同多数课程的联系割裂，进一步限制了"社会教育"的开展。陈先生在探究我国"社会"观念薄弱的过程中发现："恐怕迄今为止在我国涉及个人与群体、个人与集体组织关系的'社会道德'，还只属于社会价值观念，尚未从价值观念转化为人们心目中的道德规范，而社会道德的形成，属现代社会的大势所趋，也是现代的人心所向。"②

他明确提出社会教育为现代社会所需，旨在发展学生的社会教养，非道德教育、政治教育或泛泛的思想教育所能代替。"它不局限于学习按照既定的社会行为准则规范自己的行为，还要学习在复杂的经常变动的社会环境中，在陌生的社会交往中，明智地作出正当的选择。"③ 例如，他在1996年曾为上海市洋泾中学设计"责任计划"课题研究方案，其中最起码的要求是学会对自己的行为后果负责和对社会负责。

值得注意的是，"社会教育""社会学习"属于社会课程和学生行为指导问题，但发展学生的社会教养又不局限于教育问题。他指出："我国国民社会责任感的普遍提高，从根本上说，取决于'市民社会'的成熟和国家民主化

---

① 陈桂生：《从"上课不举手就发言"谈起——关于学生"自由"与"纪律"的思考》，《河南教育》，2000年第8期，第6—7页。
② 陈桂生：《中国德育问题》，福建教育出版社，2006年版，第73—74页。
③ 陈桂生：《中国德育问题》，福建教育出版社，2006年版，第74页。

的进展。"①

（三）政治教养培育：提高学生的政治教养

在人们印象中，我国对"政治教育"尤为重视。然而，陈先生在探究我国与西方国家实施的政治教育比较中发现，我国关于政治教育的研究反而显得贫乏。并且，我国最近若干年间学校教育中的"政治"教育成分远没有人们印象中的那么多。他指出这一问题的症结在于，"中国的'政治教育'包容在所谓'德育'之中，而所实施的'政治'教育名实未必全都相副"，并且，"衡量政治教育成效的标准若明若暗"。② 针对这一困境，他具体提出了在基础教育阶段实施政治教育的形式与策略。

一方面，在基础教育阶段所能实施的政治教育是政治基础教育，包括以"政治"为主的形式与以"法制"为主的形式（公民教育）。两者的共同内容是爱国主义教育、基本政治制度教育与公民权利、义务教育。不同之处在于，"政治教育"比"公民教育"范围更加广泛，实际上是与对学生政治行为的期待不同有关，而形成区别的根本原因是同政治制度的区别以及现存政治制度的历史有关。另一方面，在基础教育阶段实施政治教育包括对学生政治行为的策略与对教师政治立场问题的策略。就学生政治行为的策略而言，"对学生的政治行为，需适当节制，而对学生政治行为的节制又以不侵犯公民权利为度；同时，也需要给学生在民主氛围中接受民主生活训练的机会"③。就教师政治立场问题的策略，应采取定向模式，"在教师认同正统政治立场的情况下，其教育更有影响力，允许教师表明个人立场又不允许他持反正统的立场，可以防止消极影响"④。

政治教育的实施应从实际情况出发，旨在提高学生的政治教养。例如，陈先生在1998—1999年间曾关注上海市打虎山路第一小学所开展的"小学生民主生活训练"的试验。这一试验旨在改变学生中存在的"干部"观念，通

---

① 陈桂生：《中国德育问题》，福建教育出版社，2006年版，第74页。
② 陈桂生：《"政治教育"辨》，《上海高教研究》，1994年第2期，第39—42页。
③ 陈桂生：《"政治教育"辨》，《上海高教研究》，1994年第2期，第39—42页。
④ 陈桂生：《"政治教育"辨》，《上海高教研究》，1994年第2期，第39—42页。

过班级组织的建构和班级活动的开展，尽可能按本班学生共同约定的民主程序运作，从而引导学生争当"合格的班级小主人"。

（四）精神品格陶冶：发掘课程的精神陶冶价值

在基础教育中，陶冶学生的精神品格与情操集中体现在课程体系中。某种课程体系若以陶冶学生的精神与情操为价值取向，它便可能为学生正当价值取向的形成奠定基础。针对当前基础教育课程应试化倾向严重，忽视价值观教育，难以陶冶学生精神品格的问题，陈先生提出，要注重课程所具有的精神陶冶的意义。

首先，发扬德育课程所具有的精神陶冶的价值。在课程实施中，促进学生获得有关正当的价值观、人生观与世界观的理性认识，并加以练习，如果行之有效，则直接具有精神陶冶的价值。其次，注重一般课程所具有的精神陶冶的价值。基础教育中的所有课程因面向全体学生实施，都可能对所有学生的价值取向产生影响。"精神陶冶，不限于德育，还涉及美育与智育，旨在引导学生追求真、善、美。"[1] 一般课程或多或少带有一般的精神陶冶的价值和意义，若恰当地涵盖一定的价值取向，则有助于促进学生树立正当的价值观、人生观与世界观。最后，在课程实施中积极引导学生的自我实现。由于学生的价值观、人生观与世界观形成有一个过程，并且，一旦形成，就难以改变。因此，在课程实施中，教师一方面要积极引导学生澄清自己的人生态度、价值观念，促进学生对自己的价值取向形成清晰的认识；另一方面，教师要鼓励学生按照自己的人生态度、价值观念行动，并根据行动的结果进行反馈和调节，促进学生形成正当的价值取向。

（五）行为管理与指导：作为课程实施的补充

由于未成年学生的理性尚未成熟，正在从道德的他律阶段向自律阶段过渡，同时，并非所有的课程都具有教育价值，所以有必要管理与指导学生的行为。至于学生如何学习道德，教师如何指导学生道德学习，陈先生从道德

---

[1] 陈桂生：《精神品格的陶冶》，《上海教育科研》，2003年第7期，第4—8页。

行为的分解中寻求答案。首先，道德规范层面是第一个层面。它是因一定社会普遍的舆论压力而成为的通行的行为准则。其次，道德心理和意愿层面是第二个层面。它是指"学生以道德行为准则规范自己行为的意愿，并使这种意愿转化为自己的行动，而善良意愿的发生以及使善良意愿转化为正当的行为，又植根于学生的个性心理品质"①。最后，道德实践智慧层面是第三个层面。它具体表现为个体在道德实践中恰当地运用通行的行为准则规范自己的行为。这三个层面的关系是有机联系在一起的。"如果说道德规范是行为正当性的规定，道德心理和意愿是道德行为的内在动力，那么道德实践的智慧便是正当行为恰当运用的人格条件。"②

在辨明道德行为的不同层面基础上，教师应针对学生的不同行为进行相应的管理与指导。学生行为管理，"是因管理对象的行为妨碍别人行动自由或侵犯别人（含群体）的正当权益，才施加的强制性约束"③，主要涉及道德规范层面。由于未成年学生在个体社会化的过程中自觉的理性难以自发形成，学生正当的行为需要经过反复练习才可能转化为良好的行为习惯，从而形成稳定的道德品质。在这一过程中，学生行为管理的作用和价值得以凸显。一方面，教师要引导学生学习当前社会必须遵循的共同的行为准则，同时要引导其遵循因特有的社会关系而形成的、维持正常生活和学习所不可缺少的行为准则。另一方面，教师对学生行为的管理要逐步过渡到学生行为自主管理。他提出："从'管理'到'自主管理'，引导学生的行为从'他律'到'自律'，这种过渡都是在一定前提下实现的。"④ 这种前提主要涉及学生理性的觉醒与自然成熟、通过课程实施提高学生一般教养程度和理性判断力等方面。

"'学生行为指导'与'学生行为管理'有所不同，从'教育'引出题中应有之义的角度看，'指导'比其他影响学生成长的经验形式，更近于狭义

---

① 陈桂生：《走向"道德学习"》，《探索与争鸣》，2004年第2期，第23—26页。
② 陈桂生：《走向"道德学习"》，《探索与争鸣》，2004年第2期，第23—26页。
③ 陈桂生：《略论学生行为管理与行为指导的常理常规》，《中国德育》，2018年第9期，第16—19页。
④ 陈桂生：《"学生行为管理"引论》，《华东师范大学学报（教育科学版）》，2007年第1期，第1—11页。

'教育'。"① 学生行为指导主要涉及学生内在的意识问题。一方面,在道德心理和意愿层面,教师要积极促进学生在道德学习中健全人格的养成,包括善意、性格的力量、理性的判断力等。另一方面,在道德实践智慧层面,教师要积极培养学生在具体的道德情境中,尤其是在现代空前发达的"陌生人社会"中能够恰当地实施正当行为。

值得注意的是,"学生行为指导"与"学生行为管理"仅是一种学理上的区分。陈先生指出,这种区分"旨在分清二者的性质,使这类工作到位"②。但是,在德育实践中,两者具有一定的联系。例如,教师在实施学生行为管理的过程中,也会或多或少兼顾学生行为的指导,反之亦然。

四、如何培养人:关于德育途径与方法的分析

德育旨在促进个体社会化和学生品德的发展,必然要从理论走向实践。在这一过程中产生的诸多德育实践问题亟待解决,如德育过程问题、德育途径问题、德育运行机制问题、学生行为管理和指导的常理常规问题、建构学生集体和教师集体问题等等。基于此,陈桂生先生重新审视我国德育实践问题,创造性地提出既符合我国国情,又适应时代发展的解决方案。

(一)自下而上、自内而外的德育活动机制

我国德育活动运行机制是以集中、统一的德育价值规范体系与目标为导向,由德育目标决定德育手段(内容、方式方法),由德育内容决定德育方式方法以及德育活动的组织形式。这一德育活动运行机制看似顺理成章,实则缺乏德育实效。针对这一问题,陈桂生先生指出其症结在于两方面。一方面,"学校往往以德育目标及由此派生的德育内容为出发点,即以学生德性的应然

---

① 陈桂生:《"学生行为指导"简论》,《南通大学学报(教育科学版)》,2007年第4期,第1—6页。
② 陈桂生:《"学生行为管理"引论》,《华东师范大学学报(教育科学版)》,2007年第1期,第1—11页。

状态为'出发点'"①,缺乏沟通学生德性的应然状态与实然状态。另一方面,我国德育的价值-规范体系与目标包含多重不同性质,如"有关道德的价值-规范体系与目标,有关社会政治的价值-规范体系与目标和有关精神品格陶冶的价值-规范体系与目标"②,然而现行的集中、统一的德育价值规范体系与目标试图以一套德育内容、一套德育方式方法笼统地实现德育目标,从而导致具体的德育目标与具体的德育内容之间、具体的德育内容与具体的德育方式方法之间的关系相当模糊。

基于此,陈先生致力于建构自下而上、自内而外的德育活动运行机制,以学生实际存在的外在行为与内在意识为出发点,以社会价值-规范体系为衡量学生行为与意识的标准,以德育目标为教育行为的准绳。这一机制遵循实践活动的逻辑,即"根据社会的价值-规范体系与实际情况,决定德育的目标;根据特定的目标选择与之适合的内容;根据具体的内容选择与之适合的方式方法"③。对于解决学生中实际存在的问题,它所具备的优势不言而喻。例如,在"引导学生树立科学的世界观、人生观与价值观"问题上,由于未成年学生的价值观、人生观与世界观正在形成过程中,教师须从关注学生现有的价值观、人生观与世界观入手,引导学生逐步摒弃不正当的价值追求,确立正当的价值追求。

(二)确立全方位德育过程观念

德育过程是揭示德育中由一系列阶段构成的历程。在以往的教育名著中,鲜有对"德育过程"的研究。即使在以凯洛夫为总主编的《教育学》中,该书将"德育"与"爱国主义与国际主义教育""科学无神论教育""劳动教育""纪律教育"等并立,也是从狭义"德育"概念的角度对"德育过程"展开讨

---

① 陈桂生:《关于"德育"活动的运行机制》,《上海教育科研》,2005 年第 4 期,第 4—5 页。
② 陈桂生:《关于"德育"活动的运行机制》,《上海教育科研》,2005 年第 4 期,第 4—5 页。
③ 陈桂生:《关于"德育"活动的运行机制》,《上海教育科研》,2005 年第 4 期,第 4—5 页。

论。陈桂生先生按照我国特有的教育观念建构广义"德育"概念，揭示德育中由一系列阶段构成的历程，并经得起实践的检验。同时，他提出："德育，无论是狭义'德育'还是广义'德育'本身，是同'智育''美育''体育'以及社会-政治教育并举的概念，而不是同'教学'对举的概念。"① 他对以往参照教学论框架建构广义"德育"理论的意图提出了怀疑，指出："道德行为与道德品质的形成、社会-政治教养的提高和精神品格与情操的陶冶，是性质不同的问题，各自经历的途径也就大相径庭。"② 忽视这种实质性的区别，无疑有着架空所建构的"德育过程"之嫌。例如，以往参照教学论框架提出的"德育要注意发挥知、情、意、行的功能"这一德育过程，无视心理学和伦理学意义上的知、情、意、行之间的巨大差异，更加忽视了在知、情、意、行前简单地加上"道德"定语并不会使其具有社会-政治教养和精神文化的内涵。为此，他在我国如今特有的广义"德育"概念下确立全方位德育过程的观念，力图从理论上解决我国广义"德育"过程问题。

通过历史的眼光透视，我们可以发现，教育的理论和实践同道德发展有重要的联系。在严格意义上，"所有的教育（狭义）都是道德教育（狭义）"③。陈桂生先生通过历史的逻辑的分析发现，"对近代以来的基础教育发生重大影响的那些教育家虽无'德育过程'之说，他们构想的这样或那样的有伦理价值的'教育过程'，倒体现出对'德育过程'同我们迥然不同的理解"④。首先，赫尔巴特将"德行"看作是"整个教育目的的代名词"⑤，并构想了有道德价值的教育过程是从"管理"到"教育"，在"教育"中从"训育"到"教学"。其次，赫尔巴特学派将这种继时性的步骤改为同时性的措施，并将学生的行为管理纳入"训育"。最后，在19世纪与20世纪之交，社

---

① 陈桂生：《关于"德育过程"问题》，《湖南师范大学教育科学学报》，2004年第1期，第9—12页。
② 陈桂生：《关于"德育过程"问题》，《湖南师范大学教育科学学报》，2004年第1期，第9—12页。
③ 陈桂生：《中国德育问题》，福建教育出版社，2006年版，第108页。
④ 陈桂生：《中国德育问题》，福建教育出版社，2006年版，第108页。
⑤ ［德］赫尔巴特：《普通教育学》，李其龙译，人民教育出版社，2015年版，第9页。

会急剧变化，传统道德观念与教育观念都面临着新的挑战，并且，随着学校课程日益趋向科学化、知识化，课程内容中客观知识成分大量增加，教与学的"教育性"趋于淡化。在此背景下，关于"德育过程"的新的思路应运而生。其中，杜威构想的"教育中的道德原理"最有代表性。杜威有感于传统的"直接道德教学"所引发的德育成效缺失问题，提出在学校教育中实施"间接道德教育"的设想，并进一步构建了学校道德的三位一体，即"社会的智慧、社会的能力和社会的利益"①，试图通过"本身就是社会机构的学校的生活、学和做的方法、课程"② 提升学校道德教育实施的有效性。

基于此，陈先生通过历史的眼光汲取这些教育家关于"教育过程"理论的营养，鲜明地提出孤立的"德育过程"并不存在，要进一步确立"全方位德育过程"观念。针对我国现行课程关于"教育性"的认识与做法牵强附会，教与学过程仍缺乏"教育性"，同时又夸大了狭窄的"德育工作"的意义和"德育工作者"的作用等现实问题，他明确指出其问题在于"我国德育一向缺乏从学生行为与品性实际出发的考虑"③，并且，狭窄的"德育"观念将学校中为数众多的任课教师默认为"非德育工作者"，从而导致过于宽泛的德育目标和过于狭窄的德育工作之间产生明显的不协调。因此，陈先生鲜明地提出，在我国广义"德育"概念下确立全方位德育过程观念。一方面，关注"学生日常生活中表现出来的善良本性和行为抉择倾向"，④ 发挥教学过程中的"教育性"价值。另一方面，明确所有教师的伦理责任，而不仅仅将学校德育工作局限于"德育工作者"的职责。

（三）针对德育途径的问题，明晰道德影响的主要经验形式

"德育过程"揭示了德育中由一系列阶段构成的历程，经由"德育途径"

---

① ［美］约翰·杜威：《学校与社会·明日之学校》，赵祥麟、任钟印、吴志宏译，人民教育出版社，2004年版，第152页。
② ［美］约翰·杜威：《学校与社会·明日之学校》，赵祥麟、任钟印、吴志宏译，人民教育出版社，2004年版，第152页。
③ 陈桂生：《德育引论》，华东师范大学出版社，2018年版，第79页。
④ 陈桂生：《德育引论》，华东师范大学出版社，2018年版，第80页。

和德育活动形式而落地,又相应地涉及德育目标与德育活动内容。在此基础上,"德育途径"还需辨明和选择恰当的道德影响的经验形式。

1. 把握"德育途径"问题的症结,选择适当的德育活动形式

一般情况下,德育的途径和活动形式越多,教师在实践中选择的余地越大。但我国涵盖"德育途径"和"德育活动形式"的一些教科书大都属于德育知识整合之作,整合的水平又参差不齐,在特定德育途径与它所要达到的德育目标之间、特定德育活动形式与其内在的活动内容之间缺乏直接、具体的联系。同时,这些教科书鲜有"问题研究"的尝试,缺少从教师所处的具体环境和实际对象的情况出发,发现问题,分析与解决问题。陈桂生先生以"问题研究"为出发点,指出:"德育途径与德育目标脱节、德育活动形式与德育活动内容脱节问题的关键在于各项德育目标的性质没有分清。"[1] 一方面,由于我国采取的是广义"德育"概念,"德育"一词指称的是几种性质不同的教育。其中,"政治教育"涉及学生的社会政治行为和教养,"道德教育"涉及学生的日常行为习惯与品德,"思想教育"涉及学生以价值观念、人生观念和世界观念为核心的精神品格与情操。所以,陈先生提出德育途径与德育目标紧密联系的关键在于厘清不同性质的德育目标,设计相应的德育途径,即"规范学生社会政治行为并提高其社会政治教养的途径,规范学生日常行为,使其形成品德的途径,陶冶学生精神品格与情操的途径"[2]。另一方面,选择适当的德育活动形式需要转换传统的德育观念。我国通行的广义"德育",属于狭义"教育"的核心部分。狭义"教育"原是同"教学"对举的概念。随着教育现代化进程的推进,教-学活动的程序逐渐从教程向学程过渡,教师与学生在学习过程中角色逐渐进行了转换,教师将越来越成为学生学习的指导者。陈先生指出:"由于狭义'教育'涉及学生行为选择和他们的价值取向,

---

[1] 陈桂生:《"德育途径"问题的症结》,《上海教育科研》,2003年第6期,第18—21页。

[2] 陈桂生:《"德育途径"问题的症结》,《上海教育科研》,2003年第6期,第18—21页。

按理,它更应当是学生自主成长的过程。"① 同时,他在分析学校教师,尤其是班主任穷于应付各种德育活动的现实问题时,进一步强调学生组织的作用与价值。

2. 分析德育手段的泛化问题,厘清道德影响的主要经验形式

我国德育实践中,或多或少包含"教育"(狭义)、"训练"与"感化"的成分,它们都可能从一定角度影响学生。但我国德育实践中盛行的并不是针对学生日常行为的价值观念的教育、训练与感化,而是形形色色的"德育活动"。这种此起彼伏的外在活动,使得教师和学生应付不暇,常常导致日常教育、训练与感化的中断。陈桂生先生指出其问题在于,我国德育实践"长期满足于笼而统之的'教育'概念,不明教育、训练与感化之别以及它们各自的局限性,以致各种改变简单说教的尝试,往往顾此失彼。充其量只能取得某些表面的成效,而难以取得真正的实效。"② 基于此,陈先生进一步厘清教育、训练与感化的功能。首先,狭义"教育"的本义是对学生心灵的影响。这种影响是"使学生原有的心理状态、精神面貌发生符合社会价值-规范体系的变化,即把社会价值-规范体系内化为个人的道德品质、社会-政治教养和精神品格"。其次,"训练"是指学生经受的道德-社会训练。这得益于学校"创设一定的道德-社会环境,形成健康的舆论,引导学生杜绝不良行为,使学生的行为合乎社会规范体系,并经反复练习,形成良好的品性"。最后,"感化"是以触动学生情感的方式影响学生的态度和行为。这里的"感化"分为自然的感化与人为的感化。自然的感化是指某种良好的行为,尤其是周围人们的良好行为所蕴含的人格力量的影响。而人为的感化是指教师出于教育意图,以富于感情色彩的行为触动学生的情感。

值得注意的是,教育、训练与感化对学生品性的形成各有影响,又各有局限性,不可相互替代。在一般意义上,"教育涉及人的理性,影响人的价值观念;训练涉及人的行为;感化因涉及人的感情,从而影响人的行为"③。例

---

① 陈桂生:《"德育途径"问题的症结》,《上海教育科研》,2003年第6期,第18—21页。
② 陈桂生:《"德育"之"育"辨析》,《探索与争鸣》,2003年第4期,第34—36页。
③ 陈桂生:《"德育"之"育"辨析》,《探索与争鸣》,2003年第4期,第34—36页。

如，针对我国德育在总体上偏重道德说教、社会-政治说教问题，由于未成年学生一般不可能自发地形成正当的价值选择，陈先生肯定了"一定的'说教'是必要的"①。但是，他进一步强调学生获得应有的教养有赖于在反复的行为实践中形成自己的价值追求。

（四）聚焦学生行为管理问题，选择恰当的指导方法

学生行为管理与指导的前提，是衡量学生行为和意识的标准与规范明确。在社会转型期间，由于社会一般价值观念与教育观念处在变化过程中，学生行为规范也相应地不断调整，从而导致学生行为或意识中的一些问题存在争议并有待澄清。为了在学生行为管理与指导中不致发生误解，陈桂生先生提出："不仅要关注'问题学生'，更要关注在社会转型期已经提出而尚待澄清的'学生问题'。"② 包括学生自主选择问题、学生之间的竞争问题、学生诚信缺失问题、学生打小报告问题、学生上课不举手发言问题、学生上课瞌睡问题以及学生公开指责父母或教师问题等等。

1. 从教师对学生行为的管理过渡到学生行为自主管理

由于未成年学生在个体社会化的过程中自觉的理性难以自发形成，学生正当的行为需要经过反复练习才可能转化为良好的行为习惯，从而形成稳定的道德品质。在这一过程中，学生行为管理的作用和价值得以凸显。陈先生肯定了学生行为管理的合理性，但同时又表现出自身的担忧："为了对学生行为进行有效的管理，而在带有强制性的行为管理中又不致伤害学生的心灵，有一系列问题有待研究。"③ 其中最为重要的是，注重教师对学生行为管理中的批评与表扬、惩罚与奖励等手段的运用。针对当下"以表扬为主"等口号滥用却缺乏德育实效的现实问题，陈先生指出："表扬或奖励是否有效，取决于有没有触动受'表扬/奖励'的人的荣誉感。同样，批评—惩罚是否有效，

---

① 陈桂生：《"德育"之"育"辨析》，《探索与争鸣》，2003年第4期，第34—36页。
② 陈桂生：《中国德育问题》，福建教育出版社，2006年版，第131页。
③ 陈桂生：《"学生行为管理"引论》，《华东师范大学学报（教育科学版）》，2007年第1期，第1—11页。

视其有没有触动被"批评—惩罚"者的羞耻感而定。"① 同时，他进一步提出，"正由于学生个人的羞耻感、荣誉感是在集体舆论的背景下形成的，是个体在集体舆论中的感受"②，所以要致力于学生集体的建构。

在思考学生行为管理"从何处来，到何处去"的问题时，陈先生指出："从'管理'到'自主管理'，引导学生的行为从'他律'到'自律'，这种过渡都是在一定前提下实现的。"③ 这种前提主要涉及学生理性的觉醒与自然成熟、通过课程实施提高学生一般教养程度和理性判断力等方面。其中最为重要的是，学生行为自主管理须明了自由与纪律的关系。他提出："个人的自由，不限于'自在的自由'（即任性的自由），而是'自为的'，即尊重自己同时尊重他人自由的那种自由。"④ 而"道德既是一个习惯行为体系，又是一个'命令体系'。'纪律'便是这二者的统一"⑤。教师需引导学生在有限的自由下做出恰当的价值判断和价值选择，促进学生的道德行为规范从他律走向自律。

2. 根据学生行为管理问题，选择恰当的指导方法

在不同时期和不同情境下，学生行为或意识中表现出的问题不同。针对不同学生问题，教师采取相应的学生行为管理方法。但是，这些方法的选择是否恰当、运用是否合理，仍有待实践的检验。陈先生深入剖析了学生行为管理的常规方法，旨在根据不同的学生问题，选择和运用恰当的指导方法。

（1）说服教育

说服教育是德育中耳熟能详的一种方法，但若使用不当，其教育意义很难奏效。在实践中，说服往往表现出"压服"的潜在危机。在学生发生违规行为时，教师随意地施加外在强制力，迫使学生就范，以致学生即使口服，也未必心服，长此以往有可能导致学生奴隶性的养成。针对这一问题，陈桂生先生在澄清说服教育含义、划清相关界限的基础上，梳理出"说理"的规

---

① 陈桂生：《德育引论》，华东师范大学出版社，2018年版，第104页。
② 陈桂生：《中国德育问题》，福建教育出版社，2006年版，第153页。
③ 陈桂生：《"学生行为管理"引论》，《华东师范大学学报（教育科学版）》，2007年第1期，第1—11页。
④ 陈桂生：《德育引论》，华东师范大学出版社，2018年版，序。
⑤ 陈桂生：《德育引论》，华东师范大学出版社，2018年版，第118页。

则。首先,要促使说服成为师生对话的过程,才能在德育中取得实效。先生指出:"在对话中,重在分清事情本身的是非,不必追问学生发生某种问题的缘由或动机。"① 其次,要区分说服教育中的道理,针对不同学生讲不同的道理。"理"有大道理与小道理之分,大道理指的是价值层级较高的价值判断,而小道理是符合学生愿望与实际处境的价值判断。对具有不同层级价值追求的学生来说,教师对学生讲出的道理都要有事实依据、合乎逻辑,对不同学生公平对待。最后,在说理的过程中,教师既要关注学生的心态与情绪,更要善于调整自己的心态与情绪。教师对学生问题的处理,在尊重规范的权威前提下,要出于善意和对学生有起码的尊重。这里的尊重通常表现为"倾听学生的不同意见,同情的理解,适度的宽容。其底线在于不触犯学生的人格尊严"②。

值得注意的是,由于学生意识的转化和不良行为的改变须经历一定的过程,教师不能强求学生表态。同样的,学生是否被教师说服,主要是学生自己的事情,也不能强求教师,否则对教师也有失公平。

(2) 爱的教育

如今社会舆论中掀起了一股要求教师像父母对待子女、朋友对待朋友那样对待学生的热潮,给教师工作带来了很大的困扰。针对这一社会舆论,先生明确地指出"私情非公共关系题中应有之义"③,"教师忠于职守,足矣!无须成为'工作狂'"④。教师属于公职人员,和学生之间的关系是在履行公职过程中建立的不同社会角色之间的关系。因此,教师本不应把私情羼入公职。先生认为:"真正的爱,是不求回报的付出。由于它是无私的,故有一定的伦理价值。"⑤ 在教育理论中,"爱的教育"包括教师爱生之道与教育学生爱人之道。教师的爱包括自然发生的爱与应尽的道德义务。作为"人"的教师,教师对学生自然发生的爱不必强求,而应尊重教师、学生的个人选择。作为

---

① 陈桂生:《德育引论》,华东师范大学出版社,2018年版,第89页。
② 陈桂生:《德育引论》,华东师范大学出版社,2018年版,第91页。
③ 陈桂生:《德育引论》,华东师范大学出版社,2018年版,第93页。
④ 陈桂生:《德育引论》,华东师范大学出版社,2018年版,第96页。
⑤ 陈桂生:《"爱的教育"平议》,《探索与争鸣》,2003年第11期,第19—20页。

"教师"的人,有着对学生应尽的道德义务。教师对学生的情感底线是"善意、尊重,不以个人感情用事,不伤害学生感情,合情合理地处理事务"①。同时,教师要对学生中的弱者(包括处于困境的学生)加以关爱,并提供可能的援助。同样的,对学生的要求也是如此。

对于富有情感的和处于困境的未成年学生,感受到教师真诚的爱,往往会成为自身价值观念和行为转化的契机。而真正的教育(狭义),尤其是道德教育的实效,正是在于对学生价值取向的影响,培养学生理性的自觉。

(3) 赏识教育

针对我国现今在"××教育"公式中套出越来越多不同的词语,因其涉及教育工作中的价值取向,先生从"赏识教育"谈起,力图优化学生的评价与管理问题。由于未成年学生尚处在生理、心理成熟的过程中,在课堂上时常发生说闲话、做小动作、调皮捣蛋等现象,不少教师对治理这种学生无能为力,只能对学生无穷无尽地唠叨,并进一步上升到批评、指责,长此以往几乎成为这些教师的"职业病"。为了诊治教师的这种"职业病","赏识教育"应运而生,"它并不妨碍学校和教师在可能范围内,调整对学生的评价,改善对学生的态度"②。教师对学生的夸奖既要发自真情、自然地流露出来,又要视学生是否经得起夸奖而定。

有时候,对于学生的不良行为,教师采用批评手段可能比夸奖的成效要明显。但要注意的是,教师对学生的批评是为了发扬正气、伸张正义,维护规范的权威,真正为了学生好,而不是个人的感情用事。并且,教师须考虑批评的场合和学生的承受能力。先生指出,夸奖与批评不宜过度,"真正不可抗拒的批评,是不轻易的批评。同样,真正有力量的夸,是难得的夸"③。

(4) 榜样影响

在学生行为指导中,"树立榜样"是较为经典的教育经验。这种经验之所以有效,是因为未成年学生在理性成熟之前比较容易受到直观形象与情感的影响。正如洛克所言:"没有什么事情能像榜样这样能够温和地而又深刻地打

---

① 陈桂生:《德育引论》,华东师范大学出版社,2018年版,第96页。
② 陈桂生:《从"赏识教育"谈起》,《探索与争鸣》,2004年第4期,第49—50页。
③ 陈桂生:《从"赏识教育"谈起》,《探索与争鸣》,2004年第4期,第49—50页。

进入人们的心里。"① 但在德育实践中,"树立榜样"并不都能取得实效,并且学生一旦受到不良榜样的影响,要使他摆脱其影响更不容易。针对榜样影响问题,先生从明晰"榜样"概念性质入手,进一步探究榜样的选择和引导学生向值得效法的榜样学习。"榜样"本身是一个中性概念,学生自己选择的榜样对其成长的意义和价值并不相同。学生心目中的榜样有好有坏,包括心目中佩服的人、心目中羡慕的人和暗中模仿的人等几种情况,但并不都是其直接效法的对象。由于榜样的选择实际上属于价值观念问题,所以教师有责任帮助学生澄清自己的价值观念。这里的"澄清价值观念"指的是"使得学生了解自己正在追求的是什么,还有一些什么值得欣赏或崇拜的对象,各种追求可能导致的结果是什么,鼓励他们在原有基础上提升价值追求的层级"②。在澄清价值观念的基础上,教师要本着"引导学生上进"的目的选择好榜样,可以是历史或现实社会中的杰出人物,也可以是学生身边的好人好事。不论树立什么榜样,教师都得考虑其事迹是否具体、动人、真实。

值得注意的是,树立榜样只是教育的手段,而运用这种手段影响学生的心灵、解决学生中存在的问题才是目的。先生指出:"树立榜样,充其量是在学生理性判断力形成以前较为有效的教育手段,而非教育的根本之因。"③

(五)建构以班主任为核心的班级"教师集体"

我国学校中有两类德育实践:一类是"德育教师"的实践,另一类是"非德育教师"应当和可能实施的实践。但由于我国基础教育课程趋于应试化,其中缺乏应有的教育价值,这才把德育实施主要诉诸于"德育教师",以致一般任课教师与德育工作渐行渐远。单凭时间、空间和人力有限的"德育教师"的工作难以承载广义"德育"的任务,从而导致德育失效。针对这一

---

① [英]洛克:《教育漫话》,傅任敢译,教育科学出版社,1999年版,第60页。
② 陈桂生:《学生行为引导中的榜样问题》,《教育学术月刊》,2008年第7期,第5—7页。
③ 陈桂生:《学生行为引导中的榜样问题》,《教育学术月刊》,2008年第7期,第5—7页。

问题,陈先生提出:"所有教师都应当是'德育工作者'。"① 他着力于建构以班主任为核心的"教师集体"。

首先,合理地在教师组织中建构"教师集体"。中小学设置了多层教师组织,包括全校性教师组织、年级组、教研组与备课组等,涵盖了大部分教师,是"教师集体"形成的必要前提。在教师组织中建构的"教师集体",能够充分发挥德育的功能与价值。其次,积极地在直接教育-教学过程之外的教师组织中建构可能的"教师集体"。这些教师组织虽然在共识、价值观念、目标等方面同实际的教育对象之间存在距离,但如果符合"社会组织"的一般标准,即"其中的教师形成共识与共同的教育价值观念、教育目标及统一的行动步调,彼此协作"②,也会有助于增强"教师集体"的凝聚力。最后,建构以班主任为核心的"教师集体"。作为班级各任课教师之间联系的纽带,班主任同任课教师一道,既保证课程的实施,又协同教育学生。其中最为重要的是,强化班主任作为任课教师纽带的职能,能够将边缘于德育工作的一般教师凝聚于班级"教师集体"中。

在建构"教师集体"的过程中,他有感于杜威在华演讲时所提出的教育者责任的三个要素,"对于知识应负的责任;对于学生应负的责任;对于社会应负的责任"③,着力于重申现代教师的职业精神,包含"现代师道"和"现代师德"两个方面。"现代师道"是指"教师对其执教的知识负责,对其执教的学生负责,对置身于其中的社会负责",而"现代师德"的基本内涵体现为"教师对知识负责、对学生负责、对社会负责的不可违背的行为准则"④。基于此,他致力于改善今日学校的精神,以发扬他日社会的精神。

---

① 陈桂生:《我的"德育乌托邦"》,《上海教育科研》,2003年第8期,第30页。
② 陈桂生:《"教师集体"辨析》,《思想·理论·教育》,2002年第4期,第33—35页。
③ [美]杜威:《杜威教育文集》,吕达等主编,人民教育出版社,2005年版,第283页。
④ 陈桂生:《关于"现代师道"的思考——兼论"师道""师德"与"现代教师职业精神"》,《河南教育(基教版)》,2008年第9期,第5—7页。

（六）分析"学生组织"问题，建构"学生集体"

班级虽是学生的集合体，却不一定是学生自己的组织。只有具有教育价值的学生组织，才能被称为"学生集体"。"学生集体"不可能自发地形成，而是在"教师集体"培养下逐渐形成的。教师集体和学生集体"并不是两个集体，而是一个集体，而且是一个教育集体"①。在当前基础教育中，学生群体中出现争当"小干部"的现象，有些学校甚至出现了"全校皆官"的怪现象，试图满足更多学生"当干部"的愿望，但却忽视了"学生为什么要当干部"这一问题的解决。陈先生指出其问题在于："忽视使班级成为符合'组织'特征的'学生自己的组织'。"②针对"学生集体"的教育功能日趋弱化的问题，他着力于依托"教师集体"建构班级"学生集体"。

一方面，在"学生集体"形成之前，教师工作的重点不在于对学生个别指导，而在于培养学生集体。正如马卡连柯谈及在捷尔任斯基公社教育工作经验时得出："有时不应当跟个别学生谈话，而要向大家公开讲话，要采取这样的方式——使每个学生都不得不参加共同的活动。这样一来，我们就教育了集体，团结了集体，加强了集体，以后，集体自身就能成为很大的教育力量了。"③在这个意义上，"学生集体"是教师的教育对象。另一方面，一旦"学生集体"形成，它就从教师教育的"客体"上升为学生自我管理、自我教育、相互监督的"主体"。"学生集体"成为班级学生的教育者，而教师的角色转变为"学生集体"的指导者。

另外，他还对教育过程中的师生关系提出了新的判断。不同于以往"以教师为主体""以学生为主体"抑或是"以教师为主导、以学生为主体"等判断，他另辟蹊径地从"学生集体"与"教师集体"的角度出发，提出"学生是教师的'教育客体'，而教师是学生集体的'教育主体'"④。

---

① [苏]马卡连柯：《马卡连柯教育文集》，人民教育出版社，2004年版，第108页。
② 陈桂生：《中国德育问题》，福建教育出版社，2006年版，第158页。
③ [苏]马卡连柯：《马卡连柯教育文集》，人民教育出版社，2004年版，第108页。
④ 陈桂生：《中国德育问题》，福建教育出版社，2006年版，第103页。

五、植根实践、洞鉴古今、澄源正本：陈桂生先生德育理论的基本特征

陈桂生先生在谈及自身的教育研究特征时，将其概括为"一不标新、二不立异、三不开宗、四不立派"，提出"淡泊非为明志，宁静无干致远"。高山不语，静水流深。他植根实践、洞鉴古今、澄源正本，自然而然地形成了独具特色的理论体系，影响了改革开放以后的几代教育学人。

（一）始终坚持以马克思主义指导德育理论研究

陈先生始终坚持以马克思主义思想指导教育理论研究，这不仅体现在他所取得的丰硕的马克思主义教育研究成果，如主持马克思主义教育文献选编、长期执教马克思主义教育论著选读课程、出版多部马克思主义教育研究力作等等，更体现在他始终坚持以马克思主义思想指导德育理论研究。一方面，陈先生以马克思主义权威著作为本，长期执教"马克思主义教育论著选读"课程。陈先生于1959年毕业于华东师范大学教育系，从1961年开始正式登上讲台独立授课。1965—1979年间，因外界因素中辍。随后，在1980年重返讲台，至1995年退出大学本科讲台为止，他从未中断教学。陈先生一踏上讲台，即进入角色，"闻铃急，握一卷，对莘莘学子，庄谐杂沓，侃侃如缕"[①]，似乎旁若无人。他始终深信"对于马克思主义的信仰是时代的选择，并且马克思主义经典著作本身自有打动人的力量，因而有可能激发学生的兴趣"[②]。另一方面，陈先生在德育理论研究中秉持"唯物主义教育观"，具体体现在他潜心研究的《马克思恩格斯论教育》《列宁论教育》《人的全面发展与现时代》等学术成果和开展的"中国革命根据地教育历史"等研究中。一定历史形式的教育结构，是在一定社会文化背景中的历史性的教育实践的产物。关于对教育现象的研究忽视教育自身的"社会存在"——教育领域里的"物质关系"问题，他提出这一问题的解决既"有赖于把教育放在传播媒介、文化、社会

---

① 陈桂生：《教育学的建构（增订版）》，华东师范大学出版社，2009年版，第234页。
② 陈桂生：《教育学的建构（增订版）》，华东师范大学出版社，2009年版，第240页。

生产与社会结构背景中历史地具体地加以考察，更须对教育结构本身作历史的逻辑的分析"①。正是在这一教育观的指导下，陈先生着力于德育结构及其运行机制的研究，并把各种德育问题尽可能地放到一定德育结构背景上分析，而不屑空谈。

（二）历史的、逻辑的分析方法贯穿于德育理论研究

陈先生在马克思主义的研究方法论指导下，在德育理论研究中充分地贯彻历史的、逻辑的分析方法。一方面，陈先生梳理了儒家道德修养学说、我国开辟革命根据地以来的人民教育传统、新中国成立后教育发展过程中德育理论与实践经验的积累以及苏俄德育理论、西方近代以来德育理论中的德育理论演变轨迹，从我国国情出发建构广义"德育"理论。另一方面，在德育基本理论问题的分析中，陈先生遵循实践的逻辑，致力于解决实践中的德育问题。他尽可能地"把客观存在的教育事实（实然状态）、逻辑上可能发生的事态（盖然状态）、应有的事态（应然状态）与可行的抉择这样四个不同的层面加以分清（以承认教育知识性质之别、不同性质教育理论之间的逻辑鸿沟为前提），并适当兼顾这样四个层面的陈述（跨越不同性质教育理论之间的逻辑鸿沟）"②。

（三）注重对现实"德育"概念与命题的元分析

我国"德育"在其演变的过程中，所使用的诸多概念之间存在交叉现象，有些概念相互包涵，其外延也多有重叠。同时，从现行"德育"的规定性定义来看，虽然包括"政治教育""思想教育""道德教育"与"心理品质教育"等不同性质的教育层面，但表述这些教育层面的概念的含义却不清晰，由此给德育实践带来了诸多困扰。陈先生在研究"教育"问题时，给自己定下了

---

① 陈桂生：《"唯物主义教育观"辨》，《华东师范大学学报（教育科学版）》，1999年第2期，第21—22、76页。

② 陈桂生：《教育学建构刍议——我的教育学信条》，《上海教育科研》，1998年第11期，第1—7、27页。

严格的任务:"破译习俗观念,从一般人不以为意之处,发现问题。"① 针对我国"德育"概念不清晰的问题,他致力于整合"德育"中的诸多概念,明确我国"德育"的基本成分。

自然语言中一词多义、一义多词为常见现象,由此便导致"德育"概念模糊。为了保持"德育"概念的单义性、语义的一致性,陈先生既不标新,也不立异,采用约定俗成的概念来解释。同时,由于不同时代、不同社会-文化中通用语言之间的语义、语法不同,时代和地域不同,他肯定了采用"形式语言"来建构教育中"形式概念"的必要性,并进一步以"形式概念"表示教育主要问题领域演变的逻辑范畴。"德育"作为教育问题领域之一,属于历史范畴,也存在从哪里来、到哪里去的问题。他在建构"形式概念"的基础上,进一步探究"德育"主要问题的演变轨迹,从而梳理出广义"德育"的思路,建构出"德育"的逻辑框架。

教育学的陈述是由一系列命题组成的。"命题泛指表达判断的语句,对一个或几个概念之间的关系作出判断。"② 其中,清晰的概念是命题论证的前提。由于判断的性质不同,命题也相应地分为不同类型。陈先生根据对教育现象、教育问题的分析,致力于"把客观存在的事实、逻辑上可能存在的事态、应有的事态(价值取向)与可行的抉择这样四个层面分清,并兼顾这四个层面"③。他构建的德育命题体系遵循实践的逻辑,以问题研究为出发点,致力于分清并兼顾事实层面、可能层面、价值层面与可行层面这四个不同性质的层面,进而厘清"德育"的形式概念,对不同概念之间的关系作出判断。

(四)着力分析"德育"实践中常理常规现象

我国大部分侧重于德育知识的整合研究,在特定德育途径与它所要达到的德育目标之间、特定德育活动形式与其内在的活动内容之间缺乏直接、具

---

① 陈桂生:《学校教育原理(增订版)》,华东师范大学出版社,2012年版,第359页。
② 陈桂生:《教育原理的探求——读张建国〈陈桂生教育原理研究平议〉》,《中国教育科学》,2016年第4期,第3—23页。
③ 陈桂生:《教育原理(第3版)》,华东师范大学出版社,2012年版,第一版序。

体的联系。陈先生深感这些德育知识整合之作没有抓住我国现行"德育"问题的症结，为此，另辟蹊径地以"德育"问题研究为出发点，旨在分析"德育"问题的症结所在，提出切合实际的策略，以提升"德育"的实效性。同时，鉴于以往的"德育"在实施过程中往往从应然层面出发，忽视了其实施的可能性与可行性，他从社会需要出发，提倡"示范性的实证试验的德育研究"①。例如，陈先生在参与三年教育行动研究的课题中，试图沟通中小学教师与大学教师之间逻辑上的鸿沟，开展基于道义的合作，"是为了孩子的合作，为了求知的合作，为了实现各自人生价值的合作"②。

不同于国内一些倾向于提出"德育"口号、新词的研究，陈先生注重对"德育"中常理、常规现象的分析，探究其理论上的合理性、可能性和实践中的可行性。他着重关注学生行为或意识中的一些尚不明确的问题，如学生自主选择、学生之间的竞争、学生诚信缺失、学生打小报告、学生上课不举手发言、学生上课瞌睡、学生公开指责父母或教师等问题。这些问题虽然在日常教育教学中时常出现，但若不能明确问题的性质、原因以及解决策略，则可能导致学生的行为或意识产生偏差，从而影响"德育"的实效性。例如，学生行为管理中的批评与表扬、惩罚与奖励虽是学校的"家常便饭"，但由于教师对这些管理手段的滥用，难以触及学生行为的内在动机，其"德育"成效终究是表面的、暂时的。针对现行"德育"中常理、常规现象缺乏实效的问题，陈先生认为，对于学生的违规行为或良好行为，"不仅看其行为表现，还得察其动机"③。学校依托德育中的常理、常规现象激发学生的善良动机，才具有相应的教育意义。

（五）秉持"淡泊非为明志，宁静无干致远"的治学境界

陈先生曾在《"教育学研究"的检讨》一文中提及："虽是'教育学'科班出身，直到'知天命'之年，才开始发表有关教育的文章。主要是关于

---

① 陈桂生：《我的"德育乌托邦"》，《上海教育科研》，2003年第8期，第30页。
② 陈桂生：《回望教育基础理论》，北京师范大学出版社，2007年版，第376—377页。
③ 陈桂生：《中国德育问题》，福建教育出版社，2006年版，第154页。

'马克思主义教育思想'的文章。直到临近花甲之期,才开始涉猎'教育学'研究领域。只是直到临近退休,才通过'元教育学'研究,略明'治教育学之道'。"① 同时,陈先生对研究生以个别指导为主,十分严谨负责:一是让研究生翻译国外名家著作,并在修改译稿后作为教材讲授,旨在促进其外语水平和学术水平的提升;二是开设教育论著选读课程,引导研究生学会精读教育名著。陈先生将这段"同研究生结伴成长"的经历概括为:"挽二三子,共渡学海。仰睎太虚,俯眇书缝,泛不系之舟,拂积尘之染,辩老生常谈,话'家'长'里'短……"② 回顾他六十多年前在红旗下的入党誓词,"把一切献给党""在教育领域分担党的历史使命",陈先生一生潜心治学,淡泊名利,始终践行着这一誓言。

黄济先生曾在与他的往来信件中言及:"桂生同志之所以有如此重大的成就,要归根于寒窗十载的私塾生活,为深厚的国学打下了基础;从入学起到华东师范大学教育系毕业止,进名校,从名师,又获得新学的广阔的视野;大学毕业后,即留校任教,长期从事马克思主义教育论著的教学工作,更深得科学的观点和方法。集此三者于一身,于是乃有今天的丰硕成果,这也正是一般学者所难以企及的。"③ 后学将陈先生称作"一个执着的教育学人"④。谈及与他的交往过程,有学者回忆道:"你和他相处,平淡得就如与邻街的一位老人聊天,惟有和暖与智慧。"⑤

他将自己的治"教育学"之路看作是"拯救了自己的灵魂"⑥,不论是其所建构的"教育学信条",抑或是"德育乌托邦",真正参透了"天行健吾道

---

① 陈桂生:《回望教育基础理论》,北京师范大学出版社,2007年版,代序。
② 陈桂生:《教育学的建构(增订版)》,华东师范大学出版社,2008年版,第244页。
③ 陈桂生:《"普通教育学"研究旨趣》,《中国教育科学》,2015年第3期,第36—81页。
④ 刘庆龙:《一个执着的教育学人——陈桂生教授访谈纪事》,《中国教育科学》,2019年第6期,第33—38页。
⑤ 吴国平:《陈桂生教育学研究思想管窥》,《教育发展研究》,2016年第10期,第61—68页。
⑥ 陈桂生:《回望教育基础理论》,北京师范大学出版社,2007年版,第368页。

不孤,地无常缘分频转"之道,收获了"人不谓之得道,吾必谓之道矣"[①]之果。

【作者简介】

胡金木,1982年11月生,安徽金寨人,教育学博士,陕西师范大学教授,博士生导师,学校德育与师德研究中心主任,主要研究方向为教育基本理论、德育与价值观教育。入选国家"万人计划"青年拔尖人才与陕西省高校青年杰出人才支持计划,兼任中国教育学会中青年教育理论工作者分会秘书长,陕西省基础教育教学指导委员会德育专委会副主任委员。近年来,先后以主持人身份获得国家级教学成果二等奖、陕西省特等奖,主持中央教育工作领导小组重大委托项目、国家社会科学基金项目、青年项目、教育部社科项目等,出版《启蒙与教育》《儿童正义感及其培育》《班级管理与班主任工作》等著作与教材,在《教育研究》《光明日报》等CSSCI期刊发表论文多篇。

周桂,1995年7月生,江苏宿迁人,陕西师范大学教育学部硕士研究生,研究教育哲学。

---

① 陈桂生:《教育学的建构(增订版)》,华东师范大学出版社,2009年版,第199页。

"师说别解"与"师道实话":为教师"正名"
——陈桂生先生的教师研究视域与实践关怀

朱晓宏

陈桂生先生是我国当代教育学家,在教育基本理论研究领域有诸多建树。他的"'师说'别解"系列论文和《师道实话》文集拓展了人们理解教师相关问题的新视域。陈先生的教师研究与实践主要表现在三个方面:一是基于教育史视域,重新解读孔子授业活动,还原师生"问对"艺术原初意义;二是从元教育学视角出发,解析赫尔巴特《普通教育学》的理论建构,重申"教师之教"的基本原理;三是厘清中小学教师的职业特质,并躬身实践探索 U-S 教师合作研究之路。总之,陈先生在教师研究领域的理论探索与实践示范之举,为我国教师教育基本理论研究提供方向与导引,也为中小学教师专业自主发展提供重要理论借鉴。

引言:"师说论坛"开启的"师说"与"师道"研究之缘

陈桂生先生是我国当代教育学家,笔者作为先生弟子,有幸跟随先生在华东师范大学(中山北路校区)教育学系小白楼里学习三年,耳濡目染先生的严谨治学精神与师者风范,逐步唤醒我的向学之心与研究之志。硕士毕业后,蒙先生的鼓励与推荐,得以跟随陆有铨教授攻读博士学位研究生。博士毕业后,机缘巧合之下来到首都师范大学教育学院任职。

2009年，首都师范大学成为我国首批全日制教育专业硕士生（两年制）培养单位，教育学院全面负责这项工作，宁虹教授率导师团以试点班形式探索大学文理学士起点的教师教育改革之路。在此过程中，我们拟创办高水平学术论坛——"师说论坛"，邀请国内外教育名家分享教师教育理论洞见。北师大教育学名家黄济先生知晓此事，给予高度支持，欣然题字"师说论坛"，由此萌生第一场论坛即邀请黄济先生与陈桂生先生两位教育学界的大师级学者齐聚首都师范大学"开坛"——开启"师说论坛"首场学术对话的设想。然而，顾虑两位先生均已高龄，不敢舟车劳顿惊扰先生们而最终作罢。

后续，在每一届试点班专业硕士生的教育原理课程中，我都会推荐陈先生的《普通教育学纲要》和《师道实话》两本书。据硕士生们反馈，他们习惯于教科书式的表达，起初不太适应陈先生的文字呈现方式，但是，一旦"悬置"原有阅读方式，透过书中文字就能够直观感受到陈先生学术思维的震撼力。于是，有了2013年6月29日在华东师范大学文科大楼1616室那个难忘的学术之夜——首都师范大学的部分研究生与华东师范大学胡惠闵、黄向阳、王建军三位老师的研究生一起聆听了陈先生的《师说》[①]，对于首都师范大学的学子们来说，亲临现场受教于陈先生，内心不胜欢喜。

后来，我又有机会陪同宁虹教授率首师大全日制教育专业硕士生试点班的部分学生到华东师范大学教育学系，与杨小微教授团队合办"京沪圆桌会议"。当杨老师知晓当初的"师说论坛"创意之后，非常认同，并专程安排一个活动，让我们一行人有幸拜见陈先生。宁虹老师特意让研究生带上已经装裱的黄济先生题写的"师说论坛"。陈先生、杨老师、宁老师和我，以及我们的研究生，以"师说论坛"字幅作背景合影留念，这或许是黄济先生的在场方式……

2017年金秋时节，得知檀传宝教授专程邀请陈先生到北京师范大学给教育学原理方向博士生们作学术讲座，且有黄向阳兄专程陪同。首都师范大学教育学院蔡春院长嘱我力邀陈先生来首都师范大学讲学。经过与先生、檀老

---

① 讲座内容以《"师说"别解》和《"师说"续解》为题分别发表在《中国教育科学》2013年第4辑、2014年第3辑。

师和向阳兄沟通，确定了陈先生来首都师范大学的具体时间。临近时日，先生还嘱向阳兄专门给我发来其讲稿全文（电子版），先生本意是欢迎有兴趣的师生提前阅读并提出问题。我把问题汇总后，请向阳兄转呈先生。当时，我心怀忐忑——一些学生的幼稚问题或许让先生见笑。但是，在讲座现场的时候，先生连连说，研究生们提的问题很不错啊。其实，我整理问题的时候曾发现研究生的提问水平参差不齐，想来也是先生的师者仁心啊。

2017年10月18日上午9点半，我们一行人陪先生来到会议室时，门口已围满了无座位的师生。记得我跟随先生在华东师范大学读书期间，凡陈先生的讲座，再大的教室也容不下听众。这或许反映先生的学术影响力与精神感召力，也表明学子们向学之心的力量。讲座活动结束后，我将先生的讲稿《教育学究竟是怎么一回事》、黄向阳兄的讲座实录《基于构成善举之关键能力的教育思考》以及我院何颖博士陪同先生拜访其老同学倪碧华老师的随笔《别样师说》等文章编辑成小册子《梦圆"师说"》，以示纪念。

自进师门起，就看到先生一直笔耕不辍；即使退休之后，先生也从未放缓理论思考的节奏，且迸发出磅礴的学术创造力。自2017年秋北京之行后，陈先生似乎开启自我学术反思的另一种节奏，不断产出新文章。我近些年来的工作与研究重点在教师教育领域，复又重点研读陈先生关于教师研究的相关论文和著作。尤其关注先生的"'师说'别解"系列论文和《师道实话》文集，着实拓展了我们理解教师教育理论的新视域。同时，《到中小学去研究教育》更是真实再现陈先生带众弟子们与中小学教师一起从事教育行动研究的心路历程与实践情怀。先生似乎偏爱"别解"，以此阐明其研究取向，即坚持历史-逻辑的、历史-具体的、历史-比较的研究原则，努力超越习俗之见，还原教师之教的本来面貌。在陈先生看来，我国的"师说"与"师道"大致相当于我国传统的"教育学"。[①] 先生曾多次坦诚其治学之路深受西学东渐之影响。从西方教育学起源来看，赫尔巴特（Johann Friedrich Herbart）的《普

---

① 参见：西方教育学和我国的师说都以教育为话题、以教师为指导的对象，如果把西方教育学视为西方"师资文化"，那么"师说"及"师道"研究便大致相当于我国传统的"教育学"。它们之间的区别，植根于中西文化传统的差异。（陈桂生：《萧承慎中国师资文化研究的学术价值》，《基础教育》，2018年第5期。）

通教育学》和《教育学讲授纲要》也是直接针对教师之教。由此可见，教育学在发端之初即关乎教师之教。因此，追随陈先生的教师理论研究朝向，一是还原孔子之教的原初意蕴，二是探寻赫尔巴特建构教师之教的理论意图，三是关注教师专业本质内涵，尤其通过教育行动研究尝试突破教育理论与教育实践之间的传统藩篱。

值此喜迎陈先生九十岁寿诞之际，作为先生的弟子，以恭敬之心专门整理近些年来系统学习陈先生关于教师研究的相关理论成果，或许也是弟子以另一种形式交给先生的作业。诚然，我们也愿意以此方式向各位学界同仁与同道呈现陈先生在教师教育领域独具学术创新魅力的理论眼光与实践情怀。

一、重新解读孔子的授业活动，回溯师生"问对"艺术的原初意义

《孔子授业研究》一书集中反映陈先生对于孔子时代个别化教-学环境的还原，有助于当下中小学教师准确理解孔子教-学活动原义，尤其在"双减"背景下获取课堂教学改革新思路具有重要的理论启迪价值。从教育史视域看，孔子是超越国界的伟大思想家和教育家。德国学者雅斯贝尔斯（Karl Theodor Jaspers）在系统考察人类思想史之后提出人类文明"轴心时代"的概念，[①]并且明确指出中国的孔子是影响人类思想范式的思想家。在中国教育史中，孔子是率先开启私学探索的教育家，享有"万世师表"的地位。记载孔子与弟子对话的《论语》也成为后人们理解孔子教学活动的基础文献。陈先生的学术贡献在于对孔子授业活动进行深度历史探析，他尤其反对一些教育研究者或中小学教师对孔子教学活动的理解存在"以今度古"的错误现象。

（一）还原孔子"启发式"教学的原初意义

《论语》作为中国传统文化的经典著作，其影响力似乎已经渗透到国人的日常教育观念之中。在国人的惯习理解中，"不愤不启，不悱不发，举一隅不以三隅反，则不复也"（《论语·述而》）被视为孔子的施教纲领。根据陈先

---

① ［德］雅斯贝尔斯：《大哲学家》，李雪涛主译，社会科学文献出版社，2005年版，序第5页。

生的考证,"孔夫子的头脑倒比许多现代人清醒"①,《论语》里包含更能显示孔子"启发式"的具体案例:

> 子夏问曰:"巧笑倩兮,美目盼兮,素以为绚兮。"何谓也?
> 子曰:绘事后素。
> (子夏)曰:礼后乎?
> 子曰:起予者商也,始可与言《诗》已矣!
>
> (《论语·八佾》)

以此为例,在孔子与弟子的师生问对叙事中,由弟子们提问的情况居多;孔子一般不把现成的结论直接告诉学生,而且,他也从弟子的回答中得到启发。"起予者商(子夏)也。"(《论语·八佾》)在此,陈先生也提醒我们关注孔子重视弟子提问的内在前提,即孔子对自己无知保持清醒自觉,并且对不知为知异常反感,如"知之为知之,不知为不知,是知也。"(《论语·为政》)便是明证。总之,在陈先生看来,孔子的私人讲学虽然不同于后来我国传统社会的私塾,但是,他至少与一些弟子结成相对稳定的师-弟子关系。②

从"学-教"关系本质来看,陈先生重点关注孔子与弟子之间的不同问答形式。在孔子的循循善诱之下,其弟子们在提问方面也表现出不同的特色:有发问、重问(《论语·宪问》)、设问(《论语·公冶长》《论语·雍也》)、追问、反问(《论语·先进》《论语·阳货》)等形式。孔子对弟子的解答,或"不违如愚"(《论语·为政》《论语·八佾》),或"借题必挥"(《论语·八佾》《论语·学而》)。《论语》中相关叙事均反映孔子与弟子对话氛围的生动鲜活的一面。孔子重视弟子提问的思想在儒家经典著作《学记》中也得到进一步继承,如《学记》所谓"善待问者如撞钟,叩之以小者则小鸣,叩之以大者则大鸣,待其从容,然后尽其声"③。《学记》被视为我国最早的一本教

---

① 陈桂生:《孔子授业研究》,教育科学出版社,2012年版,第213页。
② 陈桂生:《孔子授业研究》,教育科学出版社,2012年版,第215页。
③ 傅任敢:《〈学记〉译述》,上海教育出版社,2021年版,第30页。

育学著作，关于学生"提问"的阐述，陈先生认为《学记》深得孔子"启发"艺术之精义。

（二）孔子"启发式"教学的历史回响：重视"消极教育"的价值

陈先生一向主张以"历史-具体"的研究原则来对待问题。从孔子所处的特定历史环境入手，比如那时造纸术和印刷术尚未出现，限制人们的书写工具，同时，制度化教育的历史条件也不具备。私人设学授徒，也只能采取个别施教的形式，"学"在先，"教"在后，师生之间口耳相传。尽管如此，孔子的"启发式"教学艺术作为人类教育史早期成果之一，其中闪耀着教育智慧之光芒，至今依然照亮我们前行的道路。

《论语》首篇即讲"学而时习之，不亦乐乎？"，直接呈现当时普通人的学习状况——以学为主。在我国一些教育学教科书里，多把孔子的师生问对称为"启发式"教学法，但是，还原孔子时代的学与教的真实面貌，"学-习"或许是每一个人求生存的第一要务。在孔子生活的春秋战国时代，孔子个人成长就是一个不断自我学习的过程。无论是孔子本人的求学体验，还是其弟子们的求学经历，都表明求学是每个人自己的事情。这个观点不仅是孔子与弟子们的共同心得，也是那个时代人们对于"学-教"关系的常识理解。学在先，教在后，学无常师，孔子才会说"三人行，必有我师焉"（《论语·述而》），"温故而知新，可以为师矣"（《论语·为政》）。孔子作为众多弟子的"业师"，也算得上是对"学无常师"作出的突破，开我国古代私学之先河。

孔子作为私学创立者，他的为师意向十分清楚，但是，孔子更意识到"学"的主体在弟子自身，所以，他在师生问对过程中针对每位弟子的特殊情况加以解答，而非给出一个普适性答案，尤其关注弟子的学习状态——"愤""悱"。孔子也并不认为在任何情况下对任何弟子都可以言《诗》，只有具备一定理解力的弟子（如子夏、子贡），才表示，"始可与言《诗》已矣"。

陈先生提醒我们注意制度化教育与孔子时代非制度化的不同。基于孔子上述教-学特色，陈先生更倾向于用"消极教育"而非传统的"启发式"教学法来理解孔子教育思想。看似"孔子别解"，实则为重新理解孔子提供一个新视域，即超越原来教学方法的逻辑思路，从"学"的本质以及"学与教"的关系层面出发,突显学习者的主体地位。近代学校教育普及以来,在班级授课制为主的环境中,一位教师面对更多的学生,为了完成既定的教学任务,教师只能以"教"或"讲授"为主,"不愤不启,不悱不发",难以实现。即便如此,学的本义是学生自己的事,立足于学生自己求学,这似乎是当下教师应该正视的重点,而非"启发式"的教学方法如何做到。在此,陈先生用"消极教育"来解读孔子的教育思想,其现代教育学意蕴在于尊重并唤醒学生本身的求学意向,不是强迫学生必须听课或完成作业。"学-教"的内在逻辑秩序是学在教之先,用海德格尔(Martin Heidegger)的话说,"教让学发生",尤其是义务教育阶段,如果教师没有唤醒学生向学之心,课业可能沦为被迫之事,为学生"减负"又何以落实呢?

二、解析赫尔巴特的《普通教育学》,重视教师之教的基本原理

在20世纪90年代,陈先生是国内率先探索元教育学研究的学者之一,《历史的"教育学现象"透视——近代教育学史探索》是代表性著作之一。在教育学史上,学界同仁公认德国哲学家赫尔巴特的《普通教育学》是近代科学教育学的开山之作。通过陈先生对《普通教育学》的解析,可以帮助我们发现,赫尔巴特其实既强调"教育性教学",也强调"教学性教育",[1] 这或许能够让学界从"教育-教学"双向互动维度重新审视赫尔巴特教育学的现代价值。而且,据陈先生考证,赫尔巴特创作《普通教育学》之时,他还考虑到一般教师的阅读习惯,即偏爱对教育手段与方法作总结提炼,所以,书中各章节标题突显操作性表述,如"教学的步骤""教学的材料""教学的形式"等。赫尔巴特也提醒读者不要止于对各章标题所列教育概念的了解,而要进一步深入对基本原理的掌握。[2]《普通教育学》为我们从原理层面理解教师之教提供重要的理论参考视域。

---

[1] 陈桂生:《历史的"教育学现象"透视——近代教育学史探索》,人民教育出版社,1998年版,第95页。
[2] 陈桂生:《历史的"教育学现象"透视——近代教育学史探索》,人民教育出版社,1998年版,第91页。

(一)赫尔巴特的《普通教育学》:"教育性教学"与"教学性教育"

追随陈先生的元教育学视域,可以重新发现赫尔巴特建构《普通教育学》的理论全貌,克服教育学界长期以来对于"教育性教学"的片面理解。基于"教育-教学"互动关系的视域,陈先生引导我们关注赫尔巴特界定"教学"概念的双重维度。赫尔巴特从"多方面兴趣"的对象认识与同情等相关概念入手,推论出教学的性质:作为经验(认识)与交际(同情)的补充,确定教学与经验、交际的联系与区别。由此重新界定教学的概念:培养"多方面兴趣"的教学是兼顾经验(认识)与交际(同情)的教学。同时,赫尔巴特又把这个独特视角作为推论教学步骤、教学材料、教学方式的前提。由此可见,教学只有兼顾经验(认识)与交际(同情),才能算得上是"教育性教学"与"教学性教育",而非被广泛误解的"教育性教学"一个维度。

在赫尔巴特看来,"认识是在观念中摹写在它面前的东西,同情是把自身置于别个的情感之中"[①]。赫尔巴特将"认识"与"同情"同时置于教学过程之中,有着深刻的教育学意蕴。在具体教学过程中,有关知识的教学即赫尔巴特所说的作为经验(认识)的补充,或者,用后来学者杜威(John Dewey)在其论文《儿童与课程》的术语来理解,即拓展儿童的直接经验,换言之,知识教学补充学生直接经验的不足。同时,儿童作为人类社会的成员,同情是人的社会性情感,是人类特有的属性,因此,赫尔巴特认为,着眼于培养学生多方面兴趣的教学目标,有必要通过教学过程给予学生经验和交际方面适当补充,这与杜威所说的课程的社会价值具有内在的一致性。当然,赫尔巴特如此看重"认识"与"同情"在教学过程中同等地位,取决于他的人性观:"没有理智,没有理论修养,那么脆弱的同情也沉没于愚昧之中。"[②]

在陈先生看来,多数中小学教师不读赫尔巴特的原著,一些教师教育研究者也存在对《普通教育学》的误读。在陈先生提供的赫尔巴特教育学视域,

---

① [德]赫尔巴特:《普通教育学》,李其龙译,人民教育出版社,2015年版,第50页。
② [德]赫尔巴特:《普通教育学》,李其龙译,人民教育出版社,2015年版,第51页。

对照现实的中小学课堂教学情况，教师在教学过程中比较多地重视知识讲授，即赫尔巴特所说的经验（认识）的补充，似乎较少关注到交际（同情）的补充，或者说，中小学的学科教师较多关注学生掌握知识的程度，较少关注学生的情感之维，进而造成"教书"与"育人"的割裂。当今，我们提倡"五育融合"或"五育并举"，就是一种强调"教书"与"育人"一体化的思路，而其中的教育学原理早在两百多年前已经被赫尔巴特论证了。

（二）倾听赫尔巴特的理论回声：重新理解"教师之教"的原理

陈先生从元教育学视域解析赫尔巴特的理论构建意图，明了教师之教的原理，即赫尔巴特所说的"教育性教学"与"教学性教育"同在，在《普通教育学》中呈现为教育目的与教育手段的关系。由此引导我们从基本原理的视域看"教书"与"育人"关系，两者之间的关系直接构成教师之教的原理展开路径。

陈先生秉持的治学原则之一即"历史-逻辑的"，他总是在教育史的视域中梳理《普通教育学》的理论构成路线。陈先生认为，在赫尔巴特的时代，学校教育尚未普及，但是，赫尔巴特十分关注一种师-生双边"教育过程"之学，他对"教育过程"的系统研究，较之当时流行的"教育"之学、"教"之学跨出了一大步。即使从现代"学校教育"之学的视域看，"教育过程"之学依然是教师教育学的理论构成内容，或者，更准确的说法是，基于师-生双方互动构成的"教育过程"之学是教师教育理论之核心。

陈先生对于赫尔巴特在"教育-教学"理论建构方面的深度挖掘，开启当代教师教育原理构建的理论视域。从建构"教师之教"的原理角度看，赫尔巴特在《普通教育学》中着力于形成"教育-教学"工作的一般原理，尤其从实践哲学与心理学两个方面确立理论基础。在赫尔巴特看来，教育目的是把未成年人培养成道德上成熟的人，而"正确的道德原则不是能从经验中得到的，正相反，对经验的领会是受每个人在这方面一起发生作用的信念限制的"①。同时，赫尔巴特运用其心理学原理来阐明教学方法上的各种问题，如教学方法必须注意提示新教材的方法和顺序，保证新教材和旧教材的恰当的相互作用。总之，赫尔巴特《普通教育学》使得教师的教学工作脱离成规陋习和全凭偶然的领域。②

陈先生对赫尔巴特《普通教育学》的元教育学研究，对于建构教师之教的原理有重要的方法论意义，具体表现为两个方面：一是还原近代教育学科创立者赫尔巴特对于"教育-教学"的原理建构意识，二是引发教育研究者与中小学教师从实践哲学角度和心理科学角度对于教师之教的理论审视。尽管，赫尔巴特的实践哲学是德国古典哲学意义的实践哲学，但是，对于我们今天理解实践哲学与教育学的内在逻辑关系具有方法论意义。教育作为人类社会重要实践活动之一，基于实践哲学立场重构教育基本理论已成为学界共识。诚然，在我国特定文化背景之下，我们在尝试建构教师教育学理论基础之时，也有必要从马克思实践哲学汲取理论滋养，并从教师之教的原理层面阐释我国新时代立德树人的根本任务，以及培养社会主义建设者和接班人的教育目标与具体课堂教学手段之间的逻辑联系。

三、厘清中小学教师职业特质，探索 U-S 教师合作研究之路

在教师专业化运动风起云涌之时，相当多的中小学教师对"教师专业发展"存疑，原因是他们整天忙于教学、应试以及学校各类工作，如果是班主任，教学之外再加上班级管理工作，实在没有更多精力追求专业发展了。这个问题困扰中小学教师久矣，陈先生的《师道实话》出版后，在中小学教师群体里获得广泛认同。深究其理，陈先生以严谨的治学方式分析中小学教师的职业特质，明确提出教师的工作一半是专业，一半是事务管理。此语一出，对于中小学教师来说，在一定程度上起到"减负"之功效。一方面，陈先生提醒广大教师，不要被"教师专业发展"的口号所困扰；另一方面，先生身

---

① ［德］赫尔巴特：《普通教育学》，李其龙译，人民教育出版社，2015年版，第168页。
② ［美］约翰·杜威：《民主主义与教育》，王承绪译，人民教育出版社，2001年版，第80—81页。

体力行,到中小学去研究教育:探索大学教师与中小学教师合作之道。

(一)"学者型教师"与"教书匠":岂能简单对立

近些年来,教师专业发展似乎成为提升中小学教师专业地位与社会声誉的代名词,许多光鲜的词汇被赋予教师,如"学者型教师""专家型教师"等。面对如此多的教师"专业类型",陈先生秉承其一贯严谨治学的态度,认真审视"教师"概念。在陈先生看来,"要一般地论定教师属于什么类型,宜从什么类型转向什么类型,不能不以教师职能活动所依托的教育结构为依据"[1]。

从教育史视角看,现代学校教育通行的"教-学"制度是班级授课制,教与学又依托于学科课程。在此情形之下的教学活动,一位教师通常面对一个班级的学生,作为群体的学生在教师眼中是"批量存在"的;"教-学"的主要内容是学科知识,教师在课堂上往往对知识进行"批量传授",鲜少能顾及对个别学生的指导。如此"教-学"制度环境中,教师的职能更多地表现为"知识传授"。或许有些教师在教学活动中能发挥其智慧,但充其量是"教学机智"或"教育艺术"。鉴于当前学校通行班级授课为主的教育结构以及由此形成的教师职业惯习,陈先生指出,"知识传授型"教师转化为"专家型教师""学者型教师",谈何容易啊!

与此同时,陈先生还提醒我们重温马克斯·韦伯(Max Weber)关于学者也不一定是好教师的观点,对于评价中小学教师来说,似乎也有借鉴价值。在韦伯看来,有资格的学者与合格的教师,两者并不完全等同。一名杰出的学者,同时却可能是个糟糕透顶的老师。[2] 由此可见,教师中的"学者",如果不从课程与学生的需要出发,只把更多的精力放在学术研究领域,而不去关注学生的思维改善,确实有可能成为"糟糕透顶的老师",这样的老师也非学生心目中称职的老师。因此,从"学者"与"教师"的内涵和相关性看,对于中小学教师来说,两者之间的关联度似乎不算密切。

---

[1] 陈桂生:《师道实话》,华东师范大学出版社,2004年版,第22页。
[2] [德]马克斯·韦伯:《学术与政治》,冯克利译,生活·读书·新知三联书店,1998年版,第21页。

从教师职业特点来看，当一个普普通通的教师并不容易。陈先生对于教师的境况饱含同情，他在文中曾描述一位小学老师的日常工作：每周16节课，备课、上课、批改学生作业、学校内部测验和上级教育管理部门组织的统测，还有参与学校和上级教研部门的教研活动……教师似乎"成了一架无法停止的机器"①。明乎此，才知晓关于教师专业发展的高头讲章和一系列"型号"离教师真实职业境遇有多远。做一个合格的尽职的教师实属不易，何必再用那些高大上的名号干扰教师的日常生活呢？

与此同时，陈先生对"教书匠"的贬义说法也保留一份基于历史视域的专业同情感。② 一方面，"教书匠"是学校现行课程机制的产物。另一方面，相对于手工艺术家来说，个体教师的教学艺术或许也呈现独具匠心的意蕴。但是，手工艺术家的作品是人造的物化产品，其匠心凝结在物化产品之中，显现出特殊价值；而教师的劳动不是生产具体的物化产品，它是影响学生的身心状态，其中包含学生本人以及相关教师和家长的共同作用力，或者说，学生身心成长是内外多种因素共同作用的结果，是个体精神成长的社会化过程，也可以视为社会化产品。整个社会或许很难认可个别教师的教学艺术。

（二）学会做行动研究：中小学教师摆脱"教书匠"境遇的可行道路

20世纪90年代以来，在"教师成为研究者"和"教师专业发展"等教育思潮影响之下，中小学教师参与课题研究的热情不断高涨，加之U-S合作的助力，相关研究成果似乎层出不穷。在此背景之下，教育理论与教育实践之间的逻辑距离是否得以跨越？这个教育学界的经典问题再一次扰动陈先生的思考。先生在教育基本理论研究领域深耕数十载，一向背负着"理论脱离实际"的包袱，苦于同中小学教育实践格格不入。③ 恰逢此时，先生通过"元教育学"研究，清晰"教育科学研究""实践教育理论""教育基础理论"之别。于是，从1995年开始，先生亲率几位弟子（胡惠闵、黄向阳、王建军、曾令

---

① 陈桂生：《师道实话》，华东师范大学出版社，2004年版，第29页。
② 陈桂生：《师道实话》，华东师范大学出版社，2004年版，第40—41页。
③ 陈桂生：《到中小学去研究教育——"教育行动研究"的尝试（修订版）》，华东师范大学出版社，2003年版，序第2页。

奇等）着手同中小学教师进行合作研究的尝试。经过近五年的探索性研究工作，先生以教育学家的专业态度从"教育行动研究"的要义、"教育研究自愿者组合"的建构等方面勾勒出大学教师与中小学教师合作研究的可行道路，成为我国教育学领域开展 U-S 合作的经典范例，也为中小学教师进行教育行动研究提供学术规范导引。

陈先生基于中国学校教育文化语境重新界定"教育行动研究"，实现这个概念的中国本土化转型。细品先生的研究风范，既不跟风，也不去蹭所谓的"热点"。他十分清楚"教育行动研究"是一个国外教育学术语，移入中国文化土壤之后，似乎难以避免变样的命运。先生在梳理"行动研究"和"教育行动研究"的发展史基础上，明确区分"教育行动研究"与"教育行动"的区别。先生在比较国外诸多相关概念的基础上指出："教育行动研究旨在提高教育行动者的自觉程度，使行为者从被动地应付工作，或单凭热情与善意工作，到自主、自觉的工作，直到获得教育行动的自由。"[①] 同时，陈先生也对"教育行动"重新定义：它是"教育行为""教育环境"与"教育行为主体"构成"三位一体"的行动；教师是"教育行动"的主体；"计划""执行""检查"与"总结"构成的"教育行动过程"本身是教育行为主体（教师）不断反思的过程。[②]

陈先生也敏锐觉察到中小学教师参与教育行动研究面临的困境。一方面，当今学校教育越来越"制度化"，教师工作类似工厂工人"批量生产"产品，教师也愈发成为现代"教育机器"的螺丝钉，其常规"教育行动"已经被规定了，能有几多"自由"？另一方面，教育研究本身也越来越"科学化""技术化"或"程序化"，从事教育研究的专业人员本身多是置身于学校直接教育过程之外的"研究者"，如大学和教育科研机构的研究者们，其研究成果的复杂程度远非中小学教师依赖经验思维能够解读，并直接导致大学教师与中小学教师在分享研究成果上的不平等境遇。在"专家指导"或"教育培训"的

[①] 陈桂生：《到中小学去研究教育——"教育行动研究"的尝试（修订版）》，华东师范大学出版社，2003年版，第5页。

[②] 陈桂生：《到中小学去研究教育——"教育行动研究"的尝试（修订版）》，华东师范大学出版社，2003年版，第6页。

名目下，现实的中小学教师的主体意识相当薄弱，或许比传统手工业时代的教师更像"教书匠"。

为了实现中小学教师从"教书匠"到"研究型教师"的转变，在与中小学教师合作研究过程中，陈先生提出"教育研究自愿者组合"的建构理念，并亲力亲为，直接参与起草《"教育研究自愿者组合"章程》，其中的目标包含两个方面：一是学做"现代人师"，二是学做"作为研究者的教师"。在原则上，尤其强调自愿；在组织上，由有研究的教师、学校领导、大学教师联合发起，并为第一批成员；在研究活动方式上，强调研究教师自己遇到的实际问题，以问题为出发点，以解决问题为目的，力求按研究规范操作，逐步推进。[1] 由此可见，这里的"教育研究自愿者组合"不只是一个组织名称，更表达出陈先生主张的教育研究理念——大学教师与中小学教师共同参与的"合作的教育行动研究"，从学校已有的教育行动中的问题入手，谋求教育行动的改善，也是"反思的教育行动研究"。[2]

在合作研究过程中，陈先生反对草率地择定课题，提出总体上包含三类课题：一是经验总结型，如"超越规范的学校管理"；二是问题研究型，如"学会关心学生"；三是试验研究型，如教育性评语。陈先生真诚地表示：这样的合作研究是"摸着石头过河"，从研究中"学会研究"，同时，由于力图使研究带有"反思"的特征，合作研究过程充满鲜活的灵感，不断有思想火花的闪烁。

综观陈桂生先生在教师研究领域的理论探索与实践行动可以感受到，一方面，先生坚持"历史-逻辑的""历史-具体的"方法论立场对待教师问题，独辟蹊径，既还原教师之教的历史事实、理论研究路径，又深刻关照现实学校教育制度下教师被规定的职业特点；另一方面，先生坚持实话实说，不喊"教师专业化"的空洞口号，而是身体力行与中小学教师一起做教育行动研究，以扎实的研究行动跨越理论与实践之间的传统屏障，让大学教师与中小

---

[1] 陈桂生：《到中小学去研究教育——"教育行动研究"的尝试（修订版）》，华东师范大学出版社，2003年版，第23—24页。

[2] 陈桂生：《到中小学去研究教育——"教育行动研究"的尝试（修订版）》，华东师范大学出版社，2003年版，第23—25页。

学教师共同体验到理论与实践统一后开启的新的教育研究生态环境与中小学教师专业发展的现实道路。从这个意义上说，陈先生在教师研究领域的理论探索与实践示范，无疑为我国教师教育基本理论的研究提供方向与导引，也为中小学教师专业自主发展提供重要理论借鉴。其中，尤为可贵之处，陈先生以其深厚之学养与仁爱之心在为教师"正名"，旨在让"教师"之名回归本有之义，既从学理角度深刻论证教师劳动的教育专业性一面，也真实地呈现教师日常工作的事务性一面，实质上是让广大教师清醒地认识到职业的崇高感与平凡感同在。对于我们后辈教育学人而言，先生以其敏锐的学术洞察力和实实在在的研究，既开启了教师原理研究的理论道路，也躬身示范探索了大学与中小学教师合作的新范式。

（本文已在《教师发展研究》2023年第1期发表）

【作者简介】

朱晓宏，女，1996—1999年在华东师范大学跟随陈桂生教授攻读教育学原理专业德育原理方向硕士研究生。现任职首都师范大学教育学院，副院长，教授，博士生导师。主要研究方向：教育哲学、教师教育、德育原理等。获教育部新世纪优秀人才，首都师范大学青年燕京学者，首都师范大学第六届师德先进个人、优秀主讲教师等荣誉。曾获得第五届全国教育科学研究优秀成果三等奖，北京第十二届哲学社会科学优秀成果二等奖等；发表《重新理解教师之爱》《重新理解教师的境域与习惯》《教师教育大学化：反思与重构》等代表性论文；出版专著《复归与重构——当代美国道德教育理论与实践的变革》《儿童的成长：另一种记忆》《公民教育》等；主持"教师专业伦理形象构成性研究"等多项国家级和省部级课题。学术兼职：首都女教授协会副会长、中国教育学会教育哲学分会理事、全国德育学术委员会常务理事等。

论教师的行动研究

张 娜

教师的行动研究,即中小学教师为研究主体开展的面向教育实践的行动改进研究。行动研究在上世纪由德裔美国学者勒温首先倡导开展,在世界范围内先后经历兴起、兴盛、衰落到再度兴盛的过程。同时,教育行动研究兴起的过程,也是基础教育领域中小幼教师在研究中由参与者逐步成长为研究主体的过程。

行动研究在国内的介绍和尝试,从 1982 年开始,但"直到 20 世纪 90 年代初行动研究才得到比较系统的介绍。至 1995 年前后,我国教育学和心理学界才对'行动研究'展开比较系统的反思并出现'做'行动研究的尝试"[1]。1997 年陈桂生教授带着弟子,与上海市打虎山路第一小学和无锡市扬名小学的教师,建立"教育研究自愿者组合"[2],开始合作的教育行动研究的积极尝试。根据闻凌晨博士对陈桂生教授的访谈,陈教授对教育行动研究的探求分为两个阶段:

1997 年,上海市打虎山路第一小学、无锡市扬名小学先后到华东师

---

[1] 刘良华:《校本行动研究》,四川教育出版社,2002 年版,第 54 页。
[2] 陈桂生等:《"教育研究自愿者组合"的建构——"合作的教育行动研究"的尝试》,《华东师范大学学报(教育科学版)》,1999 年第 4 期,第 14 页。

范大学教育学系联系合作研究事宜,系里很积极,并安排我接受这个任务,开始我并不答应,后来推辞不了,便请胡惠闵、黄向阳他们具体负责,我们参加合作研究,但不申请课题。之后便由胡惠闵对接打一,黄向阳对接无锡扬名小学。2000年,我们以1997—2000年间的研究成果为基础,整理成《到中小学去研究教育》。2004年,溧阳的文化小学联系教育学系,就让王建军负责("发展性学习活动设计"合作项目)。

作为教育理论工作者,为什么要"到中小学去",陈桂生教授的回答是:"长期在远离中小学的环境中,学教育学,教教育学,写教育学,即长期徘徊在教育理论的此岸,对于教育实践犹如隔岸观火,凭借道听途说、书本知识获得一知半解。""而建构这种或那种教育理论,更取决于对教育实践本身的理解。"虽然到中小学去研究教育,"并不足以解决构建'实践教育学'的问题",还是存在"如何从教育实践彼岸通向教育理论此岸的问题",但以中小学教师为研究主体的教育行动研究,确是"教育实践与教育理论两岸沟通的津梁"。① 陈桂生教授主张教师成为行动研究的主体,教师的行动研究如何高质量开展,对这一问题的探索从跨越两种逻辑的鸿沟尝试开始。

一、跨越研究逻辑与实践逻辑鸿沟的尝试

陈桂生教授当时对教育行动研究的探索,"主要是在研究过程中学习研究,是为了学会研究而参与这种研究"。陈教授之前已经学习了非常多的有关教育行动研究的著作,但是对如何实施,还是坚持要一步一步地摸索。尽管陈教授后来回忆这段经历,觉得"这种尝试实属自讨苦吃。这是由于我们试图寻求的是在较为严格意义上的'教育行动研究'之路,而就我国中小学现实情况来说,要踏实这条道路,必然会遇到许许多多难以解决的问题"②。

研究的逻辑与实践逻辑究竟有多大差距?为什么跨越起来如此之难?当

---

① 陈桂生:《教育学的建构(增订版)》,华东师范大学出版社,2009年版,第215—216页。

② 陈桂生:《教育学的建构(增订版)》,华东师范大学出版社,2009年版,第218页。

年，陈教授和弟子以及众多中小学教师又是如何找到跨越鸿沟的"沟通桥梁"的呢？"教育行动研究的逻辑是：按照既定的课题，就有限的教育行动的改进，设定目标。为使这种目标实现，需不断发现问题、分析问题与解决问题。研究成果要或多或少有事实根据与逻辑根据，并经受实践检验。"① 可以看到，教育行动研究的逻辑与一般研究的逻辑是不同的，教育研究通行的研究逻辑是提出研究问题—收集数据资料—分析数据资料—得出研究结论的过程；教育行动研究的逻辑与教育研究的逻辑相比，强调设计行动目标和有行动目标的改进。教育研究与教育行动研究的差异分析，建立在对"教育科学研究"反思的基础上。陈教授认为，教育研究按其性质有"科学研究"与"实践研究"之分，科学研究与实践研究又有不同的研究范式，典型的实证-实验科学是自然科学，教育科学研究不能对教育实践进行纯粹的客观研究，研究过程也难以重复检验。应该重新探索有别于自然科学的人文科学研究范式。同时，教育规律对具体实践的指导意义相当有限，中小学教师受其工作条件所限，很难参与严格意义上的教育科学研究。② 虽然中小学教师无法做发现教育规律的研究，但是可以引导中小学教师在教育实践中做研究，让中小学以外的教育研究者到教育实践中去做研究，共同在教育实践中研究教育。

　　寻找适合中小学教师的研究方式是第一步，第二步是找到跨越两种逻辑的桥梁。中小学教师的逻辑是：既然难得同大学教师合作，人人都该有参与课题的机会；教育行动研究既然是为了改进教学工作，就该研究如何备课、上课、说课、评课，并就上课心得写一些文章，文章能发表、获奖，才算是收获。③ 身处教育实践中的中小学教师所期望的研究逻辑是一定要和自己的工作合拍，研究不能成为正常工作之外的额外负担。另外，研究之用也一定要和个人的工作结合起来。行动研究中的改进实践这一点正好是和教师的实践

---

　　① 陈桂生：《教育学的建构（增订版）》，华东师范大学出版社，2009 年版，第 220 页。
　　② 陈桂生：《什么是比较适合中小学教师运作的教育研究范式——"教育行动研究"要义》，《当代教育论坛》，2002 年创刊号，第 28—29 页。
　　③ 陈桂生：《教育学的建构（增订版）》，华东师范大学出版社，2009 年版，第 219—220 页。

逻辑合拍的。差异之处，首先通过自愿组合研究中的有效沟通来调整。

"教育研究自愿者组合"包括四类人员的组合关系，即小学校长、教师与大学教师的关系，小学校长与教师的关系，参与研究组合的小学教师之间的关系，以及参与研究的大学教师之间的关系。① 四类组合关系之中，有中小学内部的教师研究者之间的关系、学校行政人员与教师研究者之间的关系、中小学教师研究者与大学研究人员的关系、学校行政人员与大学研究人员之间的关系、大学研究人员之间的关系。在层层关系之中，教师研究者的关系是最核心的，因为他们是教育行动研究的主体。"合作研究的基础，是参与研究的小学教师之间的合作。"② 教师的行动研究需要环境支持，尤其是教师群体间能形成学习共同体，在形成规则、价值观与工具共享的基础上，交流互动。

教师学习共同体及集体互动学习观认为，教师学习共同体由五要素构成，即共享的价值观和愿景、同侪互助、共享的领导、支持条件、集体学习及其运用，包括外圈——学习共同体运转的外部支持和内圈——集体学习及其运作，其中人与人的对话在共同体中发挥重要作用，起到共享意义、形成凝聚力与激发组织变革和创造力的作用。③ 在学校内部，行政人员与教师研究者之间的关系也是非常值得关注的，尤其是要形成"教育研究机制"。④ 学校有教育科研室的机构设置和课题研究制度、鼓励教师做课题和发表相应研究成果的奖励制度等，是提升学校研究质量的组织和制度保障，同时还需要有互动沟通的工作方式，支持制度有效运行。

同时外来合作者带来新理念，在与教师群体的互动中，共同探索新的学习形式与合作方式。外来研究者与教师之间，教师群体内部之间追求的是对话的合作关系，而不是权威与服从的关系。这种合作的基础首先是大学研究

---

① 陈桂生等：《"教育研究自愿者组合"的建构——"合作的教育行动研究"的尝试》，《华东师范大学学报（教育科学版）》，1999年第4期，第24页。

② 陈桂生等：《"教育研究自愿者组合"的建构——"合作的教育行动研究"的尝试》，《华东师范大学学报（教育科学版）》，1999年第4期，第25页。

③ 毛菊：《当代西方教师学习理论研究》，北京师范大学出版社，2019年版，第101—105页。

④ 陈桂生：《到中小学去研究教育——教师行动研究的探求（第三版）》，华东师范大学出版社，2016年版，第73页。

者以"求知者"的身份参与研究,更重要的是研究的课题不是大学研究者带给学校和教师研究者的,而是在对学校的调查研究中发现并共同确立的。在跨越鸿沟的尝试中,可能遇到种种困难:一是教师应该自愿参与和中小学积极动员无法完全顾及自愿的矛盾;二是中小学教师研究者的研究热情与选择课题和日常工作的相关程度、研究计划的可行性以及与其自身投入程度相关的收获感等相关;三是针对同一课题,大学研究者与教师研究者之间有理解的差异。在解决这些复杂难题的过程中,探索合作行动研究的路径。

二、从调查研究开始的合作行动研究路径

回顾行动研究发展的历程,行动研究在美国衰落后,在英国兴起,英国斯腾豪斯在其领导的人文课程研究中,正式提出教师成为研究者的口号。[1] 那么教师既是研究者,又要承担具体教育教学任务。教师成为的研究者,是以个人面对的教育教学问题为研究问题,依靠个人的行动解决问题的研究者。研究的问题是自己面临的,解决问题的过程是依靠个人行动探索的。因此,更确切地说,教师是行动研究者。教师成为行动研究者,成为研究主体,从"教书匠"到"研究者"的重要条件是,教育改革迫使教师承担"教育研究"的职责,教师开展"在教育中""通过教育""为了教育"的"教育行动研究"。[2] "为了教育"体现了教师做研究的主动性,而主动意愿仅是成为研究主体的一个方面。陈桂生教授以同中小学教师"合作研究"的实践,[3] 探索合作研究的道路,寻找适合中小学具体时间情境的研究方式与行动步骤。

2002年陈桂生教授撰文《什么是比较适合中小学教师运作的教育研究范式》[4],在实践探索基础上提出教育行动研究的特点和研究范式;2008年陈桂

---

[1] 刘良华:《校本行动研究》,四川教育出版社,2002年版,第20页。
[2] 陈桂生:《到中小学去研究教育——教师行动研究的探求(第三版)》,华东师范大学出版社,2016年版,第13—14页。
[3] 陈桂生:《到中小学去研究教育——教师行动研究的探求(第三版)》,华东师范大学出版社,2016年版,第14页。
[4] 陈桂生:《什么是比较适合中小学教师运作的教育研究范式——"教育行动研究"要义》,《当代教育论坛》,2002年创刊号,第28—31页。

生教授撰文《教育行动研究的再认识》①,是对这两个阶段到中小学去研究教育的教育行动研究回顾。

(一)通过调查研究选择课题

大学与中小学的合作研究,切入口是开展立足中小学校情的课题研究。课题研究,从课题选择、课题设计、研究计划实施、对教育行动过程及成果的表述和研究总结②五个方面体现教育行动研究的范式。首先在课题选择上,需要做贴合校情的选择,既要考虑到教育改革的大方向,也要考虑到课题研究的可行性,尤其是"作为教育行动研究主体的教师有没有研究这种课题的志趣"③。在选题时要从教育调查入手。例如在无锡市扬名小学确立"学会关心"的选题时,课题组从该校已经发生的教育行动的调查入手,以大量的原始资料为根据,撰写了《无锡市郊区扬名小学"五助"活动考察报告》。陈桂生教授认为,教育行动研究中仅有反思和行动是不够的,我们的研究中包含不可缺少的实证性与解释性的研究成分。④

(二)设计有行动依据、目标和设想的研究方案

在课题设计中,研究方案包括行动依据、研究目标和行动设想三个组成部分。⑤ 行动依据包括调查的问题与行动研究条件分析;研究目标就是行动的目标;行动设想包括行动阶段计划、参与人员、行动要点和研究性工作内容。非常值得一提的是研究性工作内容,因为根据中小学实践逻辑,研究是在工

---

① 陈桂生:《教育行动研究的再认识》,《上海教育科研》,2008年第5期,第4—6页。
② 陈桂生:《什么是比较适合中小学教师运作的教育研究范式——"教育行动研究"要义》,《当代教育论坛》,2002年创刊号,第30—31页。
③ 陈桂生:《什么是比较适合中小学教师运作的教育研究范式——"教育行动研究"要义》,《当代教育论坛》,2002年创刊号,第30—31页。
④ 陈桂生等:《"教育研究自愿者组合"的建构——"合作的教育行动研究"的尝试》,《华东师范大学学报(教育科学版)》,1999年第4期,第17、15页。
⑤ 详见陈桂生:《到中小学去研究教育——教师行动研究的探求(第三版)》,华东师范大学出版社,2016年版,第119—120、121页。

作中进行的，工作与研究需要一体化，研究才有实施的空间；另一方面，研究与工作不可能完全一致，这样的设计强调了如何开展研究活动，如专题研讨、资料积累、阶段总结、专题讲座等等。①

各级教育科研主管部门正式立项的课题，比较讲求研究目标与方案的预先设计与逐步执行，行动研究的方案和这些课题研究方案不同，课题研究的阶段不完全处于预先的设计，"而是在一步一步摸索过程中显示出来的阶段性"。2004年文化小学"课堂学习活动"课题研究，首先通过调查，发现学生学习情况常常同教师关于学习活动的设计不一样，老师们开始撰写"学生经验的课程"，此为第一阶段。在撰写"学生经验的课程"案例基础上发现要解决学生学的问题，开始进入第二阶段——"改进学习活动设计"。第三阶段是"课程改革中的新问题研究"，以提高教师对体验、探究等新概念的理性认识。②

（三）开展案例研究、问题研究与试验研究

在课题实施阶段，是从案例研究到问题研究，从问题研究到试验研究。为什么选择案例研究入手，还是与中小学教师的工作特点和常用的话语体系相关。中小学教师在长期的教育实践中，积累了丰富的教育教学经验，也有个人的教育见解。陈桂生教授清晰地认识到中小学教师的头脑中并非是"理论空白"，③ 大学研究者与中小学教师需要通过案例研究沟通。这里的案例研究并非中小学教师日常所撰写的教育案例，教育案例是对教育过程的记录，虽然包括对案例的反思，但是这种反思是自然状态下的反思，以写作者原有的认识水平为基础，并不是研究的过程。案例研究不但有案例主题的选择，还有对案例的分析和描述以及问题解决的过程和效果分析，案例研究是动态

---

① 陈桂生：《到中小学去研究教育——教师行动研究的探求（第三版）》，华东师范大学出版社，2016年版，第121页。

② 陈桂生：《教育学的建构（增订版）》，华东师范大学出版社，2009年版，第225—227页。

③ 陈桂生：《到中小学去研究教育——教师行动研究的探求（第三版）》，华东师范大学出版社，2016年版，第14页。

地解决问题的过程的反映,比之前的孤立的案例+反思,更能凸显研究性。教师在开展案例研究的过程中,从研究的视角对问题和解决问题的过程再分析和表达,"懂得如何规范地表达自己的经验"①。通过案例研究,也能对研究主题内涵进一步深化认识,也就是对研究的核心概念不断认识。

在案例研究的基础上进入问题研究,课题研究确立的研究主题更多是一个行动研究的领域,比如"学会关心学生""教育性评语"等课题,案例研究在呈现教师研究者经验的同时,也能促进教师研究者发现有待深入解决的问题,对各种问题进行归纳并与核心概念之间建立联系,沿着研究主题—核心概念—问题框架的逻辑,开展试验研究,也就是教育行动研究。陈桂生教授在第三版的《到中小学去研究教育》的序言中写道,合作的研究道路是"教学(或教育)—课题研究—教师在职培训三位一体;研究过程:教育案例—教育问题—教育行动三步到位"②。仔细分析,大学研究者与中小学研究者在课题研究中共同开展案例研究、问题研究与试验研究的过程,就是将工作与研究、行动与学习融合的三位一体与三步到位的合作路径。

这样的合作路径,对教师研究者而言,不是接受式的被动学习,而是从个人工作与经验出发的问题研究与行动探索。当然,这样的探索也要依据理论,这些理论不是大学研究者告知的,而是在行动研究的过程中运用和发现的。"惟真正的理论可以影响实践者的价值观念和认识,是由受理论启发的实践者依据其实际需要与具体条件,在实践规范规定的范围内,自主作出有关做什么、怎么做的选择。"③

三、培养行动的改进和反思的教育者

教育行动研究,"属于谋求教育行动改进的研究",研究效果不但体现为实践中行动的改进,还有行动者——教师研究者的反思能力提升,而且教师

---

① 陈桂生:《教育行动研究的再认识》,《上海教育科研》,2008年第5期,第5页。
② 陈桂生:《到中小学去研究教育——教师行动研究的探求(第三版)》,华东师范大学出版社,2016年版,第三版序第1页。
③ 陈桂生:《教育学的建构(增订版)》,华东师范大学出版社,2009年版,第216页。

研究者反思能力的提升，又会进一步促进行动的改进。研究主体以个人观念为出发点反思行动，理解教育环境与教育行为之间的关系，思考更有效与可行的行动计划。教师原有的教育价值观念是反思的起点，也是影响反思水平的重要因素。行动研究的过程是行动改进与问题解决的过程，也是教师观念转变的过程。行动研究的成效包括，"教育行动的改善、中小学教师观念的变化"[1]。

教师的观念是反思的基础，也是反思的对象和结果。"教育行动研究是在变革教育行动的同时，不断反思的过程。这种反思过程，是把习俗观念、常识、自以为是的想法提升到可靠的理性认识水平的过程。"[2] 教师研究者在研究过程中进行反思，提升了反思能力并改进了行为，也是改进了自己。因为，教育行为不是孤立的，构成教育行为的基本要素包括教育行为、教育环境、教育行为主体对教育行为与教育环境的理解。[3] 教师研究者在教育环境中，作为行为主体，通过对环境的理解产生行为，通过理解和行为深化对教育环境的理解。行动研究的反思首先是研究者针对行动的反思，其次是针对个人观念和经验的反思，再次是针对研究计划与行动过程即行动研究成效的整体反思。

（一）反思环境与个人已有观念

理解的意义先于行为变化本身，"为了改变教育行为，需要变革制约教育行为的环境；为了使教育行为本身和教育环境发生变化，首要研究行为者对行为本身与环境的理解"[4]。引导教师开展针对教育行为与教育环境的关联性反思，不是孤立的反思，而是要能引发教师重新审视行为—环境—个人理解

---

[1] 陈桂生：《到中小学去研究教育——教师行动研究的探求（第三版）》，华东师范大学出版社，2016年版，原版序第6页。
[2] 陈桂生：《到中小学去研究教育——教师行动研究的探求（第三版）》，华东师范大学出版社，2016年版，第52页。
[3] 陈桂生：《到中小学去研究教育——教师行动研究的探求（第三版）》，华东师范大学出版社，2016年版，第5页。
[4] 陈桂生：《到中小学去研究教育——教师行动研究的探求（第三版）》，华东师范大学出版社，2016年版，第7页。

之间的关系,从而把之前的"习以为常"作为重新思考的对象。通过行动研究,教师要重新理解和反思所处的教育环境,这种身处一定的文化环境中,又能跳出个人观念的影响,把个人的观念、行为与周围的文化和环境都作为反思的对象,需要有理论引领,不再仅从个人经验出发,而是立足理论层面进行解读。

教育行动研究不止是单纯追求"研究成果","教师在参与教育研究过程中逐步提高对自己教育行为和所处教育环境的反思水平"[1],也属于教育行动研究的应有之义。在此过程中,教师研究者对研究的假设与核心概念的理解也是逐步深入的,陈桂生教授坚持把当时课题的总体方案和每项课题的基本概念都视为"有待证明的假设与有待澄清的观念","课题组把不断证明假设、不断辨析概念作为课题研究中应有之义"[2]。这样的合作研究,不是大学研究者带给中小学一个课题,一个假设和概念,而是在研究过程中,共同发现与再认识。教师的已有观念正是人与环境互动产生的,这样围绕课题研究的概念与假设的辨识与发展,其实是引领教师们把个人已有观念作为反思的对象,在对已有观念产生原因的分析中,能重新认识环境的作用,进一步考虑新行为的实施可能,从对环境的无能为力到共同营造新环境。

(二)反思研究目标与方案

反思是行动研究改进的途径,行动研究区别于其他实证——实验研究取向、解释学取向和分析研究取向[3]等三种教育学研究方法,因为不断实践与反思在行动研究中发挥重要作用,因此行动研究中形成的理论,是研究主体在实践中尝试、主动选择与积累形成的理论,是"对行动有指导意义的理论"[4]。

---

[1] 陈桂生:《到中小学去研究教育——教师行动研究的探求(第三版)》,华东师范大学出版社,2016年版,第74页。
[2] 陈桂生:《到中小学去研究教育——教师行动研究的探求(第三版)》,华东师范大学出版社,2016年版,第53页。
[3] 陈桂生:《教育学的建构(增订版)》,华东师范大学出版社,2009年版,第20页。
[4] 陈桂生:《教育学的建构(增订版)》,华东师范大学出版社,2009年版,第26页。

以实践问题解决为核心，怎样反思与在反思的引导下实践是行动研究得以顺利开展并有质量开展的关键。反思的行动研究特别强调研究者以反思为手段，开展针对研究方案、研究过程的反思，不断调整研究方案和行动，实现行动的螺旋提升；以关注教师反思水平为核心，反思凭借已有的教育认识、理解和信念所积累的经验以及教育理论，其中他人视角也是提升反思的水平所需的。

教师行动研究不同于严格意义上的课题研究，有固定且不易变动的研究方案，陈桂生教授认为行动研究的研究方案是开放性的，指向更有效地解决问题。"本着行动研究的初衷，把'方案'本身作为不断反思的对象，有待行为者具体经验的补充与不断调整。"①

教育处于常态变革之中，外界不断变化发展的教育要求与学生的变化、行为的效果等是反思的重要依据。教师反思水平的提升，从发现个人已有的教育观念开始。陈桂生教授提出的案例研究与问题研究，呈现教师在行动研究中个人经验与问题解决过程，对经验与"如何做"的分析和解读正是教师已有观念的呈现。观念呈现是反思的第一步，第二步是发现问题开展行动，第三步是教师学习和交流，从理论的视角、实践的视角、工具的视角、同伴的视角反思，在与研究同伴和校外指导专家交流中提升反思水平。在教育行动研究中不断反思与行动，行动研究才成为教师专业成长的有效方式。②"所谓教师专业发展，其实就是对课程改革中的'理念'获得理性的认识，并使其落到实处。"教师在研究中学习如何做研究，以教师的教学设计为例，从过去依赖经验的设计，到以原来的经验为基础，"尽可能使之程序化"③。

四、沟通理论与实践的教育行动研究

教育理论与实践沟通的问题，一直是陈桂生教授非常关心的问题。因为

---

① 陈桂生：《到中小学去研究教育——教师行动研究的探求（第三版）》，华东师范大学出版社，2016年版，原版序第6页。

② 陈向明：《参与式行动研究与教师专业发展》，《教育科学研究》，2006年第5期，第55—58页。

③ 陈桂生：《教育学的建构（增订版）》，华东师范大学出版社，2009年版，第230页。

在教育理论体系的教育科学理论、教育技术理论、教育价值理论与教育规范理论中，教育价值理论和教育规范理论属于"实践理论"范畴。只有被实践者认识的理论和能指导实践的理论才能达到"理论联系实际"的境界。① 虽然教育行动研究无法实现建构实践教育理论的重任，但至少起到沟通教育理论与实践的作用。教育行动研究作为教育学研究的四种取向之一，立足于实践者的反思，通过合作研究，"谋求教育实践的变革；又不止于教育实践的变革，还在研究中革新教育理论"，是"在实践中，通过实践，为了实践与理论的合作研究"。② 这里合作研究——教育行动研究的主体仍然是教师研究者。

教师成为研究者是否意味着教师成为教育实践理论的生产者？源于教师研究者的探索是否是教育实践理论的源头活水？教育实践理论是同教育基础理论相关的另一种理论，不仅回答"教育应当是什么"的问题，而且有别于一般价值理论，还着重回答如何使应然教育转换为实然教育，其中的教育价值判断涉及对不合理教育的批判和合理教育的发挥，促进教育本质属性的变化。③ 教育行动研究，是针对某一具体教育情境，形成局部实践经验，这种局部的实践经验的产生、发展和传播，形成一定范围的基础教育的常理、常规与常法。因此，中小学教师的行动研究应该可以作为更新基础教育常理、常规、常法和常情的方式之一。

回到教师个体，教育行动研究是"从实践到理论的过程"，"即从实践中发现的问题或自认为值得研究的问题出发，不断分析问题与解决问题"，"结果就会在研究问题的过程中，使一般的知识、经验与理论转化为自己的知识、经验与理论"④。教师在行动研究中不但改进自己的行动，推进实践中的问题解决，而且通过对个人观念、经验的梳理和表达，有助于教师个人知识的系

---

① 陈桂生：《教育学的建构（增订版）》，华东师范大学出版社，2009年版，第216页。

② 陈桂生：《教育学的建构（增订版）》，华东师范大学出版社，2009年版，第25页。

③ 陈桂生：《教育学究竟是怎么一回事：教育学辨析》，上海教育出版社，2020年版，第260页。

④ 陈桂生：《到中小学去研究教育——教师行动研究的探求（第三版）》，华东师范大学出版社，2016年版，第431页。

统化，形成个人理论。行动研究成果的表达和分享，促进教师的个人理论得以传播，这样的个人理论可能受到其他同行认可并产生实践影响力，进而更新局部的常理、常规、常法，丰富实践的理论。

同时，陈桂生教授也指明了这样的教育行动研究，"不提供具有一般指导意义的理论陈述，而通过实践者的理性思考，改进实践。这类研究也可能提供教育经验总结之类的研究成果，但从局部实践经验（即使参照若干教育文献）很难上升为一般理论"[①]。

实践教育理论的建构不是教师的行动研究能解决的问题。笔者所明确的是：一是中小学教师是研究的主体，需在研究的过程中学会做研究，学会发现普适性问题，运用研究方法，结果化表达研究成果，在研究方案设计时一定要突出研究的活动，不能以工作代替研究等等；二是中小学教师开展的教育行动研究不是按完整的目标与过程设计执行的过程，而是不断在实践中探索和改进，对目标和方案调整和再尝试的过程；三是中小学教师是研究的主体，但不能孤立地开展研究，需与教育理论工作者开展合作研究，合作研究能引导教师走出依赖经验的单一路径，在研究中不断深化认识教育理论和相关概念，通过案例研究梳理经验，开展问题研究与问题解决的行动探索；四是教师在行动研究中的发展是多维度的，既有实践的改进，又有观念的更新和反思能力的提升。

正当中小学教师开展正式课题研究如火如荼之时，重读陈桂生教授关于教育行动研究的相关著作，被他治学与求索的精神深深感染……

"为了实践"意义博大，

研究的过程胜于研究的成果，

教育学人对教育的追求永不止步。

【作者简介】

张娜，女，1976年生，辽宁海城人，教育学博士。2004年至2007年，在华东师范大学师从范国睿教授攻读博士学位。博士毕业后，在上海市浦东

---

① 陈桂生：《教育学的建构》，湖南教育出版社，1998年版，第156页。

教育发展研究院工作，担任中学科研员，中学高级教师。发表《委托管理中的冲突与协调》《从"研究工具"到"知识增值"——我眼中的课堂观察》《教师微实证研究之立意与可能》《教育现代化变革视角下教师学习的功能与实现路径探析》等代表性论文，出版专著《权利与规制：学校产权制度论》（教育科学出版社，2010年版）、《教师研究：为何与何为——从个体经验到群体实证的一种嬗变》（上海社会科学院出版社，2020年版）。经常深入中小学，主动将中学科研指导与管理工作同个人研究方向结合，关注教师如何做研究、学校变革与发展等问题。2010年开始和中小幼教师一起做课例研究，探索将课例研究作为学校课题与教师个人课题研究的有效载体，探索适合中小幼教师的研究方式。目前主持2021年上海市教育科学研究规划一般课题"中式课例视域下教师的学生知识生成机制与发展策略研究"，继续深入课堂和中小幼教师开展教育研究。

"谁得教育学风气之先"：近代教育学溯源

牛国兴

"哪里是近代教育学的故乡？谁得教育学风气之先？"陈桂生教授率先提出这一重要问题，并在《历史的"教育学现象"透视——近代教育学史探索》中为近代教育学溯源。陈先生从新思想的理论化需求、师资培训需求、大学中开设教育学讲座、思想家多有担任家庭教师经历等方面解释了德国何以成为近代教育学故乡；列举了赫尔巴特教育学出现之前的8部"教育学或近于教育学的著作"，以反映近代教育学兴起时的盛况。遗憾多部近代教育学著作在中国变得"鲜为人知"。为重新回答"陈桂生问题"，让"缺位"的近代教育学"归位"，笔者通过对18世纪末19世纪初德意志地区的社会状态、时代精神以及教育事业发展的分析，解释德国作为近代教育学的故乡的原因，初步描述了特拉普、尼迈尔、施瓦茨、康德、里希特和赫尔巴特等一批"得近代教育学风气之先者"及其教育学生成过程。

一、陈桂生问题

近代教育学的源头在哪里？这是教育学史研究无法绕开的重要问题。最早在汉语学术界探究这一问题的是陈桂生先生。他在《历史的"教育学现象"透视——近代教育学史探索》（初稿成于1990年夏季，原题为《广义教育学史》）中提出了关于近代教育学起源的"陈桂生问题"："哪里是近代教育学的故乡？谁得教育学风气之先？"①

该问题的答案，多数教育学的研习者会脱口而出："德国是近代教育学的故乡，得教育学风气之先者是赫尔巴特。"这似乎是一条"教育学常识"。实际上，这条常识需重新修订。以德国为近代教育学故乡，符合事实；但"得教育学风气之先者"，却非赫尔巴特一人，而是一个群体。

赫尔巴特在教育学发展史上厥功至伟，通常被看作"科学教育学之父"或"科学教育学的奠基人"。这一加冕疑似源自剑桥大学的布劳伊，他在19世纪80年代早期，把"现代科学教育学的奠基人"和"德国心理学的奠基人"两项桂冠加到赫尔巴特头上。②时至今日，在溯及教育学科学化的源头时，人们还时常引用赫尔巴特议断教育学命运的名句："假如教育学能尽可能地明确自身的概念，进而培植出独立的思想，那么情况可能会好很多；它由此会成为一个研究领域的中心，而不再像偏僻的、被占领的区域一样，堕入被外人治理的危险。"③倘若仔细推敲，此论断隐含重要信息：当时已经存在若干教育学，且赫尔巴特对它们并不满意。然而这些出现在赫尔巴特之前的教育学，长期以来不为国内的教育学研习者重视。实际上，在当时的德国各式各样的教育学"百花齐放"，赫尔巴特教育学仅是其中一枝。

18世纪中叶，启蒙思想席卷欧洲。在德意志地区，一批受启蒙精神影响的君主，尝试在邦国中推行改革，促进了教育事业的发展。德国的市民阶层（Bürgertum）形成较晚，当法国人投入到风雷激荡的社会政治运动之时，德国人却只能委身在思想领域有所作为。在启蒙浪潮中，教育的作用被重新认识，"教育"与"启蒙"以及"人的成熟"之间，建立了紧密的联系。一时间，有知识有教养的人，均以思考、关心、探讨教育为己任。神学家、哲学

---

① 陈桂生：《历史的"教育学现象"透视——近代教育学史探索》，人民教育出版社，1998年版，第53页。

② Browning, Oscar (1882). *An Introduction to the History of Educational Theories*, London: Kegan Paul, Trench, & Co., Paternoster Square, p.172. 转引自董标：《卢梭悖论——"教育学形态"的案例研究》，《中国教育科学》，2013年第1期。

③ [德]赫尔巴特：《普通教育学》，载李其龙主编《赫尔巴特文集3（教育学卷一）》，浙江教育出版社，2002年版，第11页。

家、教育家、文学家争相发表教育见解，多所大学开设教育学课程，多篇教育研究论文发表，多部教育著作以及成长小说（Bildungsroman）出版，盛况非凡。值得注意的是，在这段德意志教育学"百花齐放"的时期，赫尔巴特的《普通教育学》作为其中一本，在当时并未享有今日之盛名。赫尔巴特曾悲鸣："我那可怜的教育学，跫音不响，友声未闻。"[①] 因此，仅以赫尔巴特教育学为"得教育学风气之先者"不合实际。

在汉语学术界中，关于近代教育学起源问题的专项研究不多。20世纪上半叶，仅有两部著作为多位近代教育学家留下位置。1934年蒋径三著的《西洋教育思想史》和雷通群著的《西洋教育通史》出版，两部著作将里希特、康德、霍伊辛格、尼迈尔、赫尔巴特、贝内克、黑格尔、罗森克兰茨等人的教育思想归入"新人文主义教育思想"一类。

此后出版的汉语教育思想史著作中，鲜有对近代教育学的介绍。直到20世纪末，陈先生率先为近代教育学溯源。其治教育学史的力作——《历史的"教育学现象"透视》，"超越教育思想史局限的研究视角，瞄准历史的'教育学现象'，瞄准历史的教育学陈述现象与教育学研究现象"，按照"逻辑的"历史叙述方式，展现对西方近代教育学史的研究成果。[②]

二、陈桂生溯源近代教育学

（一）近代教育学发源于德国

陈桂生问题的上半部分，是对近代教育学发源地的探寻。

"在德国近代教育学前驱为教育学催生之际，法国与英国的教育家似乎甘愿让德国学者专美于前，遂使德国成为近代教育学的故乡。"[③] 陈先生从新思

---

① 董标：《卢梭悖论——"教育学形态"的案例研究》，《中国教育科学》，2013年第1期。参见 Randels, George Basil (1909). The Doctrines of Herbart in the United States. Ph. D Thesis, University of Pennsylvania, p. 5.
② 陈桂生：《历史的"教育学现象"透视——近代教育学史探索》，人民教育出版社，1998年版，第2页。
③ 陈桂生：《历史的"教育学现象"透视——近代教育学史探索》，人民教育出版社，1998年版，第53页。

想的理论化需求、初等教育发展带来的师资培训需求、大学中教育学讲座的开设、思想家大多有家庭教师经历等四个方面解释了德国成为近代教育学故乡的原因。

第一，新思想需要转化为新理论。18世纪出现的教育新思想令人鼓舞，但这类智慧闪光需要经过理论的过滤才能用于指导实践。"卢梭等先驱的新思想，为教育学的产生准备了新的思想材料。"[①] 将教育新思想转化为新理论，成为诱人课题。

第二，教育实践的发展需要师资，师资培训需要教育学。18世纪下半叶，普鲁士率先实施义务教育，德意志地区的初等教育得到极大发展，与之相伴的是对师资培训的需要，编撰教育学作为师资培训的教材成为必需。

第三，德国大学讲坛成为教育学诞生的摇篮。德国较早开启大学改革，带来了大学里的学术繁荣。柯尼斯堡大学首先开设教育学讲座，哈勒大学率先开设教育学教授席位。大学普遍开设教育学讲座引导一批学者走近教育，继而创作出教育学著作。而同时期的英国、法国的大学并未肩负起学术研究的重任，因而在近代教育学创立时落后于德国大学。此外，德国拥有独特的哲学土壤，为创建教育学体系打下坚实基础。

第四，德国思想家有关心教育的传统，他们多数拥有家庭教师经历。在当时的德国，大学生毕业后长期担任家庭教师成为一种风尚。担任家庭教师积累教育经验，为创作教育学奠定基础。"18世纪至19世纪之交的德国教育家，大都先担任家庭教师而后登上大学讲台，创立近代教育学的历史使命主要落在他们肩上。"[②]

为什么德国能在近代教育学创生时"专美于前"？陈先生通过国际比较还原了当时英法两国的情况。在德国人热衷于构建"没有教育政策的教育学"之时，法国教育家正致力于"确立没有教育学的教育政策"，而英国人则对教

[①] 陈桂生：《历史的"教育学现象"透视——近代教育学史探索》，人民教育出版社1998年版，第54页。

[②] 陈桂生：《历史的"教育学现象"透视——近代教育学史探索》，人民教育出版社1998年版，第58页。

育学和教育政策均漠然置之。① 18 世纪末，法国的教育家关注的是将教育权从教会手中收回，教育应该培养国民；19 世纪初，他们的兴趣点转向儿童教育、家庭教育和妇女教育中的实际问题。而英国秉持自由放任经济政策和"绅士教育"，对教育政策改革较为冷漠，缺乏产生教育新思想和教育学的动力。"由于英法两国均无意在教育学建构方面费工夫，让德国成为 19 世纪世界教育学研究的中心。"②

1780 年到 1810 年，德国出现了数十部教育学著作，在教育学领域独领风骚。

（二）谁是近代教育学先驱

陈桂生问题的下半部分，是对近代教育学先驱的追溯。

陈先生最早认识到"得教育之学风气之先"的并非赫尔巴特教育学。他按照创作时间，列举了赫尔巴特教育学出现之前的 8 部"教育学或近于教育学的著作"（实际上有 2 部在赫尔巴特之后）。分别是：

1780 年，博克（F. S. Bock）出版《教育艺术教科书》（*Lehrbuch der Erziehungskunst*）。他曾在柯尼斯堡大学主讲过"教育学讲座"。

1780 年，特拉普（E. C. Trapp）出版《教育学探讨》（*Versuch einer Pädagogik*）。他是德国历史上首位专职教育学教授。

1796 年，尼迈尔（A. H. Niemeyer）出版《教育与教学原理》（*Grundsätze der Erziehung und des Unterrichts*）。他在著作中提出了创立教育学的现实道路。

1802 年，施瓦茨（F. H. C. Schwarz）出版《教育原理》（*Erziehungslehre*），建立了"神学的教育学"，1805 年出版《教育原理与教授原理教科书》（*Lehrbuch der Pädagogik und Didaktik*）。

---

① 陈桂生：《历史的"教育学现象"透视——近代教育学史探索》，人民教育出版社，1998 年版，第 83 页。
② 陈桂生：《历史的"教育学现象"透视——近代教育学史探索》，人民教育出版社，1998 年版，第 86 页。

1803年，《康德论教育学》（I. Kant über Pädagogik）出版。此书由他的学生林克根据康德在柯尼斯堡大学开设"教育学讲座"时的讲义整理而成。

1807年，让·保尔出版由9篇教育文章组成的《莱法娜，或教育原理》（Levana oder Erziehlehre），虽不是系统的教育理论著作，在当时却是"一部很有价值的教育学"。

1811—1813年，米尔德出版《普通教育学常识教科书》（Lehrbuch der allgemeinen Erziehungskunde zum Gebrauch öffentlicher Vorlesungen）。

其中，《康德论教育学》作为仍在中国流传的代表，被陈先生详细探究。他在比较三种《康德论教育学》文本的基础上，将该著结构重新划分为导论、本论和余论三大部分，并详细分析了其论证过程。他认为，康德将卢梭的"个人本位"教育思想改造成为"人类本位"。康德教育学的特点是：整体上倾向于"教育之学"而非"教育学"；其教育学结论基本是从先验的教育学观念中演绎而出；虽然康德提出建立"教育科学"，但是主要是教育法则的总合，因此其教育学属于"规范教育学"。①

陈先生认为，这类"最初崭露头角"的教育学，大都带有"投石问路"之意。它们分别在学科名称的选择、学科性质取向的分析以及构建教育概念系列上做出了尝试。② 他将这些教育学分为两类："教育"之学（如施瓦茨的《教育原理》）；"教育"之学与"教"之学（如尼迈尔的《教育与教学原理》）。③ 而赫尔巴特教育学，则超越了这种将"教育"之学与"教"之学分开的框架，将二者结合在一起，成为"教育学"，甚至是"教育科学"。

---

① 陈桂生：《历史的"教育学现象"透视——近代教育学史探索》，人民教育出版社，1998年版，第70—79页。

② 陈桂生：《历史的"教育学现象"透视——近代教育学史探索》，人民教育出版社，1998年版，第80—83页。

③ 陈桂生：《历史的"教育学现象"透视——近代教育学史探索》，人民教育出版社，1998年版，第104页。

陈先生详细分析了赫尔巴特《普通教育学》的框架，并给出赫氏教育学被认定为"'科学的'教育学的起点"的理由。在陈先生看来，如何理解"科学"的概念至关重要。一方面，根据近代人们的理解，"科学"是通过对大量事实的归纳得出事物的规律，是"实证-实验科学"。赫尔巴特先认定心理学"是一门独立的科学"，再将教育学的基础建立在心理学之上，从而实现了教育学的科学化。但是心理学有其局限性，尤其无法阐明教育目的的推导，因而赫尔巴特为教育学确立了另一个理论基础——实践哲学。"赫尔巴特以不成熟的心理学阐明教育的可能性，正是科学教育学的思路。在这个意义上，可以认为《普通教育学》堪称科学的教育学诞生的标志。"[①] 另一方面，德语中的科学（Wissenschaft）概念则将各类成体系的学问均看作是科学。因此，赫尔巴特在《普通教育学》中建构严密的理论体系的尝试，也可以被看作是建构"科学教育学"的尝试。

在描述了近代教育学在德国的发展盛况之后，陈先生感叹："短时期内，有十余本教育学及教育理论著作问世，可谓盛矣！早期许多教育学或已失传，至少在中国鲜为人知。"[②] 这一感叹，感近代教育学兴起之盛，叹中国教育学史研究发展之弱。唏嘘之间，传递着老一辈学人的提醒与督促。站在巨人的肩膀上，本文尝试补充回答"陈桂生问题"。

三、德国何以成为近代教育学的故乡

教育学创作的过程是教育学作者通过教育学行动，将教育学观念外化为教育学实体的过程。时代情境是影响教育学生成的重要变量。教育学实体，是教育学的创作者对其所处的特殊时代情境的知觉和反映。对18世纪后三十年德意志地区的社会状态、时代精神以及教育事业发展的分析，也许可以进一步回答德国何以成为近代教育学的故乡。

---

① 陈桂生：《历史的"教育学现象"透视——近代教育学史探索》，人民教育出版社，1998年版，第103页。
② 陈桂生：《历史的"教育学现象"透视——近代教育学史探索》，人民教育出版社，1998年版，第69页。

（一）帝国衰败与有识之士的变革

18世纪末，历经千年的"德意志民族的神圣罗马帝国"风雨飘摇。帝国成为诸侯邦国间的松散联盟，进入"小邦割据状态"（Kleinstaaterei）。有研究者描述道："1800年前的德意志地图常常被描绘成像一件'狂欢节所穿的短上衣'，它包含314个邦和1475个庄园，总共有1789个独立的拥有主权的政权。"① 普奥战争、反法战争均在德意志大地上打响，人民饱受战争之苦。在经济上，欧洲经济中心向沿海转移，德国失去了传统的欧洲经济贸易中转中心地位。18世纪中叶，当英格兰开始工业革命时，德意志地区还处在农业社会，维持着"容克"庄园农业为主的经济模式。

面对帝国衰败，与悍然发动革命的法国市民阶层不同，德国的市民阶层相对沉稳。德国高级市民寄希望于教育，期望通过知识改变其政治地位和社会地位。而低级市民与农民阶层则寄希望于统治者（贵族）的改变。18世纪中叶，普鲁士的弗里德里希大王（Friedrich II von Preußen, der Große, 1712—1786）和奥地利的玛丽亚·特蕾西亚（Maria Theresia, 1717—1780）先后进行了开明专制（aufgeklärte Absolutismus）改革。在教育领域，促进教育世俗化，使学校逐渐摆脱教会控制，推行义务教育制度，并设立了一批新的高等教育机构和科学研究机构等。专制君主及其官僚的努力，使得教育上升为国家事务，世俗化的同时走向国家化。

德国的有识之士试图为充满危机的老帝国找寻变革的出路。一批深受启蒙精神影响的知识分子，把目光投向了教育。他们试图"依靠民族的启蒙与培养，建立新的国家和社会秩序"②。教育，成为变革社会，建立新秩序的关键手段。18世纪下半叶的德意志地区，关于教育的思考与实践开始增多。以巴泽多夫等人为代表的泛爱派开启教育实践。1785—1792年间，坎佩等人创办的连续出版物《关于学校和教育事业的普通评论——来自实践教育者群

---

① ［美］科佩尔·S. 平森：《德国近现代史：它的历史和文化》，范德一译，商务印书馆，1987年版，第13—14页。

② Tenorth, Heinz-Elmar (2010). *Geschichte der Erziehung*, 5 Auflage, Weinheim und München: juventa Verlag, S. 85.

体》,成为宣传教育改革思想的阵地。^① 柯尼斯堡大学于 1765—1766 学年冬季学期已开始设立私立性质的教育学讲座。1779 年,哈勒大学设立独立的教育学教席。教育文献的出版和发行,刺激了公众对教育的兴趣;不断增加的教育兴趣,反过来也促进了教育文献的发展。

(二)启蒙运动与教育作用的提升

18 世纪下半叶到 19 世纪的德国人,在社会行动领域的表现安静恬淡,远逊于其躁动不安的法国邻居。德国人缺乏像法国人一样的实力与勇气,无法在社会政治领域进行激进的革命。德国人也缺乏像法国人一样确定的革命对象,被分割成几百个小邦国的德意志地区,根本没有一个确定的"敌人"。然而在思想文化领域他们却不甘落后,甚至将其全部精力投放于此,掀起轩然大波。

自 18 世纪 70 年代开始,德意志地区的思想界迎来了变革时代。理性主义与非理性主义两种思潮在哲学、文学和艺术领域缠斗交织。代表着启蒙精神的理性主义,几乎贯穿整个 18 世纪。物极必反,在理性主义极盛之时,其对立面——非理性主义开始壮大,并最终取代了理性主义的支配地位。然而,从理性主义向非理性主义的过渡,并非一蹴而就,而是经历了大约三十年的时间。在德意志思想界中,特别表现在文学领域,理性与非理性历经数次交锋,终以非理性的暂时胜利而告一段落:最初是启蒙运动(理性主义);然后是"狂飙突进"运动(Sturm und Drang)(非理性主义);再是古典文学时期(Klassik)(理性主义与非理性主义均衡);最后是浪漫派时期(Romantik)(非理性主义)。近代教育学就在这样的不断变换的时代精神中孕育而生。

启蒙思想并非起源于德国,而是由邻国传入。因此德国启蒙思想家所关注的焦点,并非启蒙的内涵,而是启蒙的方法与限度。对他们而言,首要任务是掌握理性,并在大众中传播。所有人的启蒙,成为他们最关注的事情。

---

① Campe, J. H. (Hg.). (1979 Reprint). Allgemeine Revision des Gesamten Schul- und Erziehungswesens: von einer Gesellschaft Praktischer Erzieher, 16 Bde, 1785—1792, Vaduz/Liechtenstein.

正如康德所言：我们并未生活在一个"启蒙了的时代"，而是一个"启蒙的时代"。如何实现大众启蒙的理想？如何传播理性？方法问题由此产生。18世纪下半叶，德意志的启蒙思想家采取了两条不同的路径。

第一条是通过康德所谓理性的公开运用。即在公众面前，运用理性批判阻碍人们运用自己的理性的教会权威和专制主义。不过，这条公众启蒙的道路并不容易。因为启蒙运动首先是一种精英现象。德意志地区的启蒙运动在知识界中通过文化读物传播，普通大众鲜有接触的机会。有研究者通过对启蒙读物在普鲁士地区的销量和受众的分析指出："在普鲁士，启蒙思想家对下层民众的影响相当有限，换言之，广大中下层民众并没有成为普鲁士启蒙运动最直接的受益者。"① 由此可见第一条路径在影响力上的局限性。1784年门德尔松写道："启蒙、培植和培养这些词是我们语言的新来者。它们目前只是属于书面话语，大众很少理解它们。"②

第二条路径借助教育。在18世纪下半叶的德国，教育的功能得到前所未有的重视与提升。正如康德所言："人只有通过教育才能成为人。除去教育在他身上所塑造的东西，他什么也不是。"③ 启蒙时代对教育的重视，一方面与启蒙时代朝向人的转向有重要关系。启蒙时代关于人的构想（Menschenbild），继承了人文主义的内核，挣脱了教会权威的禁锢，追求人本身的尊严和自由。人是朝着完善前进的，是可以达到完善的。"通过教育的引导，所有人得到改善和精神上的成熟，这是启蒙运动的核心理念。"④ 另一方面，部分统治者也试图借助教育来建立新的社会秩序。对社会的改造和变革，以对人的改变为基础。而人的改变，则要依赖教育。这两种观念，共同导致教育地

---

① 李工真：《德意志道路：现代化进程研究》，武汉大学出版社，2005年版，第435页。

② [美]施密特：《启蒙运动与现代性：18世纪与20世纪的对话》，上海人民出版社，2005年版，第56页。

③ Kant, Immanuel (1963). *Ausgewählte Schriften zur Pädagogik und ihrer Begründung*, Besorgt von Hans-Hermann Groothoff unter Mitwirkung von Edgar Reimers, Paderborn: Ferdinand Schöningh, S. 11, 13.

④ Reble, Albert (1951). *Geschichte der Pädagogik*, Stuttgart: Klett-Cotta, S. 141.

位大幅提升。

启蒙时代的思想家因此对教育持乐观态度。"教育""成熟""启蒙"等词汇被紧密联系起来。因为只有受过教育的人，才能步入成熟，才有能力和勇气运用自己的理性，成为一个"启蒙了的人"。通过教育，可以让人变得更加完善，可以让社会变得更美好。在此背景下，一些自觉"已启蒙了的人"，转而变身为启蒙者，成为其他"未启蒙的人"的教育者。大众启蒙成为有知识和有影响力的人所共同关心的事务。"倘若一位学者，不是一名真正的'启蒙者'，即大众教育者，他必招人嘲笑。"① 在当时，有知识有教养的人，均以关心、探讨教育为己任，大部分思想家都对教育做出了自己的思考。这是18世纪末19世纪初关于教育的论述和著作，在德国大量涌现的主要原因之一。

（三）"教育世纪"与教育事业的发展

在德国教育学界，18世纪通常被称为"教育世纪"。因为此前没有哪个世纪能像18世纪一样，"产生如此丰富的，关于教育与教学的实践经验和理论思考的教育学文献"②。"教育世纪"对德国学者而言，是教育改革的世纪、是教育国家化的世纪、是教育世俗化的世纪、也是教育理论化的世纪。

18世纪，随着启蒙运动的不断深入，通过教育培养人和改造社会的观念不断得到上层统治者和知识分子的重视，同时受到世纪初虔敬派发展教育事业的影响，加上统治者试图让教育世俗化的倾向，德意志地区的大小邦国相继展开了教育改革。国家出资设立学校，取代或收回原本由教会掌控的学校教育，实现教育的国家化。在受过启蒙的开明君主眼中，教育不仅要培养虔诚的教徒，而且还要培养有用的臣民。1717年，弗里德里希·威廉一世颁布法令要求在整个普鲁士地区施行义务教育。从70年代开始，普鲁士、奥地利、萨尔茨堡、巴伐利亚等邦国相继开展教育改革。到18世纪末，德意志地

---

① Reble, Albert (1951). *Geschichte der Pädagogik*, Stuttgart: Klett-Cotta, S. 141.

② Niemeyer, A. H. (1801). *Ansichten der deutschen Pädagogik und ihrer Geschichte im 18*, Jahrhundert, Halle, S. 6.

区的初等教育已经初具规模,大概平均每两个村庄就有一所学校。①

随初等教育和中等教育的发展壮大,对师资数量和质量的要求随之提升。但是多数教师,尤其是乡村教师,缺乏严格的师资培训,"他们的知识范围从未超出他们以前在乡村学校或其他地方所学的贫乏知识"②。师资培训的要求由此产生。1738年,格斯纳(Johann Matthias Gesner,1691—1761)在新创建的哥廷根大学创建了第一个教育学研讨班,有9名神学学生。此后其他大学也把教育学的讲座增加到了哲学的课程中。普鲁士的柯尼斯堡大学于1765—1766学年冬季学期已开始设立私立性质的教育学讲座。1774年,柯尼斯堡大学哲学院设立公立的教育学讲座,由诸教授轮流执教。博克、康德等人均主讲过教育学讲座,但是他们的身份并非教育学教授。1779年,哈勒大学设立独立的教育学教席,经普鲁士教育大臣策特利茨介绍,特拉普成为首位占据德国教育学教席的教授。到18世纪末,其他大学也开始开设教育学讲座,例如哥廷根大学、海德堡大学、基尔大学,以及后来的莱比锡大学和耶拿大学。各种地方师资研讨班的设立,大学中教育学讲座的开设,直接推动了教育学著作的产生,同时也是教育学著作传播的重要途径。

18世纪,德国大学也经历了一场从传统到现代的变革。1694年,哈勒大学成立,它以思想自由和教学自由为基本原则,传授现代哲学和现代科学,被称为"德意志第一所具有现代意义的大学"。随后成立的哥廷根大学(1734)和埃尔朗根大学(1743)带动了传统大学变革。到18世纪末,所有德意志地区的大学,都按照哈勒和哥廷根大学的模式进行了改革。③ 经过改革,德国大学成为科研与学术的真正代表。大学既培养了人才,也提供了舞台。它培养了一大批学者和思想家,为18世纪末19世纪初近代教育学的集

---

① Hammerstin, Notker und Herrmann, Ulrich (Hrsg., 2005). *Handbuch der deutschen Bildungsgeschichte*. Band II. 18. Jahrhundert. Von Späten 17. Jahrhundert bis zur Neuordnung Deutschlands um 1800, München: Verlag C. H. Beck, S. 235.

② [德]弗里德里希·鲍尔生:《德国教育史》,张弛等译,人民教育出版社,1986年版,第95页。

③ [德]弗里德里希·鲍尔生:《德国教育史》,张弛等译,人民教育出版社,1986年版,第83页。

中出现奠定了基础;大部分近代教育学的作者,都有在大学学习和工作的经历,部分教育学著作是他们在大学讲授教育学的直接成果。

进入大学学习,是近代教育学的作者们依靠知识谋生的开始。大学中提供的学术训练,为之后理论著作的写作奠定了基础。早年担任家庭教师或者学校教师的经历,使他们大都具备了一定的教育实践经验。部分教育学著作,甚至专门为家庭教师而作。在大学中讲授教育学讲座或指导教育学研讨班的经历,令他们产生丰富教育学知识的自觉与可能,促使他们走上将教育学知识理论化、体系化的道路。

四、得教育学风气之先的先驱们

时代情境与个性特征,共同造就了风格迥异、形态丰富的教育学。面对18世纪末19世纪初的时代情境,生长于其中且个性相异的诸位教育学作者,家庭出身、受教育经历、职业经历均有差异。他们对时代情境的感知不同,产生的教育学观念有别,创作出的教育学形态各异。

据已掌握的资料显示,1770—1810年间,至少有15本教育学著作在德意志地区出版,它们分别以"教育艺术""教育原理""教育学说""教育学指南"或"教育学"为名。有13本出版于赫尔巴特的《普通教育学》之前。见表1。

表1 近代教育学出版概况

序号	出版年	作者	题名	出版地
1	1771	J. P. Miller (1705—1781)	*Grundsätze einer weisen und christlichen Erziehungskunst*《智慧与基督的教育艺术原理》	Göttingen(哥廷根)
2	1780	F. S. Bock (1716—1785)	*Lehrbuch der Erziehungskunst, zum Gebrauch für christliche Eltern und künftige Jugendlehrer*《教育艺术教科书——写给基督教父母和未来的青少年教师》	Königsberg(柯尼斯堡)

续表

序号	出版年	作者	题名	出版地
3	1780	E. C. Trapp (1745—1818)	Versuch einer Pädagogik《教育学探讨》	Berlin（柏林）
4	1793	J. C. Greiling (1765—1840)	Über den Endzweck der Erziehung und über den ersten Grundsatz einer Wissenschaft derselben《论教育的最终目的兼论教育作为一门科学的首要原理》	Schneeberg（施内贝格）
5	1795	J. H. G. Heusinger (1767—1837)	Versuch eines Lehr Lehrbuchs der Erziehungskunst《教育艺术教科书的尝试》	Leipzig（莱比锡）
6	1796	A. H. Niemeyer (1754—1828)	Grundsätze der Erziehung und des Unterrichts《教育与教学原理》	Halle（哈勒）
7	1797	H. Stephani (1761—1850)	Grundriß der Staatserziehungswissenschaft《国家教育科学基础》	Weißenfels（魏森费尔斯）
8	1799—1801	W. F. Lehne	Handbuch der Pädagogik nach einem Systematischen Entwurfe《系统性构思的教育学指南》	Göttingen（哥廷根）
9	1802—1813	F. H. C. Schwarz (1766—1837)	Erziehungslehre《教育原理》	Leipzig（莱比锡）
10	1803	I. Kant (1724—1804) D. F. T. Rink	I. Kant über Pädagogik《康德论教育学》	Königsberg（柯尼斯堡）
11	1805	F. H. C. Schwarz	Lehrbuch der Pädagogik und Didaktik《教育原理与教授原理教科书》	Heidelberg（海德堡）
12	1802—1805	K. v. Weiller (1726—1826)	Versuch eins Lehrgebäudes der Erziehungskunde《教育常识体系的尝试》	München（慕尼黑）

续表

序号	出版年	作者	题名	出版地
13	1806	K. H. L. Pölitz （1772—1838）	*Die Erziehungswissenschaft, aus dem Zwecke der Menschheit und des Staates praktisch dargestellt*《教育科学——从人类和国家的目的中实践性阐明的教育科学》	Leipzig （莱比锡）
14	1806	J. F. Herbart （1776—1841）	*Allgemeine Pädagogik aus dem Zweck der Erziehung abgeleitet*《从教育目的引出的普通教育学》	Göttingen （哥廷根）
15	1807	J. P. F. Richter （1763—1825）	*Levana oder Erziehlehre*《莱瓦娜，或教育原理》	Braunschweig （布伦瑞克）

在这 15 部教育学中，有 5 部在德语书写的《教育学史》中长期占据重要位置。它们分别是特拉普的《教育学探讨》（1780）、康德的《康德论教育学》（1803）、尼迈尔的《教育与教学原理》（1796）、施瓦茨的《教育原理和教授原理教科书》（1805）、赫尔巴特的《普通教育学》（1806）、里希特的《莱瓦娜，或教育原理》。

（一）体系化教育学的初次尝试

1766—1768 年，特拉普在哈勒大学学习哲学和教育学。大学毕业后有十年在中学任教。1775 年，他开始为尼科莱的《普通德意志图书馆》撰写一些针对教育问题的评论性文章。在泛爱运动蓬勃发展之际（1777 年秋季），他来到德绍，进入巴泽多夫创建的学校工作。1779 年，哈勒大学设立独立的教育学教席，经普鲁士教育大臣策特利茨所推荐，34 岁的特拉普成为首位占据德国教育学教席的教授。1783 年初，由于与同事间争议不断，以及由此导致的失败，他放弃教席并离开哈勒大学，转而去坎佩在汉堡创立的教师培训机构任职。

初任教育学教授的特拉普遭遇重重困难。他的讲座没有合适的教科书，前来选课的学生数量不多，而且部分同事也不配合。于是，特拉普决定撰写一部教育学著作，作为其教育学讲座的教科书，并希望由此提升教育学讲座对学生的吸引力,加强教育学在哈勒大学的地位。另一方面,当时系统的教育学著作也确实匮乏。有感于此,在批判经验总结式教育学的基础上,特拉普试图构建教育学体系:"倘若拥有大量且正确的来自工作人员的教育观察和可靠的经验,则我们就可以书写出正确且可靠的教育学体系,而这种体系目前尚不存在。"①

在特拉普看来,教育学体系的建立,依赖于正确而可靠的教育观察和经验。而后者的获得,有赖于特殊的方法。他建议将泛爱派实践中的研究方法,应用于教育研究领域。特拉普以理论工作者的自觉,勇敢地承担起建立"正确且可靠的"教育学体系的责任。1780年,其著作《教育学探讨》正式出版。

1790年,特拉普的著作得到了较高评价:"他的教育学著作属于我们所能拥有的最好的作品之一;我们发现,他将他所学到的、所观察到的和所经历过的一切,都进行了有效的总结。"② 后来的研究者将该书定位为"对泛爱派教育改革理论的首次系统总结,是泛爱派基本著作之一"③;也是"首部体系化教育学(Systematische Pädagogik)"④。

(二)由大学讲义而来的教育学

1740年,康德进入柯尼斯堡大学学习。1748年,因家庭原因中断学业,后担任家庭教师七年。1754年,回到柯尼斯堡大学继续学习,并于1755年获得硕士学位。同年获得柯尼斯堡大学任教资格,担任编外教师(Privatdozent)。为赚取生活费,康德开设了很多课程,也很受欢迎。1770年,获得逻辑学与形而上学教授席位。自1776—1777学年冬季学期开始先后主讲过四次

---

① Trapp, E. C. (1977). *Versuch einer Pädagogik*. Hg. v. Ulrich Herrmann, Paderborn: Ferdinand Schöningh, Unveränd. Nachdr. d. 1. Ausg. Berlin, S. 61.

② Baur, Samuel (1981). *Charakteristik der Erziehungsschriftsteller Deutschlands: Ein Handbuch für Erzieher*, Unveränderter Neudruck der Ausgabe, Leipzig, 1790, Vaduz, S. 513.

③ Hopfner, Johanna (Hrsg., 2008). *Gelegentliche Gedanken über Erziehung*, Band 1. Frankfurt am Main: Peter Lang, S. 34.

④ Trapp, E. C. (1977). *Versuch einer Pädagogik*, Hg. v. Ulrich Herrmann, Paderborn: Ferdinand Schöningh, Unveränd. Nachdr. d. 1. Ausg. Berlin, S. 434.

教育学讲座。

柯尼斯堡大学设立教育学讲座的历史要追溯到1765年。这类教育学讲座不定期开设，且属于私立性质，学生选修这些私立讲座必须另外缴费，教师的报酬也只依靠学生的学费。1774年，为顺应策特利茨的教育改革，柯尼斯堡大学决定在哲学院正式开设名为"理论与实践的讲座"（Collegium Scholastico-Practicum）的公开讲座，由哲学院的八位教授轮流担任主讲教授。根据学院安排，康德曾先后四次主讲教育学讲座。1776—1777学年冬季学期，康德第一次主讲教育学讲座。当时约有三十个学生，他以巴泽多夫出版于1770年的《写给大众和家庭父母的方法论》作为教科书。到1780年夏季学期他再次主讲时，学生增加到六十人（这在当时是相当可观的数字），他选用了同事博克出版于1780年的《教育艺术教科书》。另外两次分别是1783—1784学年冬季学期和1786—1787学年冬季学期。虽然按照学校规定，主讲人必须为讲座指定一本教科书，但是康德的教育学课程，"无论在研究的进程上还是在原理上，均并不精确地遵循教科书"①。

1803年春，康德生前出版的最后一部著作——《康德论教育学》问世。根据康德本人的身体状况，他已无力关心这部著作的出版。该著由康德的学生林克依据康德在柯尼斯堡大学讲授教育学时的讲义整理编辑出版。林克（Friedrich Theodor Rink）于1786至1789年在柯尼斯堡大学学习，其间选听过康德的若干课程。1795年到1801年，林克与康德关系密切，成为康德家的常客，一周拜访康德两次。康德将关于自然地理学的讲义（后出版于1802年）以及关于教育学的讲义（后出版于1803年）均交给林克整理编辑出版。

康德的教育学文本，虽出版于1803年，但却形成于他主讲教育学讲座的期间（1776—1787）。遗憾的是，林克在编辑《康德论教育学》时所依据的康德原稿已经遗失。因此，在《康德论教育学》中所记载的是否是康德本人关

---

① Kant, Immanuel (1963). *Ausgewählte Schriften zur Pädagogik und ihrer Begründung*, Besorgt von Hans-Hermann Groothoff unter Mitwirkung von Edgar Reimers, Paderborn: Ferdinand Schöningh, S. 7. 比较："康德讲课从不受教科书的拘束"。肖朗：《康德与西方大学教育学讲座的开设》，《华东师范大学学报（教育科学版）》，2003年第1期。

于教育学的论述,是全部还是部分论述,以及林克是否在内容以及遣词上有增删等问题,均成疑问。虽然学界对《康德论教育学》的权威性尚无定论,但还是可以认定,它基本表达了康德的教育思想。

(三)作为家庭教育指南的教育学

1771年,尼迈尔在教师培训学院开始大学学习,先后跟随两位神学教授学习神学和哲学。1777年4月获得哲学博士学位后,在哈勒大学担任私立教师。他的职业生涯比较顺利。1779年,担任神学副教授。1784年升任神学正教授以及弗兰克基金会创办的教师培训学院的督导。1787年在哈勒大学创立教育学研讨班,并担任指导教师,同时他还讲授教学和教育理论的讲座,听者众多。

1784年尼迈尔开始发表关于教育问题的论著,最初的作品多与教育机构的管理和宗教教育有关。在承袭哈勒大学教育学教授席位之后,他开始出版教育学著作。1790年,尼迈尔计划写一本名为"学校教师和私人教师的教育学指南或者教育和教学的论文精选集"的著作。六年以后,这本著作完成,1796年以《教育与教学原理:为家长、家庭教师和教育者而作》为名在哈勒出版。

尼迈尔教育学源于其教育实践。在《教育与教学原理》出版之前,他担任教师培训学院负责人长达十二年,同时还任哈勒大学教育学教授八年。其教育学也以指导实践为目的。他希望自己能为家长、家庭教师和教育者编写一本"教育指南"。他尝试:"对迄今为止所出现的家庭教师和教育者的业务、责任及其关系加以完整介绍,对其他人的观点加以考察,并为读者呈现最正确的、最有用的以及作者通过自身经验检验过的经验。"[①]

《教育与教学原理》出版后,很受欢迎,在尼迈尔生前共七次再版。1835年经其子整理后出第九版;后来又经莱因(Wilhelm Rein)整理出新版,并给予它极高的评价。同时代的教育学家施瓦茨和赫尔巴特都曾称颂《教育与

---

① Niemeyer, A. H. (1970). *Grundsätze der Erziehung und des Unterrichts*:*für Eltern,Hauslehrer und Erzieher*,Herausgegeben von. 1 Auflage, Halle, 1796, Unveränderter Nachdruck, Paderborn:Ferdinand Schöningh, S. 22.

教学原理》是 1800 年前后最重要的教育学指南。赫尔巴特更是在 1831 年《对柯尼斯堡教育学活动的回顾》中写道：在向研究班学员推荐教育学著作时，"尼迈尔的作品我以各种方式加以推荐"①。

（四）神学教授的教育学

1783 年，施瓦茨进入吉森大学学习神学，后来也学习了哲学和数学。1786 年，大学毕业后跟随父亲担任辅助牧师。1789—1804 年，在多地担任牧师，创立并指导一所私立教育机构，该机构一直办到 1822 年。1804 年，38 岁的施瓦茨被改革重组的海德堡大学聘为神学教授，也是海德堡大学首位路德派神学教授。

1804 年，初任神学教授的施瓦茨向朋友表明今后教育工作的目标："通过教学实践为未来宗教教师和家庭教师的培养略尽绵薄。"② 1807 年，施瓦茨创办了以培养高中教师为主要目的的"教育学-哲学"研讨班。在海德堡大学的讲台上，这位新教神学家不断地发展、应用和检验其教育学理论，写出多部教育学著作。

施瓦茨自 1786 年开始从事教育工作，管理私立教育机构。随着教育实践的开展，他陆续出版了一些教育理论著作。他的第一部论著出版于 1792 年，专论女童教育。1796 年的《与一位关心教育和传教工作的大学生的通信》是施瓦茨将教育理论与宗教理论结合在一起的第一次尝试。随后的几年，施瓦茨专注宗教教育。19 世纪初，施瓦茨在其教育机构中积极引用裴斯泰洛齐的方法和教科书，并根据其应用效果，出版了若干专著。在推广裴斯泰洛齐教育方法的同时，施瓦茨也在尝试创作自己的教育理论。1802 年到 1813 年，他以《教育学说》为题，陆续出版了四卷教育著作，分别名为第一卷《人的本质——与一位有教养的女性的通信》、第二卷《论儿童，或者论 0—4 岁的儿

---

① ［德］赫尔巴特：《对柯尼斯堡教育学活动的回顾》，载《赫尔巴特文集 4（教育学卷二）》，浙江教育出版社，2002 年版，第 359 页。赫尔巴特还写道，虽然尼迈尔教育学著作的个别部分特别出色，但是自己也把它作为批评对象。

② Brief vom 20. 7. 1804，hs. BGLA Abt. 205，Fasz. 498. 转引自 Groothoff, Hans-Hermann (1968). F. H. C. Schwarz-Leben und Werk，S. 384.

童的发展与培养》、第三卷《4 岁至成熟期的青少年的发展》和《作为教学工作的教育》、第四卷《从古至今的教育的历史及其与民众的关系》；1829 年再版时，整合为三卷本，并分别命名为《教育的历史》《教育的系统》《教育的教学》。① 这部四卷本的教育巨著，前后创作的时间超过十年。

1805 年，他为学习教育学的青年学生出版了一部教科书——《教育原理与教授原理教科书》。② 这部著作几乎囊括了《教育原理》中除了教育史以外的精华。1817 年出版第二版，更名为《教育与教学学说教科书》（Lehrbuch der Erziehung-und Unterrichtslehre）。在这一版中，他将出版于 1807 年的著作《关于学校事业的学说的基础》，并入"教育学说"部分。③ 1835 年出第三版，施瓦茨在第二版的基础上，做了进一步的整理和修订，删除了部分陈旧的文献，调整了陈述框架，使之更为清晰且成体系。

施瓦茨一方面继承了尼迈尔的传统，将自己的教育学建立在对以往文献的研究之上；另一方面又回到特拉普，在教育学中融入教育实践经验。也正因如此，他将自己的教育学命名为"学说"。其《教育原理》主要面向女性读者，他采用了简明且易于理解的陈述方式，以便妇女能阅读。而《教育与教学学说教科书》则为那些想要成为教师的大学生而作，这也符合当时大学生毕业多半去做家庭教师的时代潮流。

---

① Schwarz, F. H. C. Erziehungslehre, 1. Auflage. 1. Bd.：Die Bestimmung des Menschen. In Briefen an erziehende Frauen, Leipzig, 1802. 2. Bd.：Das Kind, oder Entwicklung und Bildung des Kindes von seiner Entstehung bis zum 4. Jahre. Leipzig, 1804. 3. Bd.：1. Abt.：Entwicklung der Jugend von dem 4. Jahre an bis zur Reife. Leipzig, 1808. 2. Abt.：Die Erziehung als Unterrichtsgeschäft. Leipzig, 1808. Bd. 4：1. u. 2. Abt.：Geschichte der Erziehung nach ihrem Zusammenhange unter den Völkern von den alten Zeiten her bis auf die neueste. 2. Abt.：Geschichte der Erziehung als Unterrichtsgeschäft. Leipzig, 1813. 1829—1830 年再版，为三卷本。1. Bd. 1. U. 2. Abt. Geschichte der Erziehung. 2. Bd. System der Erziehung. 3. Bd. Unterricht der Erziehung. Leipzig. 1829/30.

② Schwarz, F. H. C. (1805). *Lehrbuch der Pädagogik und Didaktik*, 1 Auflage, Heidelberg.

③ Schwarz, F. H. C. (1807). *Grundriß der Lehre vom Schulwesen, als Nachtrag zu dem Lehrbuch der Pädagogik*, Heidelberg.

（五）遭冷遇的教育学

1794 年，赫尔巴特进入耶拿大学，学习哲学和文学，不久成为费希特的得意门生。但在 1796 年以后，与费希特和谢林哲学渐行渐远，并对希腊古典产生了兴趣。1797—1800 年，中断学业到瑞士伯尔尼担任贵族斯泰格尔（K. F. Steiger）的家庭教师。1800—1802 年，在不来梅一所教会学校教授数学。1802 年 5 月，到哥廷根大学准备申请博士学位和大学任教资格。同年 10 月，获得博士学位。1802—1803 学年冬季学期开始在哥廷根大学任编外教师，主讲教育学、逻辑学、形而上学和伦理学。1805 年，他拒绝了海德堡大学的邀请而在哥廷根大学升任哲学副教授。1809 年，赫尔巴特接受聘请担任柯尼斯堡大学哲学教授（康德曾据此位）。1810 年开始指导教育学研讨班。

1802—1803 学年的冬季学期，作为编外教师的赫尔巴特开设了他在哥廷根大学的首个讲座，内容是教育学。以教育学为讲座主题，确实是初登大学讲台的赫尔巴特所精心挑选过的。开设私立讲座收取学费，是大学编外教师获得收入的途径。首先，教育学讲座可能会受到学生的欢迎，因为毕业后准备从事一段时间家庭教师工作的大学生不在少数，这样便有了潜在的授课对象；另一方面，教育学讲座在内容上与其他同事的讲座不重复，在尽可能多地吸引学生选修的同时，也能尽量避免同事的排挤；此外，1797 至 1802 年间的教育实践工作，也为他从事教育学教学积累了一定的经验。此后的几个学期，他数次主讲教育学和哲学。这些教学实践以及其中的理论思考，为数年后的理论性著作的出版奠定了基础。

1806 年，《普通教育学》出版，1808 年《普通实践哲学》出版。① 本纳评论道："从来没有一个教育学理论家像他一样，在其学习时代以及研究和教学活动的开始，就已经发展出自己的教育学体系，在此后的多年，虽然一直在扩充，但从未做原理性修正。"② 本纳在指出赫尔巴特教育学的系统性和一贯性的同时，也表明了早期学习和教育实践对赫尔巴特教育学的重要影响。根

---

① Herbart, J. F. (1808). *Allgemeine Praktische Philosophie*, Göttingen.
② Herbart, J. F. (1986). *Systematische Pädagogik*, *Eingeleitet*, *ausgewählt und interpretiert von Dietrich Benner*, Stuttgart: Klett-Cotta.

据 1802 年赫尔巴特在哥廷根大学第一次讲授教育学时的课堂记录,赫尔巴特教育学中的基本观点,在 1802 年左右甚至之前已经形成。在教育学讲座中他已提出将教育学建设成为一门科学的志向:"这些观念的建立、论证和建构,是一项最高尚的也是最困难的哲学任务。这里之所以说它是最困难的,是因为我应该主要以心理学和伦理学为基础来建构,而非以纯哲学的基础为前提。"① 赫尔巴特提出要以心理学和伦理学为基础来建构作为科学的教育学。在出版于 1806 年的《普通教育学》中,赫尔巴特做到了这一点。孔佩雷评价赫尔巴特:"在《普通教育学》中,他已经陈述了其教育学体系的基本原则,后来的论著不过是对他在三十岁之前已经规划好的理论的发展与解释。"②

《普通教育学》出版时赫尔巴特刚好三十岁,与其他几位教育学作家相比,他是其教育学主要论著出版时最为年轻的作者。然而年轻的赫尔巴特所创作的教育学,在问世之后遭到了冷遇。在当时的德意志教育理论界,教育学著作频出。康德、尼迈尔、施瓦茨等作者在当时的名气,均比年轻的赫尔巴特要大得多,同年出版的里希特的教育学著作也因作者的名气而热销。在这样一批教育学理论著作的喷涌下,尚为编外教师的赫尔巴特所撰写的《普通教育学》遭到冷遇似乎也是情理之中。或是谦虚,或是对自己的著作有清醒的认识,1812 年,赫尔巴特称自己的《普通教育学》为"必然不完美的教育作品",因为它缺少心理学方面的内容。③ 类似的论述,还有 1831 年在《对柯尼斯堡教育学活动的回顾》中,他如此评价自己的教育学著作:"我的《普通教育学》是一部简略、部分不能让人充分理解的简编教材。……不过,对

---

① [德] 赫尔巴特:《关于教育学的两个讲座》,载《赫尔巴特文集 4(教育学卷二)》,浙江教育出版社,2002 年版,第 202 页。此处译文根据德文有所改动。对"教育机敏"概念的探讨,见 [德] 底特里希·本纳:《论赫尔巴特的教育机敏理论及其当代研究》,《比较教育学报》,2021 年第 1 期。

② Compayré, Gabrie (1908). *Herbart and Education by Instruction*, Translated by Maria E. Findlay, London: George G. Harrap & Company, p. 3.

③ [德] 赫尔巴特:《论教育学的阴暗面》,载《赫尔巴特文集 4(教育学卷二)》,浙江教育出版社,2002 年版,第 259 页。

我而言教育学从来就无非是对哲学的应用。"① 赫尔巴特教育学沉寂许久，直到19世纪中后期，经赫尔巴特学派发扬光大，鼎盛一时，且漂洋过海，西入美国，东传日俄。20世纪初被一批学者从日本引入中国，在中国播撒下现代教育学的种子。②

（六）写给父母的"莱瓦娜"

1781年，里希特进入莱比锡大学学习神学。1784年因经济窘迫无奈结束了大学生涯。离开大学后，在家专心从事两年写作。1787—1796年，在多地担任家庭教师，积累了近十年的教育实践经验。1792年，他第一次使用自己的笔名让·保尔（Jean Paul），其中"保尔"来自他原来的名字，而"让"源自对卢梭的尊敬。1795年出版小说《黑斯佩罗斯》，获得了出人意料的成功，其公众效应一度可与歌德于同年出版的《威廉·迈斯特的学习时代》相争辉。此后开始专事写作，成为一位极为成功的作家。

虽然里希特在青年时期通过家庭教育积累了丰富的教育经验，但他是六位作者中唯一一位没有在大学工作过的，其他五位都有在大学中教授教育学讲座或指导教育学研讨班的经历。如此看来，里希特似乎缺乏将其教育经验理论化的动机。然而，里希特也从未远离教育。青年时代，他担任过数任家庭教师以及落后地区学校的负责人。在走向文学创作的道路上，对教育的关注也时常在其作品中显现。他所创作的数部著名小说，均可被视为成长小说，例如《黑斯佩罗斯》《齐本克斯》《泰坦》《少不更事的岁月》等。青年人的教育问题，一直是里希特关注的核心问题之一。

里希特在《莱瓦娜》前言中解释了他创作教育理论著作的动机。③ 其一，

---

① ［德］赫尔巴特：《对柯尼斯堡教育学活动的回顾》，载《赫尔巴特文集4（教育学卷二）》，浙江教育出版社，2002年版，第359页。

② 比较周谷平：《近代西方教育学在中国的传播及其影响》，《华东师范大学学报（教育科学版）》，1991年第3期；侯怀银等：《德国教育学在中国的传播和影响》，商务印书馆，2018年版，第54—61页。

③ Richter, Jean Paul F. (1963). *Levana oder Erziehlehre*, Besorgt von K. G. Fischer, Paderborn: Ferdinand Schöningh, S. 18. Vorrede zur ersten Auflage.

改造当时的儿童教育。他认为青年成长中问题频发，源于错误的儿童教育。儿童是纯洁的天使，是一个充满各种发展可能性的胚芽，而家长和教育者的错误教育，引导儿童走向堕落与罪恶。为了让母亲和父亲重新认识其教育责任，改变错误的教育观念和方式，他写下《莱瓦娜》。其二，为总结并保存有价值的教育知识。当时各种著作、理论层出不穷，新著取代旧著的速度过快，许多真理需要收集和保存。此外，成长小说因为体裁的原因，无法将大量理论性的教育观点清晰地成体系地呈现。因此，创作一部理论性的教育著作实为必要之举。在《莱瓦娜》中，可多次见到对卢梭、裴斯泰洛齐等人教育论著的引用。关于里希特教育学的多项研究表明，其教育学受到卢梭、裴斯泰洛齐、康德、赫尔德等人的影响。

1807年里希特的教育学著作出版，他将之命名为《莱瓦娜，或教育原理》。"莱瓦娜"是罗马神话中一位女神的名字。她的职责是将新生儿从地上抱起，交给儿童的父亲，"赋予父亲以为父之心"，由此让父亲认清自己的责任，儿童的教育也由此开始。[①] 里希特借用了卢梭对《爱弥儿，或论教育》的命名格式，前半部分采用艺术性名称"莱瓦娜"，后半部分点明主旨是"教育原理"。

里希特对自己的教育著作相当有信心，称之为"长期的积淀和多年的经验所结出的果实或开出的花朵"。他确信，《莱瓦娜》是他生平著作的核心，他能通过它像他的小说一样对后世产生深刻而持续的影响。[②]《莱瓦娜》的受欢迎程度超过了他之前的其他著作。《莱瓦娜》的销量似乎也说明了其受欢迎程度，第一版于数年内即售罄。[③] 读者争相阅读，评论家也不甘寂寞。据统计，在《莱瓦娜》出版的同年，就有近十篇书评在各种期刊上发表，其中大

---

① 奥古斯丁（Aurelius Augustinus）在《上帝之城》中，对诸神的职责进行分类，其中负责把婴儿从地上拎起来的神，被称作"莱瓦娜"女神。［古罗马］奥古斯丁：《上帝之城（上下卷）》，王晓朝译，人民出版社，2006年版，第154—155页。在该著的索引中，译者备注 Levana 为罗马女神，负责新生儿认父亲的风俗。

② Richter, Jean Paul F. (1963). *Levana oder Erziehlehre*, Besorgt von K. G. Fischer, Paderborn: Ferdinand Schöningh, S. 300.

③ Lee, Eliza Buckminster (1864). *The Life of Jean Paul Frederic Richter*, 3. Edtion, Boston: Ticknor and Fields, p. 384.

多是赞扬。[①]

五、近代教育学何时"归位"

为近代教育学溯源的陈桂生问题，此前无人提出，此后也无人再尝试解答。"百花齐放"的德国近代教育学，在汉语教育学界"缺位"了。

"缺位"的原因多样。可能是研究旨趣的差别、对话语言的阻碍，也可能是历史意识的淡薄。差别、阻碍、淡薄本不可怕，可怕的是形成回避语言障碍、搁置历史意识的习惯。"缺位"的后果众多。许多教育学学习者对近代教育学所知甚少，赫尔巴特教育学几乎成为德国教育学的代名词；每溯及教育学科学化的源头，必归至赫尔巴特。实际上，在赫尔巴特教育学之前问世的多部教育学，均在教育学科学化的道路上做出过贡献。

国内教育学的"迷惘"和"贫困"，已有时日。比介绍和传播近代教育学发展状况，让其在汉语教育学研究中"归位"更为迫切的，是让它们在研究者心中"归位"；是教育学研究者对历史意识的积极寻回。这或许是教育学走出迷惘、自我扶贫的路径之一。

【作者简介】

牛国兴，1986年生，河南信阳人。华南师范大学教育学博士，曾受国家留学基金资助，赴德国波鸿鲁尔大学联合培养2年。现任职于顺德职业技术学院高职教育研究所。研究旨趣：教育学史、高等职业教育。曾发表学术论文若干，主持国家社科基金后期资助项目课题，出版专著《早期德意志教育学形态》。

---

① 关于同时代人对《莱瓦娜》的书评，参见：Wölfer, Kurt (Hrsg., 1978, 1981, 1983). Sammlung der Zeitgenössischen Rezensionen von Jean Pauls Werken Erster Band, in Jahrbuch der Jean-Paul-Gesellschaft, 13. 16. 18. Jahrgang.

西学东渐与教育学的建构

闻凌晨

2022年的夏天，比往年更加炎热。经历了三个月封控，人们似乎更加急躁。然而，你若是询问陈老师居家隔离多月的感受如何？他会淡然地告诉你：他很好，这三个月无非是在家里上了个"补习班"（通过如傅正、张捷、范勇鹏、金灿荣等人的视频）。然而，我的出现让陈老师不得不中断这个"补习班"，并着手新开一个"补习班"。当然，我也颇为幸运，受导师的指派，在陈老师家上一整个暑假的"补习班"。要知道此时疫情刚刚有所缓解，光是面授这样的形式都让学友们颇为羡慕，更何况老师是"倦迎送""对别人的下问，一向懒于作答"的陈老师呢！

原以为陈老师观看这些视频只为消遣，但细细一想，方觉不是这么一回事。2015年初春，硕士入学不久的我，得知师大出版社边上的小楼里有一场课程系的论坛。提前近20分钟到场，那也是挤不进去的，直到中场休息才能挤进会场。在那场探讨会上，陈老师便在讲师资文化与西学东渐。在随后的几年里，陈老师陆续发表《略论教育学"西学中化"问题的症结——三谈教育学究竟是怎么一回事》，后更名为《西学东渐中发生的中国教育学问题》[1]；

---

[1] 陈桂生：《略论教育学"西学中化"问题的症结——三谈教育学究竟是怎么一回事》，《教育学报》，2019年第3期。

《中西教育文化比较——四谈教育学究竟是怎么一回事》,后更名为《中西教育文化比较中透视的教育学问题》①。据牛国兴博士讲,陈桂生在《历史的"教育学现象"透视》中对近代德意志教育学的考察,是早期德意志教育学在中文书写的教育学史和教育思想史文献中最后一次集体露面。前溯六十年,后推二十年,早期德意志教育学在中文学术界均是"缺位"的。②

一、教育语词互译的难与易:"既对得上,又对不上"

暑期的第一讲,陈老师便抛出他的观点:把英文中的 education 翻译为中文里的"教育",既对得上,又对不上。这一论断很难不让人惊诧。正如尼采所言:"我们以语言形式进行思维……如果我们不愿意在语言的强制下进行思维,那我们就会停止思维。"(Wir hören auf zu denken, wenn wir es nicht in dem sprachlichen Zwange thun wollen.)③ 我们如果承认 education 与"教育"一词对不上,那么我们该如何思维呢?

置身于西学东渐进程之中,第一要务恐怕便是弄明白:西人所言为何物?西人所述有何义?深嵌于这一进程之中的学人恐不以为意。但姜峯楠(Ted Chiang)笔下的思想实验,他的中篇科幻小说《你一生的故事》(*Story of your life*,1998)以及由此改编的电影《异星入境》(*Arrival*,2016)就描绘了这样的场景:④ 来自异星的"七脚族"(heptapod)造访地球,由于不明来意,人类文明立刻警觉起来。为此,主人公露易丝·班克斯(Louise Banks)

---

① 陈桂生:《中西教育文化比较——四谈教育学究竟是怎么一回事》,《全球教育展望》,2019 年第 8 期。
② 牛国兴:《早期德意志教育学形态》,中国社会科学出版社,2022 年版,第 335 页。
③ [德]尼采:《尼采著作全集·第 12 卷,1885—1887 年遗稿》,孙周兴译,商务印书馆,2020 年版,第 224 页。"我们假如不想在语言的限制下思考,就会停止思考。"参见[以]盖伊·多彻:《换了语言,就换了脑袋:从荷马史诗到达尔文,语言如何影响我们的思想、行为与认知》,王年恺译,猫头鹰出版社,2021 年版。
④ 陈佩筠:《视觉思维的魔力:〈你一生的预言〉与〈异星入境〉》,《中央大学人文学报》,2020 年第 2 期,第 49—83 页。

奉命与七脚族"沟通"此访意图。① 因为语言和沟通策略的差别,人类无法对七脚族的"提供武器"做出共识的诠释。假设有外星人造访地球,他们是不是会先学会人类的语言,然后翻译一下就好了？未必这么简单。《异星入境》告诉我们：如果双方的思考、表达方式完全不同,就没有传达意念的基础,不是简单的翻译就能解决。电影里有这么一句话："语言是所有文化的基石,它是将人类凝聚起来的胶水。当然,任何冲突中掏出的第一个武器是语言。"②

当我们将情境略切换至最初的中西交往上面,随之而来的便是中西方政治、经济、文化的交往。伴随这一进程的便是清末民初新名词的出现与流行。③ 比如,"历史"④"经济"⑤"教育"⑥。比如,有学者指出："中国曾长期面临话语赤字。""由是以谭,中国今日于译书之中,苦名词之枯窘而借日本所已译者用之,正如英文借德文、法文之比例。且日本之文原祖中国,其译书则先于中国。彼等已几费酌度而后定此新名词,劳逸之分,亦已悬殊,何乐而不为乎？"⑦ 毛泽东指出："要从外国语言中吸收我们所需要的成分。我们不是硬搬或滥用外国语言,是要吸收外国语言中的好东西,于我们适用的东

---

① Tamek, Mounna. Sapir-Whorf Hypothesis and Its Implications in the Movie *Arrival*. *Medium*, December 19, 2017. https://medium.com/tamek/sapirwhorf-hypothesis-and-its-implications-in-the-movie-arrival-9b4b1d509dbc.

② https://pansci.asia/archives/114673. 原文为：Language is the foundation of civilization. It is the glue that holds a people together. It is the first weapon drawn in a conflict. 参见 https://medium.com/@robinmolinas/looking-back-at-the-movie-arrival-54acc2112a64.

③ 张仲民：《"文以载政"：清末民初的"新名词"论述》,《学术月刊》,2018年第2期,第161—171页。

④ 周振鹤：《十九、二十世纪之际中日欧语言接触研究——以"历史""经济""封建"译语的形成为说》,《传统文化与现代化》,1996年第6期,第48—54页。

⑤ 方维规：《"经济"译名溯源考——是"政治"还是"经济"》,《中国社会科学》,2003年第3期,第178—188页；方维规：《"经济"译名钩沉及相关概念之厘正》,《学术月刊》,2008年第6期,第136—146页。

⑥ 刘幸、施克灿：《"Education"何以译为"教育"——以日本有关学术史料为基础的讨论》,《教育研究》,2021年第11期,第86—95页。

⑦ 林乐知、范祎：《新名词之辨惑》,《万国公报》第184册,甲辰四月,第24—25页。

西。因为中国原有语汇不够用,现在我们的语汇中就有很多是从外国吸收来的。例如今天开的干部大会,这'干部'两个字,就是从外国学来的。我们还要多多吸收外国的新鲜东西,不但要吸收他们的进步道理,而且要吸收他们的新鲜用语。"①

事实上,近代以来常用的教育语汇,是在中西方文化交汇背景下形成的。近代教育活动的先驱在翻译西方教育文献、介绍西方教育情形时,不得不从中国原有词汇中加以抉择,从中选定同西方近代教育词语含义较为接近的词。所择定的词,一旦约定俗成,因为置于近代语境之中,它同这个词在古代原有的含义已经不尽相同了,这就叫做"旧词获得了新义";然而,某个词一旦约定俗成,它就纳入当代语言现实之中,以致在研究历史时,难免会以某个词的新义,代替它的本义,从而无形中落入"以今度古"的窠臼。② 除了旧词新义(传统词语被赋予新的意涵)外,还存在词义偏移,即旧词语的沿用和词义的引申。比如,陈老师便绘就了教育概念内涵演变轨迹的"涟漪图式",呈现为从以"道德人格善良"为本义,到增加"人格完善",再到"社会性格完善"。③ 当然,教育语词还出现新旧混杂,即表达相似含义的新旧词语同时并存。④

学术研究免不了探讨传统范畴中的"名与实"或福柯所言的"词与物"。荀子曰:"名无固宜,约之以命;约定俗成谓之宜,异于约则谓之不宜。名无固实,约之以命实;约定俗成,谓之实名。"(《荀子·正名》)如"教育""教养""教学"以及"教育学"的名与实。当然,如果引入语义三角理论,其实免不了涉及教育的事实形态(如教育事态)、思想形态(如教育概念和教育观念)和语言形态(即"教育"一词)。也就是说,"名与实"尚不足以准确表达现实世界和概念世界之关系,将其理解为"词(词语)—义(概

---

① 毛泽东:《反对党八股》,载《毛泽东选集(第3卷)》,人民出版社,1991年版,第837页。
② 陈桂生:《教育学的建构》,湖南教育出版社,1998年版,第180页。
③ 陈桂生:《普通教育学研究旨趣》,《中国教育科学》,2015年第3辑,第37—82页。
④ 方维规:《概念的历史分量:近代中国思想的概念史研究》,北京大学出版社,2019年版。

念）—物（事物）"的三元结构似乎更为贴切：词语是概念和事物的能指（能指1），概念既是词语的所指（所指1）又是事物的能指（能指2），事物则是词语和概念的所指（所指2）。因此，名实之间存在双重的张力，循名而责实，或者反过来为实而正名，都难以真正做到。①

陈老师从他的老师萧承慎那里获得关于"教养"一词的线索。比如，王焕勋的《我们应该如何理解教育学上的三个基本概念：教育、教养和教学》②。奥地利人类学家赫勃尔特·茨达齐尔（Herbert Zdarzil）指出，教育就是通过形成那种要学习的实施行为来促成行为倾向的活动，教养则是对决定性地贯穿于行为实施过程中的认识和知识的传授活动。教养把由它传授的认识和知识内容纳入到了对行为实施的教育指导活动之中，而教育在完成行为过程中以教养的结论为受教育者指明方向，使他认识这种行为的实施过程。③

据茨达齐尔的观察，赫尔巴特曾经使用类似于区分教育与教养的方式，来把"教学"作为"思想范围"的教养，同作为指导（明确的）行为的训育区别开来。教学和训育两者是作为教育的最高目的"道德性格的坚强性"提出来的。在方法上下工夫的教学仅仅旨在发展"兴趣的多方面性"，只有训育才导致意志的坚定性和道德的坚定性。日本学者佐藤正夫也有相似的论述。他指出，教学过程的基本课题在于教养，但教学过程不是单纯的教养过程，它同时也是教育过程。……我们并不把教学单纯地视为教养的手段，它同时也是教育的重要手段。……在教学中，教养与教育互为基础、互为前提，且相互制约。学生掌握了教养的结果——知识、认识、能力、技巧，它便成了教学中发挥丰富教育功能的基础和前提。……教养的成效明显地受制于教育的成功与否。④ 陈老师更深的用意其实是揭示教育学研究对象中的内在矛盾，

---

① 李里峰：《近代中国情境下的概念史研究——以方维规〈概念的历史分量〉为例的方法论思考》，《学海》，2020年第1期，第64—72页。
② 王焕勋：《我们应该如何理解教育学上的三个基本概念：教育、教养和教学》，载黄济、劳凯声《王焕勋教育文集》，江苏教育出版社，2011年版。
③ ［奥］赫勃尔特·茨达齐尔：《教育人类学原理》，李其龙译，上海教育出版社，2001年版，第119页。
④ ［日］佐藤正夫：《教学原理》，钟启泉译，教育科学出版社，2001年版，第239页。

即"教育"与"教养-教学"之间的逻辑鸿沟。① 在陈老师看来,教育学原是同称为"普通教学法"的"教养-教学理论"(现今课程-教学理论的前身)并行的学科领域。② 唯有辨析"教育""教养""教学"等基本概念,方能构建"教育"之学、"教养"之学、"教学"之学。

接着,"课程"(curriculum)在陈老师那里,就近于通过教-学活动实现"教养"的价值。而"教学"则是"教"与"学"连用,才错把两个单音字连用当做双音词。他改为称之为"教学"的"教-学活动"。英文、俄文、日文相应词汇都成为陈老师探讨的素材。在我国,尽管在国人看来,无课程的教学,或教学以外的课程不可思议;而在外界,"课程"是一个针对有待改革的教学晚出的概念。这表明我国虽可从西学东渐过程中得益,亦可能将错就错。③

今人为古代之"名"责实,为古代之"实"正名,以及在古代之"名""实"与现代"名""实"之间,寻求可比之项和对应关系,中学之"名""实"与西学"名""实"之间,寻求可比之项和对应关系。④ 否则,则会陷入"古不古、今不今、洋不洋、中不中"的境地。⑤ 陈老师提醒我们的一点便是,翻译是一种假设,警惕弄假成真。

其实,陈老师在这里无形中就讨论到语言多样性的问题。改用杜威的话便是,教育乃是使语言学的分歧具体化并受到检验的实验室。虽然没有萨丕尔-沃尔夫假设那么极端,却也承认不同语言对世界的切割(segmentation)方式不同,其与生俱来的相异性让于翻译之中寻找"同一性"成为不可能……抛却语言间的相异性,即便在同一语言内部……对同一事实做出不同

---

① 陈桂生:《普通教育学研究旨趣》,《中国教育科学》,2015年第3辑,第37—82页。
② 陈桂生:《教育原理的探求——读张建国〈陈桂生教育原理研究平议〉》,《中国教育科学》,2016年第4辑。
③ 陈桂生:《课程-教学概念别解》,《现代教育论丛》,2021年第2期,第17—19页。
④ 陈桂生:《教育学的建构》,湖南教育出版社,1998年版,第180页。
⑤ 陈桂生:《教育研究中的"古今中外文明错位"现象》,载《"教育学"辨——"元教育学"的探索》,福建教育出版社,1998年版。

的表达和理解,完美的翻译同样是不可能的。① 语言能够影响人的行为方式。其中一个著名的研究是基思·陈(Keith Chen)所做的"语言影响储蓄"。在这个研究中,他将语言分为"具未来式的语言"(futured languages)与"不具未来式的语言"(futureless languages)。"未来式"本身会使得语言的使用者将未来与当下断裂,并有明日遥遥无期之感;相较之下,没有未来式的语言则会让人对尚未到来的事件有清晰感知,因而有较多对未来的打算,表现为储蓄较多、抽烟较少、过重人口比例较低等。② 母语不同甚至会影响色彩分辨能力。美国麻省理工学院的科学家指出,英语中的"蓝色"一词,在俄语中没有对应的词汇,而是有"深蓝"和"浅蓝"这两个词汇。针对这一语言现象,他们设计了一组试验来检验分别以俄语或英语为母语的人对蓝色的分辨反应。研究发现,对于以俄语为母语的人来说,他们辨别色调差异明显的深蓝色和浅蓝色两种色块的反应速度,要明显快于辨别色调差异较小的两种深蓝色或两种浅蓝色色块。但对于以英语为母语的人来说,他们辨别所有色调的蓝色的反应速度基本相同。③ 贝蒂·伯纳(Betty Birner)认为:"语言的影响在于我们如何将现实分类并标签。在这个过程中,我们的语言和思维很

---

① 章文、孙凯:《"不忠的美人"与译者的任务》,"法国理论"公众号,https://mp.weixin.qq.com/s/hrxrAFTVn3P7kPH8LcUwTg。

② Chen, Keith (2013). The Effect of Language on Economic Behavior: Evidence from Savings Rates, Health Behaviors, and Retirement Assets. *American Economic Review*, 103 (2), 690—731. 转引自 https://consciousness-popsci.blogspot.com/2016/12/we-are-what-we-speak-or-are-we.html.

③ Maier, M., & Rahman, R. A. (2018). Native Language Promotes Access to Visual Consciousness. *Psychological Science*, 29 (11), 1757—1772. Winawer, J., Witthoft, N., Frank, M. C., etc. (2007). Russian Blues Reveal Effects of Language on Color Discrimination. *Proceedings of the National Academy of Sciences*, 104 (19), 7780—7785. 转引自 Color Terminology May Influence What We Do and Don't See, https://www.psychologicalscience.org/publications/observer/obsonline/color-terminology-may-influence-what-we-do-and-dont-see.html.

可能同时受到我们的文化所影响。"①

二、思维差异引发的误解：言他者有意回避，实则自身无意强调

假如可以做到语词互译，我们是否可以消除误会呢？陈老师给出的答案是："未必"。日本学者村井实是这样给教育下定义的："教育"是"使儿童（或每个人）变成善良的各种活动。"这里把"善"或"使之善"的概念用于定义中了。其他定义有意地回避了这个概念，比如"教育"是使儿童"适应社会的工作"，是"使之向所期望的方向成长"等表述形式。村井实坚称西方学者乃是有意地回避，这是因为在自称为科学的近代教育学中，因为"善"或"使之善"等概念涉及价值而使意义含混。村井实的基本立场是极力避免这种回避行为。②

当真是西方学者有意地回避吗？陈老师提供了一个颇为犀利的解释：与其说是村井实笔下的西方教育学者"有意地回避""善"或"使之善"，倒不如说是村井实本人"有意地"（其实更接近"无意地"，类似于先入之见）"强调""善"或"使之善"。用陈老师的话说，就是"东方学者本着东方的教育学观念误解了西方学者近于教养学的表述"③。值得注意的是，持有"善"或"使之善"概念的论者也绝非村井实一人，该主张在中国乃至东亚国家尚有一众粉丝；以村井实为代表的拥趸产生这些思想也绝非偶然，他们都是根植于儒家文化传统之中，深受中国或东亚地区教育学传统熏陶所致。因此，当东

---

① Betty Birner (n. d.). Does the Language I Speak Influence the Way I Think? Retrieved December 8, 2016, from Linguistic Society of America website. 转引自 https://www.thenewslens.com/article/57061/fullpage. 原文为：The influence of language isn't so much on what we can think about, or even what we do think about, but rather on how we break up reality into categories and label them. And in this, our language and our thoughts are probably both greatly influenced by our culture. https://www.linguisticsociety.org/content/does-language-i-speak-influence-way-i-think.

② ［日］村井实：《教育的定义与教育学》，载［日］大河内一男、海后宗臣等《教育学的理论问题》，曲程、迟凤年译，教育科学出版社，1984年版，第317—323页。

③ 陈桂生：《教育学究竟是怎么一回事：教育学辨析》，上海教育出版社，2020年版，第61页。

方学者们心目中"善"或"使之善"的思维方式、表达方式根深蒂固,指望着他们忠实地翻译先天性地缺乏"善"或"使之善"的西方教育语词或论述,其难度可想而知!

行文至此,我们或许只是感觉到陈老师只是揭示他人的误解,仿佛这样一来就能标榜自己的学识。其实并非试图把被颠倒的观念颠倒过来,无意以一种片面的见识取代另一种片面的见识,只是从西学东渐影响下,一向以外来教育文化为标准,关照本国教育文化的历史与现实,到尝试从中西教育文化比较中初步获得对这两种教育文化的新见。[①] 陈老师便致力于梳理教育学的传统与传统的教育学,探讨"各领风骚的教育学研究传统""传统教育学的历史命运"等议题,尝试回答"哪里是近代教育学的故乡?""谁得教育学风气之先?"。[②]

1989年,陈老师发表治教育学的处女作——《教育学的迷惘与迷惘的教育学》。作为一篇带着"教育学的迷惘"问世的"迷惘的"教育学评论,[③] 文章指出我国近半个世纪教育学发展中诸多不合逻辑的"逻辑":"苏联教育=社会主义教育=教育""中国教育=社会主义教育=教育"。当时治教育学的价值判断便是"中国现时的教育=古今中外最先进教育"。教育学研究不可避免地受到此价值观的影响,部分教育学人"以狭窄的价值观剪裁并不狭窄的资料"[④]。为此,陈老师展开对"堪称明智的""古今中外法"的批判。当然,也是在中外比较(苏联《教育学》与1960年内部印行的《教育学》)中,陈老师发现即便两种倾向相反的教育学在精神上却有相通之处:其一,"把本国一定时期的教育经验绝对化";其二,"以本国的眼光看待别国教育经验,按一定时期的需要裁剪教育的历史"。由此可见,在陈老师的心目中,无论是迷信他者,还是迷信自我,两者都不可取。于陈老师而言,寻常的逻辑、寻常

---

① 陈桂生:《教育学究竟是怎么一回事:教育学辨析》,上海教育出版社,2020年版,第62页。
② 陈桂生:《历史的"教育学现象"透视——近代教育学史探索》,人民教育出版社,1998年版,第197页。
③ 陈桂生:《"教育学视界"辨析》,华东师范大学出版社,1997年版,第446页。
④ 陈桂生:《教育学的迷惘与迷惘的教育学——建国以后教育学发展道路侧面剪影》,《华东师范大学学报(教育科学版)》,1989年第3期。

的方法、寻常的价值观，既是西学东渐研究之所得，同时又为西学东渐研究所用。

如果说贝尔纳（J. D. Bernal）在《科学的社会功能》（*The Social Function of Science*）一书中，论述了"科学的民族特点"（national characteristics in science），那么陈老师则是尝试阐明"教育"的民族特点（national characteristics in "education"）。具体而言之，陈老师的工作旨在揭示教育的民族特点以及各国的教育和社会之间存在的各种不同关系。"如果把这些特点神秘地说成是渊源于民族灵魂或种族的血统，那便是彻头彻尾的蒙昧主义，而且根本不能帮助我们理解这些特点怎样以不同方式结合在一起促使整个科学往前发展。"①

综上所述，西学东渐总是关涉着理解，而理解的对象纷繁复杂、理解的主体持有前见，因而，理解可能并不是单一的。每每陈述自己的判断之后，陈老师都会谨慎地声明"力求避免从一个片面的判断转向另一个片面的判断"②。正如伽达默尔所言："理解，无论它可能意味着什么，都不意味着一个人与他所'理解'的任何东西或任何人是完全一致的。不同思想在理解中变成一致就是空想。理解意味着我能够公正地权衡和考虑他人思考的东西！"③诚然我们需要关注理解的复数性质。但这并不必然要去模糊理解与误解两者之间的边界。"语言就像下水道（plumbing）：只有在出问题的时候我们才会去注意它。"但是，由误解造成的问题并不总是显而易见的，而且它们往往发生得比我们想象的频繁。大多数人不仅严重高估了他们向别人解释得有多好，而且高估了他们有多理解别人。④ 对于教育、教育学，国人有哪些误解？常人可能不以为意，陈老师却恰恰以此入手，并习得辨析之专长。

---

① ［英］J. D. 贝尔纳：《科学的社会功能》，陈体芳译，广西师范大学出版社，2003年版，第231页。
② 陈桂生：《中西教育文化比较——四谈教育学究竟是怎么一回事》，《全球教育展望》，2019年第8期。
③ ［德］汉斯-格奥尔格·伽达默尔：《从话语到概念：作为哲学的诠释学的使命》，陈莹译，王宏健校，《世界哲学》，2022年第5期，第85—93页。
④ ［美］罗纳德·B. 阿德勒、拉塞尔·F. 普罗科特：《沟通的艺术：看入人里、看出人外（第15版）》，黄素菲等译，北京联合出版公司，2018年版，第152页。

三、中西比较的目的与手段：中国教育学人"插嘴"么？

在长达两个世纪的教育学历程中，关于"教育"之学，长期争议不休，其中可有中国教育学人"插嘴"么？中国学人关于中国教育学的创见何在？陈老师言及自己虽未同洋学者发生过任何直接交往，而自己经历的教学苦旅，事实上主要以洋学者为"导游"，却浑然不觉。迄今为止，我国教育学是否超出"西学东渐时代"？这是个不能不考虑的问题。固然，就国际教育学术交流来说，我们不仅现在仍须借鉴西学，将来也不致没有如此必要。不过，单向输入，未必称得上学术交流。问题在于单就"教育学"来说，我们除了捧出"孔圣人"牌位以外，还有什么教育的"东学"对外"输出"呢？这正是陈老师近年来的"教育学的迷惘"。①

论及师资文化之际，陈老师给出的判断是：尽管中国早就得风气之先，若把如此变化视为"东学西渐"的迹象，就未免过于天真了。因为在中国曾经发生的"西学东渐"过程，原是为求迅速改变落后面貌不得已而为之。而如今发达国家中的习惯势力还未放下以其价值倾向臧否发展中国家的架势。②东学西渐，抑或西学东渐？陈老师做出了谨慎的判断，尽管这一判断并不为"自信"的国人所认同。两类师资文化各自解决的问题不同。因为无论旨在使教师理性地运作，还是教师价值追求与职业态度，都是有待解决与正在解决的问题。所以这两类文化之间并不是非此即彼、非彼即此的关系。只不过在不同时代，不同社会-文化中，在这两者抉择中的权重不同。不过，亦难免发生矫枉过正的现象。③

八九十年代"文化热"期间，中西文化比较大体以现代化为宗旨。但事实上，也产生了诸多"副产物"，比如文化包袱、文化负罪感、心理障碍等。

---

① 陈桂生：《普通教育学研究旨趣》，《中国教育科学》，2015年第3辑，第37—82页。
② 陈桂生：《师资文化研究旨趣》，《北京大学教育评论》，2014年第3期。
③ 陈桂生：《师资文化引论》，《中国教育科学》，2016年第1辑（原题为《略论以"师资文化"为专门论域——"西学东渐的影响与中国师资文化的特点"论坛主题报告》）；张建国：《陈桂生教育原理研究平议》，《中国教育科学》，2016年第1辑。

甘阳指出："巨大的文化财产变成了巨大的文化包袱（保住家业）、巨大的文化优越感变成了巨大的文化负罪感（愧对祖宗），这不能不说是中国现代化进程中的一个巨大心理障碍。"由此，问题的实质就根本不在于中西文化的差异有多大，而是在于：中国文化必须挣脱其传统形态，大踏步地走向现代形态。正因为这样，我们必须特别注意不要用中西文化的地域差异来模糊、转移中国古今文化的差异这一严峻任务。① 其实，甘阳就是将中国/西方这一文化讨论的坐标轴，转换为传统/现代这一时间轴上的落后/先进的判断。②

在中西教育比较中，"我国教育文化中是否存在人无我有的先见之明和有利条件？是否察觉别国开始察觉而我国学者未察觉的缺陷？是否恰当地运用我们的有利条件来改进我们的教育？"③ "由于现今毕竟仍然存在西学优势，我国在长期西学东渐过程中形成的习惯势力的影响不可低估，以致往往以西学的眼光关照我国土生土长的教育见识和举措。"

陈老师是如何处理他的事实与解释的呢？陈老师一直尝试去搭建中西比较的解释框架。这里他曾援引历史学家爱德华·卡尔（Edward Carr）的说法：任何从事实际工作的历史学家如果在思考和写作的时候停下来仔细想一想，都知道他所从事的只是一个连续不断的把他的事实放进自己的解释的模型中加以塑造（moulding his facts to his interpretation），又把他的解释放进自己的事实的模型中加以塑造（moulding his interpretation to his facts）的过程而已。④ 事实上，陈老师也有自己的一套解释框架，他尝试促成事实与解释的互动——"解释教育历史实践内在的逻辑，就是从历史事实中概括出足以表述教育活动演变的诸范畴；再以抽象出来的诸范畴，解释不同时代的教育。

---

① 甘阳：《古今中西之争》，生活·读书·新知三联书店，2012年版；甘阳：《八十年代文化讨论的几个问题》，载《文化：中国与世界》编委会《文化：中国与世界（第一辑）》，生活·读书·新知三联书店，1986年版。

② 贺桂梅：《1980年代"文化热"的知识谱系与意识形态（上）》，《励耘学刊（文学卷）》，2008年第1期。

③ 陈桂生：《教育学究竟是怎么一回事：教育学辨析》，上海教育出版社，2020年版，第323页。

④ ［英］爱德华·霍列特·卡尔：《历史是什么？》，吴柱存译，商务印书馆，1981年版，第28页。

这类范畴,也在具体解释不同时代教育的过程中经受检验。"① 正是基于上述逻辑,陈老师实现了《广义教育学史》到《历史的"教育学现象"透视》的转变,即尽可能以"逻辑的"历史叙述方式,表达原先从历史研究中发现的逻辑。

事实上,陈老师与当下的世界范围内的教育学研究也并不脱节。② 我们可能注意到格特·比斯塔(Gert Biesta)教育学的学科意识。他指出,虽然其他学科可以从自己的角度研究教育过程和实践,但它们并不具有这样一类装置(the devices),即将"教育中的现实捕捉为教育性现实"(to capture the reality of education as an educational reality)。虽然教育心理学会提出关于教育的心理学问题,教育史会提出历史问题,教育哲学会提出哲学问题,教育社会学会提出社会学问题,但剩下的问题便是谁会提出"关于教育的教育问题"(educational questions about education)。陈老师似乎早在自己的教育学信条中便有所回应,那便是"确认'教育学'姓'教'"。他明确指出:从别的比教育学更带基础性质的学科中,吸取一般假设,同在教育学中照搬别的学科结论、甚至搬用别的学科对具体问题的论证,不是一码事。③ 在与张建国的通信中,他坦诚道:自己"一向无意介入教育学以外领域,只把此类思考隐含在教育问题的陈述中"④。

此外,陈老师与比斯塔都关注教育学跨文化研究。比斯塔在比较盎格鲁-美利坚教育学与欧陆教育学之后,指出在库恩的意义上,这两种建构的运作

---

① 陈桂生:《教育历史研究方法论问题》,载《教育文史辨析》,华东师范大学出版社,2012年版,第19页。

② Whitty, G. & Furlong, J. (eds., 2017). *Knowledge and the Study of Education: An international exploration*, Wallingford: Symposium. B. B. Gunderm, Stefan Hopmann (eds., 2002). *Didaktik and/or Curriculum: An International Dialogue*, New York: Peter Lang. Ian Westbury, Stefan Hopmann & Kurt Riquarts (eds., 2000). *Teaching as a Reflective Practice: The German Didaktik Tradition*, Mahwah, New Jersey: Lawrence Erlbaum Associates.

③ 陈桂生:《教育学建构刍议——我的教育学信条》,《上海教育科研》,1998年第11期。

④ 陈桂生:《教育学究竟是怎么一回事:教育学辨析》,上海教育出版社,2020年版,第202页。

好似不可通约的范式，从一种建构到另一种建构的转变是一个转换（conversion）的问题，而不是翻译（translation）的问题。然而，即使这两种结构在某种程度上是不可通约的，因为没有共同的尺度允许将一个结构简单地对话到另一个结构，比斯塔不认为这种不可通约性（incommensurability）是交流的终结。不可通约性反而表明不同的传统可能会对彼此产生好奇，可能会增进对彼此的了解，并且通过这种了解，也可能开始看到他们自身行为方式、思考方式的不同。① 事实上，陈老师正是在西学东渐的背景下，审视英美、欧陆与东亚这三种教育学建构。他的工作已经远远胜过从一种建构到另一种建构的翻译。陈老师质疑《学会生存》之后"学"字当头话语的盛行，并曾提问：从"教"字当头转为"学"字当头，将会遇到什么问题？贵校打算实施怎样的变革，实现"学"字当头？② 无独有偶，比斯塔则是提出了"教育的'学习化'（the learnification of education）"③。

四、没这种麻烦，那就更麻烦了！

在西学东渐过程中，陈老师注意到教育学理论建构的基本链条：教育概念—教育语言—教育命题—形式语言—理论体系。这里包含着治教育学的基本要素。在他看来，考察以上诸要素，于一般的人而言可能是麻烦之举，但对教育学人而言，他则喜欢借用上海京剧院演出的《曹操与杨修》中的一句台词予以回应——"如此一番唠叨，不免引起人家厌烦。岂不知，没有如此

---

① Biesta, G. (2011). Disciplines and Theory in the Academic Study of Education: A Comparative Analysis of the Anglo-American and Continental Construction of the Field, *Pedagogy, Culture & Society*, 19 (2): 175—192.
② 陈桂生：《聚焦班主任——"班主任制"透视》，教育科学出版社，2012 年版，第 45 页；陈桂生：《教育原理的探求——读张建国〈陈桂生教育原理研究平议〉》，《中国教育科学》，2016 年第 4 辑。
③ ［荷］格特·比斯塔：《重新发现教学》，赵康译，北京师范大学出版社，2021 年版。

厌烦，或许更加厌烦。"① 这之后，他总会如此归纳他的苦心：如此多余的唠叨，或使人烦恼。于教育之学，没有如此麻烦，或许更加麻烦。

按理说，果真只需常理、常法、常规，那么我们常人似乎很容易便可达到。乍一看，常理、常法、常规无非就是常人所持之理、所用之法、所循之规。然而事实便是，恰恰是通过常理、常法、常规，陈老师反而能够得到很多不寻常的结果。

问题就在于这里的"常"并不寻常。我们可能以教条为常，但陈老师则警惕之；我们可能会以惯有的思维方式为常，但陈老师却不断地批判自己原有的认识；我们可能会以时事变迁中的价值判断、优劣比较为常，但陈老师却谨慎地对待每一份可疑的论述。以西学东渐与教育学建构为例，陈老师至少为我们罗列了这样的思考清单：受惠于西学东渐之术语体系，但未必能够反思这样的翻译合理与否；置身于西学东渐进程之中，但未必从思维方式的层次去反省西人理论建构的道理；习惯于在西学东渐的过程中"坐着听"，但未必都有"插一句嘴"的抱负与学识。与此相对应，对待西学东渐就会产生以下诸般态度：以西学东渐为基本事实、以西学东渐为理论资源、以西学东渐为反思对象、以西学东渐为考察方法。上述诸取向犹如涟漪图式一般，我们可能持之一二便心满意足了，但陈老师尤恐不足。他自己并不信奉教条，引导他人破除思维定势。如此这般，方能见他者所不能见，言他者所不能言。因此，对教育中西学东渐的考察，同样少不了常理、常法、常规。

【作者简介】

闻凌晨，男，1991年生，教育学博士。硕士博士均毕业于华东师范大学教育学原理专业，先后师从黄向阳副教授、范国睿教授。现为上海师范大学教育学院讲师，研究方向为教育基本理论、学校变革与发展、课程理论、道德教育与法治教育。2022年夏，受导师范国睿教授的委托，赴华东师范大学

---

① 剧本原文为"许褚、张辽呀，你们跟他是好朋友，劝劝他，再有本事，也别这么讨厌行不行呀？不过话又说回来，要是没这种讨厌，那就讨厌了！"参见陈亚先：《新编历史京剧〈曹操与杨修〉剧本》，载龚和德、黎中城《京剧〈曹操与杨修〉创作评论集》，上海文化出版社，2005年版，第32页。

丽娃大厦对年近九旬但仍坚持思考与写作的陈桂生教授进行访谈，尝试记录他的"教育学的信仰"。同时，参与陈桂生、范国睿、黄向阳、闻凌晨四人的"教育学问对"。问对间，陈桂生教授陆续萌生出"陈桂生之问"（The Chen Guisheng Question）、"教育"与education互译的适切性、教育学的逻辑框架等诸多新议题。就此而言，在受教于范国睿、黄向阳两位导师外，还很幸运地得到陈桂生教授的指导。

教育学的理论类型：从二分法到四分法

黄向阳

1988年夏天我大学毕业，离开了华东师大，临别之际依依不舍，和一位同学相约两年后重返母校。1991年秋天，我如愿以偿，考回母校母系，拜师陈桂生先生，攻读硕士学位。① 这三年期间正是改革开放十周年前后，教育学界对于刘佛年校长主编的《教育学》以及这十年里仿照其基本框架编写的众多教育学新版本多有回顾和反思。那种盛行于全国的"大教育学"都有类似这样的宣称："教育学是一门科学，既反映教育的客观规律，又指导我们的教育实践。"② 可实际上并未实现其承诺。1989年，我师陈桂生先生发表《教育学的迷惘与迷惘的教育学——建国以后教育学发展道路侧面剪影》，痛心地指出他们那一代教育学者所研习和经营的教育学令人不满——人们一方面批评它"理论水平不高"，另一方面又指责它"实践指导意义不大"。③ 同年，我师还与叶澜、瞿葆奎先生合作发表《向着科学化的目标前进——试述近十年我国教育研究方法的演进》，主张革新研究方法，加强实证研究，逐渐使教育学

---

① 黄向阳：《从道德教育论到德育原理——德育理论寻脉记》，《中国教育科学》，2021年第2期，第133—141页。

② 刘佛年：《教育学》，人民教育出版社，1979年版，第1页。

③ 陈桂生：《教育学的迷惘与迷惘的教育学——建国以后教育学发展道路侧面剪影》，《华东师范大学学报（教育科学版）》，1989年第3期，第33—40页。

形成较为严密的科学体系，以配享"科学"的称号。① 当时的年轻学子备受鼓舞，跃跃欲试，随着学习和研究的深入，却又对科学标准及实证方法是否适合教育理论心存疑虑。他们在教育研究方法论之类的课上，在学术沙龙上，甚至在提倡教育研究科学化的师长们面前提出质疑，从而引发了一场持续数年的学术争论和学科反思。②

正是在这种背景下，我师开始了他的"元教育理论研究"。这项课题于1990年获得国家教委社会科学研究与艺术教育司批准，列入"博士点（第三批）专项科研基金项目"。1993年，德国学者布雷岑卡（Wolfgang Brezinka, 1928—2020）的元教育理论（Metatheorie der Erziehung）被介绍到我国。③布雷岑卡根据陈述或命题的不同性质，将教育理论区分为科学理论、哲学理论和实践理论，进而批评教育学者们只承认一类教育理论而拒斥其他类型教育理论的学术偏见，讽刺他们试图建立"教育理论卡特尔"，以一种教育理论垄断整个教育学。④ 布雷岑卡这种关于教育理论的"三分法"，令我等教育学后进乃至老师辈学者们耳目一新。从那时起，许多学者不再偏执于"只能有一种教育理论"的狭隘观点，也放弃了对科学的迷信和狂热，不再纠结于自己对教育的研究是否属于科学范畴。一些谨慎的学者不再宣称自己是在从事教育科学研究（教育科研），却也深信哲学取向和实践取向的教育研究不可取代，理直气壮从事教育哲学研究，大大方方地开创中国气派的实践教育学。另一些学者则领悟到实证主义的科学标准在教育研究上的局限性，坚持对教育实践的经验形式进行历史-逻辑分析、历史-比较分析、历史-具体分析，致

---

① 叶澜、陈桂生、瞿葆奎：《向着科学化的目标前进——试述近十年我国教育研究方法的演进》，《中国教育学刊》，1989年第3期。
② 黄向阳：《教育理论三分法：布雷岑卡元教育学述评》，载檀传宝《教育思想的花园：教育基本理论前沿讲座》，教育科学出版社，2020年版，第23—56页。
③ 黄向阳：《布雷岑卡"元教育学"述评》，《外国教育资料》，1993年第2期，第46—53页。
④ ［德］布雷岑卡：《教育学知识的哲学——分析、批判、建议》，《华东师范大学学报（教育科学版）》，1995年第4期，第1—14页。

力于构建具有教育学特色的科学理论。①

我们赏析布雷岑卡的元教育学，我师则看出布氏教育理论分类方案不足以澄清我国教育学乱象。他在揭示和分析我国教育学"研究方法意识朦胧"现象时，从我国教育学中识别出科学理论、技术理论、价值理论和规范理论，②明确提出教育理论"四分法"，③在此基础上展开带有中国元素的元教育理论探讨。④我师还运用其元教育理论考察和分析我国各种奇特的"教育学现象"⑤——毋宁说，检视各种"教育学乱象"，细致辨析教育学中诸多常用

---

① 黄向阳：《教育理论三分法：布雷岑卡元教育学述评》，载檀传宝《教育思想的花园：教育基本理论前沿讲座》，教育科学出版社，2020年版，第23—56页。

② 陈桂生：《略论教育学"研究方法意识朦胧"现象》，《教育研究与实验》，1994年第2期，第1—7页。

③ 陈桂生：《"四分法"：教育理论成分解析的新尝试》，《教育研究与实验》，1995年第2期，第1—5页。

④ 陈桂生：《"元教育学"问对》，《华东师范大学学报（教育科学版）》，1995年第2期；《"实践教育学"问对》，《高等师范教育研究》，1995年第5期；《论"实践教育学"对实践的指导问题》，《云梦学刊》，1996年第1期；《略论作为"实践教育学"基本范畴的"规范"》，《高等师范教育研究》，1996年第3期；《关于教育学"独立"的学科地位问题》，《江西教育科研》，1996年第1期；《略论教育学"体系"问题》，《教育研究与实验》，1996年第1期；《略论"教育理论"、"关于教育的理论"与"元教育理论"》，《教育研究与实验》，1997年第2期。

⑤ 陈桂生：《略论"大教育学"现象》，《教育科学论坛》，1994年第4期；《略论教育学"绪论"与"本论"脱节现象》，《高等师范教育研究》，1994年第3期；《略论教育学成为"别的学科领地"现象》，《教育研究》，1994年第7期；《略论教育学"中国化"现象》，《教育理论与实践》，1994年第4期；《略论外国的"教育学现象"》，《外国教育动态》，1995年第2期；《"教育学的研究对象"是什么？》，《江西教育科研》，1995年第3期；《略论教育学同其子学科之间的关系问题》，《高等师范教育研究》，1995年第4期；《略论教育诸概念"泛化"现象》，《教育科学论坛》，1995年第4期；《谈教育学中的"定性定向分析语言现象"》，《教育科学论坛》，1996年第1期；《略论中国教育史研究中的"以今度古"现象》，《教育史研究》，1997年第4期。

的概念或术语,① 几乎可以说是以一己之力将我国元教育理论研究推向深入。

改革开放二十周年之际,再度来到教育学发展的回顾与反思的历史节点。有人撰文质疑且煞有介事地分析我国元教育学何以一时兴起便没了下文。② 其实,这是一种误解。元教育学在我国学术界非但没有沉寂,反而从"谈"元教育理论朝着"做"元教育理论深化。回顾和质疑者可能没有注意到,我国有诸多的研究成果虽未冒"元教育理论"之名,却行"元教育理论"之实。就我师陈桂生先生而论,在出版多部元教育学著作之后,③ 他依然没有停止对我国形形色色"教育学现象"的透视,④ 更没有停止对经典教育概念和命题的

---

① 陈桂生:《"政治教育"辨》,《上海高教研究》,1994年第2期;《"教育原则"辨》,《教育改革》,1994年第3期;《"教育目的"辨》,《浙江教育科学》,1994年第3期;《"教学程序"辨》,《安徽教育学院学报》,1994年第3期;《"普通教育"辨》,《吉林教育科学》,1994年第7期;《"启发式教学"考辨》,《上海高教研究》,1995年第3期;《"教育学研究对象"辨》,《教育理论与实践》,1995年第4期;《"教育史学"辨》,《教育史研究》,1995年第6期;《"教育哲学"辨》,《教育评论》,1995年第5期;《"教育"辨》,《湖北教育研究》,1996年第3期;《"课外活动"辨》,《上海教育科研》,1996年第12期;《略论孔子的"启发"艺术》,《教育研究与实验》,1996年第4期;《关于"教育研究方法"的比较研究》,《比较教育研究》,1997年第1期;《"子以四教"别解》,《江西教育科研》,1997年第2期;《略论教育学日益离题现象》,《教育评论》,1997年第3期;《为"德育"正名》,《上海教育科研》,1997年第7期;《"君子之所以教者五"辨析》,《湖北大学学报》,1997年第5期;《荀子"师术说"辨析》,《云梦学刊》,1997年第3期。

② 赵婷婷:《国内元教育学缘何沉寂》,《沈阳师范学院学报(社会科学版)》,1999年第4期,第82—84页。

③ 陈桂生:《"教育学视界"辨析》,华东师范大学出版社,1997年版;陈桂生:《"教育学"辨——"元教育学"的探索》,福建教育出版社,1998年版;陈桂生:《教育学的建构》,湖南教育出版社,1998年版;陈桂生:《历史的"教育学现象"透视——近代教育学史探索》,人民教育出版社,1998年版。

④ 陈桂生:《创学派,壮哉》,《教育参考》,1998年第3期;《重评凯洛夫〈教育学〉》,《河北师范大学学报(教育科学版)》,1998年创刊号;《刘佛年〈教育学〉述评》,《江西教育科研》,1998年第3期;《略论教育学派的建构》,《河北师范大学学报(教育科学版)》,2002年第3期;《实践教育学》,《上海教育科研》,2002年第10期。

辨析。① 我师甚至从对教育言论的语言分析和逻辑分析逐渐转向中国教育实践语境下的语用分析,基于教育的常情、常理、常法、常规,对流行于我国教育界的诸多时髦教育言论进行"漫话"式评析和针砭,所发表的成果可以列出一张长长的清单。②

我师陈桂生先生对我国泛滥成灾的诸多教育表述的辨析,对种种教育学乱象的针砭,令人耳目一新,又如坐针毡。人们纠结于陈先生的种种概念与命题辨析,或为之叫好,或为之戴上"死抠字眼"的帽子,却不大注意其辨析背后的元理论。虽然有学者在纪念改革开放四十周年回顾和评论布雷岑卡

---

① 陈桂生:《"制度化教育"平议》,《上海教育科研》,2000年第2期;《"终身教育"的精义何在?》,《上海教育科研》,2000年第4期;《"家长会"辨析》,《教育发展研究》,2000年第10期;《"公立转制学校"辨析》,《民办教育动态》,2000年第10期;《"名师"辨析》,《教育发展研究》,2000年第11期;《"学校"辨》,《杭州师范学院学报》,2001年第1期;《"综合课程"辨析》,《现代中小学教育》,2001年第7期;《"基础教育"辨析》,《上海教育科研》,2002年第4期;《"教师集体"辨析》,《思想·理论·教育》,2002年第4期;《"校规"辨析》,《江西教育科研》,2002年第7期;《"价值观教育"辨析》,《思想·理论·教育》,2002年第11期;《"学前教育"辨析》,《学前教育研究》,2002年第6期。

② 陈桂生:《关于上课"插嘴"的插嘴》,《教育参考》,2000年第4期;《从"上课不举手发言"谈起——关于学生"自由"与"纪律"问题的思考》,《河南教育》,2000年第8期;《漫话"课程论概念系统"》,《教育参考》,2001年第5期;《漫话"校本管理"》,《教育发展研究》,2001年第5期;《把教育权"还给社会"吗?——兼论义务教育"以公立学校为主体"的合理性》,《民办教育动态》,2001年第5期;《漫话"尊重学生"》,《河南教育》,2001年第5期;《也谈"有智慧的教育"》,《教育参考》,2001年第6期;《漫话"理解学生"》,《河南教育》,2001年第6期;《漫话"教师向学生伸手"》,《教育发展研究》,2001年第6期;《漫话"满堂问"》,《教育发展研究》,2001年第7期;《漫话"学生之间的竞争"》,《内蒙古教育》,2001年第7期;《漫话"学生组织自我管理"》,《河南教育》,2001年第7期;《也谈"还孩子一个真实的世界"》,《教育参考》,2001年第7期;《漫话"因势利导"》,《河南教育》,2001年第8期;《漫话"还教于师"》,《上海教育科研》,2001年第7期;《漫话"校长的人格魅力"》,《教育发展研究》,2001年第8期;《漫话"民主平等的师生关系"》,《教育发展研究》,2001年第9期;《漫话帮助家长"寻回做家长的感觉"》,《素质教育博览(教师版)》,2001年第10期;《漫话"校本督导"》,《教育发展研究》,2001年第10期;《漫话"借题发挥式的引导"》,《河南教育》,2001年第11期;《也谈"家长批判"》,《教育参考》,2002年第6期;《也谈"学生自主选择"》,《上海教育科研》,2002年第7期;《漫话"善待学生"》,《思想·理论·教育》,2002年第12期。

元教育学在我国的传播时提及陈先生的教育理论"四分法",① 但总的来说这项元教育理论主张几乎泯然于陈先生对教育陈述的辨析及对教育学乱象的针砭之中了。诚然,陈先生的教育理论"四分法"由布雷岑卡的三分法发展而来,而后者又是在西方教育理论的传统"二分法"基础上形成的。教育理论之所以会有类型上的区分,又跟教育知识的早期存在形态脱不了干系。如此一来,识别和理解教育理论"四分法"在元教育学上取得的进展,便成了一场教育知识演化的历史考察。

一、教育的一般理论与特殊理论

教育知识系统化为一门学科仅有二百余年光景,教育知识却有着和人类教育实践一样久远的历史。教育乃是社会生命延续的基本手段,任何共同体都通过具有教育意义的沟通实现其生活方式的共享与延续。② 古往今来,但凡从事教育实践,就需要依靠一定的知识或经验,既需要有关所欲达成之目标的知识(诸如受教育者应当具备的美德、知识、信仰体系及能力等方面的知识),也需要关乎特定条件下适于达成既定目标之有效手段的知识,还需要有关教育对象个性、生活状况及处境的知识。这些知识最初几乎全都来自教育者及其教育对象所属共同体的传统。每个共同体都有关于人的义务及人生意义的规范性信念,也有关于人性、人的特殊地位以及对人施加影响之可能的经验性假设。布雷岑卡认为,凡此种种规范性信念、经验性成果、对各种情境的解释以及教育工艺学猜想拼凑成一盘教育知识的大杂烩,这就是教育理论最为古老的形式。③

教育理论以这种古老形式久存于世,直到教师职业诞生之后才有所改观。

---

① 侯怀银、许丽丽:《布雷岑卡元教育学在中国的传播及其反思》,《华东师范大学学报(教育科学版)》,2019年第2期,第144—150页。

② Dewey, J. (1916). *Democracy and Education: An Introduction to the Philosophy of Education*, New York: The Macmillan Company, p. 2—4.

③ Brezinka, W. (1981). Meta-Theory of Education: European Contribution from an Empirical-Analytical Point of View, J. E. Christensen, ed., *Perspective on Education as Educology*, University Press of America, Inc., p. 7.

那些以授徒讲学为生的早期思想家迫于教育问题的压力,不得不深入而系统地思考并且明确地回答有关教育对象、教育目的及其实现手段等方面的问题。① 可令今日之教育学钟情者引以为憾的是,古人在教育方面深入而系统的思考并未催生出"教育学,"倒是催生出了"哲学"。② 杜威(John Dewey, 1859—1952)对西方哲学与教育的历史关联做过文献考察,③ 他指出:古代希腊人在小亚细亚及意大利建立的早期学术虽然以"哲学"相称,但它们以自然为研究对象,推究事物是怎样形成的,又是怎样变化的,与其说是今天所理解的"哲学",毋宁说是"科学史"的序章。今天人们所理解的"哲学",始于古希腊以"智者"著称的巡回教师的思考和求索。杜威这样描述道:

> 智者们作为欧洲第一批专业教育工作者将美德、政治艺术以及治城理家之道教授给青年人时,哲学才开始探讨个体与全体的关系、个体与某个广泛阶级的关系或者个体与某一群体的关系,探讨人与自然的关系、传统与反省的关系以及知识与行动的关系。他们问道:在任何层面均被人赞许为优点的美德可以习得吗?何为学习呢?学习又与知识何干?那么,何为知识?知识是如何获得的?是通过感官,抑或依靠某种做事方式中的学徒制,抑或依靠经受过某种初步逻辑训练的推理?既然学习就是即将知道,学习便包含一条从无知到智慧、从匮乏到充实、从缺陷到完善的通道,用希腊人的说法,一条从无到有的通道。如此一种转变何以可能?变化、生成、发展真的可能吗?如若可能,那么,又是如何变化、生成、发展的?假使这些问题全都回答了,那么,教学与美德、知识与美德有甚关系呢?

这最后一个问题又引出理性与行动、理论与实践的关系难题,因为

---

① 黄向阳:《哲学诞生的教育语境——解读〈美诺〉》,《基础教育》,2010 年第 2 期,第 15—18、23 页。

② 黄向阳:《教育理论三分法:布雷岑卡元教育学述评》,载檀传宝《教育思想的花园:教育基本理论前沿讲座》,教育科学出版社,2020 年版,第 23—56 页。

③ Dewey, J. (1993). *Philosophy and Education in Their Historic Relations*, Boulder: Westview Press.

美德显然寓于行动之中。知道,即理性的活动,难道不是人类最崇高的属性么?因而,纯粹的理智活动本身不正是一切优点之至高者么?而睦邻友好以及公民生活的各种美德不正是较而次之么?或者,从另一方面说,这种自吹自擂的理性知识与其说是空洞而徒劳的装腔作势,不如说是在败坏品格,在破坏共同体生活中将人们团结在一起的各种社会纽带么?唯一道德的生活因而是唯一真正的生活,不正是通过顺从地习惯于共同体的习惯做法而赢得的么?新教育不正是因为树立一套与共同体既定传统相对立的标准而成了良善公民的敌人么?①

时至今日,教育专业工作者若不盲从传统和权威而独立执教,也必然提出并思考上述问题,更不用说当年根本就没有传统和权威可以依赖的第一代以执教为业的专职教师了。这些问题正是哲学的基本问题,这些问题恰恰又是在教育实践的语境中提出的,所以权威才明言,"欧洲哲学是在教育问题的直接压力下产生(于雅典人中)的","欧洲哲学思想发源于教育程序理论"②。此说并非杜威个人之见。比他还更了解西方教育史的德国学者包尔生(Friedrich Paulsen,1846—1908)也明确指出,早期职业教师对于"美德是否可教"之类的教育难题的讨论,标志着希腊道德哲学的开端。③ 这些教育难题历经两三个世代,到了亚里士多德的时代,才被当作专门的哲学事项,作为一个独立的学术部类加以探讨。

和欧洲哲学一样,中国哲学也发源于教育问题的思考。所不同的是,中国传统哲学,特别是儒家哲学,自始至终从未切断其与教育实践的原初关系。张岱年(1909—2004)先生甚至认定,儒家哲学其实就是教育家的哲学。④ 时

---

① Dewey, J. (1916). *Democracy and Education*: *An Introduction to the Philosophy of Education*, New York: The Macmillan Company, p. 385—386.
② Dewey, J. (1916). *Democracy and Education*: *An Introduction to the Philosophy of Education*, New York: The Macmillan Company, p. 385—386.
③ [德]包尔生:《伦理学体系》,何怀宏等译,中国社会科学出版社,1988年版,第407页。
④ 张岱年:《儒家哲学是教育家的哲学》,《华东师范大学学报(教育科学版)》,1989年第1期,第13—14页。

至当代，中国哲学研究者（特别是伦理学研究者）对教育问题依然怀有浓厚的兴趣，颇爱发表论文探讨教育问题，甚至兴致冲冲地为教育学专业开设教育哲学课程。但是，正如杜威所言，教育哲学并不是从外部将现成的哲学观点应用于起源和目标与之全然不同的教育实践体系。尽管哲学研究日益专门化，并不限于思考与教育有关的问题，但无论过去还是现在，哲学与教育总有一种难以割裂的联系。如果将教育看成是形成人们对自然及人类同胞的理智倾向和情感倾向的过程，那么，"教育就是使种种哲学歧异变得具体并且受到检验的实验室（Education is the laboratory in which philosophic distinctions become concrete and are tested.）"，而哲学则是"教育的一般理论（the general theory of education）"，至少是"教育最一般层面的理论（the theory of education in its most general phases）"，或者说，"哲学就是教育作为一种刻意实施之实践的理论（Philosophy is the theory of education as a deliberately conducted practice）"①。

这并不意味着教育知识全都以"一般理论"形态储存在自古以来的哲学之中。实际上，更多的教育知识则以"特殊理论"形态存在于世界各地的教育习俗里。历史长河中沉淀下不少教育经典，人们至今津津乐道，从中可以窥见前人针对特定教育对象、围绕特定教育目标构建出来的种种教育理论：先秦儒家为古代东方君子教育建立一种理论（《学记》），昆体良（Marcus Fabius Quintilianus，35—100）则为古代罗马雄辩家教育另建一种理论；② 阿奎那（Thomas Aquinas，1225—1274）为天主教僧侣教育建立一种理论，③ 伊拉斯谟（Desiderius Erasmus，1466—1536）则为基督教徒教育另建理论，不但为王子教育建立一种理论，④ 还为骑士教育建立一种理论，⑤ 甚至为儿童

---

① Dewey, J. (1916). *Democracy and Education：An Introduction to the Philosophy of Education*, New York: The Macmillan Company, p. 383, 387.
② ［古罗马］昆体良：《昆体良教育论著选》，任中印译，人民教育出版社，2001年版。
③ ［意］阿奎那：《神学大全》，段德智译，商务印书馆，2013年版。
④ ［荷］伊拉斯谟：《论基督君主的教育》，李康译，上海人民出版社，2003年版。
⑤ Erasmus, D. (2009). *The Manual of the Christian Knight*, Kessinger Publishing.

教育再建一种理论;① 洛克（John Locke，1632—1704）为贵族的绅士教育建立一种理论,② 卢梭（Jean-Jacques Rousseau，1712—1778）为自然之子的教育另建一种理论,③ 裴斯泰洛齐（Johan Heinrich Pestalozzi，1746—1827）则为孤儿及平民子弟的教育再建一种理论。④ 这些特殊教育理论在宗教、道德、世界观等方面的规范性立场不同，在逻辑和系统性等方面的理论品质各异，经验性内容及实践和应用范围有别，但都具有鲜明的实践目的。它们是为培训教育者、指导其从事教育活动而建立起来的，包含对教育活动的建议、准则、章程或规范。它们是教育艺术指南，属于实践理论（praktischen Theorie）⑤，适用于家庭教师、宫廷师保、教会教士，也适用于关心子弟教育的家长们。

但在正规教育的普及过程中，人们开始超越这种传统，试图一般地描绘教育以及影响教育的全部因素，探求普遍的教育原理。有人尝试构建一种"泛智教育论"或"大教学论（Didactica Magna）"，探求"将一切事物教给一切人类的艺术"⑥。有人则尝试为所有教育对象及其个性和发展设定普遍确当的教育目的，进而从这种普适的教育目的出发推演出实现教育目的的有效手段。赫尔巴特（Johann Friedrich Herbart，1776—1841）将这种一般教育理论称作"普通教育学（Allgemeine Pädagogik）"（或译"一般教育学"）⑦，同时将各种特殊教育理论称作"教育学的特殊分支"⑧。

早期教育学，无论是普通教育学，还是教育学的特殊分支，都是为指导

---

① Erasmus, D. (2012). *The Education of Children*, Tredition Classics.
② ［英］洛克：《教育漫话》，傅任敢译，人民教育出版社，1985年版。
③ ［法］卢梭：《爱弥儿》，李平沤译，商务印书馆，1978年版。
④ ［瑞士］裴斯泰洛齐：《林哈德与葛笃德》，北京编译社译，人民教育出版社，2005年版。
⑤ ［德］布雷岑卡：《教育学知识的哲学——分析、批判、建议》，《华东师范大学学报（教育科学版）》，1995年第4期，第1—14页。
⑥ ［捷克］夸美纽斯：《大教学论》，傅任敢译，人民教育出版社，1984年版。
⑦ ［德］赫尔巴特：《普通教育学》，李其龙译，人民教育出版社，2015年版。
⑧ ［德］赫尔巴特：《教育学讲授纲要》，李其龙译，人民教育出版社，2015年版，第123—176页。

教育者的教育实践而建立起来的，在目的或任务上具有鲜明的实践取向，属于实践教育学。与实践目的相应，早期教育学在内容上具有明确的规范取向，一方面明确表达某种教育理想或教育目的，回答教育中的"应当是什么"的问题；另一方面制定教育行为规范，回答教育中的"应当做什么"和"不应做什么"的问题。因此，传统教育学也可以说是规范教育学。这种教育学给人印象最深的可能就是它的语言表述。它不会只是冷静而客观地使用描述性语言，更是充满感情地使用祈使性语言，试图使教育者了解与普遍信仰和道德规范相一致的教育活动，还试图激励他们去从事这样的教育活动。

对于一门学科或者系统学问来说，教育学不但对教育目的和教育手段进行规范，还对所规范的教育目的和教育手段进行论证或理论说明。由于教育学作为一门学科由哲学家草创，因而在论证上具有明显的哲学取向。从康德（Immanuel Kant，1724—1804）的《教育学》，到施莱尔马赫（Friedrich Schleiermacher，1768—1834）的《教育学说》，再到魏茨（Theodor Waitz，1821—1864）的《普通教育学》，这些教育学最早的学术形式乃是跟实践哲学（伦理学）联为一体的关于教育的艺术学（Kunstlehre）。① 实践哲学（伦理学）不但提供有关教育目的的规范性知识，还提供有关教育手段道德方面的规范性知识。因此，这种教育学在19世纪的知识领域分类中基本上可以归入到实践哲学（伦理学）范畴。我师陈桂生先生甚至干脆将这种教育学视为"应用伦理学"。②

赫尔巴特试图把教育学建立在实践哲学（伦理学）和心理学基础之上，以前者说明教育的目的，以后者说明教育的途径、手段与障碍。不过，赫尔巴特在自己的普通教育学中并没有真正从心理学上全面阐述有关教学、训育和管理等教育措施或手段的经验基础。因为，那个时代心理学尚未从哲学中独立出来。心理学像伦理学一样也被视为哲学的分支，带有浓重的形而上学色彩。因此，那个时代以伦理学和心理学为基础的实践教育学或规范教育学

---

① ［德］布雷岑卡：《教育学知识的哲学——分析、批判、建议》，《华东师范大学学报（教育科学版）》，1995年第4期，第1—14页。
② 陈桂生：《历史的"教育学现象"透视——近代教育学史探索》，人民教育出版社，1998年版，第109—129页。

自然也被视为一门哲学学科。从这个意义上，也可以说是哲学教育学。

总而言之，自古以来大量关于教育的纯理论探讨积压在哲学之中，唯有关于教育的实务性探讨才作为教育论著独立成篇。早期的教育学保持着实践关切，属于实践理论，同时也是规范理论，还是哲学理论。这种教育学跟布雷岑卡所说的"教育理论最为古老的形式"一样，是各种评价性命题、规范性命题和经验性命题的混合体。有所不同的是，这些命题在作为一门学科的教育学之中显得更加系统，更具理论性。因为这些命题有一部分来自伦理学，还有一部分来自心理学和历史学，或者说，这些命题在某种程度上得到了伦理学、心理学、历史学的说明和论证。

二、普通教育学及其科学性难题

教育学作为一门学科草创于近代德国，这门学科的诞生源于普鲁士普及义务教育对大量师资的迫切需求。鉴于哲学与教育长久的密切关联，为义务教育培养师资的任务自然就落到了各所大学的哲学院（Philosophische Fakultät）头上。哲学教授们为那些有志于教职的大学生轮流举办教育学研讨班（Pädagogisches Seminar），或者开设"教育学讲座"，开着开着顺便就把教育学这门学科给建立起来了。[1] 这就意味着，教育学是应师资培训之急而仓促建立的一门实践性学科。但就渊源而论，教育学毕竟是从哲学分化出来的，德国大学哲学讲坛是近代教育学的摇篮。[2] 即使特拉普（Ernst Christian Trapp，1745—1818）1779 年在哈勒大学开设独立的教育学讲座，1780 年出版《教育学探讨》，标志着教育学开始摆脱对哲学讲坛的依附，跃然为专门的学术领域，德国不少哲学家们依然保持了教育学探索的热情。从格斯纳（Johann Matthias Gesner，1691—1761）到林德纳（Johann Gotthelf Lindner，

---

[1] Cuberley, E. P. (1920). *The History of Education: Educational Practice and Progress Considered as a Phase of the Development and Spread of Western Civilization*, Boston: Houghton Mifflin Co., Part 4, Chapter XXII. Kant, I. (1904). *Educational Theory of Immanuel Kant*, Translated and edited with an introduction by E. Buchner, J. B. Lippincott Company; AMS edition, 1971, p. 15—16.

[2] 黄向阳：《康德与教育学》，载郑金洲《教育的意蕴》，福建教育出版社，2008 年版，第 47—57 页。

1729—1776），从博克（Friedrich Samuel Bock，1716—1785）到彼萨斯基（Georg Christoph Pisanski，1725—1790），从康德到赫尔巴特，众多的哲学家参与了教育学的早期建设，为襁褓中的教育学赢得了较高的学术声誉，并且从一开始就企望把教育学建设成为一门科学。

康德曾经在其教育学讲座中明确表示，一切教育都是艺术，这门艺术不仅应当成为一门学科，还应当成为一门科学，用教育实验去检验和纠正人们对教育的种种习见。① 赫尔巴特则进一步提出科学教育理论的设想，他强调以心理学为基础去阐明教育手段的经验性内容，因而将这种科学教育理论称作"心理学教育学（Psychologische Pädagogik）"。在赫尔巴特的设想里：

> 心理学教育学纯粹是理论教育学。由于它仅将教育作为事实加以解释，它使每一种恶行及其影响一如善行般可以理解。它实际上忽略对错之别，故而尽人皆可用之，从中可鉴自己的所作所为。……心理学教育学因而根本不具改革性，它仅有启发性。②

赫尔巴特心目中，纯理论教育学并不给教育实践提供改革性建议或规范性知识，而只是提供有关教育事实的信息或经验性知识，但他本人并没有创建出他设想的那种作为科学理论的心理学教育学。早在1806年，他就意识到自己的《普通教育学》止步于实践关切，以实践哲学（伦理学）为基础阐明"教育者应当带着什么样意图去着手进行他的工作"，进而详细分析"我们按迄今具有的认识所必须选择出来的各种措施"。他说，这并非教育学全部，而只是教育学前半部（实践教育学）。教育学还有后半部，超越实践关切，"从理论上说明教育的可能性以及变化多端的环境加诸的限制"。可是，连他自己都承认，所谓后半部教育学（理论教育学或科学教育理论）"不过是一种虔诚

---

① ［德］康德：《论教育学》，黄向阳译，华东师范大学教育系1992年内部打印。
② Herbart, J. F. (1880). *Pädagogische Schriften*, Bd. 2. Leipzig: Verlag von Leopold Voss, S. 293.

的愿望而已"①。因为，在他生活的那个时代，科学教育理论赖以为基础的那种心理学并不存在。

直到1879年冯特（Wilhelm Wundt，1832—1920）建立心理实验室，开创心理实验，心理学逐渐摆脱"神学的奴婢"和"哲学的附庸"地位，步入科学发展轨道，以心理学为基础建立科学教育理论才有了可能。赫尔巴特提出的"心理学教育学"设想，先是由拉伊（Wilhelm August Lay，1862—1926）和梅伊曼（Ernst Meumann，1862—1915）在"实验教育学（experimentelle Pädagogik）"的名义下得以初步落实，②进而由菲舍尔（Aloys Fischer，1880—1937）与洛赫纳（Rudolf Lochner，1895—1978）在"描述教育学（deskriptive Pädagogik）"的名义下得以发展，③最终在现代"教育心理学"中得以实现。但是，这些科学取向的教育学成果理论基础和研究方法相当复杂。即使是实验教育学也并不是像一些人宣称或想象的那样是纯粹以心理学为基础、以实验为研究方法的科学教育学。拉伊对此有非常明确的解释："实验教育学力图按照生物学、社会学，以及道德和伦理学的规律和规范，通过实验、统计和系统的观察，以解决教学和教育中的问题。"④

教育理论的科学化从德国延续到法语国家。19世纪末20世纪初，随着社会学兴起、发展以及对教育问题高度关注，"教育科学（la science de l'education）"作为一门独立的学科出现在法国大学课堂上，由像涂尔干（Émile Durkheim，1858—1917）那样深谙实证研究方法的社会学家主讲。在那个时代的法国，教育学和教育科学并行不悖，分别由不同类型的人员研究、

---

① [德]赫尔巴特：《普通教育学》，李其龙译，人民教育出版社，2015年版，第6页。
② [德]拉伊：《实验教育学》，沈剑平、瞿葆奎译，人民教育出版社，2005年版；Meumann, E. (1914). *Abriss der experimentellen Pädagogik*, Leipzig: Engelmann.
③ Fischer, A. (1914). *Deskriptive Pädagogik. Leben und Werk*, Bd. 2. Munich: Bayerischer Schulbuch-Verlag, 1951, p.5—29. Lochner, R. (1927). *Deskriptive, Pädagogik*, Reichenberg: Stiepel.
④ [德]拉伊：《实验教育学》，沈剑平、瞿葆奎译，人民教育出版社，2005年版，第10页。

讲授和学习。① 20世纪以来,自然科学和社会科学的许多分支纷纷涉足教育研究,形成学校卫生学、教育心理学、教育社会学、教育历史学、教育文化学、教育人类学、教育生态学、教育政治学、教育经济学等诸多教育科学分支学科。② 人们开始以复数"教育科学(la sciences de l'education)"统称各种以教育为研究对象的学科。这种用法起初在法语社会流行,到1980年代得到国际社会的响应。③ 如果说单数"教育科学"意味着一门独立的教育科学,即科学教育学,那么,复数"教育科学"意味着不存在一门独立的教育科学④——教育成了"别的学科领地"⑤,或者干脆说,成了自然科学和社会科学的殖民地或租界,复数"教育科学"不过是自然科学和社会科学中与教育相关的分支学科的一个总称而已。就像古代对教育的深思并没有成就教育学,而成就了哲学,现代对教育的科学研究也没有成就一门教育科学,而成就了诸多的教育科学。教育心理学自认是心理学的一个分支,教育社会学自认是社会学的一个分支,教育经济学自认是经济学的一个分支,教育史学自认是历史学的一个分支……都没有归在教育学的名下。正如英国学者赫斯特(Paul Heywood Hirst,1927—2020)所描述:"教育研究往往要么成了一系列互不相关甚至相互竞争的理论追求,要么成了一场关于教育问题的混乱讨论,其中哲学议题、心理学议题、社会学议题或历史学及其他议题相互倾轧,没有一个得到充分探讨。"⑥

即使在教育科学研究繁荣的今天,教育学也难以享有"科学"声誉,因

---

① [法]贝斯特:《"教育学"一词的演变》,高建慧、沈剑平译,载瞿葆奎、沈剑平《教育学文集·教育与教育学》,人民教育出版社,1993年版,第335—336页。

② 瞿葆奎、唐莹:《教育科学分类:问题与框架》,《华东师范大学学报(教育科学版)》,1993年第2期,第1—14页。

③ [法]米亚拉雷:《教育科学导论》,思穗、马兰译,教育科学出版社,1991年版。

④ 黄向阳:《教育知识学科称谓的演变:从"教学论"到"教理学"》,载瞿葆奎《元教育学研究》,浙江教育出版社,1999年版,第291—306页。

⑤ 陈桂生:《略论教育学成为"别的学科领地"的现象》,《教育研究》,1994年第7期,第38—41页。

⑥ Hirst, P. H. (1966). Educational Theory, J. W. Tibble, ed., *The Study of Education*, London: Routledge and Kegan Paul, p. 30.

为"教育学"名下只保留着沿袭近代传统的实践教育理论。人们一方面拒绝将有关教育的众多科学研究成就归属于教育学,另一方面又批评教育学缺乏科学性或学术性。这种批评发端于德语国家。早在1882年,奥地利学者维尔曼(Otto Willmann,1839—1920)就斥责教育学没有学问,指出"通俗的推理乃是其主要成分","富于建议和美好祝愿",却"匮于观察和事实"。① 1888年,德国学者狄尔泰(Wilhelm Dilthey,1833—1911)鄙视教育学"崇高的通俗性",指出这正是它不属于正宗科学的标志。狄尔泰认为教育学过于强调教育目的,调侃它"将道德生活田野上幸福、至善、伦理人格等最美的花朵扎成了一把可爱的花束"②。

类似的批评扩大到整个欧洲大陆。1909年,意大利学者蒙台梭利(Maria Montessori,1870—1952)出版《运用于"儿童之家"的幼儿教育的科学教育方法》,开篇就指出:医学的进步,生理心理学或实验心理学的兴起,形态人类学在儿童体格研究上的应用,为科学教育学的建立开辟了广阔的前景,"但科学教育学至今尚未形成,也没有一个明确的定义。我们所谈论的只是一种模模糊糊的而实际上还并不存在的东西。到目前为止,科学教育学仅仅是一种科学的直觉或科学的暗示"。她对教育学的现状极度不满,她认为,借助于实证科学和实验科学,将结论建立在实证和实验结果的基础上,教育学才能冲破重重迷雾,成为一门科学展示在人们面前。③ 1911年,法国学者涂尔干为《教育学与初等教育新词典》撰写"教育学"辞条,痛砭教育学囿于思辨,缺乏科学的实证追求,不顾以至鄙薄过去和当下的教育事实,无怪乎教育学经常像拉伯雷、卢梭和裴斯泰洛齐阐述教育新思想的作品那样,"仅仅成为一

---

① Willmann, O. (1882). *Didaktilc als Bildungslehre*, Vienna: Herder, 1957, S. 18.
② Dilthey, W. (1888). Über die Möglichkeit einer allgemeingültigen pädagogischen Wissenschaft, *Gesammelte Schriften*, Bd. VI. Leipzig und Berlin: B. G. Teubner, 1924, S. 60.
③ [意]蒙台梭利:《运用于"儿童之家"的幼儿教育的科学教育方法》,载《蒙台梭利幼儿科学教育方法》,任代文等译,人民教育出版社,2001年版,第52页。

种乌托邦式的文学形式"①。1928 年，德国学者菲舍尔抨击教育学"与其说是各种事实的知识，不如说是各种创意的大杂烩"，这种教育学的"核心依然是哲学，其信条和断定多于知识和证明"②。

进一步的批评蔓延到英语国家，并且愈演愈烈。1958 年，美国学者特拉弗斯（Robert M. W. Travers，1913—2004）在其《教育研究导论》中写道：绝大部分教育政策和教育实践通常都建立在种种通俗理论的基础之上，因此"通常所谓的教育理论与其说是科学，不如说是民间知识更为恰如其分"③。另一位美国学者布劳纳（Charles J. Brauner，1946—2021）在 1964 年出版的一本题为《美国教育理论》的书中更是全面开火：

> 人们所写的大量有关教育的东西在实质上、形式上和语汇上几乎无一例外都是失败的，不能做科学解释，不能做交流，也不能做教学指南。就实质而言，它开始似乎要探究人类的行为，却往往以对人性的断言告终；就形式而言，对思辨的关注往往重于在观察或逻辑分析上所作的努力；就语汇而言，从其他领域中引进的术语很快就丧失原先赋予其独特含义的准确性，变成常用词汇矫揉造作的同义词。……因此，我们在教育上面对的是一门书面表达贫乏的学科。④

英国学者彼得斯（Richard Stanley Peters，1919—2011）表达了类似的不满。他在 1966 年出版的《伦理学与教育》一书的序言中指出，教育理论长期

---

① "教育学"词条后来改名为"教育学的性质与方法"，作为独立的一章收入涂尔干《教育与社会学》一书。（详见［法］涂尔干：《教育学的性质与方法》，载《道德教育》，陈光金等译，上海人民出版社，2001 年版，第 326—344 页。）

② Fischer, A. (1928). *Die pädagogische Wissenschaft in Deutschland. Die neuzeitliche deutsche olksksschule. Bericht über den Kongreß in Berlin* 1928, Berlin: Comenius, S. 76—93.

③ Travers, R. (1958). *An Introduction to Educational Research*, New York: Macmillan Company, p. 13.

④ Brauner, C. J. (1964). *American Educational Theory*, Englewood Cliffs, N. J.: Prentice Hall, p. 303.

处于对于各门基础学科的无知状态，成了"一团无法分辨的烂糊"①。

传统教育学（实践教育学）如此不堪，在学术上遭遇越来越多的质疑，在科学性上受到越来越重的批评，在实践中的根基和地位却并未动摇。19世纪西方普遍认为实践教育学是唯一可能的教育学，这种教育学信条并没有因为教育科学日益繁荣而失势。时至20世纪，以至当代，世界各地依然还有众多支持这一信条的教育学者。在他们看来，教育学不从实践的角度去研究教育问题是不可想象的。即使是教育科学倡导者，也不得不承认教育科学解决教育问题的实践取向。例如，19至20世纪之交的儿童学研究被常人视为教育学研究，实验教育学创立者却不以为然。梅伊曼认为，"儿童学只是一门起辅助作用的科学，它不是教育学的一个分支"。拉伊进一步解释道：儿童学研究和实验教育学研究虽然都采用实验方法，都关注儿童或学生，"但儿童学完全从理论的角度，而不是从实践的角度来研究问题，而实验教育学只追求解决教学和教育方面的实际问题"。拉伊强调："只有当一项实验的主要目的是解决教育学的问题时，这项实验才是教育学实验。"②

唯有严格坚持科学标准（只提供有关教育事实的信息）的人士，才眼里容不得沙子（提供教育实践规范），十分介意教育学的纯理论性和纯粹科学性。他们不但否认实践取向、规范取向、哲学取向的传统教育学是科学，而且嘲笑坚持这种传统的教育学者是"不讲科学的卫道士（unscientific moralists）"。受到批评的教育学家则反戈一击，挖苦那些科学取向的学者是"缺德的科学家（immoral scientists）"③。这种明显分歧和相互攻击又引出一种折中的观点，强调教育学可以同时既是一种实践理论又是一种科学理论。涂尔干甚至认为，教育学作为实践理论倘若牢牢依赖于教育科学，它就像应用

---

① Peters, R. S. (1966). *Ethics and Education*, London: Allen and Unwin, p. 7.

② [德]拉伊：《实验教育学》，沈剑平、瞿葆奎译，人民教育出版社，2005年版，第10页。

③ Brezinka, W. (1981). Meta-Theory of Education: European Contribution from an Empirical-Analytical Point of View, J. E. Christensen, ed., *Perspective on Education as Educology*, University Press of America, Inc., p. 7—25.

化学一样可视为"实践科学"。① 对此，大多数教育学者欣然接受。随着教育学在师范教育机构中逐渐跨入学术性学科行列，人们逐渐习惯于将它看成是一门特殊的科学——直至1970年代，德国教育学界还有学者坚持教育学是实践科学，② 我国教育学界则普遍宣称教育学是一门既反映教育客观规律又以教育规律指导教育实践的科学。③ 实践研究、问题导向研究、行动研究、对策研究等等，统统大言不惭地自称"教育科学研究"或简称"教育科研"。连实证研究或实验研究也偏好狗尾续貂，在研究报告的最后忍不住就相关教育问题的解决提出对策或建议，或者就研究发现谈若干对于教育实践的启发，仿佛没有实践关切、最后不落实在教育实践上就不成其为"教育科学研究"。

但是，严守科学标准的人士并不苟同。他们鄙视这种所谓的"实践科学"，认定它不过是将性质上截然不同的各种教育命题一锅煮的"大杂烩"，不配享"科学"的称号，甚至不配称"理论"。在他们眼里，"理论"对于教育学来说更像一个溢美之词，称其为"理论"只是一种抬举。就像英国学者奥康纳（Daniel John O'Connor，1914—2012）所言，"理论"这个术语虽然可以用来表示"指导或控制各种行动的一组或一系列规则或一整套的箴言"，但更为恰当的是像自然科学那样用"理论"表示一个被观察所证实的假设，或者，表示一组在逻辑上相互联系的假设。只有从后一种意义上理解和使用"理论"一词，才有可能评定任何一种自称为"理论"的东西的价值和用途。在奥康纳看来，现行的教育理论中虽不无经验判断，但充斥着大量的形而上学论断以及价值判断。他由此下结论说：

> "理论"一词用在教育语境之中通常是一个礼貌的称谓。唯有在我们将心理学或社会学公认的实验结果应用于教育实践的场合，这个称谓才名副其实。即使在这个场合，我们亦当意识到我们的理论与其所依托的

---

① ［法］涂尔干：《道德教育》，陈光金等译，上海人民出版社，2001年版，第335—336页。
② Ritzel, W. (1973). *Pädagogik als praktische Wissenschaft*, Heidelberg: Quelle und Meyer.
③ 刘佛年：《教育学》，人民教育出版社，1979年版，第1页。

事实之间可能的鸿沟之宽，宽到了足以令我辈逻辑良心不安。我们可以寄希望于各种社会科学的未来发展使这道鸿沟变窄，而这种希望又激励着人们去发展这些科学。①

总而言之，教育学自其诞生起一直因其实践关切而饱受诟病。崇尚学术的学者们因其过于通俗而嫌它浅薄缺乏学术性，崇尚科学的科学家们因其在价值和规范问题上喋喋不休而否认其科学性，迷信科学的理论家们甚至否认其理论性，连几乎不涉猎教育研究的好事之徒都敢埋汰教育学："在大学里，理科学生瞧不起文科学生，外国语文系学生瞧不起中国文学系学生，中国文学系学生瞧不起哲学系学生，哲学系学生瞧不起社会学系学生，社会学系学生瞧不起教育系学生，教育系学生没有谁可以给他们瞧不起了，只能瞧不起本系的先生。"②此言刻薄，令教育学人耿耿于怀，却又无言以对。一方面，教育学确实浅陋。维尔曼、狄尔泰、蒙台梭利、涂尔干、费舍尔、特拉弗斯、布劳纳、彼得斯等人对教育学的批评不仅切中时弊，而且充满预见。这么长时间过去了，教育学几乎不见有重大改观。自说自话，夸夸其谈，在教育问题上奢谈价值、意义、必要性，并将此当成高深学问加以卖弄，这种风气在各地教育学界依然盛行。另一方面，学术界并不买账。教育学作为一门学科至今尚未在国家科学院或社会科学院谋得一席之地，连教育科学研究课题都不得不在自然科学和社会科学之外另设立项与评审体系。诸如此类的非难、调侃和不受待见，着实令教育学者自惭形秽，尴尬不已。有些人甚至像本文作者这样吃着教育学这碗饭又砸教育学这口锅，逮着机会就试图背叛这门令人不齿的浅薄学问。③

---

① O'Connor, D. J. (1957). *An Introduction to the Philosophy of Education*, London: Routledge and Kegan Paul Ltd., p.110.
② 钱锺书：《围城》，人民文学出版社，1991年版，第72页。
③ 某日，我上门拜见我师。见面我师即言："今天在电梯里偶遇一青年，自称是教育系的博士生，他突然问我信仰什么。"我以为当众问人信仰颇不礼貌，却也好奇我师如何回应这个冒失鬼的挑衅。我师答曰："我信仰教育学。"闻听此言，颇以为然，我师确实对教育学忠心耿耿，信之愈深，质之愈深；反躬自省，汗颜之极。

三、实践教育学与理论教育学的分野

教育学因其实践关切而在学术性、科学性、理论性上饱受质疑,也因其实践关切而保持强大的生命力。这个事实让西方一些学者逐渐意识到,教育学作为实践理论有其存在的合理性,可以同教育科学并行不悖,各安其事,各得其所。据布雷岑卡考察,这种认识论早在19世纪末西方学术界就初露端倪,远可以追溯到奥地利的维尔曼、法国的涂尔干、德国的洛赫纳,① 近可见诸与布雷岑卡同时代的学者。其实,这种知识哲学或认识论在西方有着更为古老的思想渊源。早在古希腊,亚里士多德就把"为学问本身而探求的知识"与"为其应用而探求的知识"区分开来,并且认为前者比后者更接近智慧,称前者为"高级智慧",后者为"次级智慧"。② 这种区分在近代演变成"纯粹理论"与"实践理论"的分野,甚至在康德的思想体系中上升为"纯粹理性"与"实践理性"的分立。在科学日益昌明的岁月里,又演变成"理论科学"与"实践科学"("应用科学")的区分。鉴于"实践科学"包含大量非科学陈述,严守科学标准的学者拒不承认它是"科学",而坚持称之为"实践理论",于是便有了"科学理论"与"实践理论"的分野。在他们看来,科学理论目的是为它自身而探求知识,考察各种事物的原因和原理;而实践理论的目的在于知识的应用,以指导行动。人们在科学理论中试图描述和解释是什么和曾经是什么,在实践理论中则试图表述应当是什么、应当做什么以及不应做什么。这种理论"二分法"在西方历史悠久,影响至今,一直引导人们在坚守严格的科学标准的同时,将实践教育理论当作一种不同于教育科学的理论加以对待。

---

① Brezinka, W. (1981). Meta-Theory of Education: European Contribution from an Empirical-Analytical Point of View, J. E. Christensen, ed., *Perspective on Education as Educology*, University Press of America, Inc., p. 7—25.

② [古希腊]亚里士多德:《形而上学》,吴寿彭译,商务印书馆,1959年版,第3—4页。

1876年，维尔曼在布拉格德意志大学发表题为"教育学百科全书"的演讲。[①] 他基于教育过程的理论观点和实践观点，明确区分出科学教育学与实践教育学这两种理论形式。维尔曼还将这种区分跟规律（Gesetzen）与规则（Regeln）的区别联系起来，强调规律乃是关于是什么的陈述，规则规定应当做什么。维尔曼认为，科学教育学自限于陈述社会与文化事实。它对应当做什么保持沉默，"既不做规矩，也不下指示，而只做解释；它关乎是什么，它把教育作为事实，从教育的社会与心理方面加以解释"。与之相反，作为实践教育学的教育学说（Erziehungslehre）包含一套不能从科学知识中推导出来的行为规范或戒律体系，具有鲜明的祈使风格，是规范性的、"提要求的"或"做规矩的"教育学，"它规定在某种特定情况下应当发生什么"。

尽管维尔曼坚信"教育学只有作为社会科学的一部分才能得到科学上的待遇"，但他同时认为实践教育学有其正当性，实际上也不可或缺。他无意于主张废除实践教育学，也无意于提议用教育科学取代实践教育学，他只是反对实践教育学冒领"科学"的招牌从而将实践教育学与科学教育学混为一谈。这种观点并没有引起注意，最终淹没在历史尘埃中。毕竟维尔曼所在的那个年代科学教育学仅是一种设想而未面世，奢谈科学教育学与实践教育学的分野实在过于超前。实际上连维尔曼本人也没有坚持初衷。据说，他后来实际上采纳了教育学是一门混合型的、规范-描述性的学科的观点，他最后甚至将"科学教育学"与"基督教教育学"混为一谈。[②] 这并不奇怪。只有科学教育学的范本面世之后，人们才会真正注意科学教育学与实践教育学的区别。那都是维尔曼年过六旬之后的事了。

1902年，涂尔干在巴黎大学开设道德教育课程，开场白就谈及教育学与教育科学的区别，并且鉴于两者的区别而肯定教育学存在的必要性和合理性。

---

① Willmann, O. (1876). *Vorlesung "Enzyklopädie der Pädagogik"*, Cf. Pfeffer, F., Die paedaqogische Idee Otto Willmanns in der Entwicklung, Freiburg: Herder, 1962, S. 103.

② Pohl, W. (1935). *Otto Wilimanns religioeser Entwicklungsgang*, Vienna: Oesterreichlscher Bundesverlag.

教育学不是一门科学。这并不是说不可能建立一种教育科学，而只是说教育学不是这种教育科学。教育学与教育科学必须加以区别，以免我们根据只适用于严格意义上的科学研究的原理去评价教育理论。科学是从人们尽可能审慎地研究中得到的，它不是某一个时候获得的结果。教育学则无权有这样的忍耐，因为它要满足不能久等的至关重要的需求。当环境的变迁要求我们有一种适当的行为时，这种行为是不能推迟的。教育学者能够和应该做的一切，就是尽可能认真地综合科学所寻得的一切材料，使之时刻能够指导行动。除此之外，我们决不能向教育学者再提出什么要求。……教育学是教育理论之总和。用这种方式看教育学，它确实接近于科学。但它又有别于科学，因为科学的理论以说明现实为唯一目的，而教育学的理论之直接目标是指导行动。……教育学是在实践中表现它存在的理由的。①

涂尔干后来在《教育学的性质与方法》② 一文中进一步指出：人们可以出于科学的目的去研究教育，也可以出于实践的目的去思考教育。在前一种情况下，人们试图描述和解释"是什么"或"曾经是什么"，尝试所得的结果就是科学理论。在后一种情况下，人们试图确定"应当是什么"，这方面思考的结果就是涂尔干所说的"实践理论"。"它们的取向既不是过去，也不是现在，而是未来。它们并不想表达既存的现实，而是去制定行动的准则。它并不告诉我们存在是什么，为什么存在，而是告诉什么是必须做的事情。"涂尔干称科学教育理论为"教育科学"，称实践教育理论为"教育学"，反复强调教育学与教育科学大不相同。

在涂尔干看来，教育学是介于艺术与科学之间的实践理论。这种理论反思人们采取的行动过程，其目的"不是为了理解和解释这些行动过程，而是为了评价它们所具有的价值：它们是否是其所应是，人们是否不再有必要去

---

① ［法］涂尔干：《道德教育论》，载张人杰《国外教育社会学基本文选（修订版）》，华东师范大学出版社，2008年版，第321—322页。
② ［法］涂尔干：《教育学的性质与方法》，载《道德教育》，陈光金等译，上海人民出版社，2001年版，第325—344页。

改变它们，甚至说人们究竟采取什么样的方式用全新的程序替代它们"。"它并不通过科学的方法研究教育体系，但是，它却对这些教育体系进行了反思，从而为教育者的活动提供具有指导意义的观念。"

另一方面，在教育科学中，人们将教育现象视为社会事实加以研究。在涂尔干看来，教育科学的主要问题是各种教育体系的起源和功能问题。它试图把教育体系作为社会体系的要素加以观察，进而描述、比较并揭示与各种不同类型的社会相对应的典型表现。一旦识别出各不相同的教育类型，就对它们进行解释，查明每种类型的独特性所依赖的条件，查明一种教育类型是如何从另一种教育类型衍生出来的，从而把握支配教育体系演化的规律。因此，教育科学的目的在于描述现在或过去的教育现象，寻找这些现象的原因，确定这些现象的结果。

涂尔干反复强调教育学与教育科学是两种不同的教育理论，但他又承认教育学作为一种实践理论倘若依赖于教育科学就可以成为"实践科学"，这在一定程度上又模糊了他反复阐述的科学标准。其中的苦衷如他自己所言，教育科学的发展首先必须运用心理学和社会学的研究方法，可在他所处的时代，教育科学尚在萌芽中，心理学和社会学都是相当不成熟的新兴学科，教育学可依赖的科学基础相当薄弱。在这种情况下，对于作为实践理论的教育学的科学性不求之过严似乎是一种现实的选择。

最严格坚持科学教育理论与实践教育理论"二分法"的学者可能就是洛赫纳了。作为教育科学研究的倡导者和践行者，他在1927年发表教育科学专著《描述教育学》[①]之后，又在1934年出版了一部名为《教育科学》的教科书。洛赫纳在这部教科书中像维尔曼那样将实践教育理论称作"教育学说"，视之为与教育科学截然不同的教育理论。在他看来，教育科学是经验科学，"它的主题领域是个人生活与社会生活中的教育事件及其发展过程、结果及影响"，其目的"不在于影响教育活动，而在于识别现存情形。在那种意义上，它仅仅指向是什么"。另一方面，教育学说的目的在于行动——"教育学说以包括教育科学在内的各种科学为基础；其任务是阐述应当是什么，提出各种

---

① Lochner, R. (1927). *Deskriptive Pädagogik*, Reichenberg: Stiepel.

教育目的并使人们接受它们，评价各种教学方法，并制定规范"①。洛赫纳在1947年出版的《教育科学纲要》中补充道：教育学说所制定的规范，不仅规定人们的行动以及这些规范的履行方式，还充当着"各种行动、行为模式和条件的判断和评价标准"②。

与诸多前辈不同，洛赫纳并未止步于对实践教育理论的一般评论。他在1963年出版《德国教育科学》一书，对18世纪以来德国的教育学说进行系统考察，全面分析历史上出现过的各种实践教育理论的认识论结构，以确凿证据认定德国教育学说一直以来描绘的是"教育应当如何进行，即一个教育者在努力产生教育影响时应当怎样做以及应当考虑什么。教育学说关心的是目的和规范……及其清晰的阐述。其倾向不是研究，而是给实际行动以帮助"。它"在群体中出现时力求影响教育实践，就是说，为其改善提出建议"③。有鉴于此，洛赫纳主张将教育学说与教育科学彻底地区分开来。正因为他严格坚守科学标准，拒不承认作为实践理论的教育学说的科学性，也不用科学性去要求实践理论，反而看到了实践教育学存在的合理性。

英国学者赫斯特持类似的看法。他在1996年发表《教育理论》一文，明确表示不同意奥康纳将"理论"简化进而等同于"科学理论"的狭隘观点，因而也反对那种以科学理论替代教育理论的激进主张。赫斯特坚持自亚里士多德以来的西方学术传统，从更广的意义上看待理论或学术。他承认教育理论在学术上有一席之地，在此基础上将其与科学理论区别开来。

> 科学理论与实践活动理论在特性上是截然不同的，因为它们行使极不相同的功能，它们是为了做不同的工作而建构出来的。就经验科学而言，一种理论就是一套经受了经验检验并且表达我们对物理世界某些方面的理解的陈述。这样的得以检验的理论乃是科学研究的目标，即科学

---

① Lochner, R. (1934). *Erziehungswissenschaft*, Munich: Oldenbourg, S. 2.
② Lochner, R. (1947). *Erziehungswissenschaft im Abriß*, Wolfenbüttel: Wolfenbütteler Verlagsanstalt, S. 7.
③ Lochner, R. (1963). *Deutsche Erziehungswissenschaft. Prinzipiengeschichte und Grtcndlegunq*, Meisenheim: Anton Ham, S. 511.

研究的最终产物，它们是追求知识的结论。然而，关涉教育之类实践活动的场合，理论的地位全然不同。它并不是追求知识的最终产物，它是为决定和指导这种实践而建构出来的。这种理论的功能在于准确地决定教育中应当做什么以及不应做什么。

教育理论作为一种更加广义的理论与严格意义上的科学理论相比较，不仅在特性和功能上各不相同，在内容和逻辑形式上也有重大区别。

> 就内容而言，广义理论必然动用科学之外的知识，例如，它必定还动用历史的、哲学的和道德的理解。特别言之，无论人们可能如何看待形而上学的真理断定以及道德价值的辩护形式，这两者都参与了教育原则与判断的构建。不能对它们视而不见或置之不理。就形式而言，广义理论不是仅仅关注对科学模型给出解释，而且关注为在一个实践活动领域中应当做什么构建理性上得以辩护的原则。因此，归根到底，科学理论与教育理论如同实然判断与应然判断，在逻辑上是截然不同的。①

根据赫斯特的观点，知识既可以结构化为数学、物理学、化学、动物学、生物化学、历史学、哲学、伦理学、美学等独特的"形式"；也可以出于某种理论旨趣动用多种知识形式，进而将相关知识组织成为地理学或现代欧洲思想之类的不同"领域"；还可出于某种实践目的动用多种知识形式，进而将相关知识组织成为工程学、医学、政治理论、教育理论等各不相同的"实践理论"。也就是说，在赫斯特的知识论或认识论中，教育理论既不是一种独特的"知识形式"，也不是一个专门的"知识领域"，而是一种"实践理论"。教育理论作为一种实践理论，在逻辑结构上不仅有别于被他归为"知识形式"的科学理论，也有别于被他归为"知识领域"的科学理论。他反复强调，实践理论与知识形式及知识领域之间的区别其实就是"实践知识的理论"与"理

---

① Hirst, P. H. (1966). Educational Theory, J. W. Tibble, ed., *The Study of Education*, London: Routledge and Kegan Paul, p. 40—42.

论知识的理论"之间的传统区别。他提醒,"企图以纯理论话语的性质和模式去理解实践话语的性质和模式,只能导致对实践话语的极度误解"。

赫斯特上述有关教育理论与科学理论区分的说明,跟维尔曼、涂尔干、洛赫纳等人的观点有所不同。但是,他的分析提醒人们,长期以来西方学术界关于"教育科学"与"教育学"("教育学说")的二分主张,赓续的是亚里士多德关于"为学问本身而探求的知识"与"为其应用而探求的知识"的二分传统,简明地说,就是"纯粹理论"与"实践理论"的区分。在这种有关教育的知识论或认识论中,所谓的"教育学"实指实践教育学,而与之分立的所谓"教育科学"实指理论教育学。因此,以上涉及所谓的"教育科学"与"教育学"("教育学说")的二分主张,准确地说,都是"理论教育学"与"实践教育学"的二分主张。其中的理论教育学大多数时候使用"教育科学"之名,但未必名副其实全都具有科学的特性。

四、教育科学与教育哲学的分野

世界上存在一支批评教育学缺乏科学性进而呼吁发展教育科学的队伍。这支队伍浩浩荡荡,绵延不绝。稍加留意就不难发现,其中虽不乏科学家,但更多的却是哲学家。近代德国哲学家不但创建了教育学,而且从一开始就企望将教育学建设成为一门科学。后来的哲学家虽然在不停地制造哲学作品,并不从事科学研究,却比科学家们更钟情于科学,甚至显得比科学家们还懂科学,责备起教育学的科学性欠缺来毫不留情。他们在批评中传达的科学精神和科学标准却令科学家们很是无语。

耐人寻味的是,德国学者里特尔(Christian G. W. Ritter)1798 年发表《作为普遍教育科学之必要性证明的教育学批判》,虽明确提出甚至可能是第一个明确提出"教育科学(Erziehungswissenschaft)"概念,却鄙视经验主义,极力主张以费希特思辨哲学为基础进行纯粹的演绎,推演出普遍教育科学。[①] 赫尔巴特也持类似的"科学"概念。他在《普通教育学》中开篇就数落

---

① Ritter, C. G. W. (1798). Kritik der Pädagogik zum Beweis der Notwendigkeit einer allgemein Erziehungswissenschaft, J. G. Fichte, & F. J. Niethammar (Hrsg.), *Philosophisches Journal einer Gesellschaft Teutscher Gelehrten*, Bd. 8, H. 1. Jena, S. 47—85.

经验的局限性，大谈超越经验的普遍理论追求，在《教育学讲授纲要》中更是明确提出，教育学作为一种科学不但以心理学为基础说明教育的途径、手段与障碍，还以实践哲学（伦理学）为基础说明教育的目的。① 从今天的立场看，以思辨哲学或实践哲学（伦理学）为基础推演教育理论，并将这种理论称作"科学（Wissenschaft）"，简直就是匪夷所思，为科学家所不容。可是，"科学"一词这用法在 19 世纪西方语言中相当普遍，这种习惯用法至今在德语文献中也见多不怪。因为，连哲学和伦理学在德语中都可以称作"科学"。正如施莱尔马赫所言，影响年轻一代是成年人的一项道德任务，因而纯粹是一个伦理事项；教育学因此是一门"与伦理学紧密相联并源于伦理学的应用科学（angewandte Wissenschaft）"，是一门"伦理科学（ethische Wissenschaft）"。② 这种"科学"显然不是经验科学意义上的"科学"，或者说，德文"Wissenschaft（科学）"跟英文"science（科学）"并非一回事。

作为施莱尔马赫的追随者，狄尔泰对此作出了解释。他在 1883 年出版的《精神科学引论（第一卷）》中写道：

> 我们通常运用"科学"这个语词来表示一个由各种命题组成的复合体：一，这些命题的成分都是一些经过完全界定的成分，也就是说，它们在囊括一切的逻辑体系内部都是永远普遍有效的；二，它们的各种联系都具有充分的理由；三，最后，就这种复合体而言，各个组成部分都为了进行沟通而被联结成为一个整体。③

从这份详细说明中可以看出，德文"Wissenschaft"与其说是"科学"，毋宁说是"系统知识"或"纯粹理论"。这是理解 19 世纪以来德国学者主导

---

① ［德］赫尔巴特：《教育学讲授纲要》，李其龙译，人民教育出版社，2015 年版，第 3 页。
② Schleiermacher, F. (1957). *Pädagogische Schriften*, Bd. 1. Herausg. von E. Weniger. Küpper: Düsseldorf, S. 11f.
③ ［德］狄尔泰：《精神科学引论（第一卷）》，艾彦译，译林出版社，2014 年版，第 13 页。

的教育科学追求以及对传统教育学科学性质疑的一把钥匙。使用德语的学者所主张的教育科学未必是"经验科学",多数语境中指的是"系统教育学"或"理论教育学"。他们喋喋不休,批评实践教育学缺乏科学性,未必是嫌它价值-规范判断泛滥而事实判断贫乏,更多是嫌它理论性不强或学术性不够。

这并不意味着德国学者不信奉经验科学的标准,而意味着德国有大量学者意识到经验科学的局限性。在他们看来,经验科学的标准适用于关乎自然的理论或学问,却并不完全适用于关乎人文的理论或学问;自然科学的方法适用于研究可重复出现的自然现象,却不适用于研究独一无二、不可重现的人文现象。人们可以置身于自然现象之外研究自然现象,却难以置身于人文现象之外把握人文现象。根据狄尔泰的观点,一切人文现象都是历史现象,只能置于历史-文化背景之中,通过内在的体验和同情加以把握。这就超出了物质或自然的范畴,而进入了精神领域。狄尔泰因此提出了与"自然科学"并行的"精神科学(Geisteswissenschaften)"概念,用以统称一切以社会和历史实在为研究主题的人文学科。他所构建的精神科学宏大体系涵盖了今天人们通常所说的文史哲社在内的几乎所有与人的知识有关的学科,包括经济学、政治学、社会学、人类学、历史学、心理学、法理学、文学、教育学,甚至包括哲学、伦理学、美学。

狄尔泰不但在精神科学中赋予教育学以科学地位,还用精神科学的观点和方法重建教育学。1888年,他发表《关于普遍有效的教育科学之可能性》[①]一文,对各种自命为"科学"的教育学流派进行考察和分析。一方面,他批评传统教育学企图从一定的世界观、宗教、哲学伦理学及其规范出发,将这些规范视为超越历史约束的永恒不变的前提,从中演绎出普遍有效的教育规范体系。在狄尔泰看来,从臆想普遍有效的哲学、教条、世界观中是不可能引申出有关教育情景、教育目的、教育方法的普遍有效的科学体系的。人全然是历史的存在,教育和教育理论同样也是历史现象。教育科学必须符合这一个基本认识,从历史背景出发去研究当前现实的教育问题,去发现目前仍

---

① Dilthey, W. (1888). Über die Möglichkeit einer allgemeingültigen pädagogischen Wissenschaft, *Gesammelte Schriften*, Bd. VI. Leipzig und Berlin: B. G. Teubner, 1924.

在发生影响的历史。另一方面,他批评教育学界方兴未艾、企图运用自然科学方法来处理教育现象和教育问题的实证主义思潮。在他看来,用自然科学方法只能把握人存在的自然方面,或者说,把握自然决定的教育先决条件,但人的发展及教育的主要过程是一种精神艺术,或者说是历史艺术,为了能够对这种现象与过程作出解释,必须发展历史解释学方法。

1888—1894年间,狄尔泰在柏林大学连年开设教育学讲座,[①] 在考察教育学体系的历史与原理中发展历史解释学方法,影响到一批年轻的学者。诺尔(Herman Nohl,1879—1960)、利特(Theodor Litt,1880—1962)、斯普兰格(Eduard Spranger,1882—1963)、弗利特纳(Wilhenlm Flitner,1889—1989)、韦尼格尔(Erich Weniger,1893—1961)纷纷以历史解释学方法研究教育问题,并且在第一次世界大战结束之后形成了一种新的教育学流派。[②] 他们的研究成果起初被称作"精神科学教育学(geisteswissenschaftliche Pädagogik)",后来又因其方法论也称为"解释学教育学(hermeneutische Pädagogik)"或"文化教育学"。这种所谓的精神科学教育学跟传统教育学及实证取向的科学教育学有一定区别。如前所述,传统教育学是一种规范体系,从一定的世界观、宗教、哲学伦理学及其规范出发,并把这些规范视为超历史约束力的教条。精神科学则将教育和教育理论看成是历史现象,用历史解释学的方法加以考察。实证取向的科学教育学或经验科学教育学试图用自然科学的方法来研究教育现象,处理教育问题。它把研究对象作为没有生命的存在物来对待,使研究的主体和客体处在二元对立的外在关系之中。而精神科学视研究对象为有生命的"活生生的人",强调研究中主体与客体思想感情的交融及新意义的生成,用解释学方法去体验和理解教育现象和教育过程。这种人文研究的思想和方法在德国学术界拥有众多的追随者。

第二次世界大战结束后,精神科学教育学继续发展,并且与战后文化哲学、现象学及存在主义等思潮汇合。其中,以博尔诺(Otto Friedrich Boll-

---

① Dilthey, W. (1934). *Pädagogik, Geschichte und Grundlinien des Systems. Gesammelte Schriften*, Bd. IX. Leipzig und Berlin: B. G. Teubner.
② [德]克拉夫基:《精神科学教育学——成就、局限性、批判的转变》,《华东师范大学学报(教育科学版)》,1993年第1期,第31—40页。

now，1903—1991）的存在主义教育学和人类学教育学为代表的精神科学教育学尤具影响力，在西德教育理论界享有崇高的学术声望。① 1965—1966 年，博尔诺相继出版或再版了多部教育学著作及教科书（如《存在哲学与教育学》《教育学中的人类学考察方式》《语言与教育》《新教育哲学》）。就在 1966 年，德国教育学异类布雷岑卡横空出世。他针锋相对，发表讨伐檄文《科学教育学的危机在新近出版的教科书中的表现》，笔尖直指博尔诺存在主义教育学和人类学教育学，尖锐地指出德国传统的教育理论缺乏科学性，② 极力主张"从教育学转向教育科学"③。表面上看，布雷岑卡是在向博尔诺的精神科学教育理论发难。但从其提出的教育科学纲领看来，他实际上是在单挑整个西德各种带有价值取向的教育理论。他的主张一见诸报刊，迅速引起争议，文化哲学、解释学、神学和西方马克思主义方面的教育学者纷纷撰文，同布雷岑卡展开论争。东德学者意识到他们信奉的马克思主义教育学的科学性遭到了挑衅，也加入到围剿布雷岑卡经验科学教育学主张的队伍之中。

布雷岑卡正值而立之年，血气方刚，笔战群儒，在论争之中逐渐形成了他的元教育理论体系。1971 年，他出版专著《从教育学到教育科学：元教育理论导论》④，虽然给实践教育学和精神科学教育学留有余地，但在教育学命题体系中将事实陈述与价值判断严格地区分开来，并未改变其科学主义取向以及对传统教育学非科学性的批判态度。此书出版引起很大反响，国际教育学术界围绕布雷岑卡提出的教育学体系新构想继续展开热烈的论争。布雷岑卡本人在论争中也不断地修正和发展自己的观点，1972 年发行了该书的第二版，1975 年发行了第三版，1978 年经全面修订，又发行了第四版，并更名为《元教育理论：教育科学、教育哲学、实践教育学基础导论》。他在书中将教育学命题体系分为三类：描述性命题体系——教育科学；规范性命题体

---

① 邹进：《现代德国文化教育学》，山西教育出版社，1992 年版。
② Brezinka, W. (1966). Die Krise der wissenschaftlichen Pädagogik im Spiegel neur Lehrbücher, *Zeitschrift für Pädagogik*, No. 11, S. 270—287.
③ Brezinka, W. (1968). Von der Pädagogik zur Erziehungswissenschaft. Vorshläge zur Abgrenzung, *Zeitschrift für Pädagogik*, No. 14, S. 317—334, 435—475.
④ Brezinka, W. (1971). *Von der Pädagogik zur Erziehungswissenschaft. Eine Einfürung in die Metatheorie der Erzienhung*, Beltz：Weinheim.

系——教育哲学；规范性-描述性命题体系——实践教育学。

表 1　布氏教育学理论分类框架[①]

教育科学 或科学教育学	理论教育科学		
	教育历史学		
教育哲学 （规范教育哲学 或教育道德哲学）	教育目的规范哲学		
	教育手段 规范哲学	教育者规范 伦理学	教育者美德规范伦理学（美德论）
			教育者活动伦理学（义务论）
		教育物质手段 评价理论	教学内容规范理论（规范教学论）
			教育组织规范哲学
教育实践学或实践教育学			

布雷岑卡认为，理想状态下的科学教育理论是逻辑上紧密关联并且多少得以证实的假设性规律体系。教育科学的任务在于获取关于教育活动领域的科学知识：首先把现在或过去的教育现象作为社会-文化情境的一部分而尽可能客观地加以描述和分类；其次在目的-手段关系的结构中理解各种教育活动。在布雷岑卡看来，撇开教育目的而单单考察教育手段是不充分的，教育科学研究者须把教育的目的-手段关系完全看成是教育科学的核心课题，以探讨实现教育目标的各种条件。教育科学不同于别门科学，它不是一门仅仅描述事实的科学，而是一门目的论-因果分析的科学。也就是说，教育科学必须以人们所期望的、试图在教育中实现的目标（目的）为起点，进而调查教育现象中的各种因果关系，以查明教育活动介入的种种可能性。在教育科学中，"人们寻求获取与既定理想多少一致的人格（一系列的心理倾向）所依赖的种种条件，进而询问，这些条件能否产生以及可以怎样产生。教育科学家不能将自己局限于描述各种教育活动和教育制度。为了检验这些活动和制度事实上是不是恰当的手段，或者说，为了检验它们是否可能产生与期望截然不同的效果，更应当将它们与特定的目的以及受教育者的处境联系起来。在教育手段被证明不恰当时，必须寻找原因；然后，寻求在特定环境下更为有效的

[①] 整理自 Brezinka, W. (1978). *Metatheorie der Erziehung. Eine Einführung in die Grundlagen der Erziehungswissenschaft, der Philosophie der Erziehung und der Praktischen Pädagogik*, München: Ernst Reinhardt Verlag.

其他手段"[1]。为了实现这一目标，必须运用科学方法。布雷岑卡认为，就方法论而言，教育科学与其他经验性的社会-文化科学或人文科学并无重大差别。其基本程序和要求为：以某一问题领域的合用知识为基础提出问题；提出解决问题的各种假想（假设）作为暂时的答案；根据这些假设与事实的一致性，以及它们与其他各种相对来说已经得到证实的理论假设之间的逻辑联系，检验这些假设。

布雷岑卡从现有的教育学中识别出8种以"教育哲学"为名的陈述系统，他本人主要关注的是规范教育哲学。布雷岑卡认为规范教育哲学是教育科学必需的补充，它回答教育规划和教育活动中产生的各种价值问题（应当是什么）和规范问题（应当做什么及不应做什么），给教育者和主管教育的政治家提供评价取向（教育理想）和规范取向（教育行为规范）。布雷岑卡按照目的-手段模式，将规范教育哲学划分为教育目的规范哲学和教育手段规范哲学。其中，教育目的规范哲学先讨论各种与评价有关的问题，指明各种教育现象有无价值，确立善（或价值）的优先地位，并通过确立最高的目的（理想、价值或善），赋予人生与教育以意义；教育手段规范哲学包括教育者规范伦理学以及教育物质手段评价理论，分别从人和物两个角度阐明教育行为规范。教育者规范伦理学又细分为教育者美德规范伦理学（美德论）和教育者活动伦理学（义务论），教育物质手段评价理论则细分为教学内容规范理论（规范教学论）及教育组织规范哲学。

布雷岑卡曾经称实践教育学为"教育实践学（praxiology of education）"，强调此类教育学将教育义务以及履行这种义务的有效手段告诉全体教育者，并根据确当的意识形态及道德激励其教育行为。其具体任务是：向教育者提供有关社会-文化情境的评价性解释；阐明各种教育目的；为教育活动和教育制度的形成提供各种实践观点、规则和教学建议；激发、鼓励并支持具有道德价值的教育活动（或教育者的职业美德）所必需的价值取向和各

---

[1] Brezinka, W. (1981). Meta-Theory of Education: European Contribution from an Empirical-Analytical Point of View, J. E. Christensen, ed., *Perspective on Education as Educology*, University Press of America, Inc., p. 18.

种倾向。因此，实践教育学具有情境阐释成分、目的论成分、方法论成分或技术成分以及伦理学成分等。

布雷岑卡不仅根据命题性质的不同从已有的教育学中识别出教育科学、教育哲学和实践教育学，还他清晰地区分出这三类理论的不同任务和研究方法。布雷岑卡教育理论"三分法"带有明显的经验科学偏向，但在一定程度上承认作为规范性命题体系的教育哲学，也在一定程度上承认规范性命题和描述性命题混杂在一起的实践教育学。可以说，这是人文取向的教育学者为其学术流派极力辩护的结果，他们的反击使布雷岑卡多少意识到单纯运用自然科学方法（经验方法或实证方法）无法全面解释和解决教育这一人类活动的全部现象和问题。不过，布雷岑卡依然坚持将描述性命题与规范性命题严格区分开来，反对将规范性的教育理论也称作"科学理论"；而且，他认为规范性命题体系也不是不可以批判的纯粹意识形态，这些命题需要有充分的根据加以论证，因此也需要科学的批判态度。

正如前一节的分析所示，布雷岑卡元教育理论面世之前，实践教育学作为一种有别于理论教育学（通常以"教育科学"的名义现世）的教育学类型早就被维尔曼等学者识别出来了。布雷岑卡元教育理论的真正贡献，在于从通常以"科学"名义彰显的理论教育学中区别出了科学教育学（教育科学）和哲学教育学（教育哲学）。尽管布雷岑卡在其教育科学元理论中吸纳了德国精神科学教育学流派有关教育的历史、文化、社会考察的科学成分，但出于经验科学的理念以及精神科学教育学鲜明的哲学取向，他反对把精神科学教育学归入教育科学阵营，坚持将其归入教育哲学阵营。布雷岑卡以一己之力对抗德语将"Wissenschaft"泛指系统知识或纯粹理论的传统，试图将这个词严格限于指称经验科学（与现代英语"science"对应），这令德国教育学者尤其是精神科学教育学派的学者感到十分棘手。一方面他们不得不承认布雷岑卡将理论教育学区分为科学教育学和哲学教育学有其合理性，另一方面他们又不能不用"精神科学"这个旗号继续发展布雷岑卡元教育理论中所谓的"哲学教育学"。这就不免让精神科学教育学派学者以及其他试图为哲学教育学谋取"科学"美名的教育学者感到尴尬。

不过，总的来说布雷岑卡于1960年代末发起的那场"经验科学取向的教育学与人文取向的教育学的论争"并未持续多久。论争的主要方面（布雷岑卡和以博尔诺为代表的精神科学教育学学派）在1970年代之后就在很大程度上取得了基本共识。持精神科学观点的教育哲学家对布雷岑卡的经验科学理想以及将教育科学与教育哲学区分开来的主张表示同情和理解。而在布雷岑卡这一方，不但承认规范教育哲学有存在的必要性，而且认识到教育科学并不纯粹是一门描述性科学，而是一门特殊的科学，必须在目的-手段关系中了解教育现象。显然，这是精神科学影响的结果。实际上，在全面回答教育是什么或曾经是什么这一问题上，经验科学教育学和精神科学教育学也可能是互补的。精神科学教育学能够依靠历史解释学方法，较有效地理解教育意图和教育观念，理解关于教育的见解、教育改革的动机以及有关各方对教育的评价等；经验科学教育学则能够凭借实证方法，较有效地查明教育过程实际上已经发生或正在发生什么，教育者的意图是否得以实现，教育者的具体行动是否符合他们自己提出的纲领性目标，是什么因素在对学校教学过程发生影响等。因此，完全否认精神科学教育学的科学性，确实会让这个学派感到难以接受。

就一个人乃至一个学派全部的教育理论作简单的理论归类分析是困难的，几乎是不可能的。事实上，一个人或一个学派的整个教育理论成就中，既可能有事实陈述体系，也可能有规范陈述体系，因而无法简单地划入教育科学阵营或教育哲学阵营。但就具体的纯理论陈述进行分辨，将其归入教育科学阵营或教育哲学阵营却是可能的。这样看待布雷岑卡提出的理论教育学中教育科学与教育哲学的分野，或许就可以避免许多不必要的纷争。

五、科学理论与技术理论以及价值理论与规范理论的分野

从1966年到1978年，布雷岑卡一直处在德国教育学科学性质论争的中心。他以《科学教育学的危机在新近出版的教科书中的表现》一文挑起这场论争，又以《元教育理论》一书终结它。他对德国教育学非科学性的批判深深触动过以精神科学教育学为代表的各种哲学取向及实践取向的教育学派，其教育理论"三分法"令教育科学、教育哲学、实践教育学这三种类型的教育理论各安其位，各司其职，并驾齐驱，各得其所，在一定程度消解了教育学自诞生以来屡屡因为科学性问题遭到不明就里的好事者以及心怀科学傲慢的学者横加的种种责难。教育科学、规范教育哲学、实践教育学各自回答不同的教育问题，各具有限的有效范围。不能强求教育科学具有实践性或规范性——为解决实际教育问题提出建议或处方；也不必硬称教育哲学和实践教育学为"科学"——它们试图解决的是科学所无法解决的问题，可以理直气壮地肯定其非科学性。教育学各类理论相互补充，教育学因而可以朝着多元化方向发展。

然而，教育学在理论类型上的多样化发展带来了教育知识的统一难题。既然赫斯特已经确认理论教育学与实践教育学存在逻辑上的鸿沟，布雷岑卡又在理论教育学中揭示教育科学与规范教育哲学之间也存在逻辑鸿沟，那就不可能在学术上将教育的科学理论、规范哲学理论、实践理论整合成一种"教育学统一理论（eine pädagogische Gesamttheorie）"[①]。西方向来有理论与实践、科学与哲学、实然与应然二元对立的传统，忠于这种学术传统的西方学者难以将存在逻辑鸿沟的陈述苟且成一种统一理论，从而使理论成分复杂的教育学始终处于分裂状态。可是，教育并不是一种纯粹的理论活动或学术活动，教育是一种典型的人类实践，教育实践需要将相关知识整合成一个体系。布雷岑卡也承认教育学知识一定程度的统一或综合只有在实践教育学中才得以实现，但他又不认为实践教育学就是一个教育学知识的统一理论体系，因为事实上任何一种实践教育学都只是从教育科学和规范教育哲学中选取出来的那部分知识的一种综合。在布雷岑卡看来，这种选择性综合的结果必然受制于特定的历史情境，因而在理论上是有欠缺的。[②]

可见，布雷岑卡并不否定实践教育学可能在某种程度上达成教育学知识的整合，他只是出于其理论欠缺而嫌弃实践教育学。就像前面争辩过的那样，

---

① 参见 Bokelmann, H. (1970). Pädagogik: Erziehung, Erziehungswissenchaft. J. Speck und G. Wehle (Hrsg.), *Handbuch Pädagogischer Grundbegriffe*, Bd. 2. Münxhen, 1970, S. 178—267.

② Brezinka, W. (1978). *Metatheorie der Erzienhung. Eine Einfürung in die Grundlagen der Erziehungswissenschaft, der Philosophie der Erziehung und der Praktischen Pädagogik*, München: Ernst Reinhardt Verlag, S. 273—275.

既然将教育研究所取得的理论成果划归给了作为理论教育学的各种教育科学以及规范教育哲学，又批评实践教育学理论性不够，那就太不讲道理了！其实，教育科学虽然限于回答教育中"是什么"以及"曾经是什么"的实然问题，但布氏实际上将教育中的"如何做"也当作实然问题放在教育科学中加以处理。这种包含"如何做"的教育科学或科学教育学难道就是一种纯之又纯的理论而毫不指导实践么？类似的问题也存在于规范教育哲学。这种教育哲学不但探讨教育中"应当是什么"问题，还探讨教育中"应当做什么"和"不应做什么"问题。也就是说，它不但确立、解释并论证教育目的，还就教育目的之实现手段提出建议并为之辩护。鉴于如此显而易见的教育实践指导倾向，连布雷岑卡自己都不得不承认"规范教育哲学因此与实践教育学有许多共同之处"①。看来，布雷岑卡有关教育学的理论"三分法"遗留不少问题有待澄清。这样的分类方案能否成立甚至都是一个问题。

为了确保教育科学严守其回答"是什么""曾经是什么"而对实践保持缄默的铁律，陈桂生先生主张将有关"如何做"的问题从教育科学中剥离出去，作为"教育技术"问题加以理论处理。陈先生同时主张将"应当是什么"问题与"应当做什么""不应做什么"问题也区分开来，分别作为"教育价值"问题和"教育规范"问题加以理论处理。如此一来，陈先生从教育学陈述中识别出四种不同性质和层次的理论成分：②

其一，教育科学理论，采用分析的、归纳的、定量的方法对教育进行实证-实验研究，回答教育中"是什么"问题，即把教育状态作为事实加以研究，考察教育现象的成因，分析教育现象产生与变化的条件（因果关系）以及不同教育现象在不同条件下的不同联系，概言之，揭示教育的客观规律；

其二，教育技术理论，根据科学原理考察教育实践条件，具体分析教育实践的类型、过程、程序、方法等，回答教育中"怎样做"问题，包括从纯

---

① Brezinka, W. (1978). *Metatheorie der Erziehung. Eine Einfürung in die Grundlagen der Erziehungswissenschaft, der Philosophie der Erziehung und der Praktischen Pädagogik*, München: Ernst Reinhardt Verlag, S. 206—207.

② 陈桂生：《略论教育学"研究方法意识朦胧"现象》，《教育研究与实验》，1994年第2期，第1—7页。

技术理论到工程技术理论的不同层次;

其三,教育价值理论,以高于教育思想的理论基础和社会理想为前提揭示教育的当然法则,回答教育中"应当是什么"问题(尤其是教育目的"应当是什么"问题),即对教育事实-事态作出价值判断、价值抉择,旨在确立教育实践的思想规范,指示教育实践的根本目标与方向;

其四,教育规范理论,根据一定的教育价值取向,结合一定历史时期的教育实践条件,对教育经验-技术作价值判断与价值抉择,回答教育中"应当做什么""应当怎样做"问题,旨在确定教育实践的行为规范。

这种教育理论"四分法"在元教育学上的进展,并不是表面上为教育学增添了一种理论类型,而在于它将教育学理论分类从大而化之的"陈述体系区分"或"理论体系区分"深化为乃至转换为细致入微的"理论成分区分"。这种教育学理论成分"四分法"可以避免以往教育理论体系"二分法"和"三分法"难以解决的元理论问题,更加有效地观察和分析历史出现过的以及现行的教育学的理论形态,甚至在一定程度上可以预见和规范未来教育学的理论发展方向。

表2 陈氏教育学理论成分清单①

理论成分	教育问题	命题类型	理论成果形式
教育技术理论	做什么—怎么做?	程序性命题	教育规则
教育科学理论	是什么?	描述性命题	反映教育规律的原理
教育价值理论	应当是什么?	评价性命题	反映教育理念的原理
教育规范理论	应当做什么—怎么做?	规范性命题	教育规范

按照这种教育理论成分"四分法",逻辑上和现实中可以存在四种单一成分的教育理论,即单纯的教育科学理论、技术理论、价值理论和规范理论。但是,正如陈先生所指出的那样,人们事实上往往把各种理论成分混合成为一种特定性质的教育学科或教育理论。如前所述,教育技术理论以教育科学理论为基础,教育规范理论以教育价值理论为基础,陈先生因此将有关教育

---

① 改编自陈桂生:《"四分法":教育理论成分解析的新尝试》,《教育研究与实验》,1995年第2期,第3页。

的科学理论和价值理论称为"教育基础理论",又将有关教育的技术理论和规范理论称作"教育应用理论"。同一性质的基础理论与应用理论结合,便有了两种不同的教育学:一种是包含科学理论和技术理论成分的教育学陈述体系,其实就是教育学史上常言的"科学教育学",陈先生则称其为"教育科学",但是为示区别,他将教育基础科学称作"教育科学[A]",而将科学理论与技术理论混合体系称作"教育科学[B]";另一种是包含价值理论和规范理论的教育学陈述体系,其实就是前面所说的"规范教育哲学",但陈先生依然称其为"教育价值理论"。

陈先生的教育理论"四分法"在元教育学上还有一个特殊贡献。虽然他也坚信科学理论揭示教育客观规律而价值-规范理论揭示教育当然法则的学术规范,但他从教育社会学中发现了跨越实然判断与应然判断逻辑鸿沟的理论桥梁。鉴于教育社会学不仅对教育事实-事态进行客观研究,而且尝试将古今中外已有的教育价值-规范作为既成的教育事实加以客观研究,而教育社会学又被公认为是一种教育科学,陈先生将这种教育科学与教育基础科学("教育科学[A]")及教育科学技术理论("教育科学[B]")并列,称之"教育科学[C]"。不仅如此,专门将已有教育价值取向当作既成事实加以客观研究的"教育价值科学",以及专门将已有教育规范当作既成事实加以客观研究的"教育规范科学",也被陈先生归入教育科学范畴,称之为"教育科学[D]"。

上述元理论不仅扩大了教育科学的理论视野,更重要的是在一定程度上破除了科学忌谈价值-规范问题的铁律或偏执。尽管陈先生承认教育价值科学和规范科学有其局限性——限于描述和分析已有的教育价值观及教育规范,不能越界替代规范教育哲学,进行指向未来的价值-规范研究,但是,有关既成的当然法则的历史的比较分析,作为指向未来的价值-规范研究的参照,委实比单纯诉诸思辨的教育价值理论和教育规范理论更为可靠。如此弥补实然判断与应然判断的逻辑裂缝,不同性质的教育理论相混合在陈先生的元理论中也就顺理成章了。于是,教育科学理论与教育价值理论混合而成"教育基础理论",也即前面所谓的"理论教育学";教育技术理论与教育规范理论混合而成"教育应用理论",也即前面所谓的"实践教育学"。

陈先生最后认为，教育的基础理论与应用理论共同构成了一门学问，即"教育学"。特别是用于师资训练的"教育学"可以是各种教育理论成分的结合，只是论述不同性质的问题，寻求不同的依据，采用不同的方法进行研究。在陈先生看来，这样的"教育学"着眼于提供不同性质与层次的知识，供人们从事教育实践参考。这种出于教育实践的理由进而出于教育实践的逻辑而将科学理论、技术理论、价值理论、规范理论成分整合而成的"教育学"，在我看来，本质上依然属于"实践教育学"。诚如布雷岑卡所判断，实践教育学确实无力于将有关教育的科学理论体系、技术理论体系、价值理论体系、规范理论体系整合成一种统一的教育理论体系，因为不同的理论体系各有不同的逻辑结构，但是，从陈桂生先生基于教育理论成分"四分法"的元理论视角看，完全可以围绕教育实践议题吸纳科学理论成分、技术理论成分、价值理论成分以及规范理论成分并将它们融为一体，形成一体化的教育理论体系。可以说，教育理论成分"四分法"为实践教育学实现教育学知识的整合提供了一种前所未有的元理论思路。

表3 陈氏教育学理论分类表[①]

	序号	学科性质	说明
按单一理论成分划分	1	教育科学理论（教育科学［A］）	教育基础科学
	2	教育技术理论	
	3	教育价值理论	
	4	教育规范理论	

[①] 改编自陈桂生：《略论教育学"研究方法意识朦胧"现象》，《教育研究与实验》，1994年第2期，第4页。

续表

		序号	学科性质	说明
按不同理论成分结合的层次划分	第一层次	5	科学教育学（教育科学［B］）	教育科学与技术理论
		6	规范教育学	教育价值与规范理论
	第二层次	7	教育价值科学（教育科学［D］）	将已有教育价值当作既成事实加以研究
		8	教育规范科学（教育科学［D］）	将已有教育规范当作既成事实加以研究
	第三层次	9	理论教育学（教育基础理论）	教育基础科学与教育价值理论
		10	实践教育学（教育应用理论）	教育技术与规范理论
	第四层次	11	教育学	教育科学、技术、价值、规范理论

教育理论成分"四分法"给教育学的发展开辟了广阔的前景。这种元教育理论严格区分教育学的理论成分，严密分析各种教育学陈述体系的理论成分，在此基础上确定它们各自的学科性质（见表3）。但是，这种元教育理论对教育学的实存形态及发展方向持开明、开放态度，既承认单纯的教育科学理论、技术理论、价值理论、规范理论，也承认不同层次上两种乃至多种理论成分相混合的教育理论。这种元教育理论有助于矫治"科学傲慢症"和"纯理论洁癖"，也有利于教育学朝着既可能多样化又可能一体化的方向发展。

但是，元教育理论仅仅是有关教育理论的认识论或知识论，而且不是教育理论本身，再有解释力和预见性的元教育理论也不能替代教育理论本身的建设。最近几十年里，各种教育科学（所谓"复数教育科学"）各自取得长足的进步，成果丰硕，但散见于各种教育科学的专业文献之中，尚待整合在一门统一的教育科学（即"单数教育科学"）之中。相对而言，更亟待加强的是关于教育技术、价值和规范的理论建设。陈先生曾言，教育技术理论包括从纯技术理论到工程技术理论的不同层次，即使是教育工程科学性质的理论，也依然是理论，而不同于存在于教育实践中的教育技术。尽管教育技术日新月异，教育技术理论还只是一种设想，或者说，还只是一种尚在形成中的教育理论。[①] 教育价值理论和规范理论何尝不是如此？我国有关教育价值取向的意见、主张、口号泛滥成灾，有关教育规范的规章、制度、口诀、顺口溜层出不穷，但是名副其实的教育价值和规范理论却相当薄弱。在教育科学理论、技术理论、价值理论、规范理论上都缺乏建树，建设所谓理论混合型教育学与其说是一种空谈，就不如说是一种搪塞了。

唉，这么一说，又成空谈元理论了！

【作者简介】

黄向阳，教育学博士，华东师范大学教育学教授，教育部人文社会科学重点研究基地基础教育改革与发展研究所专职研究员，道德与法治教育研究中心主任和首席专家，全国教育学会德育学术委员会常务理事，人民教育出版社小学《品德与生活》《品德与社会》教材副总主编，上海科技教育出版社小学《品德与社会》教材分册主编，国家统编教材《道德与法治》分册主编。主要从事教育原理、德育原理、教育伦理、教师专业发展、学生发展指导等领域的研究和教学工作。出版《德育原理》《"学会关心"研究》《以学生发展为本的小学课堂教学策略》《普通高中学生发展指导研究》等著作。发表《学校道德三位一体导向的间接德育论》《从道德教育论到德育原理》《德育内容分类框架》《德育的层次与重心》《高标德育平议》《论课程改革实施中的价值整合》《温馨教室建设的路向》《苏格拉底法批判》《师德的边界》等论文。主持国家社会科学基金教育学项目"儿童欺负判断发展研究"，出版专著《无人贻恨》，发表《学生中的欺凌与疑似欺凌——校园欺凌判断标准》《不让一个孩子受伤害——校园欺凌与暴力的根源干预》《孩子心目中的欺负》《欺负与反抗：个人的经历》《校园欺凌的真相——基于学龄儿童健康行为国际调查报告的分析》《反校园欺凌教育刍议》等文。

[①] 陈桂生：《"四分法"：教育理论成分解析的新尝试》，《教育研究与实验》，1995年第2期，第1—5页。

建设中国特色社会主义教育学的成功探索
——评陈桂生教授的《教育原理》

冯建军

一、历史探索

中国的教育学是舶来品,从 20 世纪初直接引进日本教育学,间接引进德国赫尔巴特教育学,到 20 年代引进美国杜威的教育思想,再到新中国成立后,全面学习和引进苏联凯洛夫的教育学。伴随着引进,虽然也有"以适于吾国现情为主"①的教育学中国化的朦胧意识,但没有遮挡住引进的主流。中国教育学发展条件不成熟时,引进是必要的。1956 年,中苏关系恶化,我们不再学习苏联教育学,这时,教育学中国化才真正提上日程。1957 年,《人民教育》发表《为繁荣教育科学创造有利条件》的一组笔谈,其中有学者提出,我国教育科学发展最迫切的是教育学中国化问题。1957 年,瞿葆奎在《华东师范大学学报(人文科学版)》第 4 期发表《关于教育学"中国化"问题》,就教育学"中国化"的含义和如何使教育学"中国化"等问题进行了探讨。1958 年编写的《教育学教学大纲》反思了教育学存在的问题,指出"过去教育学的教学,不是从毛主席的教育思想出发,不是从党的教育方针出发,不

---

① 张忠华:《教育学原理研究》,科学出版社,2022 年版,第 217 页。

是从我国的教育实际出发……",为纠正教育学的这种情况,1959年下半年,由华东师范大学、上海师范学院、上海市教育局、共青团上海市委员会和上海市教育学会联合组成编写组编写了"中国化"的《教育学》。其框架如下。

编次	章	目录
毛泽东同志关于教育的基本理论	1	教育为无产阶级政治服务,教育与生产劳动相结合
	2	培养有社会主义觉悟的有文化的劳动者
	3	加强党对教育工作的领导,贯彻教育工作的群众路线
	4	鼓足干劲,力争上游,多快好省地发展我国教育事业
	5	学校教育、教学工作的基本原则
	6	人民教师
	7	坚持教育战线上两条道路、两种思想、两种方法的斗争
全日制学校教育	8	全日制学校的性质和任务
	9	德育
	10	智育
	11	体育
	12	全日制学校学生的生产劳动
	13	学校中的共青团、少先队、学生会
	14	课外活动和校外活动
	15	班主任工作
	16	全日制学校的组织和领导
半日制学校教育	17	农业中学
	18	技工学校
工农业余学校教育	19	工农教育的意义和任务
	20	工农教育大革命
	21	工农教育办学原则
	22	学制、课程与教材
	23	教学工作
	24	工农业余学校师资的培养与提高
科学研究	25	教育科学研究

这本《教育学》可谓做到了"中国化",一是设置了"毛泽东同志关于教

育的基本理论"专章,全面阐述了毛泽东关于教育的基本认识。同时,以毛泽东教育思想为武器,批判教育战线上的资产阶级思想和修正主义思想。二是反映了我国教育的改革,尤其是1958年教育"大革命"提出的教育新形式(半日制学校教育、工农业余学校教育)。但这本《教育学》变成了"政策汇编"和领导人的"教育语录",虽凸显了政治性和实践性,但丧失了学术性,"中国化"以政治"化"掉了教育学的学理,使教育学等同于操作手册,失去了"学"的身份。这是教育学"中国化"极不成功的尝试。

1960年代初,全国文科教材会议召开,刘佛年受命担任全国文科教材《教育学》的编写任务。时任中宣部副部长周扬对于文科教材的编写和刘佛年的《教育学》编写工作都做了重要指导,提出了教育学编写的原则,使刘佛年《教育学》回到了"学"的轨道。刘佛年《教育学》的基本框架是:

册次	章	目录
上册	绪论	
	1	教育与政治、经济的关系
	2	教育与儿童身心发展的关系
	3	教育目的与教育方针
	4	学校教育制度
	5	课程与教材
	6	教学过程与教学原则
	7	教学方法与教学形式
下册	8	思想教育的意义、任务和内容
	9	思想教育的过程与原则
	10	思想教育的途径与方法
	11	生产劳动
	12	体育卫生
	13	教师
	14	学校行政

续表

册次	章	目录
附录	15	教育与经济发展（1979年版增补）
	16	电化教育（1979年版增补）
	17	美育

刘佛年的《教育学》显然没有了政策汇编和政治语录的痕迹，它以教育理论为框架，其结构与凯洛夫的教育学相差不大，既有教育的基本理论，也有教学、思想教育、生产劳动、体育卫生、学校行政等方面的具体工作。这本《教育学》坚持以马克思主义为指导，总结了我国社会主义教育的新经验，但不排斥西方教育学所揭示的教育共同规律。陈桂生教授认为，刘佛年《教育学》虽然是不成熟的树上结出的未成熟的果实，但在20世纪60年代初的背景下，使"教育学"从"工作手册式"与"政策图解式"走出来，着实做出了重要的贡献。今天的很多教育学从框架上看，包括教育概念、教育与人的发展、教育与社会发展、教育目的、教育制度、课程、教学、德育、美育、体育、综合实践活动、班主任、教师、学校管理，等等，大致没有超出刘佛年《教育学》的框架。

改革开放后，我们重提"建设中国特色社会主义教育学"[①]，但如何建设中国特色社会主义教育学，虽然有学者探讨了建设路径，也有学者出版了《中国社会主义教育学》[②]，但真正把建设中国特色教育学付诸实际的学者不多。陈桂生教授就是为数不多的学者中的一个，他尝试以马克思主义思想为指导，先后出版了《教育原理》（1993年第1版，2000年第2版）、《学校教育原理》（2000年第1版，2012年增订版）、《普通教育学纲要》（2009年版）。这三本著作，是他为建设中国特色社会主义教育学所做的尝试，勾列了中国特色社会主义教育学的基本框架和建设逻辑。

《教育原理》初稿完成于1990年，由华东师范大学于1993年正式出版，2000年又进行了修订，对一些繁琐的论证进行删减，增加了"中国社会主义

---

① 鲁洁：《建设具有中国特色的社会主义教育学管窥》，《教育评论》，1988年第1期，第1—5页。

② 常春元、黄济、陈信泰：《中国社会主义教育学》，江苏教育出版社，1987年版。

初级阶段教育理论问题"一编，出版了《教育原理（第2版）》。《教育原理》着重于教育的基本事理、一般原理，不包括教育实践问题的论述。对教育实践问题的论述，体现在《学校教育原理》和《普通教育学纲要》中，但即便其中提到的"教育实践"，也不是详细的教育操作指南，而是把教育实践作为对象上升到理论高度。陈桂生教授的《教育原理（第2版）》的框架是：

编次	章节	目录
Ⅰ	前言	
	1	教育的简单要素
	2	"教育主体"与"教育客体"的关系属性
	3	"教育资料"的分解
	4	教育过程与教育实体
	5	教育系统
Ⅱ	前言	
	6	教育与传播媒介
	7	教育与社会生产力
	8	教育与社会经济结构
	9	教育与政治
	10	教育与闲暇
	11	教育的"自我保存"与"自我更新"
Ⅲ	前言	
	12	"教育"概念
	13	教育价值取向
	14	教育目的
	15	"教育"内涵的分解
	16	学校的职能
	17	学校与家庭

续表

编次	章节	目录
Ⅳ	前言	
	18	中国社会主义初级阶段教育理论问题——从"毛泽东教育思想"到"邓小平教育理论"
	19	关于中国教育的社会主义性质问题
	20	关于教育的战略地位问题
	21	关于"尊重知识,尊重人才"问题
	22	关于教育"三个面向"问题
	23	关于教育培养"四有"新人问题
	24	关于教育体制改革问题
附录		关于"教育本质"问题的论争述评

从框架上看,陈桂生的《教育原理》分为四编。第一编着眼于教育内部构成,从教育的简单要素入手,到直接的教育过程、单个的教育实体,最后到由不同教育实体组成的教育系统。第二编立足于教育系统,分析教育系统的内外部关系,从教育内部联系,到教育外部联系,从教育外部联系对教育的影响到教育的内部特性。第三编立足于教育的内部特征,探讨教育自身,包括"教育"概念、教育价值取向、教育目的、教育内涵、学校职能以及家庭教育等。第四编立足于当下中国社会主义初级阶段的教育理论,聚焦邓小平教育理论。陈桂生的《教育原理》超出了刘佛年《教育学》的框架,独树一帜,是教育学中少有的探讨中国特色社会主义教育理论的教材。

二、陈桂生《教育原理》的探索

笔者作为陈桂生教授的研究生,在1993年秋季学期,有幸亲耳聆听陈桂生教授讲授《教育原理》,他对这本书进行了近乎句读的教学。笔者博士毕业后,担任高校教师硕士班的《教育原理》课程。鉴于教学的对象大多是高校教育学教师,他们对教育学教材了如指掌,甚至是烂熟于心,再讲一般的教育学教材,重复他们已有的知识,无助于他们水平的提高。于是,笔者选用了陈桂生的《教育原理》做教材,先后讲述了三届高校教师硕士班。我每次上课,也如同陈桂生教授当年给我们上课时一样,手捧教材,一句一句细读。

虽是"照本宣科",但那些富有教育学知识和教学经验的高校教师,并无反感,反而听得津津有味,甚至有人私下告诉我,这本《教育原理》和他们以前教的教育学太不一样了,如果没有我的解读,他们还真的看不懂。当时我用的还是《教育原理》第一版。为了使读者容易读,陈桂生教授在第二版修改时,不得不"忍痛割爱"对第一版中有的繁琐论证和引述做了精简,使得第二版相对容易阅读。

通过反复学习和研读陈桂生教授的《教育原理》,我对这本教材最大的感受体现在三个方面。

(一)《教育原理》以马克思主义为指导,是一本马克思主义教育理论著作

了解陈桂生教授的人都知道,他一直从事马克思主义教育思想的教学和研究。他曾经对笔者说,在那个特殊的年代,他能够读到的书就是马克思、恩格斯、列宁、斯大林的著作,他把《马克思恩格斯全集》《列宁全集》《斯大林全集》都读了,有的还不止一遍。正是这样,1965—1975年,他完成了主编《马克思恩格斯论教育》《列宁论教育》《斯大林论教育》三本书的任务。在系统地占有了马克思、恩格斯关于教育的相关文献,他研究马克思恩格斯教育思想,相继出版了《人的全面发展理论与现时代》(上海教育出版社,1988)、《马克思主义教育论著研究》(华东师范大学出版社,1993)、《现代中国的教育魂——毛泽东与现代中国教育》(辽宁教育出版社,1993)。他还担任全国马克思主义教育思想研究会副理事长,是中国研究马克思主义教育思想的权威之一。

陈桂生教授具有深厚的马克思主义理论素养。因此,他研究教育学时,自然会把马克思主义思想运用在教育学问题的分析之中。他在《教育原理》第一版序言中写道:"凡是作出价值判断的场合,概以马克思主义理论为准绳。即运用马克思主义的理论和方法分析一系列深层次的教育基本理论问题。在这个意义上,或可忝列'马克思主义教育原理'之林。"马克思主义思想在这本《教育原理》中随处可见,不仅体现在显性的引文中,更体现在对观点的论述和思想方法上。

第一，以马克思主义的劳动观分析教育过程及其关系，构成《教育原理》的主要框架。马克思认为，劳动过程包括三个要素，即劳动、劳动资料和劳动对象，把教育过程与劳动过程类比，教育过程的简单要素也包括教育活动、教育资料和教育对象。其中每一个要素在历史发展过程中都会发生变化，构成了教育过程的变量，使教育过程由简单到复杂，进而构成教育实体，教育发展到一定程度，系统的教育实体构成教育系统。马克思以劳动为理解人类历史发展的钥匙，劳动过程中有两种结合：一种是劳动过程的技术结合（人与自然的关系），一种是劳动过程中的社会结合（人与人的关系）。正是这两种结合，构成了社会生产力和生产关系、经济基础和上层建筑。教育作为一种社会子系统，社会的各种成分同教育具有不同的关系，每一种社会成分又是历史的范畴，不同时期它们与教育的关系不同。因此，就构成了该书第二编关于教育与传播媒介、教育与社会生产力、教育与社会经济结构、教育与政治、教育与闲暇的分析。这些关系都从社会生产力、生产关系的变化中，寻找教育与社会发展的历史联系与规律。比如说，教育与传播媒介，传播媒介是人类文明的测量器，是生产力发展的反映。不同传播媒介，给教育带来不同的影响，人类教育的普及发展都因为传播媒介而改变。再比如，教育与闲暇，闲暇时间的出现也是生产力发展的必然要求。生产力的发展，闲暇时间的增多，为教育提出了新的要求，即"学会闲暇"。这些都是在人类生产力和生产关系变化的背景中，以马克思主义原理进行分析所得出的结论。

第二，运用马克思主义思想方法分析教育问题，突出表现在史与论的结合，历史与逻辑的统一。我们的教育学常常抛开历史，要么是"以今度古"，用今天的观点看待古人思想，根据今天的需要随意裁剪古人的思想，或批判，或继承；要么是不言历史的发展，把应然的发展方向当作一般规律。比如很多教育学讲"生产力与教育的关系"时，提到"教育促进生产力发展"，"教育具有生产性"。其实，教育与生产力的关系是历史的，在人类社会发展的最初阶段，并不是生产力的发展需要教育，教育也不能促进生产力的发展，更没有生产性。教育对生产力的促进作用和教育的生产性是现代教育的作用和现代教育的观念，其实，这样就犯了割断历史的毛病，把某个阶段当作一般状态。周扬在指导刘佛年《教育学》编写工作时就指出，"阐述理论问题都应作历史的叙述,从历史发展过程中、历史联系中,说明理论概念,否则,就会概念和概念打架,论应当是整个历史的经验总结","史里要有论,论里要有史,在阐述概念时,要有史的叙述,要把历史的方法和逻辑的方法结合起来"[①]。陈桂生教授的《教育原理》很好地体现了史论结合。作者对教育的考察都置于人类教育文明的历史长河中,在历史中把握规律性联系,所有的结论都是从历史中出来,展现了历史不同时期的变化。比如说,就教育与生产劳动的关系来说,陈桂生教授以历史关照,分为不同的阶段:手工劳动就是劳动力再生产的学校,本身带有排斥教育的自然倾向;机器劳动的初级阶段,使教育成为机器劳动的"最必要的抗毒素";随着机器劳动技术含量的增加,对教育的需求增大,通过教育训练劳动能力成为普遍的需求;但自动化的生产体系对教育的需求又会随之降低,闲暇成为教育新的需求。如此看来,生产劳动对教育的需求不是自始至终都是一样的,是变化的。古代的手工劳动不需要教育,简单的机器生产也排斥教育,因此,古代社会教育的政治功能突出。近代社会,生产劳动复杂化,对劳动者素质提出较高的要求,使教育与劳动的关系密切,教育的生产功能凸显。但自动化、智能化劳动对教育又提出了新的要求,教育不能只教给人工作的本领,还需要给人闲暇的技能,这就使闲暇教育成为新的教育趋向。陈桂生教授的《教育原理》对每个问题的考察都基于历史的分析,还原历史事件的本真,避免以当今教育价值观剪裁古今中外各类教育事实,避免以当今教育发展状态当作普遍的教育规律。这在《教育原理》每个问题的分析中都体现了历史-分析的逻辑。

第三,体现马克思主义的基本思想和观点。陈桂生教授在《教育原理》序言中指出,在关于教育的价值判断上,都以马克思主义为依据,这尤其体现在第二编"教育与社会生产力""教育与社会经济结构""教育与政治",以及第三编"教育价值取向""教育目的"的分析上。举例来说,在分析社会经济结构对教育的影响时,他引用列宁的观点"阶级学校不等于等级学校,其

---

① 周扬:《关于教育学编写工作的谈话》,载《周扬文集(第四卷)》,人民文学出版社,1991年版,第72—75页。

实质就在有产者这三个字上面"①。"阶级学校对任何有钱读书的人都不加以限制。"因此，资本主义社会表面上赋予每个人平等的教育权利，但只是一种受教育的可能性。可能平等受教育，实际上受教育机会不平等。这是资本主义社会教育平等的实质。社会主义能不能实现教育平等，他引用恩格斯的观点"无产阶级平等要求的实际内容就是消灭阶级的要求"，社会主义不承认任何的阶级差异，社会主义的平等是指社会地位的平等，只有在这个意义上，社会主义的教育是平等的，"任何超出这个范围的平等要求，都必然是流于荒谬"②。尤其是教育以个人的能力和才能为前提，社会主义教育平等更不是指每个人的体力和智力的平等。因此，以马克思主义理解的社会主义平等，是指消灭了阶级差异的人与人地位的平等，而不是人人都受同样的教育。这就使我们澄清了教育平等不是平均主义，不是进行完全同样的教育，而是充满差异性的、适合每个人的教育。再如，关于教育目的的价值取向，始终存在个人本位和社会本位之争，中国教育是社会本位还是个人本位，陈桂生教授引用马克思主义观点"只有在集体中，个人才能获得全面发展其才能的手段，也就是说，只有在集体中才可能有个人自由"③，这是社会本位的判断，但前提是：集体必须是真实的，不是虚假的。因为只有在真实的集体中，个人才能获得其全面的发展，"在那里，每个人的自由发展是一切人的自由发展的条件"④，又是个人本位的思想。所以，社会主义教育不是个人本位和社会本位的问题，而是在社会中实现人的自由发展，为此，我们需要建构一个真实的集体，培养集体中的"我"，不是单子式的"我"。当然，现今的社会还没有实现共产主义，个人与社会之间矛盾还存在，因此，在教育实践中不可能实现"个人与社会"的统一，还存在着社会需求和个人发展之间统合的困惑。

---

① [俄]列宁：《民粹主义空想计划的典型》，转引自陈桂生《教育原理》，华东师范大学出版社，2000年版，第110页。

② [德]恩格斯：《反杜林论》，转引自陈桂生《教育原理》，华东师范大学出版社，2000年版，第122页。

③ [德]马克思、恩格斯：《德意志意识形态》，转引自陈桂生《教育原理》，华东师范大学出版社，2000年版，第201页。

④ [德]马克思、恩格斯：《共产党宣言》，转引自陈桂生《教育原理》，华东师范大学出版社，2000年版，第201页。

第四，系统论述中国社会主义初级阶段教育理论，即邓小平教育理论。马克思主义是发展的，我们运用马克思主义不是机械地搬用，而是把马克思主义与中国实际相结合，发展中国的马克思主义，建设中国特色社会主义教育理论。陈桂生教授的《教育原理》第二版专门设一编论述"中国特色社会主义教育理论"，完成从人类一般的教育原理到中国现阶段教育的特殊原理的转变。鉴于《教育原理》成书时间在上世纪 90 年代初，所以，作者重点讨论了邓小平教育理论。对于如何研究邓小平的教育理论，陈桂生教授在《关于邓小平教育思想研究问题》一文中指出，以往对邓小平教育思想的研究，多是以教育学的框架，寻找适合的话语，将其填充在教育学框架之中，看似很有体系，实则失去了邓小平关于教育认识的背景和本真。"他们不是教育专家，也不是教育行政长官，按照陈述一般教育专家的思想模式去构建领袖人物的教育思想体系，不符合他们所处的地位，也很难反映他们的思想实际。"①所以，陈桂生教授提出按其本来面貌，陈述其基本观点，还原其本身的理论体系，而不是裁剪、填充到教育学理论体系之中。他对邓小平教育理论体系的研究没有习以为常的邓小平论"教育本质""教育目的""教育价值""课程""教学""德育"等，而是从邓小平关于教育的论述本身出发，原汁原味地反映邓小平关于教育的卓越见识，诸如关于教育的战略地位，关于"尊重知识，尊重人才"问题，关于教育的"三个面向"，关于培养"四有新人"，关于教育体制改革，等等。

（二）《教育原理》具有较强的理论体系，是一本关于教育事理的理论教育学

教育学可以分为理论教育学和实践教育学，虽然实践离不开理论，但理论教育学和实践教育学侧重点不同。理论教育学要讲出实践背后的学理，为实践教育学做好论证的准备。但现在的教育学不区分理论教育学和实践教育学各自的职责，愿意"双肩挑"，既揭示规律，又指导实践，其实，一样都做

---

① 陈桂生：《关于邓小平教育思想研究问题》，《华东师范大学学报（教育科学版）》，1996 年第 2 期，第 1—4 页。

不到，做不好。陈桂生教授研究元教育学，对教育学理论做过区分，也谙熟治不同教育理论之道。教育原理是关于教育事理的学科，自然是理论教育学，理论教育学有不同于实践教育学的表达方式。

陈桂生教授的《教育原理》尝试按照理论的四个要素构建理论体系，这四个要素是概念、变量、陈述、格式。他按照这四个要素，追究教育的学理，使每个教育观点都能够看到来龙去脉，具有历史感和层次性，而不是一堆"散装式"的教育规范。

第一，概念。概念是理论建构的材料，是严密论证的基础。我们以往对概念的分析容易固化，认为概念是不变的，只有一个，容易出现以现在的价值判断代替不变的概念。陈桂生教授的《教育原理》把概念作为一个历史发展的产物，不同阶段对概念的认识是不同的，这种发展的概念更符合事物发展的逻辑。比如他对"教育"概念的分析，"教育"是使人为善的活动，但善的内涵是变化的，本义是善良，第二义是个人身心发展的完善，第三义是成为完善发展的社会人。这显示出教育内涵的演变，后者的教育涵义表明教育的发展变化，并不是否定教育的本义。

第二，变量。从历史的角度分析教育，彰显历史的逻辑，是陈桂生教授《教育原理》的一大特色。从历史的角度看，就是把教育视为一个变量。教育与社会生产力、教育与社会经济结构、教育与政治关系不是一成不变的，而是历史发展的。教育作为变量，不同历史阶段，教育形态不同，与社会的关系也不同。即便是教育内涵，也是发展变化的。古代教育是以教化为主的德育，近代以来，智育逐渐显现，从作为理性启蒙的智育到知识技能的智育，美育、体育、劳动教育也都是近代才出现的事情。教育组织形式也是如此，从非形式化教育到形式化教育，形式化教育从非实体化教育到实体化教育，实体化教育从非制度化教育到制度化教育，当今我们反思制度化教育，非制度化教育逐渐崛起，终身教育成为时代的潮流。

第三，陈述。陈述是概念之间关系的表达，是一种论证方式。以往的教育学教科书，存在着较多的事实陈述与价值陈述的混淆，比如说"教育"的概念，是对"教育是什么"的陈述，但往往表达的却是"教育应该是什么"，是对"好教育"的价值期待。在《教育原理》中，陈桂生教授区分了事实陈述、逻辑陈述、价值陈述和可行性陈述四个不同层面。一个事物事实上是什么？从逻辑上推理是什么？我们期待它是什么？现实条件下，有可行性的是什么？这是四个不同层面。他尤其指出，不能把应然的期待当成事实状态，也不能把应然当作可行。应该的不一定可行，可行性是基于事实的应然。他在对很多问题的分析上，根据马克思主义回答了理想的状态是什么，也结合中国社会和教育发展的实际回答了可行的是什么，所以，他的《教育原理》是马克思主义一般原理与中国教育发展实际相结合的产物。

第四，格式，即理论框架。现在的教育学教科书多是先讲外围的、宏观的教育与社会、教育与人的发展、教育目的、教育制度等，然后再进入微观的、内部的教育活动领域，讲课程、教学、德育、管理、教师、班主任等。这样的体系，似乎不太符合教育发生的逻辑。教育的发生是从简单到复杂，从微观到宏观，从内到外。陈桂生教授的《教育原理》试图按照教育发生的逻辑，由内而外、由小到大、从简单到复杂、从微观到宏观，架构其体系。以第一编"教育组织形式"为例，教育发生是从教育的简单过程开始的，从教育的简单过程到多个简单过程耦合的复杂过程，再由各种复杂的教育过程为基础构成教育实体，多个教育实体组合成学校教育系统，现代社会又对学校教育系统进行改革，走向学习型社会。

（三）《教育原理》是一本科学的教育理论

我一直苦恼于教育原理和教育哲学的区别，因为它们都是研究教育的一般问题，如果不在研究方式上区别开来，就难以区分两个学科了。陈桂生教授把教育原理视为教育事理，这就像地理学是研究地球表层空间地理要素的一门科学，物理学是研究物质最一般的运动规律和物质基本结构的科学，教育原理也应该是以科学的态度、科学的方式研究教育活动的要素及其规律的科学。按照这样理解，教育原理应该是一门科学，以区别于具有鲜明价值取向的教育哲学。我们提到教育科学，往往想到的都是运用教育实验、教育调查和测量的方法、数据，陈桂生教授的《教育原理》没有任何实证实验的数据，以这个标准看，这本《教育原理》算不上科学。赫尔巴特说，科学是一只眼睛,"而且是一只人们可以用来观察他们各种事情的最好眼睛"[①]。以科学的方式研究教育,绝不只有教育实验、教育调查和数据,更在于以科学的态度,基于事实,从教育事实中概括出教育的规律性联系。陈桂生教授就是以科学的态度研究教育原理。他对于教育的判断,都是基于历史做出的事实判断,他得出的原理都是从历史中寻找出来的规律性联系。他实事求是地分析教育问题,比如说学校职能问题,学校有什么职能,现在的教育学教科书提出教学、科研和育人等,这些都是学校应然的职能,应然的不是实然的,比如说学校"育人"了吗?在"育"的意义上,一些学校最多是传授了知识,但缺少"育人"的成分。此外,学校还有很多非教育职能,比如说担负监护、照顾儿童的职能,为青年男女谈恋爱提供场所,为社会提供就业市场,等等,[②] 这些职能因为是非教育职能,我们往往视而不见,这不符合事实,因为它们确实是作为学校的实然而存在。

再比如教育目的研究,很多人认为教育目的是对于教育的预期和价值期待,属于应然范畴,但预期的教育目的必须转化为实际的教育目的,才能真正发挥作用。应然的教育目的是外在的,实然的目的存在于教育过程之中,是教育当事人的目的,尤其是学生的目的才是真正的目的。我们往往把外在的、成文的、应然的教育目的当作实然状态,掩盖了事实的真相。[③] 国家成文的教育目的,作为应然的目的,要转化为教师的教育目的,最终转化为学生的学习目的。学生的学习目的,才是最终的实然的目的。我们需要做好从应然教育目的到实然教育目的的转化工作,而不是停留在应然的教育目的上。实然与应然不同,以往的教育学教科书常常把应然当实然,不研究实然问题。陈桂生的《教育原理》注重区分实然与应然,注重研究教育的实然问题。我在研究所修读陈桂生教授的《教育原理》时,对这个问题有非常深刻的认识和体会,曾经完成了课程作业论文《区分事实判断与价值判断对教育学研究的意义》,提醒教育学研究者要以实事求是的科学态度研究教育学,不能把应

---

① [德]赫尔巴特:《普通教育学·教育学讲授纲要》,李其龙译,人民教育出版社,1989年版,第11页。
② 陈桂生:《教育原理》,华东师范大学出版社,2000年版,第244页。
③ 陈桂生:《教育原理》,华东师范大学出版社,2000年版,第205页。

该的想当然当成事实，这样就会"自欺欺人"。

三、陈桂生探索的启示

陈桂生教授在《教育原理》之后，又出版了《学校教育原理》《普通教育学纲要》。《学校教育原理》共有五编，第一编（Ⅰ）教育的形式结构、第二编（Ⅱ）教育内涵演变的轨迹，属于一般教育原理的内容，在《教育原理》中已有论述。第三编（Ⅲ）课程、第四编（Ⅳ）德育、第五编（Ⅴ）师资，属于学校教育的特殊范畴。这些范畴虽属于学校范畴的工作，但《学校教育原理》对其的论述，并不是提供一个工作指南或手册，而是讲课程、德育和师资背后的理念和运作机制，为学校工作提供科学指导。《普通教育学纲要》有六编，第一编（Ⅰ）关于作为教育学研究对象的"教育"，包括教育概念、内涵的分化与统合、教育目的与价值取向。第二编（Ⅱ）关于学校演变的轨迹，包括学校、教育系统、制度化教育及其改革、教育管理体制。第一和第二编基本上属于教育原理的内容。第三编（Ⅲ）关于课程的演变轨迹，包括课程与教学。第四编（Ⅳ）关于狭义"教育"实施的思路，主要指向学校，取人格教育、道德教育之意。第五编（Ⅴ）关于教师职业和教师职业素养。第六编（Ⅵ）关于学校管理演变的轨迹。第三至六编属于学校教育原理。《教育原理》《学校教育原理》《普通教育学纲要》是陈桂生教授在三个不同阶段试图走近教育的原理不断反思的过程。《教育原理》是关于教育的一般事理；《学校教育原理》聚焦于学校的课程、德育和师资，属于学校教育学；《普通教育学纲要》是回应教育学的消解而做出的尝试，它是陈桂生教授在大量研究教育问题基础上而做出的"整合"。一般的教育学教科书，多是抽出来几条规律、原则，进行并列式罗列。陈桂生教授认为，这样的知识脱离了产生的背景，"好像从水果提炼出来的'果精'一样，缺少水果的那种原汁原味"，失去了原有的灵性与活力，变成死板的条文。因此，他的《普通教育学纲要》不是以往教科书式的抽象知识整合工作，而是把他关于教育问题的研究成果，进行了归类，大体覆盖了整个教育学问题的研究领域，在这个意义上，是以问题为导向的"普通教育学"。

上世纪80年代末、90年代初，陈桂生教授研究过教育学史、元教育学，教育学史、元教育学为教育学提供了建构的形式，他运用元教育学理论对教育学中的概念、命题做过辨析，出版了《"教育学"辨》《"教育学视界"辨析》等。他对"教育学问题领域"中的各个组成部分进行了一系列专题研究，这些为教育学建构提供了内容主题，出版了《教育实话》《学校管理实话》《师道实话》等。正是形式和内容两个方面的研究，使他明白"治教育学之道"，同时又了解教育的问题，才有可能编写出教育学。国内教育学教材版本林立，教材编写者包括本人，少有对治教育学之道的研究，也少有对教育学领域问题的深入研究，因此，所编写的教育学在形式上不符合教育学规范（如事实与价值不分，缺少教育变量的考察），内容上也缺少研究成分，只能是一般的或者流行的教育规范、口号的罗列、解释，显得空洞无物，缺少学理的深度。陈桂生教授编写教材的经历，给教育学教材编写者上了生动的一课，使我们认识到编写教育学教材不是一件容易的事情，需要编写者既有对问题的深入研究，也掌握教育学编写的形式规范，即元教育学。

当前，我们都在建设中国特色哲学社会科学。教育学作为哲学社会科学的重要组成部分，也提出建设中国特色社会主义教育学。如何建设中国特色社会主义教育学？陈桂生教授在《教育原理》中的探讨有一定的示范作用。第一，要吸取历史的教训，不能把中国特色社会主义教育学变成了政策阐释或者领导人论述的汇集。中国特色社会主义教育学要反映中国特色社会主义教育发展的经验，国家的重大政策、重要领导人的讲话、论述对于引导中国教育的发展意义重大，这些都是中国特色社会主义教育学的思想资源、实践资源，教育学要回到"学"上，回答政策背后的学理，总结实践经验，提出解决中国问题的中国特色的理论。所以，中国特色社会主义教育学不是简单地重复政策或者重要领导人的重要讲话。陈桂生教授在《教育原理》中设专篇阐述中国特色社会主义初级阶段教育理论——邓小平教育理论，他对邓小平教育理论的论述，是回到其语境中，恢复它的本来面貌，而不是根据教育学的框架体系，对其进行断章取义的裁剪，把领导人的重要思想进行重组。这是建设中国特色社会主义教育学必须避免出现的两个问题。第二，建设中国特色社会主义教育学必须要求研究者具有深厚的马克思主义理论素养，只有深厚的素养，才能把马克思主义变成一种世界观、方法论。习近平总书记在党的二十大报告中指出:"我们坚持以马克思主义为指导,是要运用其科学的世界观和方法论解决中国的问题,而不是要背诵和重复其具体结论和词句,更不能把马克思主义当成一成不变的教条。"① 陈桂生的《教育原理》处处体现着他对马克思主义的立场、观点、方法的熟练运用,这在上面我已经做了举例论述,相信读过《教育原理》的读者都会深有体会。第三,建设中国特色社会主义教育学必须体现两个结合,即把马克思主义基本原理同中国具体实际相结合、同中华优秀传统文化相结合。在陈桂生的《教育原理》中,以马克思主义为指导,聚焦于中国教育问题,回答中国教育问题可能的出路是什么、可行的选择是什么,这就是他对中国教育可行性的分析和回答。陈桂生教授研究过中国共产党领导的教育发展史,出版了《中国革命根据地教育史》;研究过中国教育问题,出版了《中国德育问题》《教育实话》《师道实话》《聚焦班主任》《聚焦学生角色》等。因此,他的《教育原理》《学校教育原理》《普通教育学纲要》在论述了马克思主义教育的一般原理后,都会回到现实,考察中国教育的实践,为中国教育的发展指出可行的路向。陈桂生教授不仅具有马克思主义理论素养,他还具有中国传统文化的深厚学养,出版过《孔子授业研究》(上海教育出版社,2020)等著作,因此,他对教育问题的分析时常带有中国传统文化的元素,尤其是新时代以后,他对中国传统文化的意识更加自觉,在新近出版的《教育学究竟是怎么一回事:教育学辨析》(上海教育出版社,2020)中,他从中西文化比较的视角对西学东渐中的教育学及其教育、教化、教学的概念做了系统的分析,彰显了中国教育文化的自信和自觉。

中国特色社会主义教育学的建设,关键是在人。从陈桂生教授对教育学的研究来看,他具有四方面的素养:第一,具有马克思主义理论素养;第二,对中国教育问题有深入的研究;第三,具有深厚的传统文化素养;第四,具有元教育学的素养。这四方面的素养,保证了中国教育学在方向上以马克思主义为指导,基于中国传统文化土壤,聚焦中国教育问题,给出中国教育发

---

① 习近平:《高举中国特色社会主义伟大旗帜 为全面建设社会主义现代化国家而团结奋斗——在中国共产党第二十次全国代表大会上的报告》,《光明日报》,2022年10月26日,第1—5版。

展的可行路向，使中国教育学具有深厚的学理性、文化性和科学性。

陈桂生教授为建构中国特色社会主义教育学作出了卓越的贡献，是我们教育学研究者学习的榜样。在即将迎来他九十华诞之时，祝贺他寿辰的最好方式就是学习和研读他的著作，深入研究他的学术思想，继承和发扬他的为人品格和治学的精神，推动中国特色社会主义教育学的建设和发展。

【作者简介】

冯建军，博士，教育部长江学者特聘教授，现任教育部人文社会科学重点研究基地南京师范大学道德教育研究所所长、教育科学学院教授、博士生导师。担任国家教材委员会大中小学德育一体化专家委员会委员，教育部义务教育《道德与法治》课标修订组核心成员，教育部基础教育教学指导委员会德育工作专委会委员，教育部"马工程"教材《教育学原理》首席专家，中国教育学会中青年教育理论工作者分会理事长、教育学分会学术委员，全国教育基本理论学术委员会副主任委员。主要从事教育基本理论、教育哲学、公民与道德教育的研究。先后主持国家社科基金重大项目、一般项目，教育部人文社会科学重点研究基地重大项目等多项。在重要学术期刊发表论文百余篇，出版专著《当代主体教育论》《生命与教育》《教育公正：政治哲学的视角》《教育的人学视野》《公民身份认同与学校公民教育》《当代道德教育的人学论域》《回归本真："教育与人"的哲学探索》《公民品格培育与公共生活建构》《主体教育哲学》，合著《中国教育改革40年·学校德育》《共和国教育学70年·教育哲学卷》《教育基本理论研究20年》《中国教育哲学研究——回顾与展望》等，主编教材《教育学原理》《现代教育学基础》等。成果获教育部人文社会科学成果奖二等奖2次、全国教育科学优秀成果奖二等奖2次、首届全国教材建设奖优秀教材二等奖、江苏省哲学社会科学优秀成果奖一等奖3次，以及吴玉章人文社会科学优秀成果奖青年奖、首届明远教育奖。

陈桂生教育理论研究的体系化追求

唐俊忠

和陈桂生先生相识是2019年的事情,之后时有书信、电话往来,使我有机会拜读文字、聆听教诲,虽常以学生自居,却不敢冒称先生为先生,只恐因为自己的不肖而辱没了先生。被邀写作是件很意外的事情,作为三无(无学历、无职称、无职务)人员本没有资格参与,但对先生的敬重却迫使自己再次认真拜读他的著作,并细心体会。作为后生小子,对于先生的教育学基本理论本不敢置喙,但建构教育基本理论的渴望还是迫使自己不揣浅陋,尝试进行外行式的分析。这是来自有着理科背景又长期混迹于人文社会科学的复合材质的人的尝试,或许能够给出另一种视角,只要不至过于荒谬,甚或稍有裨益,则会稍稍平复忐忑之心,稍感没有辜负先生的厚爱。

值先生九十寿辰之际,谨以此致敬。

一、中国教育学研究转折时期的陈桂生先生

20世纪80年代末,是中国的教育学研究出现转折的关键时期,随着研究的深入,人们面临着教育学研究向何处去的历史性选择。

自清末以来,在东西方文化接触、碰撞、交流、融合的大背景下,教育学人从照搬、模仿赫尔巴特(Johann Friedrich Herbart)、杜威(John Dewey)、凯洛夫（Иван Андреевич Каиров）等学者的著作，逐渐有了教育学理论中国化（即"如何将国外的教育理论应用于中国的教育实际？"①）的自觉，形成了自己的理论架构，并提出了"创建和发展中国教育学"②的理论方向。经过了几十年的理论沉淀，20世纪70年代末，教育理论界掀起了关于"教育本质"问题的讨论，到80年代末，尘埃落定之后，人们的研究旨趣开始大异于从前，转折由此形成。一部分学者继续致力于教育相关学术著作的阐释，一部分学者则转向教育实践研究，只有少数学者仍坚持教育理论建构的研究方向，陈先生就是其中之一。

从陈先生的教育经历看，他是"既亲身经历了中国最传统的教育方式（私塾），又亲身经历过新中国教育从草创到完成基础教育普及又面临数字时代挑战的整个过程，而且几十年来以教育研究为专业的人"③。从陈先生的研究经历看，20世纪60年代初系统地阅读了柏拉图（Plato）、康德（Immanuel Kant）、夸美纽斯（Jan Amos Komenský）、赫尔巴特、杜威、凯洛夫等学者的著作，60年代末负责编写了《外国教育发展史资料》④，60年代中期至70年代中期主编了《马克思恩格斯论教育》《列宁论教育》和《斯大林论教育》⑤，1988年出版了《人的全面发展理论与现时代》。所有这些教育实践和研究都为进入教育基本理论研究领域做好了准备，只是等待一个契机，发表于教育学研究转折时期的《教育学的迷惘与迷惘的教育学》恰恰抓住了这个契机。文章回顾了新中国成立以来中国教育学发展的历程，提出了对"大"教育学的质疑，分析了中国教育学发展的情况，促进了教育学研究进入以教育学自身为对象的新阶段，也开始了陈先生自己的教育学苦旅。

在建构"教育原理"的最初尝试中，陈先生讲，"建立严密的教育理论体

---

① 瞿葆奎、郑金洲：《中国教育学百年》，教育科学出版社，2002年版，第265页。
② 程湉凡：《对教育学教学大纲的意见》，《光明日报》，1956年11月26日。
③ 陈桂生：《教育学究竟是怎么一回事：教育学辨析》，上海教育出版社，2020年版，第395页。
④ 陈桂生：《教育学究竟是怎么一回事：教育学辨析》，上海教育出版社，2020年版，第388页。
⑤ 陈桂生：《教育学究竟是怎么一回事：教育学辨析》，上海教育出版社，2020年版，第391页。

系是我国几代教育学家的夙愿"①,"就现有'教育学'所涉及的范围来说,要求它成为一门体系严密的学科不一定合理,而向'教育原理'提出这个要求则不算过分"②。我想,在做文本分析之前,有必要重新认识何为体系化建设,以厘清一些基本观念。

二、对理论体系的一般性认识

(一)理论认识应置于理论体系之中

这是一个基本认识,如赫尔巴特所说,"一个教育者应当留意的是什么,这个问题必须像清晰地呈放在他眼前的一张地图一样……我在这里就要为那些没有经验而希望知道他们应当寻找并具备什么样的经验的人提供这样的一张地图"③,赫尔巴特把教育的理论体系比喻为地图,是想表达正如地图之于旅人,教育的理论体系之于教育的研究者与实践者也发挥着同样的作用,也同样不可或缺,正如"没有体系的哲学理论,只能表示个人主观的特殊心情,它的内容必定是带偶然性的。哲学的内容,只有作为全体中的有机环节,才能得到正确的证明,否则便只能是无根据的假设或个人主观的确信而已"④。

应该讲,理论体系具有与地图同样的作用,当人们要去往某地,通常会找来相应的地图,先在地图上确定自己的位置,找到目标所在,而后依据地图标示的地理形势选择适合前往的道路。这恰如理论体系之于实践的作用,这里的理论并不特指教育理论。问题在于,这种形式已经重要到如此地步,以至经常如空气般被默认为生活的重要部分却又很难被清晰地意识到。于是,事情往往是这样,人们或没有体系化的观念,或自认为还没有积累足够的知识而对理论体系望而却步。应该看到,如果没有地图,人们会因为在经验中的摸索,而不断走错路,甚至迷路。尽管经验始终不失为一个选择,甚至是

---

① 陈桂生:《教育原理(第二版)》,华东师范大学出版社,2000年版,序第1页。
② 陈桂生:《教育原理(第二版)》,华东师范大学出版社,2000年版,序第2页。
③ [德]赫尔巴特:《普通教育学》,李其龙译,人民教育出版社,2015年版,第6页。
④ [德]黑格尔:《小逻辑》,贺麟译,商务印书馆,1980年版,第56页。

没有理论认识时的唯一选择，却不是足够有效的选择。

教育理论的体系化建设就是要构建教育的地图，赫尔巴特的伟大之处首先并不在于提供了怎样的结论，而在于他试图使教育理论研究呈现体系化的形态。陈先生从涉足教育基本理论之初就致力于体系化建设，在《教育学的迷惘与迷惘的教育学》中他提出了研究中存在的一些问题，"中国教育学似乎迷了路"，"已陷入'两面不讨好'的尴尬境地"[①]。然而，"构建较为严密的教育理论体系这种事总得有人去做"[②]，《教育原理》《学校教育原理》《普通教育学纲要》等就是这样的几部著作。谈到自己的"体系癖"时，陈先生讲"也象其他许多癖好一样，不过这把'瘾'总觉得难受，过了这把'瘾'，它也就不再缠人了"[③]。

地图制作当然不是一件容易的事情，人们不可能了解地理形势的每一个细节，也不可能在地图上实现与细节的一一对应。人们用线条、形状与颜色作为地形、地貌的抽象，并着力于其间的相互关系。于是，地图不可能是对实际地理形势的描摹，而只是对地理环境的高度抽象。同样，人们的"认识……是一系列的抽象过程"[④]，因为不可能穷尽所有的事物及事物的所有方面，不可能实现完全的对应，于是抽象也就成为人们经常使用的基本认识方式。

（二）体系化建设方式的一般分析

其实，每一个人都有自己的地图，这是一个事实，而不是一个理想，体现于人的认识与行动的协调性。这种协调性只有当发现了新的认识或进行新的实践时才有可能被打破，随之，人们一般会建立起新的平衡并重归协调。问题仅在于，这张地图是否能够被意识到并明确地表达出来。每个体系都会

---

① 陈桂生：《教育学的迷惘与迷惘的教育学——建国以后教育学发展道路侧面剪影》，《华东师范大学学报（教育科学版）》，1989年第3期，第33页。
② 陈桂生：《教育原理（第二版）》，华东师范大学出版社，2000年版，序第6页。
③ 陈桂生：《教育原理（第二版）》，华东师范大学出版社，2000年版，序第6页。
④ 中共中央马克思恩格斯列宁斯大林著作编译局：《列宁全集（第55卷）》，人民出版社，2017年版，第152页。

有自己根本的出发点,并由此出发形成逻辑展开,表现为体系内部纵向上的渐次发展,及在纵横两个方向上的彼此联系。

马克思(Karl Heinrich Marx)在"从政治经济学的角度考察某一国家的时候"①,谈道:"如果我从人口着手,那么,这就是关于整体的一个混沌的表象,并且通过更切近的规定我就会在分析中达到越来越简单的概念;从表象中的具体达到越来越稀薄的抽象,直到我达到一些最简单的规定。于是行程又得从那里回过头来,直到我最后又回到人口,但是这回人口已不是关于整体的一个混沌的表象,而是一个具有许多规定和关系的丰富的总体了。"②"在第一条道路上,完整的表象蒸发为抽象的规定;在第二条道路上,抽象的规定在思维行程中导致具体的再现"③,两条道路也可以被理解为理论体系化构建由具体到抽象和由抽象到具体的这两个过程。其中,可以把"最简单的规定"比喻为一粒种子,这粒种子包含了生长所有的可能性,在外部作用下,这些可能性会因为外部因素部分地转化成内部因素而转变为现实性,是为理论展开的可能路径。

找到这粒种子并进行描述是体系化建设的首要任务,陈先生讲:"教育学的逻辑起点只能到教育的原生态中去寻找,教育学的逻辑展开便是对教育问题进行历史、逻辑的研究。"④

(三)陈先生对教育体系化建设的研究

从这个角度看,陈先生近年来着力于教育概念的厘清就是要找到这颗种子,并分析其中所有的可能性。这是陈先生在《教育原理》的体系化建设之后若干年对于体系基础的不断寻找与夯实。在《教育学的建构》中,陈先生

---

① 中共中央马克思恩格斯列宁斯大林著作编译局:《马克思恩格斯文集(第8卷)》,人民出版社,2009年版,第24页。
② 中共中央马克思恩格斯列宁斯大林著作编译局:《马克思恩格斯文集(第8卷)》,人民出版社,2009年版,第24页。
③ 中共中央马克思恩格斯列宁斯大林著作编译局:《马克思恩格斯文集(第8卷)》,人民出版社,2009年版,第25页。
④ 陈桂生:《教育原理的探求——读张建国〈陈桂生教育原理研究平议〉》,《中国教育科学》,2016年第4辑,第20页。

分析了概念的多种定义方式，进一步从方法论上寻找夯实的办法，布雷岑卡（Wolfgang Brezinka）语言分析的方式也因此被纳入视野。

被纳入视野的不仅有语言分析，还有对理论体系本身性质的分析，无论二分法、三分法抑或四分法，陈先生都能够敏锐地把握不同理论的性质，及其间的区别与联系。前面谈到，在作为人类基本认识方式的抽象的形成过程中，黑格尔（Georg Wilhelm Friedrich Hegel）试图剥离外部因素的干扰而使抽象走向其目标——单纯。陈先生也谈到回溯法，这种回溯法不仅是历史性的，也是逻辑性的。无论哪种方式，在形成越来越高的抽象的同时，也在事实上使理论越来越远离实践及由实践所连接的客观存在。抽象程度的提高伴随着理论的形成，可以想见理论与实践相联系的基本方式则应沿着与形成抽象理论相反的路径，即，将那些被剥离的部分重新作为外部因素作用于高度抽象的单纯，在保持内在一致性的同时，不断增加其在抽象降低过程中的特殊性，不断接近实践及由实践联系的客观存在。显然，人们不可能加入所有的外部因素，然而这却是人们认识发展的目标、方向与理想。在降低抽象程度的过程中，人们或将看到因为与实践的靠近而形成的不同理论层次。作为事实描述的科学理论会因为加入了主观价值因素而成为实践理论，实践理论则因为加入了外部客观因素而成为工程与技术理论，就此，新的实践有可能被设计出来，并通过实践与客观存在再一次形成联系，这一过程是理论联系实际的可能路径。不同层次的理论则指向不同类别的理论划分。

三、陈先生的教育基本理论研究

到目前为止，国内教育基本理论研究的范围仍在很大程度上限于正规教育，尤其是正规教育中的基础教育。人们当然会意识到正规教育甚至正式教育研究对于教育研究而言并不完全，一般的应对办法是把教育分为广义和狭义两种，即便如此，对广义教育的讨论往往还是会被一带而过，重点仍被放在狭义教育上。陈先生的《教育原理》则把研究的对象扩展至广义教育或一般的教育。这很不容易，因为人们习惯于以实践作为理论建设的直接目标与方向，仿佛如果理论不能够直接指导实践，则其存在的合理性就有失去根基的危险。然而，应该看到，理论具有层次性，不同的理论作用于实践的方式不同,某些理论直接指导实践,某些理论则通过设计那些直接指导实践的理论而间接地指导实践。

到这里,可以做一些具体的分析了。

(一)《教育原理》的结构分析

《教育原理》在第Ⅰ、Ⅱ两部分进行了教育的科学研究,陈先生称其为教育的"内部联系"与"外部联系";第Ⅲ部分讨论教育的本质及实践(价值)问题,陈先生认为教育的本质是"由教育的内部联系与外部联系所决定的",而实践研究则是在揭示教育本质后加入人(教育者)的主观价值的教育研究;第Ⅳ部分是中国当时教育现实的规范理论研究,陈先生认为是"从一般教育原理到中国社会主义初级阶段教育基本理论问题"的研究。

其中第Ⅰ部分是教育的内部研究,第Ⅱ部分是教育的外部研究,这些都是对教育活动所做的事实分析。

开宗明义,陈先生在第Ⅰ部分中谈道"把一定客体作为系统加以分解,直到分析出构成该系统的简单要素(元素),然后在对各个简单要素分别考察的基础上加以综合,从而建立较严密的理论体系"[①]。就教育而言,"作为教育活动的必要成分的要素,被称为'教育的简单要素'"[②],这也就是现在人们通常所讲的教育的基本要素。(通过分解而)分析与(通过相互作用而)综合相结合的方法就是科学的方法,前者形成基本理论概念,后者实现向实践的靠近。

第Ⅰ部分就两个方面展开了讨论,第1、2、3节分析了教育的简单要素,两个人的要素和一个物的要素,第4、5两节则由"教育过程三要素之间的关系"(第一版)引出教育过程、教育过程的实体化(教育过程的固化)及系统化(体系化)。因为教育过程的重要性,在第二版和第三版中从第3节中被独立出来与教育过程的实体化(固化)合并形成第4节。这一部分的逻辑是清晰的,由分析教育的简单要素引出要素之间相互作用所形成的教育过程,由

---

① 陈桂生:《教育原理》,华东师范大学出版社,1993年版,第3页。
② 陈桂生:《教育原理》,华东师范大学出版社,1993年版,第4页。

教育过程固化形成的教育实体演进为由诸多教育实体形成的制度规范下的教育系统。

陈先生认为:"可以列举许多构成教育活动的要素,其中有些要素是教育活动的必要成分,缺少这种成分就不成其为教育;另一些要素属于教育活动的充分条件。"[①] 如此,则可以把那些非必要的成分排除于最简单或一般的分析之外,以教育者、教育对象(受教育者)、教育资料(教育内容)为简单要素的分析更易于寻找教育的根本。分析中,教育资料的分析引人注目,尤其是在第一版中出现的"从'文化资料'到'教育资料'"和"教育对文化资料的抉择与提炼"这两部分内容(在第二、三版被合并在一起并只有"从'文化资料'到'教育资料'"一个题目),可以看到,陈先生已经意识到并触及了一个较为核心的问题,他认为,"'教育资料'是在直接教育过程之外作为客观前提存在的"[②] 尽管这个前提并不处于教育过程之外(因为教育参与了"教育资料"的形成过程,然而,如果仅认为教育者与教育对象之间的互动为教育,则确实处于教育之外,不过,如果从一个更大的范围来看则否),也并非客观前提(因为"教育资料"是经过"教育""抉择与提炼"的),但其作为起始点的重要地位却是如何强调都不过分的。另一个引人注目的提法是"教育过程",作为活动的教育不是静止的,而是表现为一个历时性过程。陈先生敏锐地看到,在教育基本过程之中逐渐加入充分条件,会形成向教育实体、教育系统(教育的制度化)的演进,也即"条件越充分,教育活动越有效"(这是第一版的说法,在第二版、第三版里已经改为了"教育活动越复杂"),简言之,逐渐加入的充分条件是教育活动渐趋复杂的外在动力。这样看,是教育过程把教育简单要素联系了起来,并作为转折点成为教育逻辑演进真正的出发点,或也可以称其为真正的"教育的'细胞'"[③]。对于教育过程本身进行分析的重要性由此形成,陈先生也讲,"'内'与'小'是教育自身的历史的与逻辑的起点,由此出发展开论证,最终求得关于教育

---

① 陈桂生:《教育原理》,华东师范大学出版社,1993 年版,第 4 页。
② 陈桂生:《教育原理(第二版)》,华东师范大学出版社,2000 年版,第 31 页。
③ 陈桂生:《教育原理》,华东师范大学出版社,1993 年版,第 4 页。

的系统认识"①。

第Ⅱ部分可以一分为三，第 6 节讨论了"传播媒介"；第 7、8、9、10 节讨论了社会外部因素，对于这些因素的讨论是并列的，尽管从讨论的内容上看是递进式的；第 11 节讨论了面对外部作用，教育自身的应对。在第三版中做了一些调整，将第 10 节的位置替换为"教育的相对独立性"，以作为第 11 节的前提，在第 11 节后放置了原来处于第Ⅲ部分结尾处的"学校与家庭"，并将原来第 10 节的"教育与闲暇"调整到了第Ⅱ部分的结尾处。

开篇就提到"传播媒介"，虽然陈先生未对此种安排做出说明，但是，我想这是一种"直觉"。② 教育的内容为传播媒介承载（表达、保存及运输），"教育主体与客体之间通过一定传播媒介分享信息"③，或，教育内容只有通过传播媒介才有可能运达受教育者。就传播媒介在教育过程中所发挥的桥梁或渠道等基础性作用而言，这样的位置当之无愧。更进一步，传播媒介作为教育过程中的物质条件，其作用具有根本的决定性，陈先生提出，传播媒介"不仅是教育行为得以发生的前提，也是衡量教育发展过程的最重要的测量器"④。"测量器"这个提法的重要性在于表达了传播媒介可以作为教育历史演进的阶段性标准，这个标准的作用来源于传播媒介从根本上决定着不同的教育阶段的外在表象。我称传播媒介为认识的外在载体。然而，毕竟传播媒介不专属于教育活动，因而只能勉为其难地被放到外在因素中最醒目的位置，当然，人们在后面还会看到就教育自身而言决定其发展及展现特殊性的其他因素。不知道这些是直觉，还是匠心独具。

传播媒介的发展是生产力发展在认识上的表现，陈先生继而以教育与社会生产力的关系为基础，层层递进地讨论了教育与社会经济结构及政治的关系，陈先生认为这些是教育与社会生活之间的关系，闲暇也是社会生活的一部分。之后，陈先生着重分析了教育在面对这些外在因素作用时的态度与应对，教育自然会有自己的立场和独立于其他社会实践活动的特点（陈先生称

---

① 陈桂生：《教育原理》，华东师范大学出版社，1993 年版，序第 4 页。
② 陈桂生：《教育学苦旅》，华东师范大学出版社，2012 年版，第 20 页。
③ 陈桂生：《教育原理》，华东师范大学出版社，1993 年版，第 87 页。
④ 陈桂生：《教育原理》，华东师范大学出版社，1993 年版，第 87 页。

其为保存，在第三版中把教育的独立性单独作为一节进行了专门的讨论），同时也会发生变化（陈先生称其为更新）。其实，正是借助于外部因素的作用，教育的特殊形式才得以形成与表达。同时，因为这些特殊性是教育本质的外在表现，对教育的认识才具有了可能性。

第Ⅲ部分在结构上是层层递进的，第12节在前期教育内部与外部讨论的基础上形成了对教育本质（第二、第三版则改为教育概念）的认识，内部要素的矛盾运动、外部因素的影响共同作用所形成的教育表象使教育的概念逐渐清晰起来。再往后呢？指导未来！于是讨论的中心转为理论与实践相结合的问题。第二、第三版在第12、13节之间加入了教育的价值取向一节，这是恰当的，如果对于教育本质的认识仍属于事实认识（科学认识），那么加入教育的价值取向才会形成教育的目的；第13节一般性地研究了教育的目的问题，加入了价值，对教育活动的理论研究也就开始转向对于教育的实践研究；第14节在教育目的的指导下讨论了教育的内容（陈先生称为教育的构成，第二、第三版中称为"教育"内涵的分解）；第15节学校的职能则讨论了教育目的的实现的现实方式。学校的问题，即如何实现上述教育内容由教育者向教育对象运动的问题，显然是教育实践所提出的问题。

第Ⅲ部分做了比较大的改动，第一版中开篇提出了两个带有根本意义的问题，"教育是什么？""教育应当是什么？"在二版、三版中被拆分成了两个部分，改本质为概念和教育价值取向，这个改动的指向很明确，就是要把事实加价值形成教育目的，继而围绕目的展开教育如何实现的现实讨论。

第Ⅳ部分，聚焦现实教育的规范问题，是价值理论在现实中的运用。一版命名为"中国社会主义初级阶段教育理论问题"，做了一般性陈述；二版已把讨论聚焦于若干专题性质的问题，更具实践性；三版改问题为"中国当代教育取向"，专题问题讨论的基本方式未变，问题却更有指向性，更具现实感。三个版本都紧贴当时的现实教育问题，这种问题意识终于在后来与村井实对于教育研究对象的认识（村井认为教育的研究对象是教育问题，在《教育学的建构》中陈先生也持此观点）相契合，并作为内在的方法支撑着《普通教育学纲要》的写作。

《教育原理》的结构方式不同于当时通行的做法，即先讨论教育的概念、起源及产生，教育与人和社会的关系，而后径直由教育目的直接转向教育实践研究，即学校教育内部的课程论、教学论及学校的内部管理。《教育原理》把对于教育本质的讨论放在了著作的中间位置，与其他著作开篇即申明教育概念不同，陈先生的思路是置教育的本质及概念分析于教育内部情况及教育外部影响的基础之上，这样，教育的本质或概念就水到渠成地作为结论出现，而不是先天的命题。

问题，或稍有遗憾之处在于，陈先生没有把已经形成的概念（概念的形成或概念内在的逻辑也许是陈先生早期较关注的问题）沿着逻辑的道路做进一步的展开（仅对教育目的做了说明），就直接转向中国特色社会主义初级阶段教育基本理论问题的讨论。在教育基本概念与现实的教育实践中间出现了断层，出现了逻辑与（历史）事实两方面的问题，即，教育基本概念及其理论如何发展为对于现实问题的分析，及教育的原始状态如何发展为21世纪现实的教育。陈先生后来意识到了这样的断层，并"逐渐感受到教育基础理论与实践理论、实践理论与实践之间的逻辑鸿沟"①。然而，问题并不在于是否存在"逻辑鸿沟"，而在于如何填平"鸿沟"。

这本书距离《教育学的建构》的出版还有十年时间，这是一种学术的自觉，后来经过两次修订，内容做了一定程度的调整，但是大的架构没有变，这个框架在《教育学的建构》中被明确表达出来，为之后人们开展教育基本理论研究建立了关于理论本身的分类标准。明确所建构理论的属性，将会使教育研究的方向和目标更加明确，研究也会因此而更加有效。

（二）《学校教育原理》的概念辨析方式

《学校教育原理》写作的理论背景有两个：一是从接触到重视"元教育学"在"教育学陈述认识论标准与规则"②方面的作用，二是形成了对教育学本身研究的结论性意见——《教育学的建构》。

《教育学的建构》通过对序言里十个问题的分析，明确了教育学的研究对

---

① 陈桂生：《教育原理的探求——读张建国〈陈桂生教育原理研究平议〉》，《中国教育科学》，2016年第4辑，第22页。
② 陈桂生：《教育学苦旅》，华东师范大学出版社，2012年版，第20页。

象与研究方法、教育学的学科地位、教育理论的性质（学科分类）、教育科学理论、实践教育理论、教育学陈述的规则（概念和命题）、教育及教育学的名实问题、教育学演变的轨迹、作为"教育学科群"的教育学、"元教育理论"等方面的意见。

可以看到，这一时期开始，陈先生由构建体系开始转向问题研究，注重教育理论体系在性质上的区分（这个区分部分地解决了"'教育学'既探讨理论问题，又涉及具体问题"[①] 的问题，部分地解决，指在对教育学本身的理论研究上解决了，而在教育学写作的实际中并没有完全地解决），开始使用教育学陈述的规则讨论概念与命题，并将概念与命题置于历史的、逻辑的范畴之中。

然而，陈先生并没有放弃体系化的建设，他只是对整个体系做了大幅的调整，使教育的实践部分的比重超过了理论研究的部分，体现了对教育实践的关注，然而，如果细致观察，则可以看到教育实践仍然体现了基本要素的相互作用。陈述方式则有了根本性的改变，对于那些难以用最初的事实来说明的概念，陈先生对于词源进行了深入探究，其他则尽力追根溯源，理清脉络并归于逻辑。

第Ⅰ部分"教育的形式结构"延续了《教育原理》的逻辑，不同在于不再开始于基本要素的分析，代之以基本要素相互作用形成的"教育过程"（教育过程明确地被放在开篇的位置，透露出把教育过程作为教育研究逻辑起点的意图），并以对最初的教育描述作为开篇，着力分析作为"教、道一体""治、教一体""教、学一体"之"教"，"直接教育过程"萌芽的"庠"，及"教""学"同源与"教""学"分野，以此可以窥见概念分析之一斑。《"教育学"辨——"元教育学"的探索》《历史的"教育学现象"透视——近代教育学史探索》《"教育学视界"辨析》及《教育学的建构》都是这一时期的著作，从中可以看到布雷岑卡语言分析的影响。如此辨析词汇的转向不仅贯穿全书，且持续地被运用于后面的研究。

第2节直接讨论学校，并称其为"作为'教育实体'的学校"（教育过程

[①] 陈桂生：《教育原理》，华东师范大学出版社，1993年版，序第1页。

实体化的思路与《教育原理》的相关论述具有连续性），第 3 节增加了"教育组织形式的演变"作为教育实体与教育系统之间的逻辑过渡，在这一部分的结尾第 5、6 节增加了"从'制度化教育'到'终身教育'"一节，以与国际接轨，在《教育原理》中也融入了《学会生存》的一些命题。

第 Ⅱ 部分讨论教育内在价值及其实现（陈先生以"教育内涵演变为线索，使教育概念、教育目的、教育内涵的分化与统合、学校性质与职能等教育基本理论问题贯通，形成有机的整体，构成较为名副其实的'广义教育论'"①）。

第 7 节代之以把教育的概念置于内、外因素共同作用的基础之上，陈先生在开篇展开了对于教育概念如第 Ⅰ 部分般的历史与逻辑的辨析；第 8 节代之以对于教育价值的分析，陈先生在这里讨论了"教育影响发生的路线"，这为教育目的的实现奠定了基础；其余架构没有改变，第 9、10 节教育目的；第 11、12 节"教育"内涵的分化与统合；第 13 节学校的性质与职能，改变的是讨论（或辨析）的方式。

以下三个部分以辨析的方式深入到学校的内部，讨论了课程、德育、师资三个重要方面，这些是将教育要素及其相互作用置于学校框架下所形成的概念。课程，是教育者与受教育者相互作用的全程的（这是非必要的，不一定是全程）明确的表达（包括设计与实践）。德育，陈先生讨论了柏拉图的那个老问题，道德是否可教？对这一问题的探讨预示着陈先生后来对于狭义教育的关注。教育内容中具有工具性的部分"教"可以教，教育内容中具有目的性的部分"育"不可以教，只能养成。这样，教是外部目的性的强加，育是外部环境无孔不入的熏染。

第一、二版之间的差别不大，第二版中加入了"课程演变趋势"一节；改德育与指导为德育；改教育职能专业化为师资。

（三）《普通教育学纲要》以问题为核心的研究取向

这本书是《教育原理》《学校教育原理》批判性的自我反思的成果。《普

---

① 陈桂生：《学校教育原理》，湖南教育出版社，2000 年版，第 85 页。

通教育学纲要》大大压缩了对于教育理论的讨论,并且把重点放在了学校教育方面,并融入了实践理论的讨论之中,这使得结构发生了根本的变化。纲要者,正如陈先生所讲,是由于"积累的教育研究成果,近于'问题研究',既然……大体上覆盖了整个教育学问题领域,也就可能把它们整合起来。……姑且称其为'普通教育学纲要'"①。倾向于教育问题式的讨论方式是"纲要"的重要特点,辨析的范围比《学校教育原理》大大缩小,历史的、逻辑的方式一如既往,同时增加了对现实的分析。

第Ⅰ部分容纳了《教育原理》的前三个部分和《学校教育原理》的前两个部分,被压缩为教育概念(不再进行教育过程的分析)、教育内涵的分化与统合、教育目的三个部分。教育概念被置于词源的分析之上,教育内涵的分化与统合和教育目的两个部分的顺序被前后对调。每一部分都以提出相应的教育问题开始,继而以问题为基本的出发点做出分析。

第Ⅱ到第Ⅵ部分讨论了学校及其内部情况。

第Ⅱ部分讨论学校的方式类似于《教育原理》和《学校教育原理》的相应部分,均是由问题引出相应的讨论的。值得注意的是,在"大教育"观念部分,"现代'非制度化教育'"进入了教育研究的视野,即使只是一瞥,非制度化教育也大大扩展了教育的范围,这或将改变人们对于教育的根本认识(需要注意的是这样形成的广义教育与陈先生广义教育的概念并不相同,后者指包括德育和教学的全面的教育);教育管理体制也被单独列为一节而得到某种程度的重视。

第Ⅲ部分课程的内容大大丰富了,课程本身的分析、课程编制、研究性课程的指导、课程运作的机制、校定课程的建构、教学组织、教材-教科书、教学法、备课、我国教研组演变的轨迹。单由这些题目就可以看出来关于课程的讨论已经大大接近于教学实践了。如果按照教育基本要素及其相互之间的关系看,则表达了教育者与教育内容(课程编制、教材及备课)及教育者与受教育者(教学法及教学组织)之间的相互作用。

第Ⅳ部分明确提出了狭义"教育"的概念,与村井实曾提出过的"教育

---

① 陈桂生:《普通教育学纲要》,华东师范大学出版社,2009年版,序第3页。

是'使儿童变成善良的活动'"①的观点非常接近。题目("关于狭义'教育'实施的思路")如此,内容却是德育相关内容,倾向性由此可见。学生的相关内容,包括学生角色、学生行为管理、学生行为指导、学生管理与指导责任制度、现代师生关系、学生组织(具有人格意义的学生群体)的教育价值这些内容。学生及其组织,或学校框架内的教育对象第一次进入了研究的视野,这是很重要的转变,因为人们通常把重点放在教育者这里。

第Ⅴ部分教师是学校框架中的教育者,主要讨论了教师职业的问题。

第Ⅵ部分讨论了学校内部的管理方式。

四、几点感想

概述式的具体分析有点走马观花,但是仍应能够体会到一些变化:科学理论分析的部分渐趋简练,实践理论的部分越发丰富;语言分析的方法被应用于理论构建的具体过程之中,尤其《学校教育原理》,几乎被涉及到的每一个重要概念都经过了反复的辨析,这一方法也自此被延续;问题分析的方法被应用于理论构建的方式之中,《普通教育学纲要》的每一章节都开始于问题。引人注目的是尽管科学理论与实践理论的比重有变化,基本的结构却没有根本性的变化,也就是以科学理论分析为基础,以加入价值的方式形成实践理论,以实践理论的展开为理论归宿的脉络不变。

《教育原理》《学校教育原理》《普通教育学纲要》这三本书分别定稿于1991年、1998年、2008年,跨度都近十年,可谓十年磨一剑。难能可贵的不仅在于坚持,而且在于他的研究虽然经历了一系列结构与方法的转折与突破,教育基本理论的体系化建设却是不变的目标与追求。这一过程还在继续,《教育学究竟是怎么一回事》的发表表明了对教育基本概念不停顿地追根究底,这是对于教育基本理论基础的持续不断的夯实。

一个问题或许可以放在这篇短文的结束位置:"在当前的形势下,我们面临一种外在的必然性,面临巨大而繁荣的时代兴起带来的不可避免的分心,

---

① [日]大河内一男、海后宗臣等:《教育学的理论问题》,曲程、迟凤年译,教育科学出版社,1984年版,第319页。

甚至面临一种怀疑,即在日常生活的大声喧嚣中,在那些以此为荣的傲慢之人发出的震耳欲聋的无聊空谈中,我们是否仍然能够拥有一方净土,去从事那种心平气和的、纯粹的思维认识?"[1]

可以看到陈先生用自己的研究历程对此做出了有力的回答。[2]

【作者简介】

唐俊忠,1973年5月生,湖北五峰人。1991—1995年在河北师范学院物理系学习,获理学学士学位。1995年7月参加工作,担任河北师范学院物理系1995级本、专科辅导员。1996—2003年,在河北师范学院(合校后河北师范大学)科研处科研科(合校后科技处社会科学管理科)工作,2003—2016年,在河北师范大学历史文化学院工作,先后担任河北师范大学历史文化学院本科、专升本辅导员,网络安全与信息维护等。2016年至今,在河北师范大学历史文化学院办公室工作。对教育基本理论研究的兴趣源于对教育实践的理论指导的追寻。相关研究基于对理论与实践之间关系的认识,即,理论是现实的抽象,甚至高度抽象,理论与实践相结合或理论对于实践的指导,是通过持续添加内、外因素的作用,以不断降低理论抽象程度的方式实现的。

---

[1] [德]黑格尔:《黑格尔著作集(第5卷)逻辑学Ⅰ》,先刚译,人民出版社,2019年版,第20页。

[2] 这并不表明陈先生的研究旨趣仅限于教育理论,而仅是就教育理论而言。

教育中的常理常规
——陈桂生教育学理论建构的本体论立场与方法论选择

周兴国

1993年，我有幸考入陈桂生先生门下攻读硕士学位。先生在上课的时候常常说，他所讲的不过是教育中的常理常规。由于对先生的著述研读不深不精，还因自己未受过专门的教育学训练读不懂先生的著作，因而听了这番言说往往一脸懵懂，即便听了先生的解释，也往往还是不得要领。多少年后向黄向阳师兄请教，似有所感悟。先生所讲教育的常理常规，就一般的意义上讲，似乎是指，先生对于教育之思考，在于把握教育中的恒常不变的东西。但这个恒常不变的东西又作何理解，还是不明其义。师从先生读研三年，倏忽已近三十年，而先生也已届九十高寿。回想读研时先生给予的教诲，以及偶尔回母校听先生兴趣盎然地论学，仿佛又置身于先生的办公室聆听先生教导的场景，不免时时回味着先生所言"教育中的常理和常规"。先生平时言语不多，但一论及所治之学，则眉飞色舞，滔滔不绝。先生九十华诞将至。值此之际，重读先生著述，以明了先生所言"教育中的常理和常规"之义，以窥先生治教育学之道。

一、现代教育学理论建构的本体论取向

现代教育学理论建构有一种普遍的实践倾向，即基于某种规范性要求而揭示教育现实存在的问题，并针对问题而提出相应的解构之策。它着眼于人的未来性，以及由人的未来性所决定的对于教育的未来的实践综合推论。对于人的未来性，特别是对于未定时刻的人的美好想象，预示着对当下教育实践的批判性反思。这种反思基于一种可被人们凭感觉就可接受的理论预设，即现实的教育总是让人不能接受因而充满着不合理性，而理想的教育形态将在未来某个时刻实现。这种对于教育现实以及对未来的预设，赋予教育理论以变革现实的历史重任。对现实的教育之批判程度，决定着现代教育学理论建构的未来特征。换言之，现代教育学理论为自己树立起宏大的理论旨趣。它试图揭示隐匿于未来的东西，揭示隐匿于未来的可培养未来人的教育形态。而要实现这个宏大的理论旨趣，现代教育学理论便不得不以对现实的教育因而同时也包含着对已有的教育学理论之解构为条件，表现为对教育实践的不断质疑、批判以及借反思之名的分析和深描。

现代教育学理论建构的实践取向暗含着一种本体论的立场，即当下的教育形态因其不合理性而表现出暂时性的特征，完满的教育形态将发生在未来的某个时刻，只有隐匿于未来之可能状态才是更加令人期冀的。简言之，教育处在不断变化或变革的历史进程之中。着眼教育实践建构的教育学理论理应回应教育的这种暂时性之规定，并使教育学理论始终关注教育实践中的那些可变化的内容。尽管社会快速变革和发展无疑会引发教育的变革与变化，从而教育学理论亦应表现出它的强烈的未来性特征，这样的一种追求是可以理解的；但这种理论却并没有对教育的暂时性特征是否就是其本质规定做出理性的分析，更没有对现实的教育何以会发生因而对其合理性进行深入的分析。它只是假定，变化是教育之无可逃脱的本质，而对于深藏于其中的恒常不变却熟视无睹。这意味着，现代教育学理论之对未来的强烈期求，也隐含着巨大的风险，即凭着有限的思维力而建构出来的不确定的教育未来，却并没有坚实的确定性为其支撑或基础，从而所有这些关于教育未来的理论建构都有可能是个人的一厢情愿。

从历史的逻辑来看，今天是过去的延续，且向着明天展开。当下是未来的展开，总蕴含着明天。在不断变化着的中间总包含着某种恒常不变的东西，而这意味着，现实的不合理性总是与其合理性纠缠在一起而成为当下教育之基质。因此，即便一种面向未来形态实践的教育学理论建构，也不能全然关注当下的暂时性及其不合理性之批判，更需要透过暂时性而把握其内在的恒常性并明了当下教育合理性之所在。即便教育学理论倾向于面向未来教育实践形态的建构，这种建构也需要一种关于当下教育之恒常不变的教育学知识。至于这种教育学知识是来自于人们对教育现象之实证的分析、抽象与概括，还是通过"知言穷理"，如古人所言"文字皆理之所寓"[1]，或者通过对表征教育实践的话语之分析，则是涉及如何把握教育中的常理常规的方法论问题。

那个可以诊断未来教育实践的过去和当下，预示着某种恒定不变的东西之存在，往往位于教育实践最深层的也是最难为意识所把握的日常话语之中，支配着人们的日常教育实践，并曾经在不同的历史阶段也同样支配着过去时代人们的教育实践。教育话语及其概念所表达的，既有不断变革的要素，那就是社会发展所带给教育实践的新东西，同时更有恒久不变的东西。建构实践的教育理论所关注的是那些不断变化着的教育实践要素，那些由社会和时代的变化所决定的可变因素，却未曾意识到那更加有价值的恒久不变的东西。正是这些恒久不变的因素，使得教育才真正成为教育。无论教育理论工作者以如何优美漂亮的词句来粉饰可变因素之绝对的意义，却终也难以摆脱恒久不变东西的支配。尽管人们在实践的意识层面还难以把握这个支配性的恒久要素，但历史语境中的概念内涵的阐明，以及由此而期待的剥去概念迷雾后的教育活动方式的还原，却真正让我们这些被各种时新概念所晕乎的人们，能够一睹概念所表述的各种原本的教育形态，各种曾经实际发生过的教育活动方式。

因此，出现在教育学理论之中的教育实践的批判性考察，不能只是单纯指向教育实践，而需要把教育实践话语作为分析考察的对象。分析与考察只

---

[1] 程水龙：《〈近思录〉集校集注集评》，上海古籍出版社，2012年版，第324、362页。

是作为未来教育建构的线索,而不只是发现未来教育实践的对立面,并以此来否定当下的教育实践。对教育实践话语的本源及其意义分析能够提供一种更为深化的教育学知识,从而对未来的教育实践做出充分而可确定的诊断。用于描述、解释和说明教育实践的话语(概念、命题或判断等),同样表现着正在发生的教育实践的样态、路径、方法等,并表现着某种非通过分析不足以把握的恒常不变的东西。教育实践话语(它在教育理论中表现为某种特定的概念和范畴)所反映的既是特定的教育现实,也是概念使用者所赋予的教育实践意义。分析并重新回溯教育实践话语及其所表达出来的涵义,即意味着回溯概念所内含的教育活动方式或教育样态。站在今人的立场来对曾经的话语及其所表征的教育实践进行批判,当然具有站位上的历史优势,却可能丧失由这些实践话语所反映的教育实践及其样态未来展开的可能性。只有如实地呈现出那些曾经存在着的教育活动方式,并把这些教育活动方式看作是不同时代的人们对于自身教育历史的最好谋划,才可能真正理解这些曾深深影响着教育实践方式之选择的话语建构功能。

二、教育中的常理常规之本体论意涵

何谓教育中的常理常规呢?当先生在对教育问题的思考中说自己所讲不过是教育中的常理常规时,这其中显然蕴含着一种关于教育之本体的规定。这种关于教育之本体的认识,与流行的教育学理论之关于教育的预设又有何不同?上述问题的提出意味着,探讨教育中的常理常规的应有之义,乃是探讨教育作为先生教育学理论建构之前提的本体论意涵。

所谓"常",就是已经发生、正在发生、将来还会发生的东西,与"变"相对应。"常"与"变"是中国儒家思想探讨的重要问题。荀子在《解蔽》中就说:"夫道者,体常而尽变。"[1]"道"是决定万物发展的"体",而万事万物是恒常的,万物发展皆由这个体来,所以才能决定所有的变,才能"尽变"。儒家讲"常道",这里的"常道",义为"从先秦儒学到秦以后儒学所一以贯

---

[1] 王先谦:《荀子集解》,载《诸子集成(第2册)》,上海书店出版社,1986年版,第212页。

之、始终坚持、恒常不变、具有根本的普遍意义的那些道理、原则、理想或理念"①。这意味着，承认人类社会实践中有"常"，承认"常"与"变"同时存在，承认"常"与"变"是事物的一体两面，具有体与用的辩证关系，乃是考察社会现象之基本设定。

从先生的论述中可以发现，那些支配日常教育实践展开并潜沉于教育实践最深处的恒常之在，先生称之为教育中的"常理""常规"。探寻教育中的常理和常规，也就是探寻教育实践中的那些持续发生的最具本质的东西，就是致力于在记忆和过去中寻找某种仍然活跃在当下的东西。它不是在某种封闭的、沉没的空间中进行，如柏格森所做的那样；不是在过去人们的论述中所揭示的永恒原则中进行，如永恒主义教育哲学所做的那样；不是在所谓的人类社会生活中的共同要素中进行，如要素主义教育哲学那样；也不是如纯粹思辨哲学那样从不证自明的原初概念出发通过理性思辨而获得的某种结论；更不是某个历史时期某个教育思想的阐释；而是在概念即意味着生活方式或社会事实的本体论意义上，在用于表达教育实践的话语及其语境的意义分析中，来揭示恒常不变的教育之理之规。总有一些本质性的东西在发挥作用。麻烦的是，这些仍然在起作用的本质性的东西，却被实践建构的教育理论视为过时的、不合时宜的、陈腐的东西而试图抛弃，并紧紧抓住那些变动不居的东西，并把这些东西视为教育的本真性的存在。为此，实践建构的教育理论不惜以自己硬造的概念或范畴来为变化着的东西标新立异。自造的概念意味着一种自我建构或设想的教育实践，一种为某种未来人的形象而建构的教育实践。它忘掉了这样一个事实，即便在理论的系统建构上，这样的努力取得了成功，它也无法消除教育实践中那些总是在发挥着作用的本质性的东西。因为倘若没有这些本质性的规定，也就意味着教育实践之于人类其他社会实践活动的独特性被消解了。从这种意义上讲，那些实践建构的教育理论也仍然依赖于教育中的常理常规并建立在教育的常理和常规之上。只是它们换上了另外一副面具——新的概念或范畴。这种改头换面的好处在于，它能够赢

---

① 李存山：《反思儒家文化的"常道"》，《孔子研究》，2011年第2期，第4—18页。

得世人热烈的掌声，也可能会对现实的教育实践产生有限的影响，然而却有可能会面临着很快被人们遗忘的风险。

尽管先生关于教育中的常情常理常规之直接的论述并不多见，但我们仍然可以在有限的有关常理常规的论文中发现其中的本体论意涵。2011年发表的《教育过程中运用表扬与批评的常理常规》，提示了有关教育中的常情常理常规之要义的理解。尽管这篇论文是关于运用表扬与批评的常理常规，因而可以看作是关于教育中的常情常理常规之特例，但这个特例却也显示着教育中的常理常规之普遍性的法则。其中对于常理常规的论述，直接提示了常理常规的显白含义："教育过程中表扬的常理常规，是教育过程中运用表扬的历史经验的总结。"① 这是关于常理常规的内涵揭示。于此来看，常理就是在经验中产生并上升为基本法则的道理，而常规则是人们在教育中应该遵从的基本规范。这些规范是如此之基本，已经成为表扬与批评学生的惯例。无论是谁，无论在什么情况下，无论社会和时代发生着怎样的变革，也无论教育者持有怎样的教育理论和理念，这些常理常规都应该是表扬与批评要遵从的。

一方面是对所论常理常规内涵的直接阐述，另一方面则是对具体教育实践的常理常规进行论述。《略论学生行为管理与行为指导的常理常规》一文便直接揭示学生行为管理和行为指导的常理常规："现时代为增强社会的活力，客观上需要打破传统制度文化对个人成长的限制，原则上承认普遍尊重个人独立人格、个性自由的合理性。现代教育尤其是以未成年人为对象的基础教育，虽然仍以造就善良的道德人格为要义，却逐渐以尊重独立人格、个性自由为前提，以有助于个人潜在能力的发挥。现代社会中，逐渐形成的这种常理，便是现代学生行为管理规范的基本依据。"② 如果说关于常理常规的内涵解释属于"什么是常理常规"的问题，那么关于常理常规内容的论述就属于"常理常规是什么"的问题。在此，它需要说明，某种教育行为应遵循什么样的常理常规。故此，先生指出："由于作为未成年人的学生属于教育的对象，

---

① 陈桂生：《教育过程中运用表扬与批评的常理常规》，《全球教育展望》，2011年第6期，第91—93页。

② 陈桂生：《略论学生行为管理与行为指导的常理常规》，《中国德育》，2018年第9期，第16—19页。

故对其行为管理须符合教育的价值原则。这是教育的常理常规。"同样是从常理常规的内容出发,《现代教师同学生自由交往的常理常规》则明确提出,师生在课堂之外的自由交往要坚守伦理底线的常理常规。这个伦理底线被先生概括为三个方面的内容,即从善意出发,尊重学生的人格和人身自由,尊重学生的独立个性和自主选择,平等而不是同样地对待自己所教的所有学生。①

先生以常理常规为题的论文并不多见,但先生的"实话"系列②,则能够较为完整地显示先生对于教育中的常理常规之探索。这个"实话"系列由《教育实话》《课程实话》《师道实话》《学校管理实话》《学校实话》等组成。因其体裁主要表现为非学术论文的短文,因而被先生视为"小道理、小意见"而把它们称之为"教育随笔"。"实话"系列,是先生揭示教育中的常理常规的典型发明,以先生对于教育实践话语的意义阐释而表现出对教育实践的强烈关怀。《教育实话》是针对"如今我国中小学教育中或多或少存在并经媒体渲染的旧俗新俗、新旧套话,发表的一些距离健全的常识、常规、常理、常情不算太远的意见,姑且称其为'教育实话'"③。《师道实话》是"就有关一般教师职业行为和职业生涯的日常现象中隐含的师道问题,力求以专业的视角加以澄清;同时,对教师问题领域中的老教条及新话语,依据常理加以辨析","尽可能地把老师们平常在背地里叽叽咕咕的大实话和小道理,涂抹上一点理论色彩,实说出来罢了"④。《课程实话》则针对改革中的那些"身份具有一定价值和值得注意的人们"的叫喊声,以及占用了时间和精力的"毫不相干的事情和与我们的职责相距很远的事情",因为有效的课程改革需要"理性的判断力加实话实说"⑤。"实话"系列聚焦当下我国教育的种种现象,透过

---

① 陈桂生:《现代教师同学生自由交往的常理常规》,《江苏教育研究》,2015年第7期,第3—5页。
② 陈桂生:《教育实话》,华东师范大学出版社,2003年版;陈桂生:《师道实话》,华东师范大学出版社,2004年版;陈桂生:《学校管理实话》,华东师范大学出版社,2004年版;陈桂生:《教育闲评》,华东师范大学出版社,2007年版;陈桂生:《课程实话》,华东师范大学出版社,2010年版;陈桂生:《学校实话》,华东师范大学出版社,2010年版。
③ 陈桂生:《教育学苦旅》,华东师范大学出版社,2012年版,第109页。
④ 陈桂生:《教育学苦旅》,华东师范大学出版社,2012年版,第110—111页。
⑤ 陈桂生:《课程实话》,华东师范大学出版社,2010年版,第118—119页。

分析各种教育口号、话语所承载的教育观念或主张,来指示当下的教育"镜像",揭示各种隐含在教育"镜像"背后的恒常之理。

因此,教育中的常理常规,并不仅仅意味着教育研究的理论旨趣,更意味着一种教育学理论建构的本体论立场。1998年发表的《教育学的建构》,乃是这种本体论立场的理论宣告。正是在这部可归属于元教育学的理论论述中,先生提出"回到基础"的教育学理论建构的学术主张。这种"回到基础"的学术主张,是在对教育学基本问题、教育理论的性质和类型、教育学陈述的规则和案例、教育学演变的轨迹、教育学的学科群、"元教育理论"问题等条分缕析基础上,而提出的有关教育学理论构建的本体论谋划。这种本体论谋划基于对实践建构的规范教育理论以聚焦实践之变化的不满,[①] 而将恒常不变视为教育学理论对象的本质规定。先生在该书的《跋》中写道:"在教育学演变过程中,随着问题领域逐步扩大,本来意义上的'教育'观念越来越淡薄,甚至'教育'之所以是'教育'的那种意思,几乎被人'遗忘'了。其实被教育学家淡忘的那种'教育'事实上并未消失,它仍在一般人的潜意识中存在,并且作为'真正的教育'存在。针对这种久已存在的情况,有理由作教育学'回到基础'的考虑。"[②] 这就是说,作为教育学理论之对象的教育,其活动方式、价值观念、具体目标等确实在发生变化——这种变化在理论上主要表现为概念内涵的变化;然而其中有着亘古不变的东西,例如,"作为使人为善的'教育观念',在数千年中世代相承,至今仍属在最广泛的人群心目中影响最为深刻的'教育'观念,以后也难消失……"[③] 古今中外曾经流行过各种各样的教育观念,特别是现代学校教育制度建立以来,各种新的教育观念层出不穷,然而在教育观念的相互竞争之后,终有一些基本的东西留存于人们的意识深处,支配着人们的日常教育活动。这些基本的东西之所以能够留存下来,盖因它们原本就是教育中的常理常规;或者它们虽以观念的形式流传下来,但因其是人们对于教育之本质的认识,所反映的也恰恰是教育的恒常之理。

---

① 陈桂生:《教育学的建构》,华东师范大学出版社,2009年版,序第1页。
② 陈桂生:《教育学的建构》,华东师范大学出版社,2009年版,第310页。
③ 陈桂生:《教育学的建构》,华东师范大学出版社,2009年版,第312页。

先生关于教育中的常理常规之论述，实际上让我们认识到，人类的教育实践固然受到特定历史文化传统以及价值观念的深刻影响和制约，但也不能不承认，在教育实践价值观念之外，总有赓续不断的恒常之理。恒常不变的是教育之理，而不断变化着的是教育观念。教理之不变和教育价值观念之变，总是有机地统合在教育实践这一人类恒常的活动形式之中。而那些能够反映教育恒常之理的教育观念，也不会随着人类社会之变迁而发生改变。相反，它们总是会在变化着的教育实践中被传承和延续。赫尔巴特在《普通教育学》中提出教育目的和教育手段有不同的学科基础，已经非常明了地揭示出实践哲学之与教育目的相联系的教育价值观念的关系，心理学之与教育手段和方法的关系。倘若心理学能够进入到真正科学的阶段，那么实践哲学关于教育目的之变与心理学之于教育方法或手段之不变，就形成了一个鲜明的对比。教育学发展到今天，开始承担起在赫尔巴特教育学中原本由心理学所承担的任务，理应探索与教育手段和方法紧密关联的教育恒常之理或人们所谓的教育规律。即便教育学也有教育价值观念的阐述与辩护之理论职责，这个职责也不能取代教育学对教育中常理常规的揭示与把握。

实践建构的教育学理论，始终追随教育的价值观念，并因教育价值观念的变化而做出相应的改变。这使得百年来中国的教育学陷入无根的状态。这种无根的状态在提示我们，教育学理论在关注教育的观念之变的同时，需要将理论的目光紧紧地盯住与变化的教育观念相对立的那些不变的常理常规。教育中的常理常规，用马克思主义哲学的话语言之，即教育的本质和规律，是教育学始终不变的理论旨趣。教育中的常理常规，是教育实践的历史积淀，是人类社会对教育规律的话语表达。揭示教育中的常理常规，是教育学不可推卸的理论职责。20世纪90年代，黄向阳、范国睿发表的有关"教理学"的论文[1]，已经意识到指向教育观念的教育学之内在缺陷，而尝试以"教理学"来替代"教育学"，显示出不同取向的教育学理论建构在名实上的理论反思，

---

[1] 参见黄向阳：《从"教育学"到"教理学"》，《教育评论》，1994年第1期，第11—15页；黄向阳：《教育知识学科称谓的演变：从"教学论"到"教理学"》，《华东师范大学学报（教育科学版）》，1996年第4期，第17—26页；范国睿：《教理学的产生及其影响》，《比较教育研究》，1995年第2期，第40—49页。

"一定程度上反映了重建教育基础理论的意向"[1]。不过,在此问题上,先生似乎更倾向于以"'教育'之学"来指称规范意义上的教育学或实践教育学,而以"教育学"来指称探索教育常理常规的教育学,或称"理论教育学"。如果我们把"教理学"看作是旨在探索教育之理的学问,把教育学看作是侧重于教育实践中的规范性问题的探讨,其中变化着的教育观念乃成为理论建构的主导性的力量;那么我们就能够更容易明了教育学理论以探索"教育中的常理常规"为学术旨趣的意义所在。

三、通达教育中的常理常规之方法论选择

如何揭示教育中的常理常规,是一个涉及教育学理论建构的方法论问题。理论建构的方法论选择则是由其本体论所决定的。我们所生活的世界,实质上是由如其所是发生的世界及对所发生的一切进行符号表征所组成。如此,则通达教育中的常理常规,就有两个不同的把握维度。一个是教育实践活动的探究维度,一个是教育实践话语的分析维度。前者是通过对教育实践本身的考察与研究,来揭示教育的恒常之道;后者则是通过对教育实践话语的分析,也包括对用以建立教育实践因果关系的理论话语(概念系统)的分析,来揭示符号系统所表征世界的恒常不变。简言之,实践话语中隐含着教育的普遍准则、惯例、常道等。

教育学自诞生以来,由于对教育之本体有着不同的认识,因而有关教育之探究以及教育学理论建构的方法论也判然有别。实证主义教育学试图通过经验和实验来探明教育中的因果关系,并在此基础上尝试揭示教育实践的因果法则,如拉伊(Wilhelm August Lay)所说的那样:"在理论上和实践上证明,为了解决教学和教育中的各种问题,可以卓有成效地采用实验的方法,即特别适宜在教育上运用的实验、统计科学和客观系统的观察。"[2] 人文科学意义上的教育学,则试图通过理解的方法来明了教育中的意义关系。如范登

---

[1] 陈桂生:《教育学苦旅》,华东师范大学出版社,2012年版,第63页。
[2] [德] W. A. 拉伊:《实验教育学》,沈剑平、瞿葆奎译,人民教育出版社,1996年版,第1页。

堡（D. Vandenberg）在《解释的教育理论与规范的教育理论》一文中就提出与实证研究相对应的"解释研究"，"即运用日常语言哲学、现象学以及诠释学等方法，去揭示教育所具有的各种主体间性的和主体的意义，揭示构成教育冲突的各种事件，以及教育现象对人类的意义"[①]。分析教育哲学如英国学者赫斯特（P. H. Hirst），站在其日常语言分析教育哲学的立场，尝试通过对教育实践性对话的语言分析，来揭示教育实践中的规则、原则、信念等。其理据是：当前的教育实践包含着关于如何有效实践的规则、原则，实践话语本身就是实践规则、准则的描述和表达，因而，话语分析将能够实现对教育实践的理性批判。[②] 不过，赫斯特通过实践性对话所揭示的教育实践的规则、原则、信念，并非是教育中的恒常之理，而是相对于教育目标实现来说有效的行动准则。

教育中有常理常规的本体论立场，使得先生在教育学理论建构的方法论选择上与上述各种取向有很大的不同。先生更加关注概念与概念所反映的教育事实或生活方式之间的关系。概念对于事实的指称关系，使得通过概念分析（也包括话语分析、语词意义分析）来把握教育中的常理常规，成为教育学理论建构的阿基米德支点。先生认为，概念是事实的反映，"是从普遍的事实中概括出来的某种事物特定的含义"，"是普遍事实的反映"，因而"随着事实发生普遍的变化，便可能形成新的概念"[③]。由此而形成的词语的本义和引申义，就意味着事物的本来面目以及随着社会的发展而出现的变化面目。实际上，加拿大学者马克斯·范梅南（Max Van Manen）亦持有相近的立场。在范梅南看来，词语的用法往往意味着特定的生活方式。词语的本义与生活方式之间有着相对应的关系。词语的来源及其本义可使我们接触到最初的生活方式，而词义的变化则反映出生活方式的改变。无论是对词语本义的分析

[①] ［澳］范登堡：《解释的教育理论与规范的教育理论》，载瞿葆奎《教育学文集·教育与教育学》，人民教育出版社，1993年版，第503页。

[②] 瞿葆奎：《教育学文集·教育与教育学》，人民教育出版社，1993年版，第454页。

[③] 陈桂生：《变化中的"课程"概念》，《江苏教育学院学报（社会科学版）》，2002年第2期。

还是对本义的重新解释，都意味着在现实的生活层面都是一种生活方式的重构。① 但与范梅南将词语视为生活意义的承载不同，先生则是始终关注概念（话语、语词）意义演变中的恒常不变的东西。

任一概念都是通过语词来表达。"语词作为概念的外壳和交流的符号，同一概念可用不同语词表达，而概念是从普遍的事实中概括出来的某种事物特定的含义，不可以随意界定。"② 教育生活的变化，作为教育概念所指之事实，必定意味着表达概念之语词的多义性。由此，用于表述概念的语词词义就构成理解的对象，这种对语词词义之考察，本质上蕴含着对教育生活的变与不变的考察。就一词之词义来说，它可以分为本义和引申义。表达概念之语词的本义和引申义之分辨，就具有了对于教育之常理常规之把握的理论意义。先生指出："什么是'教育'？'教育'一词多义。需要加以分辨的是：什么是'教育'的本义，什么是它的引申义？这种分辨之所以不可少，一则由于在关于这个词的令人眼花缭乱的诸种用法与不同解释中，'教育'本来的且迄今尚未消失的那种含义，恐怕已经被人'忘记'了；再则关于'教育'的各种引申义，如何从本义中派生出来，引申的轨迹如何，至今未见梳理。"如此来看，教育语词的分辨，就不只是语义学意义的对表达概念之语词的本义和引申义的解释，而是教育学理论意义上的探索其背后所表达的教育生活之常与变。世人研究教育，着力建构各种各样的理论，往往是关注了教育之变的方面，不断地给教育中的概念以新的解释，以试图建构新的教育实践样态。理论的建构者忘记了，无论试图怎样地通过解构来建构，被解构的本义（常理）仍然在那里，并表现为人们的最日常的教育实践。"教育内涵的演变表明，教育是在客观辩证法的扬弃中演进的，惟参与创造历史的人们……发现了教育的第二义，而'忘记'了它的第一义，发现教育的第三义，而忘记它的第一义与第二义。"不过，"平凡的细民却并不健忘，教育的本义倒始终存在于'平常'的心中"。通过对教育概念的本义之分析，先生一方面得出了如是结

---

① ［加］范梅南：《生活体验研究——人文科学视野中的教育学》，宋广文等译，教育科学出版社，2003年版，第74页。
② 陈桂生：《变化中的"课程"概念》，《江苏教育学院学报（社会科学版）》，2002年第2期。

论,"'教育'概念的变化,反映了人类教育价值观念演变的历程。它既是关于教育影响发生的不同假设的出发点,从中又可发现教育目的演变的轨迹"①。换言之,由语词所表达的概念之意涵的变化,所变化的只是不同社会不同历史时期人们的教育价值观念,而并非是隐含在教育活动之中的教育本然之理和当然之常规。

《常用教育概念辨析》(华东师范大学出版社,2009)是对教育实践话语或概念的分析与讨论,集中体现了先生如何把握教育中的常理常规的方法论立场。如先生所说,《常用教育概念辨析》类似于教育小辞典,却又不是以辞典编写的规范来展开。这些常用教育概念既是以话语的形式出现在教育实践中,同时也往往以概念的形式出现在教育学理论中,成为理论建构的单位。通过对教育中以及教育学理论中63个概念进行形式的或实质的辨析,《常用教育概念辨析》能够让读者明了概念意涵之演变的历史,以及意涵演变所折射出来的教育实践之缓慢的或急进的变革。概念的意涵总是要在一定的语境中才能显现出来。语境显现概念应用的社会背景,意涵则表明了概念所承载的内容,其中的本义和引申义反映出教育实践的变与不变。总有一些东西在概念的意涵中延续下来。当人们对常用教育概念之演变的本体论立场尚处于无意识状态时,先生关于常用教育概念之辨析,则让人们看到了变化的教育观念和不变的教育之理之间的辩证关系。概念之内涵的变化,往往使得我们误以为教育本身发生了根本性的改变,却并没有意识到,改变的只是某种合乎时代要求的价值观念。实际支配人们日常教育生活的常理常规,却并没有因教育价值观念的改变而改变。也正是在常用教育概念的辨析中,教育中的常理常规得以被揭示。与此同时,《"教育学视界"辨析》(华东师范大学出版社,1997)、《教育学的建构》(湖南教育出版社,1998)、《"教育学"辨》(福建教育出版社,1998),则对教育学的理论概念进行了辨析。正是通过教育概念的辨析,我们才得以一窥先生的治教育学之道。先生认为,"教育学建构",必须要"构建教育'形式概念'框架",借以"避免'古今互度'"问题,以

---

① 陈桂生:《常用教育概念辨析》,华东师范大学出版社,2009年版,第9、15页。

提高教育理论的概括程度,使其成为名副其实的"普通教育学"。[①] 教育学理论建构的形式概念,为教育学的建构提出了一整套理论建构的逻辑和方法论,也进一步区分出教育学理论建构可能有不同的理论旨趣,而探索教育中的常理常规的教育学理论则可归入"普通教育学"。

  在概念即生活方式表达的意义上,概念的辨析并不仅仅就是对构成概念之语词的意义之追溯,更是对深藏于概念背后的教育历史的追溯。这种追溯不仅能够让我们看到隐含在教育实践中的恒常不变的东西,也使得社会教育观念之演变的轨迹和逻辑得以显现。这种概念和事实一面两体的本体论立场,决定了先生在进行概念分析的同时,始终秉持历史的、逻辑的、价值的分析方法。这种分析方法具体运用表现为,"构建教育'形式概念'框架的假设,应是基于对不同国度历史的教育现象进行逻辑分析的结果,并把抽象出来的逻辑范畴,用于解释一定国度历史的教育现象"。在此基础上,"作出价值评价与价值抉择"[②]。这种历史的、逻辑的、价值的分析方法,作为教育知识陈述体系的构建方法论,在《教育原理》(华东师范大学出版社,1993)中得到了切实的运用。历史的、逻辑的、价值的分析方法,能够把客观存在的教育事实(实然状态)、逻辑上可能发生的事态(盖然状态)、应有的事态(应然状态)与可行的抉择这四个不同的层面加以分清,以承认教育知识性质之别,不同性质教育理论之间的逻辑鸿沟,以及跨越不同性质教育理论之间的逻辑鸿沟。

【作者简介】

  周兴国,1962年生,中共党员。1981年中师毕业后在农村中小学任教12年。1993年考入华东师范大学教育系攻读硕士学位,师从陈桂生教授学习教育学原理。1996年研究生毕业后进入安徽师范大学教育系,从事教育学科的教学与科研工作。现为安徽师范大学教育科学学院教授,安徽省高校教学名师,博士生导师。教学成果获国家教学成果二等奖,安徽省教学成果特等奖

---

  ① 陈桂生:《教育学苦旅》,华东师范大学出版社,2012年版,第69页。
  ② 陈桂生:《教育学苦旅》,华东师范大学出版社,2012年版,第69—70页。

等，研究成果获安徽省社会科学成果奖三等奖。主要从事教育基本理论、乡村教育、儿童发展等研究，主持国家社会科学基金一般项目"县域农村公共教育服务供给机制与绩效评估研究"，国家社会科学基金后期资助项目"儿童世界的意义阐释"，教育部人文社科基金项目"农村学校改进的制度分析与路径选择研究"等课题研究。主编《教育学》（高等教育出版社），参与"马工程"教材《教育学原理》编写。发表《乡村教育的现代化困境与出路》《开放社会中的教育分配正义及其困境》等学术论文100余篇，著有《公民德性教育：历史、观念与行动》《教育与强制》《教育实践话语的意义阐释》《农村学校改进：制度分析与路径选择》等。

陈桂生教育学方法论探微

吴国平

教育现象自古就有,关于教育的学问虽算不上显学,却是古今中西都离不开的一门学科,只是中西都有自己的认识。

一百多年来,关于教育问题的讨论,基本上是沿着西方教育学的认识来进行的,它对中国现代教育制度的建设起到了奠基的作用,也对中国社会的进步起了积极的推进作用。问题是,这与汉语"教育"的本义有区别。孟子的"得天下英才而教育之"(《孟子·尽心上》)中的"教育"是复合语,实为"教之""育之";西方教育"看护和管理儿童"的源出本不在汉语的"诲人"范畴,更不在"教"的认知范围,而后者恰是古人对教育的认识。词语含义有别本不足为奇,原本"存在"便不同,中国社会自始至终都不是西方社会,恐怕也不会成为西方以为的社会。相应的,中国的教育无论如何都表现出本土的特征,又多少积累了一些本土经验,有识之士也没有放弃以中国特有的方式来认识和指导教育实践,但归结起来看还脱离不了教育学的模式及其变式。有鉴于此,晚近二十余年陈桂生的教育学建构便具有了特殊的意义,其中不仅涉及对作为西学之教育学的历史和逻辑辨析,更有对本土教育理论的开拓。

一、历史基础

陈桂生从事教育学研究逾六十年。其受业得自于华东师范大学教育学系（1952年由大夏大学及复旦大学教育系调整、合并而成）我国教育学早期研究者，列中有孟宪承、廖世承、常道直、赵廷为、萧承慎、曹孚、刘佛年等，这些教育学人多学贯中西，不仅具有较为扎实的中国传统文化底蕴，也具有较为开阔的世界认知视野，其中不乏在欧美学成归国的教育学硕士、博士，对西方教育学有较深入的研究与考察。正是得益于这样的环境，使得华东师大教育学学科发展延续了几代人，陈桂生便是其中一位典型代表。

提及上述教育学前辈，今人多带着仰视。诚然，他们当年承担了我国教育学学科初创的重任，或身为学科的开拓者，或贵为一方高师掌门人。一方面，他们学养深厚，其治学之道与个人信仰互为表里，又以师承方式代代传颂，遂成后代学者仰慕的尊长。另一方面，由于教育学学科建设尚处于必要的历史积淀过程中，加之遭遇特殊时代的各种干扰，他们的认识和著述虽多有高妙之处，但存世作品多为文存、论稿，历史没有给他们提供必要的专业积累、思想文化环境以及生存时空等条件以完成中国本土的教育学建构。这里不存在高看低估谁的问题，而是每个人都有自己无法逾越的历史局限性。然而，他们的治学风格和传统多少以师承的形式在后世发挥了应有的历史价值，其中陈桂生的教育学理论建构中就延续和发挥了这样的精神品质，我们从中可以探到孟宪承、萧承慎、刘佛年等诸多前辈的痕迹。

这是就"述而又作"一支而言，也有"述而不作"的治学风格。"不作"原因有种种，其中恐怕很重要的有一条，所"作"为何物，找一家出版机构把码出来的文字变成铅字，这不是老派学者风格。当年多少学养深厚的学人一辈子就两三篇文章，还压在抽屉底下不肯轻易示人，跟今日的局面完全不同，唯在当年，作与不作谁人不识君？作，固然是示人之才学，也有应命的需要；不作，岂非不生产垃圾的自律？也有缄口的无奈。重要的是，"述"与"作"都应当遵循学术的必要规范，倡导学科价值。就此而论，不光陈桂生是幸运的，那一代学人也是幸运的。而如今高校文科教师连"述而不作"的资格也没有了，谁要是坚持这样的士者气度，估计只能饿肚子了。诚不知，如今"述而又作"的充栋教育学成果中学科成分几何。

值得一提的还有,陈桂生受业时代的学风和进业方式。当年虽也有"克莱登大学"的现象,总体而言那一代学人自律、严谨,明"知之为知之"的守身底线,不似后来那些头戴"牛津帽"、言说文章看不懂的名家。陈桂生常言自己受教良多的萧承慎,萧先生于1932年27岁从哥伦比亚大学教育学院硕士毕业,学识见解多为学生仰慕,著述极少,只留下《教学法三讲》以及《师道征故》薄薄两册,亦系后学为纪念之故搜集出版的讲义。时陈桂生跟随萧先生在读教育学,听课之余几乎日日到先生家中求教,还常常在先生家中蹭饭,师生关系可见一斑,重要的是这种"学习在自己、讲授在课堂、问学在日常、检验在生活"的进学方式,不仅知识掌握全面,而且容易贯通知行,有助于"知"与"识"的结合,成为真正"有力量"的思想。这些条件今日大多已经不具备了。

二、历史分析

今天我们所谓的"教育学",非自然出于汉语文化中的教育理论架构,而是西学东渐进程中杂糅了汉语语义与西学 pedagogue(教仆)相关理论的体系。教育学在英语国家称 Pedagogy、法语国家为 Pédagogie、德语国家为 Pädagogik,均源于希腊语 pedagogue,即"教仆"一词,意为照看、管理和教育儿童的方法,是思考和研究教育现象的一门学科。其发展经历了一个漫长的过程,至今依然处于发展的进程中,有一些不可或缺的重要元素值得重视。

(一)回望教育学

1. 古希腊的传统。古希腊是西方教育的源头,苏格拉底(Socrates)贡献了"精神助产术"(art of midwifery),通过探索走向某种确定的知识为"引出"(拉丁语 educare,后衍为"教育")奠定了基础;柏拉图(Plato)提出了"理想国"建设的路径及所需培育的品质,包括"智慧、勇敢、节制、正义";而亚里士多德(Aristotle)则从制度层面思考并提出了教育的政治地位。后世的思想家继承这些传统,在他们的社会政治架构中多强调了教育的重要性，即便是中世纪的思想家也是从维护上帝的立场对教育做出考虑，即令是倡导"教育没有目的"的杜威也还是从民主主义立场出发思考教育的改革。成形后的教育学一般多把这些作为"教育目的"进行考察。

2. 赫尔巴特学派。启蒙运动之后，科学在西方取得了迅捷的发展。19世纪初，赫尔巴特（Johann Friedrich Herbart）受当时科学思潮的影响，力图建构科学的教育学。此前，教育实践虽得到一定的发展，而解释和指导实践的原理几近空白。卢梭（Jean-Jacques Rousseau）的"爱弥儿"是其政治理念的教育解说，既不存在理论，也缺少必要的指导方法；夸美纽斯（Johann Amos Comenius）虽有把一切知识给一切人类的愿望，但仅限于授课形式的创新，并无系统的理论架构，远不足以成为科学，只是这些思想和探索都影响到了赫尔巴特。更重要的是，康德（Immanuel Kant）哲学的成熟使英伦之"经验论"和法国的"唯理论"（一称"唯识论"）的分歧得到了有效的弥合，这就为赫尔巴特构建科学的教育学奠定了必要的认识论基础。其中，"性格的道德力量"和"兴趣的多方面性"的完善，是赫尔巴特教育学的基本命题，而这些命题及其所构成的五种道德观念，包括内心自由（inner freedom）、完善（perfection）、仁爱（goodwill）、正义（justice）、公平（equity）等，"并非实践经验的概括，而是形而上学的假设"。① 唯这些假设被裁定为教育的最高目的，这就为后世教育学不断面临实践中的调整留下了历史的脚注。当然，仅有形而上的价值与目的讨论也难言教育学的学科独立性，赫尔巴特随即通过发展统觉（apperception）认知思想，试图实现突破。统觉在康德哲学中属于认识论范畴，是指知觉内容并不限于对事物个别属性的感知，而是蕴含着人们已有的经验、知识、兴趣、态度。赫尔巴特把康德认识论中的统觉思想应用到了认知过程中，提出通过意识阈、统觉团、注意、兴趣等心理过程可以促进人们观念的形成，并聚焦教学过程中"专心"和"审思"两个核心要素，按照"明了""联想""系统""方法"四个有机协调的环节组织教学活动。于此，赫尔巴特的《从教育目的引出的普通教育学》（1806年，后译为

---

① 陈桂生：《教育学究竟是怎么一回事：教育学辨析》，上海教育出版社，2020年版，第76页。

《普通教育学》）诞生了。赫氏自称："教育学作为一门科学，是以实践哲学和心理学为基础的。前者说明教育的目的，后者说明教育的途径、手段与障碍。"[①] 可见，赫氏依伦理学规定教育目的，依心理学规范教学程序，辅以一定的学校实验基础，据此建立起近世第一个教育学体系——赫尔巴特学派，盖其原始思考实是作为一种教的艺术（自认为科学）的教学法则。

3. 杜威教育学。19世纪末、20世纪初，科技与产业发展的中心由欧陆转到北美大陆，新大陆继承并弘扬了洪堡（Humboldt）开创的现代高等教育的精髓，这些都为美国文化教育事业的创新奠定了必要的基础。不同于德国古典哲学对于唯理论与经验论的超越所形成的思想体系，19世纪后期实用主义哲学思想在美国逐渐成形，并产生了世界影响，约翰·杜威（John Dewey）作为这一思想的集大成者其声誉日益隆起。作为哲学思想的实用主义（Pragmatism）与汉语俗语中的无原则、重功利的实用主义存在语义上的重大差异。其词义从希腊语 πραγμα（行动）派生出来，一定程度上它是对欧洲经验论思想的否定之否定，詹姆斯（William James）的"有用便是真理"概括了实用主义哲学的认识论基础，其思想意在强调观念与行动的辩证互动，彰显真理的实际效能。杜威正是循着实用主义的哲学观提出"教育在自己以外没有目的"的思想，作为初登历史舞台的新兴资产阶级，彼时的杜威还不足以有弗朗西斯·福山（Francis Fukuyama）的自信高声喊出文明的终结，但杜威并不讳言对民主主义的信条，早于其成熟的《民主主义与教育》问世十九年前，他最初的教育著作《我的教育信条》与其说是关于教育的信条，不如说是对民主社会的信条。可以表明，杜威内心有毫不含糊的教育目的和价值诉求。这是杜威构建教育学的哲学思想基础。同样的，杜威也是以心理学作为其教育学大厦的另一根支柱。他以学生的学习为起点，提出了一系列教-学活动原则和教材组织原则，意在跨越知识的逻辑与儿童认知心理逻辑的鸿沟。杜威的教育学对后世的影响延续至今，虽屡受批判迄今尚未出现超越性的挑战。

上述教育学发展的历史脉络从概念辨析到历史逻辑，陈桂生都进行了缜

---

① ［德］赫尔巴特：《普通教育学·教育学讲授纲要》，李其龙译，人民教育出版社，1989年版，第190页。

密的梳理，进而提出："在什么意义上把 Pedagogies 称为教育学呢？按照现代教育观念：1. 以'引出'为出发点的教-学活动。2. 以知识、技能为基础的影响。3. 有社会价值的课程与学生参与的社会活动。"舍此，"只能算是'关于道德的教育'或'关于教育'。"①

（二）教育学的中国认知

反观中国，汉语里原没有"教育学"一词，晚近一百二十年前甚至连"教育"一词也极少出现。作为一门基础学科，教育学是日本学者用汉语译介 Pedagogy 与 Pädagogik 的产物。表明"教育学"乃西学东渐的产物，其中，教育是西方社会建构中一种体系化的"社会-文化"制度安排，它与家国天下结构中"善先人者"与教学持半的理解有别，与科举应试之业不同。相应的，汉语之"学"也是对西方系统化的客观知识与理论的一种意译，且不说中国近世未曾形成这些客观知识，即便是有理论体系也多以"道""理"来作答，如"原道""穷理"之类来表述。唯关于教育的原理不是沿着"教育道""教育理"进行的，而是"师道"，更早则有"学记"，可以说这是古人政教合一认知与教学相长经验的两把钥匙。唯时势所迫，至国门洞开之际乃匆忙引入"教育"与"教育学"，百余年来，约定俗成，遂成自然。

扪心自问，作为教育学的后来者，我们切近教育学是喝着前辈学者的奶长大的，习惯于被告知"教育是怎么回事"，满足于"教育学是怎么回事"，却几乎未曾对 Pedagogy 的语义、语境进行过必要的检讨，更缺少对搬用的实践形式做出应有的反思。陈桂生以大白话的发问"教育学究竟是怎么回事"，向我们喝破了 Pedagogy 的真相："多年来我国教育学界、尤其是其中的专家学者，一向对西方教育的理论与动态至为关注。至于对其基础教育了解的程度如何，虽难以一概而论，至少有迹象表明，至今对那里情况的了解，或许还若明若暗。例如在欧洲大陆，如德国、俄国，在其教育学中，一向把'教养'作为同'教育'并列的基本概念，在美国则把'教养'融入'课程'价

---

① 陈桂生：《教育学究竟是怎么一回事：教育学辨析》，上海教育出版社，2020年版，第61页。

值之中,而在欧洲大陆社会-文化中,并未把'课程'作为教育学的专业术语。然而,在我国,既未把'教养'作为教育学的基本概念,又把'课程'只当做'教学内容'的同义语。"① 这段话,与其说透白,不如说沉重,远非其行文中不时出现的"云乎哉"所能比拟。言明,睁眼西望有必要,却须明辨表里,因西人有别,表异里同,原本 Pedagogy 实属教养之学,此其根本,也是早出的欧陆之"教养理论",而晚出的英美"则把'教养'融入'课程'价值之中",形成"课程理论",两者道虽不同,目的一致。如若不辨表里,一会儿学"教学-教养"之路,未几,又兴"课程"之论,却不明"教养"的实质,既未得教学要义也不领课程精髓。迄今以来的第八次课改还在深化中,迄今以来的减负已难计其数,如何不沉重?不明就里,用"传统"做标签对形成中的教育大厦推倒重来,虽新实盲,行将远乎?

(三)中西教育认知差异的文化解析

导致中西教育认知差异的因素应与各自历史文化传统有关。

西方"教学-课程"理论的兴盛,既有文艺复兴、启蒙运动带来的文化背景,也有科学革命带来知识生产加速的因素,使知识性质、生产程度完全不同于其他区域,更有近世以来教育与社会生产的频繁高效互动等因素,以至于西学东渐,这些思想认知渐次成为各国现代教育的基本格局。问题是,西方的这套教育学说远谈不上成熟。早在 20 世纪初新教育运动的崛起便是一种符号,表明既有的教育模式需要调整;到 60 年代李普曼(Matthew Lipman)更是直截了当指出,现行教育对于存在的种种失误并没有透彻的认识,所采取的都不过是各种"修修补补"②;随即伊利奇(Ivan Illich)更是语出惊人地提出"去学校化社会"③ 的主张,试图以"去掉学校"的学习化社会改变教育和社会;以迄于今,频受世界关注的芬兰教育模式,莫不表明既有的教育学的一套认识与规范,在西方依然处于调整的进程中,看清楚这些才会对甚嚣

---

① 陈桂生:《教育学辨》,未出,第62页。
② 吴国平:《儿童哲学:认识与旨趣》,《教育参考》,2018年第5期。
③ 参见[美]伊万·伊利奇:《去学校化社会》,吴康宁译,中国轻工业出版社,2017年版。

尘上的各种教育"热潮"淡然释怀。

若要弄清作为西学的教育学，免不了对学科作必要的考察。学科，系指相对独立的知识体系，其核心是知识，标志是独立性和系统性。毋庸讳言，没有知识，学科无从谈起；有知识，但若无法与其他学科区别开来，或者知识不成体系，也就谈不上是成熟的学科。可见，知识是学科发展的前提。

知识，英语为 knowledge，指认识客观世界的实践成果，表明知识是从实践中来到实践中去的过程——"用"——即解决问题是判定知识的唯一标准。可见，人们对于自己生活的环境出现什么情况、怎么看待这些情况、如何解决遇到的困难、最后形成什么经验，这些就是知识。古人称"知"，或"智"。要问的是，这里的"知"是什么？子曰："由，诲女知之乎！知之为知之，不知为不知，是知也。"(《论语·为政》)孔子在这句话里用了六个"知"，有两个涵义，一个意思即"知道""知晓""晓得"；另一个"知"通假"智"，即智慧（英语 wisdom）。"知"的前一层涵义与认识活动有关；后一层涵义与认识程度有关。而古人"知" "智"不分的认知特点倒是大体反映了 knowledge 的含义，所以后人用"知识"去对应 knowledge。

什么时候开始我们把"知识"理解为"知"，又进一步把"知"窄化为"知晓"，这恐怕不是知识考古学的使命，而是西学东渐和白话文的结果，问题是当"度娘"成为一个时代的符号，还有多少人认为知识是袁隆平在田野中的手段和能耐？可以说今天这个时代，无人不"知晓"，却很少有人在乎那些"知"不过是世界的表象，而真正关心这些表象背后的问题及其化解经验的"智"就更少了。滑稽的是这个时代竟然被恭奉为普遍有"知识"的年代，于是多少人都乐于陶醉在狂拍胸脯的高潮中，满足了"我们家也曾经阔过"或者干脆"正在阔着"的"自嗨"，全然无视学校教育对于一减再减的无奈和民众对于教养品质的渴望。早已不年轻的教育学学科就站在这样的事实旁边。

教育学原是一个早出的学科，本意是一门对"教-学"行为进行规范的理论，初期受欧洲大陆科学主义的影响，"教育学作为一门科学，是以实践哲学和心理学为基础的"①,却发现"教-学"行为经不起"实证科学"的检验,于是到了新大陆有识之士改换门庭,试图通过课程跑道来约束"教-学"行为。问题是无论"教学"还是"课程",都不足以科学地解决"教-学"行为中的多种变量,这些变量主要包括授业者、学习者、授业目标、学习目的、授业内容、授业形式、评估手段等,可以说这些因素不仅自身变化不定,并且相互之间牵一发而动全身。这就是为什么,自"新学"开启以来,我们师日、师美、师俄、师欧,学了个遍,却依然没有出现一个受到应有尊重的教育学,而受到困扰的不仅是我们,环顾四望,其实是这个学科普遍的境遇。这,大概是作为科学的教育学的宿命吧,除非有一天 AI 昂头站在我们的面前,使这位教育学"徐娘"重焕活力。

这么说,并无歧视教育学的意思,正视现实,才能承担起一代教育学人的使命和责任。

三、理论与方法

经历长年的教育学学习和思考,经历长年的马克思主义思想熏陶和社会实践考察,陈桂生尝试建构与我国的教育实践相联系的教育学。需要说明的是,自新学(1905年)确立以来,中国的教育学一直在发展的进程中,至今我们不缺教育学,唯这些教育学多大程度上是中国自己的,难说,直到本轮课程改革伴随而来的西方教育理论委实丰富,唯这些理论在他们那里的社会背景和教育基础,我们所知有限,当事研究者也不认为有交代的必要,但见西边教育舞台上出现一个新景观,我们这里便多出一份教育改革的热闹。

(一)理论风格与建构阶段

前文曾经对陈桂生治教育学有过一个基本总结,其教育学姓教,在此基础上通过概念-理论建构,从根本上思考本国教育的实际和可行因素。就治学风格来说,"陈桂生治教育学的特点可以概括为两个字:'平'、'实'。这是因

---

① [德]赫尔巴特:《普通教育学·教育学讲授纲要》,李其龙译,人民教育出版社,1989年版,第190页。

为，教育的过程就是一个平实的过程。所谓'平'，就是论常事，说常理，不哗众取宠，不摆花架子，既不巴结权贵，也不取悦读者，表征事实本身。所谓'实'，就是认识教育不受教条的限制，看事物从事实出发，以事实而非话题为思考、研究的对象和起点，以概念构筑认识的基础，行历史的、逻辑的分析方法。可以说，陈桂生凡事顺势顺心而为，话语平实，不走极端，这也构成了他为人、为师、为学、为文的基本风格"。"陈桂生为中国教育学书写了一个以马克思主义历史的、逻辑的、价值的分析教育现象的典范。"①

陈桂生的尝试，大体经历两个阶段。第一阶段从《教育原理》写作开始，到《普通教育学纲要》的完成，主要是基于西方教育学的建构要素，结合中国自己的教育实践所进行的理论建构；第二阶段，是对整个西学教育学的系统反思，在《教育学究竟是怎么一回事》的认识过程中，针对中西师资文化的差异尝试建构基于师资文化特点的教育理论。

（二）方法与方法论基础

身边常有学生说陈桂生的书难读，其中一个原因是在陈桂生的著作中，有一系列专业概念，虽然它们表现为我们认识的语词，却是陈桂生认识和讨论问题的前提性概念，并且这些概念多有特定的历史、逻辑含义。在对问题思考过程中，陈桂生经常会用到"对举"，如"以××为本"，与之对举的则是"以××为末"。对于日常话语的"以××为本"，人们的感知多停留在"××是重要的"这样的层面，进一步的思考则是"××果真是重要的么"，如果经过思考确认"××果真是重要的"，则多不再持有异议，遂相信"以××为本"是合理的。陈桂生的"对举"思考，则全面检讨命题本身。倡言"本"则必出"末"，有如当年康熙之"兴一利则生一弊"的思辨；随之便是"与××对举的是什么""这个对举之物是'末'么"，遂引发"××"及其对举概念的认识，进而深化其"本末"关系的思考。不难发现，"对举"是一种典型的逻辑辩证思维。用"对举"廓清教育学的认知，不是"咬文嚼字"，更不是鸡蛋里挑骨头，教育学发展至今，不是一种逻辑力量的结果，而是多种

---

① 吴国平：《陈桂生教育学研究思想管窥》，《教育发展研究》，2016年第10期。

力量合力的结果，以"教"和"学"为例，既有"教的逻辑"也有"学的思维"，若动辄"以××为本"，不仅不符合教育学发展的历史事实，也必将导致教育实践的无序混乱。这就是以规范概念而非动听话语建构教育学的理由。

陈桂生对于教育学理论的建构，则继承和发展了从黑格尔到马恩的历史唯物观以及辩证法，其中既有运用唯物史观分析考察具体的教育问题，如对"教"字"一字两音、一词两义"的历史研究与分析；还有对本国一些有特殊意义的教育现象做历史研究和制度分析，其荦荦大者有《孔子授业研究》（教育科学出版社）、《中国革命根据地教育史》（华东师范大学出版社）、《徐特立研究：从人师到人民教育家》（华东师范大学出版社）。今人研究中国教育好以"中国传统教育"为标识，而这个所谓的"传统"是什么、因何表现、如何影响后人、有没有流变，等等，多大而化之，以至于"以古度今"或"以今度古"不绝。孔子授业研究主要把孔子授业活动纳入到历史、文化语境中辨析，从而走进中国古代教育、触摸教育的原则和方法，进而窥见"今月曾经照古人"的教育本义。不难发现，历史-逻辑的分析贯穿了孔子授业研究的始终，正因为以唯物史观结合辩证分析，才使得孔子授业研究能够透过后世的各种"涂脂抹粉"，抓住了"圆活得很"的"丘也"①，也避免了在热闹的孔子研究中再见迂阔。

如果说孔子授业研究多少带有偶然成分，那么根据地教育研究和徐特立研究则显示了陈桂生成熟的唯物辩证史观在教育学建构中的功力。坦率地说，与各类教育显学比起来，无论是根据地教育研究还是徐特立研究都提不起今天教育学人的兴趣，从一方面看，今天的学人睁眼看世界，西方各式教育新景观固然是应当学习，并且还远远不够的。唯陈桂生却能在众人视而不见处见到风景，根据地教育是中国共产党建政之前典型的教育实践，虽然由于历史的原因其成熟程度有限，但其中既体现了一般的教育指导原则，又包含着基本的组织形式，这是一种典型的制度研究思路，而徐特立则是这一制度的重要设计人。徐特立和根据地教育研究绝不是陈桂生一时的心血来潮，而是对中国共产党领导的人民教育事业的观察和思考，也是新学以来中国本土教

---

① 陈桂生：《孔子授业研究（修订版）》，上海教育出版社，2020年版，第290页。

育经验的历史考察，毋庸置疑，在这一过程中陈桂生忠实于马恩的历史唯物主义方法，其意义迄今尚未引起必要的重视。可以说，根据地教育研究是陈桂生制度教育学分析的一个重要标志；孔子授业研究则是陈桂生教育文化学解析的一项重要成果。

陈桂生著作难读与陈氏语言风格也有关系。除了接受特定时代的基础训练，陈桂生行文没有复杂的用词，按其自述并无深文大义，多为平铺直叙，且陈桂生极其自律杜绝使用大词，更无华丽体，纵观陈桂生数百万字的著作，几乎找不到所谓的"金句"，就连其学术感言都不事夸张。不由得联想到陈桂生没有照片，不是他没拍过照片，而是他从不为"摆拍"定格形象，这是"笃行"中的陈桂生没有给"摆"留下生命空间——尽管他几乎都不以"生命"这样的词来点缀人生和教育。不唯照片如此，陈桂生也不着西装系领带，或曰"陈老师何须西装"，从气质上说他适合长衫，问题是他真的也没穿过长衫，不是没有，即使有他也不会穿。在内心，陈桂生服膺的是旷达之道，旷达通自然，又超然于自然，因为旷达穿透了生命意义，唯此才能达至其"泛若不系之舟"的"淡泊"和"宁静"。陈桂生的语言受其思想观念的影响，一方面旷彻平达，另一方面直指本物，这与习惯了文过饰非的阅读——因"文饰"或夸大或缩小了"是"、以至于迷失了"是"，带来极大的阅读心理变化，以至于难见"金句"的陈桂生作品难读或读不懂。

笔者早年读的是文学，入行当过编辑，一开始从专业背景和职业角色出发，自然推崇才子论文，其间有几位至今声名显赫的文学研究大家对于教育热点问题的论稿，欣赏之余如何裁撤难免忐忑，便跑去向陈桂生请教，陈桂生看完只是很平静地说："这样的文字我不会写。"当时，自己并不清楚这样的话背后的分量。才子也好，士大夫也罢，"文饰"是"事功""立德"难免的进阶，唯到得生命的终点才能参透苏轼"庐山烟雨浙江潮"的况悟。美言不信，信言不美，诚其如此，理解不美的陈桂生之言需要转变的何止是文风！

四、逻辑范畴

逻辑范畴，是建立学科的必要前提。教育学的逻辑范畴，首先是"姓教"的问题。19世纪，赫尔巴特试图以哲学、心理学为基础建构科学的教育学，以回应此前一个多世纪科学的突飞猛进和在各个学科中的一骑绝尘。问题是，此后一百多年科学的教育学面临种种难以跨越的瓶颈，以迄于今，焦点在于面对教育因素的多种变量尚缺少适用的科学手段，因此教育逐渐成为多学科研究的对象，其中不乏像哲学、社会学、心理学等一些学科对教育学的发展做出了重大推动作用，也不免会出现任意注解教育的现象，以至于在教育学中放大了一些时髦的理论，既不能规范教育行为，也不能解释教育现象，这就引出教育学"姓教"问题的关注。为便于准确地讨论，陈桂生把那些掺入教育学的理论，列为"关于教育的理论"①，陈桂生有感于"教育理论的皇皇大作，大都属于'关于教育的理论'，而真正以教育过程为研究对象，其中成果又堪称'理论'者（即名副其实的'教育理论'），恐怕尚属凤毛麟角"。"明乎此，尔后才转向对'教育理论'的自觉追求。这便是从《教育原理》，经过《学校教育原理》到《普通教育学纲要》的缘由。"② 分辨两者的核心在于"他们若漠视教育或教养-教学的逻辑，那就意味着从别的学科'门缝'中观察教育"③。这是教育学逻辑范畴的根本立场，也是教育学人避免陷入到"关于教育的理论"中讨生活的一条平实的灼见，虽难免书生意气，又岂止是治学之道？

由此，必然需要对"教育""教养""教学""课程"等基本概念进行必要的辨析与规范，这是教育学逻辑范畴的基础。

（一）关于教育

作为俗语的教育，几乎尽人皆知，唯当我们讨论教育时，便生出无数的理解，其原因在于习俗的教育认知与教育的本义存在差异，其当下典型莫过于动辄"应试教育""素质教育"，其实不光这些称谓历史上没有，其认知也

---

① 陈桂生：《略伦"教育理论""关于教育的理论"与"元教育理论"》，《教育研究与实验》，1997年第2期。
② 陈桂生：《教育学究竟是怎么一回事：教育学辨析》，上海教育出版社，2020年版，第296页。
③ 陈桂生：《教育学究竟是怎么一回事：教育学辨析》，上海教育出版社，2020年版，第298页。

与教育本义相去甚远。陈桂生通过理查德·彼得斯（Richard Stanley Peters）关于"教育是使有价值的事物变为学生的价值取向"① 这一论断，认识到"教育"本身并非一种活动方式，而是衡量教-学活动的价值标准，由此重新梳理了教育的本义。他先从汉语出发进行了语义分析，并明确指出："我国汉语中的单音字'教'，一字两音，一词两义。其中去声之'教'（今第四声，音叫），相当于现今的规范词'教育'，表明它属于价值观念；阴平之'教'（今第一声，音交），相当于现今的'教学'，为中性词，指称教-学活动，表明自古以来就形成价值性质的教育与活动性质的教学之间的区别。"② "规范词"，为含有价值要求的词；"中性词"，则不带价值规范，为描述性词。这里之所以用"规范词"和"中性词"这些看似令人费解的表述，是因为古汉语中"教"字含义的丰富性，它不仅演变成而后的俗语"教育"，还因为其字义中既有"育"的价值——善，又有"教"的动作——使人为善，如不能把教育的两重本义揭示清楚，便容易误以为实施了"教学"这一动作便是达成了"育人"的规范价值，反之也可能用一堆"育人"的道理替代"教学"的艺术。

陈桂生进一步对这两重本义进行了历史-逻辑的分析："教育是一个历史范畴。其中既有一脉相承的价值，即教育本义未变，而在不同时代、不同社会-文化之中，教育的内涵不免发生历史性的变化。这种变化首先集中表现为从古代到近代教育价值追求的变化。"③ 这里一脉相承的价值常作为教育的"必要性目标"，如赫尔巴特之"性格的道德力量"；而不同时代、不同社会-文化中的价值作为"选择性目标"随时而动，如赫尔巴特之"兴趣的多方面性"。④ 以"必要性目标"和"选择性目标"分辨教育目标，是对历史上形成

---

① ［英］彼得斯：《教育即启发》，林逢祺译，转引自张人杰、王卫东《20世纪教育学》，广东高等教育出版社，2002年版，第620页。
② 陈桂生：《教育学究竟是怎么一回事：教育学辨析》，上海教育出版社，2020年版，第6—7页。
③ 陈桂生：《教育学究竟是怎么一回事：教育学辨析》，上海教育出版社，2020年版，第9页。
④ 参见陈桂生：《教育学究竟是怎么一回事：教育学辨析》，上海教育出版社，2020年版，第54页。

的各种教育概念的必要梳理。由于时代的不同，导致历史上出现的教育概念言人人殊，大相径庭，其中不乏"善"与"使人为善"之价值，更多的则是反映时代声音的各种新要求，以至于后人常以各种新理念表征教育概念，唯时代总处于变动不居之中，旧时所倡导的各种品质渐次失去了存在的历史条件，因此通过"必要性目标"＋"选择性目标"的概念分类，既可以找到一脉相承的价值，又不至于迷失在冗杂的社会-文化价值面前。即令是"善"也并不是抽象的、凝固的，从早期的"全人"之善，发展到今天的社会化中的善，更多的情形是西方教育学中以"教育目的"出现的各类表述。至于"使人为善"远不限于课程内容与结构的变化，更有教-学组织形式和手段的更新。这就提示我们，在教育实践中并无孤立的意义和价值，那些隐藏在课程背后预设的价值，若不通过活动传递给受教育者，是没有意义的；而传递出去的既可能是教材、课程中内伏着的价值，也可能是在教-学活动中师生双边互动变异后的价值，有的时候它甚至具有独立的价值，并不依附于教材，这就是从应然到实然的价值。一名有经验的成熟的教师，会根据教学材料的性质、学生的状况、时代的精神，有选择、有创造地挖掘价值，使之更好地促进受教育者融入社会，推进社会进步。

随即，陈桂生又从西方"教育"的源头切入，进行词义辨析。"西方'教育'一词，英文 Education，法文 éducation，德文 Erziehung，均由拉丁语 Educare 而来。拉丁语 E 为出，ducare 为引，合为引出。"[①] 用汉字"教育"翻译 education 或 Erziehung 是西学东渐的产物，一般认为系日本学者所为，为什么拉丁文中"引出"之意不用汉语"引出"之名却用"教育"称谓，是否与西方 education 衍为班级授课形式有关尚待深入研究，唯"引出"的内涵才是"教育"所着意的，这便是"善"和"使人为善"，它们也成了欧洲大陆至今推崇的教养的基本内容。陈桂生指出，"引出，即它是一种内发的活动"[②]，言明了教育的内发性质，如果离开了主体的自觉自悟，难言"引出"，也难有"教育"，即令各种说教天花乱坠，终究是缘木求鱼，只是便利了每个

---

① 《中国教育辞典》，中华书局，1940 年版，第 642 页，转引自陈桂生《教育学的建构》，华东师范大学出版社，2009 年版，第 165 页。

② 陈桂生：《教育学的建构》，华东师范大学出版社，2009 年版，第 167 页。

时代各式新理念层出不穷。"如果说西文'教育'为内发性活动,那么中文'教'则是外烁性活动,即自人的外部施加影响"①,一如"教,上所施,下所效"(许慎《说文解字》)、"善先人者谓之教"(《荀子·修身》),进而至于"教化",其中的"教"均系外部所施加的影响;"相比之下,'育'字既含内发之义,又属规范词,故以'教育'作为德文 Erziehung、英文 Education 的对应词,可谓再恰当不过了"②。紧接着陈桂生有一段精彩的评述:"我们几乎忘记是在以今人所用'教育'概念谈论古代'教育'与'教育思想'——即古人未用'教育'概念表达的'教育'和'教育思想'。"③ 如此"数典"并不"忘祖",而至贯通起西学的 education 与汉语的"教育"的概念,此之谓也。

(二)关于教养

教养(德文 Erziehung),欧洲大陆通用的概念,"是指使学生获得所处时代应有的知识与技能",这里"应有的知识与技能"既表明了价值诉求,又提示了学生实际掌握的知识、能力素养,所以"教养本身便成为衡量教-学活动的价值准则"④。这样的论断有没有依据?陈桂生通过对赫尔德(Johann Gottfried von Herder)、洪堡(Wilhelm von Humboldt)、特拉普(Ernst Christian Trapp)、康德(Immanuel Kant)、尼迈尔(August Hermann Niemeyer)、施瓦茨(F. H. C. Schwarz)等的著作研究中得到了充分的证据,并且从概念层面揭示了赫尔巴特"所谓'多方面协调的兴趣',实际上便是他赋予教养价值的内涵"⑤。至于苏俄,更是普遍地把"教养"与"教育"作为并用概念。

作为欧陆通用的"教养"概念,何以进入英语国家鲜少使用?这不仅是教育概念的区别,更涉及教育观念乃至于教-学组织形式的别用。"前者(Erz-

---

① 陈桂生:《教育学的建构》,华东师范大学出版社,2009年版,第167页。
② 陈桂生:《教育学的建构》,华东师范大学出版社,2009年版,第167页。
③ 陈桂生:《教育学的建构》,华东师范大学出版社,2009年版,第167页。
④ 陈桂生:《教育学究竟是怎么一回事:教育学辨析》,上海教育出版社,2020年版,第10页。
⑤ 陈桂生:《教育学究竟是怎么一回事:教育学辨析》,上海教育出版社,2020年版,第11页。

iehung）的教育内涵源于伦理道德价值"，而在"后者（Education）观念中，不管施加什么影响，重要的是只传递有价值的影响"；"前者把教育本身视为一种价值，教育价值在教养的基础上实现；在后者的观念中，所传递的价值，转化为学生自己的价值追求，才算是教育价值的实现"①。按陈桂生常用的表述，两者概念同中有别，异中有同。其所"同"在注重"价值"的实现，其所"异"为达成"价值"的路径；其可见的形式，前者演为"教学理论"，后者演为"课程理论"。不难发现，这与而今动辄"课程与教学"连用的表述，其理解存在本质的不同。

（三）关于教学

教学这一概念，是今日使用频率极高的一个术语，唯其概念在变动不居的历史语境中变得模糊不清了。与众多自然科学、社会科学术语源出于近代日语不同，"教学"是为数不多的出自中国学者贡献的词语。古汉语多系单字表意，难见"教学"这一称谓，唯其含义落在"敩"字中，从构字结构约略可以理解教学互动、教学相长的意味，所以才有《学记》中的"学学半"之理。不难发现，在这里持半的"教"与持半的"学"，是互有关联却并不相同的对举动作，其中的"教"更靠近"授"，因此才有"教授"对译 teaching，根据班级授课的形式也有"授业""授课"的称谓，日语里至今都用"授业"；相应的，与"学"近似的是"习"，是以"学习"对译 learning。在新学开启之前，教书先生名曰"教书"，一般并不"开讲"（相当于"授课"），"生徒"多是自己学习，而学习也多以"断文识字"为主。新学不仅开启了班级授课的组织形式，更注入了大量自然科学、社会科学的知识。由此，学生的学习活动很难独立完成，这对教员的授课活动提出了必然的要求，也引发了此后"教-学"持续不断的"主导"困局。陶行知针对当时"教-学"脱节的现象，提出应当强调"教学"，以促进上述互动关系，其本意不仅接续了"敩"的古人智慧，也张扬了"教学合一"的近代教育精神。问题是"把'教授'改译

---

① 陈桂生：《教育学究竟是怎么一回事：教育学辨析》，上海教育出版社，2020年版，第13页。

为'教学',即教学生学的意思,意味着把原先的中性词改为规范词",而"授业"活动并无自然实现育人价值的规范保障,"如果'教学合一',势必反而把'教学生学'之教同'未起到教学生学作用'之教的区别掩盖起来"。① 陈桂生极其敏锐地抓住了问题的核心,这就是人们平日里经常听到的"教过不等于教会"的成因所在。可知,教到学处乃智教;学到求教曰真学。

(四)关于课程

在众多的教育概念中,课程或是今日最显达又最不易廓清的概念。早于《普通教育学纲要》,陈桂生即对西方教育学中课程概念作了持续的考察和分析。"西方'课程'一词,如英语 Curriculum,源于古拉丁语'跑道'一词。时至 19 世纪 60 年代初,才由斯宾塞率先使用这个语词。尔后,在西学东渐过程中,日本学者在以日文翻译斯宾塞《教育论》时,用中文'课程'一词,把英文翻译成'教育课程'。"② 教学活动的系统组织,是西学教育学本义上的课程概念。随着教育变革的发展,课程逐渐演为今日所倡导的学生发现、探究、分析、实践的学习环境和文化平台。唯在汉语里,无论是早出的"跑道"还是晚近的各式新理念,"课程"一语多难以含括其中。"中文'课程'一词,源于唐代孔颖达《五经正义》中把'奕奕寝庙,君子作之'(《诗经·小雅·巧言》),注为'教护课程,必君子监之'。到了宋代……都有'课程'一词出现。后来日渐通用。原义为应修习的课业,与'功课'义近。"西方早于夸美纽斯之前所形成的"这种课程事实,尤其是其轮廓,同中国古代的功课,实不可同日而语"③。这从涂尔干对欧洲大陆教育的历史总结中可以看得很清楚:"主导着中世纪的学生整个生活的,是一套学位与考试体系,它要么开启继续攀登的门径,要么就此关上大门。学生在自己学术生涯的每一个阶段,都孜孜以求于获取某种资格证书;是他为之准备的那个学位的要求,决定了

---

① 陈桂生:《教育学究竟是怎么一回事:教育学辨析》,上海教育出版社,2020年版,第13页。
② 陈桂生:《普通教育学纲要》,华东师范大学出版社,2009年版,第117页。
③ 陈桂生:《普通教育学纲要》,华东师范大学出版社,2009年版,第117页。

他的学习。"① 于此，陈桂生点明了"课程"与 curriculum 在概念上的马马虎虎关系："这就是说，以作为功课的中文'课程'一词，翻译西方'课程'一词，只是大体上相当。"② 顺便一提，日语在使用"课程"的同时，还使用片假名"コース"（英语 course）一词，保留了"跑道"的本义，事实上"コース"的使用频率更高，日本人远没有我们以为的简单，对于无法对译的事物常用片假名直接发音，从而得以把握事物的本质。遗憾的是，日本学者的这一重要补充没有引起我们必要的重视，以至于马马虎虎的理解引发了几十年不尽的新理念的补充，以迄于今，既不得"跑道"的要领，又不明"教学活动的系统组织"真谛，不引发效能危机也难。

陈桂生虽不具外国语优势，却能拨开语词表面的迷雾，直抵真相世界，这固然是其常年修炼的结果，更重要的是其概念辨析的方法，不是停留于百科全书式的概念订正上，而是历史地、逻辑地考察事物形成的内在因素，才形成结论："在这些国度，存在'教育''教养'与'教学'三个历史形成的基本范畴：'教育'为人格陶冶；'教养'为知识技能、技巧的掌握；'教学'为传授知识、技能、技巧的途径。"③ 进而认识到，"'教学论'话语体系向'课程论'话语体系转换的趋势"④，引出了教学论概念系统与课程论概念系统，并由此提出了"教学与课程一元化"的重要论断。

"在不同教育机制下，课程的意义又不尽相同。在集中机制下，各级各类学校均得按既定的指令性的'教学计划'教学，教学质量成为衡量学校教育水准的主要尺度；在自由机制下，允许学校、教师在指令性或指导性'课程标准'范围内，对课程做出自主抉择。在前一种情况下，'课程'作为'教学内容'包容在'教学'概念中；在后一种情况下，'教学'仅作为'课程的实施'，被纳入'课程'范畴。"⑤ 这里，陈桂生已经挑明了教学与课程的关系，既非对立，又非隶属，在彼此"包容"和"纳入"过程中，揭示了教学与课

---

① ［法］涂尔干：《教育思想的演进》，商务印书馆，2016 年版，第 186—187 页。
② 陈桂生：《普通教育学纲要》，华东师范大学出版社，2009 年版，第 117 页。
③ 陈桂生：《教育学的建构》，华东师范大学出版社，2009 年版，第 133 页。
④ 陈桂生：《普通教育学纲要》，华东师范大学出版社，2009 年版，第 119 页。
⑤ 陈桂生：《学校教育原理》，华东师范大学出版社，2012 年版，第 195 页。

程的一元属性。这是因为,"在'教学论'概念系统中,虽不包括'课程'概念,但其中的'教学计划''教学大纲''教科书',相当于'课程论'概念系统中的'课程计划''课程标准'与'教材'的概念,而那种不称其为'课程'的课程,实际上属于'教程'"①。而课程论系统因着眼于学的缘故,其所谓的"课程"实际上则是"学程"。陈桂生进一步梳理了两种概念系统,"教程"与"学程"作为对举的概念不仅符合它们各自的逻辑,也使我们能够更清晰地对它们进行比较研究,以缓解理论与实践中的混乱、迷茫。至此,"教学"与"课程"这对在西学东渐过程中长期纠缠的概念终于显出了它们本来的面目。"其实,教程与学程是解决教与学内在矛盾的不同选择。这两种选择之间的区别,既在于作为教与学联系中介的课程、教学法的不同,更是教-学活动运作机制使然。"②原来,"教学"及其"教学论"系统同"课程"及其"课程论"系统,称谓有别,理解有异,而其背后有一个共同的对象——教与学的内在矛盾,这一矛盾自古至今存于一体,西方自"引出"始,古代在"敩"字中,它们本是一元,浑然难分,对立统一。如此,"教学论"与"课程论"的两元错觉真相大白,还有必要站在教学论的立场为教学辩护么?抑或相反,一味站在课程论的立场为课程唱赞歌么?课程也好,教学也罢,是解决教-学问题的两扇大门,门框结构不同,运作原理有别,终极目的一致。

  不难发现,对教育学逻辑范畴的研究,与西学东渐难脱干系,不唯当年一批学人或学自东瀛日本,或直接学自英美,更为根本的是,在三千年未变的土地上架构现代社会轨道,远不是曾见识过的景观,连语词都没有准备好。能怪严复"群己权界说"的别扭?唯由今动辄个性泛滥,才明"自由"之谓不得 liberty 真髓。教育学在今天既是一门无可回避的基础学科,又不时遭遇进退失据的尴尬,如果说当年的教育学前辈临历史的遭遇有其无奈的局限,那么历经百多年的奠基,今天的教育学人理应担起再续乾坤的责任。无怪乎,2013 年经陈桂生提议在华东师范大学举行了以"西学东渐与师资文化"为主题的研讨。惭愧的是,两天的交流,自己全然懵懂不知所云,唯留下了陈桂

---

① 陈桂生:《普通教育学纲要》,华东师范大学出版社,2009 年版,第 119 页。
② 陈桂生:《教育学究竟是怎么一回事:教育学辨析》,上海教育出版社,2020 年版,第 23 页。

生发自肺腑的倡言。

五、本土立场

明了了西方教育学基于价值规范的引导所发展起来的学科体系，便有可能重新审视教育活动的影响方式。

师资，根据陈桂生的界定，"指胜任教师职业的人。表示并非有教师名分、承担教师职务的人，都堪称师资，故把以文化审视教师现象称之为师资文化"[①]。这里，包含了两层含义：其一，非任职者，乃胜任教职者为师资；其二，对胜任教职者的职业行为做文化审视，便是师资文化。以师资文化为研究对象，即排除任职者，着重于对胜任教职者的职业行为方式进行研究。需要强调的是，文化以习得为旨归，唯其如此，恰与"教养"概念可以暗合，名曰"师资文化"，实指"教养理论"，此其妙处。由于中外都存在胜任教师职业的人，对他们的职业行为进行研究，进而比较分析便有了可能，因此师资文化未尝不是考察教育行为的一种有益视角。比较而言，教育学的考察以"引出"为起点，依教学、课程为基本路径展开；文化考察则侧重于影响方式、具身效应，两者共同以一时一地社会化的善为目标。至此，陈桂生不仅完成了对前人教育学建构的归纳和梳理，事实上为再构中国的教育学开出了一条新路，说这是近代中国教育学开创以来空前的视野有据可考，立德、立功、立言，他都做到了。

陈桂生从对前人关于师资问题的历史考察中，引发思考："如果说中国缺乏授业之理、授业之法的系统建树，而古代教育早就初具规模，素称发达，个中缘由何在？同师道有何关联？"[②] 其中，古代教育之发达以文献和事实为依据，无需争辩；"授业之理""授业之法"或受乃师萧承慎的启发；[③] 师道则

---

① 陈桂生：《教育学究竟是怎么一回事：教育学辨析》，上海教育出版社，2020年版，第355页。
② 陈桂生：《教育学究竟是怎么一回事：教育学辨析》，上海教育出版社，2020年版，第357—358页。
③ "我们关于教学之理论，最缺少者，为形式的、复杂的教学实施步骤之理论（如赫尔巴特派之'五段教学法'等等）及各科教学法之原理与实施。"参见萧承慎：《教学法三讲》，福建教育出版社，2009年版，第17页。

是反映中国传统师资文化的核心原则。这样的发问容易让人联想到李约瑟的命题，而要解开这样的难题，还得行历史-逻辑的方法考察中外师资文化的异同。

陈桂生提出："中西师资文化的不同，植根于双方文化传统的区别。"西方的"教育学与教学法的形成，实为主知取向所致。主要是近代科学影响的产物，即集纳科学研究的成果，构建系统的学科知识。同时，由于以班级为单位，实行教与学，取代个别授课，才可能把授业活动加以分解，从中概括出授业之理与授业之法……"① 这是极有见地的认识，这里我们可以看到西方文艺复兴以后人本主义的渊源，此后的发展过程中夸美纽斯主知取向的开创性探索，以及赫尔巴特探索科学的教育学的努力，方演为日后洋洋大观的教育学。毋庸讳言，这些迥然有别于古代中国的历史文化风貌，概言之，以维系天下为宗旨、以规范人伦为重点的知识，决定了上智下愚的社会文化特征，使其既不具备传授给"一切人"的必要，也不具备授业活动的可能，自然也谈不上授业之理与授业之法，唯有授业之道以师道的形式存于后世。古人面对"知"（智）的问题，莫说"授"（开讲），连"学"都有限，反倒是注重"悟"，这就是萧承慎在《师道征故》中引辜鸿铭观点的原因。② 唯"悟"，端赖个体经验与社会经验的体认，不只历史上无人能够解决，至今仍是教育过程中的至境，难见法物。唯其如此，陈桂生"把我国固有的教育文化称之为狭义的师资文化，而把西方教育文化视为广义的教育文化"③。这样的分辨为进一步考察中西师资文化的特点和联系留下了空间。

注意到20世纪中期以后世界教育变革的趋势之后，陈桂生敏锐地意识到现代师资文化的潮流正发生着微妙的变化，在罗列了八个值得进一步研究的

---

① 陈桂生：《教育学究竟是怎么一回事：教育学辨析》，上海教育出版社，2020年版，第358—359页。

② 据辜鸿铭称："西人入学读书，其所学者，一则曰知识，再则曰知识，三则曰知识；中国人入学读书，所学的是君子之道。"参见萧承慎：《教学法三讲》，福建教育出版社，2009年版，第15页。

③ 陈桂生：《教育学究竟是怎么一回事：教育学辨析》，上海教育出版社，2020年版，第354页。

新课题之后,①陈桂生提出:"从古代泛泛的师资文化到近代以授业之理与授业之法为主的师资文化,乃势所必至;然而授业毕竟是教师的职业行为,授业之理与授业之法,主要靠教师的运用,故以师资本体为主题的文化的兴起,不仅为大势所趋,而且是人心所向。"②盖师资文化的演变,乃教育活动的逻辑使然。其逻辑在于,西方早期的师资文化张扬着科学理性的光芒,不意在教育实践过程中遭遇众多变量,难言客观规律,引发"按照技术科学思路建构的教育学,同教育实践理论或实践教育学尚有距离"③这样的困扰。这就是中国传统师道中"求师之道"重于"为师之道","为师之道"中"授业之道"重于"授业之术","尊师之道"又重于前两者,使得尊师的习俗得以融入伦理价值规范。④

这些认识以"文化"为线索进一步解读作为"价值影响"方式的教育活动,重新思考教育理论的建构,提供了全新的视野和研究路径。如由师资概念出发,可形成"师名""师实"与"师行"诸项。因古人之"师"的理解与今之"教师"认识差异悬殊,晚近百年尤其是新中国成立七十余年的社会发展,教师一词早已约定俗成,唯其同《荀子·致士》中所论之师不可同日而语,因此具有胜任品质之师其表现、特质值得研究。唐以后兴师道,至今千余年,演为求师、为师、尊师之道种种,正是作为一种文化的影响。唯这样的影响与具体的授业活动如何发生"器"与"道"的融合,使其可控、可调、可学、可迁,至今尚处荒原中。然平心而论,一位耄耋长者,在一个人的世界里,"热来时热得蒸笼里坐""冷来时冷得冰凌上卧",为后来的教育学人开荒拓土,还自言"吾道不孤",想想都觉得汗颜。

在下本贫人,无奈做先生,不意入彀中,唯知学浅苦。与陈师结识二十

---

① 参见陈桂生:《教育学究竟是怎么一回事:教育学辨析》,上海教育出版社,2020年版,第360—361页。
② 陈桂生:《教育学究竟是怎么一回事:教育学辨析》,上海教育出版社,2020年版,第361页。
③ 陈桂生:《教育学究竟是怎么一回事:教育学辨析》,上海教育出版社,2020年版,第363页。
④ 陈桂生:《教育学究竟是怎么一回事:教育学辨析》,上海教育出版社,2020年版,第364—365页。

三载，得其助，受其教，领其情，悟其道，十年前曾言："青山遮不住，自有渡船人。"每思及此，难言意况，诚感幸甚，乐甚，富甚。嗟乎，心外复何物。

【作者简介】

吴国平，上海市人，华东师范大学教育学博士，上海师范大学现代校长研修中心硕士生导师。先后在上海市教育局、上海教育报刊总社、上海师范大学任职，2006年在上海教育报刊总社任职期间被评审为副编审。现任上海市教师学研究会副会长，上海市教师发展协作联盟副主任、秘书长，《上海教师》辑刊主编，上海教育丛书执行编委，上海教师教育丛书总策划等。主要研究方向：教育思想史、教师教育、学校教育领导、儿童哲学等。参与《国家中长期教育改革和发展规划纲要》（2020）课题研究，主持《教育参考》杂志工作十年，策划并组织了"21世纪中国教育论坛""上海教育论坛"等大型综合性教育研讨活动。著有《师者于漪——教师学视野中的人与道》《课程中的儿童哲学》《新课改中的教师专业成长》。与周洪林合作论文《赢在起点输在终点》（2002）对我国基础教育中存在的问题做出反思，被《新华文摘》全文转载。在《全球教育展望》《教育发展研究》等期刊发表论文数十篇。策划并主编了中国大陆第一套《教师人文读本》（2003）、《现代教师读本》（2006），主编《站住讲台的力量》（2017）等。

梅花三弄，平沙落雁
——《马克思主义教育论著研究》的意义

董 标

从1975年到1993年，陈桂生先后选编出版、修订再版《马克思恩格斯论教育》《列宁论教育》，出版《人的全面发展理论与现时代》《马克思主义教育论著研究》。两部文选，两本著作，前后四册，自成一体，展示了陈氏马克思主义教育理论的探索历程和独特建树，构成了一个明确的研究对象。描述文选的时代背景和创意发源，缕析选编原则的思想基础和学术意义。阐释《人的全面发展理论与现时代》的立场、方法和旨趣，透视《马克思主义教育论著研究》的整体结构和陈述方式。窥探不同时期陈氏的摸索、反思和觉解，揭示前后四册的关联方式和目标追求，概括陈氏治学方式的基础和特点，描画其情有独钟教育学的心之源、心之本、心之力。通过与同类英文资料的有限比对，论定陈氏方式和陈氏建树的工具价值，推想马克思主义教育思想研究的未来。

怎么书写陈桂生学术生涯中的1993年？这年，他60岁。且看：

3月，《教育原理》（华东师范大学出版社）出版，33万字。据《序》，1990年4月初稿，1991年8月定稿。

6月，《马克思主义教育论著研究》（以下简作《论著研究》，华东师范大学出版社）出版，37万字。据《跋》，定稿于1991年7月。

11月，《现代中国的教育魂——毛泽东与现代中国教育》（辽宁教育出版社）出版，38万字。据《序》，初稿，1981年；二稿，1983年；三稿，1986年；定稿，1992年除夕。

12月，《徐特立教育思想研究》（辽宁教育出版社）出版，23.3万字。据《旨趣》，1992年5月定稿。

耳顺之年的陈桂生，不停地吟咏几段欢快小曲儿。四部著作，总字数131.3万，相当于每月发表11万字。在技术发达的今天，一位学者依这样的速度发表论著，岂止高产，简直神奇，何况是在三十年前的手书时代。陈桂生同代学人中，要发现具有如此爆炸性知识生产力的另一位，也难。此后，即六十岁以后，陈桂生依然高产，只是不再如此爆发。

怎么论说在神奇年月诞生的《论著研究》？独立批评是学术评价的唯一命脉。自我批评，并非所有学人都曾公表。自我公表，先入为主，先验自主。"敝帚自珍"[①]，常情常理。或扬或隐，不可避免。故，自我批评只是学术评价的资源，不是依据。比自我批评更重要的，是作者的学术活动实录。"实录"，是记事而非煽情的文墨，是相对稀缺的学术资源。陈著《教育学苦旅》及一些论著序跋，实说学术活动，成为研究要件。殷玉新编的《教育学书简——张建国、陈桂生学术通信集（2015年5月—2016年9月）》，渔樵问答，锦上添花。

一、研究《论著研究》的学术意义和具体方法

希腊字母是外来的，学术史是外来的。腓尼基字母是本土的，对它感兴趣的人，流散在全球。外源内化，面向世界。有生命力的学术史，大抵如此。

"在19世纪的激进组织和革命潮流中，本来微不足道的马克思主义，

[①] 陈桂生引自鲁迅的《华盖集》，见陈桂生：《教育学苦旅》，华东师范大学出版社，2012年版，第125页。

奋力搏击主导地位。19世纪下半叶，它掌控了德国社会民主党、尤其是俄国布尔什维克，初显身手。借此，思想洪流中一条小溪的马克思主义，在20世纪掌握了群众，最终成为一场全球化马克思主义运动。""无论怎么评价马克思主义对20世纪的影响，都是不会过分的。它对世界政治和思想潮流的贡献，比任何其他政治思想都大。自由主义，可能除外。"①

《论著研究》的创意、书写和出版，是长时段、大时代中的一件小事。试图揭示《论著研究》的意义，无非是以小见大，探石发穴，因时感知，延迟判断。

（一）专题学术史：十年，三十年，五十年，八十年

20世纪80年代（止于1988年8月陈著《人的全面发展理论与现时代》出版，以下简作《现时代》），全国不大的马克思主义教育理论研究圈，前辈学者担纲。初，一些学生受用的《马克思恩格斯论教育》《列宁论教育》（人民教育出版社1979年第1版，署上海师范大学教育系，1986年第2版，署华东师范大学教育系，以下合称二者为《论教育》，例外情形，另做说明），都是陈桂生主编的。《论教育》《现时代》《论著研究》，梅花三弄，平沙落雁，多少反映80年代初到90年代初大约十年中国大陆教育理论的脉象。《论教育》出版时，悖逆常理时代油尽灯枯，来不及提防它的死灰复燃。按常理，它必有一个相对长的创意过程。《论著研究》的研究，须与《论教育》结合起来。《论教育》是从1975年开始编撰的。

"《马克思恩格斯论教育》《列宁论教育》的选编，前后共经历十年时间（1975—1985）。从1975年春季开始，至当年10月，编就《马克思恩格斯教育文选》《列宁教育文选》送审本（由人民教育出版社铅印）；1976年携带送审本到南京、杭州、武汉、北京、大连、朝阳、长春征求意见，

---

① Daryl Glaser and David M. Walker (eds., 2007). *Twentieth Century Marxism: A Global Introduction*, London: Routledge, p. 3, 1.

经修改、补充后于1977年在广州召开专家审稿会,于1979年分别出版,更名《马克思恩格斯论教育》《列宁论教育》;约在1982年,列入全国文科教材计划,遂又修改、补充,分别于1986、1990年出版修订本。"① "为此曾三度查阅《马克思恩格斯全集》中文第一版和《列宁全集》中文第一版,除从中选文外,还把其中涉及教育问题的言论加以摘录与整理。"②

《论教育》的选编创意,显然早于"1975年春季"。与"1975年春季"相应的时代,有一个约略的下限,就在《论教育》第1版问世之际。上限在哪里?触摸到它,研究教育论著的意义,就不限于前述的"大约十年"。时段越长,越有利于探索规律性、大气象变化。因此,尽可能地溯源。

1941年7月,延安成立中央研究院。9月,设立中国教育研究室。研究室主任李维汉(罗迈,此前刚刚对自己过去所犯的错误,做了"深刻的检查")回忆说:建立这一研究室的目的,是研究创立新民主主义的教育理论和实际,并在研究工作中培养掌握教育理论和政策的干部。根据新的导向,明确提出研究、掌握马克思主义教育理论的要求。③ 凡"要求"都是命题,凡"命题"必有负载,凡"负载"必有效应——编辑马克思主义(者)教育论著、创立新民主主义教育理论,④ 凡"效应"都应评估。从1941年到1993年共五十多年,从1941年到2023年共八十多年。1993年至今,正好三十年。在八十年间、在各个时段,《论著研究》反映了什么,刻画了什么。处理这类问题,是评估效应的一个途径,是解析《论著研究》的一种方略。

明春秋晦朔,析陈著义理。

---

① 陈桂生:《教育学苦旅》,华东师范大学出版社,2012年版,第130页。
② 陈桂生:《教育文史辨析》,华东师范大学出版社,2012年版,第28页。
③ 研究室成立以后,订了一个半年计划:为了建设新民主主义的教育,同时为了提高自己和掌握马克思主义教育理论,首要的任务是调查研究抗战以来的一般教育状况,包括教育思潮、教育政策、制度、方法和实践等问题。李维汉:《回忆与研究(下)》,中共党史资料出版社,1986年版,第474—475页。
④ 董纯才、张健等:《中国教育研究室的研究工作》,载温济泽等《延安中央研究院回忆录》,中国社会科学出版社、湖南人民出版社,1984年版,第57—59页。

（二）专门问题域：五重展示，三方塑造，双重价值，三调协奏

《论著研究》，是陈桂生在特定时代，以个人方式，展示马克思、恩格斯、列宁与其时代的教育关联，展示列宁与马克思、恩格斯的教育构想的关联，展示列宁与苏俄教育、域外教育的关联，展示陈桂生的中国背景与东西方文化和教育实践的关联，展示马克思、恩格斯、列宁、陈桂生个人，对抽象的（一般的）和具体的（特殊的）"教育"变迁、革新、改良、改革、革命的独特认知和个性期待。五重"展示"的复合性，赋予《论著研究》高度的复杂性。确证它的复杂性，近乎发现特定学术领域，从单薄到厚重、从线性到多元的成长历程。如此，理论思维的提高和知识领域的拓展，在塑造作者的同时，塑造专门领域的要素、关系和边界，塑造读者的认知、灵感和期待。"学而为己"刻画第一个塑造，意义在于《论著研究》对陈桂生个人治学方式的影响。"只有以教育学为事业的人才可望在教育学上有所建树"[1]，陈氏的马克思主义教育理论研究，料必与其"教育学事业"内在关联。"学而为学"刻画第二、三个塑造，既表明《论著研究》在专门领域的价值及其外溢，又表明"外溢"（经由第三者的教学和传播）担当道义。

《论著研究》的学术和文化的双重意义，折射陈桂生治学方式（陈氏方式）与学术场域和文化景观的互动。场域和景观的波动、聚变、质变，改造或完善陈氏方式，推进学术发展。陈氏方式、学术场域、文化景观，三调协奏，乐章华彩。衡量《论著研究》学术价值的指标，是致知道路开新、知识

---

[1] 陈桂生：《回望教育基础理论》，北京师范大学出版社，2008年版，第9页。

增益加速和思想解放溢彩。① 论其文化价值，相对复杂。它之于华东师范大学（教育学系）探幽之光的（微观）价值，之于全国马克思主义教育思想研究会的（群体）价值，之于马克思主义教育思想研究的（专业）价值，之于中外同类研究的（比较）价值，得分别论析。先时受惠于《论著研究》的学子，作育新人，可归为《论著研究》（传播方式的）价值外溢或价值传承。气象难比，评说不易。谦卑敬畏，存而不论。

万千条杨柳舞东风。幽怀沉吟。

（三）具体方法探：人-文兼顾，瞻前顾后，同类互参

释读、批评一本书，看上去属于文本研究。全面的文本研究，涉及广阔领域。从书写到印刷，从文本到副文本，从句法学到词源学，从方法论到宇宙观，从学术史到学术前沿，从知识论到意识形态批评，等等，一般研究者无法全部达成。说到底，文本研究的高远极限，是前定和谐、未知世界。《道德经》《金刚经》《吠陀经》《古兰经》及胡果的《学程大全》，都是书。比起来，怎么研究《论著研究》？

人-文兼顾的整体性研究。《论著研究》是一本基于学术活动的著作。对作者的知识形成和价值偏好的推断，对学术职责和学术交往的溯源（因素）和分解（因由），都是必要环节。论著研究，不是孤立的文本研究，而是人的研究。这对陈桂生及其《论著研究》是适用的，对前述更多的书，不适用。

瞻前顾后的历时性研究。《论著研究》是一本能够让研究者瞻前顾后的

---

① 多年前，我曾提议张建国博士概括出"陈氏范式"。他很重视，陈桂生闻知后却不赞成。陈氏信奉"平平实实才是真"，学行平平实实。[殷玉新：《教育学书简——张建国、陈桂生学术通信集（2015年5月—2016年9月）》，内部交流资料，第17—19、31、48页。]"平平实实"，刻画了陈氏范式的真义。难题随之而至：（1）何谓平常、平实？（2）如何解析平常、平实，以为讨论和评估的依据？难题（1）李大钊（守常）的《民彝与政治》（1916），曾多角度阐释之。例如：民彝者，悬于智照则为形上之道，应于事物则为形下之器，虚之则为心理之澂[征]，实之则为逻辑之用也。吾民宜保其秉彝之心田，冒万难以排去其摧凌，而后以渐渍之工夫，熏陶昌大其光采，乃吾民唯一之天职，吾侪唯一之主张矣。易简而得理，无为而成化。难题（2）"解析"的奢望在先，现用"陈氏方式"试讨论之。

书。碍于资源匮乏或文字能力，很难对《道德经》《金刚经》《学程大全》等瞻前顾后。《论著研究》的直接起源是《论教育》，间接推进是《现时代》。此外尚存研究者罕得过眼的陈著若干内部印本，都与《论著研究》密切相关。《论著研究》出版之后的陈著，主题出新，看似不再关联，但人还是陈桂生，学术方式还是陈氏方式。对象不复从前，印痕不可不见。瞻前顾后，历时成篇。

同类互参的比较性研究。《论著研究》是一本在特定领域独一无二的学术著作。托生、寄生在长时段、大时代中的马克思主义教育理论研究，从20世纪80年代至今，论文和著作的产出量颇为可观。在著作一类，唯《论著研究》为论著研究。其他归四类：（1）马克思主义教育思想通论；（2）马克思主义教育思想专题（如前述《现时代》）；（3）马克思主义教育论著导读；（4）译作。《论著研究》不属于上述四类中的任何之一，故为特殊。凡特殊的，都埋伏疑难：（1）过去三十年（1993—2023），为何只有这样一本书？（2）过去五十多年（1941—1993）、八十多年（1941—2023）是不是只有这样一本书？回答了问题（2），问题（1）就不存在了：是。"是"，是前面问题的答案，又滋生新问题（3）：面向世界，有无同类可比性？答：有。在英文中，既见前述四类的，也见近乎《论著研究》一类的。其他文种，虽或闻见，无能为力。参考可见英文论著，是研究《论著研究》的具体方法之一。

人-文兼顾，瞻前顾后，同类互参，三者是方法的属性，不是程度。言及"方法"，程度总是高且难于属性。"兼""顾""参"，各自达到怎样的客观度、切实度、整合度、简约度、流畅度，才比较配当且经得起检验。这个疑难，可意会不可言述。"意会"一词，是"方法不能自洽""方法皆有缺陷""方法无一可靠"的隐晦说法。

孤根节高，静得神照。

二、马克思主义教育论著研究的史前史和个人史

风云变幻，事势无常。中国教育研究室的初始创意，无疾而终。为了评估无疾而终的后果，得先明了编辑创意的发源。把"马克思主义教育论著研究的史前史"，溯源至1941年秋季中国教育研究室的一时灵感，并不是说

"史前史"肇端于"马克思主义教育思想"的传播,比"马克思主义教育论著研究的史前史"领先得多。"传播",探索了新的理论取向,奠立了"研究"的初步基础,但传播和研究并非发生在同一知识场域、同一教育模式、同一政治气候、同一文化景观中,东京不是北平,巴黎不是上海,瑞金不是南京,延安不是重庆,为了保持话语的同一性和连续性,必须把二者严格区别开来,否则,"传播"的起源,就是"研究"的发端。如此"就是",凌越时空,搅合异类。所谓"话语的同一性和连续性",即与前述《论教育》标志的时间下限一致,也留有上限的疑难。这个上限,兹断为 1938 年 10 月,标志是毛泽东在中共六届六中全会发表报告《论新阶段——抗日民族战争与抗日民族统一战线发展的新阶段》(以下简作《论新阶段》)。

(一)《论新阶段》开新史,急用先行编"党书"

《论新阶段》,是毛泽东等人创新思想和行动方式,成就一直被低估的鸿篇巨制。这种看上去不太正常的情况,与它的几个部分,先后以不同的标题,单独发表并最终编入北京出版的《毛泽东选集》有关。结果是,论者只求其一,不论整体。1942 年之后,1991 年之前,读者难得见《论新阶段》全文。1942 年印出的单行本,现在应属高等级革命文物。1991 年 3 月,中央党校出版社出版的《中共中央文件选集·第十一册(一九三六——一九三八)》,全文发表《论新阶段》。这在新中国是第一次。单独发表的技术安排,发挥了《论新阶段》的种种独特作用,损害了它的整体价值。《论新阶段》的总体价值见诸两个卓越构思的统一:全新的理论战略(1)和崭新的政治纲领(2)。(1)是"马克思主义中国化"指导思想的恢弘大气,(2)是"建立三民主义共和国"政治理想的诚心诚意。一年后,毛泽东完成终生"敝帚自珍"的《新民主主义论》,[①]"三民主义"发展为"新民主主义",指导思想得以系统化、条理化。

"没有抽象的马克思主义,只有具体的马克思

---

① 董标:《毛泽东教育学》,时代国际出版有限公司,2011 年版,第 269—271 页。

思主义,就是通过民族形式的马克思主义,就是把马克思主义应用到中国具体环境的具体斗争中去,而不是抽象地应用它。""因此,马克思主义的中国化,使之在其每一表现中带着中国的特性,即是说,按照中国的特点去应用它,成为全党亟待了解并亟须解决的问题。洋八股必须废止,空洞抽象的调头必须少唱,教条主义必须休息,而代替之以新鲜活泼的,为中国老百姓所喜闻乐见的中国作风与中国气派。""建立三民主义共和国"。三民主义共和国,既"不是苏维埃,也不是社会主义"。共产党员都"必须诚心诚意的实行三民主义","为打倒日本帝国主义,建设三民主义新中国而奋斗",否则"就不是一个忠实的马克思主义者"。①

从《论新阶段》到《新民主主义论》,毛泽东处在创作和自新的巅峰期,一套属于自己的东西建立起来。1941年5月19日,他作《改造我们的学习》报告;12月,主持编辑的《六大以来》印行。1942年2月,编成《六大以前》。他称这两大文献集为"党书"。②"党书"再缩编成《两条路线》(上下册,1943年10月)。

编辑《马克思主义(者)教育论著》,是学习和研究"具体的马克思主义"漫长思想革命的切实起点,直接目的是为了"改造我们的学习"。欲实现马克思主义化中国,必先行马克思主义中国化。欲马克思主义中国化,得先把马克思主义文本化。文本化,取代口头化、口号化,改变马克思主义的舶来品、洋泾浜地位,改变少数政治精英和知识精英的话语霸权,改变空头政治家、空头教育家打着马克思主义旗号的威逼恫吓。从头做起,选编论著。编辑创意,合乎现实。一夜遽然,风潮无极。党书、学习和改造,比编辑《马克思主义(者)教育论著》急切。至此,编辑创意的无疾而终得到解释。若是"长时期"不得正果,势必再作别解。

---

① 毛泽东:《论新阶段——抗日民族战争与抗日民族统一战线发展的新阶段——一九三八年十月十二日至十四日在中共扩大的六中全会的报告》,《解放》,1938年第57期,第36—37、4、29、26、27页。

② 逄先知:《关于党的文献编辑工作的几个问题》,《文献和研究》,1987年第3期;金冲及:《毛泽东传(1893—1949)》,中央文献出版社,1996年版,第910页。

"像苏格拉底一样,毛泽东也不太关心自己的衣着和外表。""他反对言之无物的形式主义和'党八股'。他反对繁文缛节地对待官僚精英和马克思主义。""像柏拉图一样,毛泽东以其偏好的绝对真理,创造了一个话语社会。同样的创造产生了同样的结果:逻辑难以为继之处,神话强化信念。""像柏拉图一样,毛泽东对文娱的功效、危险或离经叛道,高度警觉。他不重视音乐(跟他不太懂有关)。他对文化的重要性、应该传播什么和如何传播,极为重视。"①

弦声复杂,繁音播撒。

(二)毛泽东教育论著编纂史与启动选编马列《论教育》

1948 年,新民主出版社出版一套四辑"整风文丛"。它把《解放日报》社论、中共文件、毛泽东等领导人的论著、斯大林等人的论著,混合编排,如其《加强锻炼》一辑。② 40 年代一度盛行这种"混编体"。单是教育类,真不算少。③ 战后转型为"独编体"。延安新教育学会编辑的《毛泽东同志论新民

---

① David E. Apter and Tony Saich (1994). *Revolutionary Discourse in Mao's Republic*, Cambridge: Harvard University Press, p. 259—260, 310. 毛泽东 63 岁那年,同音乐工作者有一次"谈话"(1956 年 8 月 24 日),基本上属于"放之海内而皆准"的文化观一类。对音乐的任何专有属性,几无涉及。一个"不中不西"的表述,激动人心。思前想后,不得不问,那是昙花一现的灵光,还是别的先兆?有证据显示,在苏共"二十大"的秘密会议中,赫鲁晓夫透露:"斯大林与中国政府之间好〔不〕容易才避免冲突。"〔南〕密洛凡·德热拉斯:《新阶级》,陈逸译,世界知识出版社,1963 年版,第 160 页。
② 新民主出版社:《整风文丛第二辑·加强锻炼》,新民主出版社,1948 年版。
③ 例如:1. 年代不详,教育阵地社编《新民主主义文化教育》;2. 1943 年,《新民主主义文化教育论文集》,署"毛泽东、张闻天著";3. 1943 年,新浙东报社编《教育新方向》,浙东韬奋书店出版,含毛泽东的《解放区新民主主义文化运动中的统一战线方针》;4. 1948 年,中共安东省委宣传部编《论教育工作》,东北书店安东分店出版,含毛泽东的《改造我们的学习》;5. 1949 年,编者未名,《教师之友》,苏北新华书店盐城分店出版,含毛泽东的《文化、教育、知识分子》;6. 1949 年,中共中央统战部《文教政策》,北平,编者刊,含毛泽东的《改造我们的学习》。

主主义的文化教育》，属于开新之作，地位特殊。① 它分立八个专题，收录毛泽东在1938—1945年间发表的相关论文及讲演。这些专题，基本上归属民族革命中的教育、社会革命中的教育、思想革命中的教育、自我革命中的教育这四大方面。一言以蔽之，"教育与革命"是它的主题。另有一种《新民主主义文化教育》②，"独编"但未取"专题式"体例，包括从《新民主主义论》和《论联合政府》节录的一部分，再加上全部《在延安文艺座谈会上的讲话》。与《毛泽东同志论新民主主义的文化教育》相比，《新民主主义文化教育》开创了"独编-节录式"体例。此后，"独编-专题式"和"独编-节录式"的编纂、出版、发行，激进连番，一统江山。

1958年的《毛泽东同志论教育工作》（以下简作"58年版"），是"独编-专题式"的巅峰之作，影响最为广远。"58年版"不是孤编，而是1958年前后庞大政治工程的必要材料。③ 1967年的《毛主席论教育革命》小册子，算是"独编-节录式"的登峰造极（以下简作《论教育革命》）。《论教育革命》不设任何"序言""导语"和"说明"，创造了"独编-编年-语录体"新形式。《论教育革命》是毛泽东亲自审定并逐段修改出的。④ 1973年，《马克思　恩格斯　列宁　斯大林论教育革命》，配合了《论教育革命》。有组织、但非官方版编印的《马克思　恩格斯　列宁　斯大林　毛主席论教育革命》之

---

① 新教育学会：《毛泽东同志论新民主主义的文化教育》，东北书店，1947年版。

② 这本小册子无完整的版本信息，"中外出版社"出版，承印处署"北平东单闹市口31号""欢迎翻印"等字样。推断出版于1948年底至1949年春间。

③ 例如：中国科学院文学研究所马克思主义文艺理论丛书编辑委员会编《毛泽东论文艺》，人民文学出版社1958年版，初版六万六千字，北京印60万册；北京大学法律系编《毛泽东同志国际问题言论选录》，世界知识出版社1959年版，二十万四千字，版权页未注明印数；中国青年杂志编辑部编《毛泽东同志论青年和青年工作》，中国青年出版社1960年版，第一次印数不明，同年8月上海印本的印数是3万册，版权页未注明字数，约在一万四千字到一万五千字之间；中国人民解放军总政治部编《毛泽东同志论政治工作》，1964年版，字数四万五千，第一次印数不明，同年7月武汉印本的印数是82万册。

④ 毛泽东：《对两种〈毛主席论教育〉的批语》（1967年7月6日、12月6日），载中央文献研究室《建国以来毛泽东文稿（第12册）》，中央文献出版社，1998年版，第371—374页。正文中提及的页码，均指人民出版社1967年12月第1版的《毛主席论教育革命》，其他印本的页码，与之不符。

类，有模有样，多得无法尽考。把毛泽东与马克思、恩格斯、列宁、斯大林的文本混编，不见其他中国人，是一种新型"混编体"，在1975年达到高潮。此间，四十三岁的陈桂生，领受了选编《论教育》的任务。

从前述"党书"和"毛泽东教育论著"编纂简史可见，为"改造我们的学习"，中国教育研究室做出编辑《论教育》的决策是正确的。环境多变，条件未备。轻重缓急，因时而异。选编《论教育》，与编辑"毛泽东教育论著"一样，都是严肃的、重大的基础理论建设工程。从1941年到1975年，二者关联三十五个年头。刻画出这三十五年马克思主义在中国的形貌，颇难。陈氏的深刻感悟和智慧表述，已属风格独特的批判教育学，值得探赜体会。

"我在1975—1985年间，致力于'马克思主义教育理论'研究，直到退休，一直主讲这个课程。""我有信仰，也了解，不标榜，不多谈。"①

学习和研究的毛泽东教育论著，把中国作风和中国气派推向世界，把苏格拉底和柏拉图招进中国，为选编《论教育》开辟道路，积累经验，试探规程，创造条件。

逢天时而生，人事多盈冲。

（三）从二十一岁到四十三岁：《论教育》前的积淀和记忆

秦王嬴政二十四年（公元前223年），置邮亭，名秦邮。其地四隅洼下，城基独高，故名高邮。约汉高帝六年（公元前201年），置高邮县。县名古今贯一，显示其微文化的强力连续性。古代诗文小说中的"高邮""秦邮"，唾手可得，可为表征。张士诚的大周国（1354年）都高邮，年号天佑。高邮灵地，天佑斯文。陈桂生爱用"高（秦）邮陈桂生"自称。称他"陈高邮""高邮陈"，料乐意。借"高邮"指陈氏，合礼。一位马克思主义教育理论家，终生爱着自己古老的家乡，怀恋连续的微文化。

---

① 殷玉新：《教育学书简——张建国、陈桂生学术通信集（2015年5月—2016年9月）》，第18—19页。

陈高邮爱高邮,因为他从连贯的十年私塾(1936—1946)得益,虽然对私塾所得的认同度不高:"蹉跎了童年与少年岁月。"① 其实,陈高邮是幸运儿:三岁发蒙,不曾时常断断续续,没有经受过多折腾。很多人的私塾道路,不如陈高邮平坦。唯一的缺憾似乎是,陈高邮的务农阅历贫乏。有没有机会补上"农业生产"课?

陈高邮爱高邮,还因为他在高邮读小学时"接触教育书籍"。十五岁那年,同学往学校偷书回,送给他几本,有《曾文正公家书》、林汉达(1900—1972)的《向传统教育挑战》和沈百英(1897—1992)编的儿童读物。曾公"家书"比曾公的名字还响亮,毛泽东也爱读。林汉达,科罗拉多州立大学教育学博士,以教育家、文字学家、历史学家名世。《向传统教育挑战》,是其早期著作。沈百英,小学教育家,1956年起专任华东师范大学教育系教授。

"1948年底,家乡解放。我才有机会读完小学、初中和中师。在中师期间,同学们最不感兴趣的课程,便是教育学。"②

陈高邮爱高邮,主要是因为,在高邮,"毫不犹豫地选择了教育学系"作为志业门径。勿论"同学们最不感兴趣"。"我一向对教育学情有独钟。从未动摇。"③ 这当然得益于1954年,大约在秋季,他幸运地获得并"认真通读了"时新的教育学(即叶希波夫、冈察洛夫的《教育学》)、社会科学和《毛泽东选集(第二卷)》。这年,他二十一岁。时新的社会科学,即胡绳、于光远和王惠德编的《社会科学基本知识讲座》(以下简作《讲座》)。这三本书中,《讲座》容易引起误解。

《讲座》是应中央人民广播电台的约稿写成的,1950年连续播出,在《学习》杂志上连载,再由学习杂志出版社分册出版(1951年起,分册,有标注

---

① 陈桂生:《教育学苦旅》,华东师范大学出版社,2012年版,第1页。
② 陈桂生:《教育学苦旅》,华东师范大学出版社,2012年版,第2页。
③ 陈桂生:《教育学苦旅》,华东师范大学出版社,2012年版,代序。

"人民出版社"的)。1955年7月出版合订本(第一版),十九万八千字。① 无注释,无文献,无前言,无后语。基础读物,"四无"正好。截至这个"讲座"播出时,汉语的"社会科学"概念有两个主要取向。一是主流取向,包含社会科学的基本概念。二是从普列汉诺夫(1856—1918)经张栗原(1886—1941)、瞿秋白(1899—1935)、沈志远(1902—1965)等人,到胡绳、于光远、王惠德的"马克思主义常识"的社会科学取向。② 面向不确定受众的《讲座》,主要内容是马克思主义(历史唯物主义)几条原理或解说,加上对共产党的简介,不包含比较完整的社会科学概念。在全民抗战前,中华民国政府常常查禁这类"社会科学"书刊。③"社会科学",原系"马克思主义常识"的替补(掩饰,安全舱,护身符)。《讲座》是一种话语,是一种概念-隐喻,是"社会科学"的范式转换和内部理论革命的标志。

"一切取向和实践,都以某种理论或隐喻结构为基础。对于在学术环境中发挥作用的'话语'这类知识结构的形式,斯皮瓦克(Gayatri Spivak,1942—)的'概念-隐喻'术语,或有助于我们认识到:概念不只是简单的概念,不一定是必要的概念,未必是反映了本质的概念,更不是挣脱了隐喻的概念。它既不是概念,又不是隐喻。两者都不是。确切地说,它是一种概念-隐喻,一种转义行动——它在一定的组织内部,指明方向、优化结构。"④

---

① 于光远:《朋友和朋友们的书(1)》,湖南人民出版社,2000年版,第177页。第1册(7讲)《历史唯物主义的基本观点》,第2册(10讲)《社会发展的过程》,第3册(7讲)《我们的时代》,第4册(6讲)《共产党》。胡绳、于光远、王惠德合著的《社会科学基本知识讲座(合订本)》,1955年由人民出版社出版。很快,它既作为高中教科书使用,又向非共但亲共人士推广。

② 张栗原:《社会科学理论之体系》,神州国光社,1930年版。[俄]普列汉诺夫:《社会科学的基本问题》,张仲实译,生活书店,1937年版;沈志远:《社会科学基础讲座》,智源书局,1947年版。

③ 参见《中央取缔反动社会科学书刊一览》,第88—89页,无版权信息,内容是从民国十八年到二十三年取缔的社会科学书刊目录。

④ Paul Bowman (2007). *Post-Marxism Versus Cultural Studies*:*Theory*,*Politics and Intervention*, Edinburgh:Edinburgh University Press,p. 169.

《毛泽东选集》《教育学》和《讲座》，陪伴陈高邮入学新创建的华东师范大学。新学校，新气象，无错节，无旧账。孟宪承先生治校，典范群伦，风清气正。萧承慎先生为师，因材施教，栽培精英。天意。

"在大学本科学习时，受到先师萧承慎教授悉心指导。从大学二年级开始，几乎每个星期六（或星期日）夜晚，都是在先生家度过的。"[①]

1953年，教务长刘佛年提出合乎大学规范的要求："继续贯彻'百家争鸣'的精神"，"特别在高年级更是如此。"刘佛年的思路很清晰：非此，培养不出学生的"独立思考和独立工作的能力"。[②] 1959年，经受百家争鸣精神熏陶、意会独立能力取向的陈桂生，毕业后留校任教。因"不适合行政事务"，被安排"搞业务"。自此至1963年，除1960年在华东师范大学一附中"教育见习""但无收获"外，陈高邮"系统阅读教育名著，从柏拉图《理想国》到凯洛夫《教育学》。每读一本著作，都有系统的笔记。后来重新阅读、整理形成《教育名著指要》（未刊本）"[③] 1965年，"投身于轰轰烈烈的'四清'运动之中"，算是补上了"农业生产"课。"先后担任定远县高塘公社和早庙公社中的大队工作副队长与队长，早已把一点点教育知识抛到了爪哇国。"[④] 十年后，他去选编《论教育》。机遇只偏爱有准备的人、有准备的头脑。有准备，

---

① 陈桂生：《教育学苦旅》，华东师范大学出版社，2012年版，第5页。孟先生比萧先生年长十岁。两位先生，都曾留学西洋，都在二十七岁受聘为教授（孟先生在东南大学，1921年；萧先生在中央大学，1932年），都是教育学界罕见的通儒。萧先生任教中央大学教育系一年半后赴英伦。这年，陈桂生出生。二十多年后，识才、爱才、育才的萧先生，长期私下授学陈桂生。

② 金一鸣等：《刘佛年教育文选》，华东师范大学出版社，1999年版，第99—109页。

③ 殷玉新：《教育学书简——张建国、陈桂生学术通信集（2015年5月—2016年9月）》，第41页；陈桂生：《教育学苦旅》，华东师范大学出版社，2012年版，第5页。

④ 殷玉新：《教育学书简——张建国、陈桂生学术通信集（2015年5月—2016年9月）》，第9页。

源于"自然形成"的事业心。① 从二十一岁接触教育学和马克思主义常识的陈高邮，有望沐浴理论春风，修得《论教育》正果。

> "我从大学毕业（1959）到'知天命'之年（1983），基本上是在激荡的政治风云中侥幸度过的。"②

履险竟而如夷，至言黜退虚文。

三、从《论教育》到《论著研究》：陈氏马克思主义教育理论

《论教育》出版之前，为应急，译出苏联人的一些，结果却"长期采用"。③ 苏联编者，是在帝俄时代完成或接近完成个人正规教育过程的。如陈氏所说，他们是俄国人。早期的苏联人没有能力编出《论教育》。翻译出的那些，体现俄国人的认知水平和价值取向，反映苏维埃的政权羸弱和文化贫困（教育落伍）。④ 认知、价值、政权和文化（教育）四者，固然具有比对和参考价值，但全盘俄化，不合"中国作风与中国气派"且不"为中国老百姓所喜闻乐见"。前者是马克思主义中国化的最高目标，后者是人民政权的基本指标。俄国确有伟大作品，但苏联有哪些会"为中国老百姓所喜闻乐见"的作

---

① 陈桂生：《回望教育基础理论》，北京师范大学出版社，2008年版，第10页。
② 陈桂生：《教育学苦旅》，华东师范大学出版社，2012年版，第6页。"侥幸"二字，刻画一代、两代、三代学人的苦涩和无奈，妙。
③ 陈桂生：《教育学苦旅》，华东师范大学出版社，2012年版，第130页。
④ "在19世纪和20世纪之交，俄国的识字者与文盲在生活质量上的差距达到最高限。"据推算，1897年，欧俄农村妇女识字率，10—19年龄组的是17.9%，50—59年龄组的是8.7%；一百年前（1797）对应的比例是6.6%、2.7%。见［苏］米罗诺夫：《历史学家和社会学》，王清和译，华夏出版社，1988年版，第88、94页。十月革命"属于少数人的革命，因为1917年俄罗斯工业无产阶级只占这个帝国总人口的百分之二点五"。"列宁的《怎么办？》一书（1902年）中有一句名言能反映出所有这一切：'给我们一个革命家组织，我们就能把俄国翻转过来。'但是按照马克思的观点来看，俄国无产阶级革命恰恰还没有提到日程上来。甚至不止于此：在工业不很发达的俄国，任何组织无产阶级革命的企图不仅同马克思主义相抵触，而且还被认为是疯狂冒险行为。"见［苏］阿·阿夫托尔汉诺夫：《苏共野史》（上、下，原书名《党治制的由来》），晨曦、李荫寰、关益译，湖北人民出版社，1982年版，第1、623页。

品，不易作答。①

（一）《论教育》：继晷焚膏，学子如愿

《马克思恩格斯论教育》，汇集了马克思、恩格斯在 1843—1894 年间有关教育的主要论著 42 篇（部）。《列宁论教育》，编入 1895—1923 年间的 65（部）。二者都是由部分全文、（大）部分摘录构成。"在审视俄国选本基础上"，陈桂生"确立"了自己的五条"选编原则"。②"至言黜退虚文"，就此起步。分析、评判五原则，有助于走向陈桂生的马克思主义教育理论。

1. 把握"教育"主题；
2. 把握"马克思主义"立场；
3. 保持学术资料性质；
4. 戒断章取义；
5. 保持客观性。

以上五条原则，有所为有所不为。分成两类。一类是积极或进取的，行为动词是"把握""保持"；一类是消极或自警的，行为动词是"戒"。第一类，两"把握"、两"保持"，看上去四平八稳，了无新意。殊不知，在从"拔白旗、插红旗"到"知识越多越反动"的文化灾变中，志大言浮者，振臂一呼，天翻地覆；修学致知者，原罪附体，魂不守舍。"卷地朔风寒彻骨""石床晚对漏声穷"。平平常常的学术目标，变得离经叛道。条陈如下。

（1）陈氏坚持把握"主题"的初衷，是争取完整地、准确地再现原貌、

---

① 例如，《十万个为什么》《书的故事》（又译作《白纸黑字》《黑白》）一类杰出的科普著作，"为中国老百姓所喜闻乐见"。它们在 20 世纪 30 年代之前或之际出版，在法理上属于"苏联"，但作者米·伊林（1896—1953，笔名，全名伊利亚·雅科夫列维奇·马尔沙克/马尔夏克），是在帝俄时代接受高等教育的。这类书的不少作者，是（教育事实上的）俄国人。俄国-苏联，在科学技术上，公认的创举不够多。在社会科学上，没谁独领风骚。移居美国的索罗金（Pitirim Alexandrovich Sorokin，1889—1968）是著名的一位。列宁与他有过一番论战。人文成就可比性低，不论。

② 陈桂生：《教育学苦旅》，华东师范大学出版社，2012 年版，第 132、144 页。

突出要领，切实务本，名实相符。早前，俄国人的选本，把马克思、恩格斯、列宁的"教育言论"，"淹没在一般理论中"，自然"不得教育问题要领"。俄国编者的"教育名著"造诣，为科技落后、文化迟钝、媒介贫乏及其无法无天裹挟。俄国人的阅读史，凄凄惨惨。"无文艺复兴，无宗教改革，无产业革命，甚至无启蒙运动"。"四无"的必然后果是，"现代俄文版的《圣经》，直到19世纪70年代才出现"。"读者群体弱小与书刊市场萎靡"，相互强化。"印本传播，复为其落后的流通渠道阻隔。"①故一般水平不高，往往废话不少，未必识别得出、区分得了主题与非主题，岂谈"把握"。"淹没"是不可避免的。淹没自己曰就义，淹没别人是害命。但俄国选本影响大，业界或多或少地附和之，也合情合理。老大还能错吗？这是自主选编的无形压力：必须"考虑"如何因应。把握"主题"的常规目标，深怀守护专门探究领域之意。承认专门领域的存在，与学术目标天悬地隔的大张旗鼓的造神和拜鬼，异趣。

（2）把握"立场"比把握"主题"更难。在灾变中，所有机械主义、教条主义、本本主义、经验主义、形而上学、唯意志论、反智主义、复古主义、排外主义、民族主义、激进主义，都披着"马克思主义"外衣、举着"马克思主义"旗帜。故在传统与现代，教育与文化、艺术与生活、科学与技术、

---

① Stephen Lovell（2000）. *The Russian Reading Revolution：Print Culture in the Soviet and Post-Soviet Eras*，New York：Palgrave Macmillan，p. 10，14."俄国没有出版法，只有一些'暂行条例'。各部的部长，这一个来那一个去，几乎是每换走一位，就多留下了一些毒害，他们使言论自由的权利受到了更大的限制。""一个外国人，必须是经过了一番苦心的研究，才能够明了"，"我们'顽强的检察机关''像一个爱求神的俄国笨女人那样'提出种种任性的要求。""一个作家越是有名气，就越是少机会当自己杂志的编辑。反而是那些默默无闻、跟文学毫无关系的人，倒比较容易获得当局的准许。"见［苏］绥青：《为书籍的一生》，叶冬心译，生活·读书·新知三联书店，1983年版，第179—180页。前些年过世的艾文·方教授（Irving Fang，1929—2016），在上个世纪末互联网的摇篮期里，出版《大众交往史：六次革命》一著。在专论"俄国革命中的新闻媒介"时，揭示列宁创办《火星报》［Iskra（Spark）］的意图与作用，强调列宁对办报与育人、办报与动员的深刻认识，论及1917—1991年间，俄罗斯-苏联严酷的出版审查制度。《火星报》取义"星星之火，可以燎原"（From a spark a fire will flare up.）。See Irving Fang（1997，2015，2016）. *A History of Mass Communication：Six Information Revolutions*，London and New York：Taylor & Francis Group，xxiv—xxvi.

生存与生产、交往与互动、血缘与亲情等等,一切领域,"形而上学猖獗","唯心主义盛行"。

>"我宁要一个(有觉悟)没文化的劳动者,而不要一个有文化的剥削者、精神贵族。""张春桥别有用心地抛出'两种人'的谬论,举出一个'有文化的剥削者、精神贵族',一个'没有文化的劳动者'让你挑,这正是毛主席所痛斥的'形而上学猖獗'的一个典型例证。"①

"有觉悟而无知识的人","有知识而无觉悟的人",是反智主义的巅峰发明,是虚无主义的最后癫狂。空骛真善美,斯文假丑恶。"人妖颠倒是非淆","猪犹智慧胜愚曹"。既然"妖为鬼蜮必成灾",编出体现马克思主义立场的论著,对教育立场的是是非非,能或多或少起到识别作用。待来日,"玉宇澄清万里埃"。

(3)如此,须用可靠的选本,提防从"中国具体实践"出发,任意割舍、剪裁、组合、编造马克思、恩格斯、列宁文本的粗暴做法。这也是十分困难的。在"马克思主义文本"与"中国具体实践"的天平上,中立恒定的标量是没有的,或者前倾,或者后仰。陈桂生果敢勇毅、态度鲜明:"不以中国具体实践为准决定取舍。"② 只有这样,才最大限度地对"马克思主义文本"和"中国具体实践"保持双向的温情与敬意、兴味与尊重——因"戒断章取义"而保持了"学术资料性质"。

>"记得1976年3月,拿到《马克思恩格斯教育文选》《列宁教育文选》送审本时,非常兴奋,曾占一绝:'卅万珠玑两帙装,无边妙义尽含藏。果偿学子求真愿,继晷焚膏理亦当。'"③

---

① 教育部大批判组:《毛主席的教育方针岂容篡改——批判张春桥的一个谬论》,《人民日报》,1976年11月25日。
② 陈桂生:《教育学苦旅》,华东师范大学出版社,2012年版,第127—128页。
③ 陈桂生:《教育学苦旅》,华东师范大学出版社,2012年版,第131页。

陈氏编辑论著时心里想的最多的,是不确定的学子。有如《讲座》的作者们,不会把陈桂生列入学生名单一样。陈氏预见了一个学术复兴、文化开明的未来。他的预见,超越了选编论著的时代。这就够了。因必须应对一些"无形压力",他对《论教育》的选编结果不满意。今天,"不满意"不再重要。学习《论教育》并得以踏进教育理论之门的那些"求真学子",定当、定会向陈桂生致敬的。

(二)《现时代》:场域不合,知音难觅

《现时代》出版前后,以"马克思-教育""马克思主义-教育"为主题的论著,掀起一个不大的出版热潮。①"热潮"相对"朔风","不大的"意味着显眼但不显著。《现时代》定稿于1985年12月26日。在那个时代,它敏锐地提出新论题并论证之,用手工学术方式反映了最新(1984年)学术著作,初次展露了陈氏方式的真容。任何对"人的全面发展"理论有兴趣的读者,都可能以为《现时代》是写给自己的。其实不是。陈桂生无奢望。有边界,满足于引起对"人的全面发展学说"的"进一步讨论"。结果,他失败了。怕也失望了一段时间。至今,在陈桂生的探索道路上"进一步讨论"者,罕见。

"有些人并不是根据原著(即第一手材料)去学习马克思主义,而是仅仅根据第二手材料(例如别人的介绍、注释、教科书等)去学习。""单读原著,未必就能精通。要精通至少还须研究贴近原著的历史条件与历史经验。"②

对《现时代》要义的阐释,是探究陈氏方式的第一步。开篇(绪论)的第一句话,既显白又晦涩:"马克思主义人的全面发展学说不单纯是教育理论,但它同教育的关系至为密切。"前半句说什么?凡是把人的全面发展使命

---

① 董标:《马克思主义教育思想论纲》,中国矿业大学出版社,1999年版,第2—8页。
② 陈桂生:《马克思主义教育论著研究》,华东师范大学出版社,1993年版,第9页。

（目标），托付给各级各类、各种各样教育（制度，模式）的想法和行动，都不符合马克思主义。教育不能孤立地培养全面发展的人。在畅想教育与人的全面发展的过去四十年（1949—1988）、八十年（1949—2023）间，人的全面发展学说，被"打造"成一种卓越的教育理论。化社会理论为教育理论之后，套上沉重枷锁的教育行动者，即带着镣铐的舞者，永无解放之日。被压迫教育者，培养出全面发展的人，这类想法和做法，大抵与马克思主义的社会理论和教育理论无关，① 或反其道而行之。乐意于枷锁的舞者，对这种黜退之举，也不以为然。高邮陈宛若逃出柏拉图洞穴的冒险家。

化晦涩为显白，探显白之深邃。条陈如下。

第1章，弄清马克思等使用"人的全面发展"概念的原意。"概念的原意"，直指但不限于"猖獗"的形而上学和"盛行"的唯心主义，至今不失警醒作用。教育学界有少数"抠概念"的，似不名誉。"抠概念"是童子功。② "把握马克思主义教育思想的基本线索"，是学习和研究的关键。③ 概念是关键的枢纽。

第2—5章，"马克思主义关于人的全面发展思想的理论基础是什么？这个理论是不是以'人'为出发点？""理论基础"是陈桂生发掘出的新问题，蕴含他对学界复原以来的初步评断。"出发点"的进一步讨论，则成为那巅峰发明且最后癫狂的批判武器。第6—8章以"人的全面发展的必要性与可能性"为中心，旨在揭秘历史规定，透析实践背景。片面发展何以蕴含全面发展的必要性和可能性？马克思如何发现必要性和可能性？业界大都论说前者，陈氏把二者结合起来。第9—12章，重点在作为"唯一方法"的教育和生产劳动相结合以及综合技术教育。这四章，对种种似是而非的认识，表明了自己的认知轨迹。

---

① 此处的"社会理论"，即陈氏的"马克思主义社会历史理论"概念。见陈桂生：《马克思主义教育论著研究》，华东师范大学出版社，1993年版，第367页。
② 参见张建国、陈桂生：《概念是论证的逻辑起点》，《现代教育论丛》，2021年第4期，第76—79页。
③ 陈桂生：《马克思主义教育论著研究》，华东师范大学出版社，1993年版，第362页。

第13—14章,"着重分析列宁所处时代同马克思所处时代的区别,阐述列宁运用马克思主义理论解决实际问题的立场和方法"。前半句,给"锱铢计较"这个成语平反,亲和分类原则和分析路线,回到马克思、列宁各自的原生态。后半句,暗示"立场和方法"至今悬而未决的因由,归位"绪论"中所谓的"关系至为密切"。

第15—16章,提出并回应人的全面发展理论,现在受到哪些"挑战"、是否"过时"的问题。"提出问题"明指马克思主义教育理论,竞时光,随年改。不会拘于孔夫子,终身相许陶渊明。面向世界,面向未来。① "回应问题",则是、必是与己俱进——"每当他们对社会关系的探索深入一步,他们对人的本质与人的教育的认识也就深入一步"② ——马克思的求真之道,没有秘密。第17章,回顾我国运用人的全面发展理论的经验与教训,展望前景。这两个学术目标,具有递进关系。

《现时代》钻坚求通,钩深取极,经由概念澄清、武器批判、揭秘历史、透析实践,回归现实,体现陈氏方式大意。从"概念"说起(A),这是逻辑向现实回归(从抽象到具体)的起点,但概念自含种种从具体到抽象的演变历程,须先行专门研究。以概念为起点,揭示逻辑与生活之间、话语行动与行动话语之间的必然联系。"猖獗"的形而上学,"盛行"的唯心主义,"正确的废话","假大空",之所以是不合理、不切实的,是因为它与逻辑切割、与行动分离,自成一种双向脱钩话语模式。它没有两个"之间",甚至没有真实所指。从"武器"说起(B),这是批判向现实回归的态度。批判,既是承认,也是否定,导向解放行动和社会变革。批判,在理论建构中接受批判,在社会变革中检验发展,导向书写革命、理论革命、思想革命。逻辑运动、社会变革的认知方式和认知程度,是批判-解放行动的前提,故曰"回归"。从

---

① 未及写进《人的全面发展理论与现时代》的"一个中心论点是:电脑之于脑力劳动者正如机器之于体力劳动者。或许是解决有关全面发展经常引起怀疑的问题的锁钥"。(陈桂生:《致董标》,1991年9月29日) 参见陈桂生:《马克思主义教育论著研究》,华东师范大学出版社,1993年版,第7页。再参见陈桂生:《回望教育基础理论》,北京师范大学出版社,2008年版,第160页。

② 陈桂生:《马克思主义教育论著研究》,华东师范大学出版社,1993年版,第366页。

"历史"说起（C），则一分为三：（a）理论史向现实回归，从古典史、现代史到当代史，认知链条完整，才能开拓资源；（b）工业革命史向现实回归，从简单协作、经工场手工业到机器大工业史（引出新技术革命）——这是现代化建筑师、现代社会与现代教育的关系的秘密入口；（c）思想论战与批评史——马克思与历代和同代人之间的、所有研究者之间的思想交流和批评论战，激发理论兴趣和探究热情，奋勇前行，不问归处。"过河卒子，只得摸索前行。"① 至此，（C）完成了认识史和实践史的联动考察，蕴含不同考察方式互补的奥秘——认识史从概念开始，实践史从源头开始，最终实现认识与实践的"双重四维"统一，排斥神化单一变量：实践自我观照，认识自我反思；认识反思实践，实践检验认识。

用一个例子，演示陈桂生如何从源头"开始""关注事情发生的源头"，短线表示直接联系，长线表示或然意义。

"第一国际前期关于普及教育的争论，在其后期亦未停止。"②《卡尔·马克思关于现代社会中的普及教育的发言记录》（简作"发言记录"，1869 年 8 月 10 日、8 月 17 日，两次）—洛桑代表大会（1867）—布鲁塞尔代表大会（1863）—— 马萨诸塞州州议会颁布义务教育法律（1852）——马克思批判蒲鲁东的"综合劳动"思想（19 世纪 40 年代）——1819 年普鲁士实行普遍义务教育制。③

这种逆溯法（亦可采取上溯法或兼取二者）的好处是脉络清晰，弊端是不易掌握。处理不好，就会变成暗示（甚至辩护）不同属性的变量之间的自觉性、连续性和必然性的陈述模式。线性陈述模式，易于陷入目的论。目的

---

① 陈桂生：《教育学苦旅》，华东师范大学出版社，2012 年版，第 3 页。
② 第一国际存在期间，从未被称为"第一国际"。"前期"大抵限于 19 世纪 60 年代，"其后期"指 70 年代初。
③ 陈桂生：《马克思主义教育论著研究》，华东师范大学出版社，1993 年版，第 123—129 页。参见陈桂生：《马克思恩格斯关于国际工人运动中若干派别教育倾向的评论》，载《教育文史辨析》，华东师范大学出版社，2012 年版，第 37—40 页。

论把偶然、意外、启示等排除了，合乎逻辑，不切实际，不可持续发展。陈桂生最大限度地发挥了它的好的一面，限制了它的不好的一面。

"统一"的中介是方法。中介永不自主，方法永不雷同。对象决定方法，问题决定方法，目标决定方法。（C），展示的历史唯物主义与教科书式的历史唯物主义不同，艰涩回答为什么"立场和方法"仍是悬而未决的问题。从"实践"说起（D），这是19—20世纪种种马克思主义教育理论的批判-解放行动，向20世纪中国的种种马克思主义教育理论的实践方式的回归。

平平常常，真真确确。

> "要说拙作的成就，不在于人的全面发展的观点，而在于逻辑的分析与历史的分析结合的运用。其中的逻辑是历史的，对历史是作逻辑分析的，并且，这种分析方法基本上贯穿全书（不是全部）。既用于对全面发展问题的分析（特别是对当代的分析），也用于对马克思的理论发展过程的分析。尽管谈论所谓历史的逻辑的分析已久，真正运用这种方法的，并不多。我所作也只是初步尝试。如有幸出第二版，观点虽不致有大的变化，全书的表达形式或许变化甚大。"[①]

陈氏方式的第一要义是"多元逻辑-历史分析法"。任何一"元"诉求的知识基础，如上述（a）（b）（c）显示的，短平快的教学或自学，无法满足。是知识基础，而不是"分析法"及其奥秘，阻碍了陈氏方式传播。在方法自主、方法崇拜中——在方法即学问，学问即方法中——高邮暗示的反智主义之祸，隐晦苦涩，难以意会。三十多年前的某天，他指我"太重价值取向"。傻乎乎的我，以为表扬呢。十多年后才悟出大概的意思："年轻人，头脑中的反智主义余毒不浅。肃清余毒，至紧至要。"彼时，大家都不会用更先进的"清零"一词。想来，《现时代》几无知音，不很意外。

[①] 陈桂生：《致董标》，1991年9月29日。

(三)《论著研究》：多元分析，汇通中西，延迟判断

永乐大典，四库全书，马恩全集，列宁全集，官家组团出品，或取舍—保存或取舍—输入一类精英文化。编纂即选择，出版即导向。发行即传播，媒介即信息。信息资源即文化负荷，周流于世即教化学习。大众文化生生不息，精英文化承命操控。认知不能组团，理解不能同步。批评精英文化产品的重任，只能落在独立个人身上。三十年间（1950—1979），在马克思主义教育论著研究中，合乎学术规范的专门讨论，只发生过一次。1950年春，冯契在《新教育》上发文质疑《关于费尔巴哈的提纲》第三条。他指出，"教育者自身须受教育"的命题，在形式逻辑上是矛盾的。有矛盾才有问题，有问题才值得讨论。① 七年前（1943年），杜威的大弟子胡克，② 公表了对《关于费尔巴哈的提纲》第三条的理解，并没能发现"矛盾"，③ 可见冯契的睿智。他的不足，只是思路受限。曹孚很快写出《〈关于费尔巴哈的提纲〉第三条与教育》，发挥冯契的未尽之意——改变环境。"教育者本人一定是受教育的"有广狭二义：广义是指"环境之需要改变"，狭义即冯契论述的"教育工作者自身需要再受教育"。④ 曹孚与冯契聚焦"第三条"，开辟了马克思主义教育论著研究史，宣告"史前史"的终结。历史的断裂是常情且无情的。四十三年后《论著研究》出版时，研究史复兴了。上距胡克的论著，整整半个世纪。1943年到2022年，又一个八十年。

"今天，经由时间折射向我们走来的马克思，是一种（a kind）什么

---

① 冯契：《教育者自身须受教育》，《新教育》，1950年4月第1卷第2期，第23页。
② 胡克"是当代将实用主义思想应用于伦理、社会和政治问题的最好的一位哲学家"。[美]伊丽莎白·迪瓦恩等：《20世纪思想家辞典》，贺仁麟总译校，上海人民出版社，1996年版，第269页。
③ [美]悉尼·胡克：《对卡尔·马克思的理解》，徐崇温译，重庆出版社，1989年版，第280—285页。参见汉译本序。
④ 曹孚：《〈关于费尔巴哈的提纲〉第三条与教育》，载瞿葆奎等《曹孚教育论稿》，华东师范大学出版社，1996年版，第14页。

样的马克思?"①

《论著研究》的首篇《"马克思主义教育思想"辨》,依然发掘"概念的原意",厘清种种"马克思主义教育思想"。严谨的学术叙事开篇,旨在迎对入门者。大海航行靠舵手,群萌问道何因有。一概如此。怵愁才子环相随,理义无形竞驰走。感同身受。"绪论"的逻辑序列和疑难表达,理形于言,叙理成论,公示学习和研究马克思主义教育思想的秘诀,"一气呵成,言简意赅"。②

第Ⅰ、Ⅱ编,考察特定历史条件下马克思、恩格斯、列宁的主要教育论著。第Ⅲ编,整合"马克思主义教育思想"要义,概括特点,评估以毛泽东为主要代表的中国共产党对马克思主义教育思想的运用。第Ⅰ、Ⅱ编是《论著研究》的主体,约占总篇幅的93%。设计匠心独具,文本结构复杂。先是逐一概括甄选出的各篇要旨并给出命题,再行分别解析,然后给出"若干著作提要"。在马、恩部分,挑出18篇进行讲解(作为讲稿)或阐释(作为论著),提要钩沉25篇。在列宁部分,讲解或阐释16篇,提示要点9篇。如此谋篇布局,不易透彻理解。"给出命题"的34篇,暗示最低限度的"原著阅读"。"若干著作提要"34篇,从"心有余力"者或"兴趣高昂"者的需要出发并给予便利。

第Ⅲ编,共18页(约13500字),分量最轻,陈氏却在"说明"中,做了最全面的介绍。暗藏玄机。苦吟幽语多奇涩,众异旁通从容赋。四个要点如下。

1. 站在前辈教育探索者肩上,借助于新世界观科学地揭示教育的奥秘;
2. 以马克思主义理论体系为背景,步步深入地开拓人类教育思想的新天地;

---

① John Hutnyk (2004). *Bad Marxism: Capitalism and Cultural Studies*, London: Pluto Press, p. 58.
② 陈桂生:《马克思主义教育论著研究》,华东师范大学出版社,1993年版,瞿葆奎序第2页。

3. 马克思主义教育思想与资产阶级教育思想的界限;
4. 在同"左"、右倾教育思想斗争中发展。

　　第1、2条,看上去是在指明并阐释学习和研究的唯一目标——探求真理、推陈出新。是,但不限于这一点。它是《论教育》《现时代》《论著研究》"三弄"的延迟判断、终极结论。在对方法和材料的合理性再审查之后,在对整个研究过程反思之后,在对全部探索道路反思之后所得的终极结论,是延迟判断的产物。延迟判断,是一个独立的、时间滞后的自我审查、自我判断的机制和环节。省察体悟,是在因果效应判断、时间序列判断、多元逻辑判断、多元价值判断之后启动的综合判断——陈氏"兼用历史的、逻辑的、价值的分析",不把"历史""比较""理论""现实","视为各自孤立的研究领域"。跨越疆界,鸟瞰整全。追探万有于无穷,或向虚无求缥缈。整体主义,既是满足好奇心的有效方法,又是自由畅想"另类教育学乌托邦"的必要空间。[①] 环节易晓,机制难明。
　　人文领域的学术研究,不是经典理性行动。研究过程的复杂化,从客观方面说,是复杂对象的威逼和压迫所致。以复杂方式接近复杂对象,做真诚、温情和虔敬的研究者。从主观方面说,它出自研究者本能的"冲动"或"自新"(impulsion,杜威;Élan vital,柏格森),或"冲动-自新"本能使然。愉悦与苦恼,碎裂与完形,陋拙与完美,潜隐脉动,飘忽无定。阶段性学术目标达成之后,研究结果脱离研究者独立存在,进入恒定状态。这时,一些研究者或去把酒问天,另一些研究者或即寻猎新题,还有一些研究者或向当局报喜。再有一些研究者或偶然性个人,居然颠沛造次。用孔夫子的话,说杜威和柏格森暗示的研究本能,无意对"不是经典理性行动"再作论证,只是刻画延迟判断环节,对偶然性个人而言,不但是必然的,而且是生动的。省察体悟的节律着实可爱。经由它,"步步深入"的行动结果,在确定的空间里,或变得可信、更可信、很可信、最可信。例如,试问《现时代》的可信

---

① 陈桂生:《回望教育基础理论》,北京师范大学出版社,2008年版,第19、23页。
陈桂生:《教育文史辨析》,华东师范大学出版社,2012年版,第421页。

度如何，这个有可比性，故有共识、有答案。《论著研究》的可信度如何？没有可比性。无共识，无答案。说它可信、更可信、很可信、最可信，说它达到了所属时代、所处情境的最高可信度，完全出于深造自得。

从最复杂的多元价值判断中举一个例子试说。要想发现"民族文化"与"国际文化"之争深处的沙文主义，要想发现"民族文化自治"口号根植的排外主义，背景透视、因果分析、时序排列、逻辑推论、原著解析，俱于事无补。谓其本质和目的，是维护"统治阶级的文化"，[1] 如此断言，只能出自俯瞰万象的延迟判断——审视已经完成的背景考察的切实程度，检验业已完结的过程追踪的合理程度。两把尺子，检测自我的所有"历史""比较""理论""现实"研究。延迟判断是自我审判。独特的批判教育学——有信仰，也了解，不标榜，不多谈——返回自身。所谓"人-文兼顾"的具体方法，在陈桂生身上的集中表现是，自我批判高于武器批判。具体表现是，陈氏大部分论著，或延迟出版、延迟发表，或不出版、不发表，甚至"无正式发表的意向"。[2] 有的社会科学工作者，恐怕很难理解陈氏择决。宏大的学术信仰和虚静的治学心态，仰观大造，问难无穷。

当然，从技术上说，延迟判断和终极结论，在文本中的位置，可前可后。有些结论前置，有些结论在最后，依复杂程度而定。《论著研究》就是这样的。

第1、2条更像是陈氏长期探索的休止符，暗示彻底的、悲美的自我转向、自我复归。决意把马克思主义教育理论，用作探究"情有独钟"的教育学的工具，遂教育学事业心之愿。[3] "情有独钟"往往与"终身相许"连用。陈氏告别马克思主义教育理论研究，归位教育学，走向学术生命实践的新阶

---

[1] 陈桂生：《马克思主义教育论著研究》，华东师范大学出版社，1993年版，第232—235页。

[2] 陈桂生：《教育文史辨析》，华东师范大学出版社，2012年版，第422页。

[3] 盼着陈氏马克思主义教育理论出新的读者，或怅然若失。从1993年算起大约十五年后，可从《回望教育基础理论》《教育文史辨析》两著中，读到醇厚清新的若干短篇（含个别系列，如"列宁与教育事业的领导、管理纪事"）。陈桂生：《回望教育基础理论》，北京师范大学出版社，2008年版。陈桂生：《教育文史辨析》，华东师范大学出版社，2012年版。

段。"冲动""自新"使然。"终身相许"后,丰富多彩的教育学研究成果,与恬静、悠然、愉悦、自由的精神状态的良性互动、积极效应,可从《教育文史辨析·跋》读出几分。《跋》,至真、至纯、至诚,陈氏教育学事业心的本、源、力,敞亮。

第3条和第4条,表述了自马克思主义产生以来最突出、最困难的两个性质不同的问题。在理论领域,马克思主义教育思想何以自我标举并获得承认;在实践领域,一百五十年间(1844—1993),马克思主义者在教育领域的观察、批判、提议、反思、建设、推翻、再建设、再推翻的经验教训,如果是基于某种稳定的中轴或轴心的话,它是什么;坚守或偏离之,意味着什么。马克思主义与一些国家教育变迁的关联,一幅幅图、一幕幕景,印刻在陈桂生心中。历经了相当微妙的文化变迁的陈氏,在自我转向之始,在转换场域之际,发出了最后忠告。

《现时代》显示,陈桂生"学愈博而思愈远"[①]。个人史使然。个人史中,最大限度地阻碍陈氏方式社会化的要素是,《讲座》和教育名著对他的刻画——钻研原著,出入文本。费莱雷说:"人民群众掌握历史之日,就是教育作用变革之始。"[②] 借道文本,深入背景。跳出背景,复审文思。循环往复,"慢"字当头。视域宏阔,积淀深厚。辨识名实,汇通东西,博采众长,登高望远。唯其如此,所遗有限。《论著研究》,唯求真明理、切磋淬沥之心,无炫示浮华、邀功媚俗之意。阴阳莫忒,鬼神靡遁。它确证,出于事业心的陈氏方式,是学术信仰统摄的多元分析、东西汇通和延迟判断的三位一体。四平八稳,平平常常。陈氏方式也好,三位一体也好,都出自"平常心"。"平常心远处,即是最高峰。"(明·袁宏道)

　　　　恩师萧承慎"对我的指引,总的来说,是以'平常心'看待教育"。

[①] 陈桂生:《马克思主义教育论著研究》,华东师范大学出版社,1993年版,瞿葆奎序第1页。

[②] Brenda Bell, John Gaventa, and John Peters (eds., 1990). *Myles Horton and Paulo Freire*: *We Make the Road by Walking*, *Conversations on Education and Social Change*, Philadelphia: Temple University Press, p. 218.

"简单地说,对问题的研究从关注事情发生的源头入手,并且对于各种教育学说,如教育模式、教育流派、教育学派之类分辨真假、对错,以免转移对教育本身的注意。……不过,这些讲法说起来简单,做起来不易。就本人而言,我的建树直到2020年及其后的言论中才清楚一些。"①

四、比较互参,展望未来

(一)马克思主义教育理论和论著研究的五个时期

中西马克思主义教育理论(论著)研究相似的一点是断裂与复兴。同命,不共时,不同调,不相交,不互通。"四不"现象,值得注意。见21世纪的三部论著,② 提到20世纪30年代早期康茨(George S. Counts, 1889—1974)的《教育要勇于建立社会新秩序》(*Dare the School Build a New Social Order*? 汉译暂无定名)。康茨用马克思主义分析当代资本主义,重申通过教育重建社会民主的宏大主张。③ 一石激起千层浪。布拉梅尔德、杜威等,介入"重建"动议。把这一事实与目前掌握的资料结合起来,初步得出如下判断。(1)20世纪早期对马克思主义教育理论的关注,主要是但不全是俄国革命激发的。例如英格兰成人教育运动与马克思主义教育思想的关系,尚待深入、全面揭示。④ 一些教育家和史学家,注意到俄国革命和教育转型"至少

---

① 陈桂生:《中国教育文化的历史特点——关于若干教育基础理论问题的问对》,《现代教育论丛》,2022年第6期,第16—20页。
② McLaren, P. and Farahmandpur, R. (2003). *Critical Pedagogy and Marxism: Rethinking Revolutionary Praxis in Education*, New York: Routledge. Robin Small (2005). *Marx and Education*, New York: Routledge. Jean Anyon (2011). *Marx and Education*, New York: Routledge.
③ Robin Small (2005). *Marx and Education*, unpaged copy, Conclusion: *Marx's Educational Legacy Progressive Education*, New York: Routledge.
④ 参见李丽:《早期伯明翰学派与教育的文化研究》,《教育学报》,2022年第3期。李丽的文章,重点在"早期",不在"马克思主义"。本文几处涉及的鲍曼(Paul Bowman)的著作,与此关系密切。

部分地源于马克思主义的人道主义"①。20年代,杜威、康茨等人考察过苏联教育。杜威的观感,热情而复杂。② 为研究苏联文化教育而涉足马克思主义,成为一种学术现象。30—40年代,教育学家和哲学家介入马克思主义论著研究,迈出成为专门领域的第一步。(2) 受"二战"、柏林墙、麦卡锡主义等阻滞,40—50年代是成就少的断裂期。(3) 60—70年代,大学出现了硕士或博士学位论文,③ 标志着专门领域已经形成。这是学术复兴的十年、思想高光的时刻。《论著研究》第2—4页给出的例证,出自此间。(4) 80年代至千禧年,

---

① Larry E. Holmes (1973). Bolshevik Utilitarianism and Educational Experimentalism: Party Attitudes and Soviet Educational Practice, 1917-1931, *History of Education Quarterly*, Vol. 13, No. 4 (Winter), p. 347, 350.

② 甚至用了"苏维埃官方神学——马克思主义教条"这类表述。[美]约翰·杜威:《苏俄印象》,孙宁、余小明译,载《杜威全集·晚期著作·第三卷》,华东师范大学出版社,2015年版,第188页。

③ Vincent J. Vecera (1960). *Karl Marx in the Field of Education*, A dissertation submitted in partial fulfillment of the requirements for the degree of Master of Art, the Graduate School of Education, The Niagara University. 美国圣母天使神学院,在马克思逝世那年改名为尼亚加拉大学(天主教)。William Northrup Blake (1966). *Education in Karl Marx's Concept of Labor*, A thesis submitted to the faculty of graduate studies in partial fulfilment of the requirements for the degree of Doctor of Philosophy department of Educational Foundations Edmonton, The University of Alberta. 加拿大名校。

新自由主义盛行，①研究一阵沉寂。苏东波事变，掀起一轮高潮。(5)新世纪以来，进入全盛期。据此，把过去大约一百年英语世界的研究史划分出五个阶段：20—40年代，崛起时期；40—50年代，断裂时期；60—70年代，复兴时期；80年代至千禧年，高潮时期；新世纪的全盛时期。

以下导入或引介各时期的少量文献（第一阶段除外），只是为了推进认知陈氏马克思主义教育理论。不是对英语世界学术史的系统批评，固是挂一漏万的。

（二）断裂时期：维蒂格和陈桂生都关注事情的源头

在断裂时期，马克思主义教育理论的研究比较沉寂，像是在透视"苏联

---

① 2014年，在全美教育研究联合会（AESA）的会议上，31篇演讲的标题中带有"新自由主义"字眼，很少有演讲人给予清晰描述。新自由主义，作为学术概念，定义相当混乱；作为识别符号，使用比较模糊；作为思想结构，表述不太周延；作为社会形态，所指愈加游散。福特（Derek R. Ford）的博士论文，用了十多页的篇幅讨论它，看起来很清晰。其中，新自由主义的中国元素（改革开放，1978），在其他教育理论文献中罕见。福特把中国元素引入"新自由主义"，只会使它更复杂，更含混，更难以捉摸。See Derek R. Ford (2015). *Pedagogy, Social Transformation, and Space: Toward a Revolutionary Critical Pedagogy for Space*, Syracuse University, p. 63—74. 在稍早的教育理论文献中，亦见讨论。如，(1)格林（Anthony Green）为其主编的"马克思主义与教育"丛书写的序言。See Anthony Green *et al.* (eds., 2007). *Renewing Dialogues in Marxism and Education: Openings*, New York: Palgrave Macmillan. (2) Mike Cole (2008). *Marxism and Educational Theory: origins and issues*, PART II, No. 7, Oxon: Routledge. 科尔（1946—）一著，麦克拉伦在序言中称其为"里程碑式的著作"。它由"起源"和"困境"两部分构成。"起源"部分，从空想社会主义教育观开始，到马克思主义、西方马克思主义、新马克思主义教育观，最后讨论尼采对后结构主义者福柯、德里达，以及后现代主义者利奥塔和鲍德里亚的影响。第二部分的重大教育问题，主要是从全球化、新帝国主义、新自由主义、气候、环境、阶级和种族等方面展开讨论的。

教育""中共教育"的大舞台上跑龙套。这方面的文献,既不丰富,也不罕见。① 维蒂格(Horst Wittig)的论文,属于专深研究,在 50 年代不多见。就像陈桂生"从关注事情发生的源头入手"那样,维蒂格首先致力于马克思早期如何克服并超越黑格尔和费尔巴哈局限的理论事实,如何在其人学(anthropological principles)与哲学的结合中,确立无产阶级的普遍使命:自我

---

① 例如霍姆斯(Larry E. Holmes)的文章注释 1 给出的书目,Bolshevik Utilitarianism and Educational Experimentalism: Party Attitudes and Soviet Educational Practice, 1917—1931, *History of Education Quarterly*, Vol. 13, No. 4 (Winter, 1973), p. 361—362. 林赛(Michael Lindsay,又名林迈可,1950)开创性的评注,*Notes on Educational Problems in Communist China*, 1941—1947, Reprinted in 1977 by Greenwood Press, Inc., New York. 其他散见不少,含若干出于名家手笔的: Max Mark (1951). Chinese Communism, *the Journal of Politics*, Vol. 13, No. 2. Edward Hunter (1951). *Brain-Washing in Red China*, New York: Vanguard Press, Inc. Boyd Compton (1952). *Mao's China: Party Reform Documents*, 1942—1944, Seattle. See *The Far Eastern Quarterly*, Vol. 12, No. 1. Theodore Hsi-En Chen (Jan. 1953). The Marxist Remolding of Chinese Society, *American Journal of Sociology*, Vol. 58, No. 4. Chi, Tung-wei (1954). *Education for the Proletariat in Communist China*, Hong Kong. Walter Crosby Eells (1954). *Communism in Education in Asia, Africa, and the Far Pacific*, Boston: Beacon Press. Alfred Zee Chang (1954). Scientists in Communist China, *Science, New Series*, Vol. 119, No. 3101. Chalmers A. Johnson (1954, 1959, 1960, 1970, 1973). *Communist Policies toward the Intellectual Class: Freedom of Thought and Expression in China*, Hong Kong: The Union Research Institute (Greenwood Press, USA). Frederick T. C. Yu (1955). The Propaganda Machine in Communist China—with Special Reference to Ideology, Policy, and Regulations, as of 1952, *Research Memorandum*, No. 37. Theodore Hsi-En Chen and Sin-ming Chiu (1955). Thought Reform in Communist China, *Far Eastern Survey*, Vol. 24, No. 12. Henry Wei (1956). *China and Soviet Russia*, Princeton: Van Nostrand. C. Martin Wilbur and Julie Lien-Ying How (1956, ed., with introductory essays). *Documents on Communism, Nationalism, and Soviet Advisers in China*, 1918—1927, New York: Columbia University Press. Robert J. Lifton (1956). Thought Reform of Chinese Intellectuals: A Psychiatric Evaluation, *Journal of Asian Studies*, Vol. 16, No. 1. George E. Taylor (1956). On the Nature of Communist Rule in China, *World Politics*, Vol. 9, No. 1. J. C. Cheng (1958). Half-Work and Half-Study Program in Communist China, *History of Education Journal*, Vol. 9, No. 4. J. C. Cheng (1959). Half-Work and Half-Study in Communist China, *Pacific Affairs*, Vol. 32, No. 2. Franklin W. Houn (1959). The Stage as a Medium of Propaganda in Communist China, *the Public Opinion Quarterly*, Vol. 23, No. 2 (Summer). Etc.

觉悟、克服异化、完成解放、实现自由。于此历史进程中，教育起着重要作用。采取"未来教育"（综合技术教育）这种必要形式，完成过渡。在"幼芽"阶段实施的综合技术教育，不是自由教育，只是发现"真正的人的存在"的必要手段。人的发现是"自我实现"的起点。在共产主义，"自我实现"的人，最终成为"自由的人""真正的人"。这时，贝勒斯（John Bellers，1654—1725）预言的废除教育制度、废除分工制度的时代才到来。① 维蒂格最后论析苏联运用马克思教育理论的后果，既注意到马卡连科把未来教育引入其集体教育理论的尝试，也看到，"苏联人在教育上的所有努力，都带有深刻而悲惨的分裂特征"②。即，功利主义、教条主义与人的尊严和自由，不可调和。维蒂格还发现，在马克思的思想-情感领域，尚有卢梭、洪堡的印记以及启示的爱。维萨拉（Vincent J. Vecera，1960）对"启示的爱"，相反看法：基督教求爱，马克思求恨。③ 势不两立。

（三）复兴时期：两篇学位论文，一部专题选集

马克思主义教育理论进入学术殿堂，才算确立了学术地位。但今天看来，

---

① 参见［德］马克思：《资本论（第1卷）》，中央编译局编译，人民出版社，1975年版，第535页脚注。"穷人的劳动是富人的矿井。"约翰·贝勒斯是政治经济学史上的一个非常现象，他在17世纪末最清楚地看到了废除现行教育和劳动分工制度的必要性，这种制度在社会的两个对立面上导致了肥大和萎缩。除此之外，他还这样说："闲置的学习比懒惰的学习好不了多少……体力劳动，是神的原始制度。劳动对身体的健康是恰当的，就像吃饭对身体的生命一样。对于一个人通过安逸而节省的痛苦，他会在疾病中找到。劳动给生命之灯增添了油，当思考点燃它时。一个幼稚的愚蠢的雇佣（对 Basidows 及其现代模仿者的预感和警告）""使孩子们的思想变得愚蠢。"（《关于建立所有有用行业和畜牧业的工业共同体的建议》，隆德，1696年，第12、14、18页）Ref. Horst Wittig（1959）. Marx on Education: Philosophical Origins of Communist Pedagogy, *Soviet Survey*, p.78, Vol.3, Issue: 30, （Oct.-Dec.）. Also, Robin Small（2005）. *Marx and Education*, chapter 8, New York: Routledge. And, Robin Small（2014）. *Karl Marx, The Revolutionary as Educator*, New York: Springer, p.54.

② Horst Wittig（1959）. Marx on Education: Philosophical Origins of Communist Pedagogy, *Soviet Survey*, p.81, Vol.3, Issue: 30, （Oct.-Dec.）.

③ Vincent J. Vecera（1960）. *Karl Marx in the Field of Education*, The Niagara University, p.48.

维萨拉的硕士论文，应了那句中国古话：始也简，形也丑。六十多页的篇幅，机械地分成四个部分：马克思的时代背景，滥用童工，马克思的教育改革，苏联教育信念。第一部分不是学位论文的要件，无法理解第二部分何以作为第二部分，第三部分的篇幅不足以刻画出一位教育改革家，第四部分继承了过去四十年的叙述传统。再加一个大而无当的题目《教育领域的马克思》，难成佳作。后三部分，都是重大论题。"马克思对童工的关爱之情，令人惊讶！"[1] 其实，"马克思对普遍苦难的持续愤慨出自他的基本人性。他认为，人是邪恶社会的受害者。所以，他同情受压迫者。恨和爱，愤慨与同情，是他终生研究、创作、试验其社会理论的永动机"[2]。单是"关爱之情""基本人性""邪恶制度"，足够作为多篇论文的素材。何况学术史也不短，维果茨基，可谓当代所有探讨"马克思关爱童工"论题者的先驱或导师。[3] 其他部分不表。维萨拉论文的价值，在于它的出现并被学术共同体承认。

布莱克（William Northrup Blake）的博士论文，论题鲜明，结构完整，篇幅是维萨拉论文的四倍。标题《马克思劳动观中的教育》，放在 21 世纪中国大学的博士论文答辩会场，依然不俗。布莱克说，在写作硕士论文《杜威

---

[1] D. C. Phillips (ed., 2014). *Encyclopedia of Educational Theory and Philosophy*, Los Angeles: SAGE Publications, Inc., p. 516.

[2] Saul Kussiel Padover (Edited and Translated, 1975). *Collected in Karl Marx on Education, Women, and Children*, New York: McGraw-Hill Book Company, xxvii.

[3] Lev Vygotsky (1930). The Socialist Alteration of Man, in Derek R. Ford & Curry Malott (ed., 2019), *Learning with Lenin: Selected Works on Education and Revolution*, Charlotte: Information Age Publishing Inc., p. 645. 以前，我写费莱雷的文章时（《比较教育研究》，2002 年第 8 期），注意到其坚厚的知识基础和丰富的思想资源。现在发现，还有一些重要资源，当初没注意到。几年前，瓦伦西亚大学一位似乎是两栖型的年轻学者德卡斯特罗（Luis S. Villacañas de Castro），在其著作中，探讨了《德意志意识形态》在维果茨基形成其社会建构主义过程中的创生地位，进而分析和批评"思维发展的真正方向，是从社会到个人，不是从个人到社会"这一核心思想在费莱雷那里的发展，在教育领域的成就和局限。See Luis S. Villacañas de Castro (2016). *Critical Pedagogy and Marx, Vygotsky and Freire*, p. 47, and chapter 2 *The Pedagogical Problem: Vygotsky's Encounter with Marx's Phenomenal Forms*, New York: Palgrave Macmillan.

劳动观的教育意义》期间，发现劳动观对教育十分重要。马克思"神化劳动"，[①] 必然具有重要的教育意义。苏联早期的教育制度和实践，推崇杜威的劳动观，是因为杜威和马克思在这方面高度相似。探索马克思和杜威劳动观的哲学基础，揭示基于不同劳动观的教育制度的属性，具有学术潜力。论文起于马克思的人的概念、人与自然、人与社会，逼近劳动和异化劳动概念。马克思的教育观，盖出于此。论文的第 2—5 章，从形而上学开始，解剖劳动概念。第 6 章，把异化劳动定位在价值论上。第 7 章，从实践概念入手，勾连起劳动与教育，高度评价综合技术教育构思。最后两章，对马克思的劳动观、教育观做出终极论断。

陈桂生受命编《论教育》当年，帕多（Saul Kussiel Padover, 1905—1981）出版了大体同类的《马克思论教育、妇女和儿童专题选集》（以下简作《专题选》）。其中，"教育"部分的 18（19）个主题和部分原文出处，见表 1。

表 1　《专题选》教育专题部分细目

序号	命题（标题）	出处
1	青年在选择职业时的考虑（原题）	中学毕业会考时的德文作文
2	马克思克服困难，勤奋学习	马克思致其父亲的信，1837.11.10
3	国家作为教育者	《科隆日报》第 179 号的社论，1842.7.12
4	教育与贫困	评"普鲁士人"的"普鲁士国王和社会改革"一文，1844.8.7, 10.
5	环境（circumstances）改变教育	关于费尔巴哈的提纲，第 3 条
6	教育与环境（environment）	神圣家族，第 4 章
7	有文化的与未受教育的	德意志意识形态，第 3 章 D
8	工人教育	1847 年 12 月的一个演讲
9	控制学校教师	1848 年至 1850 年的法兰西阶级斗争
10	英国慈善学校	内阁的成就

---

① William Northrup Blake (1966). *Education in Karl Marx's Concept of Labor*, The University of Alberta, p. 1.

续表

序号	命题（标题）	出处
11	教育资格	英国议会改革的新法案
12	德国学生击剑	战争逼近的征兆……，1859.4.22 马、恩联署①
13	义务教育	发言记录，1869.8.10
14	技术教育	发言记录，1869.8.17
15	巴黎公社的教育Ⅰ	法兰西内战，第1稿
16	巴黎公社的教育Ⅱ	法兰西内战，第3节
17	俄国学生	一个反对国际的阴谋
18	普及免费教育	哥达纲领批判
19	教育与商业工人	资本论，第3卷第4部分第17章

教育、妇女和儿童三个方面相互联系。《专题选》的这一安排，足可视为三十多年后《问学马克思：种族、性别与学习》一类论著的先声。② "问学马

---

① 我和张建国博士，按帕多的标注，核查多日，一无所获。最后才明白，帕多错得离谱：From "The War in Europe …" in New-York Daily Tribune, May 9, 1859，作者、题目、出处、时间，四项全错。只有内容是对的。先在 Marx/Engels Collected Works（also known as MECW）摸鱼，终于发现内容、作者、题目（The State of the Question. — Germany, vols. 16, p. 295，与帕多标记的题目，没有重复的单词）、时间。再按时间，从《马克思恩格斯全集》（第1版）第13卷（1962年）第343页，找出汉语对译的标题《战争逼近的征兆——德国的扩军备战》（马克思和恩格斯，1859年4月22日）和内容。恩格斯起草，马克思修改、补充。帕多选取的第一段全文如下："在德国的大学里，每当学校领导（the academical authorities）在夜间11时左右把学生赶出啤酒馆以后，如果天气好的话，各社团的学生通常便聚集在市场的广场上。在这里，各个社团或'派别'的成员开始同其他'派别'的成员做互相'嘲笑'的竞赛，目的是想挑起一场流行的不太危险的决斗，这种决斗是大学生生活中最明显的特色。在市场的广场上进行这种挑衅性的口角竞赛时，主要的技巧在于嘲笑得体，不加正式的或公开的侮辱，但同时又能尽可能地激怒对方，使他最后失去冷静，破口辱骂，而你也就不得不向他提出决斗。"另，序号11与17，参见中央编译局：《马克思恩格斯全集（第13卷）》，人民出版社，1962年版，第235—239页；《马克思恩格斯全集（第18卷）》，人民出版社，1962年版，第365—515页。

② Sara Carpenter and Shahrzad Mojab (eds., 2011). Educating from Marx: Race, Gender, and Learning, New York: Palgrave Macmillan. 格林主编的"马克思主义与教育"丛书中的一部。

克思",偏重马克思主义-女性主义的伦理维度,以"生活革命,学习革命,教学革命"三大口号收尾,力挺马克思的"教育力"。《论教育》聚焦专门领域,突出主题,固必涉及妇女和儿童,但编年体例,无法单独标举任何主题、论题和论域。帕多给出每一选文的命题(标题),与《论著研究》相似,与《论教育》不同。把一些章节或段落的主旨概括出来,用命题或标题作标引或警策,利弊兼具。这类概括,反映编者对文本的解读立场。《论教育》的编年体降低了编者对读者的干预,有利于自由研习。《论著研究》的重心在"研究",不在"论著",当然体现研究者对读者的干预和刻画。

《论教育》的选文起点比《专题选》晚十年(1844/1935)。帕多要展示马克思"人性"的一面,不分早晚。短小精悍,供人了解和体会,不是研究性文献。从研究马克思的教育思想方面看,帕多的取向更合理。从马克思主义立场看,陈桂生是一以贯之的。帕多恐怕想不到,半个世纪后,他的小册子成了研究资源。恐怕陈桂生也想不到,那年代,风月依然同天。异域有知音,达者随世缘。帕多和陈桂生,都是"复兴"大业的参与者、见证者、建设者、贡献者。

复兴时期的大量学术成就有待评估。一方面,马克思、马克思主义全面介入教育研究。从形式方面(方法),[1] 到实质方面(对象),教育学科热情拥抱"复活"的马克思和马克思主义。[2] 另一方面,新的研究开拓了新的学术世界。最突出、与教育学联系最紧密的理论领域突破,是马、恩与媒介研究。海耶(Yves de la Haye)选编的《马克思恩格斯论媒介文萃》,是多赢互动的出色代表。

---

[1] 单个例证可见 W. Kienitz (1971). On the Marxist Approach to Comparative Education in the German Democratic Republic, *Comparative Education*, Vol. 7, No. 1. (Aug.), p. 21—31. 总体性概括,参见 Daniel Little. Marxism and Method, in Daryl Glaser and David M. Walker (eds., 2007), *Twentieth Century Marxism: A Global Introduction*, Oxon: Routledge, p. 231—235.

[2] 关于"马克思主义是死是活"(The death of Marxism?),参见 Daryl Glaser and David M. Walker (eds., 2007). *Twentieth Century Marxism: A Global Introduction*, Oxon: Routledge, p. 3—4.

"媒介既是生产力的一个范畴,又混合并构成生产关系,维系和加强生产领域的各种一般条件和特殊条件。"①

在马克思主义研究、媒介研究领域(该领域恰巧创生在复兴时期的前段,现在如日中天),这套命题是全新的。② 海耶的文集,正巧与产生了全球影响的爱森斯坦(Elizabeth Eisenstein)的著作,③ 同年问世。今见"马克思主义与媒介研究""文化研究与媒介""批判理论与媒介""现代、后现代媒介研究""媒介、教育与人的发展""媒介与宗教改革""媒介与普及教育""媒介与女性阅读""媒介与大众识字"论题、论域,直至"批判媒介教育学(critical media pedagogy)",④ 多直接、间接地受到爱森斯坦的启发。彼得斯(John Durham Peters,1958—)对马克思的交流思想评价颇高,谓"比过去大多数交流思想视野开阔",承认"批评马克思是要冒风险的,阿伦特已经指出了这一点"。彼得斯给予马克思的篇幅比较多,论述似嫌零碎。

> 马克思使我们想到,交流失败的原因主要不是语意不匹配,而是符号和物质资源用错了地方。他不太重视沉思和说话,并不把沉思和说话作为人的基本活动。⑤

---

① Yves de la Haye (1979). *Marx & Engels on the Means of Communication*: *a Selection of Texts*, New York: International General, p. 28.

② Ref. Lee Salter. Mediated Intellectuals: Negotiating Social Relations in Media, in David Bates (eds., 2007), *Marxism, Intellectuals and Politics*, New York: Palgrave Macmillan.

③ Elizabeth L. Eisenstein (1979). *The Printing Press as an Agent of Change*: *Communications and Cultural Transformations in Early-Modern Europe*, Vol. 2, Cambridge-New York: Cambridge University Press.

④ Douglas Kellner (1995). *Media Culture*: *Cultural Studies*, *Identity and Politics between the Modern and the Postmodern*, London and New York: Routledge, p. 61—65, 335—336.

⑤ [美] 彼得斯:《交流的无奈:传播思想史》,何道宽译,华夏出版社,2003年版,第114—118页。

至今,"马克思主义与媒介研究"仍未成规模。此外的大小不等的论题、论域,或以区域或国家为单位,在比较确定的地理空间上展开;或已分期化、事件化,在长时段、大时代、小事变等等时间限定中追探。当然,时空不能分离,不能扭曲。例外的情形是超地区、超国家、超阶段的某类问题研究,如,现代印刷术发明以来的全球文化贸易,互联网(隶属"新媒介")的国际准则与国家控制对文化教育和高深学术的影响。若说存在教育理论研究的新潮和主流,或是教育与媒介、教育与批判二者。在理论领域,前者属于实质方面,后者属于形式方面。在实践行动中,二者倒置。它们既是理论力量,又是实践力量。[①] 媒介与批判,现在成了"概念-隐喻"。

(四)高潮时期:马列主义与第三世界教育

80年代到千禧年之所以成为高潮时期,第一,因为70年代积蕴了大量学术成就,掩盖了新自由主义带来的一阵沉寂。第二,苏东波事变带来发表、出版高峰。第三,先时的存在主义、法兰克福学派、英国的文化研究、新马

[①] Ref. Zdeněk Sloboda (2018). Considering Historical (Dis) Continuities of Media (Literacy) Education in the Czech Republic for the Future Approach, *Communication Today*, Vol. 9, No. 1. 作者雄心勃勃,自比夸美纽斯。标举"媒介(素养)教育",不可小觑,料不定发展成概念-隐喻,指明(增补)新的发展方向。若非对彼时"新媒介"的敏锐,夸美纽斯或以牧师知名,不以教育家流芳。

克思主义①等等兴起，因与马克思、马克思主义的种种内在联系（同源性）而像是在联袂表演。思想在发展，学术在传承。80年代，

> "马克思主义成为社会科学和人文科学的爆点。它以'整个文化实践领域'为主题。这一趋势，冲垮了、超越了传统的学科疆界。"②

第四，马克思主义的技术基础具有重要意义，这成为一种两分法的根据：③ 人道主义的马克思主义与科学主义的马克思主义。"二战"后连番的技术革命，再度激发这方面的探究。最后，一个更稳定、持久的原因是，资本主义制度、文化、教育，与时俱进。对它的种种评估、批判和改造行动，从未止息。以保守主义和自由主义为对手、广布全球的批判教育学，是其突出

---

① 关于法兰克福学派的旨趣，有些新成果的表述，比以前的清晰。"德国批判理论是后马克思主义的第一波主流。它的政治诉求，先是隐藏在'二战'后阿多诺和霍克海默的冷峻言辞里，后在哈贝马斯的著作中明确体现。" See Göran Therborn (2008). *From Marxism to Post-Marxism?* New York：Verso, p. 166. 关于英国的文化研究，有些出色的新论著，鲍曼的著作是一个例子。Ref. Paul Bowman (2007). *Post-Marxism Versus Cultural Studies：Theory, Politics and Intervention*, Edinburgh：Edinburgh University Press. 鲍曼的论题，是由德里达的"大学责任"（university responsibility）论断引发的。它以德里达和霍尔（Stuart Hall, 1932—2014）为中心，既阐述文化研究与解构主义的抽象同一性（政治干预），又解剖二者的具体矛盾性（学术实践）。想来惭愧。二十年前，我在推介英国的文化研究时，只是直觉到某种探究方式及其立场对教育理论的重要意义，缺乏与解构主义联系起来并深入发掘的知觉和意识。参见拙文：《教育的文化研究——探索教育基本理论的第三条道路》，《华东师范大学学报（教育科学版）》，2002年第3期，第15—26页。再，文化研究，是20世纪70—80年代美国"新马克思主义"的导师。这是他们承认。导师不止一位，他们也应指明。Ref. Jean Anyon (2011). *Marx and Education*, New York：Routledge, p. 5, 19—64.

② Dennis Dworkin (1997). *Cultural Marxism in Postwar Britain History, the New Left, and the Origins of Cultural Studies*, Durham and London：Duke University Press, p. 1. "1970年代末、80—90年代，见证了马克思主义学术（Marxist scholarship），在教育学科以及其他学科的某种爆炸式增长。但在21世纪前10年，美国以马克思为学习或实践指南的实际行动，比以前少得多。" Jean Anyon (2011). *Marx and Education*, New York：Routledge, p. 5.

③ Alvin Ward Gouldner (1980). *The Two Marxisms：Contradictions and Anomalies in the Development of Theory*, London：Palgrave, p. 108—109.

代表。

"以整个文化实践领域为主题"的马克思主义有多种,还有以其他领域为主题的种种马克思主义。从大量论著中选出少许与陈氏"三弄"比较,这个工作不好做。陈氏视域宏阔,论述博大,所见任何英文关联论著,都具有可比性。

格罗斯(Alexander J. Groth,1987)的文章、韦尔奇(Anthony R. Welch,2000)编辑的文集所含主题,在文献中涉及较少。格罗斯把他的问题表述得十分有趣,对深入理解陈氏为何"不标榜,不多谈"有帮助。

> "在'第三世界'的一些政体里,表面上坚持的马列主义,与其教育政策的实质,有什么关系?如果说,这些表面上的共产主义(社会主义)国家所坚持的'马列主义',不仅仅是一个象征性的宣言或政治口号,那么,这些国家的教育政策中,是否有什么独特的共同点?"[①]

苏联和东欧的马列主义国家,亚洲和非洲的第三世界中的一些马列主义政体,构成两组马列主义国家。[②] 它假设,马列主义意识形态和欧洲社会主义经验,会使第三世界一些马列主义政权的教育,成为高级优先事项。它是动员群众参与革命事业的领导力量的手段——提高政治觉悟,传播"正确"的价值观,与"资产阶级"和/或封建主义的意识形态、民众心态的残余作斗争,培养"新人"(socialist man)。在军事上、经济上、政治上和心理上,教育是捍卫"社会主义",反对一切形式的"帝国主义"的有力武器。马列主义政党一切任务的轴心,是以教育为政治权力和社会变革的工具。[③] 格罗斯调查

---

① Alexander J. Groth (1987). Third World Marxism-Leninism: the Case of Education, *Comparative Education*, Vol. 23, No. 3, p. 329.
② 奈特(Nick Knight,因研究毛泽东哲学-思想而在当今中西学界知名)说:"马克思主义史上最大的奇异是,它在亚洲的影响比在全世界的任何地区都要大。"See Daryl Glaser and David M. Walker (eds., 2007). *Twentieth Century Marxism: A Global Introduction*, Oxon: Routledge, p. 141.
③ Alexander J. Groth (1987). Third World Marxism-Leninism: the Case of Education, *Comparative Education*, Vol. 23, No. 3, p. 330—334.

后发现：(1) 东欧和苏联的教育制度，与第三世界中的马列主义政体的教育制度不同。中学和大学入学率差异显著，但东欧的大学入学率表现出色，中学入学率则落后。(2) 如果只取四级教育毛入学率一个指标，在第三世界，马列主义政体表现不佳。(3) 两组国家，在地理、自然、文化、种族、宗教和语言方面存在先天的巨大差异，教育却有许多共同点。最重要的是动员民众进入教育系统，重视教学人员的数量。意识形态的统一影响，极其显著。

从20世纪60年代开始，英语世界的大国，把"公平"问题提得十分尖锐。此后，以国家为中心（单位-样本）、以国别-区域为比较或参照的研究成果，纷纷问世。以"第三世界教育"为单一研究单位的论著，罕见。韦尔奇的《第三世界的教育质量与教育公平》各篇，[①] 看得心不安、理不得。已知的教育世界，如此渺小。

> "为了切实促进现代社会的教育变革，必须认识全球的、区域的和地方的经济结构。到目前为止，这类认识成就，是马克思主义分析方法提供的。马克思主义分析方法，以根植于资本主义的全球不平等本质为出发点。"[②]

格罗斯和韦尔奇，用"第三世界教育"概念，把全球教育观——有如"全世界无产者"概念——丰富化、具体化。体现了马克思主义的立场，开阔了专业共同体的视阈。格罗斯初步发现了马列主义政体内部种种教育制度的成就和局限，帮助了解为什么它们在整体上是落后的问题。韦尔奇把对第三世界教

---

① 1. 第三世界教育的质量与公平；2. 尼加拉瓜教育的数量与质量的紧张关系；3. 为提高教育质量而斗争——以巴勒斯坦教育为例；4. 中国之镜：质量与公平；5. 反思中国的阶级之争与教育不平等；6. 教育与互助——行动（研究）视角；7. "后马克思主义"话语与第三世界教育改革的反思；8. 资格、质量和公平：斯里兰卡教育的一种政治经济学分析（1971—1993）；9. 以质量和公平为目标：以巴布亚新几内亚为例；10. 博茨瓦纳：国家、扫盲与教育不平等；11. 伊朗为提高教育质量和公平而斗争：难题、进步和展望。

② Anthony R. Welch (ed., 2000). *Third World Education: quality and equality*, New York: Garland Publishing, Inc., p.191.

育制度的探讨，落实在不同国家的不同处境及其难题和期待上，实事求是。

（五）全盛时期：两册文选，三本概论，两部著作

全盛时期汗牛充栋的专业文献，部分满足"比较互参、展望未来"的学术目标。这部分的篇幅，明显大于前四。加第四级标题。

1. 两册文选，详略各别

这部分原应标注"三册文选"。不巧，一时找不出摩根（W. John Morgan）编的《共产主义者论教育和文化（1848—1948）》纸质本。① 只能根据笔记，简笔描画。摩根一编，是所见新世纪第一部专题文选，辑录马克思、列宁、毛泽东、葛兰西、卢卡奇、托洛茨基、高尔基、苏格兰社会主义者、马克思主义教育家迈克林（John Maclean，1879—1923）的有关论著。它以成人教育（相对儿童教育）为中心，以社会教育（相对学校教育）为重点。主题鲜明，视野开阔，呼应了大众文化的新发展，文化研究的新高潮。

西顿（John F. Sitton）编的《马克思在当代：马恩文选与前沿论争》（以下简作《在当代》），② 辑录《哥达纲领批判》的教育论题引起注意，"前沿争论"也不是学界同行常常介入的。前面提到福特（Derek R. Ford）的博士论文，这里再推出他的《学列宁：列宁论教育与革命文选》（以下简作《学列宁》）。

《在当代》的"引论"之后，分成两部分，对应"文选"和"争论"。文选部分有：（1）《共产党宣言》，含1888年的《序言》；（2）《关于自由贸易的演说》及其关联文献，这两部分都占大约30页篇幅；（3）《政治经济学批判·序言》（1859），大约15页；（4）《工资、价格和利润》及其关联文献，大约30页；（5）《法兰西内战》，大约20页；（6）《哥达纲领批判》，不到20页。六篇文献，似乎引导六大争论领域。"争论"分六题：（1）爱因斯坦的《为什么要社会主义？》；（2）《后现代主义者来自何方？》；（3）《垄断金融资本

---

① W. John Morgan（2003）. *Communists on Education and Culture 1848—1948*, Basingstoke：Palgrave Macmillan.

② John F. Sitton（2010）. *Marx Today：selected works and recent debates*, New York：Palgrave Macmillan.

与积累悖论》；①（4）《马克思主义与女性主义的不幸联姻：改革，团结》；（5）《马克思与当今环境》；（6）《革命的灵性：对马克思与宗教的再检讨》。

西顿选出的六大文献，大都可以通过陈氏"三弄"了解得较为深入，再次证实陈氏方式"异域有知音"。经由陈氏，读者能够初步形成与全球化的马克思主义对话的基础。不为"具体实践"囹圄，才能回应普遍关切的地球村、人类世的教育问题，才能介入论争领域并发出自己的声音。

作为"马克思主义、社会主义和共产主义教育研究"丛书之一的《学列宁》，篇幅宏大（大约 700 页），结构美巧。② 长篇导论，旨趣明了。第一部分"教育文本"，第二部分"基础文本"。附录一件，是维果茨基 1930 年的论文《人的社会主义改造》（The Socialist Alteration of Man，前文已提及）。成文时间和关键词"人""社会主义""改造"，让人欲罢不止。第一部分与陈编《列宁论教育》（以下简作《列宁论》，1979，1990）篇目的重合情况，见表 2。

《学列宁》的几乎所有篇目，都见《列宁论》。二者取向不同，总量不一。《列宁论》的整全程度，高于《学列宁》。在对重要文献的价值判断上，二者同一。在出版时间上，《列宁论》是《学列宁》的老前辈。第二部分只有 5 篇，分别是：《怎么办?》（1901 年秋—1902 年 2 月），《论民族自决权》（1914

---

① 这篇关联独特背景、事件、概念。2005 年，马克思主义地理学家哈维（David Harvey），根据当代资本主义的经济金融化（financialization of the economy）发展方向及其后果，从马克思的"原始积累"概念，推导出"剥夺积累"（accumulation by dispossession）新概念，引起广泛关注并成为分析当代资本主义教育最新演变的工具。在新自由主义的长期引导下，国家从许多公共服务领域退出。经济金融化，煽动和鼓励富人的风险投资，完成公共产品的私有化和剥夺积累。公共资源被"资本化"，即，剥夺公众（或个人）的拥有物，如水资源、空气、养老金、学校等，这不会增加社会资产存量，只是完成了资产转移（剥夺）。得利的是风险投资家，受害的、被加大剥夺的，当然是工人阶级——失去了原本拥有的东西，这与传统工厂制度中榨取剩余价值不同。剥夺累积的本质，是"一小撮投资者英才盗窃公物"。对此，批判教育学正在构造防盗网。Ref. Jean Anyon（2011）. *Marx and Education*，New York：Routledge，p. 83—96. 金融危机爆发后，"经济重心从生产转向金融——这意味着金融泡沫持续。这不能克服经济停滞，只能延缓问题解决，同时积累更多矛盾，为未来的更大震荡埋雷"。See John F. Sitton（2010）. *Marx Today：selected works and recent debates*，New York：Palgrave Macmillan，p. 186.

② 每篇文献之前，先列出问题。有的五六个，有的五六十个。这些问题，既引导深入阅读文本，又启发观察和反思切近的现实世界和具体的个人处境。这是值得学习的编辑构思。

年 2—5 月),《帝国主义是资本主义的最高阶段》(1916 年 1—6 月),《国家与革命》(1917 年 8—9 月),《共产主义运动中的"左派"幼稚病》(1920 年 4—5 月)。列宁才思敏捷,在十年间完成五大论著的构思和书写,更做了三件大事:建党、革命、建设。这使他的"革命家"形象,高于马克思。① 福特把这些论著视作"教育文本"的基础(原理)——教育主题基于、出于革命主题,导向革命实践。福特一编,在对马克思主义、列宁主义、现代社会、全球教育四个观察系的感悟和反思中完成,体现其坚定的"革命的批判教育学"立场。② 这与陈氏的"完整"掌握马克思主义教育思想的认识目标,不同。

表 2 《学列宁》篇目与《列宁论》重合情况

序号	《学列宁》	《列宁论》
1	论国民教育部的政策问题	90 页
2	在全俄教育工作第一次代表大会上的讲话	173 页
3	(1) 在全俄社会教育第一次代表大会上的讲话(贺词,1919.5.6) (2) 自由平等的口号欺骗人民(1919.5.19)	189 页 —
4	在全俄教育工作者和社会主义文化工作者第一次代表大会上的讲话	183 页
5	在全俄省、县国民教育局政治教育委员会工作会议上的讲话	260 页
6	中央委员会给教育人民委员部党员工作人员的指示	280 页
7	论教育人民委员部的工作	282 页
8	新经济政策和政治教育委员会的任务	294 页
9	日记摘录(1922.12.15)③	—

---

① Ref. Alan Shandro. Lenin and Marxism: Class Struggle, the Theory of Politics and the Politics of Theory, in Daryl Glaser and David M. Walker (eds., 2007), *Twentieth Century Marxism: A Global Introduction*, Oxon: Routledge, p. 15—29.

② Derek R. Ford (2015). *Pedagogy, Social Transformation, and Space: Toward a Revolutionary Critical Pedagogy for Space*, Syracuse University, p. 4. Derek R. Ford & Curry Malott (ed., 2019). *Learning with Lenin: Selected Works on Education and Revolution*, Introduction, Charlotte: Information Age Publishing Inc.

③ 见 1979 年版的《列宁论教育》,第 326—331 页。与《学列宁》标注的日期不同。另,不解,1990 年版的《列宁论教育》,为什么删除 1979 年版中的《日记摘录》《论合作制》《宁肯少些,但要好些》三文。1989 年 9 月的"出版说明",没有给出任何解释。

2. 三本概论，互补互利

斯莫尔（Robin Small）、安永（Jean Anyon）分别在 2005 年、2011 年出版概论性的《马克思与教育》。2014 年，斯莫尔又有《马克思是一位革命教育家》小册子问世。书名像概论，实际是专著或文集的新作，比严格意义上的"概论"多得多。挑出专著或文集，与布里丹之驴，有得一斗。

似出于对马克思作为教育理论家、教育观察家、教育改革家的不在场状态的义愤，斯莫尔执意构造一个倒金字塔："教育理论""教育实践"两分，以"马克思的教育遗产"作结。"理论"部分由五个概念构成：人的本质、异化、实践、历史唯物主义、意识形态。"实践"部分，从五方面概述和评估"马克思的教育改革纲领"：教育难题和解决方案，综合技术教育，劳动、游戏与学校，国家教育，社会主义教育。理论部分的基本概念并未超出学界共识，认识不同而已。实践部分的分析和评估，与过去的一般理解，差异显著。举一个例子，似乎就够了：

> "马克思政治理论中的国家概念，令人费解，充满争议。因此，'国家教育'是他的教育思想中模糊不清且悬疑聚集的地方。……对国家教育的难题，马克思没能提出令人满意的解决方案。重要的是，我们要认识到他遭遇的'国家''国家教育'难题（有什么理论意义和历史意义）。"[①]

斯莫尔在大英图书馆做过研究，得以检索、阅览马克思读过的书。他的《马克思是一位革命教育家》，是一本比前作更像教科书的小册子（但给出了参考文献），显示了现时代下移、普及马克思主义教育思想的强烈意向和受众

---

① Robin Small (2005). *Marx and Education*, chapter 9, New York: Routledge. "马克思不曾清晰地划分出国家与社会的界限，但他的论述表明，国家与社会之辨，是一个具有重大理论价值和实践意义的问题。""社会科学领域的'社会形态'思维定式和观察阈限，发扬并维系了马克思轻视国家安排的结构性理论缺陷。回头看，缺乏国家概念，缺乏'国家思维'传统，缺乏'国家知识'视角，社会概念是清晰不起来的。……教育学，几乎以'道德学'自居，长期与之并行不悖。"见童标：《教育、教育学、民族-国家同构论》，《山西大学学报（哲学社会科学版）》，2014 年第 4 期，第 95、97 页。

推力，不失独立价值。先以"教育家（受过）的教育"为题，介绍马克思的生平。接着，把重点放在历史唯物主义的形成过程。再以《资本论》为中心（目录显示的是"价值、商品与货币"）来铺垫"资本主义与教育"部分，看似要再估定工厂法教育条款的意义，实则论定马克思是一位社会历史学家。最后一部分"教育政治学"，初步展开工厂办学、国家教育、课程问题、（综合）技术教育诸方面的争议。① 把这类问题放在"政治学"范畴，与限于"教育学"范畴不同。二者互补，突出了马克思主义教育思想的独特价值。

在美国教育理论专业领域，安永具有象征性。他的学术建树，赢得全美教育研究协会（AERA，与 AESA 有别）的"终身成就奖"（2010）。在获奖感言里，他说："马克思的思想是我的灵感之源。我一直坚持以马克思思想为指导，反教育研究潮流。"安永获奖，检验了他的政治立场和研究成果，反映了马克思主义教育思想取得话语权的趋势及其环境容受力。在"引言"之后，《马克思与教育》设置了四章。比起四章的具体内容来，只有"引言"属于"概论"。说它是一部马克思主义教育思想与新马克思主义教育思想的概论，可能较好。重点内容在 1—4 章，1—4 章的重点在当代。第 1、2 章介绍自己等"进步的教育家"，自 1970 年代末以来一直申述的理论要点：从阶级分析方法到批判教育学进课堂。第 3 章评价了新马克思主义在认识和理解当前教育问题中的作用。如，美国学校失败，不像一些专家讲得那样，校长或教师是罪魁祸首。要知道，"不公正的经济（模式）和经济政策"，既是教育成功的障碍，又是教育改革是瓶颈。美国国会出台什么"不让一个学生掉队""争先恐后"（No Child Left Behind，and Race to the Top）法案，对此的乐观期待，安永表示"我不信"。② 第 4 章指出，马克思的许多认识已经失去实际意义。不宜再轻易地期望工业无产阶级充当"革命的先锋队"，③ 是其一例。金

---

① Robin Small (2014). *Karl Marx, The Revolutionary as Educator*，New York：Springer，p.51.

② Jean Anyon (2011). *Marx and Education*，New York：Routledge，p.1, 63—64.

③ "不宜再轻易地期望"，是一个实事求是的主张。Ref. David Bates (eds., 2007). *Marxism, Intellectuals and Politics*，New York：Palgrave Macmillan，p.186.

融风暴和深度衰退,剥夺了许多人的就业机会、房产和教育服务。对"风暴""衰退"有所预见的"剥夺积累"概念,是新马克思主义最近发展的重要标志,具有强大潜力。

斯莫尔和安永两人三册,代表两种互补构造。斯莫尔方式立足基础,安永方式面向现实。"基础"是"现实"的起点,"现实"是"基础"的目标。① 学习和研究马克思主义教育思想的层次不同,在基础与现实的选择上,重点不一。但没有"基础"的"现实"是双向脱钩的话语,没有"现实"的"基础"是理论兴趣的孤立。提高警惕。

3. 两部著作,特色鲜明

安永是反潮流的勇士,我试做布里丹之驴的斗士,拟在此推出其二:前十年选一本,后十年选一本。时段比较客观,"选择"迫于无奈。

如同马克思主义教育思想中尴尬的"国家教育",在马克思主义传统中,知识分子的角色和定位,既是一大理论难题,又是一种恐惧心理。"为啥所有知识分子都杳无音信"(Where have all the intellectuals gone?)之问,无异于呼唤知识分子复归。贝茨(David Bates)选编的《马克思主义、知识分子与政治》论文集,关联陈氏《论著研究》第Ⅰ编第12—13章、第Ⅱ编第4—5章。贝茨在《导言》中说:

> "当代社会理论中,对知识分子定位的探究和理解的种种尝试,令人眼花缭乱。所谓学术知识分子、公共知识分子、媒体知识分子、马克思主义知识分子和后现代知识分子等等之研究,是其中的几个例子。"

自德雷福斯事件(the Dreyfus affair)到"后现代","知识分子研究"兴起了一百多年。它在知识分子的初步厘定、功能分解、角色定位路径上,强调与专业领域剥离之后的身份感知、自我反思和意义理解。这将拓展马克思

---

① 到目前为止,大约2500页的《教育哲学和教育理论百科全书》,把马克思、马克思主义教育的"理论"—当代发展和"实践"—种种运用,怕是结合得最好的。See Michael A. Peters (ed., 2017). *Encyclopedia of Educational Philosophy and Theory*, Singapore: Springer.

主义教育思想的研究空间，丰富马克思主义教育思想的时间内涵。但作为知识分子的马克思，没有享受过中国知识分子的待遇。在中国，无人不惧"反马克思主义"的帽子，故没人引他为同道。影单形只，备极凄凉。由此可见，马克思主义教育论著研究史开篇中的冯契和曹孚，居功至伟。悲歌忼慨。

文集第一部分的六位中心人物，都根植于马克思和马克思主义，都持有自由社会主义战略目标，① 也都刻印在当代教育哲学和教育理论史中。首先是马克思，跟着的是列宁，然后是葛兰西、萨特、阿尔都塞、阿多诺。后四位，都见于教育研究和文化研究。葛兰西的教育思想具有全球影响力，研究者很早就注意到。② 阿多诺在文化研究中的地位，高于他在教育研究中的地位。

> "对阿多诺的透彻理解，须从他的'生活在枯燥无味的世界'信仰开始。阿多诺的目的，不是为人指明道德或精神方向。批判知识分子的作用，并非创造或复原意义，而是揭露周遭世界中思维方式的局限。阐明现实固有矛盾，是阿多诺所谓'内在批评方法'的基础且为之提供批判语言，以提高自我意识。"③

第二部分的六大问题：（1）分析马克思主义与当代西方学术界；（2）哲学与意识形态：马克思主义与宗教在当代政治中的作用；（3）脑力劳动与社会阶级；（4）批判性知识分子与学术劳动；（5）媒介知识分子：传媒中的社

---

① Ref. David Bates (eds., 2007). *Marxism, Intellectuals and Politics*, New York: Palgrave Macmillan, p. 100.

② Nigel Todd (Jan.-Mar., 1974). Ideological Superstructure in Gramsci and Mao Tse-Tung, *Journal of the History of Ideas*, Vol. 35, No. 1, p. 148—156. Harold Entwistle (1979). *Antonio Gramsci: Conservative Schooling for Radical Politics*, New York: Routledge. Walter L. Adamson (1980). *Hegemony and Revolution: A Study of Antonio Gramsci's Political and Cultural Theory*, Berkeley: University of California Press. Peter Mayo (ed., 2007, 2010). *Gramsci and Educational Thought*, West Sussex: John Wiley & Sons.

③ Gerard Delanty. T. W. Adorno as a Critical Intellectual in the Public Sphere: Between Marxism and Modernism, in David Bates (eds., 2007), *Marxism, Intellectuals and Politics*, New York: Palgrave Macmillan, p. 120.

会关系谈判；（6）余音绕梁：女权主义、马克思主义和反身性知识分子。（1）陈氏受其影响明显，意义与西方学界不同。（2）主题是同行的疑难，限制性副题属于缺失巨大、亟待增益的领域。（3）关联前文的《马克思主义、知识分子与政治》文集和《论著研究》有关部分。（4）一般讨论或者得见，若落实到高技术领域的雇佣关系或管理岗位的实际情形中，研究处于空白状态。（5）前文"复兴时期"有所提及。（6）一时无法找到合适的书写语言。

第二部著作是尼克森（Charlotte Nickerson）的博士论文《马克思主义者的教育观》（2022）。读者从标题中看不出所谓"马克思主义者"的指向，但它带来一些便利，随后展开讨论。论文的实际内容是"新马克思主义者的教育观述评"。[①] 第一，在"马克思与教育"的老话题上，没见增益。第二，它平铺直叙地介绍了鲍尔斯和金蒂斯的名作。第三，阿尔都塞的"不平等的再生产和合法化"思想，是孤立呈现的。第四，布迪厄被视作阿尔都塞的"继承人"，差强人意。最后，批判"马克思主义者的教育观"时，引入吉鲁和威利斯，或属亮点。"代际成长经历，影响深远。"[②] 作者若是体会到安永一辈的学术阅历和心路历程，会做得更好。

> 我这一代早前的学术活动，是孤立地研究学校和课堂上的教和学。那会儿，斯金纳的行为主义盛行。大多数关于儿童学习的讨论都是心理学上的，教育对话都集中在技术、机械和行为目标上。后来，新马克思主义"送"来教育与社会的"话语"，用它谈起学校内外的政治、经济、种族、性别和斗争。我记得读鲍尔斯和金蒂斯著作时的兴奋。那是1976年，被困在认知心理学和心理语言学中的我，撞见了另一种教育分析模式。1970年代末和80年代初，以马克思主义方式著书立说者，形成共识："教育之难，从根本上说，是伦理之困、经济之困和政治之困造

[①] Nickerson, C. (2022, April 06). *The Marxist Perspective on Education*, Simply Sociology, https://simplysociology.com/marxist-perspective-education.html.

[②] Göran Therborn (2008). *From Marxism to Post-Marxism*? New York: Verso, p. 179.

成的。"①

（六）尼克森论文标题带来便利：趁势追击，分别主义

尼克森论文标题显示，他用"新马克思主义"取代了马克思主义——既取代了马克思主义，又取代了西方马克思主义。有迹象显示，三十年前，这种用法已在学术文献中常见。②"古典马克思主义"（the classical Marxism）或原典（A），不再是马克思主义所指、研究的重心和中心。这或与大约六十年来，原典进入本科课堂带起"读普率"（大学生阅读普及率）的提高有关（原典进入我们的课堂是迟到的），倒不一定是因为，原典本身必然具有的局限。

两个"取代"，提供了顺手对种种马克思主义略作分类别群的便利。20世纪的马克思主义，先在两条大体平行、偶尔相交、摩擦、共振、分裂的路线上行进。一条是共产国际领袖—列宁—毛泽东等等路线，专事政治革命，名曰夺取政权的马克思主义（B）。一条是葛兰西、萨特、阿尔都塞、阿多诺，直到哈贝马斯、德里达等等，勿论专业，治事公共领域，名曰西方（知识分子的）马克思主义（C）。二者之间，不乏相互转化的个案。二者之外的"分析马克思主义"，圈子不大，地位不低。随着马克思原典（A）进入大学课堂，出现一批马克思主义教学人员（D），秉持专业绩效高于公共责任的职业伦理。"分析马克思主义"可以算作（D）的前身或同行。绩效优先的教学人员，既非知识分子，又非马克思主义者，至多算"马克思主义研究家"，与素食主义研究家（d^1）、摩门教研究家（d^2）等等无异。（d^1）喝酒吃肉做研究，（d^2）佛教徒做研究，都有可能。60年代，体验和反思资本主义制度和文化，从马克思原典（A）和（B）（C）（D）的传播中受益，成长出一批马克思主义者（E）。（E），视公共领域高于专业绩效，谓"新马克思主义者"。（E），既是

---

① Jean Anyon (2011). *Marx and Education*, New York: Routledge, p. 1—3.
② Ref. Valerie Lynn. Scatamburlo (1994, University of Windsor), *Critical Pedagogy, Political Correctness and the Media*, chapter one, https://scholar.uwindsor.ca/etd/1585.

(C)的传人，又是（C）复活或回归的象征。在"为啥所有知识分子都杳无音信"的挽歌中，它让人听到希望之声。

尼克森论文标题引出的问题没完没了，"后马克思主义"（post-Marxist）(F)登堂入室。上世纪末，米勒（Richard W. Miller）模仿"后现代主义""后结构主义"这些丑陋的先知先觉者（the pioneering ugliness），宣称自己是一位后马克思主义者，宣扬自己的后马克思主义教育观（a post-Marxist conception of education）推进社会发展的能耐，却不曾回答何谓后马克思主义的问题。从米勒的散文笔法中窥见的"后马克思主义"，是一种复合性很强的"主义"：马克思对资本主义的性质断言没有过时，后马克思主义者坚持马克思主义立场，从形式和内容都与马克思的革命方式有别的途径，或谓"新机制"（different mechanism），[①]比如以"激烈的社会批判"方式，渐进改革，推进道德教育，为全社会受害者谋福祉。"后马克思主义"现象和概念的出现，比米勒的宣称早得多，只是一直缺乏确定性。这是一个好现象。高度强调"政治干预"的文化研究和解构主义，[②]符合后马克思主义的特征。托米和汤森（Simon Tormey and Jules Townshend），评论了从批判理论到后马克思主义的关键人物，[③]成一家断言。后马克思主义是原点（A）的后身，是与各类马克思主义不同的马克思主义（F）。在立场上与（A）（B）（C）（E）接近，在性质上与（C）（E）等同，在专业上与（D）构成交集。

新世纪伊始，利物浦大学的多产"讲师"蒙克（Ronaldo Munck），来算"后马克思主义"的账。他指"后马克思主义"，"太单调，太老套，太自大"，不如构造"晚期马克思主义"（late Marxist）概念（G）替换之。蒙克在其著作的"序言"中强调，"晚期"是一个灵活、包容甚至是美妙的字眼。在正文

[①] Richard W. Miller. Moral Education in and after Marx, in Amélie Oksenberg Rorty (ed., 1998), *Philosophers on Education Historical Perspectives*, New York: Routledge, p. 373—391.

[②] 种种"干预"，散见各处。见 Paul Bowman（2007）. *Post-Marxism Versus Cultural Studies: Theory, Politics and Intervention*, Edinburgh: Edinburgh University Press.

[③] Simon Tormey and Jules Townshend (2006). *Key Thinkers from Critical Theory to Post-Marxism*, London: SAGE Publications, Inc.

中,却高频使用"后马克思主义",又随手发明一个"新后马克思主义"(new post-Marxist)(H)。① 但事实是,二十多年来,"晚期马克思主义"(G),没能取代"后马克思主义"(F)。德里达曾含混地自定位在"某种马克思主义传统或精神"中,托米和汤森早把他归到"后马克思主义"名下。稍后,鲍曼进一步论析德里达的后马克思主义或解构主义。各种马克思主义都育出新锐传人。如,齐泽克(Slavoj Žižek,1949—)现在被认为是"新马克思主义"(其中不乏阿尔都塞的学生)的排头兵,"后马克思主义"中有几位法兰克福学派的新军(哈贝马斯一辈的门生)。现在,"新""后"两种马克思主义之间的界限,越来越模糊。② 这与前述"在性质上与(C) (E)等同"的判断一致。

种种马克思主义是同源的(A),故构成一个共享基本立场的整体。自我表征、身份确证。相互批评、内争外论。这是它与社会文化的互动方式、参与方式,赋予它生命力、反思境遇、改过自新的机会。处境与方法、问题与期待,总是千变万化的。只有融入其间而探究的活的马克思主义,没有高高在上或万神殿里静默的马克思主义。马克思主义教育思想研究、论著研究的对象,是所有活的马克思主义,包括但不限于上述(A)(B)(C)(E)(F)共五类。"读普率"显著提高之后,研究重心和中心向新马克思主义、后马克思主义转移,合乎人类共同体的大趋势,合乎地球村的乡规村约,合乎人类世的共同意志。如有"晚期马克思主义"(G)、"新后马克思主义"(H),暂列为(F)的亚类。除(A)外,都有相对而言的亚类。最后强调,得重视包括"分析马克思主义"在内的(D)的所作所为。它是话语生产者、文本制造者、监控参与者、评估受权者、利益关涉者。

---

① Ronaldo Munck (2000). *Marx @ 2000: Late Marxist Perspectives*, New York: St. Martin's Press, Inc., p. 58.

② Paul Bowman (2007). *Post-Marxism Versus Cultural Studies: Theory, Politics and Intervention*, Edinburgh: Edinburgh University Press. Göran Therborn (2008). *From Marxism to Post-Marxism?* New York: Verso, p. 164—170. Ref. Ronaldo Munck (2000). *Marx @ 2000: Late Marxist Perspectives*, New York: St. Martin's Press, Inc, p. 19.

不去阅读且反复阅读和讨论马克思——可以说也包括其他一些人——而且是超越学者式的"阅读"和"讨论",将永远都是一个错误,而且越来越成为一个错误,一个理论的、哲学的和政治的责任方面的错误。当教条的机器和"马克思主义"的意识形态机构(国家、政党、党支部、工会和作为理论产物的其他方面)全都处在消失的过程中时,我们便不再有任何理由,其实只是借口,可以为逃脱这种责任辩解。没有这种责任感,也就不会有将来。不能没有马克思,没有马克思,没有对马克思的记忆,没有马克思的遗产,也就没有将来:无论如何得有某个马克思,得有他的才华,至少得有他的某种精神。因为这将是我们的假设或更确切地说是我们的偏见:有诸多个马克思的精神,也必须有诸多个马克思的精神。①

结语

陈桂生是一位好奇心、事业心高强的马克思主义教育学家,一位志趣挺拔、建树恢弘的马克思主义教育学家。他把马克思主义教育理论,用作解放教育学和教育学解放的工具。他无意在"工具"领域安身立命,痴心在"目的"领域"摸索前行"。

陈氏马克思主义教育理论,先用马克思主义原典,改造了"我们的学习",解救了被屏蔽的原典中的教育主题,复以马克思主义教育理论,为教育学从猖獗的形而上学和盛行的唯心主义中获得解放,提供思想基础和理论力量。受益的读者、特别是学子,未必全都遭受过、体会到猖獗和盛行之祸,但得不同程度的自我警醒,助力远行。陈氏马克思主义教育理论,凭其时代敏感、学术担当、问题解析和命题论证,促进教育学从语录喧嚣、教条盈天、个人崇拜的脱钩话语模式中,获得解放。语录和教条,造神和拜鬼,空泛虚文,似是而非,祸害文化,羞辱文明。陈氏马克思主义教育理论,用历史唯

---

① [法]德里达:《马克思是幽灵》,何一译,中国人民大学出版社,2016 年版,第 15 页。着重号是原用的。Ref. Göran Therborn (2008). *From Marxism to Post-Marxism*? New York: Verso, p.15—16.

物主义和中外教育理论成就，引导教育学从反智主义、沙文主义、排外主义、唯意志论的蒙蔽和支配中，获得解放。反智主义黜退知识，沙文主义对抗东西，排外主义阻断交往，唯意志论罔顾事实。陈氏的改造、解救和解放，与全球批判教育学的旨趣高度一致。交集聚于核心，疑惑出自情境。

陈氏马克思主义教育理论与其治学方式浑然一体。出于此的陈氏教育学成就，属于马克思主义教育学。陈氏方式，果敢勇毅，立场鲜明。三叠飞泉，瀑布千尺。穷于有数，究于无形。嬉游高峻，栖峙幽深。俯瞰万象，判断延滞。高标卓识，雅操孤贞。取向完美，特立独行。古今中外，不同程度的艰辛、苦难、枉屈、失落或失意，于人文学者而言，大都难免。若陈氏遭遇（从"侥幸"二字推知，有所遭遇），亦不为异数。知人论世，个人与环境同在。"环境之需要改变"，是马克思主义的主旨、标志、灵魂、价值。陈氏马克思主义教育理论，陈氏的改造、解救和解放，陈氏的整体主义，与文化气候、思想环境、学术处境、理论条件、教育现实的改变，大都同步，不乏超前。颠沛造次，顶天立地，无愧于信仰。

陈氏方式于陈氏而言是现实的，于学子而言是理想的。现实与理想的悬隔，主要（但不只）是因为，宏大的学术信仰和虚静的治学心态，无法通过授课、点拨、发表、出版而全然造就。之所以是"无法"的，是因为走进或走出猖獗的形而上学和盛行的唯心主义的学子，不同程度地留有唯上和唯心的阴影或病灶。清零也困难，异变又作乱。静心修为，自我转变，或得陈氏方式一二。

陈氏马克思主义教育理论，原典、专题和论著研究的三位一体，过去、现在和可见的将来，在汉语和英语世界，独一无二。得知陈氏对马克思主义教育思想的研究和创作，完整稳当，气象磅礴，马克思、恩格斯、列宁料必倍感荣幸和欣慰。设使发起并成立全球马克思主义教育思想研究会，陈氏三弄，将是举世同行了解和评估中国学界专门研究的最好凭据。陈氏即为同行评议、一致公推的中国教育学家的唯一代言人。

陈氏方式在中国而言是典型，于西方而言是类型。典型已备，类型待辨。一百多年来，在西方的马克思主义教育思想学术理路上，难见原典一成不变的地位。读普率的提高并非单一要素。认定和选择原典的不同方式，制约读普率的质量。设使三五百年来的伟大典籍，与原典等量齐观、并驾齐驱，则原典的知识资源和理论力量的丰富、强大程度，决定读普率质量。设使三位同龄常人同读《1844年经济学哲学手稿》，甲未曾接触过黑格尔和费尔巴哈，乙只接触过黑氏未接触费氏，丙只接触过费氏未接触黑氏。考评结果不出意外，缺乏历史感的甲，必名落孙山。陈氏三弄的巨大历史感，独步华夏，源自丰富的知识资源和强大的理论力量。

马克思的有生之年，对资本主义一览无遗，对未来社会成竹在心。不是这样的，故西方学术理路的根本动力，是新旧矛盾和人的困境。研究马克思主义教育理论，是为了识别、化解矛盾，判定困境、走出困境，再造民主、实现自由。工具属性，一目了然。有些矛盾和困境是国家的、区域的，有些是地球村的、人类世的。唯解放和自由理想，是全人类的。陈氏三弄，所备典型，成于时代，出入情境。呼唤友声，期待超越。

工具一旦排他，必然独断专行。起于钝化，进而退化，终于恶化。未来，深入研究包括但不限于（A）（B）（C）（E）（F）"诸多个马克思的精神"，包括但不限于三五百年来的启蒙典籍，包括但不限于文化研究、批判理论、媒介研究、（新）自由主义的宏篇或短论，成为马克思主义教育思想研究"面向世界"的明确的、具体的起点。未来，料不定有一天，"四不"现象因此改观。未来，陈氏马克思主义教育理论，或由解放教育学的工具，化作专业共同体的"概念-隐喻"和永恒记忆。

【作者简介】

董标，华南师范大学教育学退休教授。学、教"教育学"四十多年。主讲过"马克思主义教育论著选读""中外教育名著选读"等本科生课程，"教育原理""教育基本理论专题研究"等硕士生课程，"教育学形态研究""中国近代教育名著选读"等博士研究生课程。出版过《马克思主义教育思想论纲》（1994，1999）、《毛泽东教育学》（2011）等著作，发表过《试论马克思关于人的全面发展学说的科学发展》（1986）、《教育哲学的学科地位及其生长点的再辨析》（1993）、《教育发生过程的基本特点》（1994）、《试论列宁的教育管理思想》（1999）、《学校教育的基本价值——古典学校教育批判的批判》、《教育的文化研究——探索教育基本理论的第三条道路》、《哪里有压迫,哪里就应该有〈被压迫者教育学〉——试述保罗·费莱雷的"解放教育学"》(2002)、《符号、知识与课程——〈学务纲要〉百年的文化研究尝试》(2003)、《毛泽东教育学在西方》(2004)、《"教之术"到"教育学"演变论》(2006)、《延安新哲学会:立意高远的思想机器》(2008)、《流水孤村花数朵,于无人处最销魂——教育家杜国庠功行的铭述追望》、《卢梭悖论——"教育学形态"的案例研究》(2013)、《教育、教育学、民族-国家同构论》(2014)、《师生关系问题最大——纪念"毛泽东教育学"概念创制 40 周年》(2017)、《教育哲学学科起源考辨——从低位关注论高位观照》(2018)、《解析"杜威效应":一种学术史考察》(2019)、《教育理论的知识基础是什么——教育认知革命"宣言"》(2022)等论文。

附录一

教育学的历史批判与体系建构
——陈桂生先生的教育学治道

周兴国

长久以来,人们以为,教育学的基本问题是其科学性问题。陈桂生先生采用逻辑与历史的方法,通过对教育学现象的历史透视与分析,将教育学的科学性问题转换为什么样的教育知识为最高知识形式的问题,并把通过研究所获得的有关教育学理论的认识应用于教育学体系的建构,形成理论教育学和实践教育学两种理论体系。

如何建构科学而规范的教育学?这是研究和思考教育问题的根本前提,也是教育学理论建构的根本方法论问题。自赫尔巴特发表《普通教育学》以来,教育学及其建构问题就成为教育理论研究者一直关注的问题。伴随着教育学作为一门课程概念的消解,[①] 作为学科的教育学或作广义理解的教育学,其建构问题由此而变得更加的迫切起来。此一问题涉及教育学的两大根本问题,即教育学的本体问题——教育学是什么?教育学建构的方法论问题——

---

① 国家颁布的《教师教育课程标准》,教师教育课程分为学习领域、内容模块等,可以说从根本上动摇了传统教育学的概念。

如何建构教育学？在近六十年的教育学治学生涯中，陈桂生先生对涉及教育学最为根本的两大问题，都进行了深入而广泛的思考，为我国当代教育学认识论之探索及教育学体系之建构，提供了坚实的理论基础。

一、教育学问题的当代转换与分析

论及教育学及其建构，不能也无法绕开教育学的一些基本问题。到底哪些属于教育学的基本问题？这需要智慧和洞察力加以判断和确定。教育学的基本问题是教育学构建的原初问题，是教育学各种具体问题的集中表现。这就是说，当人们不断地抨击教育学来表达对教育学理论体系不满，对教育学理论体系的实践应用怀疑时，其更深层次的本质问题在于教育学者对"什么是教育学"及与此相关的教育学建构的认识论和方法论问题并没有触及或未作系统的探讨。教育学基本问题的悬置，使得教育学的建构处于无意识的状态之中。当教育学并未准确地认识和把握自身性质及逻辑时，所建构的理论追求，只会使得教育学问题更加地突出。

传统教育学视科学性为教育学的基本问题。在传统的教育学中，特别是赫尔巴特提出教育学科学化的要求以来，教育学的科学性问题一直是教育学者思考的对象。19世纪末以来，西方诸多教育学者，莫不以此问题展开对教育学建构的本体论和方法论思考。当人们将教育学研究成果与自然科学研究成果两相比较时，一个显见的事实是教育学研究所提出的观点，充其量只是一种"意见"，只是某种日常经验或常识的表达，远不能称之为"知识"。[①] 这实际上是将教育学斥为非科学。对教育学非科学性的贬斥意味着教育学的建构者们奉实证主义为圭臬，主张现代科学是知识的最高形式，科学知识是人们最认可并渴望拥有的知识类型。这暗含着对前科学知识的贬低，对日常教育生活所包含的信念的贬低。

针对这种隐而未发的理论预设，陈桂生先生指出，"几乎所有论者都从经验科学角度，指出已有教育学研究成果缺乏科学根据"，而教育学之"独立"问题，或学科地位问题，恰恰源自于教育学对自身"科学性"的期待："教育

---

① 这里是在柏拉图有关"意见"和"知识"的意义上来使用这两个概念的。

学常常标榜为'科学'的教育学,如按'科学'标准检验它,其'独立'地位问题更多。"[①] 这就是说,当人们几乎普遍地认为教育学面临科学性问题时,这种认识实际上是人们的一种共有的立场。而这种共有的立场,其实并没有为人们所认识到。能够认识到这种共有立场及其内在的缺陷,不仅需要学术见识,更需要有对教育学学科的热爱与倾心。

预设的前提规定着问题的存在。当人们视教育学为"有问题"时,这种理解是从特定的视角和预设前提出发来考察教育学现象的结果。"问题"并非是一种客观的存在,而是人们用其主观意识考察客观世界的结果。人的主观意识既决定着考察教育现实的视角,例如从科学性的视角来看教育学;同时也决定着实际的教育学现象呈现给人们的样态。人们对教育学所提出的各种批评,表明教育学问题的存在。不过,理论的思考需要从最不经意处出发,从人们并不视为问题的前提出发。这个不被人们视为问题的前提就是"教育学的问题"。在陈桂生先生有关教育学建构的理论思考中,教育学的问题被划分为三类。第一类问题即"教育学基本问题",这类问题主要涉及教育学研究,包括:教育学的研究对象问题,教育学的研究方法问题,教育学的理论基础问题和教育学的学科地位问题等。第二类问题与教育学叙述有关,涉及教育学的陈述、命题、论证、体系等。基于逻辑的推演与本文的理解,我们还可以认为与叙述方法相关的基本问题主要是指教育学陈述的规则问题,包括教育学"概念"的建构,教育学"命题"的建构,教育学"论证"的方式问题以及教育学框架问题。第三类是教育学理论自身的问题,包括教育理论的性质、逻辑和教育学演变的轨迹。

陈桂生先生对教育学现象的历史透视、总体描述、分析与判断使得两百年来教育学的整体发展状况及基本问题得以显现,由此也使得后学得以进入一个真实的教育学世界。当视界与世界在历史的生成中相遇时,当理论分析与问题描述相互整合时,我们才忽然发现,教育学的基本问题并非是人们一直以为的科学性问题。总体的历史镜像以及围绕科学性而展开的争议,隐含着对科学性作为教育学之基本问题的怀疑。教育学的科学性问题既是有关什

[①] 陈桂生:《教育学的建构》,华东师范大学出版社,2009年版,第39—40页。

么知识为最高的问题，同时也是一个有关教育学独立学科地位的问题。对教育学科学性的质疑以及对理想的教育学之科学性的追求预示着对教育学独立学科地位的追求。由此，问题就转变成这样的形式，即"应在什么意义上讨论教育学'独立'的学科地位问题？"①

各种概念的应有之义并非理所当然地一目了然。实际上，"科学性"本身就充满着分歧与争议。随着对教育学科学性问题越来越深入的思考，人们忽然发现，教育学建构远不是机械的类比自然科学那样简单。至少人们面临着三个方面的考量与分歧。一是作为教育学之研究对象，作为人类社会实践活动，并不同于自然科学的研究对象——自然现象，它始终是与价值、规范等充满争议的主题相联系，因而牵涉到对对象的本体认识问题；二是从对象与方法的直接相关性角度来看，对象在性质方面的差异决定了研究方法的不同，由此而带来有关研究的方法论的问题；三是通过相应的教育研究所获得结论的语言表达问题。站在不同哲学世界观的立场，有关教育学方法论和科学性的判断也就各不相同。正是因为教育学科学性问题所带有的根本性特征，所以近代以来的教育学者都在努力探究教育学的建构之道。针对教育学的这种令人尴尬的学科地位，人们开始就教育学的科学性问题进行讨论和研究。而隐含在这个问题背后的，则恰恰是有关教育学建构的认识论和方法论问题。

大体而言，人们倾向于认为教育学研究有两种取向，即经验的或实证主义取向和历史主义的、人文主义取向两种。然而，上述归纳并没有给教育学建构的方法论提供多少启发。其中诸多取向及其相互关系，它们各自对教育本身的立场和看法，以及在这些表面的立场背后所隐含的有关社会秩序和教育秩序的前提预设，均没有获得应有的理论分析和讨论。问题在于，科学性作为教育学的基本问题，这种追求本身意味着什么？以及当教育学试图把科学性作为自己的努力目标时，它会出现怎样的内在局限？尽管西方有学者在不同的层面上对此问题有过探讨，但终究不系统。

上述不同取向的教育学研究的方法论主张，有一个共同研究特质，那就是教育学研究的一元论立场或追求。一元论的方法论取向或者在事实与价值

---

① 陈桂生：《教育学的建构》，华东师范大学出版社，2009年版，第45页。

之间作出逻辑区分，或者在事实与意义之间进行划界，而没有从教育实践自身的逻辑出发来思考教育学的方法论问题。这里牵涉到对教育世界的判断。然而，我们能够清楚地看到，教育实践中事实与价值之间存在一种不可分割的关系，在事实与意义之间也同样存在不可分割的关系，那么我们也就能够理解一种更加多元论的研究方法论。正如陈桂生先生所强调的那样，"教育实践的研究，不仅要作出实然判断（是什么，不是什么）、盖然判断（可能是什么），还需要作出价值判断（应当是什么，必须是什么）"。由此，对教育实践的研究就需要认识事实及其关系，理解隐含在过去中所表现出来的意义，还需要对客观的教育现象进行评价，并采取相应的行动以改变人们所面对的现实。这远不是一元论的方法论所能够解决的。

二、教育学现象的历史分析与逻辑视域

中国的教育学一直有一个"推倒重来"的现象。叶澜先生在审视中国教育学百年发展的历史时指出："纵观中国教育学发展的百年史，我们会发现一个奇特的现象，那就是教育学在百年中出现多次的'整体式转向'或'推倒（或抛弃）重来式'的'发展'。并且，几乎每一次的'推倒重来'都循着基本相同的路线：中断历史—重新启动—简单模仿（或演绎）—初级综合—建立体系。这种'发展'的结果表明教育学缺乏严格意义上的学术积累和学术发展。"[①] 这一令中国教育学人着迷的教育学现象，其发生有其学科建构的社会必然性。近代以来的中国社会频繁发生社会革命，每一场革命都意味着以一种意识形态取代另一种意识形态，以一种价值观念取代另外的价值观念。教育所具有的强烈的价值取向使得它必然要对教育学建构提出相应的价值要求。然而，这种解释主要是就教育学建构受社会和教育外部环境制约而论，并没有涉及教育学自身内在的因素。或许正是因为不断受到来自外部的影响力过于强大，而使得教育学无视自身的内在逻辑和学术积累。可以说教育学的"推倒重来"现象是教育学者非历史地、不遵循教育学自身内在逻辑来建

---

① 叶澜：《中国教育学发展世纪问题的审视》，《教育研究》，2004年第7期，第3—17页。

构教育学之结果。

教育学建构的历史意识和逻辑意识缺失是当代我国教育学理论研究中的一个突出问题。陈桂生先生的历史的"教育学现象"透视，从教育学理论自身的历史发展入手来考察教育学的内在逻辑，由此而提出教育学的认识论和方法论，让我们看到有关历史与逻辑的统一在教育学理论建构中的应用。陈桂生先生对历史的"教育学现象"之透视，是历史地考察教育学现象的一个典范。"教育学现象"的历史透视就是"从历史资料中发现了若干范畴及教育学本身演变的逻辑，也就不妨尝试沿着历史分析和逻辑分析结合的方向，尽可能以'逻辑的'历史叙述方式，表达原先从历史研究中发现的逻辑"①。在这里我们可以看到历史透视的方法论之两个环节或关节点。一是通过对历史资料的分析，形成解释教育或教育学现象的基本范畴和发生发展规律（演变的逻辑），主要是用历史分析的方法来获得对研究对象的逻辑；二是"'逻辑的'历史叙述方式"，将基本的范畴和逻辑以历史叙述的方式，以教育目的的分析为例，"关于教育目的，就要知道教育目的到底是怎么回事、前人的观点是什么、有哪些不同的见解，按照年代排下来，然后整理，这样就得出不同的逻辑"②。在这里，我们可以发现教育学现象考察的历史意识和历史观点。通过对教育学发展的历史进程考察使得教育学的逻辑和认识论显现出来。

虽然很多教育学者提倡历史与逻辑的统一，但真正践行这个方法论并将它应用于实际问题研究之中，却不多见。正是历史地透视总体教育学现象，我们才得以一窥西方教育学演变与发展之脉络、传承关系。在这里，我们看到的不仅仅是简单的定义、准则、要求、行动，更是教育学理论知识的传承与联系、同一与差异、变化与发展；各种教育学流派彼此之间的相互竞争与对立，相互立场之建基的前提；我们也得以认识教育学传统对教育学理论建构的深远影响，认识到德国教育学之与英美等国在教育理论上的区别之何在，人文主义教育学与实证主义教育学的相互对立之处，以及它们各自的理论建构目标；我们由此还明白了理论教育学与实践教育学的分野及彼此相区别的

---

① 陈桂生：《历史的"教育学现象"透视》，人民教育出版社，1998年版，第5页。
② 陈桂生：《历史的"教育学现象"透视》，人民教育出版社，1998年版，第261页。

内在逻辑规定。

不以一种历史的眼光来透视教育学现象,就难以获得对教育学建构的逻辑要求。历史的眼光让我们看到一种教育学秩序,尽管这其中有对立、有竞争、有相承,但总体的历史镜像由此得以显现,教育学的存在与教育学的生成并存,教育学现象的透视及对教育学体系建构相互印证。历史的教育学现象透视以及对教育学现象背后的教育因素的阐述与分析,让我们看到教育学现象所体现出来的教育原则和教育理论的生命原则,让我们看到对教育现象、对教育的各种名实关系加以辨析的历史意识。

当历史的方法论作为一种理性思维与考察现象的基本诉求时,它不仅体现在对教育学现象的考察之中,亦体现对教育的各种概念的辨析与意义的澄清之中。《常用教育概念辨析》为我们提供了这样一个历史分析与逻辑分析相统一的文本典范。就教育学理论体系的构成而言,概念的明晰是其最基本的要求,也是教育学理论建构的基本前提。然而,由于受到机械的、孤立的和片面的思维方式影响,教育学理论赖以建构的相关概念及其关系陷入严重的无序与混乱之中。因此,对教育概念的辨析具有了双重意义,即对教育学理论体系建构的意义,以及对教育的理解、对教育实践所隐含的各种未言明的观念之阐述的意义。这就是说,教育概念的辨析具有理论与实践双重价值。教育、学校、课程、教师、教育价值取向,作为类的概念,都包含着若干相互支撑与关联的概念,且这些概念既是教育学理论建构所必需的概念,同时也是教育实践中的日常概念。

教育学作为一种理论体系,是人们认识教育的概念化表达。然而,教育学建构的真正问题,恰恰在于概念的含糊与歧义,以至于教育学者在建构教育学时,都试图赋予这些概念以自己的理解,或者不作任何辨析地使用这些概念,无视概念的历史语境和独特意含。正是通过概念的分析与澄清,教育学建构的方法论不仅得到了阐释,亦获得了具体的应用和体现。

每一组教育概念,就其对教育世界的表达而言,都经历了因历史的变迁而带来的语意变化问题,因而概念的意义总是与特定的语境相联系。教育学历史分析的方法论有一个基本的预设,那就是教育的内涵是处在不断的演变之中,而"教育是在客观辩证法的扬弃中演进的","'教育'概念的变化,反映了厌烦教育价值观念的演变"[①]。还原概念的历史语境，从而寻绎概念的核心要义，从而清除教育学概念在意义上的含糊与分歧，迄今还不曾有教育者做过这方面的努力和工作。例如，"晨会"是中小学最为常见的教育现象，然而人们对此种普通的教育现象并不曾给予足够的关注，并未对此现象本身进行理性的思考。然而，陈桂生先生应用历史分析的方法论让我们意识到，人们对晨会的理解及其实践意义是远远不够的，其中所传达出来的信息及其隐含在其中的问题亦是不明确的。历史语境的还原以及基于历史资料的分析而析出的范畴，使得其中的问题暴露无遗，让我们领略到历史分析方法的微妙。然而，现在的教育学者越来越倾向做教育学理论之外的工作，从而使得教育学建构有一种明显的向外倾向，即关注政府的关注所在，而不是关注教育直接面对的对象——学生，忽略对自身逻辑的研究与思考。因此，参与教育历史过程的人们不能够也不应该"以形而上学的观点认识历史"。这是一种深切的教诲，也是一种教育精神的显现。

不能不看到隐含在向外的教育学思维方式背后的功利主义与对教育学术的浮躁心态。对教育学术之外的功利性的追求，导致了各种教育意见的大量盛行。尽管功利性的教育学理论强调对教育实践的关怀，然而这种宣称只是表面的。因此，陈桂生先生告诫我们后学，要实现教育理论的实践关怀，教育学理论研究就需要对教育问题进行理性思考，同时还要求教育学理论的建构者具有教育的精神。然而，当下教育理论所欠缺的，正是"理性的思考"和"教育的精神"。而理论关怀实践的两个方面，都深深地印刻在陈桂生先生的研究和著述之中。

三、教育学体系建构的实践探索与建树

就教育学理论建构而言，所涉及的问题主要是两个：一是有关教育学的元研究，重点是探讨教育学理论的逻辑、认识论以及与此相关的方法论，此属学科自身的理论反思与自我认识；二是在理论反思的基础上，基于所形成的元认识而建构出教育学理论。前者需要研究者具有浓厚的逻辑、哲学认识

---

① 陈桂生：《常用教育概念辨析》，华东师范大学出版社，2009年版，第15页。

论等方面的学问，同时能够明了自然科学、人文社会科学各自不同的本质特征；而后者则需要理论的建构者对教育有着系统的认识。由于教育学的两种理论活动需要不同的学术背景和基础，因而在教育学科研究领域，很少有研究者能够同时在这两个领域都有建树。然而，我们看到，陈桂生先生不仅思考有关教育学的元理论问题，同时也以老一辈教育学者独有的学问精神，开展教育学的建构工作，撰著《教育原理》《学校教育原理》和《普通教育学纲要》。三部教育学，既体现出陈桂生先生的基本教育思想，同时也反映出他对教育学建构的认识论和方法论的认识和主张。

教育学的建构，总离不开对体系的考量。因此，要比较陈桂生先生所著三部教育学与坊间流行的教育学之不同，一个重要的比较维度就是体系。通过比较与分析，一部教育学所独具的学术价值和实践意义才能够得以显现。分析教育学思想演变与发生，我们由此可以窥见陈桂生先生的教育学思想发展脉络及其历史价值，同时通过与同类教育学著作的横向比较，我们由此得见陈桂生先生教育学建构的旨趣及其实践和学术价值。

从教育学建构的价值取向上看，存在着两种不同的教育学建构方向。一种是立足于教育学自身的逻辑，注重阐明教育实践的应有之义，注重学术性和理论性，我们或可称其为理论教育学。另一种是从教育实践问题出发，面向实践并试图指导实践的教育学，注重体系建构的应用性和实践性，我们可称其为实践教育学。前者重在解释教育现象，后者重在指导教育实践；前者偏重于理论的分析和阐述，讲求概念、逻辑体系，后者意在对教育者提供一种规范性的阐述，从而实现教育理论对实践的指导功能。①

循此思路，我们大体可以将《教育原理》《学校教育原理》归之为理论教育学系列。盖因《教育原理》的主旨在分析教育从简单到复杂的过程，《学校教育原理》在建构教育形式概念系统。两者都属于对教育理论问题的研究，"所谈的问题同一般教师日常工作关注的'教育问题'较为隔膜"。陈桂生先生所建构的理论教育学并不同于其他理论教育学，其学术的价值在于独创了

---

① 陈桂生：《历史的"教育学现象"透视》，人民教育出版社，1998年版，第346—347页。

另一条教育学建构的方法论和思路。从理论教育学建构的思路上看，它一改我国"通行的教育学由外而内、由大到小的框架与由此及彼、从抽象到具体的思路，尝试构建由内而外、由小到大的框架，体现由此及彼、由个体到抽象的思路"①。在教育学建构的方法论上，参照马克思《资本论》的先例，从分析最基本的教育要素入手，从简单到复杂，以揭示教育在总体上发生的历史性的变化。由此我们获得这样的教育的历史观，要透过教育现象而及教育本质，必须要将教育看作是一种历史性的展开活动。任何时代的教育都蕴含着历史与传统。认识并深刻地理解教育同时需要将它放在历史的发展进程中。在叙述的方式上，特别强调叙述方法和研究方法的区分，并针对我国已有的理论教育学陈述中的弊端，做到"尽可能地把客观存在的事实（实然状态）、逻辑上可能发生的事态（盖然状态）、应有的事态（应然状态）与可行的抉择这样四个层面加以区分，并兼顾这样四个方面"②。

问题在于，理论教育学旨在描述和解释各种教育现象，对如何改变教育现实状况却难有作为。教育学理论要实现其指导实践的功能，除了要提出有关如何有效地开展教育活动的各种建议之外——严格说来，各种建议于教育实践往往并没有什么太大的意义——更重要的，它应该能够"激发一般教师对教育问题的理论思考"，"赋予教育实践以精神"。理论教育学对此往往并不能够提供什么帮助。《普通教育学纲要》可以看作是先生从理论教育学转向实践教育学的一部标志性的著作。与同类教育学相比，《普通教育学纲要》"尝试转换对话的对象"，关注现实的教育问题，关注普通教师的日常工作、境况和想法，关注理论界对教育现实的议论。从广义的教育学角度看，《教育实话》《回望基础教育》《常用教育概念辨析》等，都可以归之为实践教育学的范畴。阅读这些著作会给我们一种强烈的观念突破的感受。那些习以为常的观念，经分析才发现原来是经不起推敲的，是有问题的，人们视为当然的概念、事物、事情，其实包含许多令人怀疑的内容。现实世界的改变或改造，有许多可能的出发之处，而无论从何处出发，观念的改变都是现实世界改变

---

① 陈桂生：《教育学的建构》，华东师范大学出版社，2009年版，第209页。
② 陈桂生：《回望基础教育》，北京师范大学出版社，2008年版，第378页。

的重要条件,在某些时候它甚至是改变世界的基本前提。人们期望通过对现实的教育世界的改造或改变,而使得我们的学校教育变得更加的美好,更加能够促进每个孩子的康健成长和发展。

教育学著作能够在不同的程度和层面上改变人们已经拥有的教育观念,或许这就是思想的价值和魅力!

(本文原载于《基础教育》2014年第2期)

附录二

陈桂生马克思主义教育研究平议[①]

张建国

在老一辈教育学人中,陈桂生教授在马克思主义教育研究方面成果颇丰,其研究别具一格,值得探讨。他主持马克思主义教育文献选编,长期执教马克思主义教育论著选读课,出版多部马克思主义教育研究力作。这些成果表明,陈桂生的马克思主义教育研究具有四个鲜明特征:(1)对教育理论问题的深切关注;(2)普遍渗透了自觉的历史意识;(3)在认识论方面具有强烈的批判精神;(4)旨在凸显教育主题。这些特点使其研究有别于流行的马克思主义教育研究。在此意义上,陈桂生提供了另一种风格的马克思主义教育研究。

一、引言

本文拟探讨陈桂生先生的马克思主义教育研究的基本特点。他的工作为什么值得探讨呢?笔者主要基于三点考虑。首先,与近年来国内马克思主义

[①] 本文系 2015 年度教育部人文社会科学研究青年基金项目"西方马克思主义教育理论研究"(项目编号:15YJC880128)的阶段性成果,并受到信阳师范学院南湖青年学者奖励计划支持。

教育研究的式微有关。1978年6月教育部在武汉召开文科教材会议，确定将马克思主义教育论著课列为教育系必修课。为此，中国教育学会马克思主义教育思想研究会于次年成立，其宗旨是研究和宣传马克思主义教育思想，并就该课的研究与教学提供交流。① 然而，随着老一辈马克思主义教育学者的退隐，该研究会和"论著"课似乎也完成了自己的使命。这种状况的出现并不令人意外。早在1990年，执教"论著"课多年的陈桂生教授就指出："最近若干年来，大学生的马克思主义理论兴趣淡薄。这几乎是置身教学第一线教师的共同感受。"② 台湾马克思主义教育学者李锦旭教授曾数次到访大陆，2006年他表达了对当时大陆马克思主义教育研究的看法："和台湾一样，大陆也有一些介绍泛马克思主义教育名家……不过，也和台湾一样，尚处于引进、介绍和吸收的阶段。"③ 几年后，刘黎明等人的研究印证了上述"观感"，遂有重唤马克思主义教育思想研究的倡议。④ 此后，上述情形未见好转。不过，这也许并非坏事，至少提供了一个反思马克思主义教育研究的契机。造成上述情况的一个重要原因在于，新中国成立后，包括教育学在内的诸多学科多年来无不坚持以马克思主义为指导，然而在相当一段时间内（尤其是"文革"期间），由于深受意识形态的困扰，关于马克思主义的解释存在比较严重的教条化倾向。1978年后的十余年间，教育理论中的重大问题讨论几乎都是在马克思主义话语背景下展开的，可谓教育理论上的"拨乱反正"。进入20世纪90年代后，随着国际学术交往的扩大，域外的新理论、新思潮纷至沓来，为学术界吹入一股新风，同时也难免对原有的马克思主义话语带来一定的冲击。马克思主义教育研究受到一定程度的忽视也不足为怪。问题在于，我国是中国共产党领导的社会主义国家，马克思主义是指导社会建设的基本思想。欲

---

① 全国马克思主义教育思想研究会：《马克思主义教育思想研究文集（第一辑）》，出版者不详，1980年版，第203—204页。

② 陈桂生：《马克思主义教育论著选读教学随感》，《上海高教研究》，1990年第2期，第65—67页。

③ 李锦旭、王慧兰：《批判教育学：台湾的探索》，心理出版社，2006年版，第172—173页。

④ 刘黎明、吕旭峰：《重唤马克思主义教育思想研究》，《华东师范大学学报（教育科学版）》，2010年第3期，第13—24页。

发展适合中国国情的教育理论，探索富有中国特色的教育道路，深入开展马克思主义教育研究实为无法回避的任务。

其次，中华人民共和国成立后，老一辈教育学人在新形势下自觉以马克思主义为指导从事教育研究，他们的理解在很大程度上塑造了新中国马克思主义教育研究的传统。怎样以马克思主义为指导进行教育研究是一大难题，而这又以对马克思主义教育思想的准确把握为前提。在这方面，陈桂生教授可谓老一辈教育学人的代表。重要的是，他将马克思主义运用于教育基本理论问题的探索，取得了不俗的成绩。这些成果确证了"马克思主义"对教育研究的指导价值，也表明富有成效地"运用"并不简单。与此相应，今天不少青年教育学人对西方思想的尊奉已到了严重的地步。吴康宁教授曾指出："在这种'尊奉热'中，青年学人们似乎是若不频频引述西方学者的概念与观点便不足以展开任何问题；在自己的论著结尾不开列一长串西方参考文献目录便不足以表明论著本身的思想深度与学术蕴涵，以至于到了张口西方学者、闭口还是西方学者的地步，否则，便几乎处于完全'失语'的状态。"[1] 对陈桂生马克思主义教育研究探讨，或有助于破除迷信，以求是态度正视马克思主义在教育研究中的问题和价值。值得注意的是，西方教育学术界在20世纪70年代曾掀起一股马克思主义热潮，经历了十余年的沉寂后，马克思主义教育研究于90年代中期又呈现出复兴势头。[2] 一个以马克思主义为指导的国度，实无理由再对马克思主义教育研究保持淡漠。

最后，探讨陈桂生的马克思主义教育研究也缘于个人的经验。在华东师大教育学系攻读硕士学位期间（2005—2008年），笔者在黄向阳老师的课堂上曾数次受教于陈桂生教授，对其探讨教育问题的分析方法深为佩服，遂决心掌握这种方法。于是，笔者从阅读《资本论》开始，逐渐走上马克思主义教育研究的道路。因此，在某种程度上对陈桂生工作的探讨也是个人研习马克思主义的回顾和反思。

---

[1] 吴康宁：《"有意义的"教育思想从何而来》，《教育研究》，2004年第5期，第19—23页。

[2] Rikowski, G. (1996). Left Alone: End Time for Marxist Educational Theory? *British Journal of Sociology of Education*, No. 4, p. 415—451.

依成果的性质和主题,陈桂生的相关工作大体上可分为四类。第一类是马克思主义经典作家论教育选编,这项工作虽非研究成果,但在一定程度上能够体现编者的学术旨趣与专业见识。在选编成果中,《马克思恩格斯论教育》(1979/1986)、《列宁论教育》(1979)、《列宁教育文集》(上册 1984)、《列宁教育文集》(下册 1986)已出版,《毛泽东教育文选》未出版。与之配套但未出版的有《马克思恩格斯论教育注释》《列宁论教育注释》《斯大林论教育(注释本)》《毛泽东教育文选(注释本)》。第二类是对马克思主义经典作家核心教育观点的研究,主要有《马克思主义教育论著研究》(1993)。第三类是系统地考察某一马克思主义教育思想本身,集中体现于《人的全面发展理论与现时代》(1988/2012),同时亦见于《教育原理》(1993/2000)的部分章节[①]。第四类为历史研究,主要有《徐特立教育思想研究》(1993)[②]、《现代中国的教育魂——毛泽东与现代中国教育》(1993)、《中国革命根据地教育史》(2015—2016)、《中国干部教育:1927—1949》(2007)[③]、《中国思想通史(第 7 卷)》(1994)部分章节[④]。下文分别考察各类成果的代表作,以揭示陈桂生研究工作的特点。

二、马克思主义教育文献的"选编"与"论著"课教学

陈桂生的学术生涯始于马克思主义教育思想研究,这又是从马克思主义教育文献选编入手。[⑤] 选编工作从 1975 年开始,历时十年左右。[⑥] 选编原则是,(1)突出教育主题,以免使"教育言论"淹没于马克思恩格斯关于一般哲学、社会科学的理论中;(2)选编"马克思主义"言论,选择他们成为马克思主义者之后的作品;(3)保持学术资料性质;(4)戒断章取义,注意语

[①] 主要见于陈桂生:《教育原理》,华东师范大学出版社,1993 年版,第 291—303 页;陈桂生:《教育原理》,华东师范大学出版社,2000 年版,第 271—349 页。
[②] 2012 年,该书再版时更名为《徐特立研究:从人师到人民教育家》。
[③] 这部著作主要取材于三卷本的《中国革命根据地教育史》(2012)。
[④] 参照王炳照、阎国华:《中国教育思想通史(第 7 卷)》,湖南教育出版社,1994 年版,第 311—343、411—449 页。
[⑤] 陈桂生:《教育学苦旅》,华东师范大学出版社,2012 年版,第 127—129 页。
[⑥] 陈桂生:《教育学苦旅》,华东师范大学出版社,2012 年版,第 127 页。

境;(5)保持客观性,"均采取原注释"。^①遗憾的是,这些原则在实际选编过程中由于种种原因并未完全贯彻,所以陈桂生对正式出版的选本"并不满意"。这些原则表明,选编工作主要基于教育学术的专业考虑。

值得注意的是第一个原则。由于教育本身是这样的"大观念":"一个与那些大观念和基础主题相关的题目……它是一个将讨论带入和越过许多主题的问题——文科的语法、修辞和逻辑,心理学、医学、形而上学和神学,伦理学、政治学和经济学。它是一个将许多大观念纳入焦点的问题——美德与真理、知识与意见、艺术与科学,欲望、意志、感觉、记忆、心灵、习惯,变化与进步,家庭与国家,人、自然与上帝"[②],因而它对教育领域外的人来说是一个方便的主题。选编非专门教育家的、但又与教育密切相关的言论并非易事。如何以专业眼光从非教育专题性著述中选择教育论述,这个问题具有一定的普遍性。[③] 不过,陈桂生并未说明选编工作如何遵循这个原则。也许通过俄选本与陈选本的比较可以窥测出他的某些具体考虑。[④] 两个选本中最多的摘录来自《德意志意识形态》(陈选本摘录 14 处,共 30 页;俄选本摘录 16 处,共 32 页)和《资本论》(陈选本摘录 15 处,共 33 页;俄选本摘录 50 处,共 118 页),因而可以比较它们在不同选本中的差异。

两个选本对《德意志意识形态》的摘录篇幅相当,最大的差异在于,陈选本有 9 处是俄选本所无的。马克思、恩格斯在《德意志意识形态》中首次比较系统地阐述了唯物史观,其中直接论述教育的言论甚少,但不少论述对

---

① 陈桂生:《教育学苦旅》,华东师范大学出版社,2012 年版,第 127—129 页。
② 美国不列颠百科全书出版公司:《西方大观念(第一卷)》,陈嘉映等译,华夏出版社,2007 年版,第 300 页。
③ 近来,陈桂生详细地考察了孟宪承主持选编"中国古代教育文选"中存在的问题。参见陈桂生:《教育专业理论在古代教育历史研究中的运用——孟宪承〈中国古代教育文选〉编辑过程纪事(续)》,《教育学报》,2018 年第 6 期,第 122—126 页;陈桂生:《略论行动中的"教育史学"问题——孟宪承〈中国古代教育文选〉选编过程纪事》,《全球教育展望》,2018 年第 9 期,第 29—46 页。
④ 比较所选的译本为苏联 1978 年选编版本,1985 年中文译本。[苏联教育科学院:《马克思、恩格斯论教育(上)》,华东师范大学《马克思、恩格斯论教育》辑译小组译,人民教育出版社,1985 年版。]陈选本为 1986 年版。(华东师范大学教育系:《马克思恩格斯论教育》,人民教育出版社,1986 年版。)

理解教育很有启发。这类言论是否都应入选？尺度如何把握是一大难题。俄选本选录了关于唯物史观的论述以及马克思恩格斯对唯物史观的发挥，如物质生产方式的决定性作用、语言与意识、人对自然的关系、意识的社会性、分工如何造成个人利益与共同利益的对立，等等；而陈选本并未选录这些内容。从增加的9处来看，陈选本侧重于分工、私有制、生产方式、革命等对人发展的影响。陈桂生似乎以与人的发展关系的远近为尺度进行选录，无意选择那些在阐述唯物史观中重要的、但与人的发展不甚密切的言论。俄选本摘录了不少唯物史观的内容，它们虽对理解教育很有启发，但毕竟属于比较间接的联系。对《资本论》的摘录，俄选本除基本涵盖陈选本的辑录内容外，[1] 还选录了不少背景性论述（如辩证法、劳动力、工厂法的历史等）以及调查资料（如童工调查委员会的《报告》）。这样，俄选本很容易使教育言论淹没于一般性论述。陈选本似有意避开背景性论述，以及那些虽涉及教育、但缺乏理论意义的论述，主要考虑与人的发展关系的密切程度。经筛选，陈选本篇幅只有498页（俄选本多达902页），它的好处在于，可聚焦于马克思主义"教育论述"。

两者的差异在一定程度上可由选编意图来说明。俄选本选录了不少背景性论述，1957年的出版说明指出，"本书编者朴·恩·格鲁兹迭夫所负的任务是要把马克思和恩格斯的教育言论完全编在本书里"[2]；1978年选本"不仅收入了马克思、恩格斯著作中直接论述教育问题的章节，而且还在意于这些问题是在怎样的上下文里，以及是为了什么目的而提出和解决的有关言论"[3]。而陈选本的意图在于"全面、正确地反映马克思、恩格斯的教育思想"[4]。俄

---

[1] 对《资本论》的选录，俄选本仅有1处未选，即陈本选录的《资本论》第三卷的第1处。参见陈桂生：《马克思恩格斯论教育（修订版）》，华东师范大学教育系，人民教育出版社，1986年版，第239页。

[2] ［苏］格鲁兹迭夫：《马克思恩格斯论教育》，马克思恩格斯列宁斯大林著作编译局译，人民教育出版社，1958年版，原出版者说明。

[3] 苏联教育科学院：《马克思恩格斯论教育（上）》，华东师范大学《马克思、恩格斯论教育》辑译小组译，人民教育出版社，1985年版，出版说明。

[4] 华东师范大学教育系：《马克思恩格斯论教育》，人民教育出版社，1986年版，出版说明。

选本的诸多内容不能说与教育完全无关，问题在于，如何在有限篇幅内凸显教育主题。这涉及另一个问题，即如何看待"选编"的作用和定位。实际上，将一部分言论从整体背景中抽离，这使任何选编或多或少具有局限性。恰当的定位似乎在于把选编视为研究和学习的指南，也就是说，读者不能仅通过他们的"教育言论"，把握其教育思想。为了更系统地理解他们的教育思想不能不涉及他们有关历史、哲学、社会、经济等论述，这势必越出选编的范围。仅就作为指南而言，似更宜突出与教育主题密切的论述。

"选编"与"马克思主义教育论著选读"课程的开设密切相关。1978年，教育部决定在师范院校教育系开设"马克思主义教育论著选读"课。次年，这项工作在部分高校展开，华东师大教育系的"论著"课由陈桂生承担。他对这类课程的性质与价值颇有独到见解。在他看来，"论著"课有别于学科课程与活动课程，属于文献课程，这种课程旨在使学生通过直接掌握第一手材料，培养独立阅读能力。教师在教学中应有的态度是，"把各种马克思主义教育观点放在它们所产生的历史背景与理论背景上考察，把它们同前人及同时代人的教育观点加以比较，并根据实践的结果作出恰如其分的评价"[1]。其实，这些原则也是陈桂生从事马克思主义教育研究与教学的基本原则。[2] 后来，他在回顾"教学生涯"中提及一个值得深思的问题。1980年代中期，瞿葆奎、孙培青等人尝试为"论著"课寻找接班人，而陈桂生对此并不积极。原因在于，执教"马克思主义教育论著选读"需作充分准备，且准备不易，即使准备比较充分，教学成效也有限。在论及这个问题时，陈桂生不禁感叹："这种准备工作谈何容易，而教学成效不过尔尔。"[3] 这类课程对执教者要求高，却成效不彰。那么，"选读"课的价值何在？也许其主要价值在于，通过直接阅读少量的经典著作，使学生得到思维上的训练，它着重于材料的训练价值，实不能指望学生最终"有志于此"。其实，学生是否"有志于此"，不仅与课程本身的

---

[1] 陈桂生：《谈谈大学"文选"课程的性质与特点》，《高等师范教育研究》，1989年第1期，第54—57页。

[2] 陈桂生：《马克思主义教育论著选读教学随感》，《上海高教研究》，1990年第2期，第65—67页。

[3] 陈桂生：《教育学的建构》，华东师范大学出版社，2009年版，第231—243页。

价值有关，更与学生的旨趣，乃至马克思主义教育研究的处境有莫大关系。

三、《马克思主义教育论著研究》（1993）

陈桂生长期执教"论著"课的结晶，就是《马克思主义教育论著研究》（以下简称《论著研究》）。瞿葆奎教授在该书序言中称，它是作者"20年来认真学习和深入研究马克思主义经典著作及其教育思想的成果"[①]。如果从作者1961年独立登台授课，讲授"列宁与毛泽东文化教育论著选读"（1961—1965年）算起，[②] 实质上远不止二十年。据作者所言，于光远在1978年前后建议在马克思主义研究中，区分基本理论研究与论著研究。[③] 陈桂生即本着这种精神进行马克思主义教育思想研究，他还在全国马克思主义教育思想研究会率先倡导教材以"马克思主义教育论著"为本位，坚持以理解马克思主义教育论著的原意为本。《论著研究》体现了这种旨趣，这使其有别于一般的马克思主义教育思想研究。改革开放后的十余年间（1978—1994年），我国马克思主义教育思想研究相当活跃。不过，这一时期的著作多为集体智慧的结晶，[④] 其中与陈著类似的是厉以贤主编的《马克思列宁教育论著选讲》。在内容上，两者均涵盖马克思、恩格斯、列宁的主要教育观点。在处理方式上，

---

① 陈桂生：《马克思主义教育论著研究》，华东师范大学出版社，1993年版，序。
② 陈桂生：《教育学的建构》，华东师范大学出版社，2009年版，第231—243页。
③ 这种区分可能是于光远在全国马列主义毛泽东思想研究规划会开幕式和闭幕式上的讲话中提出的。参见于光远：《在全国马列主义毛泽东思想研究规划会开幕式上的讲话》，《马克思主义研究参考资料》，1979年第1期，第1—9页；于光远：《在全国马列主义毛泽东思想研究规划会闭幕式上的讲话》，《马克思主义研究参考资料》，1979年第2期，第1—25页。
④ 其间主要的马克思主义教育研究成果有：全国马克思主义教育研究会主编《马克思主义教育研究文集（第一辑）》（1980）；华中师范学院教育系编《马克思主义教育思想研究文集；毛泽东教育思想研究文集（第2辑）》（1982）；中国教育学会教育学研究会编《学习马克思的教育思想：纪念马克思逝世一百周年文集》（1983）；王焕勋主编《马克思教育思想研究》（1988）；张健主编《马克思主义教育思想研究》（1989）；厉以贤主编《马克思列宁教育论著选讲》（1992）；董标《马克思主义教育思想论纲》（1994）；陈桂生《马克思主义教育论著研究》（1993）；厉以贤、李明德等《马克思恩格斯教育学说探讨》（1985）；石佩臣《马克思主义教育思想引论》（1990）；车树实《马克思主义教育思想史初编》（1990）。

两者有所不同,厉著的每个主题包含摘录、讲解、注释。在摘录后,"讲解"部分简要介绍所录内容在马克思主义发展中的地位及写作背景,并指出其中有哪些重要的教育观点,"注释"部分则罗列摘录中涉及的人物、作品、重要概念和术语的简介。相较而言,陈著以准确理解某一主要教育命题为旨趣,将其中的教育思想置于马克思主义教育思想发展过程中考察。总体而言,厉著更具教学参考书性质;陈著富有研究色彩。

与西方马克思主义教育思想研究相比,陈著亦别具一格。西方学界对马克思主义教育思想的关注大体上始于20世纪60年代末70年代初。西方的马克思主义教育研究无意标榜真正的马克思主义,重在从马克思主义经典作家的哲学、历史、社会、经济等理论中获得理解教育的灵感,而较为忽视他们的教育概念和命题。这种倾向有助于发掘马克思主义在理解教育问题上的理论价值,不过也使马克思主义教育研究呈现高度多样性,以至于"马克思主义"沦为一种模糊的标签。[①] 对传统的马克思主义学者而言,这类研究多少存在背离原意之嫌。在西方的马克思主义教育学者中,斯莫尔(Robin Small)算得上少有的例外,他重视理解马克思的教育思想。

[①] 英国马克思主义教育学者里科夫斯基(Glenn Rikowski)指出,"马克思主义教育理论"涵盖了宽泛的著作家、研究者和理论家。他将这些人分为九类:(1)那些单纯关注马克思和恩格斯教育观点的人;(2)像列宁、卢卡奇和葛兰西这样的经典马克思主义者,他们利用马克思的工作发展了教育的马克思主义理论;(3)当代的马克思主义理论家如弗莱雷、阿尔都塞、鲍尔斯、金蒂斯等,他们通过把新概念运用于马克思主义语言,发展马克思主义教育理论;(4)包括那些非马克思主义者的激进派,他们融合了马克思的概念和其他与教育相关的概念和理论,创造出解放的、自由的和批判的语言,如整个北美批判教育学派、拥护社会民主和改良主义的教育研究者和理论家;(5)社会主义教师和研究者,他们在写作中利用了马克思主义的概念和理论以支持其实践;(6)学术的马克思主义者或激进派,他们首先把马克思主义概念作为"学术资本",相对脱离实际的教育斗争;(7)后现代的教育理论家,他们轻率地对待马克思主义;(8)那些贪婪地窃取马克思和马克思主义著作的学者,他们既不特别激进,也不是社会主义者;(9)马克思主义概念以"学术渗透"方式进入这类作者的学术语言,但通常已远离马克思的源头,这些概念在政治上是温顺的、孤立的,在意义上是含糊不清的。参见:Rikowski, G. (1996). Left Alone: End Time for Marxist Educational Theory? *British Journal of Sociology of Education*, No. 4, p. 422—423。

笔者尝试将陈著与斯氏的代表作《马克思和教育》[①]作一比较，以展示陈桂生马克思主义教育思想研究的特点。探讨马克思教育思想的特殊困难在于，如何建立起马克思的教育思想与其社会、哲学、历史等论述的联系。斯莫尔采取了从一般到特殊，再从特殊到一般的路线，不过这两条路线是分离的。《马克思和教育》分两部分：第一部分探讨马克思的"教育理论"；第二部分关注具体的教育建议和计划。前者采取从一般到特殊的路径，所谓"教育理论"是马克思著作中五个与教育主题密切相关的概念（"人性""异化""实践""历史唯物主义""意识形态"），斯莫尔将这些概念置于马克思的整个思想脉络中，揭示这些概念的内容与马克思的理解方式。在完成这些工作后，他尝试从马克思的理解出发，说明它们在何种程度上可引申至教育领域，这种"引申"对教育问题的启发，以及后来的一些重要学者（如阿尔都塞、鲍尔斯、金蒂斯、弗莱雷等）如何发展了其中的某些观念。在第二部分，斯莫尔处理马克思的教育计划（"教育问题与计划""综合技术训练""工作、游戏与学校""国家教育""社会主义学校教育"），他将具体的教育论述置于马克思的整个思想体系中，分析这些教育观点隐含的一般性观念，可谓是"从特殊到一般"。

陈著选录了29处马克思、恩格斯、列宁的教育论述，作者旨在澄清选录内容中的主要教育命题。与斯莫尔一样，陈桂生将所选内容置于马克思（恩格斯、列宁）思想背景中进行理解。不同之处在于，陈著增加了另外三个背景，分别是所选著作的写作背景、教育观点所涉及的历史背景、马克思主义教育思想的背景。第二个显著区别是，陈著于马克思等人的一般性理论着墨不多（仅限于必要的范围），着重澄清教育命题的含义；斯著在论述马克思的一般思想时往往不吝笔墨，重在从马克思的一般观念中引申出某种富有启发性的教育观点。第三个重要区别在于，陈著在探讨马克思等人的教育建议时，着重分析产生这些措施的历史前提；斯著重在揭示这些教育措施所预设的一般性观念，而措施的"历史前提"与措施所"预设的观念"并不是一回事。这些区别首先源于各自的任务不同。斯著旨在表明马克思与教育的关联性，

[①] Small, R. (2005). *Marx and Education*, Aldershot: Ashgate.

因而也就不限于马克思的教育思想本身；陈著重在准确把握马克思教育命题的含义。其次，更深层的原因在于，他们看待和分析马克思思想的方式不同。斯著在很大程度上将马克思的思想视作一个相对独立的观念系统，其方法是典型的哲学分析，这种方法以马克思思想自身的逻辑自洽为标准；陈著则将马克思的著作（思想）视为历史的产物，因而它采取历史的、逻辑的方法。

四、《人的全面发展理论与现时代》（1988/2012）

1980年，陈桂生在首届全国马克思主义教育思想研究会上提交了题为"关于'德智体全面发展'的提法问题"的论文,[①] 其中认定马克思主义的"人的全面发展"理论中的"全面发展"指人的劳动能力的多方面的充分发展，这与当时流行的"德智体全面发展"提法区别甚大。如此见解一度引发广泛讨论。这很可能是促使陈桂生对"人的全面发展"理论进行彻底研究的动因，其成果就是《人的全面发展理论与现时代》（以下简称《全面》）。如果马克思主义教育思想的核心主张可用一种理论来概括，那么这种理论就是人的全面发展理论。不过，这个理论本身不仅仅是教育理论，更是一个社会理论。这里不拟对这部著作的内容展开详细讨论，值得注意的是作者的研究特点。陈桂生在教育理论研究中，素以历史的逻辑的分析见长，这里以《全面》为例子尝试说明这一特点。

《全面》同《论著研究》一样，以马克思的教育思想为研究对象。它们的不同在于，前者集中探讨马克思主义人的全面而自由发展的理论；后者旨在阐明马克思主义经典作家主要教育命题的原意。在同类研究中，常见的情况是研究者倾向于将这种思想视为孤立的存在，视为作者个人的作品。但在陈桂生看来，人的全面发展理论不仅是作者个人的认识成果，更是特定历史和思想条件的产物。

第一编"人的全面发展理论的形成"涉及三方面的历史。一是社会史，近代产业革命之后，人的片面发展问题成为尖锐的社会问题；二是思想史，

[①] 全国马克思主义教育思想研究会：《马克思主义教育思想研究文集（第一辑）》，出版者不详，1980年版，第203—204页。

从文艺复兴时期的人文主义者到启蒙哲学家再到空想社会主义者对人的片面发展的思考；三是认识史①，马克思本人对人的片面发展的探索历程。三方面历史的作用不同：社会史重在说明人的全面发展何以成为迫切的社会问题；思想史旨在表明一些思想先驱对该问题的探索，以及马克思本人可资利用的思想资源；认识史着重揭示马克思对这个问题逐步深化的过程。其中，认识史是作者关注的重点。具体而言，在《1844年经济学哲学手稿》和《关于费尔巴哈的提纲》中，人的全面发展理论尚在孕育中，但它们为解决人的全面发展问题确立了新的理论前提，提供了新的出发点和思想线索——从劳动出发考察人，将劳动理解为一个历史过程。《德意志意识形态》不仅明确提出人的全面发展问题，而且为之提供了初步论证，它标志着马克思主义人的全面发展理论的形成。从《德意志意识形态》到《共产党宣言》的发表，是马克思主义关于人的全面发展理论形成和得到初步发展的时期。这一理论在《资本论》的三部手稿中逐步完善，最终成熟于《资本论》。

如果说陈桂生在"形成"部分主要利用历史分析的形式，那么第二编"普遍的个人全面发展的基本理论"则舍弃了历史分析的形式，以逻辑分析的方式说明人的片面发展的根源与全面发展的可能性。对马克思来说，重要的不是提出人的全面发展的理想，而是发现导致人片面发展的根源，以及全面发展的可能性。陈桂生主要从生产力的两个方面分析导致片面发展的根源：劳动过程的社会结合对人的发展的影响与劳动过程的技术结合对人的发展的影响。在马克思看来，使人片面发展的劳动的技术结合与社会结合不完全是消极的。他从大工业所带来的革命性变化中发现了进步的趋势，即承认劳动者尽可能多方面发展能力是现代生产的普遍规律。

不过大工业只为人的全面发展提供了一种可能性。如何将这种可能性转变为现实性？马克思从社会生产力和社会关系两个角度分别探讨了物质生产劳动和精神生产劳动与人的全面发展问题。对于物质生产劳动，又从分工和协作角度予以说明。由于马克思并未详细地分析精神生产中人的全面发展问

---

① 一些同类的优秀成果没有考察马克思对人的全面发展问题的认识过程。如丁学良：《马克思的"人的全面发展观"概览》，《中国社会科学》，1983年第3期，第127—153页；扈中平：《人的全面发展：历史、现实与未来》，四川教育出版社，1988年版。

题，陈桂生参照马克思政治经济学手稿在分析物质生产领域的方式（生产力与生产关系）对人的影响基础上，探讨精神生产的分工与协作对个人发展的影响的研究成果，并注意到恩格斯着重探讨的科学研究领域中的分工与协作。随着资本主义生产方式日益渗入精神生产领域，脑力劳动也同体力劳动一样是不自由的。为了使精神生产成为自由的劳动，同样需要改变生产关系，使文化由统治阶级的独占品变成全社会的共同财富和促使它进一步发展。

以上所述似乎表明，陈桂生在关于"人的全面发展理论的形成"部分，采用了历史分析，而在对这个理论本身的讨论中，采用了逻辑分析。其实其中的论述，只是从形式上的方便出发，实际上每部分均包含了历史的逻辑的分析，比如"形成"部分在比较马克思与文艺复兴时期的人文主义者、启蒙思想家、空想社会主义者的观点时，便运用了逻辑分析，只是这种分析隐含在历史外衣之下。在第二编"普遍的个人全面发展的基本理论"中，对人的全面发展理论本身进行分析时，注意到劳动过程的技术结合和社会结合的不同历史形式，同样体现了历史分析，只不过这里抛弃了历史的形式，或者说历史沉淀为逻辑的东西。因此，《全面》既没有离开历史的空泛的逻辑分析，也看不到缺乏逻辑分析的历史资料的堆砌。

对本文的目的来说，难得的是作者在第四编中尝试按照考察人的全面发展理论的逻辑考察现代人的发展问题。其中分别考察了物质生产与精神生产领域的变化。在物质生产领域，他考察了自马克思时代以来的机器体系、现代管理和分工的发展，探讨了当代生产劳动的性质，及其对普通工人智力与技术水平的需求。结论是，"大量事实表明，现代机器劳动的紧张性和单调性都比传统机器劳动变本加厉了"[1]。他还注意到，科学较之以往在更大规模上运用，并引起管理方面的变化。现代生产对工人（包括操作工人、技术人员和管理人员）的智力和技术水平的结合大大提高。新的变化使一大批原属于脑力劳动者的管理人员、技术人员下降到普通工人水平，从而带来工人阶级结构的变化，但它又掩盖了占人口极少的高级技术人员和管理人员同大多数

---

[1] 陈桂生：《人的全面发展理论与现时代》，华东师范大学出版社，2012年版，第178页。

工人智力差别相对扩大的事实。在新的历史条件下,劳动的交换、职能的更动和工人流动更为频繁,资本主义的剥削手段也有一些变化,如自由调换工种、灵活的上班制度等,但使人长期甚至终身从事一种职业的"旧的分工"依然存在。基于此,陈桂生认为,马克思考察人的全面发展问题的视角仍具有生命力。在精神生产领域,在电脑问世之前,生产工具变化不大,精神劳动近于手工劳动。电脑产生后,脑力劳动者像以前的体力劳动者一样面临着操作技能从人向机器的转移问题。

在第四编中,陈桂生循着马克思的分析思路,考察了新的历史条件下人的全面发展问题。以此方式,他提供了运用"人的全面发展理论"的例子。值得思考的是,陈桂生注意到马克思分析人的全面发展的方式以及这个理论针对的基本问题,同时又考虑到在新的历史条件下物质生产劳动与精神生产的变化,因而他不是将理论直接"运用"于新的历史情境。可见,真正富有生命力是马克思考察人的全面发展的思路。在研究中,注重考察问题的思路是陈桂生的一个重要特点,这在即将探讨的著作中更明显地表现出来。

五、以理论为旨趣的历史研究

在马克思主义教育历史研究方面,陈桂生的主要著作有,以中国革命根据地教育为主题的三卷本《中国革命根据地教育史》[①](以下简称《根据地》)和以人物教育思想为主题的《徐特立教育思想研究》[②](以下简称《徐特立》)与《现代中国的教育魂——毛泽东与现代中国教育》[③](以下简称《毛泽东》)。在结构上,三部著作非常类似,均包含两个主要部分:一是相关教育史实;二是关于教育问题的专题探讨。值得思考的是,这些研究在什么意义上堪称"马克思主义"教育研究?它们有怎样的特点?

就《根据地》而言,似乎研究对象(中国共产党在马克思主义指导下领导中国人民的教育探索)使其天然具有马克思主义性质。在宽泛意义上,如

---

① 陈桂生:《中国革命根据地教育史》,华东师范大学出版社,2012年版。
② 陈桂生:《徐特立教育思想研究》,辽宁教育出版社,1993年版。
③ 陈桂生:《现代中国的教育魂——毛泽东与现代中国教育》,辽宁教育出版社,1993年版。

此定性未尝不可，但并不充分，甚至有些荒谬。新中国的教育事业是中国共产党领导下的教育，然而我们显然不能断言，关于这些教育的研究均有马克思主义性质。判断一项研究的性质关键在于研究者的方法、立场和意图。《根据地》在分析、综合、考证等方面近于一般史学研究，或者说，陈桂生不过是遵循了历史研究的通则。在此意义上，《根据地》难以称得上"马克思主义"教育研究。至于立场，陈桂生秉持马克思主义立场，行文中不时流露出他对革命根据地教育事业的同情和赞美，不过其价值判断止于必要的程度，并不影响对教育事实的理性认识。关于研究意图，作者有所交待："从多年受到的教育中，早就获得一种见识：理论是历史经验的结晶，只有明了某种理由所由产生的经验事实，才能把握这种理论的精义。为了使自己的理论知识（主要是教育基础理论）不致成为空中楼阁，一直试图寻求一段有始有终的历史时期，作为完整地检验教育理论发生与运用的'试验场'。"[①] 由于种种机缘，陈桂生选择了革命根据地教育史的课题。对他来说，这次历史研究是"一次难得的洗礼"。《根据地》研究可算得上是一种"理论实践"。

陈桂生早就获得的"见识"，很可能源于他对马克思主义长期的学习和研究。马克思和恩格斯曾声称："我们仅仅知道一门唯一的科学，即历史科学。"[②] 此处所谓的"历史科学"意味着用历史眼光看待一切科学，不限于"历史学"的形式。在《政治经济学批判导言》中，马克思关于政治经济学方法的观点亦体现了上述"见识"，他用劳动概念作为例子具体地说明了抽象的概念如何是历史的产物。[③] 此外，这种观点与马克思和恩格斯对传统形而上学的激烈否定一脉相承。如果说，陈桂生在以往研究中注重用这种"见识"指导研究实践，那么《根据地》的独特之处在于，他尝试通过一项具体研究以体验这种"见识"。在理论上，这涉及一个重要的哲学问题，即认识（或知

---

① 陈桂生：《中国革命根据地教育史（第一册）》，华东师范大学出版社，2012年版，序。
② ［德］马克思、恩格斯：《马克思恩格斯全集（第3卷）》，中共中央马克思恩格斯列宁斯大林著作编译局译，人民出版社，1960年版，第20页。
③ ［德］马克思、恩格斯：《马克思恩格斯全集（第12卷）》，中共中央马克思恩格斯列宁斯大林著作编译局译，人民出版社，1962年版，第750—759页。

识)与信念(或行动)的关系问题。一般来说,理解上述"见识"并不困难,但使这一"见识"转化为影响个体研究的"信念"要困难得多。对研究者来说,使某种"见识"转化为"信念"的基本途径是,通过自身的实践以检验这种"见识"的真理性,据反馈对其加以认同、修正或摒弃。在论及道德教育时,杜威注意区分道德观念与关于道德的观念,① 就是这个道理。陈桂生虽信奉上述"见识",但希望借助自身的研究实践"体验"这种"见识"。亲自体验经过历史检验的"见识",仿佛只是简单的重复,实际上却是深化理解的根本路径。因为在"体验"中有可能发现这些"见识"的价值与局限,这又在很大程度上决定了在新情境中运用这种"见识"的水平。在某种意义上,这类似于马克思关于19世纪无产阶级革命的观点:"像19世纪的革命这样的无产阶级革命,则经常批判自己,往往在前进中停下脚步,返回到仿佛已经完成的事情上去,以便重新开始把这些事情再作一遍;它们十分无情地嘲笑自己的初次企图的不彻底性、弱点和不适当的地方;它们把敌人打倒在地,好像只是为了要让敌人从土地里吸取新的力量并且更加强壮地在它们面前挺立起来一样……"② 这段话被陈桂生多次赞赏性地引用,并非偶然。在上述"见识"深受马克思主义影响的意义上,可以说《根据地》具有马克思主义性质。

《毛泽东》与《徐特立》正是上述"见识"指导下的产物。作为中国共产党人,毛泽东与徐特立自觉地运用马克思主义原理探索中国人民的教育事业。他们的教育思想属于将马克思主义与中国特殊的教育道路相结合的产物,因而对它们的探讨属于马克思主义教育研究的范畴。陈桂生重在考察毛泽东与徐特立观察、思考教育问题的思路。研究原则是将他们的教育思想放在不同的背景下考察,③ 它们大体上属于历史研究中的通则。至于陈桂生在多大程度

---

① [美]杜威:《道德教育原理》,王承绪译,浙江教育出版社,2003年版,第9—10页。
② [德]马克思、恩格斯:《马克思恩格斯全集(第8卷)》,中共中央马克思恩格斯列宁斯大林著作编译局译,人民出版社,1961年版,第125页。
③ 关于研究原则,作者在序言中均有明确说明。参见陈桂生:《现代中国的教育魂——毛泽东与现代中国教育》,辽宁教育出版社,1993年版;陈桂生:《徐特立研究:从人师到人民教育家》,华东师范大学出版社,2012年版。

上、以什么方式贯彻上述原则,可从他对徐特立"教育与生产劳动相结合"的分析[①]中可见一斑。陈桂生的分析分"四步走"。首先,他提供了马克思关于教育与生产劳动的论述作为思想背景,并将之概括为四点,其中特别重要的是,马克思的论述基于机器大工业背景。其次,考察徐特立思考教育与生产劳动结合的方式,指出他自觉地从马克思主义出发思考这个问题。徐特立注意到中国实际情况与西方社会的重大差异,其中重要的是中国的小农经济与教育缺乏内在联系,受教育者对体力劳动存在普遍轻视。再次,呈现了徐特立在一系列教育问题上与当时流行观点的差异。最后,从"生产劳动与教育的结合"与"教育与生产劳动的结合"角度,评估了徐特立对马克思主义的运用,并概括了它的两个特点:一贯自觉以马克思主义有关教育与生产劳动相结合的理论为指导;以马克思主义观点看待中国的教育经验,注重从中国特殊的需求和条件出发,但并未将这种情况下的措施绝对化、凝固化。

在对徐特立和毛泽东教育思想的研究中,也许陈桂生得出的最具理论意义的观点是,他们的教育价值取向属于有别于个人本位和社会本位的群众本位的教育观。在主流教育学框架中,教育目的或教育价值取向部分鲜有群众本位的讨论,而"群众本位"不正是中国特色的社会主义在教育事业中的体现吗?自然,"群众本位"的提法本身是可以争论的,尤其是考虑到这一教育观在不同历史条件下的具体表现。陈桂生也指出:"随着时代变迁,社会的进步,作为教育对象的'群众'在变化中,'群众本位教育'的内涵与外延也将发生变化。"[②] 值得注意的是,这两项研究在形式上属于历史研究,但作者的核心关切却是理论的。在考察毛泽东与徐特立的教育史实的基础上,陈桂生对他们的教育观点进行历史的具体的分析,重在考察他们分析、考察教育问题的视角和方法,以此评估它们在教育思想上的贡献。

---

① 陈桂生:《徐特立研究:从人师到人民教育家》,华东师范大学出版社,2012年版,第152—160页。
② 陈桂生:《徐特立研究:从人师到人民教育家》,华东师范大学出版社,2012年版,第199页。

六、结语

上述考察表明,陈桂生的马克思主义教育研究具有四个鲜明特征:(1)对理论问题的深切关注。它主要表现在,陈桂生重视对马克思主义经典著作中教育命题原意的把握;对人的全面发展理论的探讨则是直接以理论为研究对象;在研究徐特立和毛泽东的教育思想时,注重他们观察教育的角度、立场和方法;在革命根据地教育史研究中,他倾注了大量精力用于探讨具有理论意义的教育问题,可以说,正由于他对理论的关注,才有了"革命根据地教育史"的研究。(2)自觉的历史意识。在每项研究中,陈桂生均将事物置于不同的历史背景下考察,因而每种观点都有自身合理性(或不合理性)的条件,从而避免将某种观点凝固化、教条化。可以说,他真正地践行了"我们仅仅知道一门唯一的科学,即历史科学"的信条。(3)批判精神。这种精神实质上是历史意识的自然产物。具体表现在,陈桂生将马克思、徐特立等人的教育思想视为有条件的存在,一旦使其合理性的条件发生变化,那么这些思想的价值也将发生变化。它意味着,将某种教育思想"运用"于新情境时,需考虑思想产生的背景与新情境的差异,进而创造性地"发展"这种思想。毋庸赘言,这里的批判精神是就认识论而言。(4)以教育为关注核心。陈桂生的马克思主义教育研究所探讨的教育家均非职业教育家,因而不能不涉及教育与其他主题的关系。在处理这类问题时,陈桂生始终以教育为关注核心,仅在必要范围内论及其他主题,不为其他主题所"诱惑"。这一点体现在选编工作(从大量非教育论述中撷取"教育言论")中,也表现在对毛泽东"教育"思想的专注中,同样反映在陈桂生有关教育家徐特立对教育著作缺乏兴趣的"困惑"中。[①]

上述特点使陈桂生的工作有别于流行的马克思主义教育研究,甚至使其难以称得上"马克思主义"教育研究。后者往往对现实教育问题投以强烈的关注,这些问题通常与更宏大的政治、经济、文化、社会议题相联,在政治

[①] 陈桂生:《徐特立研究:从人师到人民教育家》,华东师范大学出版社,2012年版,第103页。

上秉持激进批判的立场，重视阶级分析的理论价值，等等。与这类研究相比，陈桂生的研究似乎具有明显的局限性：批判性不足，缺乏对社会政治等问题的敏感；视野比较狭隘，对西方马克思主义研究关注不够。孤立地看，这些局限的确存在，不过他的主要兴趣在于教育基础理论，而这种兴趣本身又往往表现为相关思想或历史的分析，与常见的马克思主义社会政治批判异趣。同时，陈桂生无意将不同的马克思主义教育思想作为整体进行研究，因而只是在必要限度内参考西方马克思主义相关成果。① 事情的另一面是，不少流行的马克思主义教育研究虽相当激进，极富批判性，但往往缺乏马克思主义认识论的批判精神；它们重视教育与其他主题的联系，却常有意无意地将教育化约为其他性质的（政治的、经济的、文化的）问题，倾向于忽视教育自身的逻辑。在此意义上，陈桂生的研究可算得上是马克思主义精神的产物，他于主流研究范式之外提供了另一种意义的马克思主义教育研究。

值得一提的是，从 20 世纪 80 年代末开始，陈桂生将其从长期研习马克思主义中获得的见识，运用于教育基础理论领域，开辟出一片新天地。他的教育理论研究虽未以马克思主义相标榜，但熟知马克思主义的研究者不难发现，这些成果深受马克思主义滋养。这意味着，陈桂生正是以马克思主义的方式对待马克思主义本身，未将其视为封闭、凝固的教义。也许在褪去流行色彩的地方，马克思主义的精华汇入了人类文明的大道。陈桂生的教育基础理论研究提供了一个典型的例子。

（本文原载于《全球教育展望》2019 年第 9 期）

---

① 《马克思主义教育论著研究》的绪论（"马克思主义教育思想"辩）表明，作者的眼界并不狭隘。

附录三

陈桂生教育原理研究平议[①]

张建国

在当代中国教育基础理论脉络中,陈桂生的教育原理研究独树一帜,影响广泛,但不易得到同行理解,因而有探讨的必要。本文将其教育原理研究定性为一种马克思主义传统下的教育基础理论探索,从教育学研究对象、概念建构、命题论证以及教育学体系等方面,分析陈桂生教育原理研究的主要成果,探讨他运用马克思主义理论和方法探讨教育问题的特点。

一般来说,讨论某位学者的著述,意味着肯定其学术工作的价值。在目前的学术生态下,探讨一位同行(尤其是令人敬重的前辈)的学术工作,不免存在专业外的顾虑:是提出一些不同的甚至是批评性的意见,还是选择性地说些恭维的客套话?无论如何,本文的立场是"平视"陈桂生先生的工作。我想,向一位学者表达敬意的最好方式,莫过于严肃地对待他的劳动成果。

陈桂生的教育学研究为什么值得探讨呢?在某种意义上,他的为人为学

[①] 本文初稿形成后,曾向几位师友(董标教授、涂诗万博士、郭瑞迎博士、刘磊明博士生等)征求意见,他们提出了不少问题、建议和构想,尤其是董标老师对文本的修改花费了不少心力。特此致谢。

在当下教育理论界代表了一种稀有的存在。例如，他很早就"毫不犹豫"地选择以教育学为志业。多年来，他精研中外教育名著和马克思主义原著，广泛涉猎教育史、教育学史、元教育学、教育理论等领域，也曾走进学校调查研究过。陈桂生在每一个领域都取得了可观的成绩，尤其是对教育基础理论的研究，独树一帜，影响广泛，同行却很少理解。[①] 在略显孤单的探索中，陈桂生坚持自我批判精神，不断地取得新突破。

我在读硕期间（2005—2008 年）始涉足教育学专业，在专业认同上经历了不少迷惘、挣扎。[②] 在寻求走出"迷惘的教育学"的过程中，我从陈桂生的著述中获益良多。这使我确信，他的工作不仅对关心教育学研究的学者有启发意义，而且对理解 1949 年后中国教育学的发展具有重要的参考价值。因此，我早就萌发一种写点什么的冲动。直到 2015 年，《中国教育科学》才促成这一机缘。

20 世纪 80 年代中期之前，陈桂生长期致力于马克思主义教育思想的研究。此后，由于种种机缘，他"遭遇"教育学。[③] 作为一名教育理论工作者，他的学术成就主要体现于三部"教育原理"〔《教育原理》（1993 年、2000 年、2012 年，以下简称《原理》）、《学校教育原理》（2000 年、2012 年，以下简称《学校》）、《普通教育学纲要》（2009 年，以下简称《纲要》）〕及相关论文中。本文主要考察他在"教育原理"方面的研究和著述。

从什么角度探讨陈桂生的教育原理研究呢？本文将他的工作定性为马克思主义传统下的教育基础理论探索。这样做主要基于三方面的考虑。其一，马克思主义在很大程度上影响了他对教育学研究对象的选择以及分析视角。[④] 其二，1949 年后，马克思主义在中国的学术研究打下了深深的烙印。这对所

---

① 在《学校教育原理》再版序中，作者称："至于原先为什么不拟把此书再版之想，是由于自己这些年来，越来越觉得自己的这些东西，对于如今的'教育学人'来说，已经成为一种奢侈。"参见陈桂生：《学校教育原理》，华东师范大学出版社，2012 年版，再版序。

② 张建国：《一名教育学研究生的学术苦旅》，《现代大学教育》，2014 年第 2 期。

③ 陈桂生：《教育学苦旅》，华东师范大学出版社，2012 年版，代序。

④ 陈桂生："唯物主义教育史观"一家言，载《教育文史辨析》，华东师范大学出版社，2012 年版，第 69—72 页。

有的人文社会科学研究领域而言,都是一个极为重要的事实。1978年以前,马克思主义对人文社会科学的影响,更多的是以意识形态的方式发挥作用,在很大程度上马克思主义已沉淀为中国教育学术传统的一部分。① 20世纪80年代以后,新一代教育学人由于种种原因,有意无意地与马克思主义保持距离。② 其结果是,一方面我们难以批判性地反思中国的马克思主义教育学术传统;另一方面,容易忽视马克思主义中有学术价值的内容,而这些内容已在世界学术脉络中彰显了自己的生命力。其三,陈桂生不仅是一名具有共产主义信仰的党员,③ 而且在研究中贯彻了马克思主义的基本原则和治学精神。在这个意义上,有理由称《原理》为"马克思主义教育原理"。不过,他的"教育原理"不限于马克思主义经典作家的教育命题,着重采用其分析问题的立场和方法,因此并非一般意义上的"马克思主义"教育原理,毋宁说是普通的"教育原理"。在此意义上,我将他的教育原理定性为马克思主义传统下的教育基础理论。

一、研究问题的提出

《原理》出版前,作者对它的命运早有预感:"'未必会有人把它读完','相信理解它的人不会多'。"《原理》出版后,意料外的是,它颇受欢迎;意料中的是,相当多的青年学子"读不懂"。根据教学经验判断,陈桂生认为,问题症结在于,读者"不熟悉该书援引的大量背景材料,尤其是作者理论思考的方式、考察问题的视角"④。也许为了对读者的疑惑有所交代,同时借机

---

① 侯怀银、辛萌:《论马克思主义教育学传统》,《西北师大学报(社会科学版)》,2012年第3期。

② 这一点不难从他本人的授课经历和"接班人"问题上看出来。参见陈桂生:《我的教学生涯(上)——"文献课程"的求索》,载《教育学的建构(增订版)》,华东师范大学出版社,2009年版,第239—240页。

③ 他曾谈起自己作为一个共产党人的真实想法:"我心灵深处的'共产党人'观念,是《共产党宣言》中的两句话。一是'共产党人没有任何同整个无产阶级的利益不同的利益';一是'共产党人不屑于隐瞒自己的观点和意图'。起初主要用于律己,后来也用以衡人。"参见陈桂生:《在红旗下宣誓》,载《课程实话》,华东师范大学出版社,2010年版,第274页。

④ 陈桂生:《教育原理》,华东师范大学出版社,2012年版,第二版序言。

阐发对《原理》的反思，他多次谈到与此书相关的问题。在首版序言中，他对《原理》与同类著作的区别，以及考察教育问题的视角与框架做了说明。1994年，在《〈教育原理〉问对》中他以"问对"形式讨论了学生对《原理》的观点与疑问。2006年，他在《从"教育要素"问题谈起——关于"教育原理"研究的检讨》中，批判性地回顾了自己从《原理》开始的教育理论体系的探索。①

在考察教育问题的视角方面，陈桂生是这样为《原理》定性的：本书"运用马克思主义的理论和方法分析一系列深层次的教育基本理论问题。在这个意义上，或可忝列'马克思主义教育原理'之林。但未局限于马克思主义经典作家提到的教育命题，而注重运用马克思主义的理论和方法分析教育现象和教育问题"②。"它大致上算是以马克思主义观点为指导的'教育规范科学'"③。他在《学校》第二版序中又指出，这种考察问题的方式贯穿三部"教育原理"："……这三本著作，探索的重点虽然不同，观察教育理论问题的视角大同小异，而它们的研究对象（问题领域）基本一致。"④ 可见，把握陈桂生整个教育原理研究的关键是，理解其考察教育问题的视角。这样，"很想读，又读不懂"的症结就在于，不清楚作者是如何利用马克思主义的理论和方法分析教育问题。其中缘由似乎不难理解，一般大学生对马克思主义理论存在某些偏见，兴趣比较淡薄。⑤

陈桂生对"教育原理"采用的研究方法也做过说明。⑥ 然而，由于说明本

---

① 陈桂生：《从"教育要素"问题谈起——关于"教育原理"研究的检讨》，《西北师大学报（社会科学版）》，2006年第4期。
② 陈桂生：《教育原理》，华东师范大学出版社，2012年版，第一版序言。
③ 陈桂生：《〈教育原理〉问对》，载《教育学苦旅》，华东师范大学出版社，2012年版，第19—26页。
④ 陈桂生：《学校教育原理》，华东师范大学出版社，2012年版，再版序。
⑤ 陈桂生：《我的教学生涯（上）——"文献课程"的求索》，载《教育学的建构（增订版）》，华东师范大学出版社，2009年版，第231—243页。
⑥ 关于"教育原理"研究方法的说明，主要见之于《教育原理》第一版序、《〈教育原理〉问对》、《学校教育原理》原版跋、《普通教育学研究旨趣》（中篇）、《教育学建构刍议——我的教育学信条》、《教育研究空间的探求》序、《教育文史辨析》序和跋，以及第Ⅰ编"关于教育史学"、第Ⅷ编"教育历史研究评议"等。

身是孤立的（比如，没有阐明马克思主义的理论和方法怎么影响其构建概念、命题），因而说明的意义相当有限。以《原理》为例，与1949年后的教育学著作相比，《原理》从研究方法到论证方式均具有开拓性，表明教育基础理论研究达到了一个新的高度（尽管用作者的话来说，它还属于"不成熟的果实"[①]）。与同类著作相比，《原理》被广为引用，颇受好评。[②] 笔者利用"读秀"做了一个简单的检索，结果如下（仅显示被引指数大于1的著作，以总被引次数降序排列）。[③]

排序	著作	总被引（次）	被图书引（次）	被引指数[④]
1	《教育原理》（陈桂生，2000年）	2 012	651	3.538
2	《学校道德教育原理》（檀传宝，2000年）	1 971	284	1.543 5
3	《教育原理》（陈桂生，1993年）	1 380	743	4.038
4	《教育原理》（孙喜亭，1993年）	990	278	1.510 9
5	《现代教育原理》（厉以贤主编，1988年）	910	382	2.076 1
6	《学校道德教育原理》（檀传宝，2003年）	888	254	1.380 4

---

① 在《原理》第三版序中，作者指出："至于这本《教育原理》，其实，也与我国同类著作一样，不过是我国教育理论先天不足、后天失调的产物。"参见陈桂生：《教育原理》，华东师范大学出版社，2012年版，第三版序。

② 在"豆瓣读书"上，有读者评论《原理》："教育原理只有这本书，一篇读一篇新知""经典之作"等等。（http://book.douban.com/subject/1552616/）更有一位昵称为Being的读者不吝赞美之辞：称其为"大陆教育学领域的经典"，还评论了这本书的特点"大陆少有的教育学理论书籍，没有标准答案，但是引发你无限的思考。"http://book.douban.com/subject/1059983/discussion/1037981/，访问时间：2015年7月30日14:20。

③ 数据截止时间：2015年9月15日下午13:50。

④ 一本书的被引指数是该书的引用次数与总体图书被引用次数的一个计算结果，有三大类：大于等于1，即该书被引用情况高于总体平均被引情况，属被引用率特别高的；等于0或者为空，即没有被引用记录；0和1之间，即有被引记录，其被引用率情况视具体指数大小而定。参见读秀引用报告问答（2015）：http://ref.duxiu.com/RefReport/decription，2015-09-15。

对于这样一部产生相当广泛影响的著作，迄今未见探讨的专文。① 尽管《原理》被广泛引用，但大多数引用者未必真的理解这部作品。一个重要的背景原因是，当前中国教育理论生态被普遍认为难以产生真正的"学术对话"。陈桂生也偶尔表达对这种生态的失望，称之为同行学者间的"高级闲聊"。②

不过，从纯粹学术的角度来看，理解陈桂生的"教育原理"研究的关键可能还在于弄清考察问题的视角，即考察教育问题的视角是怎样渗透、体现在他对教育基础理论的论述中。基于上述考虑，本文尝试探讨，他如何运用马克思主义的理论和方法进行教育原理探索。

二、教育基础理论探索概览

已有文献表明，20世纪80年代中期以前，陈桂生主要关注马克思主义教育思想研究，尚少直接撰文探讨教育基础理论问题。就具体教育基础理论问

---

① 在华南师范大学读博期间（2010—2014年），我了解到董标教授非常重视《原理》，他曾在课堂上、闲谈中论及《原理》的价值。在《教育、教育学与民族-国家同构论》一文中，他有如下论定："现行教育学范式是黑格尔式的，是从天上掉下来的，是从抽象的观念开始的——'黄河之水天上来'。苏联教育学的一些作者，自比正统马克思主义教育思想的唯一接班人，在心仪黑格尔并诋毁黑格尔的怪圈中，先如泥牛入海，后成木马病毒。"这段话的脚注论及《原理》："陈桂生似乎较早地产生了对这种病毒的抗体，他的《教育原理》，是《资本论》式的，不是黑格尔式的或苏联式的。但《教育原理》没有走完《资本论》的路，第三编可以看作补救编。对《资本论》而言，商品具有'原子'意义；《教育学》至今没有发现自己的'原子'。商品的原子意义，在于它沟通了观念和实体。它既是实体，又是观念。它不但是实体和观念，而且是一种目的-策略行动、一个矛盾运动过程。商品服务市场，超越国家，凝结资本主义社会。"在董标看来，陈桂生的"教育要素"概念之于他的教育基础理论，类似马克思的"商品"概念之于他的剩余价值理论。参见董标：《教育、教育学与民族-国家同构论》，《山西大学学报（哲学社会科学版）》，2014年第4期。也有少数研究者讨论了陈桂生的"教育学研究"，如曾肇中的《走向批判的教育学——陈桂生的教育学研究》（华南师范大学2013年硕士学位论文，指导教师为董标教授）、周兴国的《教育学的历史批判与体系建构：陈桂生先生的教育学治道》（《基础教育》2014年第2期）。

② 陈桂生：《从"教育要素"问题谈起——关于"教育原理"研究的检讨》，《西北师大学报（社会科学版）》，2006年第4期。

题而言,他最早撰写的两篇论文是《略论教育自我保存与自我革新的功能》[1]和《关于教育的基本要素问题》[2],两者的主要思想分别体现在1990年初成稿的《原理》(1993年)第十一章和第一章。与教育基础理论本身有关的探讨始于他撰写的两篇综述性论文——《中国教育基本理论的新进展》[3]和《向着科学化的目标前进——试述近十年我国教育研究方法的演进》[4]。1988年,陈桂生撰写了治教育学处女作——《迷惘的教育学与教育学的迷惘——建国以后教育学发展道路侧面剪影》(刊于1989年)。该文表明,他很早便关注教育基础理论问题,并且正是对基础理论的关注使其反思教育学本身的问题。

在完成《原理》后,陈桂生于1992年接触"元教育学"。随后,他花了相当大的精力从"元教育学"角度探讨教育学建构中存在的基本问题。[5] 其关于建构教育学的系统思考,反映在《教育学的建构》中。就个人教育学研究实践来看,他将这些观点凝结为《教育学建构刍议——我的教育学信条》[6]。总体来看,陈桂生对"元教育学"的探索大体到1995年为止。[7]《原理》出版后,他曾长期酝酿尝试对其进行修改,然而"经过多年犹豫,这才另起炉灶,边教边写,形成《学校教育原理》(2000)"[8]。无疑,《学校》(成稿于1998

---

[1] 陈桂生:《略论教育自我保存与自我革新的功能》,《教育理论与实践》,1986年第6期。

[2] 陈桂生:《关于教育的基本要素问题》,《当代教育科学》,1989年第2期。

[3] 陈桂生、瞿葆奎、叶澜:《中国教育基本理论的新进展(节选)》,《教育研究》,1988年第12期。全文载于《教育研究》杂志编辑部:《党的十一届三中全会以来中国教育科学的回顾与瞻望》,教育科学出版社,1988年版,第47—91页。

[4] 叶澜、陈桂生、瞿葆奎:《向着科学化的目标前进——试述近十年我国教育研究方法的演进》,《中国教育学刊》,1989年第2期。

[5] 这方面的成果主要体现在《"元教育学"辨》(1998)、《常用教育概念辨析》(1997、2009)、《历史的"教育学现象"透视》(1998)、《"教育学视界"辨析》(1997)以及《中国教育学问题》(2006)等。

[6] 陈桂生:《教育学建构刍议——我的教育学信条》,《上海教育科研》,1998年第11期。

[7] 陈桂生:《"教育学"辨——"元教育学"的探索》,福建教育出版社,1998年版,跋。

[8] 陈桂生:《从"教育要素"问题谈起——关于"教育原理"研究的检讨》,《西北师大学报(社会科学版)》,2006年第4期。

年）凝结着他从"元教育学"中获得的见识。

在《原理》中，由于对教育自身的逻辑陈述"过早地中断了"①，可将《原理》视为半部"教育原理"。《学校》以《原理》为基础，重心在于建构教育形式概念系统，"使教育理论更带有基础理论所应有的普遍妥当的品格"。②2004年秋，陈桂生应华南师范大学课程与教学系邀请，开设"教育原理"课程，借机撰写《教育学讲义》。就"讲义"涉及的主题看，大部分内容出现在《回望教育基础理论——教育的再认识》和《纲要》中。从内容上看，三部"教育原理"之间既有内在的联系，又各有侧重。可以说，三部"教育原理"代表了陈桂生在三个时期对教育理论体系的探索。下面我们进一步探讨他是怎样利用马克思主义的理论与方法建构教育原理的。

三、研究对象的选择

探讨陈桂生的教育原理研究工作，须从他对教育学研究对象的理解谈起。在他看来，教育学的研究对象是教育问题。③ 这一界定是从主体对客体关注的视角出发，划分学科研究对象的方式。这种观点认为，在"教育问题"产生的过程中，人们是带着一系列关于教育的假定，观察教育现象。正是从这些"假定"出发，观察者才将某一问题定性为"教育问题"。由于"教育问题"是教育学学科意义上的对象，关于教育现象的"假定"在内容上是由教育学提供的概念、命题、理论构成。

以前述观点看待教育学的研究对象，仍存在的问题是：教育学是否形成了一系列核心的概念、命题、理论，它们足以构成某种堪称"教育学视角"的"视角"？尽管教育学存在不同的理论流派，但是教育概念泛化现象相当严重，基本的教育概念甚少得到清晰的梳理和界定，充斥教育学著作更多的是

---

① 陈桂生：《〈教育原理〉问对》，载《教育学苦旅》，华东师范大学出版社，2012年版，第19—26页。
② 陈桂生：《从"教育要素"问题谈起——关于"教育原理"研究的检讨》，《西北师大学报（社会科学版）》，2006年第4期。
③ 陈桂生：《教育学的建构（修订版）》，华东师范大学出版社，2008年版，第3—11页。

一些定义式陈述即关于教育、教学、课程等的理念，学理性探讨严重不足。结果，所谓的"教育学视角"非常模糊。在这种情况下，将教育学的研究对象界定为"教育问题"，即使这种观点正确，其意义也相当有限。所以，要使这一观点具有更多的意义，也就需要从梳理、建构基本的教育概念开始。

  以上是陈桂生关于研究对象的"一般观点"。就其个人的教育基础理论研究而言，他参照马克思提出唯物史观的思路，尝试对教育现象做唯物主义解释。具体来说，他将教育领域的"物质"关系（教育领域中社会关系的总和）作为研究对象。这类社会关系有层次之分，在不同历史时期有不同的形式，最重要的是"以凝结为制度（含基本制度、体制、活动运行机制）的社会关系，即教育结构及其运行机制"[①]。他探讨的是，教育自身逻辑的演化。可以看出，这种对象观同《资本论》择定研究对象的思路是一致的。在《资本论》序言中，马克思宣称，"我要在本书研究的，是资本主义生产方式以及和它相适应的生产关系和交换关系"，"我的观点是把经济的社会形态的发展理解为一种自然史的过程"，等等。[②]

  这种界定的实践意义在于，正视教育作为一种社会事实的客观存在，尤其是教育系统对外部力量的"抗性"。多年来，人们习惯性地将教育作为经济、政治等领域的附属物甚至派生物。历史上，我们也看到，尽管一些进步的教育思想被表达了无数次，但日常教育实践并未受到多大影响。19世纪末20世纪初以来，世界范围内教育改革此起彼伏，然而鲜见成功的事例（所谓"成功"自然是针对改革者预设的目标而言）。尽管改革者动用了政治、法律、经济等手段推进改革，引导和规范教育领域中各种行为。可是，结果常常令人大失所望。这些事实表明，教育系统有其自身的运行逻辑，尽管各种外部力量可以通过某种方式"干预"教育运行，然而如果这些力量无视（或不尊重）教育自身的逻辑，那么所有的改革总会受到教育系统的"抵抗"（尽管这种"抵抗"通常是以消极的方式呈现）——无法实现教育改革者所预期的目

---

① 陈桂生：《学校教育原理》，华东师范大学出版社，2012年版，原版跋。
② 马克思：《资本论（第一卷）》，人民出版社，2004年版，第一版序。在第二版序中，马克思引用了伊·伊·考夫曼《卡尔·马克思的政治经济学批判的观点》对《资本论》的"恰当"描述，也可表明这一点。

标。如果不能揭示教育自身的运行逻辑，只是简单地将其视为"黑箱"，那么教育与其他领域间的关系便难以得到充分理解，从而难以揭示教育改革成功的种种条件。如陈桂生指出的那样："尽管教育不免受到一定社会-文化的制约，这种制约只有通过相应的教育组织的活动，才从可能性转化为现实性，而教育组织的演变，又有其自身的逻辑。"①

　　这一界定的理论意义在于，它承认关于教育的观点（或知识）与关于其他领域的观点（或知识）存在或远或近的联系，但有意识地强调教育观点（或知识）的独立性，以避免将教育观点（或知识）视为关于经济、政治、哲学等观点（或知识）的演绎。相反的做法很可能导致教育学本身的存在成为问题。1949年以后相当长时间内，教育学的遭遇表明了这一点。曹孚早在1957年就指出，评价教育史人物"应多从他的教育思想本身判定他是进步或保守乃至反动，而不要从他的哲学观点、政治立场上推论出他的教育思想的进步性或保守、反动性"②。可是，随着1958年"教育大革命"的开展，曹孚被迫"自我检讨"。③ 这种现实在理论上的反映之一就是，华东师范大学、上海师范学院等单位编写的《教育学》（1960年，内部讨论稿）。这种"政策图解式"教育学实质上取消了教育学的独立存在。④ 从教育学的独立性来看，如不能比较充分地揭示教育自身的逻辑，那么教育很容易被视为"黑箱"，从而教育学也就面临沦为"殖民地"的危险。一个典型的例子是，经济学家鲍尔斯（Bowles, S.）和金蒂斯（Gintis, H.）在《资本主义美国学校教育》中提出的"对应理论"（the correspondence theory）。该理论几乎完全将教育系统视为一个由经济系统决定的被动系统，因而它也就难以发现学校教育相对于经济系统而言的能动因素。⑤

---

　　① 陈桂生：《教育原理》，华东师范大学出版社，2000年版，第3页。
　　② 曹孚：《教育学研究中的若干问题》，载瞿葆奎《教育学文集·教育与教育学》，人民教育出版社，1993年版，第579—599页。
　　③ 曹孚：《对"教育学研究中的若干问题"一文的检讨》，《新建设》，1958年第2期。
　　④ 陈桂生：《刘佛年〈教育学〉述评》，《江西教育科研》，1998年第3期。
　　⑤ 在一定程度上，学校教育的能动因素由威利斯（Paul Willis）、阿普尔（Michael Apple）、吉鲁（Henry Giroux）等人的工作所揭示。

陈桂生很清楚探讨教育自身逻辑的重要性。他在反思"教育原理"研究时指出，《原理》第Ⅱ编探讨了教育与构成社会各主要成分的关系，由于对教育系统本身的研究成果有限，因而"泛泛地议论教育与社会诸动因之间关系的意义终究有限。因社会诸动因是形成一定的社会结构对教育发生影响的，并且这种影响应当也只能存在于对教育现象，尤其是教育价值的合理解释之中"①。所以，《学校》直接舍弃了这部分。

四、教育概念的建构

一旦确立了研究对象——教育的社会存在，明确探索教育自身逻辑的任务，继之而来的问题是，要获得超越常识的认识，需要有表征教育系统演进过程中的各种事物、关系、过程等状态的概念和术语，可是教育的基本概念、术语大都缺乏科学术语所要求的那种准确、明晰的特点。因此，构建比较严谨的教育基础理论面临的首要问题就是，梳理、建构教育的基本概念术语。具有科学意义的概念是在对既成教育事实进行分析比较的基础上概括的产物。陈桂生接受了唯物史观的原则，因此在构建教育原理时，他采取的方式是对教育进行历史的逻辑的分析。问题在于，历史上人类对"教育"的记载和认识，不同国家、不同时代使用的概念和术语存在或大或小的差别。因此，沟通古今中外的教育认识显得尤为必要。他采取的主要方式是：（1）对古今中外所使用的主要教育术语辨别名实；（2）采用部分形式概念。

占有教育认识材料，而材料本身又需要加以批判。为了避免古今互度（duó）或中外互度，有必要对主要教育术语辨别名实，即辨明特定的教育术语在不同历史条件下的真实含义，不以某一术语在特定条件下的含义替代（或剪裁）其在另一条件下的含义。这表明，陈桂生在构建教育基本概念时具有自觉的"世界意识"——尝试站在世界教育文明的基础上。为了阐明名实之辨的意义，他常以"学校"为例。在现代语境中，"学校"一词指称的是西方近代才产生的一种教育机构。而中国古代早有"学校"一词，指称古代官

---

① 陈桂生：《从"教育要素"问题谈起——关于"教育原理"研究的检讨》，《西北师大学报（社会科学版）》，2006年第4期。

学，科举制实施后，主要指"取士"之学。它同近代作为"养士"机构的"学校"差别甚大。倒是古代无"学校"之名的私塾、书院同近代作为"养士"机构的"学校"具有较多可比性（当然也存在很大不同）。如果在现代语境下将古代的官学、私塾、书院统称为"学校"，"不仅教育话语的历史真实，更重要的问题在于，在学校'古已有之'的论调中，掩盖教育实体演变的客观进程"①。从陈桂生的整个学术工作来看，他花了相当大的力气在概念和术语的辨析方面，其成果主要体现在《常用教育概念辨析》一书，也散见于三部"教育原理"之中。

对已有教育记载和认识进行辨别名实，充其量只是有助于澄清已有的认识和记载实际上是怎么一回事，以免由于语言问题而古今不分、中外不分。科学意义上的概念是从比较分析中概括出共同的规定性，它超越具体层面的认识。从这个角度看，不同教育话语体系间的沟通也就成问题。陈桂生采取的办法是利用形式概念。他说："古今中外教育概念和表述概念的话语，不无共同之点。由于不同时代、不同国度约定的概念含义和词语之别，而又不能不尊重历史语言的真实，遂成为教育历史研究的难题。这个难题的解决，客观上需要引入若干跨时代、跨国度教育的形式概念（以人工语言表达）。"② 这些形式概念主要用于表征不同时代、国度的教育在形态方面的系统化程度。在他的著述中，较为重要的形式概念主要有两类：一类表征教育的构成及层次，如教育简单要素③、教育过程、教育实体、教育系统；一类表征教育组织的独立与成熟程度，如非形式化教育、形式化教育、非制度化教育、制度化

---

① 陈桂生：《教育历史研究方法论问题》，载《教育文史辨析》，华东师范大学出版社，2012年版，第18—22页。
② 陈桂生：《教育历史研究方法论问题》，载《教育文史辨析》，华东师范大学出版社，2012年版，第18—22页。
③ "教育简单要素"无疑是一个形式概念，不过作者在《学校》和《纲要》中不再提及。具体原因详见陈桂生：《从"教育要素"问题谈起——关于"教育原理"研究的检讨》，《西北师大学报（社会科学版）》，2006年第4期。

教育、终身教育等①。形式概念的作用主要在于沟通古今中外的教育术语所指，其意义毕竟有限，无法替代具有历史内容的实质概念。②

在对教育进行历史的逻辑的分析基础上建构教育基本概念时，还需要跨越科学（或科学意义的）概念与自然概念（或日常概念）的鸿沟。具体而言，在教育学成为一门独立学科之前，人们关于教育的记载和认识使用的概念是自然概念。科学概念是建立在对事物的分析比较基础上的抽象。自然概念虽在特定语境下具有较为确定的意义，但缺乏科学概念所需要的普适性。前者是在日常生活经验中得到确定，后者在理论系统中得以界定。如陈嘉映所言："自然概念是以人的日常生活为基准的，科学概念则以理论为基准。"③ 这意味着，在建构较为科学的教育概念时，不但需要从日常经验事实出发，而且需要将这些事实提升到理论的高度。陈桂生虽未明确指出这个问题，但无疑是意识到了。他的做法是，将前人关于教育的认识或记载"翻译"为物质的经验事实，进而再从经验事实中进行概括。从唯物主义史观来看，认识不仅是人脑的直接产物，也是人们所处的客观世界的反映。这种观点要求，将以往的认识和记载视为特定社会历史条件的产物。

为了说明陈桂生如何将前人所用自然概念"翻译"为物质的经验事实，试举一例。在《学校》第Ⅰ编第一章"教育过程的发生"④ 中，他通过对先秦至汉初典籍中关于"教"的含义的分析探讨教育过程的发生。当时，"教"代表性的陈述有四种：(1)"以善先人者谓之教"（《荀子·修身》）；(2)"修道

---

① 陈桂生：《教育学建构刍议——我的教育学信条》，《上海教育科研》，1998年第11期。如果仅从"终身教育"作为一种教育理念来看，它无疑是一个实质概念，但陈桂生既然将"制度化教育"与"终身教育"并列（从"制度化教育"到"终身教育"），那就意味着，"终身教育"这一概念是在形式意义上被使用，并且是作为一种特殊的"非制度化教育"形态。参见陈桂生：《学校教育原理（增订版）》，华东师范大学出版社，2012年版，第44—62页；陈桂生：《普通教育学纲要》，华东师范大学出版社，2009年版，第96—105页。

② 他在《普通教育学研究旨趣》中举了不少构建的教育学概念。参见陈桂生：《普通教育学研究旨趣》，《中国教育科学》，2015年第3辑。

③ 陈嘉映：《哲学科学常识》，东方出版社，2007年版，第132页。

④ 陈桂生：《学校教育原理（增订版）》，华东师范大学出版社，2012年版，第4—10页。

之谓教"（《礼记·中庸》）；（3）"教，上所施下所效也"（《说文解字》）；（4）"教也者，长善而救其失者也"（《礼记·学记》）。这些"教"均属自然概念，在一定程度上反映了当时的"教育"形态。只有《学记》的"教"表示具有独立形态的"教育"活动萌芽外，其余表述反映未定型的"教育"——"教""道"一体、"教""学"一体、"教""治"一体。① 一般而言，人们关于一种活动（或事物）的概念要晚于该活动（或事物）本身的出现。通常当某一活动的形态趋于稳定，并且变得比较普遍和重要时，才会获得稳定的、独立的名称。然而，在文明早期"教"与"道""治""学"时分时不分的状况表明，"教育"活动正处于从不定型到定型的演变过程之中。作者通过分析古代典籍中"教""庠""校""序""学"的含义和用法，提出作为养老机构的"庠"是"直接教育过程"的萌芽。通过对"教"与"学"字源的分析，他认为，"直接教育过程"硬化为教育实体的关键是"教"的职能化，即"教"与"学"分离。在该章中，作者都是将有关教育的自然概念"翻译"为物质的经验事实。

人类社会在不断地发生变化，因而以人类社会为对象的科学从概念到理论具有历史性。马克思和恩格斯非常强调以历史的方法研究人类社会，并将这类科学称为"历史科学"。② 在建构教育基本概念方面，陈桂生具有很强的历史感，因而他的概念突破了简单地依据逻辑原则下定义的局限。其中，他对"教育""课程"③"教学组织"④ 等概念的建构最能反映这一特点。下文以"教育"概念为例来说明这种建构概念的方式。

---

① "教"的概念的使用情况表明，当时已经出现私学，"只是它们为数不多，还不足以在普遍的'教'的概念中反映出来"。参见陈桂生：《教育原理》，华东师范大学出版社，2000年版，第35页。

② "我们仅仅知道一门唯一的科学，即历史科学。"［德］马克思、恩格斯：《德意志意识形态》，载《马克思恩格斯全集（第3卷）》，人民出版社，1960年版，第20页。"凡不是自然科学的科学都是历史科学。"参见［德］恩格斯：《卡尔·马克思的"政治经济学批判"》，载《马克思恩格斯全集（第13卷）》，人民出版社，1962年版，第526页。

③ 陈桂生：《学校教育原理（增订版）》，华东师范大学出版社，2012年版，第196—205页。

④ 陈桂生：《普通教育学纲要》，华东师范大学出版社，2009年版，第167—177、7—8页。

不同时代表达"教育"概念的语词可能存在差异，而所表达的"教育"概念的意义也或多或少存在差别。如何揭示"教育"概念的内涵（内在规定性）呢？依照科学概念构建的一般思路，"教育"内涵应是各个时代不同的"教育"表现形式所共有。也就是说，"教育"内涵是在分析不同时代的"教育"形态基础上，寻其共同的规定性，抽象而来。村井实的"教育"定义即是这种方法的产物。在他看来，从亚里士多德以后的罗马时代以及整个中世纪，教育的中心问题一直是实现人的"善"。罗马时期的"善人"形象是雄辩家，中世纪符合"神"的准则的人，也被看作"善人"。在文艺复兴时期，教育理想追求"全人"，洛克的教育理想是追求"绅士"，卢梭的教育理想是追求"自然人"。他概括道："'全人'也好，'绅士'也好，'自然人'也好，归根到底，都不过是该时代、该环境中的'善人'的社会形象。"[①] 所以，他为"教育"下的定义是："教育"是"使儿童（或每个人）变成善良的各种活动"。需要指出的是，根据村井实对"善"的理解，中文版译者在翻译该定义时将"善"理解为"善良"之"善"似乎窄化了作者的原意。因为村井实认为，一个人要"成为善良的人"，"不仅需要具有符合道德原理的生活方式和行为准则，而且需要具备一个生活在现实世界上的人所必须有的经验、知识、技术，或者说必须具有关于人、社会和自然的见识和实践能力。只有综合地具备这些必要条件成为全面的人，才可以说把儿童培养成为'善良的人'了"。可见，村井实的"善"不止是"善良"之"善"。陈桂生似乎被译文误导，所以他认为，村井实"只表述'教育'的原义，而没有说明'教育'的本义如何派生出转义相关"[②]。

在笔者看来，村井实的问题不在于他只表述了"教育"的原义（因为他并没有把定义局限于"善良"之"善"），而在于他的"教育"定义是非历史的。村井实只是从各个时代的"善人"形象中，撇开"善人"的具体形象，抽象出"善"本身。依逻辑学原则来看，这种方式不存在问题。问题在于，

---

① 村井实：《教育的定义与教育学》，载［日］海后宗臣、大河内一男等《教育学的理论问题》，曲程、迟凤年译，教育科学出版社，1984年版，第317—323页。
② 陈桂生：《普通教育学纲要》，华东师范大学出版社，2009年版，第167—177、7—8页。

社会科学的概念本质上是历史的，某一概念在不同条件下或多或少会发生变化。假如，仅仅抽象出这一概念在各个时代的共同规定性，即使合乎逻辑学的规则，这一概念的作用也相当有限。因为它无法帮助人们理解不断变化的历史。尽管村井实是从历史上各种"善人"形象中抽象出教育的"善"本身，形成教育概念的内在规定性，但是他没有在不同的历史关系中去考察教育的含义。这是其不足之处。[①]

陈桂生沿着村井实的思路，将教育的"善"置于社会历史背景中考察。他认为，教育至少有三种含义：教育的原义（道德人格之"善"）和第一义的转义（健全人格之"善"）、第二义的转义（社会性的人格之"完善"）。[②] 教育的原义相应于以"人的依赖关系"为特征的古代社会，第一义的转义相应于以"物的依赖关系"为特征的近代社会，第二义的转义相应于19世纪末20世纪初以来的现代社会。只是，教育内涵的每一次变化并不意味着原有含义的失效。以这种方式对教育概念的界定超越了单纯以逻辑学的方式，它将教育概念置于特定的历史背景下，如此一来看似纷繁复杂的教育内涵，也就变得有迹可循了。

上述建构概念的方式意味着，需要将概念理解为历史发展的产物，概念的变化反映的是人们认识的变化，进而反映社会本身的变化。如此，我们也可以摒弃这样的"奢望"：理解（或说出）了一个概念的表述，也就算理解（或说出）了概念本身。对概念而言，重要的是理解概念本身所反映的基本史实的变化。

五、教育命题的论证

在《原理》中，陈桂生关于"教育命题"有如下说明："这里关于教育现象、教育问题的分析，将尽可能把客观存在的事实、逻辑上可能存在的事态、

[①] 马克思提供了"劳动一般"的例子。这样的概念由于适用于一切时代，但它们是历史的产物，只有对于历史关系，并在这些关系内才具有充分的意义。参见［德］马克思：《〈政治经济学批判〉导言》，载《马克思恩格斯全集（第12卷）》，人民出版社，1962年版，第733—762页。

[②] 陈桂生：《普通教育学纲要》，华东师范大学出版社，2009年版，第10—11页。

应有的事态(价值取向)与可行的抉择这样四个层面分清,并兼顾这四个层面。"① 该书初版时,作者尚未接触"元教育学",但在研究中自觉地区分命题性质和层次,已是当时中国教育学研究的一大进步。事实上,这些区分只是社会科学的常识。可以想见,1949—1978年,频繁的社会政治运动几乎使中国教育学丧失了健全的治学"常识"。在教育原理研究中,涉及的命题的性质和层次很大程度上决定了研究者在方法上的考虑。

在《教育学建构刍议——我的教育学信条》中,作者已说明,他采用的研究方法是对教育进行历史的和逻辑的分析(涉及价值评价和抉择时采用价值分析)。② 这种做法有一大优点:对教育的逻辑分析建立在基本史实基础上避免陷入泛泛的形而上学式探讨,使理论分析有可靠的依据。他选择的方法本身要求,将有关教育问题置于特定的历史背景下:一方面问题本身有一个发生的过程,另一方面问题所产生的背景条件也在变化。因此,在探讨教育问题时,他总是从问题所由产生的条件来理解问题本身。

上述治学理念的说明,在陈桂生的著述中随处可见。比如在探讨教育与社会关系时,他说:"对于这个问题的空泛议论,无助于问题的解决。可取的方法是把这个问题放在一定历史范围内加以考察。即:分别考察组成社会有机体、一定社会形态的各种社会成分(作为教育的动因)同教育的不同关系(内在联系);而每一种社会成分在不同时代(处在不同社会结构中)与教育的不同关系;进而从总体上确定不同社会结构与教育的不同关系。"③ 在驳斥"德育在整个教育中从来都占有首要地位"时,他考察了德育地位的发生、发展的过程,最后指出:"'德育'的社会性质及'德育'在整个教育中的地位,并非一成不变。……我国如今关于'德育'性质与地位的考虑,宜从当代国

---

① 陈桂生:《教育原理(第三版)》,华东师范大学出版社,2012年版,第一版序。
② 陈桂生:《教育学建构刍议——我的教育学信条》,《上海教育科研》,1998年第11期。
③ 陈桂生:《教育原理(第三版)》,华东师范大学出版社,2012年版,第63、72—77页。

情出发做出抉择。"① 在探讨"教育"概念时,他说:"问题在于历史形成的'教育'概念既有特定的内涵与外延,表示与'非教育活动'的区别,而'教育'概念的内涵与外延又不是一成不变的。这是由于在不同时代,不同的社会-文化对教育的客观需求不尽相同,教育价值观念以至教育事实本身终究不能不随之发生相应的变化。"②

在教育命题方面,值得注意的是命题的论证方式。陈桂生通常是将命题置于特定的历史背景下,探讨命题得以成立的历史事实。这种方式的优点在于,避免将复杂的问题简单化、静态化,尝试从对问题本身的发生、变化中寻求对问题的理解,进而探求问题的可能答案(这种方式不同于那种试图从历史中直接寻求答案的尝试)。论证方式一方面体现了他个人的历史感和对历史方法的偏好,另一方面表明,他接受了马克思主义关于历史与逻辑相统一的原则。在三部"教育原理"中,他大都采取这种思路。下面以《原理》第Ⅱ编中的一个命题为例,展示这种论证方式的特点。

这个命题是从劳动的技术基础看教育与社会生产力的关系。③ 很明显,两者关系是历史性变化的。作者的基本思路是,分别探讨不同历史时期教育与社会生产力的关系。第一,以手工劳动为主的时代,生产技术的性质具有排斥教育的自然倾向。第二,机器劳动初期,比手工劳动更加排斥教育,又使教育成为机器劳动的"最必要的抗毒素"。第三,机器生产的发展和成熟时期,生产上的教育需求增大。第四,自动化生产体系时期,生产对教育的需求比较复杂。作者对四个子命题的论证均从基本历史事实出发。在每个阶段,劳动的技术基础对教育的需求不能一概而论。比如,在机器生产的发展和成熟时期,纯粹从技术角度来看,生产过程对工人的要求是降低的,然而生产过程本身对工人的一般文化素养的要求有提升趋势。结果是,机器生产的发展和成熟普遍地促进了教育需求的增加。类似情况也出现在自动化生产体系

---

① 陈桂生:《学校教育原理(增订版)》,华东师范大学出版社,2012 年版,第 172 页。
② 陈桂生:《普通教育学纲要》,华东师范大学出版社,2009 年版,第 3 页。
③ 陈桂生:《教育原理(第三版)》,华东师范大学出版社,2012 年版,第 63、72—77 页。

时期。从表面上看,自动化生产体系"对工人体力、脑力、灵敏程度、一般技艺、经验的需求趋向减少,实际上对教育的需求也随之降低"。从另一方面来看,伴随自动化生产体系的普及,人类的文明程度也在提高,从而形成对教育的一般文明教养的需求的增长。所以,从劳动的技术基础角度看教育与社会生产力的关系,实不能一概而论。上述论证也表明,正是历史的考察使我们意识到其他领域对教育影响的复杂性。这些影响难以从零散的经验或原则中一般地推演而来。

陈桂生不仅在教育命题的论证方面贯彻了唯物史观的原则,而且在理解教育名著中的命题时也如此。现取《学会生存》一例来加以说明。该书倡导的"终身教育""学习化社会"等理念对陈桂生的"教育原理"研究有重要参考意义。[①] 他将"终身教育"理念置于教育组织的演变过程来看:"从学校的诞生到学校和学校系统的形成(教育制度化的发展),从学校系统的形成至今,教育制度化达到了成熟的程度,它开始成为反思的对象;随着制度化教育弊端的暴露和非制度化教育的崛起,人们像是返璞归真,开始对非形式化、非实体化和非制度化教育刮目相看。"[②] 接下来,他便引述了大段文字,以说明制度化教育已成为反思对象。《学会生存》的思想是研究者从世界教育文明的角度对制度化教育的反思。陈桂生将它与国际范围内对整个制度化教育的批判、反思结合起来,[③] 并分析了制度化教育固有的弊端——以"杰出人才论"为指导思想,是一个僵化、封闭的教育堡垒,形成等级特征的"学历社会",造就考试机器,脱离生活,是一种代价昂贵的教育,等等。所以,他罕

[①] 在《〈教育原理〉问对》中,作者大体认可这样一种判断:"有人说,《原理》主要取材于《学会生存》与《现代教育学基础》两书。"陈桂生:《〈教育原理〉问对》,载《教育学苦旅》,华东师范大学出版社,2012年版,第19—26页。

[②] 陈桂生:《学校教育原理(增订版)》,华东师范大学出版社,2012年版,第44、53页。

[③] 其中提到的有,联合国教科文组织国际规划研究所所长库姆斯的《世界教育危机:系统的分析》(1968)、奥地利基督教神父伊凡·伊利奇的《非学校化社会》(1971)、金大陆主编的《向着前途的询问和企盼》(1994)。

见地表达了对制度化教育的激愤之情："如此'教育',不予触动,天理容否?"① 然而,这只是他对制度化教育和终身教育的一般观点。一旦具体到某种条件下,又需要"具体问题具体分析"。② 所以,他又表现出谨慎态度:"预先声明:这只是暂时的结论。若论触动'制度化教育',先得弄清楚:中国迄今为止'制度化教育'在多大程度上丧失其存在的理由,从根本上触动'制度化教育'的时机成熟与否?假若不看时机,动辄向它'开刀',其结果或比'制度化教育'更糟,那倒是有史可鉴的。"③

六、不成体系的体系

在一定意义上,当我们试图系统地把握一个研究对象,并以命题的形式表达这种理解时,其结果或多或少表现为体系。原因在于,复杂的对象本身是一个系统,因而它在语言概念上的抽象反映必定或多或少也具有一定的系统性。然而,对"历史科学"的研究对象而言,体系是一种矛盾的存在:一方面,体系本身或多或少近似地反映对象内部联系的系统性,这是其存在的合理性一面;另一方面,相对于对象的历史性,体系又具有僵化、封闭的一面,它倾向于用已完成的、有限的陈述来描述注定将发生变化的对象,这是体系的不合理之处。这对于以揭示教育自身的逻辑为目标的教育原理自然也是一样。

长期以来,构建有中国特色的教育学体系是许多教育学人的夙愿。1978年后,一些研究者试图参照《资本论》体系寻找教育学的逻辑起点,借此构建科学的教育学体系。围绕教育学逻辑起点的讨论延续至20世纪90年代末,结果这场旷日持久的讨论,无疾而终。如今看来,其中缘由不难理解。首先,

---

① 陈桂生:《学校教育原理(增订版)》,华东师范大学出版社,2012年版,第44、53页。

② 《资本论》第一版序言中有一例可与此相比:尽管马克思毕生致力于推翻资本主义社会,但他不是"一般地"反对资本主义。在序言中,他指出,在其他一切方面,德国同西欧大陆所有其他国家一样,"不仅苦于资本主义生产的发展,而且苦于资本主义生产的不发展"。

③ 陈桂生:《学校教育原理(增订版)》,华东师范大学出版社,2012年版,第53页。

构建较为可靠的教育学体系是以大量教育研究成果的存在为前提的,而当时并不具备这个条件。其次,对某种逻辑起点的论证最重要的是体系的展开本身,也只有体系本身的价值才能说明"起点"的合理性,可是参与者并未提供以"某个起点"为起点的理论体系。不过,在"教育学逻辑起点"的讨论中,陈桂生是一位清醒的旁观者,他参考了马克思的方法和《资本论》的体系,并展开自己的体系即《原理》。不过,如果从揭示教育自身逻辑的任务而言,《原理》只能算是半个体系。用董标教授的话来讲,《原理》是《资本论》式的,但它没有走完《资本论》的路。[①] 后来,陈桂生又撰写了《学校》和《纲要》,严格来说,两者大抵是"问题研究"的产物,各编、章之间具有一种松散的联系。如果将三部"教育原理"放在一起考察,或多或少显示出一种有体系的意识。可以说,他的教育原理研究是"不成体系的体系"。

陈桂生对自己的"教育原理"研究做过多次批判性的反思和说明。比如,1994年,他表示,《原理》大抵算是以马克思主义为指导的"教育规范科学"。2006年,他认为,《原理》"充其量只能算是在'原理'层面上比较顺理成章的'教育知识整合'之作,其中的'研究'含量甚为稀落"[②]。与《原理》相比,《学校》重在考察教育的"形式结构"与内涵演变,独立研究成分较多,更缺乏可读性,近于"教育理论问题研究"之作。[③] 2007年,在将自己的著作同历史形成的教育名著比较时,他发觉"自己的著作充其量只能算是'教育知识整合'之作"[④]。从2004年开始,继《原理》与《学校》后,他重新思考教育基础理论问题,尝试使理论更贴近现实教育问题,在解释和说明教育问题中检验已有的理论成果。新成果大部分体现在《纲要》和《回望教育基础理论——教育的再认识》中。

---

① 董标:《教育、教育学与民族-国家同构论》,《山西大学学报(哲学社会科学版)》,2014年第4期。
② 陈桂生:《从"教育要素"问题谈起——关于"教育原理"研究的检讨》,《西北师大学报(社会科学版)》,2006年第4期。
③ 陈桂生:《从"教育要素"问题谈起——关于"教育原理"研究的检讨》,《西北师大学报(社会科学版)》,2006年第4期。
④ 陈桂生:《回望教育基础理论——教育的再认识》,北京师范大学出版社,2008年版,代序。

在《教育学的建构》中,作者区分了教育研究与教育学研究。其中论及英语国家和德语国家的教育研究"颇为异趣"。德语国家偏重"教育学"的陈述,讲究提供一定的陈述系统,而英语国家相对注重"教育研究",重视教育理论的应用,不太讲究教育知识的统合。① 如以此判断,陈桂生的教育原理研究近于德语国家的传统,注重教育知识的统合。不过,这种统合主要表现在各章节内部,并不刻意追求各编、章之间构成严密的体系。其中原因或在于,凭借现有的教育研究成果尚不足以构建严密的体系。在不成熟的条件下,不刻意追求所谓的体系,算得上明智的选择。尽管如此,倘若细读他的三部"教育原理",还是可以看出其中不少内在联系,它们构成了一个比较松散的体系。

《原理》含四编,第三版为各编加了标题:第Ⅰ编"教育组织",第Ⅱ编"不同社会-文化背景下的教育",第Ⅲ编"教育价值诸问题",第Ⅳ编"中国当代教育取向"。其中成为后续"教育原理"研究基础是第Ⅰ编和第Ⅲ编。原因似乎比较清楚:他在《〈教育原理〉问对》中指出,教育自身逻辑陈述在第Ⅰ编结束后"过早地中断了"。第Ⅱ编关于教育与社会诸成分关系的探讨,一方面该议题属于当时讨论的热点问题,有必要澄清;另一方面,在教育自身的逻辑有待揭示的情况下,泛泛地探讨教育与社会的关系,意义有限。第Ⅲ编的大部分内容属于教育内涵的演变以及由此派生的问题,是教育学应有的主题。第Ⅳ编是邓小平关于中国特色社会主义教育的构想,与其他三编相比这部分在逻辑上距离较远。②

《学校》第Ⅰ、Ⅱ编分别在《原理》第Ⅰ、Ⅲ编基础上深化和完善了教育自身的逻辑。其中,第Ⅰ编"教育的形式结构"是探讨教育形态的演化,用作者的话来说是"教育的形式结构理论"。值得一提的是,在《学校》中作者舍弃了《原理》第Ⅰ编中关于教育简单要素部分,直接从"教育过程的发生"开始。对此,他有两方面考虑:(1)《原理》中没有区分本来意义的"教育"

---

① 陈桂生:《教育学的建构(增订版)》,华东师范大学出版社,2009年版,第19页。
② 在《原理》第二版序言,他指出,第四部分"在本书中具有独立的价值"。陈桂生:《教育原理》,华东师范大学出版社,2012年版,第二版序。

和近代以来涵盖"教学"又有别于"教学"的"教育";(2)教育过程与劳动过程存在较大差别。① 与《原理》相比,《学校》第Ⅰ编增加了两章"从'制度化教育'到'终身教育'",其部分思想可以在《原理》第Ⅰ编"学校系统"的"教育组织演变的趋势"中找到源头。这样,《学校》在第Ⅰ编中便形成了一个教育的形式结构轮廓——从简单到复杂的教育形态演进过程:"教育过程"—"教育实体"—"教育系统"—"终身教育"。其中,"终身教育"在很大程度上只是未来教育的征兆。

如果说《学校》第Ⅰ编是作者从教育的"外延"(基本史实)中概括出教育的形式结构,那么第Ⅱ编则是从教育内涵方面探求教育自身逻辑的演变——它的标题"'教育'内涵演变的轨迹"清楚地表明了这一点。《学校》第Ⅱ编是《原理》第Ⅲ编的扩展与深化,两者的编目变化不大。该部分突出了教育活动所具有的根本特征——具有鲜明的价值倾向性。由于教育概念本身隐含了教育目的和不同的价值取向,因而教育内涵在适当的历史条件下也就将隐含其中的问题暴露出来,这些问题最初只是作为潜在的萌芽存在的。因此,在这一编也就不能不涉及教育目的和教育"内涵"的分化与整合问题。如果本编限于探讨"教育"内涵的演变,那么关于"学校的性质与职能"一章便显得有些突兀。或者,作者尝试从教育内涵角度来衡量当前最主要的教育实体——学校的性质和功能。从"教育原理"建构来看,这两部分可视为陈桂生所有其他教育理论论述的基石。其他主题如课程与教学、师资、管理、德育等问题均需置于这两部分所构建的结构背景下探讨。

《学校》第Ⅲ编涉及课程的演变、概念、编制、机制等主题。总体来看,这是作者在分析基本教育史实的基础上进行的梳理工作,各部分之间相对独立,不具有明显的内在联系。诚如作者在后记中所言,只是从"教育原理"角度,论及有关课程问题,关于"课程-教学理论一元化","充其量只算是问题的提出"。② 第Ⅳ编"德育"部分探讨了广义德育(大德育)的问题和思路,

---

① 陈桂生:《从"教育要素"问题谈起——关于"教育原理"研究的检讨》,《西北师大学报(社会科学版)》,2006年第4期。

② 陈桂生:《学校教育原理(增订版)》,华东师范大学出版社,2012年版,第278页。

第Ⅴ编"师资"聚焦于"教师专业化"问题,旁及与此相关的教育学专业性问题。《学校》通过五编内容大体上架构起"教育原理"涉及的主题范围。相对《学校》第Ⅰ、Ⅱ编,后三编的主题比较具体,它们在研究的系统性和完善程度上不如前两编。《纲要》在一定程度上充实和完善了后三编的研究。

与《学校》相比,《纲要》在编目上有所调整,但未做大的变动,这意味着作者关于教育学问题域的基本观点没有发生大的变化。依他的观点,《纲要》更接近具体的问题研究。[①] 如果说,《学校》是在《原理》第Ⅰ、Ⅲ编基础发展起来的,那么《纲要》则立足于整个《学校》体系。《纲要》试图独立阐明普通教育学的范围,并尝试在此范围内探讨若干重要的现实问题,所以第Ⅰ编不得不首先阐明作为普通教育学研究对象的"教育"。

《纲要》第Ⅰ编("关于作为教育学研究对象的'教育'")是在《学校》第Ⅱ编("'教育'内涵演变的轨迹")基础上发展起来的,它从内涵角度探讨作为教育学研究对象的"教育"。其实,《纲要》还存在一个隐形部分,那就是《学校》第Ⅰ编("教育的形式结构")或《原理》第Ⅰ编("教育组织"),即教育形态的演变。只是,这一部分在前两部"教育原理"中已得到比较充分的讨论,《纲要》实无重述的必要。《纲要》第Ⅱ编("关于学校演变的轨迹")集中探讨与学校教育系统相关的问题,这种做法似乎可以理解,因为目前备受关注的教育问题大都是学校教育问题(可见,教育即学校教育这种偏见也有其存在的现实根源)。如果从"体系"角度去衡量《纲要》,那么它的第Ⅰ、Ⅱ编再加上《学校》第Ⅰ编可算是整个普通教育学的"总论"部分。

《纲要》第Ⅲ编("关于课程演变的轨迹")是以《学校》第Ⅲ编("课程")为基础,最大的变化是增加了不少课程实际问题的研究,特别是教材、教学法、备课、教研组等与教学过程密切相关的内容。自然,这些具体层次的问题都是被置于特定的教育结构历史背景中进行探讨的。与《学校》第Ⅳ编("德育")相比,《纲要》第Ⅳ编("关于狭义'教育'实施的思路")广

---

① 陈桂生:《从"教育要素"问题谈起——关于"教育原理"研究的检讨》,《西北师大学报(社会科学版)》,2006年第4期。

泛地探讨了在中国实施"大德育"的主要经验形式，也更贴近德育实践。《纲要》第Ⅴ编（"关于教师职业与教师职业修养"）较《学校》第Ⅴ编（"师资"）更丰富，涉及更多具体的教师职业问题。第Ⅵ编（"关于学校管理演变的轨迹"）同学校教育密切相关，这部分似可编入第Ⅱ编（"关于学校演变的轨迹"）。不过，如果第Ⅰ、Ⅱ编探讨是为后四编奠定基础的"总论"，那么作者也有理由将更具体的学校管理问题独立成编。

总的来说，三部"教育原理"之间存在联系，但又各有侧重。具体而言，《原理》第Ⅰ、Ⅲ编分别从教育形态的演化与教育内涵角度为《学校》和《纲要》的"总论"打下基础。《学校》尝试在《原理》基础上梳理、建构教育学领域的基本概念，初步确立了普通教育学领域的基本架构，为进一步探讨具体教育问题提供理论基础。如果说《学校》的重心在于基础理论方面的建构，那么《纲要》似乎有意侧重在《原理》和《学校》确立的理论框架下探讨具体的教育问题，一方面，借此检验理论本身的解释力；另一方面，发挥理论对教育问题研究的指导作用。然而，仅从体系角度看，三部"教育原理"在内容上较为松散，各编更像是一个个专题性质的探讨，只是在成书时的一种事后编排，并不是一种事先的系统构划。其中原因，可能在于作者业已"养成了问题研究的思维定势"[①]，无意追求一种宏大的体系。

七、点滴感受与思考

对一门学科的独立而言，明确研究对象，梳理、建构基本的概念，辨析一些似是而非的重要命题，这类基础工作均相当重要。在很大程度上，它们属于那种"吃力不讨好"的工作。一方面是因为，在这些领域做出成绩需要长期持续的努力；另一方面，在学术高度职业化且充满竞争的今天，这类工作难以"标新立异"，不易引人注意。

在探讨陈桂生的教育基础理论工作时，常令我想起洛克《人类理解论》中的一段话："学界的国度当下并非无大宗匠来主持，他们那些促进科学的大企图，很可以留下永久的纪念碑，以为万古所钦仰。不过人人并不必都来当

---

① 陈桂生：《普通教育学纲要》，华东师范大学出版社，2009年版，序。

一个波义耳（Boyle）或是施丹汉（Sydenham）[①]。这个时代既然产生了许多大师，如大郝珍尼（Hygenius）[②] 同无双的牛顿（Newton），以及其他同类的人；因此，我们只当一个小工，来扫除地基，来清理知识之路上所堆的垃圾，那就够野心勃勃了。"[③]陈桂生很像一名清扫中国教育学地基的"小工"。他的元教育学研究使中国教育学在概念术语、命题、理论建构等方面的问题比较充分地暴露出来，从而为问题的解决提供可能。他的教育原理工作主要是基础性的建设工作。多年来，教育学领域概念泛化是一种常态，不少教育学人"熟视无睹"，或者概念泛化即使被认为是一个问题，也鲜有研究者愿意花精力对其进行系统梳理。陈桂生通过对教育进行历史的逻辑的分析，表明教育基本概念并不像看起来那样芜杂，其中实有轨迹可寻。重要的是，他为建构教育基本概念增加了历史维度，突破了纯粹逻辑角度的局限。在教育命题方面，他的工作在理论上结束了1978年后中国教育学在命题论证上的不自觉状态，恢复了中国教育学的治学"常识"。就是说，作为一门学科，教育学必须像其他人文社会科学那样，依据不同命题的性质，提供不同方式的论证。

在体系方面，陈桂生提供了一个"不成体系"的普通教育学体系。它比较全面地勾勒了教育学的轮廓，并在一定程度上为分析主要的教育问题奠定了理论基础。在治教育学方面，论视野之宏阔、理论之自觉、为学之笃实，陈先生均堪为楷模。然而，即便如此，他也只是提供了一个联系松散的教育学体系。深层原因，或在于整个中国教育学研究现实的贫乏——已有的教育研究成果尚不足为可靠的教育学体系提供坚实的基础。他多次提及刘佛年先

---

① 托马斯·施丹汉（Thomas Sydenham）（1624—1689），英国医生，有《医学观察》（Observationes Medicine）（1676）等著作，被认为是"英国的希波克拉底"。其成就之一是发现了风湿性舞蹈病，又称施丹汉舞蹈病。

② 大郝珍尼的英文 Hygenius 系译者或编辑错误标注，洛克原文为"Huygenius"，但据此无法查出其所指是谁。参见 John Locke. An Essay Concerning Human Understanding. The Federalist Papers Project，Http://www. thefederalistpapers. org.（2015年10月28日访问）很可能指荷兰科学家惠更斯（Christiaan Huygens）（1629—1695），其名字的拉丁文为 Hugenius。

③ ［英］洛克：《人类理解论（上）》，关文运译，商务印书馆，2009年版，"赠读者"。

生的看法——"现在"编写《教育学》的时机还不成熟。① 很难说,成熟的时机已经到来。在不成熟的季节,恐怕只能收获不成熟的果实。每个人和他的作品都是历史的产物,陈先生的"教育原理"研究也不能不受自身所处时代的问题与条件的限制。毕竟,历史的问题只能历史地加以解决。相信未来会有更完善的教育学产生。

(本文原载于《中国教育科学》2016年第1辑)

---

① 陈桂生:《刘佛年〈教育学〉述评》,《江西教育科研》,1998年第3期;陈桂生:《普通教育学纲要》,华东师范大学出版社,2009年版,序;陈桂生:《佛年先生》,载《课程实话》,华东师范大学出版社,2010年版,第209—211页。

附录四

教育原理的探求
——读张建国《陈桂生教育原理研究平议》

陈桂生

本文参照张建国博士探求本文作者教育原理研究过程与成果的思路，就其中论及的教育学建构诸问题，如教育概念界定，教育语言（其中包括形式语言）运用，教育命题分辨，尤其是教育理论体系建构，分别陈述理论建构过程中事情的原委，旨在从中引出教训，便于把握教育基础理论研究的方向，化解"教育学的迷惘"。

我曾先后发表过三十余部教育著作，其中包括三本"教育原理"之作。多年来鲜见外界评说。虽少从批评中获益，倒也省心。最近有幸拜读张建国博士的长篇评论，着重把三本"教育原理"放在马克思主义理论与方法以及教育的"元理论"视界中审视。[①] 其中包括教育概念、命题、理论结构的分析。犹如把拙作放在两面异常敏锐的大镜下观照，从而引发原作者对自己以往研究历程的反省和对旧作的再认识。

---

① 张建国：《陈桂生教育原理研究平议》，《中国教育科学》，2016年第1辑。

一、教育概念界定问题

我在教育理论研究中,比较注重基本概念的辨析与建构。因为概念是反映事物属性,尤其是其本质属性的思维形式。理论研究中的专业概念,通常以专业术语表示。术语所表达的,是概念的特定内涵,表示研究对象的特定性质,以显示此事物和与其同位的其他事物之间的区别。

对于一篇学位论文或一部著作来说,不仅以术语表示概念的含义,而且有必要在论证中保持概念的单义性。否则,由于违背逻辑的同一律,其中的立论能否成立,便成为问题。

问题在于在教育学的历史上,有识之士早就注意到教育学使用的主要是自然语言,却鲜有专业术语,以迄于今,以致尽管教育学著作越来越多,而其学术声誉不高。因概念缺乏单义性,导致论证不周延,其理论便缺乏说服力。

在我国,由于对如此状况早就习以为常,也就并不以此为意。个中缘由,比较复杂。在此情况下,学者常因目睹教育理论陈述中不规范现象,尝试进行教育概念辨析。

(一)从"概念问题"的长期困惑中的解脱

人们未必了解,本人在概念问题的认识中曾经长期处于困惑状态。事情是:我涉足教育学问题领域,是大学学习期间在恩师萧承慎教授指导下起步的。萧公以治学谨严著称。其中就包括概念的界定,言必有据,以及有条件地判断事物的意义与价值。不过,在当时那种舆论中,间或却有"死抠概念"之讥。问题更在于当时的权威著作中,我有研究问题"不应从定义出发,而应从实际出发"一说。由于当时对此类说法不明究竟,以致在很长时期无所适从。既做不到从实际出发,又不便议论定义问题。这种困惑竟长达三十余年之久,直到20世纪90年代,才总算从中解脱。

从那时起,我逐渐意识到,界定所表示的是认定研究对象实质上是怎么一回事。所谓"从实际出发",其中"实际"是指研究对象本身的实际情况和其中有待解决的问题。所以即使"从实际出发",也少不得以研究对象的规定性为前提。

虽然任何研究都少不得以研究对象的界定为前提，而概念的界定并不表示问题的解决。实际问题的解决，那就少不得以发现实际存在的问题为出发点。

问题还在于涉及研究对象的界定，由于不同性质的理论界定概念的规则有所区别，所以界定的规则又成为界定的前提。不过，在我国的舆论氛围中，一旦涉及这个称之为"元理论"的领域，似乎更有"脱离实际"之嫌。

唯其如此，如今虽然总算从本不该发生的困惑中解脱出来，当张建国博士把我那些学究式玩意儿重新翻出来时，虽不再介意"死抠概念"之讥，倒也不无过虑：在如今这种学术氛围中，不知建国会不会虚费了这番认真的考究与辛勤的努力。

（二）科学概念与实践理论概念界定规则的区别

科学是从已经发生的普遍事实中，揭示研究对象的本质属性，按照"属概念加种概念之差"规则定义研究的对象，揭示研究对象的一般属性，尤其是本质属性。在此基础上，揭示不同事物之间的必然联系，即该事物发展的客观规律；实践是人所参与的变革既成事物的社会活动，旨在使现存的事物向合乎主体价值追求的方向转化。所以实践者可以按照一定的价值追求定义研究对象。这种定义称之为"规定性的定义"。它有别于科学中"定性"的定义，属于"定向性"的定义。按照"实践理论"定义规则，这种"规定性"定义，在同一著作中，同样必须保持概念的单义性。否则，相关立论同样因违背语义一致性及逻辑的同一律而丧失可靠性。

本人尚属此类学术规范的初学者。一旦明乎此，对于概念的误用，就异常敏感。故从教育诸概念的辨析入手，致力于教育诸概念的建构。其中所谓"教育诸概念"，系指包括"教育"概念及教育领域中的"学校"、"课程"、狭义"教育"、"师资"在内的概念系列。

（三）教育诸概念辨析问题

不论在思维中还是在人际交流中，概念是以语词形式表达的，概念为语词的含义。所以概念虽存在于个人思维中，却以语言形式进行人际交流。不过行文中所用的概念，是否真正反映它所反映的客观事实或其属性，行文中所用的语词是否符合它所表示的概念的意思，便成为有待分辨的问题。

在概念分析中，常用"名不副实"或"循名责实"之类判断。其中所谓"名"，或指"概念"，或指"语词"。这样，名实关系就有两个层面：一是从概念与它所应反映的客观事实的关系中，区分概念虚实与真伪（属"真实定义"问题）；一是从语词与概念的关系中，区分所用之辞是否达意（属"语词定义"问题）。

由于科学理论与实践理论定义的规则不同，语词的性质也有区别，故行文中名实关系更容易发生问题。教育概念辨析问题，便由此发生。

鉴于我国教育文稿中，教育诸概念界定失范现象比较常见，甚至有些教育文书、教育辞典也不例外，本人从20世纪80年代与90年代之交开始，尝试进行教育诸概念辨析。其中主要针对教育概念界定中两种不靠谱的现象：一是教育科学概念定义错位；一是教育实践理论中的定义虚设。

1. 关于教育科学概念定义错位问题

我国一向把教育研究标榜为教育的"科学研究"。单从教育科学院所林立、教育科学规划累出可知。我国教育学往往宣称以教育现象及其规律为研究对象，至于其研究成果（如学术著作、学位论文、教科书）的"科学含量"如何，那是另外的问题。

说到教育研究成果，单从其中有关教育诸概念的界定，便不难知道其中的"科学意识"如何。

以往曾以一度较有权威性质的《中国大百科全书·教育》中的"教学"词目的定义为例，其中"教学"解为教师的教和学生的学的共同活动。学生在教师有目的有计划的指导下，积极主动地掌握系统的文化科学基本知识和基础技能，增强体质，并形成一定的思想道德。[1]

问题在于这一定义中"有目的""有计划""积极""主动"之类语词意思似明确又较为含混，故同约定俗成的"教学"观念颇有距离。由此生发的问

---

[1] 《中国大百科全书·教育》，中国大百科全书出版社，1985年版，第150页。

题如:教师的指导中目的不明确、计划性不强的情况算不算是教学?教师指导下学生虽在学习而达不到积极主动学习的程度时,其指导是否称得上是教学?教师授业过程中,不见得每节课传授的知识都系统化,不见得每节课都增强学生体质或形成思想道德,那么诸如此类情况究竟算是怎么一回事?然而,通常都把诸如此类情况,作为"教学"看待。

如此界定,并非出于从普遍存在的"教学现象"中抽象出来的内涵,而是有关教学的价值-规范的设定,属"好教学"的设定。从教育"科学"的角度看来,便属于定义的错位。

那么,从教育实践理论角度看来,如此定义能否成立呢?这就得看在同一著作中"教学"概念的运用中,是否保持这个概念的单义性。由于如此定义过宽,导致这个概念的外延狭窄,故在行文中保持这个概念的单义性的可能性甚微。

问题更在于"教学"的如此界定并非孤例。教育诸概念界定的实际情况,都可依此类推。那么如此界定的状况为什么又如此普及呢?此种现象虽同"科学"概念泛化及"实践理论"定义规则不明相关,其实由于价值-规范的设定有助于指导具体实践。归根到底由于我国缺乏形式逻辑的传统和"形式理论"研究的兴趣,以致教育理论领域在相当长的时期中,对"教育科学理论"与"教育实践理论"本身缺乏起码的了解和应有的尊重。甚至以为那些属于在"象牙塔"中"死抠书本"、脱离实际的玩意,故在"教育科学规划"中久被遗忘,几乎早就习以为常了。在此种情况下,"教育科学"云乎哉?

2. 关于教育实践理论中的概念虚设问题

无论是学位论文、调查报告还是项目研究,一般都从研究对象的界定入手。因为一旦越界,后续行动容易转向。

如果说科学理论一般按照"属概念加种概念之差"规则定义表示研究对象的概念,那么在实践理论中,却容许给实践中的核心概念下"规定性定义"。由于概念是以语词形式表达的,故除了"真实定义"以外,还可以采用"语词定义"。通常以新创立的语词,表示某种实践的价值取向,其语词定义,便属于"规定的语词定义"。至于审视如此定义规定的实践能否成立,一般称之为"循名责实"。

在我国，由于提倡"创新"，鼓励学校形成特色，故巧立名目的形形色色"新教育"语词现象一度甚嚣尘上，至今余绪未绝。例如，时而"学"字当头，风头十足，什么"学会做人""学会学习""学会健身""学会消费""学会关心"……时而又热衷给"教育"加冕，所谓"快乐教育""和谐教育""理解教育""尊重教育"……怎样看待如此现象呢？

记得《学会生存》一书中文版问世之初，有一所学校标榜"学会做人""学会学习"。在当时可算是得风气之先。对此，我曾冒昧地询问：从"教"字当头转为"学"字当头，将会遇到什么问题，贵校打算实施怎样的变革，实现"学"字当头？见到对方尴尬，反而觉得自己问得唐突。

又如初见所谓"尊重教育"，望文生义，误以为是针对"不尊重教育"而作出的尝试。见到关于该课题设计的报道，才知并非这回事。原来号称"尊重教育"，是指尊重"自己"、尊重"他人"、尊重"社会"、尊重"自然"、尊重"知识"，在字面上，唯独缺乏尊重的倒是"教育"。单就"尊重自己"而言，其中又包括"认识自己""接纳自己""维护自己""发展自己"。总之无所不尊，无所不重。且不说其课题（标题）文不对题，这种教科书式的定义本身宽而又宽，不知同称之为"教育"的具体实践如何沾边？

即使名副其实，还得看此类宣传是否成其为一说。至少看此类"规定性定义"在行文中是否保持概念的单义性。

由此可见，不论"新教育"的名目是否吸引眼球，其语词定义的虚实都有待分辨。

二、教育语言问题

由于教育概念是以语词形式思考和人际交流，故教育理论中的语言也成为值得关注的问题。既要关注语词的选择，在我国还要关注教育词汇翻译中滋生的问题。

（一）教育语词的选择

有一次，一位年轻学子问我："您写过那么多教育概念辨析，怎么难得见到您给教育概念下的定义呢？"当时我被这突如其来的一问，几乎"问住了"。

因为我从未察觉这种情况。仔细一想，这才明白。因为我从来没有动过标新立异的念头。我所用的教育概念，大都是约定俗成的概念，也就并无解释的需要。至多引证名著或可靠的辞典中的解释。正如洛克所说，他所用的教育概念，都是通用的概念。

由此便又发生一个自己原先意想不到的问题。即既然理论论证中的一个必要的前提在于保持概念的单义性、语义的一致性，而自然语言中一词多义、一义多词为常见现象，这个问题到底如何解决？

原先意识不到这个问题，或许由于原先一直并未察觉自己的陈述中存在违背逻辑的同一律问题。因为我一不标新、二不立异，对自然语言也有选择，至少不致把中性词当规范词使用，就连模态词的使用也较为审慎。何况关于自然语言在历史的比较的研究中的局限性，也心中有数。

（二）教育词汇翻译中滋生的问题

现代教育学是在18世纪与19世纪之交参照自然科学先例建构人文科学的潮流中问世的。其中本专业（专门性职业）的基本词汇，是参照古代拉丁语或希腊语词根建构的新词。它有别于当时的自然语言，以防止自然语言的含义羼入专门职业用语。不过，在教育词汇的流行和实践逻辑影响下，最初形成的人工语言，难免或多或少转化为新的自然语言，从而逐渐丧失其原有的单义性。好在随后有学术规范制约。其中就包括科学与实践理论中界定规则的区别。教育诸概念辨析亦与此相关。

例如，中国古代所谓"学校"，专指官学，有别于家塾、书院之类私学。古代中央官学（如国子监），虽为当时正规的学校，其实它大抵相当于现代的"大学"，并非西方"学校"的对应词。至于古代地方官学（如府学、州学、县学），时兴时废。即使在其存在期间，基本上属于"取士之学"，有别于"养士之学"（日常授业的场所），同现今实施"应试教育"的学校也迥然有别。倒是那时的私学，尤其是家塾，同现代学校有可比之处。

虽然以汉语词汇为译词，方便本国学人阅读，却成为中西教育文化交流与古今文化交流中一大障碍。由于每一个译词所指称的对象以及它所表示的内容（即概念），同被译的原词都有区别，正如中国古代"学校"与现代"学校"几乎是截然不同的两回事,也就难免以先人之见,羼入译词。若不明此理,便大大咧咧地扬言,在中国,学校"古已有之"。反之,也可能按照现代词义挑剔本国固有的教育文化,甚至还"理直气壮"。

"学校"译词如此,"课程""教学""德育""师资"之类译词亦可依此类推。本人就此所作的尝试,间或引起非议,个中缘由,倒也不难理解。

三、教育命题辨析

教育学的陈述,也像一般学科陈述一样,由一系列命题组成。命题泛指表达判断的语句,对一个或几个概念之间的关系作出判断。其中概念的清晰是命题立论的前提。在概念清晰的前提下,由于判断的性质不同,命题便有类型之分。所以命题的辨析与建构,当从命题类型划分入手。

(一)命题的类型

在普通逻辑和现代逻辑中,命题的划分不尽一致。我对教育学命题的分类,经历一个探索的过程。

我于20世纪90年代初撰写《教育原理》(讲义)时,曾针对一般教育文稿中常见的不规范的陈述,予以自律,讲义序文中概括为:"这里关于教育现象、教育问题的分析,将尽可能把客观存在的事实、逻辑上可能存在的事态、应有的事态(价值取向)与可行的抉择这样四个层面分清,兼顾这四个层面。"[1] 随后出版的《教育原理》中陈述的状况表明,其中虽罕见这四个层面的混淆,却谈不上对这几个层面的兼顾。因当时尚未意识到命题类型的选择,同所设定的理论性质相关。不过如此自律一直制约着后来的陈述。

随后不久,在同黄向阳、冯建军、周兴国等学子一道学习布雷岑卡《元教育学》(由他们翻译,未刊),开始萌生"概念"类型、命题类型意识。后来在《教育学的建构》一书中,把教育学命题分为"描述性命题""评价性命题"与"规范性命题"三类,[2] 算是有了依据。

---

[1] 陈桂生:《教育原理》,华东师范大学出版社,2012年版,卷首第3页。
[2] 陈桂生:《教育学的建构》,华东师范大学出版社,2009年版,第106—107页。

其中交代：逻辑学关于判断的分类和命题的类型的划分，较为周密，这里是指"在教育学中常见的命题类型"。其实是指"教育实践理论"中较为普遍采用的命题类型。如今尝试跨越科学理论与实践理论之间的区分，把可供选择的教育命题分类列表如下。

教育命题建构中的命题分类表

命题类型		命题中的谓词		判断类别
		断定语词	模态词	
事实命题 （事物作为事实存在的逻辑判断形式）		是×× （不是××）		事实判断 （实然判断）
价值命题	评价性命题 （事物价值评价的逻辑判断形式）		应当是××（不应当是××） 应当做××（不应当做××） 应当这样做（不应当那样做）	价值判断 （应然判断）
	规范性命题 （行为规范的逻辑判断形式）		允许做××（不允许做××） 必须做××（无须做××） 必须这样做（无须这样做）	
模态命题	可能性命题 （断定事态变化可能性的逻辑判断形式）		可能是××（不可能是××） 可能做××（不可能做××） 可能这样做（不可能这样做）	可能判断 （或然判断、盖然判断）
	可行性命题 （判定现实可能性的逻辑判断形式）		这样或那样做行得通（或行不通）	

（二）避免判断的错位

有人反映我的论述"逻辑性较强"，其实是溢美之见。自己虽然早就学过"形式逻辑"，而所知不多。只是慎用概念、措辞谨慎，无意巧立名目，尽可能减少陈述中的逻辑瑕疵。除此以外，鉴于我国自古以来，素有"文以载道"传统，而对逻辑思维缺乏应有的关注，故在明了命题类型基础上力求避免判断错位。

1. 基于事实命题与价值命题的区别，不把"应当是××"当作"是××"；反之，也不致把客观存在的事实都当作理所当然的存在。

2. 基于评价性命题与规范性命题的区别，不把"应当做××"（价值原则）当作"必须做××"（行为规范）。因为它们是价值体系中的两个层面，在实践中存在原则指导与规范管理两种类型。

3. 基于事实命题、价值命题与模态命题的区别，不认为"应当是××""应当做××""应当怎样做"都有实现的可能；虽有实现的可能，经过可行性论证才可以实行；实行的结果才使应然状态转化为实然状态。

4. 尽管判断的性质不同，所有判断以事实为基础，其立论才较为可靠。

明乎此，至少可使判定的语言较有分寸。

其实诸如此类界限的划分，都近于常理常规，以致谁都容易理解，也不难达到。问题在于违背如此常理常规的现象却层出不穷。个中缘由虽不复杂，倒也值得深思。

（三）教育命题辨析示例

在一本著作中，命题难以数计。这里拟从中选择影响甚大的两例：一是教育同政治关系的一组复合命题，一是所谓"教师专业化"命题。因为前者曾经是风行一时的主旋律。如今虽多有回避，并不表示其中的是非已经得到澄清；后者更是如今的热门话题，并且即使予以澄清，亦难以得到公认。两者都是本人的旧话重提。

1. 关于教育概念同政治关系的复合命题

我国以往在相当长的时期里，盛传"教育从属于政治""教育是无产阶级专政的工具""教育为无产阶级政治服务"。虽然当时一般教育专业人员把此类判断奉为圭臬，其中的有识之士倒不免存疑。

20世纪60年代前期，在刘佛年教授主编的《教育学》中，曾以一组复合命题，表述教育同政治之间的关系。即：经济、政治决定教育的领导权、受教育的机会和权利，以及教育的目的与内容，从而决定"教育的性质"。此外，还决定教育发展的规模和速度。这是一方面。另一方面，教育有"相对独立性"。因为其中存在教育与其他社会意识形态的相互作用，教育与政治、经济发展不平衡,以及教育的历史继承性。

这一组复合命题中的判断,不仅在当时显得颇有新意,而且在尔后诸多教育学版本中,代为"背书"。

本人原先对此种见解非常心服。后来从 20 世纪 80 年代关于教育本质问题讨论中反映出来的那种"唯物主义历史观"水平和论证中的逻辑瑕疵,才引起对这组命题的重新审视。其中的论证首先反映在《教育原理》一书中,[①]关于对这组命题的辨析,参见《常用教育概念辨析》。大意是:其中所谓"决定",实含"先定""命定"之意,并且未把"教育""政治"作为独立的历史范畴具体分析它们之间的关系。[②]

2. 关于"教师专业化"命题

"教师专业化"是一个复合词,指称"教师职业"同"专业"之间的关系,所以是一个命题。这个命题受到广泛的关注,其中又存在争议。这个争议实同"专业"概念相关。

(1)"专业",原是大学与研究机构中的学业称谓。在现代学位划分中,"专业学位"又是同"学术学位"并举的概念,是指实践性的学业类别的划分。如工学、农学、医学、法学、教育学等。有别于自然科学、社会科学、思维科学之类"学术学位"。自然,"学术学位"比"专业学位"更"专业"。

从"学位"角度看来,每一个具备一定教养程度的人,都可以攻读一定级别的学位,成为专业人员。教师自然也不例外。如就教师职业素养来说,所谓"教师专业化",如果意味着教师普遍地获得一定的学位,其必要性与可能性便成为争议的话题。

要论"教师专业化"的可能性,先得明了什么类型的职业,不可能成为"专业性职业"。其中的道理并不复杂。简单地说,职能过于复杂的职业,不可能成为专业性职业。因为职能活动中可变因素较多,不易从中分析出专业知识,也就很难成其为专业;反之,职能活动过于简单的职业,无须专业知

---

① 陈桂生:《教育原理》(1993、2000、2012),华东师范大学出版社,2012 年版,第 101—113 页。
② 陈桂生:《常用教育概念辨析》(1997、2012),华东师范大学出版社,2012 年版,第 16—22 页。

识的运用，也就没有必要成为专业。

教师职能旨在使一定时代、一定社会-文化中积累的基础性质的精神文化转化为学生的教养，使其形成健全的人格。其中能动的可变性的因素较多；同时教师职能中又包括大量重复性的日常事务。所以，教师职业既有别于"专业性职业"，又不同于一般"服务性职业"，因此在作为学业类别的"专业"意义上，教师职业属介于这两类职业之间的"半专业性职业"。

（2）教师职业的形成，在漫长的岁月中，实际上存在从只有具备一定的文化水平就可执教的非专门性质的职业，转化为不仅经过专门的训练才可就业，而且职能活动本身形成一定的价值标准与行为规范，从而成为的"专门性质的职业"。

问题在于社会分工中"专业性职业"与"服务性职业"之间社会地位、工资待遇差别较大，并随之发生职业偏见与职业歧视。加之教师职业群体异常庞大，以致普遍提高教师社会地位、改善教师待遇困难较大。在此背景下，国际劳工组织和联合国教科文组织于1966年联合发表《关于教师地位的建议》。其中提到：所使用的教师"地位"这一表达方式，"既指赋予教师的身份或对他们表示的尊重……也指与其他职业群体相比给予教师的工作条件、报酬及其他物质利益"。该建议在"指导原则"中提到，"应该把教育工作看作是一种职业：它是公共服务的一种形式，需要教师通过严格的和持续的学习获得和保持专业知识和专门技能；它还要求个人和集体对于教师以及他们所负责的学生的福利有一种责任感"。

这个建议引起颇大的反响。我国所谓"教师专业化"口号亦与此相关。其实，其中所谓"教师专业"实际上是"专门性职业"的意思，同学术类别意义的"专业"，不是一回事。如把它误解为学业类别意义的"专业"，便可能把并非必要的及不可能普遍达到的要求强加于教师，从而徒然增加教师的额外负担。至于教师个人有志攻读专业学位，那是另外一回事。

虽然"教育政治化""教师专业化"的提出都事出有因，不过，人为地扭曲教育本身的性质、转移教师修业的方向，其中的得失虽然已经成为众所周知的事实，其中的是非，至今仍有必要加以澄清。

四、教育"形式语言"的使用

由于不同时代、不同社会-文化中通用教育语言之间的语义、语法不同，故一旦尝试跨越时代和地域限制，揭示教育演变的一般趋势，就有必要采用抽象的"形式语言"表达。采用"形式语言"，至少在古今教育比较中避免以今度古，或以古律今；在中西教育比较中，也不致以中度西，或以西例中。

（一）"形式语言"要义

"形式"同"材料"（或"内容"）相对。"形式概念"是以"形式语言"表示的抽象概念。"形式语言"是有别于"自然语言"的人工语言。"形式概念"如"制度化"，不同于包含一定内容的这种或那种制度，而是制度现象的抽象。本人经过长期酝酿，颇费踌躇，才进行建构"形式概念"系列的尝试。

本人原本缺乏形式理论学养与形式思维习惯，只存在如实反映客观事物与梳理教育演变线索的心愿。由于理论领域在古今关系与中西关系上，以今度古或以古律今、以中度外或以外例中现象屡见不鲜，为避免曲解此种关系，才逐渐萌生建构教育形式概念的念头。

1. 以"形式概念"表示教育整体演变线索中的关节

本人对教育历史进程重新认识，首先得益于《学会生存》一书的启发。因为原先以为教育从不定型到定型、从制度不健全到制度化是历史的进步，而《学会生存》则着重反思制度化教育（即正规学校教育）的弊端。尤其是针对发展中国家搬用发达国家制度化教育模式带来的新问题，力求破除"教育即学校教育"的偏见，倡导制度化教育的改革，同时提倡以非制度化的方式，推广终身教育。为此，重新肯定历史上非制度化教育传统在个体社会化中的价值。在此启发下，不再漠视非制度化教育，开始注意教育从不定型到定型、从制度不健全到制度化演变的趋势。其中所谓"制度化教育"便是"形式概念"。

不过本人由于对中国自革命根据地以来的各个历史阶段中，"正规化教育"与"游击式"的非正规教育反复交替的成败利钝有所了解，故在《教育原理》一书中，对"制度化教育""非制度化教育"及"终身教育"的观感，同《学会生存》一书中的评价有别。

此后尝试按照教育演变的线索,"回归历史"。尽可能搜集史料,说明教育演变过程中的中间环节。逐渐察觉初步了解的线索中,在"形式化教育"与"制度化教育"之间,好像还缺一过渡环节。有一次在同年轻学子王佩弦的交谈中,他说:有一个概念可用。这就是"实体化"。教育实体,即官学、私学之类教育组织。这便是《学校教育原理》一书中,教育组织在总体上演变线索的由来。

如此探索,原先只是出于避免以如今所见,图解教育的历史的考虑,后来逐渐意识到从教育"从哪里来",或可大致窥测它将"向何处去"。《学会生存》就是范例。

2. 以"形式概念"表示教育主要问题领域演变的逻辑范畴

这里所谓"教育问题领域",是指"学校""课程""道德教育""师资"之类领域。它们也是历史范畴。其中也存在"从哪里来"向"何处去"问题。在我的教育研究中,这类问题是怎样发生的呢?不妨从课程问题谈起。

在20世纪与21世纪之交的课程改革酝酿过程中,有一次教育部基础教育司召开座谈会,讨论课程调查问题。施良方博士约我同他一道与会。在会议休息时,偶然听到筹备课程研究会消息。我问良方:有了教学论研究会,为什么还要成立课程研究会,难道它们是两回事么?良方意识到我有想法,支支吾吾,含糊表示他也不大清楚。回校以后查资料,验证我的感觉。

原来在欧洲大陆,德国从17世纪至20世纪中期,历来使用"教学论概念系统"。后来,受索尔·B. 罗宾逊著作(1967)影响,才间或引入课程概念。在德国学者编写的《德汉学校教育学小辞典》(1989)中,仍以"教养""教学计划""教学大纲"为基本概念。在俄国凯洛夫《教育学》中,并无"课程"一说。胡森与波斯特尔威特主编的《国际教育百科全书》"法国课程史"条目提到,法国教育工作者"并不熟悉"课程这个概念。"从1880年到1970年的近一个世纪以来,'教学大纲'概念在法国教育中始终异常稳固"。

英语社会-文化中,原先通用教学论系列概念。19世纪出现"课程"一说,进入20世纪以后,逐渐以若干"课程"概念取代"教学"概念,如以"课程计划"取代"教学计划",以"课程标准"取代"教学大纲","教材"

也不再只是"教科书"的同义语。课程理论也在形成过程中。

在西学东渐过程中，中国长期采用教学论诸概念，又逐渐夹杂课程诸概念。不过，我国所谓"课程"，主要相当于欧洲大陆所谓"教学内容"，有别于英语中的"课程"概念；我们所谓"教学"大致相当于"课程实施"。同德语、法语、俄语中的"教学"概念亦有出入，从而在中西教育文化交流中，存在是否名实相符的问题。其实，在我国教育领域，就连这个问题是否存在也还是问题。

明乎此，或可了解，原来欧洲大陆国家与英语国家各以一套话语，指称的是同类对象。从表面上看来，梳理它们之间的对应关系并不困难；困难在于这两套话语中，在"教"与"学"关系的判断中隐含着颇不相同（还有冲突）的价值倾向（其中还涉及教育行政与学校行政之间、学校行政与教师之间课程权力分配的区别）。

本人并非教学论专家，更非课程论学者，故对此类问题并未深究，也无能深究。只因事关教育之学，才不得不予以关注。问题在于一旦涉及此类问题的国际比较，这才颇费踌躇。因为无论是国际教学比较，还是国际课程比较，都可能发生以某种话语或价值倾向强加于人的问题。为了避免此类讹误，才尝试采用"教程""学程"之类形式概念。

"教程"与"学程"，表示历史形成的"教"与"学"实践的不同类型。这种实践的历史性变化，表现为：在近代社会从古代朴素的"学程"到"教程"的转化（教学论实质上是教程论）；进入20世纪以后，又出现从"教程"向"学程性教程"或"教程性学程"转化的迹象（课程论实质上是形成中的带有"学程"倾向的理论）。不过，这种转化将是一个非常漫长的过程。

说到这里，不能不指出的一个至今难以解决的问题，这就是从20世纪初期（1919年）开始，陶行知曾针对传统"教程"对学生指导脱节的缺陷，提倡"教学合一"及"教学做合一"，并把"教授"一词改称为"教学"（译词也随之改变），赋予这个新词以"教学生学"之义。从而把"教授"这个描述词，改称为规范词。然而在实践中难以避免把这个规范词当作描述词使用。结果不管教师之"教"是否"教学生学"，都称之为"教学"，从而模糊了"教程"与"学程"的区分。故如今在日本间或可见以"授业"取代"教学"

一说。

明"教程"与"学程"之别,至少有助于认清如今的学校中的教与学处在什么阶段,其演变的趋势如何。至于"教程",尤其是"学程"是怎么一回事,都有待研究。

在这方面,改个名称,虽易如反掌,名副其实,却老大不易。从陶行知改"教授"为"教学"开始,至今已将近一个世纪之久,如今的"教学"状况如何,几乎人所共知。如果说陶行知改"教授"为"教学",在实践中虽未必得到什么,倒也不见得失去什么。如今既要审时度势,更少不得循名责实。若再玩新的改名游戏,那就不能不有"得"与"失"的权衡。因为从"教程"向"学程化教程"或"教程化学程"转化将是一个漫长的历史性变革的过程。历史性的问题只能历史地加以解决。

(二)从逻辑范畴回归教育的历史

教育的形式概念是从教育的纵向变化与横向比较中抽象出来的逻辑范畴。既作为超越时代与地域限制的视点,又可规避不同地域历史语言的客观事实。重要的是这种形式概念的生命力,在于作为分析教育历史性变化的逻辑范畴,回归历史,因为若不回归历史,便成为空对空的空谈。

事实上每一个教育基本概念的内涵都不是一成不变的。它们基本上是历史地形成并随着历史的变化而变化的历史范畴。唯其如此,按照一定的逻辑范畴把不同区域历史形成的教育(包括其中的问题领域)加以比较,有可能在总体上把握教育(或其中的问题领域)演变的轨迹。

这方面的尝试,参见《"课程演变的轨迹"提纲》《课程系统说》《"德育演变的轨迹"提纲》[①]及《学校教育原理》《普通教育学纲要》中的若干章节。

五、教育理论体系建构的历程

在很长时期里,谈到教育学,都指其缺乏严密的理论体系。由于公认

[①] 参见陈桂生、胡惠闵、王建军:《教育半月谈》,华东师范大学出版社,2015年版,第10—14、33—38、49—51页。

《资本论》为理论体系周密的典范,故以往编写教育学,往往从寻求教育学的逻辑起点入手。其实就连"逻辑起点"是怎么一回事,也未必了然。

本人虽有"教育学情结",却并无编写"教育学"(包括"教育原理")的打算。间或萌生如此打算,大都半途而废。《教育原理》原是在两个半月时间里,匆匆应急又匆匆了结的讲义。见到讲义打印稿时,才突然萌生使其成书的念头。随后匆匆补写四章,匆匆交稿。书稿在出版社沉睡两年多以后,或许出于一个偶然发生的误会,才使其于1993年付梓。[①] 至于《学校教育原理》与《普通教育学纲要》,也只是在一批文章发表后,稍加梳理,结集成册,都只是了却一个心愿而已。在其序言中早有交代。

我从2014年年底,才有幸结识张建国博士。从初步交往中,体会到他怀有对"体系"的执着追求。其实,我早已从"教育体系"的困惑中挣脱出来。他对我的旧作,经过精心梳理,从中得出"不成体系的体系"一说,促使我对"教育学体系"再认识,理应就此作些交代。

(一)《教育原理》的思路

《教育原理》一书表明,当时确有"体系"的考虑。其中初步形成从"内"(教育组织)到"外"(教育的外部环境与条件)、从教育内外"事实"到教育价值的序列;教育组织本身从"小"(直接教育过程)到"大"(教育实体、学校系统)序列。不过,"教育学体系"的建构并未完成。因为按照原先的构想,在分别陈述从"小"到"大"、从"内"到"外"、从事实到价值以后,还该加以综合。由于匆匆完稿,而未完成,所以,当时见到该书清样时,第一个念头便是"修改它"。随即对黄向阳表示:"我不相信会有人读完它。"

想不到此讲义与书形成后,我就一直被"绑"在"教育原理"上,脱不了身;同时,此书的修改与走近读者的难题一直无法解决,成为难以解脱的心病。所以,在1993—1998年间的教育学苦旅可算是"快乐,并痛着"。这

[①] 1993年教育部社会科学司要求部属出版社出版学术著作。有一次人民教育出版社胡寅生兄来访,主要讨论"教育学体系问题"。本校出版社或许误以为人民教育出版社约稿,故次日就爽快地表示尽快出版。

是由于在那段岁月中，还未意识到当时的想法，其实是掉进了为自己设定的陷阱里。因为一种理论并非越复杂越好。从复杂到简明才更见功力。何况"纯理论"的探求，似乎已经成为我国教育理论研究中的一种奢侈。

好在此后开始接触教育的"元理论"，同时，尝试对教育问题进行历史的比较的研究，并把此种研究同历史的逻辑的分析交叉。由此无形中找到"元研究""元概念"的感觉，逐渐萌生另起炉灶的念头。这便是《学校教育原理》的由来。

（二）形式框架的建构——《学校教育原理》的尝试

1998年早已退休，打算"金盆洗手"。利用剩余研究经费，买了数百本同"教育""教育学"无干的闲书，过另外一种生活。可是树欲静而风不止，仍同"教育原理"脱不了干系。只得从头做起。在给研究生上课时，逐章边写边打印、边讲边讨论，那个学期结束时，即匆忙寄给湖南教育出版社。这便是《学校教育原理》。

此书虽是对自己的交代而已，客观上倒不失为教育原理建构中别出蹊径的尝试。

其实，在《教育原理》的陈述中，已经包含把教育诸概念作为历史范畴的意思，只是当时尚缺乏教育"元理论"意识。《学校教育原理》基于在教育的历史的比较的研究中，对教育问题进行历史的逻辑的分析的初步尝试，故以形式框架，表述教育知识系统，并以几篇"后记"，补充表示意向与尚待解决的问题。《学校教育原理》同《教育原理》的另一区别在于较后者更回归"教育"本身的问题。

一方面不再把"不同社会-文化中的教育"，作为教育原理的主题，而把这些主题交由教育哲学、教育社会学和教育文化学研究。只是仍不忽视把各个教育问题放在一定社会-文化范围中审视。另一方面，从对教育学、学校总体的讨论，延伸为对课程、德育、师资等问题的讨论。其中"教育内涵的分化与统合""课程-教学理论一元化"，属独立的探求，"德育部分"尚未成其为"理论"。

（三）教育问题的系统分析——《普通教育学纲要》的建构

其实，教育学苦旅了而未了。这同 2000 年以后的经历相关。

2000—2004 年，热衷于教育漫谈，或参与同中小学教师合作的行动研究，或参加民办教育调查。虽同教育学渐行渐远，由于拉近了同教育实践的距离，并使有限的教育知识得到运用的机会，于不经意中反而又走近了教育学，也就萌生再度回归教育理论的冲动。

恰逢此时，应华南师范大学黄甫全教授之约，给该教育学院博士研究生主讲教育原理。为此重新编写《教育学讲义》。在那一个月中，逐章边讲边讨论，边讨论边修改。回到华东师范大学后，又应黄向阳博士和王建军博士之约，按照新编讲义，在他们主讲的教育原理课程中讲几次（现在才知道，建国曾旁听）。接着在 2005—2008 年，参加由胡惠闵、黄向阳、王建军三位博士主持的"教育半月谈"。在多次即席发言的基础上，整理成若干专题章节，同《教育学讲义》合为《普通教育学纲要》。

《普通教育学纲要》虽保持对教育问题进行历史的逻辑的分析的格局，由于在教育漫谈和行动研究中，学究气稍微弱化，开始注重把教育诸问题当作"事情"观察，在《普通教育学纲要》中或有反映。

《普通教育学纲要》中关于广义教育概念演变轨迹的陈述较前清晰，关于狭义教育实施的思路，为研究中的新收获。因有诸如此类进步，故对"体系"问题也就不再较真。此后，曾试图将《普通教育学纲要》删去一半（已标出章节），适当改写另一半。由于眼高手低，能否如愿，现在还很难说。

在《普通教育学纲要》问世后，宁愿忘却《教育原理》《学校教育原理》。《普通教育学研究旨趣》一文可证。其中确有以《普通教育学纲要》为代表作之意。见到张建国博士的平议，才勾起对旧作的记忆。

（四）治"教育原理"之道

在着手写《教育原理》之初，曾翻阅前人的同类著作，发现其中罗列教育的生理学基础、心理学基础、伦理学基础、社会学基础、政治学基础一大套，其中夹着"××主义""××理论"又一套，还有"教育与××关系"再一套。起初并不理解,后来才明白:或许这一套又一套才是"教育原理"之"原"。因为教育发生、发展的源头,在教育领域之外,教育学也就以相关的基础学科为本学科的"理论基础"。由此生发的疑问在于:如此复杂的"理论基础"只是教育学人的教养问题,并不是教育理论本身。它们对教育理论的影响,主要取决于教育学人对这一套又一套外在理论的理解与运用。如把外在的理论当作现成的理论移植在著作中,还算是"教育原理"么?

关于教育同文化、经济、政治的关系,即使明白了,也只是说明教育"应当是什么"(或不应当是什么)、应当做什么(或不应当做什么)、应当怎样做(或不应当这样做、那样做)的缘由,并不能说明教育本身("是什么""做什么"和"怎样做"),就是这么一回事,尤其不能说明教育本身演变的逻辑。

明乎此,便一步一步走近"教育学"。不过对通行的教育学的疑问在于:其中"教育目的"一套(包括各种选择的可能性),"教育内容"又一套,"教育方法"再一套。每一套都像中药铺一样,包括各种选择、多种规定,而实践中的"目的"是具体的,目的与内容的联系、内容与方法的联系,也是具体的联系。通行的"教育学"教科书同实践逻辑距离较远的缘由正在于此。所以"教育原理"又有别于通行的《教育学》教科书。

明乎此,通过历史的比较的研究,运用历史的逻辑的分析和历史的具体的分析,探求教育本身自然演变的线索。其中包括学校、课程、狭义教育演变的轨迹。这便是在《普通教育学纲要》之类著作中的治学之道。

六、教育理论体系建构中的一般问题

张建国博士关于三本"教育原理"的平议,恐怕是这些著作问世以来唯一的评论。唯其如此,见到如此长篇平议,第一感觉就是"突然"。这篇评论尝试把三本"教育原理"放在马克思主义理论与方法和教育"元理论"视界中审视,论证又那么谨严,也就自然地给原作者提供再一次反省的机会。

其实,在《普通教育学研究旨趣》一文中,也像是把自己的教育原理研究放在马克思主义理论与方法和教育"元理论"视界中审视。不过,那原是勉为其难的应景之作。其中的核心部分为"教育学苦旅的又一程"(中篇),

像是简单的工作汇报。考虑到既然写了，总得像个样，才以教育学历史上发现的、解决与尚待解决的元理论问题为铺垫（上篇），又加写了"教育学内在矛盾问题"（下篇）。① 至于谁会理解这三篇之间的内在联系，并不介意。事实上如原先所料，因不明对谁弹琴，也只能算是立此存照。

张建国博士则不同。他拿三本"教育原理"说事，说的是教育学术研究问题。他对教育理论体系怀有执着的追求，并对一般理论体系的内在矛盾，有自己的见解。因涉及教育理论体系建构中一般性质问题，故无论是他研究的对象，还是他的见解，都值得进一步讨论。

（一）理论体系中的内在矛盾问题

张建国博士指出："体系是一种矛盾的存在。"一方面，体系本身或多或少近似地反映对象的内部联系，这是其存在的合理性；另一方面，相对于对象的历史性，体系又具有僵化、封闭的一面。它倾向于用已经完成的、有限的陈述，来描述注定要发生变化的对象。这是体系的不合理之处。这是一个耐人寻味的价值判断。为了澄清这个问题，不妨从《资本论》中举一个简明的范例。

在《资本论》中，关于"生产劳动"概念演变的具体的考察，大意是：劳动过程最初是被抽象地，撇开它的各种形式，作为人和自然之间的过程来考察的。在这个意义上，单个人如果不在自己的头脑的支配下使自己的肌肉活动起来就不能对自然发生作用。这表示在简单劳动过程中，个人直接参加劳作，是生产劳动及劳动生产者的必要条件。

不过，从简单劳动过程的观点得出的生产劳动的定义，对于社会化生产过程和资本主义性质的生产过程是绝对不够的。因为随着劳动过程本身的协作的发展，生产劳动和它的承担者，即"生产工人"概念"必然扩大"。因为在社会化生产中，为了从事生产劳动，不一定要亲自动手，只要成为"总体工人"的一个器官，完成他所属的某一种职能就够了。因为"总体工人"中除了操作工以外，还有技术人员与管理人员。所以简单劳动过程的生产劳动

---

① 陈桂生：《普通教育学研究旨趣》，《中国教育科学》，2015年第3辑。

的定义，对于"总体工人"仍是正确的，对于总体工人中的单个成员也就不再适用了，因为"总体工人"中还包括不直接参与劳作的管理人员与技术人员。

如果说社会化生产扩大了生产劳动与生产工人概念，那么在资本主义生产中，"生产劳动概念缩小了"。因为资本主义生产，实质上是剩余价值的生产。工人单是进行生产已经不够了，他必须生产剩余价值。反之，相对于利润的增殖，工人生产什么商品，倒是次要问题。例如"一个教员只有当他不仅训练孩子的头脑，而且为校董发财致富劳碌时，他才是生产工人"①。

张建国博士关于教育理论体系内在矛盾所见，和我们在这个问题上的困惑大致相同。如果把我们对这个问题的认知，同马克思关于"生产劳动"问题的历史性考察加以对照，其中的问题或可迎刃而解。

1. 如果把"体系本身"理解为"近似地反映对象的内部联系"，虽然不错，那么反映变化了的对象及其范畴，例如从简单劳动过程的生产劳动及其范畴到社会化劳动过程中的生产劳动及其范畴，不过是生产劳动历史性变化和相应的逻辑范畴的变化而已，它们还是这个"体系本身"的组成部分。所谓"体系内部矛盾"，其实是一般与个别、一般与特殊之间的关系问题。至于其中是否存在矛盾，取决于一般事物是否以特殊形态表现，特殊形态的事物中是否隐含着一般的意义。例如，社会化劳动在以"结合工人"取代"个别工人"意义上，仍不失为"生产劳动"。资本主义生产关系中的生产劳动概念，"生产"的含义发生了变化，故实际上可能是生产劳动的异化。

2. 生产劳动理论体系表明，简单劳动过程中的生产劳动，既是生产劳动的"历史起点"，与其相应的生产劳动概念，便是生产劳动理论的"逻辑起点"。从简单劳动过程的生产劳动概念演变为社会化劳动中的生产劳动概念和

---

① 参见《资本论》，载华东师范大学教育系《马克思恩格斯论教育》，人民教育出版社，1979年版，第170—171页。说到这里，顺便说一说，1979年我上课时，有一个学生（学号7801113）对马克思的这个提法表示质疑。在他看来，资本主义生产一方面"缩小了"生产劳动概念，又从另一方面"扩大了"生产劳动概念。因为不管生产什么，只要利润增殖就算是生产劳动。当时我对他的质疑表示肯定。后来马克思在《资本论》第一卷法文版中，倒不再出现"生产劳动概念缩小了"的提法。（参见《资本论》，载华东师范大学教育系《马克思恩格斯论教育》，人民教育出版社，1986年版，第236—237页。）

资本主义生产关系中的生产劳动概念，便是逻辑的展开。

3. 由此可见，我们一直捉摸不定的"教育学的逻辑起点"，究竟是怎么一回事。其实西方近代所谓"引出"，既是近代教育的历史起点，同时也是近代教育学的逻辑起点。只是由于我们按照如今的经验事实观察教育，才会发生对教育历史起点和教育学逻辑起点的无知。所以教育学的逻辑起点只能到教育的原生态中去寻求，教育学的逻辑展开便是对教育问题进行历史的、逻辑的研究。由此这才明白，理论体系的建构为什么从寻求逻辑起点入手，从何处发现逻辑起点。

4. 体系为什么"又具有僵化、封闭的一面"？虽然各种理论体系若不随着时代变迁与客观情势而变化，都可能趋向僵化与封闭，而在一定时代、一定社会-文化中，不同的理论体系之间，仍然存在保守程度、开放程度的区别。何况对于"保守"与"革新"、"封闭"与"开放"的价值判断，应当因势而定。更何况理论体系对工作体系可能发生的影响不同。历史的逻辑的研究表明，体系并非注定是保守与封闭的。

（二）教育理论中的逻辑鸿沟问题

在《普通教育学研究旨趣》一文中，曾经提到教育学建构系列的难题。其中既存在"教育"理论与"教养-教学"理论之间的逻辑鸿沟，又存在科学理论与实践理论、实践理论与实践之间的逻辑鸿沟。这种种难题本来可以通过学科分化解决，如不明此理，便可能对同一著作提出难以解决的苛求。

问题在于"教育学"原是同称为"普通教学法"的"教养-教学理论"（现今课程-教学理论的前身）并行的学科领域。如康德《论教育学》为"教育"之学，同一时代，还有《教育原理与教学原理》之类的著作。赫尔巴特率先把"教养-教学理论"引入教育学。因为他既否认"没有教养-教学"的教育，又否认"没有教育"的"教养-教学"。意味着其中"教育""教养-教学"都是规范词。所谓"教育性教学"和"通过教学进行教育"，都是"规范性的定义"。虽然这种价值判断的影响深远，而他所否定的"教育"与"教养-教学"分离的现象，即通常所说的"管教不管导""教书不育人"现象，作为不争的事实亦长期存在。

由于"教育"属于价值问题,"教养-教学"属于客观知识传承的实践问题,同一著作中,因存在两种不同的逻辑范畴和解决问题的思路,所以所谓"逻辑起点"便成为教育学中的难题。张建国博士注意到在当年关于教育学逻辑起点的热议中有一位"旁观者",那就是我。其实,我并未"旁观"。因为最初向当事人提出可供参考的"逻辑起点定义"的,就是我,后来在一次论文答辩中向当事人顺便提出劝告并得到认可的也是我。

(三)教育理论的"形式结构"问题

张建国博士对教育理论体系的探求,情有独钟。在平议中特别专注其中体系的考察。这很自然。因为我国几代教育学人都曾因这个问题未能合理地解决而煞费苦心。他在平议中注意到一个似乎不解的现象,即他的研究对象对教育理论体系从追求转而疏远。其中明显一例便是同《学校教育原理》中"形式结构"的趋向渐行渐远。作为当事人对此少不得作点交代。

其实,当时关于这种调整的考虑非常简单。因为自从《教育原理》问世以后,经常听到一种说法,便是这种书"想学,但看不懂"。原先以为只是由于一般学子不熟悉其中那么多的背景知识,故在该书第二版中力求简化其中的陈述。后来才发觉其中的原因,更在于一般教育学人缺乏对"形式思维"的了解。

不讲别的,就以赫尔巴特的"教学形式阶段"来说吧!虽然一般教育学人都知此说,却未必明了所谓"形式阶段",原是教学理论建构中的一种抽象思考。其中"清楚""联想""系统""方法",虽用普通语词表达,实际上都是"形式概念",并由此形成一种教与学的思路。至于实践中的"教学阶段",虽受其影响,实际上已经从抽象思考转向教学工作程序中步骤的划分。何况后来趋于制度化的教学,同"教学形式阶段"构想中那种情景的距离越来越远。

即使是俄国教学理论中被我国通常称为"五个环节"的构想,其前提也是"课"的类型的划分。不同类型的课,由不同教学环节构成。"课"的类型有"综合课""新授课""独立作业指导课""检查课"与"复习课"的区分。其中所谓"五个环节"只是指"综合课"实施的步骤。其实,这也是见诸实践的形式思考。

此类形式结构的建树,原是"教程"实施中的构想,同"学程"异趣。然而在我国,"形式结构"却几乎是"形式主义"的代名词。前车可鉴,也就不能没有对谁发话的考虑。

（四）关于"不成体系"的体系

张建国博士从三本"教育原理"的考察中,得出一个令人出乎意料的结论:"不成体系的体系"。不妨就这个似模糊又明白的判断,作一点解释。

1. 鉴于教育理论中存在"教育理论"与"教养-教学理论"之间的逻辑鸿沟,科学理论与实践理论、实践理论与实践之间的逻辑鸿沟,《普通教育学纲要》中的陈述,不得不采取二元交叉的"不成体系"的"体系"结构。即：其中广义"教育"是一个从狭义"教育"拓展为包括德育、智育、体育以及社会教育、通用技术教育在内的观念；狭义"教育"是一个从狭义"德育"拓展为广义"德育"的概念。这是一元；另一元中"课程"是一个"教程"与"学程"一元化的概念。

2. 二元之间的交叉,在于"教育"与"教养-教学"虽有区别,其中又隐含着"理性的教育""教育性教学"观念。

3. "关于狭义教育实施的思路"与"关于课程演变的轨迹",既出于相关知识系统化的考虑,其中也包含理论与实践沟通的考虑。

4. "关于学校演变的轨迹",属于"教育""教养-教学"管理的范畴。

所以,虽"不成体系",又有别于"无体系"。

如此结果说明什么问题呢？

从"形式结构"看来,《普通教育学纲要》似乎"不成体系"。因为其中的章节未能显示出教育问题由浅入深、由简单到复杂的过程。如上所说,这是由于教育学的研究对象本身,存在"教育"与"教养"之间的逻辑鸿沟。如果单以"教育理论"与"教养理论"为研究对象,情况将会不同。不过,那样势必同早已形成的"教育学"共识格格不入。这才采取"广义-狭义教育理论"同"教养-教学理论"二元交叉的结构。

其实,所谓"理论体系",原是反映研究对象的不同问题领域演变过程中内涵有机联系的知识系统。这种知识系统以"形式结构"为外观。《普通教育学纲要》之所以还被认为不成体系的"体系",正由于其中的"广义教育理论""狭义教育理论""教养-教学理论",作为历史的逻辑的分析成果,已经初步形成一定的知识体系。

问题在于作者在教育理论探索过程中,逐渐感受到教育基础理论与实践理论、实践理论与实践之间的逻辑鸿沟,又顾及我国教育理论领域的氛围,从而打消了一些不切实际的想法,也就有意无意地淡化了对"理论体系"的追求,越来越倾向于教育问题的研究。《普通教育学纲要》中因收入一些教育问题研究的成果,故加重了不成体系的印象。

七、点滴感受与思考

张建国博士在完成《陈桂生教育原理研究平议》初稿后,曾征求他的师友意见,并参照有的师友建议,拟在原稿中补写陈某教育原理"研究范式"。尽管按照常理常情,在长篇评论中,概括出"研究范式",仿佛是点睛之笔,便于人们了解研究对象的要领。好在他还是根据我的建议,打消了这个念头。因为我的研究历程,一直处于迷惘与困惑的状态,既未提供什么独特的教育见解,也未形成别出心裁的"研究方法";不过是运用通常的方法梳理教育的常理而已,也就无须勉强扣上什么"范式"。这倒不是什么谦虚不谦虚的问题。因为当事人原无意以一孔之见,一得之功,自圆其说,以偏概全,并相信运用常法疏通常理,其难度与价值未必在什么"范式"之下。至少不致因此贻笑大方。至于以常法梳理常理"难"在哪里,为什么说其价值未必在"范式"之下,说来话长,不妨作为此后继续探讨的议题。

建国明乎此,在其原稿中增加了"点滴感受与思考"一节。其中提到陈某很像一名清扫中国教育学地基的"小工"。如此比喻,虽未尝不可,不过,清扫这样的地基倒也不易。

我年近花甲,才把教育学从学习的对象转换成工作的对象。我的处女作为《教育学的迷惘与迷惘的教育学》。其中指称的对象,原是我国近半个世纪以来教育学的坎坷历程。一旦治教育之学成为自己的职务,"教育学的迷惘"就成为我自己的迷惘。迷惘之所以是迷惘,正在于就连"迷"在何处,也很惘然。我只得在清理教育学地基的同时，不断清理自己意识中的地基。这才产生几许不成熟的果实。

建国是我在 2014 年年底才偶然结识的年轻朋友。他出道之初，居然成为我的教育原理研究的首位评议者。其中对我的研究历程，不厌其烦地刨根问底，并将其放在马克思主义理论与方法以及教育元理论的视野中审视，颇具功力。至于我自己，由于深感教育学苦旅的艰辛，对自己的有些旧作懒得提起。建国的平议勾起我对这番苦旅的记忆。如今除了反思以外，考虑到成千上万的"教育学人"尚在教育学途中，故有责任让他们从我一波三折的旅程中吸取教训。这才又有这番唠叨。

(本文原载于《中国教育科学》2016 年第 4 辑)

附录五

一个执着的教育学人

——陈桂生教授访谈纪事

刘庆龙

三十年前,陈桂生先生曾撰文表达对教育学的迷惘,这种迷惘长期伴随着他的教育研究生涯。近两年,他用关于"教育学究竟是怎么一回事"的系列思考向教育学的迷惘告别。本文通过对陈桂生教授的访谈,发掘他当年如何走上教育学之路,了解他在教育学研究上取得的建树,以及追问他近年来关于教育学这一学科的最新思考:Pädagogik 同教育学的区别何在?在西学东渐中把 Pädagogik 译为教育学会造成什么问题?他在教育学领域为什么能够获得他所期待的成就?此外,还请教了其导师萧承慎教授的指导方式、马克思主义教育思想、毛泽东教育思想等问题。

时间:2019 年 8 月 26—29 日
地点:陈桂生住宅
刘庆龙(简称刘):陈老师,我读过您的《普通教育学纲要》,觉得其中有不少发人所未发的见解,却没能真正理解。最近又读了您连载的关于"教育学究竟是怎么一回事"的文章,觉得很有意思,很想了解您究竟是如何研究教育学的,特向您请教,请您接受我的访谈。

陈桂生（简称陈）：你的老师胡惠闵教授和你对我完成《"教育学"辨》一书提供了许多协助，我无法回绝你的要求。请你认真考虑一下提纲，建议只谈有点意思的话题。

一、教师职业的选择

刘：请问您是怎么选择教育学专业的？

陈：这要从选择师范职业谈起。我出身于手艺人世家，我的祖父兄弟三人，只有他结婚生子，而我的祖母在我父亲出生四个月后，不堪家庭压力，携子出逃，并在出逃四个月后把我父亲送给一户卖豆腐的人家。次年8月那家给我父亲做周岁生日，被人发现，才打官司，对我父亲验血，将他领回我家。我父亲到4岁才学会说话，8岁就随祖父做小工，一生都做瓦匠。唯其如此，他不要我再做瓦匠。

我于1933年出生后，从3岁到13岁在私塾的十载寒窗中消度了童年岁月，1947年春才在慈善性质的民办初级小学中开始进小学，功课优异。在一次国画课上，老校长董暮功走到我身边，自言自语道："这个孩子太可惜了！"又冒出一句："将来可以上师范。"好像给我指出了一条出路，我将其牢记心中。

1949年高邮解放。由于局势未定，我的许多同学在他们家长的观望中耽误了学习机会。我这个穷孩子特别珍惜学习机会。我初中毕业时，政府规定：所有应届毕业生一律服从分配。那时，功课好的同学，都想进高级中学或工科学校，我作为学生会副主席和青年团副书记带头选择淮安师范学校。

二、教育学专业的选择

刘：您在淮安师范学校毕业后为什么选择了教育学专业？

陈：我在淮安师范学习时，读了优秀教师史瑞芬的《我在清水塘》，对做小学教师异常神往。毕业时，按照师范学校毕业生中有5％可报考师范学院的规定，我被批准报考师范学院。当时校内指导应对招生考试的时间只有半个月，并且苏北行政公署规定，师范生只能报考江苏省内高等师范学院，想不到我竟被华东师范大学教育学系录取。因为当时华东师范大学录取标准为四门功课 240 分，而我考了 306 分。

我在入学志愿上填写的是"教育学系"。我的班主任兼教育学教师郝鉴唐感到奇怪，问我为什么不选中文系或数学系，而选教育学系。因为一般同学都对教育学不感兴趣。现在想来，当时毕竟幼稚，觉得正由于人们对教育学不感兴趣，我才偏偏选教育学。因为在中师学习时，自学苏联学者申比廖夫和奥哥洛德尼柯夫编写的《教育学》，觉得教育学中"有学问"。

三、教育学研究的选择

刘：我发觉您教育研究的中心不同于一般教育学人。一般学者以"教育"为研究的重点，您却以"教育学"研究为重点。难道"教育研究"不算是"教育学"吗？"教育研究"与"教育学研究"的区别何在？

陈："教育研究"或是教-学活动研究，或是教育价值研究，或是教养研究；而"教育学"研究属于教育学科研究。

虽然"教育问题"研究或许也算是"教育理论"研究，或"教育学"研究，不过具体问题的研究究竟能否成为"理论"，或成为一"学"，还是问题。因为专业性质的学科有通行的学术规范制约。简单地说，"××是什么"以足够数量的事物为事实判断的客观依据，"××应当是什么"在既定的事实面前，不仅以一般的价值前提中合乎逻辑的推导判断，还得以可实现价值可能性为论证。

刘：难道非得如此才能称其为一"学"吗？

陈：不见得，因为就教育或教-学活动的指导来说，只要能解决面对的问题也就可以了。

刘：您写过不少教育杂文，如《学校文化引论》《课程引论》《德育引论》等。为什么人们觉得您的"教育理论"同有些教育理论有着某种不同，其中的区别何在呢？

陈：或许是因为我的"教育理论"或多或少算是"教育学"的运用。尽管一般学者的教育论文未必是教育历史的逻辑辨析，但思想深处仍以事实和对事实的逻辑分析为依据。因为形式逻辑毕竟是简单的思维规则和对事物判断、推理的道理。

刘：您为什么如此注重教育学研究呢？

陈：主要同恩师萧承慎教授的精心指导有关。

四、萧承慎教授的指导

刘：张建国博士托我请教，萧承慎教授对您的教育学学习如何指导？

陈：关于恩师对我的指导，以前曾有介绍。我在大学学习期间，从1956年起，几乎每个星期六（或星期日）晚上都在他家度过。每次从7点钟谈到10或11点钟。我们只谈学问，不谈琐事。

他在讲《教育学》绪论时，就根据凯洛夫《教育学》（1948年版）谈到教育学的基本概念为："教育"（狭义）、"教养"和"教学"，合为广义"教育"。我对"教养"并不了解。当时王焕勋曾在《教育研究》发表一篇文章，其中罗列苏联各种《教育学》版本中的"教养"定义，大致指出："教养"是指使教师讲授的知识、技能转化为学生的知识、技能，在此基础上发展学生的感觉、知觉、注意力、记忆力和理解力，形成道德品质和共产主义世界观。萧先生提出，"教养"本身是使学生应当掌握的知识、技能转化为他们本身的知识、技能，即他们的教养，"在此基础上"对他们发生"教育影响"。在交谈中，萧先生进而指出：我国所谓"普通教育"，在外国称为"普通教养"，"职业教育""职业技术教育"称为"职业教养""职业技术教养"。

他不但讲求工具书的运用，而且注重读书的选择。据称，常浮萍曾问孟宪承：教育学教授很多，其中哪些教授更有学问？孟宪承的答复是：萧孝嵘、常道直、萧承慎、赵廷为、曹孚。

他还提到中国懂得杜威的有几人，其中包括孟宪承、吴俊升、许崇清、曹孚。他曾说：中国讲凯洛夫的教授很多，只是不见得都读懂了凯洛夫《教育学》。他要我注意读北京师范大学邱椿和翟菊农的文章。

其实恩师对我最大的关注在于我大学毕业后，他建议教育学系不要让我做行政工作。系总支和行政接受他的建议，但又把我当作"后备干部"使用，如20世纪60年代前半段，让我在每个星期六下午列席学校中层干部会议，并亲身参加许多"干部工作"。再如，1960—1961年率领本系师生数十人在华东师范大学一附中参加教学改革，1965—1966年作为教育学系的领导带领百余名师生参加"四清"运动，1969—1970年负责编写《外国教育发展史资料》。现在看来，若无诸如此类实际工作的锻炼，我不可能成为如今这副样子。

五、关于教育学基本概念的认识

刘：在一般人看来，教育现象寻常之至，其中哪有什么深刻的道理呢？可是您对教育学的研究几乎一发而不可收，究竟是何原因？

陈：我在萧先生的精心指导下，算是读懂了以凯洛夫《教育学》为代表的苏联教育学。20世纪50年代后期，毛泽东领导的"教育大革命"曾使我深受鼓舞。20世纪60年代前半段我又系统地阅读教育权威著作，从柏拉图、康德、夸美纽斯、赫尔巴特、杜威到重读凯洛夫《教育学》，随后对毛泽东倡导的"无产阶级文化大革命"从信到疑。不过，我虽一直未写教育学文章，"教育学究竟是怎么一回事"却始终是我心目中的疑团，为这个疑团的解析积累了丰富的资料。所以1988年在接受瞿葆奎委托执笔写了中共八届三中全会纪念文章之余，情绪激动，一气呵成写出了我的处女作《教育学的迷惘与迷惘的教育学》。1993年出版《教育原理》一书后，"教育学的迷惘"才真正成为我自己的迷惘。

我多年来一直想修改《普通教育学纲要》，这件事甚至成为心病。2018年忽萌生此念，一气呵成写出《教育学究竟是怎么一回事——教育学基本概念》。想不到转移了话题，并就此话题从一谈再谈，到说三道四、吆五喝六、七谈八说，一发而不可收。

刘：您为什么就此话题一发而不可收呢？

陈：既然追问教育学究竟是怎么回事，忽然忆及教育原本事关未成年儿童、少年成年的必要准备，本来意义的教育学是以儿童教育为研究对象的学科。关于这个问题，孟宪承早就说得明明白白。在他看来，中国古代有官学与私学之分。官学事关成年人进德修业，私学中的学塾是由家长和塾师商量的事情，儿童、少年本身的需求不在考虑范围中。现代社会实行义务教育，才考虑把儿童本身的兴趣与需要逐步引向应有的品质。教育学由此发生。所以本来意义的教育学是指"儿童教育学"。

刘：如此不免引起我若干不知该不该谈的想法：

1. 现代教育学已经不再是以"儿童"教育为研究对象的学科，而成为涵盖各级各类学校教育的"教育系统"之学。由此带来"教育"概念内涵和职业学校、大学的性质问题。尽管我们现在将职业学校、大学统称为"教育机构"，但这一指称中的"教育"内涵其实已经发生了变化。

2. 如今的中小学已经成为"教育系统"中的基础教育性质的学校，但由于不明"基础教育"的内涵，实际上实施的教育可能已经偏离了"基础"这一要义，其带来的问题可能要留给大学甚至此后的社会去弥补，而大学和社会却无意承担这一职责。

陈：你有理由作此推论，只是信不信在于别人。

刘：西学东渐已有长达百年的历史。关于您对教育学的看法，最令人感兴趣的，是对把 Pädagogik 译为教育学持保留意见。难道它果真不是教育学吗？

陈：从把本来意义的教育学变成以"教育系统"为研究对象的教育学，尤其是把 education（原义为"引出"）译为"教育"，使我越来越觉得我国的教育文化同 Pädagogik 之间存在距离。进而对那里建构 Pädagogik，那里是否存在一定数量的教育事实，表示怀疑。才对把 Pädagogik 译为教育学持保留意见。

刘：难道那里果真不存在教育问题吗？

陈：只要读过夸美纽斯《大教学论》就可知道，其中提到"在此（17世纪）以前的各个世纪，这种教与学艺术是很少有人知道的。至少我们现在希望它达到的完善程度是很少有人知道的"[①]。

刘：照这样看来，Pädagogik 果真不同于教育学。不过说那里没有教育真是令人难以相信。

陈：那里原先虽然基本上不存在教育现象，但那里有宗教影响，只是未把神圣的宗教看成教育。唯其如此，在现代社会形成过程中，才根据现代社

---

① ［捷克］夸美纽斯：《大教学论》，傅任敢译，人民教育出版社，1984年版，第5页。

会的客观需要，尝试建构并发展世俗性质的教育。不过，在那里，这毕竟是新兴的事业，这才在不断探索的过程中，变过来，又变过去，再变过来，这便是那里现代教育与教育学的历史与现实。

刘：照这样说来，近百年西学东渐岂不是跟着走冤枉路？

陈：虽说盲目跟风，走过不少弯路，但西学东渐毕竟促进我国教育日趋现代化。Pädagogik 毕竟有助于教育实践者对教育问题的理性思考，即使有失误，也可自觉地拨乱反正，而不是像我国古代教育文化传统那样，一味信奉"古已有之"的教条，不得不落后于时代。

六、以马克思主义理论与方法指导教育研究

刘：您是我国著名的马克思主义教育思想研究专家，您为何致力于马克思主义教育思想研究？

陈：1965 年，人民教育出版社根据教育部领导周荣鑫建议选编《马克思恩格斯论教育》《列宁论教育》。华东师范大学教育学系接受了这个任务，交由我负责完成。我在 1965 年至 1975 年间，主编完成了《马克思恩格斯论教育》《列宁论教育》和《斯大林论教育》三本书。在此期间，我查阅了《马克思恩格斯全集》《列宁全集》和《斯大林全集》，并对这三套书中的教育言论，尤其是其中的基本思想和思想方法加以摘录和思考。根据对马克思、恩格斯和列宁的研究，我发觉在他们的理论中，实际上并不存在独立的"教育理论"，所以 1995 年以后主要运用马克思主义理论与方法研究教育问题。因此我并不认为自己是马克思主义教育思想研究的什么专家。

刘：20 世纪 60 年代，您只是教育学系的助教，主编《马克思恩格斯论教育》《列宁论教育》的重任为什么会落到您的身上呢？

陈：这件事说来话长。我在初中一年级时，曾用一个寒假的时间读胡绳主编的《思想方法论初步》，本是出于对书名的好奇：思想怎么还有方法？那本书实际上是按照斯大林的观点，写成的辩证唯物主义通俗读物。上篇讲三个观点，下篇讲四个观点，都可读懂，结论中才指出上篇讲的是"唯物论"，下篇讲的是"辩证法"，为"辩证唯物论"。读后大为惊喜，总算了解了当时还较为神秘的"辩证法"和"唯物论"。当时，学校新来了一位副教导主任红

恩义，了解到我对哲学有点兴趣。我在散步时经常向他请教马克思主义理论问题。他便向我介绍了一些马克思主义经典著作，我买了中文版的《共产党宣言》《国家与革命》等。虽然读不懂，也仍然强读，此后一直注重马克思主义著作学习。在淮安师范学校学习期间，我读了胡绳、于光远、王惠德编写的《社会科学基本知识讲座》。如此，学习兴趣与习惯就一直保存下来。1961年中宣部高校文科教材会议召开，新设"列宁与毛泽东文化教育论著选读课程"，刘佛年教授就把执教这门新设课程的任务交由我承担，他负责指导。1962年，我每个星期二下午都在他家接受指导。所以后来由我主编《马克思恩格斯论教育》和《列宁论教育》，还算是较为自然的事情。

七、关于"毛泽东教育思想"的思考

刘： 众所周知，您对毛泽东教育思想很有研究，您的《现代中国的教育魂——毛泽东与现代中国教育》①一书为什么没有再版？

陈： 那本书以充分的资料为根据，治学仍算谨严，现在也未察觉其中不当之处。不过认识到 Pädagogik 是怎么一回事以后，对毛泽东教育思想的认识有了变化。因受到视力局限，不可能修改此书。

刘： 您现在对这个问题的认识有什么变化呢？

陈： 对毛泽东教育思想进行了重新概括，主要为：

1. 以"人民本位"为核心价值取向的教育史观。
2. 枪杆子里出人民本位的教育。
3. 民族的、科学的、大众的新民主主义性质的教育。
4. 以马克思主义中国化为指导思想的独立自主发展的本国教育。
5. 以人民群众客观需要和实际情况为出发点的群众教育。
6. 从普及与提高结合到"两条腿走路"的发展路线。
7. 要做人民的先生，先做人民的学生。
8. 教育为政治服务，坚持共产党对教育的领导。

---

① 陈桂生：《现代中国的教育魂——毛泽东与现代中国教育》，辽宁教育出版社，1993年版。

刘：您对教育学逻辑范畴的分析对于教育学的建构和教育学对教育实践的指导可能发生什么影响？

陈：我在《教育学辨析》一书跋中提到，本书并无什么深文大义，无非是给我国教育学人提个醒。至于此书的影响，可能很大，也可能并无什么影响，因为是否提而醒之，那是读者的问题。

刘：从您的指导中，我学到不少在别处难以学到的知识和道理，有待慢慢体会。我和我的导师胡惠闵教授非常感谢您的辛勤指导！

（本文原载于《中国教育科学》2019 年第 6 期）

附录六

陈桂生教育著作存目

一、教育著作目录

1. 《人的全面发展理论与现时代》
   第一版　上海教育出版社　1988 年版
   第二版　华东师范大学出版社　2012 年版
2. 《教育原理》
   第一版　华东师范大学出版社　1993 年版
   第二版　华东师范大学出版社　2000 年版
   第三版　华东师范大学出版社　2012 年版
3. 《徐特立教育思想研究》
   第一版　辽宁教育出版社　1993 年版
   第二版　更名《徐特立研究：从人师到人民教育家》　华东师范大学出版社　2012 年版
4. 《马克思主义教育论著研究》
   华东师范大学出版社　1993 年版
5. 《现代中国的教育魂——毛泽东与现代中国教育》
   辽宁教育出版社　1993 年版

6. 《"教育学视界"辨析》

    第一版　华东师范大学出版社　1997年版

    第二版　更名《常用教育概念辨析》　华东师范大学出版社　2009年版

    第三版　更名《普通教育小词典》　华东师范大学出版社　即出

7. 《"教育学"辨——"元教育学"的探索》

    福建教育出版社　1998年版

8. 《中国教育学问题》

    福建教育出版社　2006年版

9. 《教育研究空间的探求》

    福建教育出版社　2006年版

10. 《教育学的建构》

    第一版　湖南教育出版社　1998年版

    第二版　华东师范大学出版社　2009年版

11. 《学校教育原理》

    第一版　湖南教育出版社　2000年版

    第二版　华东师范大学出版社　2012年版

12. 《历史的"教育学现象"透视——近代教育学史探索》

    人民教育出版社　1998年版

13. 《中国民办教育问题》

    教育科学出版社　2001年版

14. 《教育实话》

    华东师范大学出版社　2003年版

15. 《学校管理实话》

    第一版　华东师范大学出版社　2004年版

    第二版　更名《学校实话》　华东师范大学出版社　2010年版

16. 《师道实话》

    第一版　华东师范大学出版社　2004年版

    第二版　华东师范大学出版社　2009年版

17. 《中国德育问题》

第一版　福建教育出版社　2006年版

第二版　更名《德育引论》　华东师范大学出版社　2018年版

18. 《教育闲评》

　　华东师范大学出版社　2007年版

19. 《中国干部教育（1927—1949）》

　　华东师范大学出版社　2007年版

20. 《回望教育基础理论——教育的再认识》

　　北京师范大学出版社　2008年版

21. 《普通教育学纲要》

　　华东师范大学出版社　2009年版

22. 《聚焦学生角色——现今学生价值倾向问题》

　　教育科学出版社　2011年版

23. 《聚焦班主任——"班主任制"透视》

　　教育科学出版社　2012年版

24. 《聚焦教育价值》

　　教育科学出版社　2011年版

25. 《教育学苦旅》

　　华东师范大学出版社　2012年版

26. 《课程实话》

　　第一版　华东师范大学出版社　2010年版

　　第二版　更名《课程引论》　华东师范大学出版社　2019年版

27. 《教育文史辨析》

　　华东师范大学出版社　2012年版

28. 《孔子授业研究》

　　第一版　教育科学出版社　2012年版

　　第二版　上海教育出版社　2020年版

29. 《中国革命根据地教育史（上）》

　　华东师范大学出版社　2015年版

30. 《中国革命根据地教育史（中）》

华东师范大学出版社　2016年版

31. 《中国革命根据地教育史（下）》
    华东师范大学出版社　2016年版

32. 《教育学究竟是怎么一回事：教育学辨析》
    上海教育出版社　2020年版

33. 《教育实话》
    上海教育出版社　2023年版

34. 《我国师资文化的历史特点与现实问题》
    上海教育出版社　即出

35. 《马克思恩格斯教育论著选读》
    上海教育出版社　即出

二、主编教育著作

1. 《马克思恩格斯论教育》
   第一版　人民教育出版社　1979年版
   第二版　人民教育出版社　1986年版

2. 《列宁论教育》
   第一版　人民教育出版社　1979年版
   第二版　人民教育出版社　1990年版

3. 《斯大林论教育》
   人民教育出版社　1984年版

4. 《列宁教育文集（上卷）》（选编负责人）
   人民教育出版社　1984年版

5. 《列宁教育文集（下卷）》（选编负责人）
   人民教育出版社　1986年版

6. 《教育与社会发展》（《教育学文集·教育与社会发展》专集编者之一）
   人民教育出版社　1989年版

7. 《中国教育思想通史（第七卷）》（主编之一）
   湖南教育出版社　1994年版

8. 《到中小学去研究教育——"教育行动研究"的尝试》

　　第一版　华东师范大学出版社　2000年版

　　第二版　华东师范大学出版社　2003年版

　　第三版　更名《到中小学去研究教育——教师行动研究的探求》　华东师范大学出版社　2016年版

9. 《教育理论的性质与研究取向》（与范国睿、丁静同为主编）

　　华东师范大学出版社　2006年版

10. 《现代教师读本·教育卷》（与赵志伟同为主编）

　　广西教育出版社　2006年版

11. 《教育半月谈》

　　华东师范大学出版社　2015年版

12. 《教育学书简：张建国、唐俊忠、陈桂生学术通信集》

　　上海教育出版社　即出